Elke Perl

Implementierung von Umweltinformationssystemen

WIRTSCHAFTSWISSENSCHAFT

Elke Perl

Implementierung von Umweltinformations-systemen

Industrieller Umweltschutz und die Kommunikation von Umweltinformationen in Unternehmen und in Netzwerken

Mit einem Geleitwort von Prof. Dr. Heinz Strebel

Deutscher Universitäts-Verlag

Bibliografische Information Der Deutschen Bibliothek
Die Deutsche Bibliothek verzeichnet diese Publikation in der Deutschen Nationalbibliografie; detaillierte bibliografische Daten sind im Internet über <http://dnb.ddb.de> abrufbar.

Dissertation Universität Graz, 2005

Gedruckt mit Unterstützung durch die Österreichische Forschungsgemeinschaft.

1. Auflage März 2006

Lektorat: Ute Wrasmann / Britta Göhrisch-Radmacher

Der Deutsche Universitäts-Verlag ist ein Unternehmen von Springer Science+Business Media.
www.duv.de

Umschlaggestaltung: Regine Zimmer, Dipl.-Designerin, Frankfurt/Main
Druck und Buchbinder: Rosch-Buch, Scheßlitz
Gedruckt auf säurefreiem und chlorfrei gebleichtem Papier
Printed in Germany

ISBN 3-8350-0256-2

Geleitwort

Unternehmensführung ist ohne Kenntnis der produktionsbedingten Umweltbelastung nicht mehr zulässig und auch aus ökonomischen Gründen und Publizitätsaspekten nicht angebracht. Deshalb benötigt jedes betroffene Unternehmen ein betriebliches Umweltinformationssystem. Da Unternehmen im Interesse der Verwertung fremder und des Einsatzes eigener Rückstände mit anderen Unternehmen kooperieren müssen, sind auch überbetriebliche Umweltinformationssysteme erforderlich. Trotz der mittlerweile allgemeinen Anerkennung des Bedarfs an solchen Informationssystemen ist deren praktische Umsetzung noch zu wenig verbreitet und in der praktischen Ausgestaltung mangelhaft.

Die vorliegende Arbeit diskutiert Ansprüche an die Gestaltung solcher Umweltinformationssysteme und ihren Nutzen für die Unternehmensführung. Diese Ansprüche richten sich nach dem Informationsbedarf der Unternehmen. Dieser ist den Unternehmen regelmäßig von vornherein nicht im Detail bekannt und musste daher von der Autorin vorab aufgrund des Ausgangsproblems diskutiert werden.

Die Verfasserin analysiert das Problem "Umweltinformationssysteme" umfassend auf theoretischer und empirischer Grundlage und präsentiert schließlich das Konzept für die Entwicklung eines Implementierungskonzeptes für betriebliche und überbetriebliche Umweltinformationssysteme. Um das Vorgehen zur Entwicklung und Einführung des Umweltinformationssystems zu strukturieren, verwendet die Autorin ein System von vier Ebenen. Jede Ebene ist zwar Basis für höhere Ebenen, jedoch bedeutet dies kein streng lineares Vorgehen. So sind umfassende Informationsflüsse durch alle Ebenen und die Integration der Unternehmensführung für den endgültigen Erfolg der Entwicklung und Anwendung des Umwelt-Informationssystems von entscheidender Bedeutung. Dabei müssen auch zahlreiche Barrieren im Unternehmen überwunden werden, weil die Einführung eines Umweltinformationssystems im Unternehmen oder in Unternehmens-Netzwerken durchgängig einer Innovation gleich kommt, gegen die sich immer Widerstände bilden.

Als Grundlage der vorliegenden Arbeit dienen neben der einschlägigen Literatur umfangreiche empirische Erhebungen auf Basis von Datenbanken der Europäischen Union, von deutschen und österreichischen Fördergebern und Forschungseinrichtungen sowie weiterer Datenbanken und Umfragen der Verfasserin. Die Auswertung dieser Ergebnisse bringt eine Vielzahl interessanter Erkenntnisse, welche in die Entwicklung des Implementierungskonzeptes einfließen.

Die Autorin liefert mit ihrer Arbeit eine besonders umfassende, wohl strukturierte, theoretisch begründete, durch zahlreiche empirische Erhebungen fundierte Analyse der Implementierung von betrieblichen und überbetrieblichen Umweltinformationssystemen, die für die betriebswirtschaftliche Theorie sowie für die industrielle Praxis wesentliche Hilfen bietet. Gerade die vielen praxisrelevanten Hinweise machen diese Schrift auch zu einem Handbuch für Umweltinformationssysteme.

Heinz Strebel

Vorwort

Ein gewisses Maß an Offenheit nach außen ist nicht nur für Unternehmen nötig, um langfristig erfolgreich im Wettbewerb bestehen zu können, sondern auch, um als Mensch in seinem Wirken im Rahmen seiner persönlichen Umwelt erfolgreich zu sein. Unter diesem Blickwinkel ist auch die vorliegende Arbeit zu betrachten, die nur durch die Zusammenarbeit in einem – meinem persönlichen – Netzwerk aus unterschiedlichsten Akteuren entstehen konnte.

Als wesentliche Knoten in diesem Netzwerk sind meine akademischen Lehrer hervorzuheben. Herrn o. Univ.-Prof. Dr. Heinz Strebel danke ich deshalb für die besondere fachliche und vor allem in jeglicher Hinsicht ideelle Unterstützung. Ebenso danke ich Herrn o. Univ-Prof. Dr. Wolf Rauch für die sofortige und freundliche Übernahme des Koreferats.

Wertvolle Partner in meinem persönlichen Netzwerk „Dissertation" waren aber ebenso meine Kolleginnen und Kollegen am Institut für Innovations- und Umweltmanagement der Karl Franzens Universität Graz, die mir insbesondere einen interpersonellen Wissensaustausch im Netzwerk ermöglichten. Besonders hervorheben möchte ich auf diesem Wege Herrn Dr. Alfred Posch für die vielen bewussten, aber auch unbewusst hervorgebrachten Inputs während unserer vielen Diskussionen, die zum Gelingen der vorliegenden Arbeit wesentlich beigetragen haben. Mein Dank gilt weiters Herrn Dr. Stefan Vorbach, der mich neben seinen vielen fachlichen Anregungen vor allem in ideeller und moralischer Hinsicht sehr unterstützt hat und in schwierigen Zeiten immer ein offenes Ohr für meine Anliegen gehabt hat.

Ohne die Unterstützung meiner privaten Netzwerkpartner wäre die vorliegende Arbeit jedoch nie entstanden. Meinen Freunden als die informellen Partner in diesem Netzwerk danke ich deshalb für ihre Unterstützung und die Nachsicht vor allem in den Schlussphasen der Arbeit. Den größten Anteil am Erfolg dieser Arbeit trägt jedoch ohne Zweifel meine Familie. Meine Eltern haben mir nicht nur den beruflichen Werdegang ermöglicht, sondern mich auch in meinem Bestreben und meinen Plänen stets unterstützt und vollstes Verständnis für meine Tätigkeiten aufgebracht. Ihnen gebührt mein größter Dank. Die vorliegende Arbeit soll deshalb meiner Mutter und meinem leider viel zu früh verstorbenen Vater gewidmet sein!

Elke Perl

Inhaltsverzeichnis

Abbildungsverzeichnis

Tabellenverzeichnis

1 Einleitung

1.1 Problemstellung

Umweltschutz drängt in der heutigen Zeit immer mehr in unser Bewusstsein, nicht zuletzt auch aufgrund des starken Anstiegs der Zerstörung der natürlichen Umwelt. Auch internationale Maßnahmen verstärken die Dringlichkeit von Maßnahmen zum Schutz der Umwelt. Neben einer Einschränkung des Konsums, der beim Umweltbewusstsein der Konsumenten ansetzt, gewinnt vor allem der industrielle Umweltschutz immer stärker an Bedeutung. Unternehmen sind in diesem Sinne gefordert, in ihren Tätigkeiten auf Umweltaspekte, also jene Teile der Prozesse, Produkte und Dienstleistungen einer Organisation, die Auswirkungen auf die Umwelt haben können,[1] Rücksicht zu nehmen und Umweltbeeinträchtigungen nach Möglichkeit zu vermeiden bzw. zu vermindern. Auch seitens des Gesetzgebers fließen Agenden des Umweltschutzes immer stärker ein[2] und dadurch werden immer höhere Anforderungen an die Unternehmen gestellt, ein gewisses Maß an Verantwortung für ihre Aktivitäten zu übernehmen. Aber auch andere Anspruchsgruppen im Sinne des Konzeptes der Stakeholder[3], bspw. Anrainer, Umweltschutzgruppierungen, die eigenen Mitarbeiter etc, treten vermehrt an Unternehmen mit der Forderung nach einem nachhaltigen Wirtschaften heran.

All diesen Anforderungen gilt es von Seiten des Unternehmens gerecht zu werden, jedoch immer unter der besonderen Maxime, die Aspekte des nachhaltigen Wirtschaftens mit der Wettbewerbsfähigkeit des Unternehmens zu vereinen und diese nach Möglichkeit durch die Berücksichtigung des Umweltschutzes auszubauen und zu stärken. Auf betrieblicher Ebene existieren dazu schon seit geraumer Zeit Instrumente und Maßnahmen, um Umweltschutz in den Zielsetzungen des Unternehmens zu verankern und ferner auf operationaler Ebene auch umzusetzen. Darüber hinaus ist das betriebliche Umweltmanagement auch in zahlreichen Normen und Vorschriften verankert, man denke bspw. an die internationalen Normen der ISO Reihe 14000[4] und an die europäische Verordnung über die freiwillige Beteiligung von Organisationen an einem Gemeinschaftssystem für das Umweltmanagement und die Umweltbetriebsprüfung (EMAS).[5] Auch ist das Bewusstsein, dass auf betrieblicher Ebene ein

---

1 Vgl. Günther et al. 2002, S. 651

2 Vgl. dazu bspw. das deutsche Kreislaufwirtschaftsgesetzt (KrW-/AbfG - Kreislaufwirtschaft- und Abfallgesetz) bzw. in Österreich das österreichische Abfallwirtschaftsgesetz (Abfallwirtschaftsgesetz 2002)

3 Vgl. Ackermann, Alstott 2001

4 Vgl. ÖNORM EN ISO 14001:1996; ÖNORM EN ISO 14001: 2005; ÖNORM EN ISO 14031:1999; ÖNORM EN ISO 14040: 1997; ÖNORM EN ISO 14041:1997; ÖNORM EN ISO 14042:2000; ÖNORM EN ISO 14043:2000

5 EMAS II (Verordnung (EG) Nr. 761/2001)

wesentlicher Beitrag zum Umweltschutz geleistet werden kann, in den Unternehmen zum größten Teil verankert.

Allerdings darf der industrielle Umweltschutz nicht auf der Unternehmensebene Halt machen, ein wesentliches Potenzial für den Umweltschutz besteht in überbetrieblichen Kooperationen zwischen den Unternehmen.[6] Diese können dabei sowohl in vertikaler Hinsicht, zwischen Unternehmen entlang einer Wertschöpfungskette, in horizontalrer Hinsicht zwischen Unternehmen derselben Wertschöpfungsstufe als auch in diagonaler, branchenübergreifender Hinsicht ausgeprägt sein. Vor allem in letzter Zeit werden diesbezüglich immer stärker Modelle von Netzwerken für die überbetriebliche Zusammenarbeit von Unternehmen propagiert. Ziel dieser Zusammenarbeit in Kooperationen und Netzwerken sollte es jedenfalls sein, umweltschutzorientierte Maßnahmen, die auf betrieblicher Ebene nur schwer bzw. eingeschränkt umsetzbar sind,[7] auf überbetrieblicher Ebene durch Zusammenarbeit mit mehreren Unternehmen zu realisieren.

Um all diese Aktivitäten zum Schutz der Umwelt, unabhängig ob auf betrieblicher oder überbetrieblicher Ebene, koordinieren und steuern zu können, bedarf es entsprechender Informationen, wobei der Informationsbedarf von Umweltzielen und –maßnahmen bis zu Informationen über Stoff- und Energieflüsse reicht.[8] Dass diese Versorgung mit den notwendigen Informationen, vor allem in hinreichender Form, nicht immer einfach zu bewerkstelligen ist, ist offensichtlich. In Bezug auf Umweltschutzmaßnahmen offenbart sich dabei auf betrieblicher Ebene vor allem das Problem, dass die entsprechenden Informationen und Daten sich über lange Jahre in den einzelnen Abteilungen aufgebaut und angesammelt haben und zumeist – sehr heterogen – an vielen verschiedenen Orten und unterschiedlichen Datenbanken gespeichert sind.[9] Aufgabe des betrieblichen Umweltmanagements muss es deshalb sein, diese Informationen zu sammeln und in entsprechender Form zur Verfügung zu stellen.

Auf überbetrieblicher Ebene ist dieses Problem ungleich schwieriger zu bewältigen. Neben dem Hindernis der Aufteilung der Information und Informationsquellen auf verschiedene Unternehmen kommt hinzu, dass Informationen und in weiterer Folge Wissen als Machtfaktor angesehen wird, der nicht gerne aus der Hand gegeben wird. Dieses Phänomen ist vor allem im europäischen Raum stark verbreitet, wo an Stelle der Maxime „freedom of information“, wie in den USA postuliert, eher das Gebot „du sollst nicht begehren deines Nächsten Daten“ vorherrschend ist.[10] Doch gerade die Information und das Wissen darüber sowie die Fähigkeit, Wissen gezielt einzusetzen und einzubeziehen kann als Hauptquelle des geschaffenen

6 Vgl. zu überbetrieblichen, umweltschutzorientierten Kooperationen Müller-Christ 2001, S. 84ff
7 Als Beispiel kann hier zwischenbetriebliches Recycling angeführt werden (vgl. bspw. Strebel 1993).
8 Vgl. Günther et al. 2002, S. 652
9 Vgl. Siemonsen et al. 1998, S. 83
10 Vgl. Rauch 1994, S. 11

Mehrwertes in den Kooperationen angesehen werden, um letztendlich Umweltschutzmaßnahmen auch auf überbetrieblicher Ebene konkret umzusetzen.[11]

So gesehen können überbetriebliche Kooperationen mit dem Ziel des unternehmensübergreifenden Umweltschutzes nur dann erfolgreich sein, wenn die Unternehmen stark in die Kooperation eingebunden werden. Dies wird einerseits durch die entsprechende Einstellung zu den Kooperationen der Unternehmen gewährleistet, andererseits müssen für eine intensive Einbeziehung aller an der Kooperation beteiligter Unternehmen die notwendigen Informationen zur Verfügung gestellt werden.

Am zweiten Punkt, der zur Verfügung Stellung von Informationen für den Umweltschutz, sowohl auf betrieblicher als auch auf überbetrieblicher Ebene in Netzwerken, setzt die folgende Arbeit an.

1.2 Zielsetzung

Wie bereits dargestellt hängt der Erfolg von umweltschutzorientierten Maßnahmen in Unternehmen sowie in Netzwerken wesentlich von den dafür notwendigen Informationen ab.

Auf betrieblicher Ebene haben vor rund 15 Jahren Umweltinformationssysteme Einzug in die Betriebswissenschaft und insbesondere in das betriebliche Umweltmanagement gehalten. Seither wurden neben wissenschaftlichen Studien und Konzepten Modelle und Anwendungsprogramme zur Berücksichtigung von Umweltinformationen bei unternehmerischer Planung und Entscheidung erarbeitet und weiterentwickelt. Doch trotz dieser intensiven Bemühungen, sowohl seitens der Wissenschaft um einen konzeptionellen Überbau als auch seitens der Softwarehersteller um die Programmierung, findet die praktische Umsetzung von betrieblichen Umweltinformationssystemen noch immer keine große Verbreitung.[12]

Ziel dieser Dissertation ist es deshalb, Lücken zwischen den bestehenden Konzepten und Modellen, die in großer Anzahl entwickelt wurden, und den praktischen Anforderungen in den Unternehmen zu identifizieren und Hintergründe dieser Lücken und der Umsetzungsschwächen zu beleuchten. Somit werden mögliche Barrieren und Hindernisse für die Implementierung von betrieblichen Umweltinformationssystemen, sowohl technischer als auch organisatorischer Art, identifiziert. Diese Analyse dient in weiterer Folge als Ausgangspunkt für die Entwicklung von Lösungskonzepten zur Überwindung dieser Barrieren, sowie für die Erhebung von informationstechnischen und organisatorischen Anforderungen für einen Erfolg versprechenden Einsatz und zur Entwicklung von Implementierungskonzepten für betriebliche Umweltinformationssysteme.

Folgende Forschungsfragen sollen dabei untersucht werden:

---

11 Vgl. Stahn 1994, S. 292

12 Vgl. dazu bspw. Wohlgemuth, Niebuhr, Lang 2004; Lang, Jürgens 2003, S. 80; Kürzl 1999, S. 13

- Decken bestehende theoretische Konzepte und Software zu betrieblichen Umweltinformationssystemen die an sie gestellten Anforderungen ab?
- Hängt die Umsetzung von betrieblichen Umweltinformationssystemen von der betrieblichen Ausgangssituation im Unternehmen ab?
- Schenken Softwareanbieter den betrieblichen Rahmenbedingungen und Barrieren bei der Einführung ausreichend Beachtung?
- Werden betriebliche Umweltinformationssysteme bisher nur als isolierte Systeme betrieben?

Da Umweltschutz auch auf überbetrieblicher Ebene ein erhebliches Potenzial für die Vermeidung von Beeinträchtigungen der Umwelt aufweist, wird ferner dem überbetrieblichen Umweltschutz vermehrte Aufmerksamkeit geschenkt und als weiteres Ziel die Möglichkeiten einer Ausweitung des Konzeptes der betrieblichen Umweltinformationssysteme auf die überbetriebliche Ebene in Betracht gezogen. Dazu werden die Rahmenbedingungen und Anforderungen für den überbetrieblichen Austausch von Umweltinformationen mittels Unterstützung von spezifischen Umweltinformationssystemen in den Unternehmen erhoben. Dies dient als Basis für die Analyse von Gestaltungsmöglichkeiten für eine verstärkte Verankerung von Umweltinformationssystemen für den überbetrieblichen Umweltinformationsaustausch. Dabei wird auch auf bereits bestehende Kooperationen von Unternehmen Rücksicht zu nehmen sein. Aus diesem Grund werden in die Analyse existierende Netzwerke, insbesondere Wertschöpfungsnetzwerke und Verwertungsnetze, mit einbezogen. Daraus werden Ansatzpunke für einen verstärkten Austausch von Umweltinformationen zwischen den Netzwerkpartnern zum Schutz der Umwelt untersucht und für die Erstellung von neuen Konzepten zur Implementierung von Umweltinformationssystemen auf überbetrieblicher Ebene in den Unternehmen herangezogen.

In diesem Zusammenhang werden folgende, auf überbetriebliche Umweltinformationssysteme konzentrierte Forschungsfragen untersucht:

- Können betriebliche Umweltinformationssysteme zu überbetrieblichen Umweltinformationssystemen in Netzwerken erweitert werden, um so zu überbetrieblichen Umweltschutzmaßnahmen beizutragen?
- Hängt die Umsetzung von überbetrieblichen Umweltinformationssystemen von der betrieblichen Ausgangssituation im Unternehmen bzw. der Kooperation ab?

1.3 Gewählte Methodik

Um den Status quo der wissenschaftlichen Arbeiten im Bereich der Umweltinformationssysteme zu ermitteln, wird zu Beginn der Arbeit neben einer grundlegenden wissenschaftstheoretischen Einordnung des Themas eine Literaturrecherche zum Einsatz von

Umweltinformationssystemen in Unternehmen durchgeführt. Mit Hilfe der analysierten Literatur werden notwendige Rahmenbedingungen und Prämissen für den Einsatz von Umweltinformationssystemen in Unternehmen erarbeitet.

Ein wesentlicher Teil der Arbeit besteht demnach in der Erarbeitung eines theoretischen Bezugsrahmens für die Integration von Umweltinformation auf überbetrieblicher Ebene. Zu diesem Zweck werden allgemeine Charakteristika von Netzwerken erarbeitet und dabei wird insbesondere auf die Möglichkeiten des Aufbaus von interorganisationalen Informationssystemen eingegangen. Die Betrachtung von spezifischen Netzwerken, im speziellen Wertschöpfungsnetzwerke und Verwertungsnetze, runden die Analyse ab.

Um die theoretisch gewonnnen Erkenntnisse und Schlussfolgerungen überprüfen bzw. ergänzen zu können, war es für die vorliegende Arbeit essentiell, auch den Zustand in den Unternehmen bzw. in der Praxis in Bezug auf die Kommunikation von Umweltinformationen in Unternehmen und zwischen Unternehmen in Netzwerken zu analysieren. Zu diesem Zweck wurden im Sinne eines kritischen Rationalismus[13] aus den theoretischen Erkenntnissen und Theorien Hypothesen deduktiv gewonnen und im Rahmen einer empirischen Erhebung überprüft. Um die Umsetzung von theoretischen Erkenntnissen in wissenschaftlichen Projekten zu überprüfen wurden Forschungsprojekte auf nationaler und europäischer Ebene näher beleuchtet.

Da betriebliche Umweltinformationssysteme nur sinnvoll umgesetzt werden können, wenn in der Praxis bereits fortgeschrittene Systeme angeboten werden, wird in einem weiteren Schritt die Seite der Anbieter näher analysiert und gewonnene Erkenntnisse aus dem Bereich der betrieblichen Umweltinformationssysteme werden in einer empirischen Erhebung unter Herstellern von EDV-Programmen für Umweltinformationssysteme untersucht. Ausgangspunkt für die Untersuchung der Seite der Nachfrager nach Unterstützung von Umweltinformationssystemen in den Unternehmen bildet eine empirische Erhebung in der österreichischen produzierenden Industrie über den Bedarf und den Einsatz von spezifischen Instrumenten und Systemen für betriebliche Umweltinformationssysteme. Durchgeführt wurde diese Studie im Frühjahr 2004. Sie analysierte über 150 Unternehmen der produzierenden Industrie mit über 100 Mitarbeitern in ganz Österreich. Darüber hinaus wurden weitere 85 Unternehmen in ausgewählten Netzwerken untersucht, um die abgeleiteten Hypothesen zum überbetrieblichen Austausch von Umweltinformationen in Netzwerken untersuchen zu können. Ziel dieser Studie war es somit, den derzeitigen Status Quo von Umweltinformationssystemen in den österreichischen Unternehmen sowie deren Einsatz und Nutzen zu erheben. Darüber hinaus wurden Hemmnisse und Barrieren für eine Implementierung solcher Systeme in den Unternehmen analysiert. Ferner diente diese empirische Analyse dem Zweck, auch auf überbetrieblicher Ebene Rahmenbedingungen für

---

13 Vgl. Popper 1976; Kromrey 2002, S. 34

eine erfolgreiche Implementierung von Umweltinformationssystemen zu untersuchen und die grundsätzliche Eignung dieser Netzwerke und Netzwerktypen für einen intensiven Austausch von Umweltinformationen zum verstärkten Schutz der Umwelt zu analysieren.

Im Sinne eines sozialwissenschaftlichen Forschungsprozesses[14] dienen die in der empirischen Analyse gewonnenen Erkenntnisse einer Gestaltung eines Implementierungskonzeptes für betriebliche Umweltinformationssysteme. Ferner werden, aufbauend auf den empirischen Erkenntnissen, Barrieren und Hindernisse beachtet und im Implementierungskonzept explizit berücksichtigt. Darüber hinaus werden die empirisch gewonnenen Erkenntnisse zur überbetrieblichen Kommunikation von Umweltinformationen insofern miteinbezogen, als eine Erweiterung des Implementierungskonzeptes von der betrieblichen auf die überbetriebliche Ebene zum Zweck der überbetrieblichen Kommunikation von Umweltinformationen erfolgt.

1.4 Aufbau der Arbeit

Der Aufbau der Arbeit lehnt sich unmittelbar an diese Zielsetzung an. Zu Beginn erfolgt die Erläuterung von Begriffen, Grundlagen und Erklärungen zur Einbettung der Umwelt in der Betriebswirtschaft, auf die in den folgenden Abschnitten immer wieder zurückgegriffen wird. Insbesondere auf die Bedeutung von Informationen im Allgemeinen und Umweltinformationen im Speziellen als Voraussetzung für Maßnahmen zum Schutz der Umwelt wird im Rahmen des Kapitels 2 eingegangen.

Im Anschluss wird der theoretische Bezugsrahmen für eine Einbettung von Umweltinformationen gesteckt. Auf die betriebliche Ebene und die Einbettung von Umwelt-informationssystemen in den betrieblichen Kontext wird dabei in Kapitel 3 eingegangen. Ferner werden die Anforderungen an betriebliche Umweltinformationssysteme und ausgewählte Instrumente zur Unterstützung dieser Systeme dargestellt. Den Abschluss dieses Kapitels bildet eine Diskussion über EDV-gestützte betriebliche Umweltinformationssysteme.

In Kapitel 4 wird näher auf Netzwerke als Basis für die überbetriebliche Kommunikation von Umweltinformationen eingegangen. Nach einer Darstellung von allgemeinen Charakteristika von Netzwerken und dem interorganisationalen Austausch von Informationen werden in weiterer Folge Wertschöpfungsnetzwerke und Verwertungsnetze als spezifische Ausprägungen von Netzwerken näher beleuchtet und Rahmenfaktoren für eine Implementierung von Umweltinformationssystemen in diesen Netzwerken erarbeitet.

Die Überprüfung dieser theoretischen Erkenntnisse erfolgt in Kapitel 5, wobei die empirische Untersuchung in drei Teile untergliedert ist. Zu Beginn werden nationale und europäi-

---

[14] Vgl. Friedrich, Hennig 1975; Sie zählen hierzu die Gewinnung von wissenschaftlichen Erkenntnissen aus der Theorie, der Ableitung von Hypothesen mit einer anschließenden empirischen Überprüfung der Hypothesen und letztendlich daraus abgeleitet eine Gewinnung neuer Erkenntnisse und eine Modifikation der Hypothesen. Vgl. dazu auch Kromrey 2002, S. 60

sche Forschungsprojekte, die sich mit der Thematik der betrieblichen Umweltinformationssysteme und den umweltorientierten Wertschöpfungsnetzwerken beschäftigen, analysiert. Im Anschluss wird der Seite der Anbieter von Betrieblichen Umweltinformationssystemen Aufmerksamkeit geschenkt und die Hersteller von EDV-gestützten Umweltinformationssystemen zu ihren Produkten befragt. Den Abschluss der empirischen Untersuchung bildet die Analyse der Unternehmen, wobei neben Unternehmen der produzierenden Industrie speziell auch Unternehmen in Netzwerken, insbesondere jene Wertschöpfungsnetzwerken und Verwertungsnetzen, analysiert wurden.

Aufbauend auf diesen Erkenntnissen wird in Kapitel 6 ein Implementierungskonzept für Umweltinformationssysteme entwickelt, wobei zuerst ein Konzept für die betriebliche Ebene aufgebaut und dieses im nächsten Schritt in Bezug auf die Besonderheiten und Merkmale von überbetrieblichen Umweltinformationssystemen in Netzwerken erweitert und angepasst wird. Auf Charakteristika bezogen auf die verschiedenen Netzwerktypen wird dabei Rücksicht genommen. Den Abschluss der Arbeit bildet eine Zusammenfassung, ein Ausblick rundet sie ab. Eine Übersicht über die einzelnen Abschnitte der Arbeit wird in Abbildung 1 geboten.

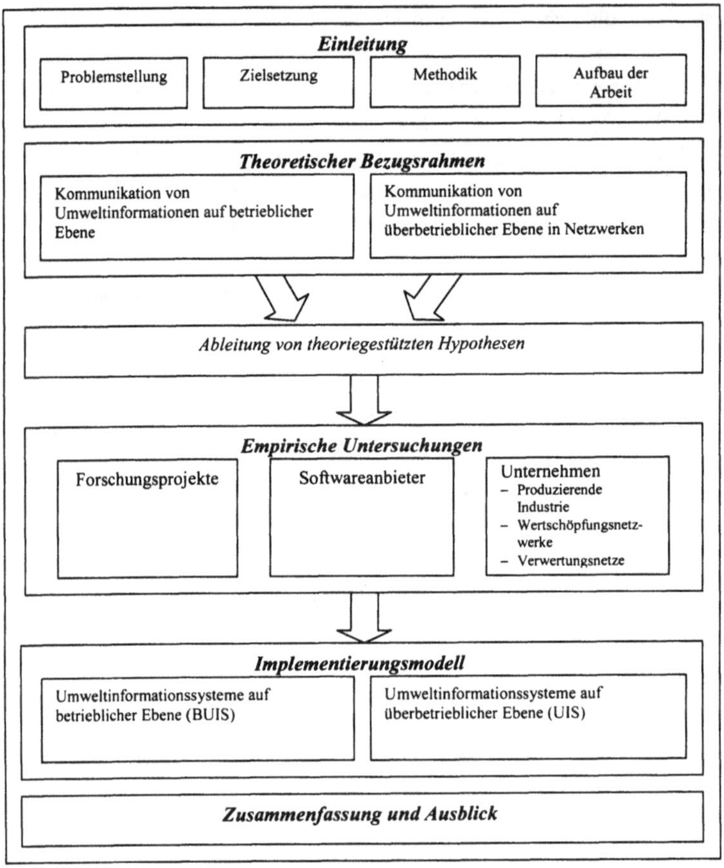

Abbildung 1: Aufbau der Arbeit

2 Begriffe und Grundlagen

In der heutigen Zeit wird von den Unternehmen und der Wirtschaft in den westlichen Industrienationen immer mehr gefordert, ökologisch orientiert zu handeln und zu wirtschaften. Die Schlagworte „Umwelt“, „Umweltmanagement“ und „Umweltfreundlichkeit“, „Ökologie“ und „ökologisches Wirtschaften“ sind Begriffe, die in der heutigen Zeit beinahe schon inflationär gebraucht werden, ohne dass darüber ein einheitliches Verständnis vorliegt. Ähnliches gilt für die Begriffe „Information“ und „Informationsmanagement“, die in unserer Informationsgesellschaft längst zum Hype geworden sind.

Dieses Kapitel hat deswegen zum Ziel, diese Begriffe zu erläutern und zu definieren und für die vorliegende Arbeit notwendige Abgrenzungen zu ziehen. Darüber hinaus wird die Bedeutung der Umwelt in der Betriebswirtschaft diskutiert und auf die Funktionen und Aufgaben von Informationen, und im Speziellen von Umweltinformationen, eingegangen. Die in diesem Kapitel erläuterten Grundlagen über Umweltinformationen im betrieblichen Umfeld dienen somit als Basis, auf die in den folgenden Kapiteln aufgebaut wird.

2.1 Umwelt im betrieblichen Umfeld und ihre Bedeutung in den Unternehmen

2.1.1 Definition des Umweltbegriffs und Funktionen der natürlichen Umwelt

Um im Rahmen dieser Arbeit von betrieblichen Umweltinformationssystemen sprechen zu können, muss zu Beginn auf die Bedeutung der Umwelt in den Unternehmen näher eingegangen werden.

Die Umwelt an sich wird in der Literatur meist sehr unterschiedlich betrachtet. Sieht man die Umwelt im weitesten Sinn, so umschließt sie die Gesamtheit der Existenz bestimmenden Faktoren.

Dies umfasst somit:[15]

- **Sozio-kulturelle Umwelt:** Diese umschließt die soziale Umgebung des Individuums, der Familie, der Gruppe sowie der Gesellschaft. Dazu können im weiteren Sinn auch das technologische, das politisch rechtliche und das ökonomische Umfeld gezählt werden.[16]

---

[15] Vgl. Wicke 1993, S. 5; Vgl. zur Definition der natürlichen Umwelt und zur Beschreibung der Wechselwirkungen innerhalb dieser Umwelt Haber 1980, S. 137ff; Bick et al. 1984, S. 17f, 25; Müller-Christ 2001, S. 4f; Kreikebaum hingegen unterteilt den Umweltbegriff noch weiter in die Ökonomische Umwelt, die technologische Umwelt, die sozio-kulturelle Umwelt, die ökologische Umwelt und in gesetzliche Umweltbedingungen (vgl. Kreikebaum 1997, S. 41ff). Im Rahmen der vorliegenden Arbeit ist die Unterteilung von Wicke ausreichend, um die unterschiedlichen Dimensionen des Begriffs der Umwelt darzustellen.

[16] Vgl. Janzen 1996, S. 2 ff

- **Räumliche Umwelt:** Hierbei versteht man die Umwelt als die nähere und weitere räumliche Umgebung, die von den Gebäuden bis zu Regionen, Ländern und Landschaftstypen reicht.
- **Ökologische/natürliche Umwelt:** Damit werden der Zustand der Umwelt in Bezug auf Tier, Mensch und Pflanzen sowie die gegenseitigen Beziehungen verstanden.

Schränkt man den Umweltbegriff weiter ein, interpretiert man meist nur mehr den räumlichen und ökologischen Umweltbegriff als Umwelt im herkömmlichen Sinn, hier auch als natürliche Umwelt bezeichnet. Von einer weiteren Abgrenzung, die die Umwelt rein nur mehr als den Zustand von Boden, Luft, Wasser, Pflanzen und Tierschutz betrachtet,[17] wird im Rahmen dieser Arbeit abgesehen, da im Kontext von betrieblichen Umweltinformationssystemen die räumliche Umwelt ebenso eine Rolle spielt. Ebenso hat die soziokulturelle Umwelt entscheidende Bedeutung für den betrieblichen Umweltschutz, denkt man bspw. an die Arbeitssicherheit, den Schutz der Mitarbeiter bzw. auch an die Gesellschaft als Anspruchsgruppe der Unternehmen.[18] Aus diesem Grund wird im Folgenden von Umwelt im weiteren Sinne gesprochen.

Sieht man nun die Umwelt in Beziehung zum Unternehmen, kann man typische Funktionen der Umwelt identifizieren.[19] Strebel unterteilt dabei im speziellen die natürliche Umwelt in zwei Funktionen:[20]

2.1.1.1 Die natürliche Umwelt als Potential für Rohstoffe und Energie

Auf der Inputseite des betrieblichen Produktionsprozesses fungiert die Umwelt als Lieferant der natürlichen Ressourcen zur Befriedigung der menschlichen Bedürfnisse und übernimmt somit eine Versorgungsfunktion, siehe Abbildung 2. Dabei ist aber zu beachten, dass hierbei jede natürliche Ressource als Inputstoff und somit als Produktivfaktor bezeichnet werden muss, was noch nicht sehr lange als selbstverständlich angesehen wird. Davor wurde nur als Ressource und somit als Input im ökonomischen Kalkül gewertet, was sich für Unternehmen auch dementsprechend ökonomisch auswirkte, das heißt, also nur jene Ressourcen, die mit Preisen belegt waren. Dies spiegelt aber nicht die Theorie wider, dass alle Güter, die sich durch Knappheit auszeichnen, mit entsprechenden Preisen belegt sein sollten. Denn durch die Erkenntnis, dass Knappheit im Prinzip auch jede natürliche Ressource betrifft, und damit auch die reproduzierbaren Ressourcen, dürfen diese nicht als freies Gut angesehen werden (also mit

---

17 Vgl. Wicke 1993, S. 6

18 Dies entspricht dem allgemein bekannten Stakeholder Ansatz (vgl. dazu etwa Michaelis 1999, S. 10f; Freimann 1996, S. 366ff; Schmid 1996, S. 88ff). Siehe zu den Adressaten und Anspruchsgruppen von Umweltinformationen auch Kapitel 2.2.3

19 Vgl. dazu Strebel 1994; Steger 1991; Siebert 1998; Schaltegger, Sturm 1992; zu den Beziehungen des Menschen zu seiner Umwelt vgl. auch Schmid 1996, S. 62ff

20 Vgl. dazu und im Folgenden Strebel 1994, S. 758ff

einem Faktorpreis >0). Auch der Natur unentgeltlich entnommene Stoffe als Inputfaktoren für die betriebliche Leistungserstellung müssen demnach ins betriebswirtschaftliche Kalkül miteinbezogen werden. Nach Gutenberg müssten genau genommen sogar alle Einsatzfaktoren, unabhängig davon ob sie mit Preisen belegt sind oder nicht, als Produktivfaktoren bezeichnet werden, da sie für die betriebliche Leistungserstellung unabdingbar sind.[21] Dazu würden bspw. auch der Sauerstoff aus der Luft sowie Energiearten wie bspw. Solarenergie zählen.

2.1.1.2 Die natürliche Umwelt als Aufnahmemedium für stoffliche und energetische Rückstände

Neben der Funktion der Umwelt als Quelle von natürlichen Ressourcen trägt die natürliche Umwelt auf der Outputseite eine weitere wichtige Funktion. Jede Produktion hat neben erwünschten Gütern immer auch so genannte Kuppelprodukte als Output, also unerwünschte stoffliche und energetische Rückstände, wobei hier insbesondere auch Lärm, Erschütterungen sowie Belastungen durch Strahlen hinzugezählt werden müssen.[22] Somit besteht die zweite Funktion der natürlichen Umwelt darin, als Aufnahmemedium für unerwünschte Kuppelprodukte der Produktion zu fungieren. Dies wird als Trägerfunktion in Abbildung 2 dargestellt.

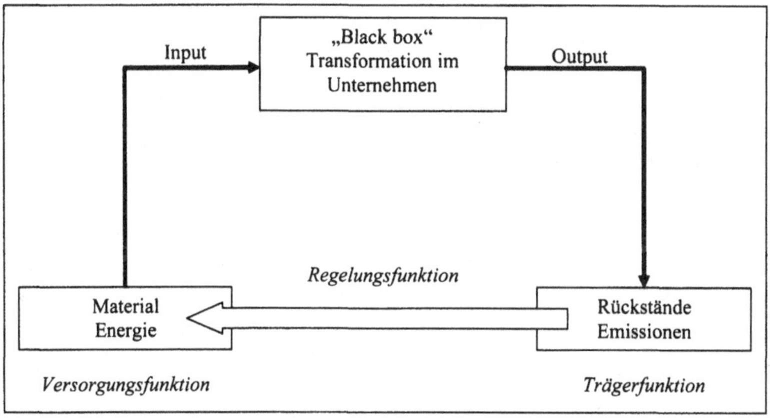

Abbildung 2: Die Funktionen der natürlichen Umwelt[23]

Auch bei der Umwelt als Abnehmer von stofflichen und energetischen Rückständen ging man lange davon aus, dass der natürlichen Umwelt keine Grenzen gesetzt sind und sie

21 Vgl. Gutenberg, 1983
22 Vgl. Riebel 1973, S. 1; Strebel 1981, S. 508
23 In Anlehnung an Klenner 2001, S. 9

uneingeschränkt als Aufnahmemedium agieren kann. Bei Verfahren wie der Deponierung hat man rasch die natürlichen Schranken der Umwelt erkannt und eine Rückstandsverwertung, insbesondere ein Recycling, stärker forciert. Zahlreichen Rückstandsarten sind aber auch bei einer Verwertung Grenzen, sowohl technische als auch ökonomische, gesetzt und somit die Kapazität der Umwelt zur Rückstandsaufnahme weiter begrenzt. Klar deutlich wird dies bei der Aufnahmefähigkeit der Umweltmedien für Schadstoffe sowie der Umweltbelastung durch Emissionen, wo durch spezifische Richtkonzentrationen und Grenzwerte die Aufnahmefähigkeit der Umwelt vom Menschen als begrenzt festgesetzt wird.[24] [25]

Dem gemäß trifft also Gutenbergs Definition der Produktivfaktoren als unabdingbare Einsatzfaktoren für die betriebliche Leistungserstellung[26] in dieser Hinsicht auch auf die natürliche Umwelt als Aufnahmemedium für Rückstände zu. Aus diesem Grund muss also die Umwelt als Abnehmer stofflicher und energetischer Rückstände in das betriebswirtschaftliche Kalkül miteinbezogen und mit Preisen belegt werden.

2.1.2 Umwelt und Umweltmanagement in der Betriebswirtschaft

Wie bereits im vorangegangenen Abschnitt erläutert, erfüllt die Umwelt verschiedene Funktionen und ist deshalb im betrieblichen Leistungserstellungsprozess unumgänglich. Die Beachtung der Umwelt in betriebswirtschaftlichen Agenden hat hingegen erst eine sehr kurze Geschichte. Die Volkswirtschaftslehre begann zwar schon relativ früh damit, sich mit dem Schutz der Umwelt zu beschäftigen, in die Betriebswirtschaftslehre fand der Umweltschutz erst seit den siebziger Jahren des vorigen Jahrhunderts Einzug. So erschienen im Jahre 1972 die ersten betriebswirtschaftlichen Schriften zum Thema Umweltschutz, erst Mitte der 80er Jahre fand dieses Themengebiet breiten Zugang in der betriebswirtschaftlichen Literatur. [27] [28] Aber erst seit der zweiten Hälfte der 80er Jahre ist neben einer stark steigenden Anzahl von Publikationen in der betriebswirtschaftlichen Literatur auch das Interesse der Unternehmen am Umweltschutz gestiegen und Aktivitäten in Richtung umweltfreundlichere Produktion wurden initiiert.[29] Im April 1988 wurde auf der Tagung der Evangelischen Akademie Tutzing "Umweltschutz als Teil der Unternehmenskultur - Umweltorientierte Unternehmenspolitik" eine Erklärung verabschiedet, die eine „Umweltorientierte Unternehmenspolitik als Teil der unternehmerischen Eigenverantwortlichkeit in der sozialen Marktwirtschaft" sieht.[30] [31]

---

24 Vgl. Strebel 1994, S. 760f

25 Zur Einbettung der Wirtschaft in die Natur siehe weiters auch Kreikebaum 1997

26 Vgl. dazu Gutenberg 1983

27 Vgl. Strebel 1980

28 Picot bspw. beschäftigte sich Ende der 70er Jahre mit den Gründen der Ausweitung der Umweltorientierung in den Unternehmen und diskutiert die Beziehungen zwischen den Unternehmen und ihrer Umwelt (vgl. Picot 1977).

29 Vgl. Dyckhoff 2000a, S. 52; Michaelis 1999, S. 7ff

30 Dies ist unter anderem als Tutzinger Erklärung bekannt, in Schulz W. 1991, S. 225

31 Zu einem historischen Überblick über umweltorientierte Maßnahmen in der Betriebswirtschaft, vor allem in Hinblick auf Recycling und eine Kreislauforientierung, vgl. auch Kirchgeorg 1999, S. 21ff

Ein Grund für das Auftreten eines gesteigerten Interesses kann im Bevölkerungswachstum und in Folge im Wirtschaftswachstum gesehen werden, da mit steigenden Bevölkerungszahlen, zunehmender Technisierung und durch vermehrte Produktion als Ausdruck der fortschreitenden Industrialisierung die in Kapitel 2.1.1 beschriebenen Funktionen der Umwelt in stärkerem Ausmaß in Anspruch genommen werden. Eine natürliche Regeneration der Umwelt ist somit in vielen Fällen nicht mehr möglich, man spricht in diesem Zusammenhang von Umweltbelastung.[32] Dies wiederum ließ das Umweltbewusstsein in der Bevölkerung stetig ansteigen und die Forderung der Öffentlichkeit nach einer umweltfreundlichen Produktion wurde stärker bzw. bildete sich überhaupt erst aus.[33] Auch seitens des Gesetzgebers wurde auf das Wirtschaftswachstum reagiert und die, Anfang der 70er Jahre nur sehr spärlichen Forderungen nach einem umfassenden Umweltschutz, weiteten sich von den 80er Jahren bis heute zu einer kaum mehr überschaubaren Anzahl von Gesetzen, Vorschriften und Normen auf sowohl nationaler als auch internationaler Ebene aus.[34]

Doch trotz der Vielzahl an Umweltbelastungen und Umweltschäden, die durch die verstärkten wirtschaftlichen Aktivitäten hervorgerufen wurden, war Umweltschutz in den Unternehmen lange kein aktuelles Thema und wurde deshalb in die wirtschaftlichen Überlegungen nicht mit einbezogen.[35] Vor allem outputseitig in ihrer Funktion als Aufnahmemedium für stoffliche und energetische Rückstände wurde die Umwelt als freies Gut angesehen und Umweltschutz in der Produktion sogar als hinderlich und unproduktiv angesehen.[36] Erst nach und nach entstand das heute allgemeine Verständnis, dass die natürliche Umwelt als knappes und auch lebenswichtiges Gut angesehen und daher

---

32 Vgl. Strebel 1984, S. 340

33 Vgl. Tarara 1997, S. 5f

34 Vgl. Dyckhoff 2000a S. 53; eine Übersicht über derzeitig rechtliche Rahmenbedingungen gibt Michaelis 1999

35 Vgl. dazu die Gegenüberstellung der Hierarchie der Ziele von Industrieunternehmen in den empirischen Untersuchungen von Meffert/Kirchgeorg 1989 und Raffée/Fritz 1992. Dabei ist klar ersichtlich, dass zu Beginn der 90er Jahre des 20. Jahrhunderts Umweltschutz noch nachrangig in das Zielsystem der Unternehmen einging (in beiden Studien rangierte der Umweltschutz im unteren Drittel im Zielsystem). Mitte bis Ende der 90er Jahre des 20. Jahrhunderts nimmt der Umweltschutz zwar noch immer eine untergeordnete Stellung im Zielsystem der Unternehmung ein (vgl. Michaelis 1999, S. 7ff), die Unternehmen erkennen aber bereits den Zusammenhang und die Komplementärbeziehung zwischen dem Umweltschutz und der langfristigen Unternehmenssicherung. Zu einem Überblick über die Verankerung des Umweltschutzes im betrieblichen Zielsystem siehe auch Freimann 1996, S. 226f; Eine weitere empirische Untersuchung Ende der 90er Jahre bestätigt ebenfalls den positiven Zusammenhang zwischen Umweltschutzzielen und Zielen der Unternehmen, positioniert den Umweltschutz aber in der Hierarchie eher im unteren Drittel (vgl. Schwaderlapp 1999)

36 Als „freies“ Gut fand die Umwelt lange Zeit keinen Eingang in das betriebliche Rechnungswesen, da anders als bei den Ressourcen für den Verzehr des öffentlichen Gutes „saubere Umwelt“ keine Gegenleistung erbracht werden musste und der Marktmechanismus in diesem Zusammenhang versagte (vgl. dazu etwa Steitferdt, Pfnür 1998, S. 376)

entsprechend bewirtschaftet werden muss. Dies bedeutet eine schonende Umweltgestaltung durch den Menschen.[37]

Ein weiterer Grund, warum Umweltschutz in den Unternehmen einen immer größeren Stellenwert besitzt, liegt in der zunehmenden öffentlichen Exponiertheit der Unternehmen, bedingt durch ein ebenso immer stärker werdendes Umweltbewusstsein in der Bevölkerung.[38] Eine umweltfreundliche Produktion wird immer öfter als Entscheidungskriterium bei der Auswahl der Produkte, aber auch bei der Wahl der Lieferanten und Abnehmer herangezogen. Hinzu kommt, dass eine umweltbewusste Unternehmensführung als durchaus positiv auf Investoren, Kreditgeber und Versicherungen wirken kann. Neben politisch rechtlichen Anforderungen, die sich in den meisten Fällen durch Vorschriften, Gesetze, Verordnungen, Abgaben etc. äußern, werden hierbei auch jene Anforderungen, die von der Gesellschaft im Allgemeinen, bspw. Konsumentenvereinen, Verbraucherschutzorganisationen, Umweltschutzorganisationen und Anrainern, an die Unternehmen herangetragen werden, mit eingeschlossen. Durch diese Anforderungen an die Unternehmen wurde auch der Druck von außen immer stärker, sich in den Unternehmen bewusst mit der Umwelt und deren Schutz auseinander zu setzen.[39] Schmid bezeichnet diese Forderungen der Anspruchsgruppen dabei als Ökologie-Push und Ökologie-Pull.[40] Die gesetzlichen Vorschriften, Normen und Richtlinien, Proteste von Bürgerinitiativen, Kreditvergabeleitlinien sowie die umweltbewusste Konkurrenz üben dabei Druck auf das Unternehmen aus und zwingen es beinahe zu einem umweltbewussten Verhalten. Andererseits existieren aber auch die so genannten Ökopull-Faktoren, bei denen umweltbewusste Verbraucher, Forderungen industrieller Abnehmer[41] und Forderungen des Handels das Unternehmen zwar nicht direkt zwingen können, Umweltschutzmaßnahmen zu tätigen, durch die Entscheidung über den Konsum bzw. Nicht-Konsum dennoch Einfluss auf das Verhalten der Unternehmen ausüben können.

Somit wurde eine nachhaltige Wirtschaft in den Unternehmen immer wichtiger und viele betriebswirtschaftliche Fragestellungen wurden davon berührt. Aus diesem Grund ging der Schutz der Umwelt in die Betriebswirtschaft ein und das betriebliche Umweltmanagement[42] hat dabei eine Querschnittsfunktion eingenommen, die alle Wirtschaftsbereiche eines

37 Vgl. Strebel 1984, S. 340f

38 Vgl. dazu auch Meffert, Benkenstein, Schubert 1987

39 Dies entspricht wiederum dem Stakeholderansatz, vgl. dazu Freimann 1996, S: 366ff. Vgl. zu ökologiebezogenen Anspruchsgruppen Schmid 1996, S. 94ff; Der Druck auf Unternehmen, sich mit Agenden des Umweltschutzes zu beschäftigen, bestand zwar auch schon viel früher, verstärkte sich in den letzten beiden Jahrzehnten zusehends.

40 Vgl. Schmid 1996

41 Dies wurde durch die Implementierung von Umweltmanagementsystemen aktuell, da in diesen Systemen bei der Auswahl der Lieferanten Umweltschutzkriterien ein maßgebenden Rolle spielen.

42 Neben dem Begriff des betrieblichen Umweltmanagements werden in der Literatur synonym die Begriffe betriebliche Umweltwirtschaft, ökologische Unternehmenspolitik, ökologieorientierte Unternehmensführung, betriebliche Umweltökonomie verwendet, die sich alle mit den Möglichkeiten und Maßnahmen des betrieblichen Umweltschutzes beschäftigen.

Unternehmens mit einschließen muss.[43] Es beschäftigt sich in dem Sinne mit den in Bezug auf die Umwelt marktlichen und nicht-marktlichen Anforderungen an das Unternehmen.[44] Ein konstruktives Umweltbewusstsein und Umweltmanagement erfasst somit die gesamte Organisation eines Unternehmens und fordert vor allem auch ein Umdenken auf allerhöchster Unternehmensebene sowie ein auf Umweltschutzbelange ausgerichtetes kreatives Denken auf den verschiedensten Ebenen in den Unternehmen.[45] [46]

Dass sich die Erreichung dieses Ziels nicht so einfach gestaltet, wurde schon im vorangegangenen Abschnitt diskutiert, da eine Produktion von Gütern als Kuppelproduktion zu sehen ist und somit immer mit Umweltbelastungen einhergeht. Somit steht das Sachziel Umweltschutz in diesem Sinne im Zielkonflikt zum Sachziel der Produktion.[47] Da ein absoluter Umweltschutz den vollständigen Stopp der Produktion zur Folge hätte, kann man diesbezüglich also immer nur von einem relativen Umweltschutz sprechen. Dennoch muss aber auch die Komplementarität des Ziels Umweltschutz mit anderen langfristigen Unternehmenszielen hervorgehoben werden.[48] [49]

Ziel dieser so genannten umweltpolitischen Konzeptionen ist es also, langfristig eine Verbesserung der Umwelt zu erreichen, indem die natürliche Umwelt im Vergleich zu anderen, ökologisch schlechteren, Alternativen entlastet wird. Dies bedingt, dass eine in der Literatur ebenfalls erwähnte Konzeption, die Umweltbelastung, im Rahmen dieser Arbeit explizit ausgeklammert wird.[50] Bezogen auf die erwähnten Alternativen taucht in diesem Zusammenhang zwar auch immer ein Bewertungsproblem auf sowie die Tatsache von

43 Vgl. Strebel 2002a, S. 113; Als Querschnittsfunktion wird das Umweltmanagement insbesondere auch deshalb bezeichnet, da keine Linienfunktion im Unternehmen von sich aus in der Lage ist, die unterschiedlichen Aufgabenstellungen des betrieblichen Umweltmanagements, bspw. Umweltinformationssysteme aufzubauen und die generierten Umweltinformationen zu generieren, allein zu bewältigen (vgl. Müller-Christ 2001, S. 250).

44 Vgl. Matschke 1996, S. 18

45 Vgl. Schmidt 1974, S. 138

46 Wenn hier von der immer wichtiger werdenden Bedeutung des Umweltschutzes in der Betriebswirtschaft gesprochen wird, muss an dieser Stelle aber auch angemerkt werden, dass sich dieser Trend in letzter Zeit erheblich abgeschwächt hat und nun andere gesellschaftliche Themen in den Vordergrund drängen (als Beispiel sei hier etwa die Corporate social responsibility erwähnt). Parallel dazu erfährt natürlich auch das Umweltmanagement eine gewisse Stagnation (vgl. Müller-Christ, Hülsmann 2003, S. 258)

47 Vgl. zum Konflikt zwischen Ökonomie und Ökologie Müller-Christ 2001, S. 12ff.

48 Betrachtet man den Umweltschutz aber als Teil des Zielsystems des gesamten Unternehmens, kann man feststellen, dass hier zumindest Komplementärbeziehungen (z.B. zur langfristigen Existenzsicherung) bestehen, wie Michaelis bspw. in seiner Unternehmensanalyse in Deutschland identifizierte (vgl. Michaelis 1999, S. 7ff). Vgl. zu den Zielbeziehungen zwischen dem Umweltschutz und anderen Unternehmenszielen auch die Gegenüberstellung zweier empirischer Analyse in Raffée und Fritz 1995, S. 346

49 Ökonomisch rationell bedeutet dies also, durch Umweltschutz entweder Kosten zu senken, bspw. durch Verbrauchssenkungen von Roh-, Hilfs- und Betriebsstoffen, und andererseits den Gewinn durch Umweltschutz zu steigern (vgl. Müller-Christ, Hülsmann 2003, S. 260).

50 Umweltbelastung bedeutet in diesem Zusammenhang den Verzicht auf Umweltschutz und ein bewusstes Agieren innerhalb von gesetzlichen Vorschriften und Restriktionen, ohne darüber hinaus Maßnahmen zu tätigen. Diese Spielräume wurden aber im Laufe der Jahre immer mehr eingeschränkt, wobei diese Nutzung der Spielräume ohnehin unvermeidbar ist. Probleme werfen eher die Grauzonen auf, die oft bewusst von den Unternehmen ausgenutzt werden. (Strebel 1994, S. 768ff; Matschke 1996, S. 3) Vgl. zu Aspekten der Umweltbelastung auch Strebel 1980, S. 17ff.

unvollkommener Information, darauf wird hier nicht näher eingegangen werden.[51] Unvollkommene Information kann aber in diesem Zusammenhang dann zu einem Problem werden, wenn Wechselwirkungen und Zusammenhänge von Umwelteinflüssen nicht oder in nicht ausreichendem Maße bekannt sind und es aus diesem Grund zu „versteckten" Umweltbelastungen – also eine Reduktion der Umweltbelastungen auf Kosten eines erhöhten Umwelteinflusses von anderen Prozessen, Stoffen und ähnlichem – kommen kann.[52] Ziel dieser Arbeit ist es somit, diese Unsicherheit und das Problem der unvollkommenen Information durch den Aufbau und die Forcierung von betrieblichen Umweltinformationssystemen abzuschwächen.

Richtet sich nun die Produktion an einer umweltbewussten Strategie aus, können prinzipiell folgende Kalküle angestrebt werden:[53]

Gezielter, sparsamer Einsatz ökologisch knapper Ressourcen: Diese inputorientierte Konzeption versucht, durch sparsamen Einsatz von natürlichen Ressourcen sowie durch die Substitution von schädlichen Stoffen durch weniger schädliche eine umfassende Ressourcenschonung zu erreichen.

Vermeidung bzw. Verminderung von Rückständen: Da eine umfassende Vermeidung von stofflichen Rückständen und Emissionen nur durch eine vollständige Unterbindung der Produktion möglich wäre, kann eigentlich nur eine Verminderung von Emissionen und Rückständen als betriebliche Umweltschutzkonzeption angesehen werden.

Wieder- oder Weiterverwendung oder –verwertung von Rückständen: Diese Konzeptionen können durch die gezielte Einrichtung von Stoff- und Energiekreisläufen innerhalb des Wirtschaftssystems erreicht werden. Vor allem durch ein mehrmaliges Verwenden von Produkten kann die Umwelt in erheblichem Maße, sowohl in ihrer Funktion als Ressourcenlieferant als auch als Aufnahmemedium für stoffliche und energetische Rückstände, geschont werden. Durch die Verwertung geht zwar die ursprüngliche Form und die Zusammensetzung des Produktes verloren, trotzdem kann durch diese Maßnahme ein wesentlicher Beitrag zum Schutz der Umwelt geleistet werden. Dieses Recycling wird sowohl von der Politik, als auch von den Unternehmen selbst immer mehr forciert.[54]

Umwandlung schädlicher in weniger schädliche Rückstände: Sind Rückstände in der Produktion entstanden und ist eine Verwendung bzw. Verwertung nicht möglich (technisch und/oder ökonomisch), sollte im Rahmen einer relativen Umweltschonung eine Transformation der stofflichen und energetischen Rückstände in ökologisch unschädliche bzw. weniger schädliche erfolgen.

---

51 Vgl. Strebel 1994, S. 763

52 Zum Beispiel Solarzellen, DDT etc.

53 Vgl. dazu und im Folgenden bspw. Dyckhoff 1991, S. 280; Strebel 1994, S. 771ff

54 Auf die besondere, überbetriebliche Form von Verwertung in Netzwerken wird in den Verwertungsnetzen in Kapitel 4 noch näher eingegangen.

Zusätzlich kann als Nachsorge eine gezielte Deponierung bzw. Verteilung von stofflichen und energetischen Rückständen in der Natur angeführt werden. Strebel (1994) bspw. sieht eine Beauftragung von Dritten für die Entsorgung der Rückstände des Unternehmens als umweltpolitische Konzeption. Diese kann eine zumindest sachgerechte Behandlung von Abfällen bedingen und somit zur relativen Umweltschonung gezählt werden, da sie über ein einfaches Übertragen der Entsorgungsproblematik hinausgeht und die ökologischen Auswirkungen hier positiver zu beurteilen sind.[55]

Da nun ausführlich auf die Bedeutung des Umweltschutzes eingegangen wurde, wird in weiterer Folge geklärt, wie ein auf Umweltschutzaktivitäten ausgerichtetes unternehmerisches Handeln unterstützt werden kann. Ein Hauptproblem liegt sicher darin, dass für Umweltschutz in Form der obig dargestellten umweltpolitischen Konzeptionen in den Unternehmen die entsprechenden Informationen zur Verfügung gestellt sein müssen. Hilfestellung sollen hier so genannte Umweltinformationssysteme bieten, um die Versorgung mit Informationen für all die oben genannten umweltpolitischen Konzeptionen erreichen zu können, denn vor allem durch die Miteinbeziehung der Umwelt in die unternehmerischen Entscheidungen stoßen herkömmliche Informationssysteme schnell auf ihre Grenzen. Aus diesem Grund ist der Einsatz spezieller Systeme notwendig, um hier die Umwelt in ausreichendem Maß zu integrieren und somit auch zu einer gesteigerten Wertschöpfung, Kostenreduktion, Reduktion der Umweltbelastungen und allgemein zu einer gesteigerten Effizienz der betrieblichen Abläufe beizutragen. Somit steht durch den Einsatz eines solchen Umweltinformationssystems den Unternehmen ein betriebswirtschaftliches Instrument für ein strategisch und langfristiges, vorbeugendes und innovatives Handeln zur Verfügung.[56] Im Folgenden wird deshalb näher auf die Bedeutung von Informationen und Umweltinformationen in Unternehmen eingegangen. Denn: „Ohne den Einsatz entsprechender ökologischer Informationssysteme wird auf Dauer die Generierung von unternehmens- und marktbezogenen Umweltschutzinnovationen und das immer wichtiger werdende betriebliche Umweltcontrolling nicht möglich sein.“[57]

2.2 Informationen und Umweltinformationen

Prinzipiell ist die Basis jeden zielorientierten Handelns die Verfügbarkeit von Informationen. Um Umweltschutz also zielorientiert verfolgen zu können, ist somit das Vorliegen entsprechender Informationen, in diesem Fall Umweltinformationen, notwendig. Wenn man im Rahmen dieser Arbeit jedoch von der Bedeutung von Informationen und Informationssystemen zur Unterstützung der betrieblichen Abläufe sowie als die eigentliche

55 Vgl. Strebel 1994
56 Vgl. Schulz W. 1991, S. 36
57 Schulz W. 1991, S. 33

Basis für betriebliche Umweltinformationssystemen spricht, muss zuerst eine begriffliche Abgrenzung vorgenommen werden, um Missverständnissen vorzubeugen.

2.2.1 Begriffliche Abgrenzung von Informationen und Informationssystemen

Den Kernbereich von Umweltinformationssystemen bilden, wie aus dem Namen schon hervorgeht, im Allgemeinen Informationen. Diese Informationen sollen so verstanden werden, dass sie die zielgerichtete Verarbeitung, bspw. das Transformieren, Aggregieren, Deaggregieren, Speichern, Produzieren usw. von Zeichen tragenden Signalen beinhalten, um damit einen bestimmten Zweck zu verfolgen. Dies setzt also grundsätzlich keine neutrale Verarbeitung voraus.[58] Somit kann man Informationen auch als zweckgerichtetes Wissen definieren, welches für die Vorbereitung von Entscheidungen eingesetzt wird und jedem Handeln im eigentlichen Sinn zugrunde liegt.[59] Dadurch kommt es aber auch zu einer Aufwertung des Begriffs „Information" zu einem Produktionsfaktor im betriebswirtschaftlichen Leistungserstellungsprozess.[60]

Spricht man von Informationsverarbeitung im Unternehmen, vom Informationsaustausch zwischen Unternehmen und vom Informationsmanagement allgemein, spielt dabei auch die Kommunikation eine wesentliche Rolle. Darunter versteht man grundsätzlich die Überwindung von räumlichen Distanzen zwischen Akteuren unter der Verwendung von Zeichen, die erzeugt, übermittelt und empfangen werden.[61] Der Kommunikation kommt gerade durch die Verknüpfung von Informationen sowie durch die immer wichtiger werdende Informationsverarbeitung eine zentrale Bedeutung zu und sie muss deshalb ebenfalls in gewissem Maße gemanagt werden, um damit einen ausreichenden Informationsaustausch gewährleisten zu können. Sie ist also unabdingbar für ein effizientes Informationsmanagement.[62]

Hinter dem Informationsmanagement stehen jeweils die entsprechenden Informations- und Kommunikationstechnologien, die Ressourcen in Form von Hard- und Software sowie spezifische Methoden und Techniken beinhalten. Sie sind die Basis für die Informations- und Kommunikationssysteme, auf denen konkrete Anwendungen, wie sie etwa betriebswirtschaftliche Supply Chain Software oder Betriebliche Umweltinformations-

---

58 Vgl. Wersig 2000, S. 19; Picot, Franck 1993a, S. 433; Krcmar 1996, S. 718

59 Vgl. Wittmann 1959, S. 14; Wittmann bezeichnet dabei Informationen allgemein als zweckorientiertes Wissen, das heißt, wenn es dem Informationsempfänger zur Erreichung eines Handlungszweckes in einer bestimmten Handlungssituation unterstützt. Vgl. dazu auch Evers 1998, S. 296. Er beschreibt dabei den direkten Zusammenhang zwischen der Qualität und Quantität von Informationen mit der Qualität der Entscheidung. Vgl. dazu auch Gemünden 1992, Sp. 1010ff; Hoch wiederum betont, dass es keine eindeutig messbaren Größen gibt, um die Zusammenhänge zwischen der Informationsbeschaffung und –management zu messen, da es für die Ursache-Wirkungskette an zu vielen Aspekten mangelt. (Vgl. Hoch 1997, S. 8); Vgl. zu einer Definition von Information auch Grotz-Martin 1976.

60 Vgl. Krcmar 2003, S. 18

61 Vgl. Wersig 2000, S. 19; Picot, Franck 1993a, S. 435

62 Im Rahmen dieser Arbeit werden in weiterer Folge Kommunikationssysteme unter den Informationssystemen subsummiert und nicht extra erwähnt.

systeme[63] darstellen, aufsetzen.[64] Die Verbindung der Organisation, der Informations- und Kommunikationstechnologien und den betriebswirtschaftlichen Problemstellungen wird in den Informationssystemen subsummiert.[65]

Informationen werden im Unternehmen sowohl für die externen als auch internen Bedürfnisse und Funktionen erfordert. Intern werden sie für die Koordination aller Funktionsbereiche und Abteilungen benötigt, extern können Informationen für die Kommunikation als wesentliches Element beim Verkauf der Produkte genannt werden. Hinzu kommt die große Bedeutung von Informationen, wenn man Unternehmen als Teil eines großen Gefüges, wie es ein Netzwerk darstellt, sieht. Darin tragen Information und Kommunikation entscheidend zur Kooperation und Abstimmung bei werden als Merkmal für das Funktionieren und den Erfolg von überbetrieblichen Kooperationen sowie als notwendiges Hilfsmittel für die Gestaltung und Lenkung von Netzwerken angesehen.[66]

Als eine wesentliche Aufgabe der Informationserfassung und Verarbeitung im innerbetrieblichen Kontext kann die Koordination des Managements und der Mitarbeiter angesehen werden, durch die es zu einer Ausrichtung an den gemeinsamen Unternehmenszielen kommt. Geht man von der betrieblichen Ebene auf die überbetriebliche Zusammenarbeit, wird die Bedeutung dieser Ausrichtung sichtbar, denn erst durch die Festlegung dieser spezifischen Unternehmensziele kann im Prinzip auf überbetrieblicher Ebene der Aufbau eines gemeinsamen Ziel- und Wertesystems erfolgen und sich die einzelnen Unternehmen im Netzwerk danach orientieren. Dies kann aber notwendig für das Funktionieren eines Netzwerkes sein. Darüber hinaus werden Informationen und ihre Weitergabe benötigt, um Lernprozesse innerhalb der Unternehmen, aber auch in Netzwerken, zu fördern. Ohne diese Lernprozesse wäre eine Weiterentwicklung der Unternehmen sowie notwendige Anpassungen an veränderte Rahmenbedingungen und ein Agieren in Netzwerken nur sehr schwer möglich.[67]

Insbesondere werden Informationen überall dort benötigt, wo Entscheidungen gefällt werden müssen. Als unerlässliche Aufgabe von Informationen wird deshalb sicherlich die Unterstützung des Managements bei zielgerichteten Entscheidungen angesehen. Dabei helfen Informationen dem Management, wenn Entscheidungen unter Unsicherheit gefällt werden müssen.[68] Dies ist besonders bei überbetrieblichen Kooperationen von Bedeutung.[69] Durch

---

63 Siehe dazu die jeweiligen Kapitel im Rahmen dieser Arbeit.

64 Vgl. Scheer, Angeli, Herrmann 2003, S. 365

65 Vgl. Picot, Reichwald, Wigand 2003, S. 204; zu ausführlichen Erläuterungen von Informations- und Kommunikationssystemen siehe auch Picot, Rohrbach 1996

66 Vgl. Kuhn, Hellingrath 2002, S. 29ff

67 Vgl. Kytzia 1995, S. 15f; Griese 1990; Picot, Rohrbach 1996

68 Da faktisch nie der Zustand vollkommener Information eintreten kann, wird im Rahmen dieser Arbeit von Entscheidung unter Unsicherheit gesprochen, wenn zumindest einer der Handlungsmöglichkeiten, die eine Person auswählen kann, kein eindeutiges Ergebnis zugeordnet werden kann. (vgl. Hanf 1986, vgl. zu Unsicherheit und Risiko Knight 1971, S. 20; Strebel 1968, S. 194f)

entsprechende Informationsbeschaffung kann hierbei die Unsicherheit reduziert werden, indem Alternativen eingeschränkt, versteckte Alternativen sichtbar gemacht oder auch die unterschiedlichen Wahlmöglichkeiten besser abgeschätzt werden können.[70] Bei der Unsicherheitsreduktion erfüllen Informationen somit die Aufgabe, Hinweise und Auskünfte über Alternativen zu komplettieren, Inkonsistenzen zu beseitigen sowie eine Bewertung von Alternativen zu vereinheitlichen bzw. überhaupt zu ermöglichen.[71] Darüber hinaus werden Informationen im Entscheidungsprozess auch für eine eingangs notwendige Zielbildung und eine entsprechende Problemerkenntnis benötigt, ohne die es zu keinen entsprechenden Entscheidungen kommen kann.

Doch obwohl Informationen in den Unternehmen von wesentlicher Bedeutung sind, können sie selten für sich genommen dem Unternehmen dienen. Erst durch eine entsprechende Erfassung, Verarbeitung, Speicherung und Weitergabe erhalten sie ihren Wert. Dies wird durch ein entsprechendes Informationsmanagement gewährleistet, das durch den Aufbau einer Informationsinfrastruktur dafür zu sorgen hat, das vorhandene Informationspotential auszuschöpfen. Die Erreichung der strategischen, aber auch taktischen und operativen Unternehmensziele und überbetrieblichen Ziele sollte somit ermöglicht werden.[72]

Geht man nun explizit auf die Umwelt ein, muss zuerst der Begriff der Umweltdaten näher definiert werden. Diese geben grundsätzlich näher Auskunft über den Zustand von Wasser, Boden und Luft. Erst wenn sie in Zusammenhang mit einem fachlichen Kontext gesehen werden und in Bezug zu Raum und Zeit gesetzt werden, kann man von Umweltinformationen im eigentlichen Sinn sprechen.[73]

Der Begriff der Umweltinformation, der in der Regel sehr breit ausgelegt werden kann, soll also auf, für Unternehmen entscheidungsrelevante, verfügbare Daten, die Auskunft über Sachverhalte der räumlichen und biologischen Umwelt geben und dabei einen einzelwirtschaftlichen Bezug aufweisen, eingegrenzt werden.[74] Im betrieblichen Kontext müssen für einen umfassenden Umweltschutz zusätzlich zu diesen Umweltinformationen im eigentlichen Sinn noch umweltrelevante Informationen berücksichtigt werden. Diese stehen zwar nicht in unmittelbarem Zusammenhang mit Umweltwirkungen, trotzdem können sie

---

69 Der Faktor Unsicherheit in Netzwerken wird in der Literatur immer wieder betont. Dies kann einerseits auf mangelndes Vertrauen zurückgeführt werden, einhergehend mit opportunistischem Verhalten, aber auch durch fehlende Informationen über die Netzwerkpartner. Aus diesem Grund wird hier die Bedeutung von Informationen in der überbetrieblichen Zusammenarbeit hervorgehoben. Zu Unsicherheit in Netzwerken siehe bspw. Reiß 1998; Burr 1999, S. 1163; Wildemann 1997

70 Als weitere Hauptgruppen zur Verringerung des Risikos und der Unsicherheit bei Entscheidungen schlägt Hanf Versicherungen und versicherungsähnliche Maßnahmen, einen Risikoausgleich durch eine Organisationsanpassung sowie Maßnahmen zur Verbesserung der Anpassungsfähigkeit vor. (vgl. Hanf 1986, S. 65ff). Darauf wird im Folgenden aber nicht näher eingegangen.

71 Zu den unterschiedlichen Alternativen siehe auch Licker 1997, S. 35f

72 Vgl. Krcmar 2003, S. 34

73 Vgl. Rautenstrauch 1999, S. 8

74 Vgl. Behrendt 2000, S. 9

durch Folgewirkungen, Abweichungen, Größe und Ausmaß, Wechselwirkungen etc. die Beeinträchtigung der natürlichen Umwelt noch steigern.[75]

Daneben gibt es noch Umweltwirkungsinformationen, die die Wirkungszusammenhänge zwischen den Stoffen und ihren Umweltbelastungen, aber ohne Bezug zu Zeit und Raum, darstellen.[76]

Da sowohl Umweltdaten, Umweltinformationen als auch umweltrelevante Informationen und Umweltwirkungsinformationen für die Unternehmen in Bezug auf den betrieblichen Umweltschutz ein große Bedeutung haben und sie sich in ihrer Operationalisierung und Handhabung im Rahmen von betrieblichen Umweltinformationssystemen nicht wesentlich unterscheiden, wird im Folgenden nur mehr der Überbegriff „Umweltinformation" verwendet. Diese Umweltinformationen sind also im Wesentlichen notwendig, um sowohl Produzenten als auch Konsumenten die Auswirkungen und Folgen ihres Handelns erkennen zu lassen und deshalb umweltschonendes Verhalten zu indizieren. Umweltinformationen sind in diesem Sinne also notwendige, jedoch nicht hinreichende Grundlage für den betrieblichen Umweltschutz.[77]

2.2.2 Merkmale von Umweltinformationen

Über die Notwendigkeit der Integration von Umweltinformationen in betriebliche Entscheidungsprozesse wurde bereits diskutiert. Um diese Umweltinformationen aber erfolgreich zu erfassen, verarbeiten und zu speichern, müssen wesentliche Merkmale von Umweltinformationen, die sie von herkömmlichen betriebswirtschaftlichen Formen der Information unterscheiden, hervorgehoben werden. Diese sind im Folgenden:[78]

Interdisziplinarität: Umweltinformationen umfassen bspw. chemische, biologische, physikalische, soziale, rechtliche, ökonomische und ökologische Fragestellungen, die es unmöglich machen, sie einer einzigen Fachdisziplin zuzuordnen.

Schwache Strukturierung: Kausale Zusammenhänge bzw. spezifische Bedeutungen der Umweltinformation sind a priori oft nicht klar ersichtlich.

Bedarf an unterschiedlichen Aggregationsstufen: Benötigt man bspw. für Behörden genaue Messwertdaten für Luftemissionen (Primärdaten), kann es für Zeitreihenvergleiche für bspw. Audits bereits genügen, die Daten ohne spezielle Detaillierung entsprechend über die Zeit aufzubereiten. Umweltinformationen, die der Führung als Information und zur

---

75 Als Beispiel dafür kann die Art der Montage eines bestimmten Bauteiles genannt werden. Sie hat zwar, abgesehen vom Einsatz von Rohstoffen für diese Montage, keine direkten Auswirkungen auf die Umwelt, trotzdem kann dadurch die Möglichkeit einer Wieder- bzw. Weiterverwendung bzw. in weiterer Folge durch die Demontage die Wieder- und Weiterverwertung entscheidend beeinflusst werden.

76 Vgl. Klenner 2001, S. 128

77 Müller A. 1995, S. 43; Strebel 1980, S. 63

78 Vgl. dazu und im Folgenden Behrendt 2000, S. 10f; Müller-Christ 2001, S. 355

Entscheidungsvorbereitung dienen, sind in der Regel noch mehr verdichtet und liegen nur mehr als Kenngrößen in Form von statistischer Information bereit.

Hohe Komplexität: Umweltinformationen sind in ihren Ursache- und Wirkungszusammenhängen vielfach komplex. Ein Ableiten von Handlungsempfehlungen gestaltet sich somit schwierig und nicht eindeutig.

Unterschiedliche Präsentationsarten: Neben Textinformationen wie bspw. Gesetzestexte können Umweltinformationen in numerisch-statistischer Form als Indikatoren für Mengendaten und in graphischer Ausführung als kartographische Darstellung vorliegen. Dies erschwert vor allem die Zusammenführung der Umweltdaten zu einem einheitlichen Informationssystem.

Genaue Zuordnung und Aufenthaltsort der Umweltdaten: Umweltinformationen sind häufig in bestehenden Informationssystemen verteilt bzw. in Unternehmen über sehr viele Abteilungen hinweg verstreut. Durch diese dezentrale und oft auch unklare Sammlung von umweltrelevanten Informationen und Daten gestaltet sich eine Zusammenfassung zu einem umfangreichen Umweltinformationssystem schwierig.

Fehlen einer monetären Bewertung: Bei Umweltinformation fehlt oft eine monetäre Bewertung. Dies erschwert einerseits eine Aggregation der Umweltinformationen, andererseits kann aber auch eine Entscheidung aufgrund dieser Umweltinformationen erschwert werden, da insbesondere die Vergleichbarkeit von verschiedenen Daten nicht mehr gegeben ist. Aus letzterem Grund muss die Überlegung angestellt werden, ob überhaupt monetäre Bewertungen von Umweltinformationen in die Entscheidungsfindung einfließen sollten, da ein monetäre Bewertung mitunter sich sehr schwierig gestalten kann und es zu Verzerrungen kommen kann.

Durch diese besonderen Charakteristika von Umweltinformationen lässt sich bereits erkennen, dass die Sammlung, Verarbeitung, Aufbereitung und Speicherung dieser Informationen bewusst und mit Hilfe von spezifischen Instrumenten geschehen sollte, um hier eine größtmögliche Effizienz zu erreichen. Dies ist insbesondere notwendig, um die mit den Charakteristiken von Umweltinformationen einhergehende hohe Unsicherheit zu reduzieren.

2.2.3 Funktionen von Umweltinformationen

Betriebliche Umweltinformationen haben – ähnlich wie Informationen an sich – unterschiedlichste Aufgaben und Funktionen im Unternehmen wahrzunehmen (siehe Abbildung 3). Intern übernehmen sie dabei die Aufgabe der Planung, Entwicklung, Steuerung und Kontrolle der umweltrelevanten Prozesse und Abläufe. Zur strategischen Funktion zählen dabei insbesondere die Planung und Steuerung von Unternehmensprozessen. Umweltinformationen dienen hier in erster Linie der Entscheidungsvorbereitung sowie der Festlegung von Strategien und Zielen.

Werden Umweltinformationen für Entscheidungen sowie für das „Tagesgeschäft" benötigt, spricht man von der Lenkungsfunktion. Hierin fallen bspw. Simulationsmodelle, die Prozessstörungen bereits vor ihrem Auftreten identifizieren und vermeiden bzw. Gegenmaßnahmen einleiten können. Dadurch wird der Wartungsaufwand minimiert, Prozessstörungen reduziert, Laufzeiten verbessert und störungsbedingte Umweltbelastungen gesenkt.[79]

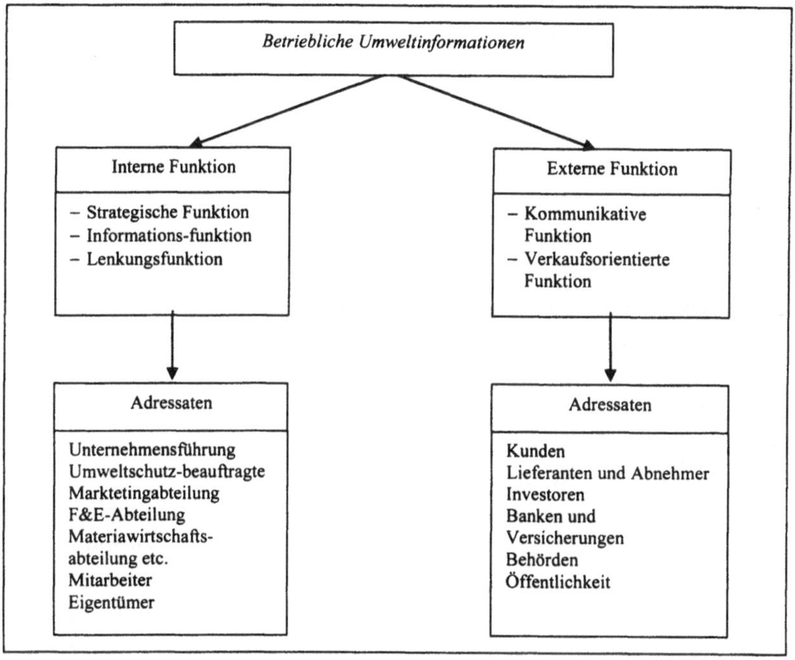

Abbildung 3: Adressaten von Umweltinformationen[80]

Ähnlich ist auch die Informationsfunktion anzusehen, die eine monetäre und stoffliche Bewertung von Produktionsprozessen in den Mittelpunkt stellt. Entscheidend, um diese Funktion wahrzunehmen, ist vor allem eine eingehende Stoffstromanalyse. Ziel ist es wiederum, durch entsprechende Verbesserungen die benötigten Ressourcen möglichst effizient einzusetzen und somit ökonomische wie ökologische Vorteile zu erzielen.

Als externe Funktionen können die umweltbezogene Kommunikation zwischen dem Unternehmen und seinem Umfeld angesehen werden. Hierzu zählen bspw. die Image-

79 Vgl. Müller-Witt 1991, S. 210f

80 In Anlehnung an Schulz W. 1989, S. 49; und in weiterer Folge an Osterod 1988, S. 41

Werbung, Umwelterklärungen, das Öko-Marketing und ähnliches.[81] Wer nun die speziellen Adressaten dieses internen und externen Informationsbedarfs sind, sieht man ebenfalls in Abbildung 3.

2.2.4 Adressaten von Umweltinformationen

2.2.4.1 Interne Adressaten

Unternehmensführung und Eigentümer:[82] Durch die hohe Komplexität und Dynamik der ökologischen Fragestellungen benötigt man heute in allen Phasen des strategischen Managements die entsprechenden Informationen über die Umwelt. Diese Informationen müssen dabei querschnittsorientiert und übersichtlich aufbereitet sein.[83] In der Phase der Problemerkenntnis und –definition dienen Umweltinformationen der Aufdeckung und Identifikation von sich ergebenden Chancen und Risiken. Im Rahmen der Entscheidungsfindung werden Umweltinformationen herangezogen, um gesamtheitliche, die Umwelt in starkem Maße berücksichtigende Entscheidungen treffen zu können. Und schlussendlich benötigt man die entsprechenden Umweltinformationen im Bereich der Kontrolle, um gefasste Pläne und Entscheidungen permanent bzgl. ihrer Richtigkeit bzw. ihres Zielerfüllungsbeitrages überprüfen zu können. Für die Eigentümer können Umweltinformationen somit einen wertvollen Beitrag für eine Verbesserung des Images in der Öffentlichkeit darstellen.

Abteilungen: Nicht nur in der Umweltschutzabteilung, sondern in sämtlichen Bereichen der Unternehmen sind heutzutage Umweltschutzanliegen relevant. Aus diesem Grund kann keine Abteilung davon ausgeschlossen werden. In der Materialbeschaffung bspw. spielen Umweltinformationen in Hinblick auf eine umweltfreundliche Beschaffung eine Rolle. Das berührt in weiterer Folge auch die Produktionsabteilung, die durch eine Berücksichtigung der Umwelt bei der Beschaffung umweltfreundlichere Produktionsprozesse gestalten und durch den Einsatz entsprechender Rohstoffe bestmöglich umweltschädigende Emissionen reduzieren oder sogar ganz beseitigen kann. Auf der Outputseite ist die Marketingabteilung ebenso auf Umweltinformationen angewiesen, um ein entsprechendes Unternehmensimage aufzubauen und die Kunden über die ökologische Ausrichtung der Produkte und Prozesse des Unternehmens zu informieren und sie zu überzeugen. Als ein wichtiger Adressat für Umweltinformationen ist weiters die F&E Abteilung zu nennen. Durch eine umweltfreundliche Produktentwicklung und Konstruktion können hier entscheidende Schritte für eine ökologieorientierte Produktgestaltung einschließlich einer umweltfreundlichen Demontage bzw. Verwertung gesetzt werden. Insbesondere aber benötigt der

---

81 Vgl. Müller A. 1995, S. 63f

82 Vgl. dazu und im Folgenden Schulz W. 1989, S. 49ff; Zu weiteren Ausführungen vgl. auch Müller-Christ 2001, S. 341ff

83 Vgl. Rautenstrauch 1999, S. 8

Umweltschutzbeauftragte Umweltinformationen, um seine Aufgaben, bspw. die Kontrolle der Einhaltung der Umweltschutzvorschriften und die Mitwirkung bei der Entwicklung von umweltfreundlichen Verfahren und Produkten, im Unternehmen wahrnehmen zu können.[84]

Mitarbeiter: Früher wurde eine umweltorientierte Betriebsführung als positiver Beitrag zur Mitarbeitermotivation angesehen.[85] In der heutigen Zeit ist jedoch ein umweltbewusster Lebensstil, zumindest in Europa, allgemein akzeptiert. Aus diesem Grund kann angenommen werden, dass von einer umweltbewussten Unternehmensführung keine zusätzlichen Anreize ausgehen, sondern diese als Standard, wie er durch die Normen der Reihe ISO 14000ff und EMAS[86] weithin verbreitet ist, vorausgesetzt werden. Jedenfalls aber ist die Gesundheit am Arbeitsplatz ein stets aktuelles Thema für Mitarbeiter, für die Umweltinformationen einen wesentlichen Bestandteil darstellen.

2.2.4.2 Externe Adressaten

Kunden: Ähnlich wie bei der Motivation der Mitarbeiter erwarten auch die Kunden einen gewissen Standard eines Umweltmanagements. Zusätzliche Anstrengungen, die über den allgemein verbreiteten Standard (hier wiederum die Normen ISO 14000ff, EMAS etc.), hinausgehen, werden zwar von den Kunden wahrgenommen und von Industrieabnehmern auch verlangt, ein diesbezüglicher Boom, wie er etwa in den siebziger Jahren durch die Einführung des Umweltzeichens zu bemerken war, ist in dieser Form jedoch nicht mehr gegeben.

Lieferanten und Abnehmer: Für Lieferanten und Abnehmer ergibt sich der Bedarf nach detaillierten Umweltinformationen aufgrund von eigenen Umweltmanagementsystemen, die dezidiert auch über die Unternehmensgrenzen hinaus ein umweltfreundliches Management fordern. Darüber hinaus sind für eine umweltfreundliche Produktion Informationen von den Lieferanten und an die Abnehmer unumgänglich.[87] Auch in Hinblick auf Erwartungen über eine Dauerhaftigkeit der Geschäftsbeziehungen gewinnen Umweltinformationen immer mehr an Bedeutung.[88]

Banken, Versicherungen und Investoren: Bei der Kommunikation mit Banken, Versicherungen und Investoren spielen Umweltinformationen eine wesentliche Rolle für die Abschätzung von Umweltrisiken. Darüber hinaus wird in letzter Zeit auch an den Börsen Augenmerk auf ökologieorientierte Unternehmen gelegt, für Versicherungen gewinnt der

---

84 Vgl. dazu auch Müller-Christ 2001, S. 344

85 Vgl. Schulz W. 1989, S. 52

86 Vgl. ISO 14001:1996 und ISO 14001:2004; vgl. dazu auch EMAS – Verordnung

87 Man denke hier bspw. an die Methodik des Life Cycle Assessments, das explizit die Umweltwirkungen einzelner Produkte über den Lebenszyklus bewertet

88 Auf die Versorgung von Lieferanten und Abnehmern mit Umweltinformationen wird in den nachfolgenden Kapiteln noch ausführlich eingegangen.

Aspekt der Haftungsrisiken an Bedeutung. Und letztendlich sind auch Informationen über etwaige Altlasten von Grundstücken etc. für Investoren von Interesse.[89]

Behörden: Abgesehen von einer verpflichtenden Umweltberichterstattung im Rahmen von zertifizierten und validierten Umweltmanagementsystemen besteht in vielen Fällen eine Auskunfts- und Informationspflicht in Bezug auf Umweltdaten gegenüber Behörden.[90] Denkt man ferner an die derzeit aktuelle Diskussion über Emissionszertifikate, erkennt man weiters die Wichtigkeit der Kommunikation von Umweltinformationen an Behörden.

Zum Teil wird die Kommunikation von Umweltinformationen an Behörden und andere externe Anspruchsgruppen auch gesetzlich vorgeschrieben, bspw. im österreichischen Umweltinformationsgesetz.[91] Für die Versorgung dieser externen Anspruchsgruppen mit den entsprechenden Umweltinformationen wird auf die Möglichkeiten und Potenziale von überbetrieblichen Umweltinformationssystemen hingewiesen.[92]

Um die internen Adressaten mit den entsprechenden Umweltinformationen versorgen zu können, ist ein betriebliches Umweltinformationssystem hilfreich und notwendig. Wie nun diese betrieblichen Umweltinformationssysteme aussehen können und durch welche verschiedenen Merkmale und Ausprägungen sie sich auszeichnen wird im folgenden Kapitel näher beschrieben.

---

89 Vgl. Rautenstrauch 1999, S. 9; Nöthiger, Markus 1997

90 Vgl. Letmathe, Schwarz, Steven 1996

91 Vgl. das UIG 1993

92 Vgl. dazu Kapitel 4.2

3 Kommunikation von Umweltinformationen auf betrieblicher Ebene – Betriebliche Umweltinformationssysteme

Im vorangegangenen Kapitel wurde neben der großen Bedeutung der Umwelt für die Unternehmungen speziell auf Umweltinformationen als notwendige Bedingung für eine umweltschutzorientierte Unternehmensführung eingegangen. Um nun aber diese Umweltinformationen zielgerichtet und möglichst effizient verarbeiten zu können, müssen sie idealerweise in ein System eingebettet sein, welches Zusammenhänge der Informationen untereinander erkennt und verarbeitet. Solch ein Informationssystem[93] hat grundsätzlich die planvolle Aufnahme, Speicherung, Verarbeitung und Wiedergabe der Information, die sowohl automatisierte als auch nicht automatisierte Teile enthalten kann, zur Aufgabe.[94] Spezifisch in einem Unternehmen existieren deshalb die betrieblichen Informationssysteme, die Informationen im Unternehmen so verarbeiten, um eine effiziente und kostengünstige Ausführung von Produktions- und Leistungserstellungsprozessen zur Erfüllung der Unternehmensziele zu ermöglichen.[95] Bei betrieblichen Informationssystemen fehlt jedoch im Allgemeinen ein eindeutiger Umweltbezug bzw. die Verarbeitung von spezifischen Umweltinformationen, wie sie in Kapitel 2 abgegrenzt wurden. Werden speziell Umweltinformationen miteinbezogen, spricht man deshalb von Umweltinformationssystemen.[96] Der Begriff der Umweltinformationssysteme ist jedoch sehr weit ausgelegt und umfasst generell die Verarbeitung unterschiedlichster Daten und Informationen, sowohl auf betrieblicher als auch auf überbetrieblicher Ebene. Daher wird im Folgenden der Begriff der Umweltinformationssysteme noch weiter eingegrenzt.

Behrendt bspw. unterscheidet diesbezüglich lediglich zwischen betrieblichen und kommunalen Umweltinformationssystemen.[97] Ziel der kommunalen Umweltinformationssysteme ist es, die große Anzahl an Datenbeständen von Behörden und Landesverwaltungen zusammenzufassen und für Analysen, aber auch für politische Planungen und Kontrollen heranzuziehen. Beispiele für Einsatzgebiete dieser kommunalen

---

93 Wird im Rahmen dieser Arbeit von Informationssystemen gesprochen, sind darunter immer auch Kommunikationssysteme zu verstehen, da sich Information und Kommunikation ergänzen und im betrieblichen Kontext nahezu im gemeinsamen Kontext erwähnt werden können (vgl. auch Krcmar 2003, S. 25).

94 Vgl. Becker, Schütte 1996, S. 9; Zsifkovits, Brunner 2003, S. 160

95 Vgl. Krcmar 2003; Kytzia 1995, S. 14ff; Zsifkovits, Brunner 2003, S. 161; Alter 1999, S. 6ff; Zahn 1991, S. 29ff

96 Sie bestehen zumeist aus einer oder mehreren Umweltdatenbanken, auf die die unterschiedlichen Akteure zugreifen können. Da aber jeweils divergierende Anforderungen an Umweltinformationssysteme gestellt werden können, kann man sie als in der Regel Computer unterstützte Informationssysteme zur Bereitstellung ökologischer Unternehmens- und Umfelddaten bezeichnen. Dies geschieht durch eine instrumentell gestützte Sammlung, Aufbereitung und Präsentation von Umweltinformationen (vgl. Zsifkovits, Brunner 2003, S. 160; Behrendt 2000, S. 39).

97 Vgl. Behrendt 2000

Umweltinformationssysteme sind die Umweltbeobachtung, -überwachung und –berichterstattung, Öffentlichkeitsarbeit und Beratung sowie Informationen für politische Entscheidungen. Vorreiter dafür waren vor allem in Deutschland die Bundesländer Nordrhein-Westfalen und Baden-Würtenberg, die bereits Mitte der 80er Jahre Rahmenkonzepte für den landesweiten Aufbau von Umweltinformationssystemen entwickelten.[98] In Österreich gibt es bspw. das Umweltinformationssystem LUIS in der Steiermark. In diesem Landes-Umwelt-Informationssystem (LUIS) fließen sämtliche Natur- und Umweltdaten des Landes zusammen, um für die BürgerInnen und Dienststellen jederzeit aktuelle Informationen über den Zustand der Umwelt zur Verfügung zu stellen. Dies umfasst unter anderem Daten über die Beschaffenheit des Bodens, den Zustand der Gewässer, der Luft, der Tier- und Pflanzenwelt und der natürlichen Lebensräume und liefert ferner Daten hinsichtlich der Lärmsituation. Darüber hinaus gibt das Landesumweltinformationssystem Auskunft über Vorhaben und Tätigkeiten, die Gefahren für Menschen darstellen und/oder die Umwelt beeinträchtigen können sowie über Maßnahmen und Programme zum Schutz der natürlichen Umwelt.[99]

Daneben existieren auch die in der Literatur häufig dargestellten Geografischen Informationssysteme (GIS), die sich mit der Verarbeitung von geografischen und geologischen Daten zur Lösung von Umweltaufgaben und mit Aufgaben mit nahem Bezug zur Umwelt beschäftigen. Dabei sollen Umweltinformationen räumlich und inhaltlich vernetzt werden und so einen größtmöglichen Informationsgehalt erzielen um damit Steuerungs- und Planungsprozesse zu unterstützen. Im Unterschied zu den rein kommunalen Umweltinformationssystemen können bei den geografischen Umweltinformationssystemen sehr häufig auch Daten und Informationen von Unternehmen integriert sein und somit eine Vernetzung von Unternehmen erreicht werden.[100] Hierbei handelt es sich in der Regel aber nicht um Informationen, die von Unternehmen zu Unternehmen ausgetauscht werden, sondern um jene, die für kommunale und regionale Bedürfnisse und Anforderungen von den Unternehmen eingefordert werden. Aus diesem Grund unterscheiden sie sich grundlegend von überbetrieblichen Umweltinformationssystemen, die in den folgenden Kapiteln näher definiert werden. Da der Umfang von geografischen Umweltinformationssystemen aber sehr weitreichend ist[101] und sie zwar für die Entwicklung von betrieblichen Umweltinformationssystemen wertvolle Impulse gegeben haben, aber mit diesen nicht in unmittelbaren Zusammenhang stehen, sollen sie deshalb hier nur kurz erwähnt und zu den betrieblichen Umweltinformationssystemen abgegrenzt werden.

---

98 Vgl. Behrendt 2000, S. 67; vgl. zu kommunalen Umweltinformationssystemen auch die Arbeiten von Freitag, Kutsche, Busse 1998 und Schreiter 1998

99 Vgl. Hammerl 2002, S. 22, www.luis.steiermark.at

100 Vgl. dazu Almer et al. 2002; Knetsch, Schröder 2002; Hansen et al. 2002

101 Bspw. zählen hierzu auch Informationssysteme von Nationalparks u.ä.

Neben den bisher erwähnten Arten von Informationssystemen mit engem Bezug zur Umwelt unterscheidet man noch die so genannten Metainformationssysteme, die ebenfalls auf Umweltagenden ausgerichtet sein können und sich in diesem Sinne mit der Informationsbeschaffung sowie der Bewertung und der Struktur der Umweltinformationen beschäftigen. Bei diesen Informationen handelt es sich um Metainformationen, also um Informationen über Informationen.[102] Als ein Ziel dieser Metainformationssysteme kann die Standardisierung, Definition und Beschreibung der Datenobjekte genannt werden sowie das Managen der Verfügbarkeit und die Aufbereitung von Umweltinformationen für alle relevanten Benutzer.[103] Sie sind vor allem eine Unterstützung bei der Erstellung bzw. der Verarbeitung von Umweltinformationen im Rahmen von kommunalen und geografischen Umweltsystemen. Innerhalb von betrieblichen Umweltinformationssystemen können sie einen Teilbereich darstellen und Hilfestellung bei der Sammlung und Verarbeitung von Umweltinformationen bieten. Dabei bezeichnet man sie in der Regel aber nicht als eigene Systeme, sondern zumeist als Teilmodul des gesamten betrieblichen Umweltinformationssystems.

3.1 Definition, Ursprünge und Entstehung von betrieblichen Umweltinformationssystemen

Betrachtet man BUIS nun näher, existieren dazu eine Vielzahl an Definitionen, die einerseits in technisch orientierte und andererseits in primär organisatorisch ausgerichtete Systeme unterschieden werden können. Bezogen auf die Gruppe der informationstechnisch geprägten Systeme kann die Definition von Hilty und Rautenstrauch, auf die auch in der einschlägigen Literatur am häufigsten verwiesen wird, erwähnt werden:[104] „Ein Betriebliches Umweltinformationssystem (BUIS) ist ein organisatorisch-technisches System zur Erfassung und Bereitstellung umweltrelevanter Informationen in einem Betrieb. Es dient in erster Linie der Erfassung betrieblicher Umweltbelastungen und der Planung und Unterstützung von Umweltschutzmaßnahmen.“ Darin enthalten ist der Hinweis auf ein organisatorisch-technisches System, das auf den Einsatz von Informationstechnologien zu Verarbeitung von Informationen schließen lässt. Zur Erfüllung der Anforderungen an den betrieblichen Umweltschutz ist aber nicht immer erforderlich, dass entsprechende technologische Systeme vorhandenen sein müssen, auch papiergestützte – also primär organisatorisch ausgerichtete – Systeme können, wenngleich auch nur im eingeschränkten Rahmen, diesen Anforderungen gerecht werden.[105] Aus diesem Grund, vor allem aber auch in Hinblick auf Lösungskonzepte

---

102 Vgl. Arndt 1997, S. 24; Rautenstrauch 1999, S. 115

103 Vgl. Dippold et al. 2001, S. 99

104 Vgl. Hilty, Rautenstrauch 1995, S. 296

105 Teilweise werden betriebliche Umweltinformationssysteme sogar noch weiter ausgelegt, indem sie als alle dem unternehmensweiten Umweltmanagement dienenden Informationssysteme bezeichnet werden.

für die Implementierung von BUIS in Unternehmen[106] sollen im Rahmen dieser Arbeit auch solche Systeme berücksichtigt werden. Somit können BUIS auch als Gesamtheit von Maßnahmen, Instrumenten und organisatorischen Einrichtungen zur Erfassung, Aufbereitung und Kommunikation von Umweltinformationen verstanden werden.[107] In diesem Sinne werden BUIS nachstehend verwendet.[108]

Ferner geht aus dieser Definition eindeutig hervor, dass betriebliche Umweltinformationssysteme in ihrer Funktion als unterstützendes Instrument für die Planung und Steuerung von Umweltschutzmaßnahmen dem vorsorgenden Umweltschutz zuzuordnen sind. Darüber hinaus wird durch die Betonung der Planung und Steuerung der Umweltschutzmaßnahmen ersichtlich, dass ein betriebliches Umweltinformationssystem dem Ökocontrolling im Unternehmen einzugliedern ist und dafür die Informationsbasis bildet.[109] Dabei wird aber nicht nur auf softwaretechnische Lösungen eingeschränkt. Abhängig von der Interpretation der Begriffe Werkzeug[110] bzw. organisatorisch-technisches System[111] fallen hierunter, wie bereits oben erwähnt, sowohl informationstechnische Lösungen als auch papiergestützte Versionen der Informationsaufbereitung und Darstellung als BUIS.[112] Jedoch muss auch bei diesen papiergestützten Systemen eine klar erkennbare Struktur und ein ebensolcher Aufbau vorhanden sein.

Darüber hinaus wird durch diese Zuordnung von BUIS ersichtlich, dass die Führung, Bearbeitung und Aufrechterhaltung solcher Systeme nicht ausschließlich die Aufgabe einzelner Abteilungen, bspw. des Controllings und insbesondere des Ökocontrollings (in den meisten Fällen des Umweltschutzbeauftragten, sofern diese Funktion im Unternehmen besetzt ist) sein sollte. Wie durch die Merkmale von Umweltinformationen schon klar beschrieben wurde, handelt es sich bei diesen um interdisziplinäre, im Unternehmen meist weit verstreute, nicht eindeutig zuzuordnende und komplexe Informationen. Dadurch ist eine Bearbeitung und Aufrechterhaltung dieser betrieblichen Umweltinformationssysteme durch mehrere Abteilungen, speziell auch durch oberste Führungsebene, ein wichtiger Faktor für ein Funktionieren dieses Instruments.

---

106 Vgl. Kapitel 6

107 Diese Definition ist angelehnt an Schlatter 2000, S. 11; Ähnlich definiert auch Arndt BUIS, in dem er sie als Werkzeug zur Verbesserung einer fach- und bereichsübergreifenden Versorgung des betrieblichen Umweltmanagements mit Informationen sieht (vgl. Arndt 1997, S. 144; Löchelt 2000, S. 8).

108 Werden im Rahmen dieser Arbeit nur technische BUIS angesprochen, wird dementsprechend darauf hingewiesen.

109 Siehe dazu Kapitel 3.2

110 Vgl. Arndt et al. 1997

111 Vgl. dazu Hilty, Rautenstrauch 1997

112 Vgl. Arndt 1997, S. 144

3.1.1 Motive und Gründe für betriebliche Umweltinformationssysteme im Unternehmen

Motiv für eine explizite Verarbeitung von Umweltinformationen war eine gesteigerte Übernahme sozialer Verantwortung durch die Unternehmen, die das Bedürfnis nach Erweiterungen des betrieblichen Rechnungswesens um eine ökologische Komponente hervorrief. Bei diesen umweltbezogenen Rechnungslegungssystemen bzw. Ökobilanzen handelt es sich um betriebliche Umweltinformationssysteme zur Abbildung und Bewertung der ökologischen Wirkungen der Unternehmensaktivitäten. Neben dieser grundsätzlichen Motivation, solch ein betriebliches Umweltinformationssystem einzuführen, gab es noch zahlreiche andere Motive, die Systeme zu übernehmen und weiterzuentwickeln. Einerseits ist die Verbesserung des Unternehmensbildes in der Öffentlichkeit als gesellschaftliche Verantwortung der Unternehmen gegenüber einem umfassenden Umweltschutz unbestritten.[113] In den letzten Jahren waren andererseits aber auch der zunehmende Informationsbedarf bspw. durch vermehrte gesetzliche Verpflichtungen als auch der gesteigerte Informationsbedarf, der von außen an die Unternehmen herangetragen wird,[114] Gründe für eine stetige Weiterentwicklung von BUIS hin zu einer Vielfalt an theoretischen Konzepten und praktischen Beispielen und Umsetzungen.

Neben diesen allgemeinen Motiven, Umweltschutz verstärkt im Unternehmen zu verankern und in weiterer Folge zur Unterstützung BUIS im Unternehmen einzusetzen, tragen vor allem softwaregestützte BUIS noch weitere Vorteile in sich, die im Rahmen dieser Arbeit wesentlich sind:[115]

- Senkung der Kosten durch Aufdeckung von betrieblichen Schwachstellen
- Steigerung der Effektivität und Effizienz bei der Verarbeitung umfangreicher Umweltinformationen
- Sicherung der Konsistenz der Datenbestände
- Unterstützung bei der Analyse, Visualisierung und Präsentation von Umweltinformationen
- Erleichterung der Dokumentation und Publikation von Umweltinformationen
- Erhöhung der Verfügbarkeit, Vollständigkeit und Aktualität der Umweltinformationen
- Verbesserte Kontroll- und Beratungsmöglichkeiten in Bezug auf den betrieblichen Umweltschutz

---

113 Vgl. Schulz W. 1989, S. 36; Siehe dazu auch Kapitel 2.

114 Diese wurden als externe Adressaten von Umweltinformationen in Kapitel 2 explizit angeführt.

115 Vgl. Harmsen et al. 1998, S. 2; Röhl 1999, S. 77; Haasis 1997, S. 5; Schlatter 2000, S. 16f; Blümel, Gamweger 1999, S. 310f

3.1.2 Entwicklung und Entstehung von betrieblichen Umweltinformationssystemen

Betrachtet man den Markt von softwaregestützten BUIS, aber auch von einfacheren Systemen, die in den Unternehmen zur Sammlung und Aufbereitung von Umweltinformationen angewendet werden, kann man eine Fülle von verschiedenen Gestaltungsweisen, sowohl in Bezug auf den Aufbau des Systems, als auch in Bezug auf die Einbettung in die betrieblichen Abläufe, identifizieren. Der Grund für diese große Diversität liegt – neben dem Problem des betrieblichen Umweltschutzes als Querschnittsmaterie – in der historischen Entwicklung dieser BUIS. Hilfreich für eine Einteilung der unterschiedlichen BUIS ist deshalb eine Betrachtung nach der ursprünglichen Entstehungsquelle von BUIS, wie sie in Abbildung 4 dargestellt ist. Hierbei kann man drei verschiedene Hauptentwicklungsrichtungen erkennen:[116]

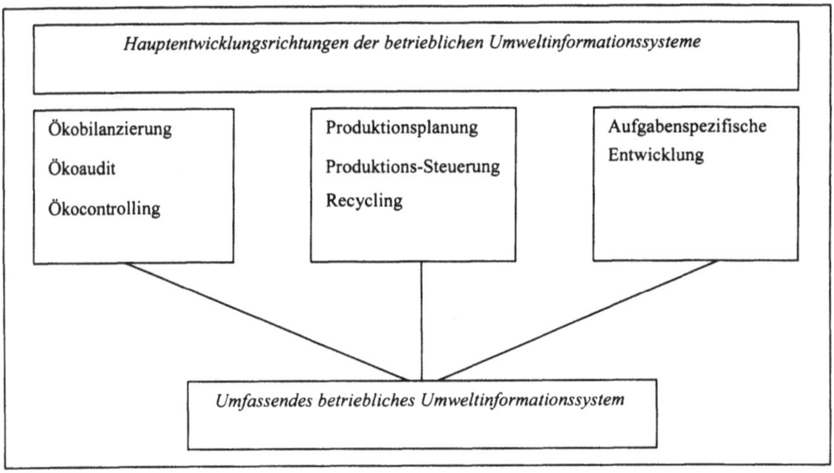

Abbildung 4: Entwicklungsrichtungen der betrieblichen Umweltinformationssysteme[117]

Einerseits entwickelten sich BUIS aus ökologieorientierten Instrumenten und Methoden. Darauf wird im anschließenden Kapitel noch näher eingegangen. Durch die unterschiedlichen Anforderungen dieser ökologieorientierten Methoden und Instrumente an den Informationsbedarf und die Informationsqualität, entwickelten sich mit der Zeit umfassende betriebliche

116 Vgl. dazu und im Folgenden Bullinger, Görsch, Rey 1998 S. 12f; Arndt, Günther 1997; Rautenstrauch 1997, S. 8; Haasis 1995, S. 14ff

117 Eigene Darstellung

Umweltinformationssysteme.[118] Dadurch ermöglichen sie die quantitative Datenverarbeitung, sind aber auch für die strategische Entscheidungsfindung eine Unterstützung. Da diese Systeme die an die Unternehmen durch Umweltaudits gestellten Dokumentationsanforderungen prinzipiell gut unterstützen, fanden sie in den Unternehmen starke Verbreitung.

Daneben sind BUIS – und hier insbesondere die softwaregestützten BUIS – auch aus der Produktionsplanung und –steuerung sowie aus den Anforderungen des Recyclings heraus entstanden.[119] Positiv an dieser Entwicklung ist, dass durch diese Produktionsnähe Aspekte des produktionsintegrierten Umweltschutzes besser realisiert werden können. Hervorgehoben wird überdies durch diese Entwicklungsrichtung, dass durch diese BUIS spezifische Umweltinformationen in der geeigneten Aggregationsstufe zur Verfügung gestellt werden, was durch andere Arten von BUIS nicht immer entsprechend erfüllt werden kann.[120]

Zusätzlich haben sich BUIS aufgabenspezifisch entwickelt, um insbesondere die Einhaltung spezieller Umwelterfordernisse garantieren zu können. Sie sind ebenfalls eher prozesssteuernd und –überwachend einzusetzen. Beispiele wären hier spezifische Umweltrechtsdatenbanken. Auch spezielle Programme, die sich mit den Agenden der Abfallwirtschaft beschäftigen, fallen hier hinein.

Allen drei Entwicklungen gemein sind jedenfalls die Berücksichtungen von aktuellen gesetzlichen Umweltanforderungen, die an die Unternehmen gestellt werden und die in die einzelnen Systemen Eingang gefunden haben. Neben diesen Einzellösungen ist es aber auch bereits Ziel neuer BUIS, diese drei unterschiedlichen Hauptrichtungen zu vereinen und BUIS letztendlich zu einem umfassenden und ganzheitlichen System zu entwickeln, um allen einzelnen Anforderungen, die in den Einzelversionen erfüllt werden, bestmöglich zu entsprechen.

3.2 Einordnung von betrieblichen Umweltinformationssystemen in den betrieblichen Kontext

Wird in der Literatur der Begriff der BUIS genannt, werden in diesem Zusammenhang recht häufig auch die Termini Ökocontrolling[121] und Umweltmanagement erwähnt, teils in unterschiedlicher Bedeutung, teils auch synonym. Vor allem über die Zusammenhänge dieser Begriffe in der betrieblichen Praxis herrscht in der Literatur derzeit noch Uneinigkeit. Ziel

---

118 Dies kann auch dadurch belegt werden, dass sich die Anfänge der elektronischen betrieblichen Umweltinformationssystem hauptsächlich mit den Anforderungen dieser Umweltmanagementsysteme, insbesondere der Ökobilanzierung, auseinandersetzten.

119 Vgl. Rautenstrauch 1999; Haasis et al. 1995, S. 14

120 Vgl. Spengler, Rentz 1997, S. 128

121 Als Synonyme für Ökocontrolling werden auch Umweltcontrolling, ökologisches Controlling, Umweltschutzcontrolling, umweltorientiertes Controlling, ökologieorientiertes Controlling etc. verwendet (vgl. dazu bspw. Müller-Christ 2001, S. 249).

dieser Arbeit ist es jedoch nicht, der Fülle an Definitionen und Erklärungen weitere hinzuzufügen, sondern die für den Rahmen dieser Arbeit zutreffenden Abgrenzungen heranzuziehen und vor allem in Hinblick auf die Wirkungszusammenhänge der Begriffe Umweltmanagement, Ökocontrolling und BUIS eine klare Darstellung und Einordnung zu definieren. Diese Zuordnung zu den betrieblichen Aufgabenstellungen ist insbesondere in Hinblick auf Maßnahmen zur Unterstützung der Implementierung von BUIS auf betrieblicher, aber auch auf überbetrieblicher Ebene, von wesentlicher Bedeutung.

Der Begriff des Umweltmanagements kann als der umfassendste identifiziert werden, er wird in der Literatur aber auch noch sehr unterschiedlich interpretiert.[122] Im Unternehmen werden dabei strategische Maßnahmen wie bspw. die Gestaltung und Formulierung der Umweltpolitik und die Entwicklung der umweltschutzorientierten strategischen Unternehmensplanung zu den Aufgaben des Umweltmanagements gezählt. Auf operativer Ebene ist das betriebliche Umweltmanagement für die Planung, Durchführung und die Kontrolle von umweltorientierten Maßnahmen verantwortlich. Umweltmanagement umfasst dadurch das gesamte Unternehmen, sowohl alle Managementbereiche und –ebenen als auch alle Managementprozesse und betrifft alle Abteilungen, weshalb es auch, wie in Kapitel 2 dargestellt, als Querschnittsfunktion definiert wird. Somit kann das Umweltmanagement als übergeordnete Ebene im Unternehmen angesehen werden.[123]

Unterstützung findet das Umweltmanagement dabei durch das Ökocontrolling. Auch dieser Begriff findet in der Literatur unterschiedlichste Verwendung.[124] Controlling allgemein wird als erfolgsorientierte Lenkung und Unterstützung des Managements verstanden, mit den weit reichenden Aufgaben der Bereitstellung und Pflege der planungsbezogenen Infrastruktur (und hiermit auch der betrieblichen Informationswirtschaft), der Wahrnehmung der Koordinationsfunktion sowie der Ausübung von Kontrollfunktionen. Der Controller übernimmt somit die Beratung und Unterstützung des Managements.[125] Im traditionellen Controlling jedoch wurde lange Zeit keine oder zu wenig Rücksicht auf ökologieorientierte Maßnahmen und Tätigkeiten genommen. Dies resultiert aus der Tatsache, dass zwar im betrieblichen Rechnungswesen und in Folge in den betrieblichen Entscheidungen die traditionellen Produktionsfaktoren beachtet wurden, die natürliche Umwelt fand aus gesamtwirtschaftlicher Sicht im betrieblichen Rechnungswesen wenig Bedeutung. Grund dafür ist die Tatsache, dass ökologische Wirkungen des Unternehmens lange Zeit gar nicht, oder nur zum Teil mit jenen Kosten verbunden wurden, die auch gesamtwirtschaftlich durch

---

122 Vgl. zu verschiedenen Interpretationen Meffert, Kirchgeorg 1998, S. 16

123 Vgl. Müller-Christ 2001; Zu beachten ist hierbei jedenfalls, dass das Umweltmanagement keinesfalls als das Management der Umwelt verstanden wird, sondern immer nur als Management von Umweltaktivitäten.

124 Vgl. dazu etwa Rück 1993; Günther E. 1994; Schulz E., Schulz W. 1993; Stoltenberg, Funke 1996; Schaltegger, Kempke 1996; Bleis 1994, S. 237ff gibt eine Übersicht über Ökocontrolling-Konzepte

125 Vgl. Küpper 2001

den Verzehr der natürlichen Umwelt anfallen. Die Integration dieser externen Effekte ist deshalb Aufgabe einer Teildisziplin des Controllings, dem Ökocontrolling.

Ebenso wie das Controlling wird demzufolge auch das Ökocontrolling als Unterstützung des Managements angesehen werden, wobei hier der Fokus auf umweltorientierten Aktivitäten und Entscheidungen liegt. Es dient dabei nicht nur der Verringerung von Umweltbelastungen durch das Unternehmen, sondern trägt insgesamt zur Erreichung der übergeordneten Unternehmensziele bei.[126] Angelehnt an Matschke umfasst das Ökocontrolling somit die innerbetriebliche Kontrolle der Beziehungen des Unternehmens mit der Umwelt und ist die ergebnisorientierte, an den Unternehmenszielen ausgerichtete Unterstützung und Steuerung des Unternehmens in allen Bereichen und Ebenen in Bezug auf umweltschutzorientierte Aktivitäten mit Hilfe von Planungen und Kontrollen. Hinzu kommt noch als wesentliche Aufgabe des Ökocontrolling die Koordination der Unternehmenstätigkeiten in Hinblick auf Maßnahmen des betrieblichen Umweltschutzes. Dies resultiert wiederum aus der Tatsache, dass alle Abteilungen sowie alle Managementebenen von umweltschutzorientierten Maßnahmen und Aktivitäten betroffen sind und dementsprechend koordiniert werden müssen. Darüber hinaus sind die für das Ökocontrolling und seine Führungsunterstützungsfunktion nötigen Informationen im ganzen Unternehmen verstreut und müssen erst generiert und gesammelt werden. Dies wird mitunter auch als Koordination der Informationsversorgung bezeichnet, die einerseits die Erfassung der ökologischen Wirkungen des Unternehmens, andererseits aber auch die Bewertung dieser Wirkungen mit einschließt.

Aufgrund der Aufgabenstellung und Definition des Ökocontrollings wird klar ersichtlich, dass es zwar eng mit dem Umweltmanagement verbunden ist, aber nicht mit diesem gleichgesetzt werden kann. Ökocontrolling ist aufgrund obig genannter Definitionen zwar die entscheidungsunterstützende Querschnittsfunktion im Unternehmen, kann aber nicht die Funktionen des Umweltmanagements erfüllen, also die für den betrieblichen Umweltschutz notwendigen Entscheidungen zu fällen und diese auch nach außen sowie intern zu vertreten.

---

126 Vgl. Steitferdt, Pfnür 1998, S. 377; Müller-Christ 2003a, S. 32

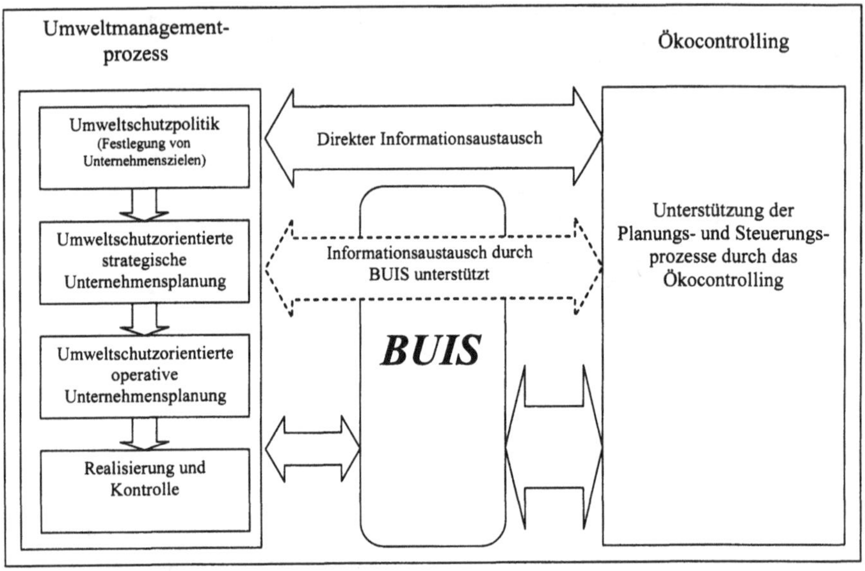

Abbildung 5: Die Zusammenhänge zwischen Umweltmanagement, Ökocontrolling und BUIS[127]

Um dieses Umweltmanagement im Unternehmen so effizient wie möglich zu gestalten, ist es darauf angewiesen, dass nicht nur isoliert ausgewählte Umweltinformationsinstrumente im Unternehmen eingesetzt werden, sondern dass der betriebliche Informationsfluss durch die Auswahl und Anwendung aufeinander abgestimmter Instrumente effektiv und koordiniert abläuft und somit die Umsetzung von Maßnahmen unterstützt.[128] Damit aber das Ökocontrolling diese Aufgabe erledigen kann, muss die Komplexität der zu verarbeitenden Informationen bewältigt werden. Dies kann in ausreichender Form nur mit entsprechenden Systemen bewerkstelligt werden, also mit Hilfe von BUIS, das in diesem Sinne die grundsätzliche Basis für ein funktionierendes Ökocontrolling darstellt. Somit werden die gegenseitigen Beziehungen von Umweltmanagement, Ökocontrolling und BUIS ersichtlich, wie sie auch in Abbildung 5 grafisch dargestellt sind.

Das Ökocontrolling unterstützt dabei das Umweltmanagement in seinen Funktionen und Bereichen. Die Informationen dafür können entweder direkt ausgetauscht werden, in der Regel werden diese aber mit Hilfe der Unterstützung der BUIS übertragen (zumeist in elektronischer Form, sowohl was die Aufbereitung der Informationen als auch die Übermittlung anbetrifft). Das Umweltmanagement kann aber auch direkt auf Informationen des BUIS zurückgreifen. Dies wird bspw. bei der Formulierung der Umweltpolitiken der Fall

127 Quelle: Eigene Darstellung
128 Vgl. Müller-Christ 2001, S. 257

sein, oder aber auch bei der Erstellung von Umweltberichten, Umweltschutzerklärungen etc. Dieser Austausch von Informationen wird durch den – kleineren – Pfeil zwischen den BUIS und dem Umweltmanagement dargestellt. In umgekehrter Richtung ist natürlich auch ein Informationsfluss möglich. Der weitaus größere Austausch von Informationen – dargestellt durch den dickeren Pfeil – wird aber sicherlich zwischen dem BUIS und dem Ökocontrolling stattfinden, schon aufgrund der Tatsache, dass die Daten, die durch ein BUIS generiert werden, erst durch das Ökocontrolling entsprechend aufbereitet und überprüft werden müssen, damit sie letztendlich dem betrieblichen Umweltmanagement Unterstützung bieten können.

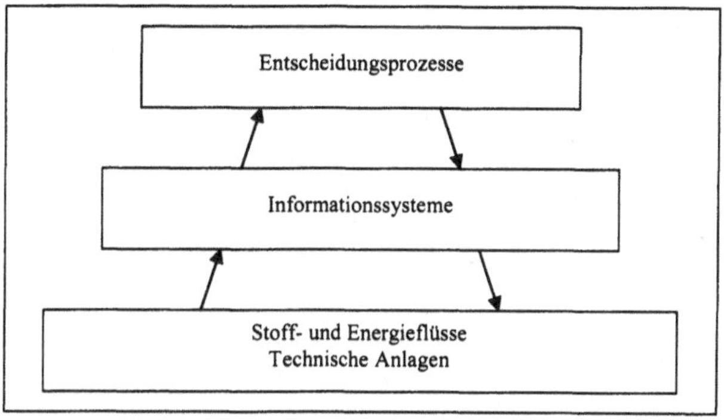

Abbildung 6: Einbindung des betrieblichen Umweltinformationssystems innerhalb des betrieblichen Umweltmanagements[129]

Werden BUIS im Kontext von Produktionsfaktoren und Entscheidungen des betrieblichen Umweltmanagements betrachtet, wird wiederum die zentrale Rolle von BUIS ersichtlich. BUIS wirken hierbei unterstützend auf die Entscheidungsprozesse des Umweltmanagements und stellen sich als Bindeglied zwischen den technisch-naturwissenschaftlichen Daten aus den Produktionsprozessen, Stoff- und Energieflüssen, und technischen Anlagen und den betrieblichen Entscheidungsprozessen, die mit Rücksicht auf diese umweltrelevanten Daten getroffen werden sollen. Ordnet man nun die Verarbeitung der technisch-naturwissenschaftlichen Daten der Umweltinformatik sowie die betrieblichen Entscheidungsprozesse als wesentlichen Teil dem betrieblichen Umweltmanagement zu, ist ersichtlich, dass hier das BUIS als Bindeglied zwischen der Umweltinformatik und dem Umweltmanagement steht.[130] Diese Einbindung des betrieblichen Umweltinformations-systems in das Umweltmanagement eines Unternehmens kann man in Abbildung 6 erkennen.

129 In Anlehnung an Krcmar et al. 1997, S. 28

130 Vgl. Rautenstrauch 1999, S. 10; Dies betrifft jedoch vordergründig die informationstechnisch orientierten BUIS.

Somit haben sich aus den Ansätzen der Wirtschaftsinformatik, der Umweltinformatik sowie dem betrieblichen Umweltmanagement heraus folglich die BUIS sowie das Umweltinformationsmanagement allgemein entwickelt, um dem Ökocontrolling und in letzter Konsequenz dem betrieblichen Umweltmanagement als Unterstützung zu dienen. Es wurde somit als Unterstützungsinstrument für andere funktionale Bereiche im Unternehmen sowie zur Reduktion der Informationskomplexität entwickelt und sollte demzufolge keinen Selbstzweck besitzen.

3.3 Anforderungen an betriebliche Umweltinformationssysteme

Betrachtet man BUIS, unabhängig, ob sie hauptsächlich papiergestützt oder elektronisch sind, nun näher, sollten sie idealerweise folgende Anforderungen erfüllen, die auch in Abbildung 7 dargestellt sind:[131]

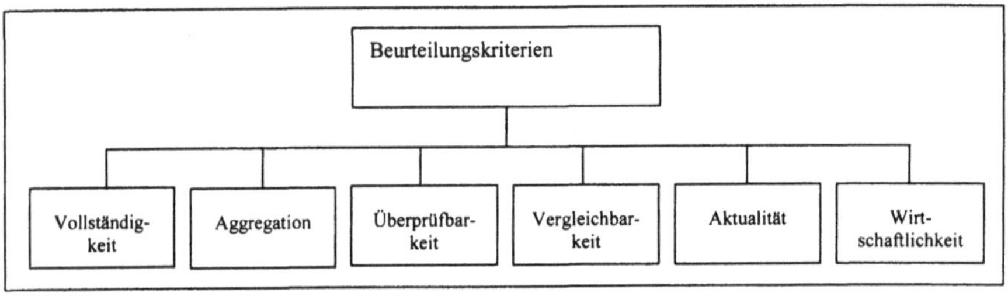

Abbildung 7: Beurteilungskriterien für Umweltinformationssysteme[132]

3.3.1 Vollständigkeit

In einem BUIS sollen generell alle Umweltinformationen erfasst werden. Dies beinhaltet per obiger Definition somit alle Umweltdaten, Umweltinformationen, umweltrelevante Informationen sowie alle Umweltwirkungszusammenhänge. In der betrieblichen Praxis bedeutet das, dass zumindest alle Inputs und Outputs eines Unternehmens erfasst werden, was in den letzten Jahren durch die Forderung der Umweltmanagementsysteme nach detaillierten Stoff- und Energiebilanzen[133] durchaus Erfüllung findet.[134] Vollständig bedeutet in diesem Zusammenhang aber auch, dass bezogen auf den Zeitraum alle Umwelteinwirkungen erfasst werden. Aus diesem Grund müssen sowohl die Ressourcenbeanspruchungen als auch die Emissionsbelastungen (als Beanspruchung der natürlichen Ressourcen als Aufnahmemedium) in Abhängigkeit vom Bezugsobjekt abgebildet werden. Stellt bspw. ein bestimmtes Produkt

131 Vgl. Schulz W. 1989, S. 56; Schulz W. 1991, S. 227; Tarara 1997, S. 47ff
132 In Anlehnung an Tarara 1997, S. 48
133 Siehe dazu Kapitel 3.4.3
134 Vgl. ÖNORM EN ISO 14001:2004; EMAS II-Verordnung

das Bezugsprojekt dar, müssen demnach alle Umwelteinwirkungen entlang des Produktlebenszyklus erfasst werden.

Allgemein lässt sich hierbei wiederum erkennen, dass die verlangte Vollständigkeit nur erreicht werden kann, wenn das Umweltinformationsmanagement als Querschnittsaufgabe angesehen wird und alle Bereiche eines Unternehmens gemeinsam am Umweltmanagement mitarbeiten. Vor allem softwaregestützte BUIS haben hier natürlich Vorteile, da die Erfassung, Verarbeitung und Speicherung von großen Datenmengen recht unproblematisch ist. Trotzdem kann es hier zu Grenzen kommen, da ein BUIS in der Praxis nie ganz diese Vollständigkeit erreichen wird können. Dies liegt einerseits an der Kosten/Nutzen Abwägung des Aufwands der vollständigen Erfassung aller Umweltinformationen, andererseits können komplette Erfassungen von Umweltinformationen problembehaftet bzw. nicht realisierbar sein, da die dazugehörigen Daten fehlen und somit nicht erfasst werden können, aber auch, da es sich vielfach um „weiche“ Daten handelt, deren Erfassung sich als schwierig gestalten kann.[135] Als Ausweg kann hier die Festlegung von Systemgrenzen erfolgen, die Schnittstellen des Untersuchungsobjektes mit der Umwelt darstellen. Dadurch wird der Untersuchungsrahmen in Abhängigkeit von der jeweiligen Problemstellung und dem Erkenntnisinteresse abgegrenzt.[136] Vorsicht ist hierbei aber geboten, da diese Eingrenzung auf einen Bilanzraum auf Akzeptanzprobleme stößt, aber auch zu großen Vereinfachungen und in Folge zu Verzerrungen führen kann.

Systemgrenzen bzw. das erforderliche Ausmaß an Umweltinformationen, die das Unternehmen generieren muss, können aber auch von außen, bspw. durch die Gesetzgebung, vorgegeben werden. Dies entspricht im Grunde einem Selektionsproblem, da nur mehr bestimmte Daten erhoben werden, Zusammenhänge und Synergien dadurch aber verloren gehen können. Ein ähnliches Problem kann auftreten, wenn umweltrelevante Problembestimmungen ausschließlich anhand von bereits vorliegenden Daten vorgenommen werden, etwa mittels Daten des Rechnungswesens oder von ERP-Systemen[137]. Hier wird die Problemanalyse, vielfach aus Zeitmangel oder Wirtschaftlichkeitsüberlegungen, auf die vorhandenen Informationen reduziert, ohne dass das tatsächliche Problem in seiner Breite untersucht wird.[138]

3.3.2 Aggregation

Wie bereits in Kapitel 2 näher erläutert, werden Umweltinformationen oft – in Abhängigkeit von den Nachfrageerfordernissen sowie den Anwendern der Umweltinformationen – in aggregierter Form benötigt, da ohne diese Verdichtung der Informationen strategische und

---

135 Vgl. Seidel 1998a, S. 30
136 Vgl. Schulz W. 1991, S. 227; Tarara 1997, S. 56
137 Enterprise-Resource-Planning Systeme, siehe dazu Kapitel 4.2
138 Vgl. Müller-Christ 2001, S. 356f

operative Aktionen nicht oder nur unter vermehrtem Aufwand möglich sind. Damit verbunden ist aber das Problem der Wertaggregation. Einerseits kann eine zu hohe Verdichtung und somit Reduzierung der Komplexität zu einer Verzerrung der Wirklichkeit bzw. einer Verrechnung bei verschiedenen Umweltschäden führen.[139] Im schlimmsten Fall ist eine Aggregation von unterschiedlichen Umwelteinwirkungen überhaupt nicht möglich, da es hier zu Verfälschungen kommen kann. Auch besteht bei einer Aggregation von Informationen die Gefahr, dass Informationen dadurch verloren gehen und die Manipulierbarkeit steigt.[140] Andererseits kann durch eine zu große Anzahl von Informationen die Entscheidungsfindung erschwert bzw. unmöglich gemacht werden. Dieses Optimierungsproblem verdeutlicht, dass es eine Vielzahl an Lösungsansätzen für dieses Problem gibt, immer in Abhängigkeit von den Anforderungen an die bereit gestellten Informationen und in Abhängigkeit von einer grundsätzlichen Aggregierbarkeit der Daten. Dieses Problem zu lösen gilt auch in weiterer Folge für BUIS bwz. für den Anwender von BUIS, der sich immer über seine Anforderungen an die Umweltinformationen im Klaren sein und sich mögliche Verzerrungen und Vereinfachungen durch Aggregation der Daten stets vor Augen halten muss.

3.3.3 Überprüfbarkeit

Die in Umweltinformationssystemen aufbereiteten Umweltinformationen müssen überprüfbar und nachvollziehbar sowie durch exakte Begriffsabgrenzungen eindeutig definiert sein. Dies betrifft vor allem die Bewertungs- und Erfassungsmethodik innerhalb der Umweltinformationssysteme.[141] Darüber hinaus muss durch die eingesetzte Bewertungs- und Erfassungsmethodik ein gewisses Maß an Validität erreicht werden. Dies bedingt, dass für das jeweilige Verfahren genau das überprüft wird, was auch vorgegeben wird zu überprüfen.[142] Nur so kann eine Nachvollziehbarkeit der abgebildeten Umweltinformationen gesichert werden.

3.3.4 Vergleichbarkeit

Grundsätzlich wird gefordert, dass Informationen in BUIS vergleichbar sind, d. h. dass ein einheitlicher Bewertungsmaßstab existieren muss.[143] Diesbezüglich gibt es zwar in der Literatur eine Vielzahl an Ansätzen,[144] dies ist aber trotzdem nur sehr schwer realisierbar. Ermöglicht werden sollen somit Alternativvergleiche, bspw. von zwei verschiedenen Verfahren anhand von Simulationen,[145] Zeitvergleiche zum Erkennen von Veränderungen von

---

139 Vgl. Tarara 1997, S. 57
140 Vgl. Müller-Christ 2001, S. 359
141 Vgl. Schulz W. 1989, S. 56; Siehe zu Bewertungsverfahren Kapitel 3.4.6
142 Vgl. Tarara 1997, S. 52
143 Vgl. Schulz W. 1989, S. 56
144 Siehe Kapitel 3.4.6
145 Hierfür können etwa Vergleiche von verschiedenen Verfahren zur Eruierung von Umweltauswirkungen über den gesamten Produktlebenszyklus angestellt werden.

Umwelteinwirkungen, Soll-Ist Vergleiche für eine Überprüfung der Zielrealisierung sowie Betriebsvergleiche zur Identifikation von Stärken und Schwächen im Vergleich zu anderen Unternehmen.[146]

Für eine Vergleichbarkeit spielt ebenso wie für die oben erwähnte Überprüfbarkeit der verwendete Wertmaßstab eine große Rolle. Durch eine monetäre Bewertung nach den verschiedenen volkswirtschaftlichen Ansätzen[147] können die Informationen zwar relativ einfach aggregiert und bewertet in die Kostenrechnung des Unternehmens eingegliedert werden, aufgrund von Messproblemen, fehlenden Marktpreisen, fehlenden Informationen, Generationsproblemen[148] und Verteilungsproblemen[149] ist aber bei einer rein monetären Bewertung Vorsicht geboten. Zieht man für eine Vergleichbarkeit und Abbildung der Ergebnisse Grenzwerte heran, ist zu beachten, dass solche Grenzwerte keine rein ökologischen Wertmaßstäbe festlegen, sondern letztendlich immer nur einen Kompromiss darstellen und subjektiv sind.[150]

3.3.5 Aktualität

Umweltinformationssysteme müssen dem Nachfrager jederzeit aktuelle Informationen bereitstellen, um effizient zur Planungen und Entscheidungsfindungen beitragen zu können.[151] Aus diesem Grund sollten veränderte bzw. neu ermittelte Umweltinformationen gegenwärtig erfasst, weitergeleitet und verarbeitet werden. Determinanten hierbei sind einerseits die Durchführungszeiten der Verfahren, andererseits die Leistung des jeweiligen BUIS. Dabei ist ein BUIS jedoch nur so gut, so schnell und aktuell die entsprechenden Umweltinformationen erhoben werden. Für die Erhebung der Umweltinformationen wirkt sich die Installierung von strukturierten Systemen, wie es ein BUIS darstellt, aber positiv aus und Daten und Umweltinformationen werden für die Pflege eines BUIS regelmäßiger erhoben als ohne entsprechendes System.

3.3.6 Wirtschaftlichkeit

Ein ökonomisch vertretbarer Aufwand für die Implementierung und die Aufrechterhaltung von BUIS ist die Grundvoraussetzung für die Anwendung in den Unternehmen. In der Realität wird eine Wirtschaftlichkeit vor allem mittels der Einsparungen, die bspw. durch ein

---

146 Vgl. dazu und im Folgenden Tarara 1997, S. 52

147 Vgl. dazu etwa Schaltegger, Sturm 1992, S. 73ff

148 Hierbei werden nur kurzfristige Präferenzen betrachtet, obwohl in der Realität durch die Langfristigkeit und Irreversibilität von Umweltschäden auch nachfolgende Generationen betroffen sind (vgl. Tarara 1997, S. 59).

149 Bei der Bewertung von Präferenzen wird davon ausgegangen, dass eine einheitliche Einkommensverteilung vorherrscht. Weicht man davon ab, müsste man Präferenzen wiederum unterschiedlich gewichten.

150 Vgl. Tarara 1997, S. 59ff; Strebel 2003

151 Vgl. ebenda S. 52

effizienteres Ressourcenmanagement mit Hilfe von BUIS erreicht werden, sichergestellt. Trotzdem spielt vor allem in letzter Zeit durch ein vermehrtes Auftreten von parallelen Informationssystemen und daraus resultierend einem Mehraufwand an Pflege und Wartung dieser Aspekt wiederum sehr stark in die Überlegungen der Unternehmen herein.

Betrachtet man die vorhin genannten Anforderungskriterien, wird ein anderer Aspekt der Wirtschaftlichkeit von BUIS deutlich. Werden demnach alle obig genannten Kriterien idealerweise erfüllt, führt dies zu einem erheblichen Mehraufwand bzw. zu einer erhöhten Komplexität des BUIS, die sich wiederum in erhöhten Kosten niederschlägt. Aus diesem Grund lässt sich das Kriterium der Wirtschaftlichkeit immer nur unter Bezugnahme der Anwender der Umweltinformationen sowie unter Betrachtung der Bezugsobjekte beurteilen. Ferner wird ersichtlich, dass die vollständige Erfüllung aller genannten Kriterien nie möglich sein wird, da sie einander teilweise ausschließen. Ein Unternehmen muss aus diesem Grund immer abwägen, welche Kriterien für das eigene BUIS Priorität genießen bzw. welche durch das gewählte Software-System abgedeckt werden können.

3.4 Ausgewählte Instrumente bei betrieblichen Umweltinformationssystemen

In den vorangegangenen Abschnitten wurden BUIS als unterstützendes Instrument für das Ökocontrolling dargestellt, um die Informationskomplexität, speziell im Hinblick auf Umweltinformationen, zu reduzieren. Um diese Aufgabe im Unternehmen bewältigen zu können, sind aber innerhalb eines BUIS wiederum Instrumente und Methoden notwendig. Diese Methoden sind wesentlich für das Funktionieren der Informationssysteme. Einerseits dienen sie als Unterstützung bei der Generierung und Sammlung von Daten, andererseits helfen diese Methoden bei der Bewertung und der strukturierten, systematischen Verarbeitung von Umweltinformationen. Ferner sind sie wesentlicher Bestandteil von technischen BUIS. Aus diesem Grund werden die, für den Rahmen dieser Arbeit, wesentlichen Instrumente kurz dargestellt.[152] Tabelle 1 gibt eine kurze Übersicht über die im Folgenden dargestellten Methoden.[153]

---

152 Der folgende Überblick über Instrumente der BUIS erhebt nicht den Anspruch auf Vollständigkeit. Vielmehr werden dabei jene Instrumente und Methoden erläutert, die für die im Rahmen dieser Arbeit ausgeführten Analysen von Lösungskonzepten für die Implementierung von BUIS in Unternehmen von Bedeutung sind. Ferner sind die aufgezählten Instrumente auch im Wesentlichen in den technisch-orientierten BUIS integriert. Aus diesen genannten Gründen wurde auch das Instrument der ökologischen Buchhaltung, das in der Literatur vielfach als Instrument der BUIS erwähnt wird (vgl. bspw. Müller-Christ 2001) nicht näher erläutert.

153 Zu einer Beurteilung der verschiedenen Instrumente der BUIS gemäß den genannten Anforderungen vgl. auch Tarara 1997

Instrumente und Methoden der betrieblichen Umweltinformationssysteme
– Umweltchecklisten – Stoff- und Energiebilanzen – bewertete Stoff- und Energiebilanzen – Produktlinienanalysen – Umweltkennzahlen – Bewertungsverfahren

Tabelle 1: Instrumente und Methoden der betrieblichen Umweltinformationssysteme

3.4.1 Umweltchecklisten

Als eine der ältesten und am weitesten verbreiteten Instrumente können Umweltchecklisten angesehen werden.[154] Sie verfolgen im Unternehmen den Zweck, möglichst umfassend und systematisch alle Informationen für eine detaillierte Analyse der Umwelteinwirkungen zu erhalten. Zudem wirken sie unterstützend für andere Instrumente der BUIS und werden häufig als Basis für diese herangezogen. Außerdem kommt den Umweltchecklisten vor allem auch in den Umweltmanagementsystemen nach den Normen ISO 14001 und EMAS große Bedeutung zu.[155] Meist bestehen Umweltchecklisten aus einem Kriterienkatalog, der für das einzelne ökologische Problem bzw. auch für das das gesamte Unternehmen erfüllt und abgearbeitet werden muss. Werden diese Kriterienkataloge in Verbindung mit Maßnahmenkatalogen gebracht, können sich daraus Handlungsempfehlungen ableiten.[156]

Generell unterscheidet man zwischen Muss- und Kann-Checklisten. Während bei der Muss-Checkliste alle Kriterien erfüllt werden müssen, toleriert die Kann-Checkliste einzelne Abweichungen der Ist-Situation von den auf der Checkliste angeführten Kriterien. Ferner unterteilt man in funktionsorientierte Checklisten, die umweltrelevante Maßnahmen in den einzelnen Funktionsbereichen eines Unternehmens analysieren, produktbezogene Checklisten, unternehmensinterne und –externe Checklisten sowie Grob- und Detailchecklisten.[157]

Der Vorteil dieser Checklisten besteht darin, dass sie einen umfassenden Überblick über potentielle Schwachstellen im betrieblichen Umweltschutz liefern und grundsätzlich in allen Bereichen des Unternehmens eingesetzt werden können.[158] Sie erfüllen auch die Anforderungen der Aktualität sowie der Wirtschaftlichkeit. Allerdings sind Checklisten nur für qualitative Bestandsaufnahmen geeignet, eine Bewertung, Gewichtung und Aggregation erfolgt bei Checklisten in der Regel nicht, wodurch auch die Vergleichbarkeit beeinträchtigt

---

154 Vgl. Seidel 1998b, S. 56
155 Vgl. ÖNORM EN ISO 14001:2004; EMAS II-Verordnung
156 Vgl. dazu und im Folgenden Meffert, Kirchgeorg 1998, S. 159; Schulz E., Schulz W.1993
157 Vgl. Meffert, Kirchgeorg S. 159; Michaelis 1999, S. 89
158 Vgl. Matschke 1996, S. 175

wird. Aus diesem Grund kommen sie als alleiniges Instrument eines umfassenden betrieblichen Umweltinformationssystems nicht in Betracht. Darüber hinaus liegen die Informationen auf Basis dieser Umweltchecklisten zumeist in nicht aggregierter und in wenig systematischer Form vor und müssen als Unterstützung bei Entscheidungen erst entsprechend aufbereitet werden.[159]

3.4.2 Stoff- und Energiebilanzen

Ein wesentliches Instrument für betriebliche Umweltinformationssysteme zur Unterstützung der operativen Unternehmensplanung, sowohl bei der Erfassung von Umweltinformationen als auch für eine übersichtliche Darstellung der Umweltwirkungen eines Unternehmens, ist die Stoff- und Energiebilanz. Der Ansatz der Stoff- und Energiebilanzierung wird mitunter auch als methodische Basis eines BUIS bezeichnet,[160] da mit Hilfe einer Stoff- und Energiebilanz fast alle relevanten Informationen im Sinne einer Ist-Analyse dargestellt werden können.[161] Dabei werden Input und Output an Stoff- und Energieströmen eines Betrachtungsgegenstandes gegenübergestellt, wobei dieser Betrachtungsgegenstand, auch als Bilanzraum bezeichnet, sowohl das gesamte Unternehmen, als auch einzelne Prozesse und Produkte im Unternehmen darstellen kann.[162] Diese Erfassung der Stoff- und Energieströme wird im eigentlichen Sinne auch im betrieblichen Rechnungswesen durchgeführt, im Unterschied zu den herkömmlichen Bilanzen verlangt eine Stoff- und Energiebilanz aber eine vollständige Erfassung der Stoff- und Energieströme, womit auch die natürliche Umwelt in ihrer Funktion als Lieferant von natürlichen Ressourcen, aber als auch als Aufnahmemedium für Rückstände miteinbezogen werden muss. Da dies nicht völlig durch das traditionelle Rechnungswesen abgedeckt und die natürliche Umwelt häufig nicht monetär in der betriebswirtschaftlichen Kostenrechnung erfasst wird, muss hier besonderes Augenmerk sowohl auf die Input- als auch auf die Outputseite gelegt und diese Daten in der Regel erst aufwendig zusammengesucht werden (bspw. die Nutzung von Sauerstoff für die Oxidation oder die Verwendung der natürlichen Umwelt als Aufnahmemedium für Abgase).

---

159 Vgl. Kaluza et al. 1999, S. 24; Tarara 1997, S. 80ff

160 Vgl. Arndt 1997, S. 163; Strebel 1992, S. 9, wobei Strebel die Stoff- und Energiebilanzen noch nicht zu den eigentlichen umweltpolitischen Instrumenten zählt.

161 Aus diesem Grund wird die Stoff- und Energiebilanzierung auch als ein wesentliches Element für die Erfüllung der EG-Öko-Audit Verordnung in den Unternehmen eingesetzt (vgl. EMAS II Verordnung).

162 Vgl. Steitferdt, Pfnür 1998, S. 388; Strebel 1992, S. 10; Letmathe, Schwarz, Steven 1996, S. 418ff; Schwarz, Steven, Letmathe 1997, S. 476ff

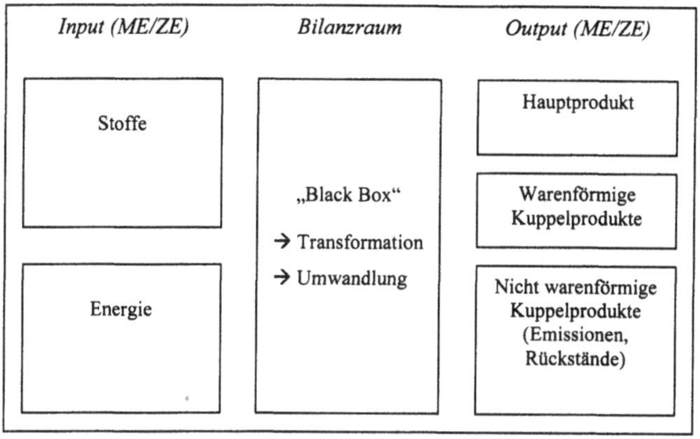

Abbildung 8: Prinzip der Stoff- und Energiebilanz[163]

Da die Summen von Masse und Energie in einem geschlossen System konstant bleiben müssen,[164] werden sie im Rahmen der Produktionsprozesse lediglich in andere Formen und Zustände umgewandelt. Aus diesem Grund können sie in einer Bilanz gegenübergestellt werden, wobei es zu einem Ausgleich der Input- und Outputseite kommt. Der Betrachtungsgegenstand selber wird dabei als „Black Box“ bezeichnet, für die Darstellung einer Stoff- und Energiebilanz sind vordergründig nur die Input- und Outputseite von Bedeutung, die Transformationsprozesse im Inneren der „Black Box“ fließen in die Betrachtungen nicht mit ein (siehe Abbildung 8). Dabei ist zu beachten, dass bei der Transformation der Stoffe und Energie neben dem Hauptprodukt immer Kuppelprodukte entstehen.[165] Sind diese warenförmiger Natur, finden sie relativ einfach Eingang in die Stoff- und Energiebilanz. Schwieriger wird es, wenn auch nicht warenförmige Kuppelprodukte wie bspw. Emissionen in die Luft und der Eintrag von Abwasser in Gewässer bilanziert werden muss. Dennoch muss auch dieser Output für weitere Handlungsempfehlungen, die auf dieser Bilanz basieren, mit einfließen.

Im Unterschied zu jenen Bilanzen, die im traditionellen Rechnungswesen erstellt werden, muss bei den Stoff- und Energiebilanzen allerdings beachtet werden, dass auch Stoffe und Energie in die Bilanz Eingang finden, die keinen ökonomischen Preis besitzen, jedoch auch als Input in den Prozess eingehen oder auf der Outputseite entstehen. Darüber hinaus ist im Gegensatz zu herkömmlichen Bilanzen die Stoff- und Energiebilanz keine Zeitpunktbetrachtung von Bestandsgrößen, sondern eine Zeitraumbetrachtung von Stromgrößen in

163 In Anlehnung an Hofmeister 1989, S. 43
164 Vgl. Georgescu-Roegen 1974, S. 18ff
165 Vgl. Riebel 1973

Form von Material und Energie.[166] Aus diesem Grund ist die Bezeichnung Bilanz im eigentlichen Sinne irreführend.[167]

Jedenfalls muss bei der Erstellung der Stoff- und Energiebilanzen auf eine möglichst vollständige Erfassung aller Daten über Input und Output geachtet werden, um eine wirkungsvolle Grundlage für ein BUIS und in weiterer Folge auch für das Ökocontrolling darzustellen. Darüber hinaus kann die Stoff- und Energiebilanz auch als Input für weitere Methoden und Instrumente für BUIS dienen.

3.4.3 Bewertete Stoff- und Energiebilanz

Eine Weiterentwicklung der Stoff- und Energiebilanzen stellen die bewerteten Stoff- und Energiebilanzen dar.[168] Wie aus dem Namen bereits hervorgeht, beinhaltet eine bewertete Stoff- und Energiebilanz ökologisch bewertete Stoff- und Energieflüsse, wobei die ökologische Bewertung unterschiedlich erfolgen kann.[169] Nicht verwechselt mit der bewerteten Stoff- und Energiebilanz bzw. mit der Ökobilanz darf die Produktökobilanz werden,[170] die im Folgenden als Produktlinienanalyse (Life Cycle Assessment) weiter unten noch näher erläutert wird.[171]

Durch die Implementierung von Umweltmanagementsystemen in den Unternehmen hat sich die bewertete Stoff- und Energiebilanz stark verbreitet. Dabei wird vielfach auf das Modell vom IÖW in Berlin verwiesen, ein Ansatz, der sich zum Ziel gesetzt hat, möglichst alle Umwelteinwirkungen in Zusammenhang mit den betrieblichen Tätigkeiten zu erfassen.[172] Darüber hinaus dient er auch als Anleitung für den Erstellungsprozess von Stoff- und Energiebilanzen und in weiterer Folge für bewertete Stoff- und Energiebilanzen. Inhaltlich setzt sich die bewertete Stoff- und Energiebilanz bzw. die Ökobilanz nach IÖW aus der Betriebsbilanz, der Prozessbilanz, der Produktbilanz und der Substanzbetrachtung zusammen, die zusammen den betrieblichen Bewertungsgrundlagen (hier fließt im Unterschied zu den Stoff- und Energiebilanzen also die Bewertung mit ein) unterzogen werden und letztendlich in einer ökologischen Schwachstellenanalyse resultieren. Die Zusammenhänge dieser einzelnen Bilanzen, wie sie beim Konzept des IÖW dargestellt sind, sind in der Literatur jedoch heftig

---

166 Aus diesem Grund sind die Dimensionen in der Stoff- und Energiebilanz technisch-physikalische Maßeinheiten pro Zeiteinheit.

167 Vgl. Strebel 1992, S. 9; Strebel 2002b, S. 1980

168 In der Literatur werden bewertete Stoff- und Energiebilanzen häufig als Ökobilanz dargestellt (vgl. bspw. Müller-Christ 2001). Diese Bezeichnung ist aber insbesondere irreführend, da eine ökologische Analyse der Inputs und Outputs impliziert wird (vgl. Letmathe, Schwarz, Steven 1996, S. 417).

169 Vgl. Müller-Christ 2001, S. 380; Letmathe, Schwarz, Steven 1996, S. 417; Zu den ökologischen Bewertungsverfahren siehe Kapitel 3.4.6

170 Dies wurde bspw. vom Umweltbundesamt Deutschland zu Beginn der 90er Jahre des vorigen Jahrhunderts fälschlicherweise so interpretiert (vgl. Möller 2000).

171 Zu weiteren Definitionen von Ökobilanzen vgl. Schaltegger, Sturm 1992, S. 68ff; Orwat 1996; Günther E. 1994, S. 269; Dold, Wörner 1996, S. 4; Sundmacher 2002, der aber in die Ökobilanz, wie sie hier dargestellt ist, auch die Produktlinienanalyse mit einschließt. Dies gilt ebenso für Schmidt, Schorb 1996

172 Vgl. dazu Lehmann 1990, S. 101ff; Lehmann, Clausen 1991, S. 12ff

kritisiert worden und haben sich letztendlich als so nicht durchführbar herausgestellt. Insbesondere die Beziehungen und Verflechtungen zwischen den Produkt-, Prozess- und Betriebsbilanzen müssen sich für eine umfassende Beurteilung, aber auch bereits für die Erstellung der Stoff- und Energiebilanzen im eigentlichen Sinne, umkehren.[173]

Die Ö-Normen EN ISO 14040 bis 14043 hingegen gehen hierbei einen anderen Weg und sehen folgende Schritte für die Erstellung einer Ökobilanz[174] als wesentlich: Festlegung des Ziels und Untersuchungsrahmens, Sachbilanz, Wirkungsabschätzung und Auswertung.[175] Wird im Folgenden auf Ökobilanzen bzw. bewertete Stoff- und Energiebilanzen und ihre Umsetzung in Unternehmen eingegangen, wird auf diese Sichtweise für die Erstellung der Ökobilanz Bezug genommen.

Insgesamt kann eine bewertete Stoff- und Energiebilanz jedoch einen wichtigen Beitrag zum betrieblichen Umweltschutz leisten und sie erfüllt sowohl eine interne als auch eine externe Informationsfunktion. Extern dient die bewertete Stoff- und Energiebilanz als wichtige Information in bspw. Umweltberichten von Unternehmen, mit deren Hilfe eine Vergleichbarkeit und Überprüfbarkeit von Umweltwirkungen des Unternehmens ermöglicht wird. Intern kann die Ökobilanz als wichtiger Baustein eines BUIS einen Beitrag zu den Entscheidungsprozessen liefern, insbesondere, da dadurch ökologische Schwachstellen aufgedeckt werden, wobei die Informationen der Ökobilanz entsprechend aufbereitet und einem Soll-Ist-Vergleich unterzogen werden müssen.[176] Beachtet muss allerdings werden, dass verschiedene Parameter wie die Ökotoxizität, Synergieeffekte und Wirkungszusammenhänge in Ökobilanzen nicht hinreichend abgebildet werden können und deshalb eine Beurteilung nach allen Umweltauswirkungen auch mittels einer Ökobilanz derzeit noch nicht vollständig erfolgen kann. Auch die Wirtschaftlichkeit des Instrumentes ist derzeit noch in Frage zu stellen, da doch ein erheblicher Aufwand für die Erfassung der Daten notwendig ist.[177]

---

173 Zu weiteren Ausführungen zur Ökobilanz nach IÖW siehe bspw. Müller-Christ 2001, S. 379ff. Zu den Kritikpunkten der Ökobilanz nach IÖW siehe Schaltegger, Sturm 1992; Strebel (2002b) argumentiert in diesem Zusammenhang, dass eine Betriebsbilanz nur durch Aggregation der Gesamtheit der Prozessbilanzen gewonnen werden kann. „Die in der Literatur empfohlene Ableitung von Prozessbilanzen aus einer daraus zu entwickelnden Betriebsbilanz ist daher logisch und faktisch unmöglich" (vgl. Strebel 2002b, S. 1983).

174 In den Normen wird explizit der Begriff „Ökobilanz" verwendet

175 Vgl. EN ISO 14040, EN ISO 14041, EN ISO 14042 und EN ISO 14043

176 Vgl. dazu bspw. Kytzia, Münger, Siegenthaler 1996, S. 104

177 Aus diesem Grund wird vor allem auf den Einsatz von Software bei der Erstellung der Ökobilanzen hingewiesen, vgl. dazu etwa Müller-Beilschmidt 1997; Möller, Schmidt, Rolf 1998; Schmidt 1999; Dold, Wörner 1996, S. 16ff

3.4.4 Produktlinienanalysen

Das Konzept der Produktlinienanalyse wurde im Jahr 1987 von der Projektgruppe Ökologische Wirtschaft am Freiburger Öko-Institut erstmals veröffentlicht.[178] Ziel der Produktlinienanalyse[179] ist es, die Umweltwirkungen eines Produktes oder einer Dienstleistung über den gesamten Produktlebenszyklus, insbesondere auch in der Entsorgung, zu erfassen (siehe Abbildung 9). Die Grundidee dahinter ist, dass Umweltschutz nicht an den Betriebsgrenzen aufhören darf und die Auswirkungen, die durch das Produkt in der Phase des Konsums, aber auch in der Phase der Entsorgung auftreten, bereits in die Überlegungen bei der Produktentwicklung miteinbezogen werden müssen. Als Ergebnis einer Produktlinienanalyse soll die relative Umweltbelastung pro Produkteinheit festgestellt und letztendlich durch entsprechende Maßnahmen reduziert werden.[180] Neben ökologischen Auswirkungen werden dabei vielfach auch volkswirtschaftliche und gesellschaftliche Wirkungen erfasst.[181] Darüber hinaus werden durch die Produktlinienanalyse vielfach trade-offs von Umweltbelastungen innerhalb des Produktlebenszyklus verdeutlicht, wenn bspw. umweltfreundliche Produkte nur durch umweltbelastende Produktionsverfahren erzeugt werden können. Ein weiterer Vorteil des Einsatzes dieser Produktlinienanalysen ist die ex-ante Betrachtung, die eine Miteinbeziehung von ökologischen Auswirkungen des Produktes innerhalb des gesamten Lebenszyklus und Rückstandszyklus ermöglicht.[182]

Kernstück der Produktlinienanalyse ist eine Bewertungsmatrix, um die Auswirkungen des Produktes systematisch darstellen und gegenüber zu stellen und auszugsweise bewerten zu können. Die Leitidee, auf die die Produktlinienanalyse aufbaut, ist die Bedürfnisorientierung, da bereits in Bezug auf die Entstehung des Bedürfnisses alternative Optionen gesucht werden. Ferner werden in einer vertikalen Betrachtung die einzelnen Stationen des Produktes über den Produktlebenszyklus analysiert, um in einem nächsten Schritt die Umweltauswirkungen in diesen einzelnen Phasen zu identifizieren. Letztendlich soll mittels eines Variantenvergleichs die sozial- und umweltverträglichste Alternative ausgewählt werden, wobei natürlich auch die Nullvariante, also keine Produktion, in Erwägung gezogen werden muss.[183]

In betrieblichen Entscheidungsprozessen können Produktlinienanalysen somit erkennbar machen, welche Umweltbeeinträchtigungen das Unternehmen verschuldet und wo die einzelnen Wirkungszusammenhänge zu suchen sind, um Verbesserungsmaßnahmen anzusetzen. Dennoch ist die Forderung, die Umweltbelastungen „von der Wiege bis zur

---

178 o.V. 1997

179 Als Synonym für Produktlinienanalyse liest man häufig auch Life Cycle Assessment LCA und Produktlebenszyklusanalysen.

180 Dies gestaltete sich bislang als schwer realisierbar.

181 Vgl. Steitferdt, Pfnür 1998, S. 393

182 Aktuell ist dieses Problem bspw. bei Elektronikgeräten, bei denen sich die Hersteller nunmehr von Gesetzes wegen gezwungen sehen, sich bereits bei der Herstellung der Produkte intensiv mit der Problematik der Entsorgung der Geräte auseinanderzusetzen.

183 Vgl. Müller-Christ 2001, S. 393ff

Bahre" zu erfassen, derzeit noch nicht umfassend und kontinuierlich umsetzbar.[184] Trotzdem besitzt dieses Instrument gegenüber Ökobilanzen den wesentlichen Vorteil, dass das Verursacherprinzip hier direkt greift und somit die Motivation, Maßnahmen zu tätigen, regelmäßig höher ausfallen wird.

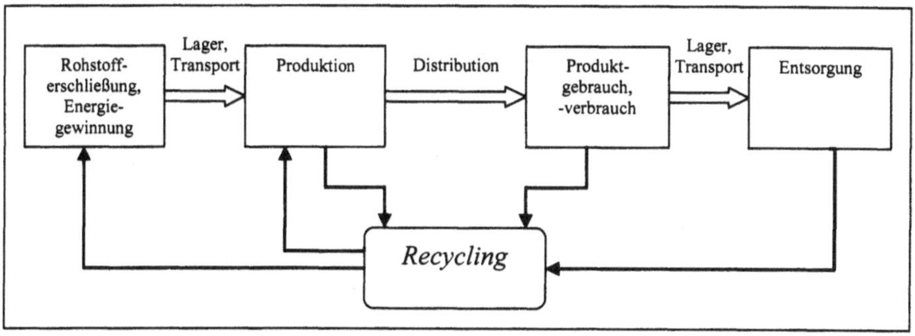

Abbildung 9: Produktlebens- und Rückstandszyklus[185]

In den Unternehmen findet das Instrument derzeit noch keine allzu große Verbreitung, da die Vorteilhaftigkeit für Unternehmen nicht immer sofort klar erkennbar ist. Aufgrund gestiegener gesetzlicher Vorschriften kann aber insbesondere die Informationsfunktion dieser Methode interessant für Unternehmen werden. Auch seitens der ISO wurde bereits eine eigene Norm – die ISO 14040 – für die Durchführung von Produktlinienanalysen ausgearbeitet, die den Einsatz dieses Instrumentes weiter forcieren soll.[186] Darüber hinaus wird auf EDV-technischer Seite das Instrument der Produktlinienanalyse immer stärker in die Softwareanwendungen integriert, um den Aufwand für die Datenerfassung, die Bewertung und die Gegenüberstellung zu reduzieren.[187]

3.4.5 Umweltkennzahlen

Gemäß der ÖNorm EN ISO 14031 sind Umweltkennzahlen bzw. Umweltleistungskennzahlen spezifische Größen, die Auskunft über die Umweltleistung einer Organisation geben, wobei die Umweltleistung das Ergebnis eines umweltorientierten Managements darstellt.[188] Im Controlling und betrieblichen Rechnungswesen sind Kennzahlen schon seit langem ein viel beachtetes Kontroll- und Steuerungsinstrument. Sie zeichnen sich vor allem durch ihren hohen Informationsgehalt – bedingt durch die Verdichtung und Verknappung der Daten – sowie als wirkungsvolles Instrument zur Komplexitätsreduktion aus, betrachtet man die Fülle

184 Vgl. Möller 2000, S. 14
185 In Anlehnung an Tarara 1997, S. 51
186 Vgl. EN ISO 14040, EN ISO 14041, EN ISO 14042 und EN ISO 14043
187 Siehe dazu Kapitel 5
188 Vgl. EN ISO 14031

an Daten und Informationen, die im Unternehmen verarbeitet werden müssen. Aus diesen genannten Gründen eignen sich Kennzahlen auch für die Darstellung der ökologischen Leistungen eines Unternehmens. Darüber hinaus stellen Umweltkennzahlen im speziellen die Grundlage für das klassische Umweltcontrolling dar und dienen zur Kommunikation der Umweltleistungen.[189] Sie drücken sich als absolute Zahlen oder Verhältniszahlen aus bzw. können zu umfassenden Kennzahlensystemen erweitert werden. Im Rahmen eines umfassenden Kennzahlensystems kann man noch generell in Umweltleistungskennzahlen, Umweltmanagementkennzahlen und Umwelt unterteilen (siehe Abbildung 10). Bezogen auf Kennzahlensysteme kann ferner in monetäre Umweltkennzahlensysteme, energie- und stoffflussorientierte Kennzahlensysteme und integrierte Umweltkennzahlensysteme unterschieden werden.[190]

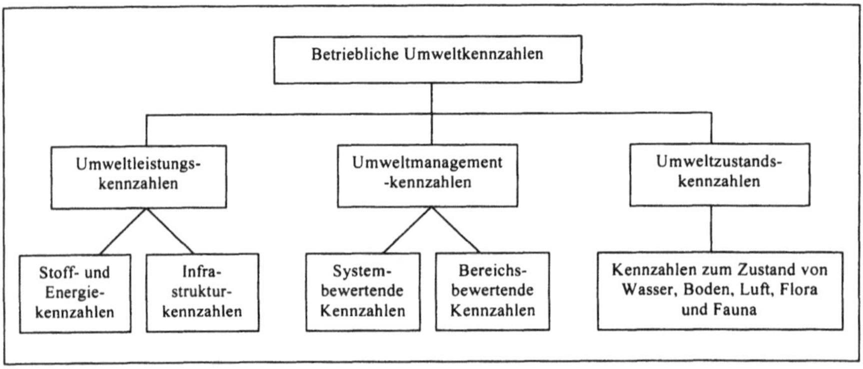

Abbildung 10: Beispielhafter Aufbau eines betrieblichen Umweltkennzahlensystems[191]

Welche Kennzahlen im Unternehmen ermittelt werden ist individuell zu bestimmen, generell wird die Entwicklung von zeitorientierten Kennzahlen für den Vergleich sowie für Anpassungs- und Änderungsentscheidungen empfohlen.[192] Es muss bei der Entwicklung der Kennzahlen und bei der Gestaltung eines umfassenden Systems jedoch darauf geachtet werden, dass den Kriterien der Vergleichbarkeit, Zielorientierung, Ausgewogenheit, Kontinuität, Aktualität und Verständlichkeit entsprochen wird.[193] Zur Vereinfachung und

---

189 Vgl. Frings 2003

190 Zu einer Übersicht über Umweltkennzahlensysteme siehe auch Dietachmair 1996, S. 266; Vgl. auch EN ISO 14031 – Umweltmanagement, Umweltleistungsbewertung

191 In Anlehnung an Müller-Christ 2001, S. 399

192 Vgl. Steitferdt, Pfnür 1998, S. 396f; Zu Beispielen für einzelne Kennzahlen siehe auch Stoltenberg, Funke 1996, S. 11ff; Günther E. 1994, S. 289ff

193 Vgl. dazu Müller- Christ 2001, S. 400f

Hilfestellung wurden dazu eigene Implementierungskonzepte für Umweltkennzahlensysteme entworfen, die diesen Anforderungen entsprechen.[194]

Aufgrund der Tatsache, dass Kennzahlen im betrieblichen Controlling bereits breite Anwendung finden, haben sie auch in den Bereich des betrieblichen Umweltmanagements verstärkt Einzug gehalten. Auch die zahlreichen Vorteile durch den Einsatz von Kennzahlen für ökologische Aktivitäten werden erkannt. So kann ein Umweltkennzahlensystem im Unternehmen auf operativer Ebene zur Koordination der einzelnen Maßnahmen beitragen, in strategischer Hinsicht kann ein Umweltkennzahlensystem dazu führen, dass ein Umdenken vom nachsorgenden, defensiven Umweltschutz hin zu einer offensiven Umweltpolitik im Unternehmen vollzogen wird und es unterstützt das Management dabei in den planerischen Tätigkeiten.[195] Darüber hinaus können Umweltkennzahlen als wichtiger Input für andere Instrumente des BUIS sowie für das Umweltmanagement allgemein dienen. Bezogen auf die Anforderungen an BUIS kann festgestellt werden, dass durch die Implementierung von Umweltkennzahlen im Unternehmen ein wesentlicher Beitrag zur Vergleichbarkeit von Umweltleistungen erfolgen kann.

3.4.6 Bewertungsverfahren für Umwelteinwirkungen

Um ein effizientes Ökocontrolling und Umweltmanagement im Unternehmen zu ermöglichen, ist es einerseits, wie bereits bei den vorangegangenen Instrumenten beschrieben, wichtig, einen möglichst vollständigen Überblick über Stoffe und Energieflüsse im Unternehmen sowie deren Umwelteinwirkungen zu generieren. Um nun aber Vergleiche zwischen verschiedenen Alternativen zu ermöglichen bzw. um Aggregationen von Informationen durchführen zu können, ist andererseits eine Bewertung dieser Umweltwirkungen notwendig.[196] Eine Bewertung von Umwelteinwirkungen ist darüber hinaus notwendig, um die Internalisierung von externen Effekten in das Unternehmen zu ermöglichen. Dazu sind nachvollziehbare Beurteilungsmaßstäbe und Bewertungskriterien erforderlich, um damit die teilweise unübersichtlichen Mengen an Informationen entsprechend aufbereiten zu können. Damit sollen unterschiedliche Maßstäbe, Skalen und Dimensionen überwunden werden und darüber hinaus die so genannten „weichen Daten“ in „harte Daten“ umgewandelt werden.[197]

Bei den Formen der Bewertung kann man prinzipiell zwischen der fachlichen Bewertung, bei der prognostizierte Umwelteinwirkungen auf einer Skala angeordnet werden, der ein Wertmaßstab zugrunde liegt, und politischen Bewertungen, die die Bewertung aufgrund eines festgelegten Maßes an gesellschaftlich akzeptablen Werten vollziehen.[198] Schwarz, Steven und Letmathe unterteilen weiter in verbale Kommentierungen, abstufende

194 Vgl. Seidel, Göllinger, Weber 1998, S. 135
195 Vgl. Seidel 1998a, S. 25
196 Vgl. Strebel 1980, S. 128
197 Zum Beispiel die Umwandlung von qualitativen, weichen Daten in monetäre Größen.
198 Vgl. Strebel 2003, S. 335

Bewertungsverfahren, monetäre Bewertungen und naturwissenschaftliche fundierte Bewertungen.[199] Einen Auszug von ausgewählten Bewertungsansätzen, die den jeweiligen Kategorien und Grundüberlegungen zugeordnet werden können, bietet Tabelle 2.

Auf weitere Ausführungen zu den unterschiedlichen Bewertungsverfahren wird im Rahmen dieser Arbeit verzichtet, es wird dabei auf die Literatur verwiesen.[200] Jedoch wird an dieser Stelle nochmals auf die Bedeutung von ökologischen Bewertungsverfahren in BUIS hingewiesen sowie auf die Tatsache, dass sie im Großteil der Instrumente für BUIS als auch bereits in den EDV-gestützten BUIS Eingang gefunden haben. Abschließend ist anzumerken, dass bei der Bewertung von Umwelteinwirkungen jedenfalls auf die konkrete Umweltsituation Rücksicht genommen werden muss. Ferner muss man sich bei der Bewertung der einhergehenden Unsicherheit bewusst sein und gegebenenfalls darauf verzichten, wegen einer Scheingenauigkeit eine Bewertung und Aggregation der Umwelteinwirkungen vorzunehmen. Darüber hinaus müssen gesetzlich vorgeschriebene Grenzwerte und Maßstäbe ebenfalls Eingang in die Bewertung finden.[201]

Ökologische Bewertungsverfahren
– Ökologische Buchhaltung – Umweltbelastungspunkte – Schadschöpfungseinheiten – ECO-Indicator 99 – CML – Bewertungsschema – EPS – Environmental Priority Strategies

Tabelle 2: Ausgewählte ökologische Bewertungsverfahren

3.5 Merkmale, Zuordnung und Klassifikation und von EDV-gestützten betrieblichen Umweltinformationssystemen

Als besondere Ausprägung von BUIS können die softwaregestützten Systeme zur Verarbeitung von Umweltinformationen angesehen werden. Wie bereits erwähnt, wird die Erfassung und Verarbeitung von Umweltinformationen immer komplexer, teils, da die Menge an Umweltinformationen in den letzten Jahren stark zugenommen hat, teils aber auch, da die Anforderungen an Unternehmen in Bezug auf Umweltschutzmaßnahmen immer stärker vertreten sind und für deren Erfüllung Umweltinformationen eine immer wichtigere Rolle

199 Vgl. Schwarz, Steven, Letmathe 1997, S. 483ff
200 Vgl. zu einer Übersicht von Bewertungsverfahren Müller-Christ 2001, S. 263ff; Posch 2003a; Prammer 1996, S. 221ff; Schaltegger, Sturm 1992, S. 72ff; Günther E. 1994, S. 142ff; Kytzia 1995, S. 92ff
201 Vgl. Müller 1995, S. 85f

spielen. Diese Komplexität zu reduzieren und die Verarbeitung von Umweltinformationen zu unterstützen ist Aufgabe der softwaregestützten BUIS.[202] Diese EDV Systeme haben sich, wie in Abbildung 4 auf Seite 32 hingewiesen, zur Unterstützung der vorhin beschriebenen Instrumente, aus PPS Systemen bzw. aus spezifischen Anforderungen heraus entwickelt und können demnach auch unterschiedliche Ausprägungen besitzen. Mittlerweile sind sie bereits so stark in der Wissenschaft verankert, dass die Entwicklung von BUIS sogar schon zu einer wissenschaftlichen Disziplin heranwuchs.[203]

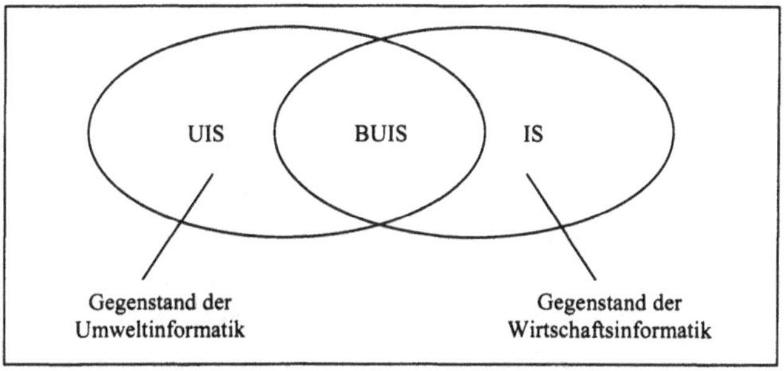

Abbildung 11: Einordnung des BUIS[204]

Wie nun ein betriebliches Umweltinformationssystem im organisatorischen und wissenschaftlichen Kontext eingebettet ist, darüber gibt Abbildung 11 Aufschluss. Daraus lässt sich ersehen, dass das betriebliche Umweltinformationssystem zwischen den betrieblichen Informationssystemen und den allgemeinen, in der Regel kommunalen und regionalen, Umweltinformationssystemen anzusiedeln ist. Betrachtet man nun im speziellen die softwaregestützten BUIS, kann man feststellen, dass diese sich im Überlappungsbereich zwischen der Wirtschafts- und der Umweltinformatik befinden, wobei beim Aufbau des Systems bei den BUIS hauptsächlich auf die Grundlagen der Wirtschaftsinformatik zurückgegriffen wird. Die Umweltinformatik mit der Erfassung der Umweltdaten und der Unterstützung von Maßnahmen zur Vermeidung, Begrenzung und Beseitigung von Umweltschäden als Hauptaufgaben bildet die inhaltliche Basis für die Bearbeitung von Umweltinformationen auf betrieblicher Ebene.[205] Sie dient dem Aufbau und der Realisierung von Umweltinformationssystemen, die auf kommunaler und Bundesebene Aufschluss über Umweltbelastungen geben sollen und die Vermeidung, Verwertung und Beseitigung von

202 Wird im folgenden Abschnitt von BUIS gesprochen, sind hierbei immer die softwaregestützten BUIS gemeint.

203 Vgl. bspw. zu einem Überblick über die Literatur zu BUIS Hilty, Rautenstrauch 1997; Rautenstrauch 2000; Hornen, Hager 2001, S. 158

204 In Anlehnung an Hilty, Rautenstrauch 1995, S. 295

205 Vgl. Rautenstrauch 1997, S. 7

Umweltschäden unterstützen. Im Gegensatz zu diesen kommunalen und in weiterer Folge auch geografischen Umweltinformationssystemen steht bei betrieblichen Umweltinformationssystemen weniger die Beobachtung und Pflege von Umweltschutzgütern zur Sicherung der natürlichen Umwelt sondern die Verbesserung der betrieblichen Handlungen in Bezug auf Umweltschutzeinwirkungen im Vordergrund.[206] Die Wirtschaftsinformatik an sich beschäftigt sich mit den betrieblichen Informationssystemen, zu denen natürlich auch die betrieblichen Umweltinformationssysteme gehören, und versucht dabei die betrieblichen Abläufe und Prozesse möglichst effizient zu gestalten sowie für Steuerung und Planung die geeigneten Informationen zur Verfügung zu stellen.[207]

3.5.1 Klassifikation von betrieblichen Umweltinformationssystemen

Da es aber bereits eine Fülle an solchen Lösungen auf dem Markt gibt und vor allem bei der Implementierung dieser Systeme im Unternehmen Unterschiede auftreten, kann man EDV-gestützte BUIS weiter unterscheiden. Als verschiedene Klassifizierungsmerkmale existieren bspw. die gewählten Formate der EDV Systeme oder die notwendigen Betriebssysteme, damit die Systeme überhaupt funktionieren. Diese rein technischen Charakteristika von BUIS wären aber für eine grobe Klassifikation von BUIS zu detailliert. Darüber hinaus wird in Kapitel 5 in der empirischen Erhebung auf die unterschiedlichen Anforderungen der BUIS in Bezug auf Systeme, Formate etc. noch spezifisch eingegangen. Jedoch wird im Folgenden eine Einteilung von BUIS nach dem Integrationsgrad und den unterschiedlichen Ausprägungen durchgeführt, da dies im Hinblick für die Gestaltung von Implementierungskonzepten wesentlich sein kann.

3.5.1.1 Klassifikation nach dem Integrationsgrad

Eine Klassifikation von BUIS gemäß der Einbindung in bestehende betriebliche IT-Lösungen ist jedoch ein wesentliches Merkmal von BUIS und für das Funktionieren und die Akzeptanz dieser Systeme bei den Anwendern ein entscheidendes Charakteristikum. Diese Einteilung nach dem so genannten Integrationsgrad ergibt somit wesentliche Implikationen für die Implementierung von BUIS in Unternehmen.

Demnach unterscheidet man drei verschiedene Integrationsgrade:[208]

Stand-alone Systeme: Darunter versteht man die so genannten Insellösungen, die mit anderen Informationssystemen nicht oder nur sehr begrenzt in Verbindung stehen. Sie werden meistens für spezifische Teilbereiche geschaffen. Anbindungen an andere Management- und Informationssysteme bestehen höchstens durch eine vereinfachte Transferierung von Daten und Informationen. Probleme ergeben sich, da Daten aufwendig erfasst werden müssen, sie

---

206 Vgl. Behrendt 2000, S. 40
207 Vgl. Rautenstrauch 1999, S. 11
208 Vgl. Bullinger, Görsch, Rey 1998; Kraus, Scheer 1997

aber nicht allen Nutzern zur Verfügung stehen. Darüber hinaus kann das parallele Ausführen von Arbeitsschritten nicht verhindert werden und es entstehen dadurch Ineffizienzen in den betrieblichen Abläufen.[209]

Add-on Systeme: Bei solchen Lösungen wird versucht, BUIS als Subsysteme anderen Informationssystemen beizustellen, um so die Aspekte des betrieblichen Umweltmanagements abzudecken. Teilweise wird dabei versucht, Synergien zwischen den Systemen zu nutzen und gemeinsame Datenbanken aufzubauen,[210] teilweise wird aber doch auf eigene Daten zurückgegriffen. Ineffizienzen können somit nicht vollständig verhindert werden. Dies kann zutreffen, wenn EDV-gestützte BUIS ausschließlich zur Unterstützung von bestimmten Methoden und Instrumenten des betrieblichen Umweltmanagements eingesetzt werden.

Integrierte Systeme: Im Gegensatz zu den vorherigen Systemen wird bei den integrierten Systemen versucht, die Agenden des Umweltschutzes vollständig in die bestehende betriebliche Informationsstruktur einzugliedern und sie zu einem Teilbereich zu gestalten. Eine vollständige Integration in diesem Sinne wird also erreicht, wenn alle Subsysteme auf einen gemeinsamen Datenbestand redundanzfrei zugreifen können.[211] Problematisch ist hierbei aber, dass herkömmliche Informationssysteme oft nicht in der Lage sind, die Aufgaben des betrieblichen Umweltschutzes in ausreichendem Maße zu erfüllen bzw. durch solch eine Integration Planungs- und Steuerungsmaßnahmen im Sinne eines umfassenden Umweltschutzes adäquat zu erfüllen.

Für ein Unternehmen können sich aus allen drei Systemen Vor- und Nachteile ergeben. Um diesbezüglich eine bessere Übersicht geben zu können, werden die wesentlichsten Vor- und Nachteile im Hinblick auf wichtige Benutzerkriterien für die Unternehmen in Abbildung 12 dargestellt.[212] Darin kann man sehen, dass trotz einiger Vorteile von Insellösungen und Add-On-Lösungen die Zukunft in den integrierten Systemen liegt,[213] [214]

---

209 Am gegenwärtigen Markt fand man bis vor einigen Jahren ausschließlich diese Insellösungen (vgl. Haasis 1997 und die dort zitierte Literatur).

210 Dies betrifft vor allem die klassischen Managementaufgaben, bspw. die Dokumentationsfunktion, die Bestandteil jedes Informationssystems sein sollten.

211 Vgl. Eschenbach, Neumann 1995, S. 101; Rautenstrauch 1999, S. 57; Bullinger, Görsch, Rey 1998, S. 16

212 Bei Vorbach 2000 findet man eine ähnliche Systematisierung in Hinblick auf Managementsysteme, bei denen ebenso parallele, adaptive (add-on) und intergrierte System auftreten können (vgl. Vorbach 2000, S. 190ff).

213 Vgl. Lang, Jürgens 2003, S. 96; Harmsen et al. 1998; Bullinger, Görsch, Rey 1998, S. 17; Neumann, Eschenbach 1995, S. 10; Bußwald et al. 1998, S. 227; Arndt, Günther 1998

214 Im Gegensatz dazu wurde vor weniger als zehn Jahren für Teilbereiche noch durchaus die Stand-alone-Lösung vertreten, bspw. für das Ökocontrolling (vgl. Müller-Beilschmidt 1996, S. 4). Auch Kraus und Scheer streichen im Jahr 1997 noch die Vorteile von modular aufgebauten Systemen heraus, betonen aber, dass ein Datenaustausch zu bestehenden Systemen durchaus zu begrüßen ist (vgl. Kraus, Scheer 1997). Gegenteilig dazu wird bspw. die Einbettung von BUIS in das Umfeld anderer betrieblicher Anwendungssysteme sogar als Anforderung an ein BUIS definiert (vgl. Müller-Christ 2001, S. 354). Auch Bußwald et al. 1998 streichen die Integration von BUIS in die betriebliche EDV hervor und sehen

wobei als wesentlicher Vorteil von integrierten Systemen für die Unternehmen sicherlich der reduzierte Aufwand für die Erhebung und die Pflege der Daten und Umweltinformationen in einem integrierten System angegeben werden kann.[215] Nur so kann jedenfalls gewährleistet werden, dass den umweltrelevanten Daten entsprochen wird und somit Lösungen entstehen, die sowohl ökonomisch als auch ökologisch effizient erscheinen. Als weiteres Zeichen, dass sich integrierte Systeme im Vormarsch befinden, ist die Entwicklung von öffentlich verfügbaren Standards und Spezifikationen zu sehen, die derzeit vorangetrieben wird.[216]

Merkmale	**Insellösung**	**Add-On-Lösung**	**Integrierte Systeme**
Erweiterbarkeit	--	+	+
Kommunikationsmöglichkeiten	--	+	++
Durchgängigkeit der Benutzeroberfläche	--	-	++
Aufwand an Informationstechnik	+	+	-
Aufwand in der Datenerhebung	--	+	+
Kostenintensität	++	+	--
Organisationsunterstützung	-	+	++

Legende:		
	Sehr positiv	++
	Positiv	+
	Eher negativ	-
	Negativ bis sehr negativ	--

Abbildung 12: Vor- und Nachteile von betrieblichen Umweltinformationssystemen gemäß ihrem Integrationsgrad[217]

Sofern jedenfalls BUIS nicht vollständig in anderen Systemen integriert sind, stellt sich neben der Frage der grundsätzlichen Eingliederung des BUIS in das betriebliche Informationssystem bei softwaregestützten BUIS die Frage, welche Schnittstellen zur bereits bestehenden EDV-Systemen, bspw. ERP-Systeme und kaufmännische Software, des Unternehmens vorhanden sind. Existieren solche Schnittstellen, ist der Import und Export der Daten von Bedeutung, damit hier ein Mehraufwand bestmöglich vermieden werden kann und das Prinzip der Wirtschaftlichkeit erfüllt ist.

eine mangelnde Akzeptanz von BUIS in den Unternehmen, da die Systeme noch nicht integriert werden können (vgl. Bußwald et al. 1998, S. 227).

215 Zu weiteren Vorteilen siehe Röhrle 2004, S. 175f

216 Vgl. dazu die öffentlich verfügbare Spezifikation PAS 1025 über den Austausch umweltrelevanter Daten zwischen ERP-Systemen und betrieblichen Umweltinformationssystemen. Vgl. dazu auch Wohlgemuth, Niebuhr, Lang 2004; Siehe Kapitel 6

217 In Anlehnung an Bullinger, Görsch, Rey 1998, S. 18

3.5.1.2 Ausprägungen von betrieblichen Umweltinformationssystemen

Idealtypisch entspricht ein BUIS einem umfassenden System, das sämtlichen im Unternehmen auftretenden Anforderungen gerecht wird und vollständig im betrieblichen Informationssystem integriert ist.[218] In der praktischen Umsetzung in Softwareprogramme sind solche Systeme jedoch erst in Ansätzen zu finden,[219] die Implementierung in Unternehmen hinkt diesbezüglich noch hinterher.[220] Ferner blicken Unternehmen derzeit noch eher skeptisch auf umfassende Lösungen, teilweise, da sie EDV-technisch diese Systeme noch nicht umsetzen können, teilweise aber auch, da sie derzeit nur eingeschränkt die Funktionalitäten dieser Softwaresysteme nutzen können und wollen und deshalb die Systeme zu komplex und umfangreich für die Unternehmen sind.

Merkmal	**Ausprägung**					
Zeithorizont	operativ/kurzfristig		taktisch/mittelfristig		strategisch/langfristig	
Org. Einheit/ Systemgrenze	Produkt/LCA	Prozess	Abteilung	Unternehmen	Konzern	Zwischen-betrieblich
Umweltmedien	Boden	Luft		Wasser	Abfall	
Aufgaben-bereich: Aspekt	Stoffströme	Abfall	Emissionen	Energie	Gefahrstoffe	Anlagen
Aufgaben-bereich: Konzept	Verwaltung		Wirtschaft		Management	
Ansprüche	Dokumentationssystem		Entscheidungs-unterstützungssystem		Expertensystem	
Funktionsbereich	Informations-beschaffung	Controlling-aufgaben	Daten-verwaltung/ Dokumenten-management	Prozess-Monitoring	Simulation	Umwelt-kosten-rechnung

Abbildung 13: Morphologischer Kasten für BUIS[221]

Vor allem aus erst genanntem Grund drängt sich hier eine weitere Klassifizierung bzw. Darstellung der vielfältigen Ausprägungen, die durch eine Software für den Einsatz als BUIS möglich werden, auf. Dazu wird für einen Überblick über die Anwendungsbereiche bzw. über die Ausprägungen, die BUIS annehmen können, folgender morphologischer Kasten dargestellt. Dabei geht es prinzipiell weniger um eine Klassifizierung und spezifische Zuordnung der einzelnen Systeme zu den jeweiligen Gruppen, sondern vielmehr um eine Darstellung der vielfältigen Anwendungsfelder, die mittels BUIS abgedeckt werden können.

218 Siehe Abbildung 4 auf S. 32, bei dem das BUIS alle ursprünglichen Anforderungen in einem gemeinsamen System vereint.

219 Vgl. Wohlgemuth, Niebuhr, Lang 2004; Lang, Jürgens 2003, S. 80

220 Vgl. dazu bspw. Kürzl 1999, S. 13

221 In Anlehnung an Rey, Schnapperelle 1999, S. 18

Vertikal sind in diesem morphologischen Kasten die Merkmale aufgetragen, horizontal dazu passend die Ausprägungen dieser Merkmale. Dabei wurde versucht, alle Ausprägungen, die BUIS abdecken können, aufzulisten. Sie stehen hierbei keineswegs in Konkurrenz zueinander, sondern existieren durchaus auch nebeneinander.[222]

Ferner kann man noch unterscheiden, für welches vorrangige Einsatzgebiet das BUIS im Unternehmen im Rahmen des betrieblichen Umweltmanagements herangezogen werden kann. Zum einen kann es der Unterstützung bei der Gestaltung von Umweltmanagementsystemen wie die ISO 14001 oder EMAS dienen. Ferner kann als Ziel der Unterstützung von BUIS die Erfüllung der gesetzlichen Auflagen genannt werden. Nicht zu unterschätzen als Motiv für die Einführung von BUIS im Unternehmen ist die Unterstützung beim Aufbau eines umweltfreundlichen Unternehmensimage. Und letztendlich, und in der Argumentation für Softwareunternehmen wesentlich, sind Rationalisierungsmaßnahmen wohl das wichtigste Motiv, da diese durch BUIS in der Regel effizient unterstützt und so Kosteneinsparungen im Unternehmen realisiert werden können.[223]

Eine Klassifizierung nach dem Zeithorizont soll hier ebenfalls dargestellt sein. Sieht man BUIS als Unterstützung des betrieblichen Ökocontrollings und in weiterer Folge des betrieblichen Umweltmanagements, kann argumentiert werden, dass BUIS sich hauptsächlich langfristig orientieren sollte, da auch die Unterstützung des strategischen Umweltmanagements in der Regel langfristig ausgerichtet ist. Als Unterstützung bei der Generierung von Umweltinformationen für bspw. eine Stoff- und Energiebilanzierung können aber durchaus auch kurzfristige betriebliche Aspekte von BUIS unterstützt werden. Auch in der Praxis sind Softwaresysteme, die vor allem operative, kurzfristige Aufgaben im Unternehmen ausführen, weit verbreitet. Aus diesem Grund werden hier die speziellen Ausprägungen bezogen auf den Zeithorizont dennoch angeführt.[224] Auf eine Klassifizierung gemäß den Anforderungen an das System bzw. an Anforderungen an die Unternehmensstruktur wird in diesem Zusammenhang verzichtet, da sich dies aufgrund des technischen Fortschritts, der gerade im IT-Bereich besonders ausgeprägt ist, laufend ändert und spezifisch in den einzelnen Unternehmen betrachtet werden müsste.

Wesentlich ist bei einer Darstellung von BUIS darüber hinaus, welche Funktionsbereiche, bspw. Informationsbeschaffung, Prozessmonitoring etc., im Unternehmen unterstützt werden

---

222 Dies entspricht nicht der morphologischen Methode im eigentlichen Sinn, wie sie bei Kreativitätstechniken bspw. beschrieben wird (vgl. Steiner 2003, S. 319ff), da mehrere Elemente eines Merkmals gleichzeitig in einem System vorkommen können und sich nicht gegenseitig ausschließen. Dennoch wird hier durch eine Zerlegung in überschneidungsfreie Teilbereiche und der Aufzählung der jeweiligen Ausprägung zu diesen Teilbereichen der grundsätzlichen Methode des morphologischen Kastens entsprochen.

223 Diese Klassifizierung wird in der Literatur (vgl. Rey, Schnapperelle 1999, S. 16; Rautenstrauch 1999) häufig auch als Klassifizierung nach dem Unternehmensziel definiert. Darauf wurde im Rahmen dieser Analyse verzichtet, da eine Abgrenzung der verschiedenen Unternehmensziele durchaus schwierig ist.

224 Eine Darstellung von BUIS zur Unterstützung des normativen Umweltmanagements, z.B. die Erstellung eines Umweltschutzleitbildes, wird hier nicht berücksichtigt.

können. Mittlerweile sind die Softwaresysteme jedoch schon so weit entwickelt, dass sie nahezu alle Bereiche unterstützen und in weiterer Folge auch alle Aspekte und Medien abdecken können. Selbiges gilt auch für die Ansprüche, die an ein BUIS gestellt werden. Derzeit am Markt befindliche Softwaresysteme unterstützen demnach sowohl die Dokumentation von Daten, helfen bei der Entscheidungsvorbereitung und können aufgrund ihres Aufbaus als Expertensystem definiert werden.

3.5.2 Input für betriebliche Umweltinformationssysteme

Um die Anforderungen der Aktualität, Vollständigkeit und Wirtschaftlichkeit an BUIS erfüllen zu können, ist die Frage der Verfügbarkeit von Umweltinformationen, also die Inputseite für BUIS, von wesentlicher Bedeutung. Insbesondere für Unternehmen ist die Frage, woher die Daten für BUIS kommen, die Höhe des Aufwands für die Eingabe und die Frage der Vermeidung von Parallelarbeiten bei der Erfassung von Daten ein wesentliches Entscheidungskriterium bei der Einführung eines solchen Systems. Hierzu ist es insbesondere wichtig, dass auf bestehende, bereits erhobene Daten zurückgegriffen werden kann, zumeist auf die traditionellen Instrumente des betrieblichen Rechnungswesens. Eine Übersicht, woher BUIS diese Daten und Informationen beziehen können, ist in Tabelle 3 dargestellt.[225]

Innerbetrieblich	**Überbetrieblich**
– Betriebliches Rechnungswesen – Emissionsdatenbank – Abfalldaten – Gefahrstoffdatenbank – Ökobilanzen von Vorprodukten[226] – ERP-Systeme – CIM[227] – BDE[228] – Lagerbuchhaltung – Rechnungen für bezogene Waren – Technische Datenblätter – Verbrauchszähler – Expertenwissen der Mitarbeiter – Umweltschutzbeauftragte – Sonstige papiergestützte Daten	– politische Kontakte – Behörden – Wirtschaftsstatistiken – wissenschaftliche Literatur – Informationen aus dem überbetrieblichen Datenaustausch

Tabelle 3: Informationsquellen für BUIS

225 Vgl. Lang, Jürgens 2003, S. 85ff; Steidtferdt, Pfnür 1998, S. 410; Hummel, Kytzia, Siegenthaler 1995, S. 109; Letmathe, Schwarz, Steven 1996, S. 427; Fellinger 2001

226 Sofern die Vorprodukte im eigenen Unternehmen hergestellt werden. Ansonsten muss diese Informationsquelle der überbetrieblichen Ebene zugeordnet werden.

227 Computer integrated manufacturing Software

228 Betriebsdatenerfassung

Betrachtet man die Quellen der relevanten Umweltinformationen, lässt sich erkennen, dass diese auf innerbetrieblicher Ebene auf verschiedene Bereiche und Abteilungen im Unternehmen verstreut sind, was wiederum als Indiz für die Querschnittsfunktion des betrieblichen Umweltmanagements und der Umweltinformationen allgemein herangezogen werden kann. Viele der vorhandenen Informationen sind bereits in der Regel elektronisch erfasst, hier kann über Schnittstellen und den Export zu den softwaregestützten BUIS erheblicher Arbeitsaufwand für die Erfassung der Informationen eingespart werden. Einige Informationen sind jedoch nur auf Papier vorhanden oder müssen überhaupt erst erhoben werden. Hierfür werden die in Kapitel 3.4 beschriebenen Instrumente der BUIS eingesetzt.

Auf überbetrieblicher Ebene lassen sich neben Informationen von politischen Institutionen und wissenschaftlicher Literatur die Informationen aus dem überbetrieblichen Datenaustausch identifizieren. Der genaue Ablauf eines solchen Austauschprozesses von Umweltinformationen auf überbetrieblicher Ebene wird jedoch in der aktuellen Literatur, wenn überhaupt, nur am Rande behandelt, obwohl der Umweltschutz natürlich nicht auf die ausschließlich betriebliche Ebene eingegrenzt werden kann. Aus diesem Grund wird auf den Austausch von Umweltinformationen auf überbetrieblicher Ebene in den folgenden Kapiteln noch detaillierter eingegangen.

Unabhängig, ob BUIS ihren Input aus betrieblichen oder überbetrieblichen Quellen beziehen, muss hierbei jedenfalls beachtet werden, dass als Input für BUIS nicht nur Umweltinformationen Eingang finden, sondern auch umweltrelevante Informationen. Dies können bspw. Stoff- und Materialstammdaten, die Informationen über physikalische bzw. auch betriebswirtschaftliche Eigenschaften von Materialien und Stoffen haben, Strukturdaten über betriebliche Prozessabfolgen und Produktionsstrukturen sowie ausführliche Prozessdaten sein. Darüber hinaus haben natürlich auch Stoff- und Energieflussdaten große Bedeutung für BUIS, da sie die Informationen über Art und Menge der im Unternehmen fließenden Stoffe und Energieflüsse beinhalten. Letztendlich können auch allgemeine Organisationsdaten als umweltrelevant und somit als Input für BUIS angesehen werden, wenn darin bspw. organisatorische Abläufe, die auch in Bezug zum betrieblichen Umweltschutz stehen, näher spezifiziert werden.[229]

229 Vgl. Lang, Jürgens 2003, S. 78; siehe dazu auch Kap 2.2.1

4 Netzwerke als Basis einer überbetrieblichen Kommunikation von Umweltinformationen

4.1 Charakteristika von Netzwerken

Wenn im Rahmen dieser Arbeit explizit auf die Kommunikation von Umweltinformationen auf überbetrieblicher Ebene eingegangen wird, werden dabei vor allem Netzwerke als Form von interorganisationalen Kooperationen angesprochen. Die Bevorzugung dieser Art von Zusammenarbeit zwischen Unternehmen, die im Folgenden zum besseren Verständnis noch näher erläutert wird, deutet aber keineswegs darauf hin, dass dies die einzige Form der Zusammenarbeit von Unternehmen darstellt. Netzwerke als Inhalt dieser Arbeit werden einerseits aufgrund ihrer Aktualität in der wissenschaftlichen Diskussion und andererseits aufgrund ihrer derzeitig starken Verbreitung in der Praxis exemplarisch zum Zweck der weiteren Studien über den Austausch von Umweltinformationen auf über- und zwischenbetrieblicher Ebene herangezogen. Ferner erweisen sie sich durch die spezifischen Beziehungen zwischen den Unternehmen als geeignet, um den Ansatz eines Transfers von Umweltinformationen auf überbetrieblicher Ebene zu begünstigen und umweltschutzorientierte Maßnahmen zu setzen.

4.1.1 Abgrenzung von Netzwerken und allgemeine Erklärungsansätze

4.1.1.1 Definition von Netzwerken

Netzwerke als derzeit aktuelles[230] Phänomen[231] der Betriebswirtschaft stellen eine sehr komplexe Bündelung an Definitionen dar, die in ihrem Inhalt teilweise vielfach differieren.[232]

---

230 Obwohl Netzwerke derzeit ein aktuelles Thema der Sozial- und Wirtschaftswissenschaften darstellen, können Unternehmensnetzwerke aber nicht als grundsätzlich neue Form der Unternehmensorganisation angesehen werden. Vielmehr existierten Formen von Netzwerken bereits im Frühkapitalismus (vgl. Sydow 1992, S. 54ff, S. 120; vgl. dazu auch Männel 1996, S. 25). Auch hat sich die Netzwerkforschung bereits seit Beginn des 20. Jahrhunderts mit den Schriften von Georg Simmel (vgl. dazu Simmel 1908), weiters in anthropologischen Studien von bspw. Levi-Strauss, Studien der Rollentheorie sowie mittels Studien seitens der Graphentheorie entwickelt (vgl. Sydow 1992, S. 121). Zu der Entwicklung von Netzwerkansätzen in der betriebswirtschaftlichen Literatur vgl. bspw. Backhaus, Meyer 1993; Schubert 1994, S. 14ff

231 Als Phänomen kann man den Netzwerkansatz insbesondere bezeichnen, da er sich die Betrachtung und Abbildung von realen Phänomen – in diesem Fall also die Zusammenarbeit von mehreren Objekten, hier Unternehmen - unter besonderen gestaltungsorientierten Gesichtspunkten zur Aufgabe gemacht hat. Vgl. dazu auch Bellmann, Hippe 1996a, S. 6; Hippe 1996, S. 24

232 Auf das Problem der Vielfalt an Definitionen und dem fehlenden theoretischen Hintergrund geht vor allem auch Sydow ein: „Das Fehlen einer geeigneten theoretischen Grundlage, aus der zum Beispiel Hypothesen zur Entwicklung und Strukturierung von Netzwerken, zum Verhalten von Netzwerkmitgliedern, zu den Bedingungen und Folgen bestimmter Netzkonfigurationen oder zur Abgrenzung eines Netzwerkes von seiner Umwelt abgeleitet werden können, wird allgemein beklagt." (Sydow 1992, S. 125)

Betrachtet man Netzwerke allgemein, kann man hier die Ansätze der Graphentheorie hervorheben, die Netzwerke als ein Gebilde von Knoten und Kanten beschreiben, wobei die Knoten die Akteure bzw. Objekte, Individuen, Gruppen oder Nationen und die Kanten die direkten und indirekten Beziehungen zwischen den Netzwerkakteuren beschreiben. Die Kanten verbinden dabei jeweils zwei Knoten miteinander, weisen eine Richtung auf und stellen Abläufe und deren Abhängigkeiten dar.[233] Problematisch ist diese Darstellung von Netzwerken aber, da die Grenzen des Netzwerkes regelmäßig flexibel sind und aus diesem Grund eigentlich nur subjektiv bestimmt werden können.[234] Darüber hinaus ist eine Grenzziehung von Netzwerken dahingehend schwierig, da Netzwerke als grundsätzlich offen beschrieben werden können. Aus diesem Grund können sie sich beliebig erweitern, ohne dadurch den Charakter eines Netzwerkes zu verlieren.[235]

Diese Netzwerkdefinition kann nun sowohl im wirtschaftlichen als auch in technischen Bereichen wie bspw. bei der Telekommunikation, bei Computernetzwerken und neuronalen Netzen und in sozial-gesellschaftlichen Bereichen bei der Betrachtung von z.B. Familien herangezogen werden.[236]

Die Bedingungen, die hiermit für alle Netzwerke als zutreffend beschrieben werden können, sind somit folgende:[237]

- Netzwerke bestehen aus mehr als zwei, also zumindest drei Akteuren
- Die Akteure stehen in einem spezifischen Beziehungszusammenhang. Dieser Zusammenhang bedingt allerdings, dass innerhalb eines Netzwerkes keine Hierarchie besteht und sich somit alle Knoten eines Netzwerkes auf der gleichen Ebene befinden.[238]

Bezogen auf die Größe des Netzwerkes spricht man üblicherweise von drei Akteuren als Mindestgröße, wobei aber in der Regel immer mehr Akteure beteiligt sind. Jedenfalls reicht die Mindestanzahl von drei Netzwerkpartnern, damit sich netzwerktypische Charakteristika wie das Wirksamwerden indirekter Beziehungen entwickeln und die Koalitionsbildung fördern können.[239] [240]

---

233 Vgl. Gemünden 1990; DIN 69900, S. 2; Männel 1996 S. 25

234 Vgl. Thorelli 1986, S. 42, zur Grenzziehung von Netzwerken siehe auch Kutschker, Schmid 1995, S. 3

235 Dies wird auch unter dem Terminus der Nicht-Abschließbarkeit von Netzwerken geführt, da mit der Aufnahme eines jeden neuen Netzwerkmitgliedes gleichzeitig auch ein ganzes Subnetzwerk integriert wird (vgl. dazu Reiß 1998).

236 Vgl. Evers 1998, S. 19

237 Vgl. Evers 1998, S. 20; Möller, Halinen 1999

238 Sydow 1993; Beck 1998, S. 271; Aufgrund des Verzichts auf eine Hierarchie im Gegensatz zu einer vertikalen oder horizontalen Integration wird ein Netzwerk auch als hybride Organisationsform bezeichnet (vgl. dazu weiter unten).

239 Beck (1998) widerspricht aber bei der Betrachtung von Unternehmensnetzwerken der These, dass bei einer Partnerzahl von 3 Unternehmen bereits ein Netzwerk entsteht. Seiner Meinung nach ist der Unterschied von Netzwerken zu strategischen Allianzen unter anderem dadurch gegeben, dass eine genügend große Anzahl an Unternehmen am Netzwerk beteiligt ist.

Geht man nun weg vom allgemeinen Netzwerksbegriff und stellt die Unternehmen und deren Beziehungen untereinander in den Mittelpunkt von Netzwerken, dann spricht man von einem Unternehmensnetzwerk.[241] Dieses Unternehmensnetzwerk, im Englischen häufig auch als „industrial network" bezeichnet, kann somit als Zusammenschluss von Unternehmen gesehen werden, um entweder gemeinsam komplementäre oder konkurrierende Produkte zu produzieren oder zu benützen.[242] Darüber hinaus werden die Faktoren der Akteure, Ressourcen und Transaktionen miteinander in Beziehung gesetzt – siehe Abbildung 14 – wobei jeder dieser drei Faktoren von den anderen beiden abhängig ist.[243]

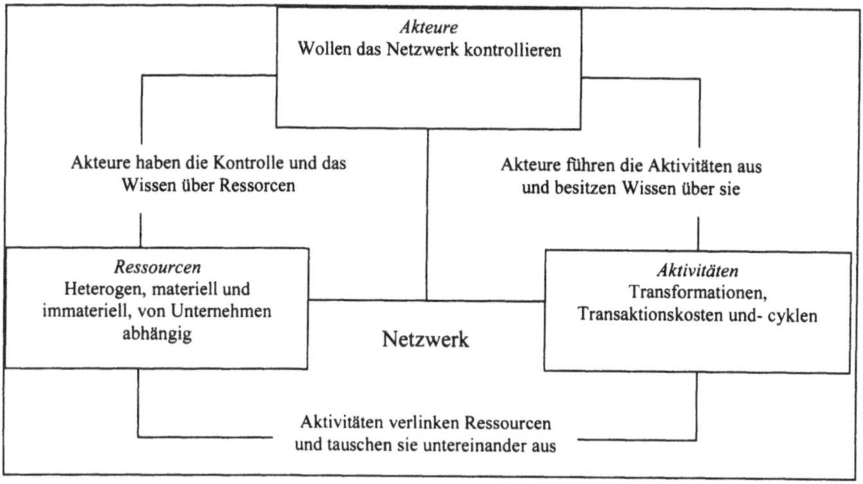

Abbildung 14: Ein Netzwerkmodell[244]

Dieses Netzwerk und vor allem die Transaktionen zwischen den Akteuren führen eine weitere wesentliche Implikation mit sich, denn durch diese Interaktionen kann ein

240 Vgl. Evers 1998, S. 21; Evers beschreibt dabei aber auch noch das Charakteristikum des Entstehens von asymmetrischen Informations- und Machtbeziehungen. Dem kann insbesondere widersprochen werden, betrachtet man die Principal-Agent-Theorie, bei der bereits beim Vorhandensein von 2 Partnern, dem Agenten und dem Prinzipal, asymmetrische Informationssituationen entstehen können. (vgl. dazu etwa Ewert, Wagenhofer 2003, S. 423; Picot, Reichwald, Wigand 2003, S. 55; Kaluza, Dullnig, Malle 2003; siehe auch Bamberg 1987 (Hrsg.); Jost 2001 (Hrsg.)

241 Solche Unternehmensnetzwerke sind aber nicht gleichzusetzen mit dem viel diskutierten Begriff der ökonomischen Netzwerke, da es hierbei vordergründig über die zwischen den Netzwerkunternehmen fließenden Informationsströme geht (vgl. Evers 1998, S. 20).

242 Diese Betrachtungsweise geht aber hauptsächlich auf industrielle Netzwerke wie bspw. Zuliefernetzwerke ein. Ein Verwertungsnetz, wie es auch weiter unten dargestellt wird, kann mittels dieser Definition nicht oder nur sehr spärlich umrissen werden. Hierzu bedarf es der Erweiterung des Unternehmensnetzwerkbegriffes um die Faktoren Ressourcen, Akteure und Transaktionen, wie er im Folgenden dargestellt ist.

243 Vgl. dazu Håkansson 1989, S. 17f

244 vgl. ebenda, S. 17

Unternehmensnetzwerk auch als soziales Netzwerk betrachtet werden, bei dem die Interaktionen zwischen den einzelnen Knoten auch als soziales Verhalten der Personen, die im Unternehmen das Netzwerk aufrecht erhalten, betrachtet werden müssen, denn „a social network is a specific set of linkages among a defined set of persons, with the additional property that the characteristics of these linkages as a whole may be used to interpret the social behavior of the persons involved“.[245] Somit stellt ein Unternehmensnetzwerk eine besonders komplexe Form eines Zusammenwirkens mehrerer Kooperationen dar, die vorliegen, wenn zwischen mehreren rechtlich selbständigen und formal unabhängigen Unternehmen eine koordinierte kooperative Zusammenarbeit stattfindet.[246] Wichtig dabei ist, dass die beteiligten Unternehmen des Netzwerkes ein gemeinsames, übergeordnetes Ziel verfolgen und sich sozusagen durch ein gemeinsames Wertesystem mit dem Netzwerk identifizieren können. Sydow geht dabei noch weiter auf die Selbständigkeit ein, in dem er ein Netzwerk beschreibt als „...eine auf die Realisierung von Wettbewerbsvorteilen zielende Organisationsform ökonomischer Aktivitäten (...), die sich durch komplex-reziproke, eher kooperative denn kompetitive und relativ stabile Beziehungen zwischen rechtlich selbständigen, wirtschaftlich jedoch zumeist abhängigen Unternehmen auszeichnet.“[247] Wesentlich dabei ist, dass sich die Unternehmen durch eine rechtliche Selbständigkeit voneinander abgrenzen. Auch wirtschaftlich sollten Unternehmen in solchen Netzwerken voneinander unabhängig sein, was aber nur sehr schwer nachweisbar ist.[248]

4.1.1.2 Entstehungstheorien zu Unternehmensnetzwerken

Es stellt sich allerdings die Frage, warum sich Unternehmen überhaupt zu Netzwerken zusammenschließen. Wie bei anderen Organisationsänderungen von Unternehmen kann auch hier wiederum das ökonomische Umfeld als Motor der Veränderung angesehen werden.[249] Maßgeblich gedrängt durch Faktoren eines zunehmenden Innovations-, Zeit-, Qualitäts-, Kosten- und Preiswettbewerbsdrucks versuchen Unternehmen durch den Zusammenschluss in

---

245 Mitchell 1969, S. 2; vgl. dazu auch Sydow 1992, S. 75; Hinterhuber, Stahl 1996, S. 90

246 Vgl. Hippe 1996, S. 25

247 Sydow 1992, S. 79

248 Betrachtet man bspw. Wertschöpfungsnetzwerke, kann man hier sehr wohl fokale Unternehmen identifizieren, von denen die Zulieferer mehr oder weniger wirtschaftlich abhängig sind. Jedenfalls aber sollte keine kapitalmäßige Verflechtung zwischen den Unternehmen vorliegen, da dies ein wesentliches Unterscheidungsmerkmal zu Konzernen darstellt (vgl. dazu auch Sydow 1992, S. 79). Treten bestimmte Voraussetzungen ein, können Unternehmensnetzwerke auch als strategische Netzwerke bezeichnet werden. Dies ist der Fall, wenn ein oder mehrere Unternehmen auf Dauer die – strategische – Ausrichtung des Netzwerkes festlegen. Diese Unternehmen sind dadurch primär für die Form und den Inhalt der Kooperationen innerhalb des Netzwerkes verantwortlich. Des weiteren unterscheiden sich strategische Netzwerke von anderen Unternehmensnetzwerken, dass sie in einem stärkeren Ausmaß durch ein zielgerichtetes Handeln geleitet sind und sich in größerem Ausmaß eine eigene Netzwerkidentität bilden kann (vgl. Sydow 1992, S. 82). Zu strategischen Netzwerken siehe auch Jarillo 1993. Gerade auf die These der Existenz einer eigenen Netzwerkidentität und auf das Vorhandensein von gemeinsamen Zielen und Werten wird im Folgenden aufgebaut.

249 Vgl. Hayek 1945

Netzwerken die Schaffung einer effizienten Informations- und Produktionsstruktur.[250] Somit sichern sich Unternehmen durch das Bilden von Netzwerken den Zugang zu externem technologischen Know-How bzw. allgemein zu externen Ressourcen.[251] Als maßgebliche Ergebnisgrößen können die Verbesserung der Innovationsfähigkeit, Zeitvorteile, meist in Form einer Verkürzung von Entwicklungs – und Lieferzeiten, Skalenvorteile, generell Qualitätsverbesserungen, Verringerung der Risiken (etwa durch eine Teilung der Kosten), eine bessere Positionierung im Kosten- und Preiswettbewerb, Know-how Vorteile gegenüber Unternehmen außerhalb des Netzwerkes, Verbesserung von Marktzutrittsbedingungen, Umgehung von Handelshemmnissen, und ein allgemeiner Kompetenzgewinn genannt werden.[252]

Weitere Ergebnisse und Erklärungsansätze für die Entstehung von Netzwerken sind, dass durch die gemeinsame Strategieverfolgung der sonst unabhängigen Unternehmen in Netzwerken kollektive Effizienzsteigerungen zu erzielen sind.[253] Erwähnt muss auch noch ein wesentlicher Vorteil von Netzwerken werden, dass durch diese Organisationsform zwar die Kooperation zwischen den Unternehmen ermöglicht, ein Wettbewerb damit aber nicht ausgeschlossen wird.[254] Somit wird hier ein kooperatives mit einem kompetitiven Verhalten vereint, um insgesamt effektiv und effizient operieren zu können.

Nachdem nun die Hintergründe für das Entstehen von Netzwerken bzw. die Motivation für Unternehmen für Zusammenschlüsse erläutert wurden, gibt Tabelle 4 einen Überblick über vorherrschende Netzwerktheorien.[255]

---

250 Vgl. Siebert 2003, S. 16

251 Vgl. Strebel, Hasler 2003, S. 347; Zu weiteren Vorteilen von Netzwerken siehe auch Wallner 1998, S. 101

252 Vgl. Bronder 1993b, S. 19ff; Morschett 2003, S. 392; Männel 1996, S. 18f; Diese Vorteile resultieren teilweise aus der Tatsache der konsequenten Ausnutzung und Intensivierung der Kernkompetenzen der einzelnen, am Netzwerk beteiligten Unternehmen.

253 Vgl. Siebert 1990, S. 37ff; Diese Vorteile der hohen Effizienz können aber nur dann wirklich erreicht werden, wenn Unternehmen bereit sind, ihr Know-How auch in entsprechender Weise einzubringen (vgl. Männel 1996, S. 5). Aufgrund von Vertrauen, Angst vor Transparenz und Verlust von Wettbewerbswissen kann ein vollständiges Einbringen des unternehmerischen Know-Hows aber in der Beziehung angezweifelt werden.

254 Vgl. Jarillo 1988. Zu beachten ist hier aber nur, dass der Wettbewerbsnutzen nur so lange konstruktiv sein kann, solange dieser nicht zu stark und noch akzeptabel ist. Ein zu starker Intranetz-Wettbewerb und Profilierungskämpfe zwischen den Unternehmen untereinander resultieren in zu hohen Transaktionskosten.

255 Tabelle 4 erhebt dabei keinen Anspruch auf Vollständigkeit, weder bezogen auf die vorgestellten Netzwerkansätze, noch auf die verwiesene Literatur. Für das Verständnis soll hier nur ein Überblick über die derzeit vieldiskutiertesten theoretischen Konstrukte gegeben werden. Für weitere Ausführungen wird auf die angeführte Literatur verwiesen. Zu einem Überblick über Erklärungsansätze von Kooperationen siehe auch Swoboda 2003, S. 38; zu näheren Ausführungen über Netzwerktheorien vgl. etwa Sydow 1992; Stengel 1999; Zillig 1998

Übergeordnete Bezeichnung	Theorie	Hintergründe und Erklärungsansätze	Literaturquellen
Interorganisationstheorien[256]			
	Systemtheorie	Ein System wird als geordnetes Geflecht von Elementen verstanden, zwischen denen Beziehungen bestehen bzw. hergestellt werden können. Bezogen auf Netzwerke werden Unternehmen als Elemente in diesem System verstanden. Das System des Unternehmensnetzwerkes verfügt dabei über Eigenschaften wie Integration, Regulation und Homöostase, um nur einige zu nennen.	Forrester 1972, Bätge 1974, Herder-Dorneich 1972
	Interaktions-orientierter Netzwerkansatz	Unternehmen entwickeln in industriellen Märkten meist relativ stabile, gleichwohl dynamische, meist langfristige Austauschbeziehungen mit anderen Unternehmen. Die Entwicklung solcher Beziehungen benötigt oft erhebliche Ressourcen, es entstehen komplexe Beziehungen mit technischen, sozialen, ökonomischen und administrativen Merkmalen, die ein Netzwerk kennzeichnen. Durch die Interaktionsbeziehungen wird dem Netzwerkunternehmen der Zugriff auf Ressourcen, welche von anderen Unternehmen im Netzwerk kontrolliert werden, ermöglicht und somit die Interaktionsbeziehungen als die wichtigste Ressource eines Unternehmens betrachtet.	Sydow 1992, Johanson, Mattsson 1987
Neuere Institutionen-ökonomie			
	Transaktions-kostentheorie	Ausgangspunkt ist die These, dass marktliche Transaktionen Kosten verursachen, ex ante Suchkosten und Kosten für die Vertragsentstehung und ex post für die Überwachung und Anpassung. Diese Kosten sind maßgeblich für die Wahl der Organisationsform und somit für die Grenzen zwischen den Unternehmen verantwortlich.	Coase 2000; Sydow 1992; Pies; Voß 2001; Picot 1993; Picot, Reichwald, Wigand 2003;
	Prinzipal-Agent-Theorie	Die Prinzipal-Agent-Theorie betrachtet interne Unternehmensprobleme zwischen dem Manager und seinem Arbeitgeber und unterstellt dem Manager Eigeninteresse gegenüber dem Prinzipalen. Diese Theorie konzentriert sich auf die optimale vertragliche Gestaltung dieser beiden Wirtschaftssubjekte, um zu versichern, dass der Manager gemäß dem Auftrag des Prinzipalen handelt.	Ross 1973; Ewert, Wagenhofer 2003
	Property-Rights-Ansatz	Diese Theorie beschäftigt sich mit der optimalen Nutzung von Residualrechten, also nicht vertraglich geregelte Verfügungsrechte	Fischer 1993; Coase 2000

256 Die Bezeichnung der Interorganisationstheorie und die Zusammenfassung verschiedenster theoretischer Ansätze unter diesem Begriff erscheint erstmals bei Sydow 1992, S. 191ff. An dieser Stelle werden aber nur einige theoretische Erklärungsansätze erwähnt.

		von Eigentum. Optimalerweise bleiben die Residualrechte bei demjenigen, der den größten Nutzen aus ihnen hat.	
Spieltheorie			
	Spieltheorie	Hierbei geht man davon aus, dass jeder Akteur sein eigenes Verhalten best möglich gestaltet und das ökonomische Umfeld als optimale Reaktion auf diese Entscheidung miteinbezieht. Das „gegnerische" Verhalten wird dabei antizipiert.	Burger 1959; Morgenstern 1963 Binmore 1990; Friedman 1991; Eichberger 1993; Gibbons, 1996; Selten 1991 (Hrsg.); Magin et al. 2003
Ressourcenbasierte Ansätze - Theorie der Kernkompetenzen			
	Resource Dependence Ansatz[257]	Unternehmen besitzen gemäß diesem Ansatz ein Bündel tangibler und intangibler Ressourcen, die in Zusammenspiel das Unternehmen einzigartig machen und es wettbewerbsfähig erhalten. Diese Ressourcen können aber erst in Kombination mit komplementären Ressourcen genutzt und Wettbewerbsvorteile generiert werden. Diese komplementären Ressourcen werden in der Regel von anderen Unternehmen bereitgestellt (im Sinne einer Konzentration auf Kernkompetenzen). Durch die Kombination dieser Ressourcen kommt es zu Wettbewerbsvorteilen, wobei hier vielfach bereits vom Wettbewerb zwischen Netzwerken statt zwischen einzelnen Unternehmen gesprochen wird.	Penrose 1995; Sydow 1992; Wernerfelt 1995; Prahalad, Hamel 1990

Tabelle 4: Übersicht über ausgewählte Netzwerktheorien

4.1.1.3 Formen von Unternehmensnetzwerken

In Kapitel 4.1 wurde bereits eine Abgrenzung von Unternehmensnetzwerken von technischen, sozialen und ähnlichen Netzwerken vorgenommen. Betrachtet man nun Unternehmensnetzwerke eingehender, kann man auch hier je nach Typ und Intention des Netzwerkes verschiedene Arten von Netzwerken unterscheiden, um daraus für die folgenden Studien über den Austausch von Umweltinformationen in Netzwerken entscheidende Implikationen ableiten zu können.[258]

---

257 Dieser Ansatz wird auch als Resouce-based view bezeichnet

258 Zu Unterscheidung und Merkmalen von Netzwerken vgl. Sydow 1992, S. 63; Evers 1998, S. 41ff; Sydow 2003, S. 299; Chrobok 1998; Kutschker, Schmid 1995, S. 4; Picot, Reichwald, Wigand 2003, S. 302; Strebel, Hasler 2003, S. 348ff; Wallner 1998, S. 100; Voß 2001, S. 337f; Zillig 2001, S. 76f; Fichtner, Tietze-Stöckinger, Rentz 2004; Eine einheitliche Systematisierung ist derzeit noch nicht gelungen, wie auch zahlreiche Anmerkungen und Querverweise auf den nächsten Seiten zeigen werden. Die folgende Kategorisierung von Netzwerken erhebt deshalb nicht den Anspruch auf Vollständigkeit, sondern wird im Hinblick auf die weiteren Analysen im Rahmen dieser Arbeit getroffen.

Bei einer ersten Unterteilung kann man zwischen Netzwerk im engeren und Netzwerk im weiteren Sinn unterscheiden. Letztere können bereits identifiziert werden, wenn lediglich Abhängigkeiten zwischen mehreren Organisationseinheiten bestehen und Austauschbeziehungen vorhanden sind. Für Netzwerke im engeren Sinn muss bereits eine gewisse Anzahl an Knoten vorhanden sein[259] sowie, und weit wesentlicher, ein gewisses Ausmaß an Integration und Gemeinsamkeiten.[260] Die folgenden Analysen konzentrieren sich vornehmlich auf Netzwerke im engeren Sinne. Damit eng zusammenhängend kann auch allgemein die Größe – sowohl die Größe des Gesamtsystems als auch die Größe einzelner Netzwerkpartner – als Unterscheidungskriterium herangezogen werden, da hiermit auch Faktoren wie zur Verfügung stehende Ressourcen sowie die Macht nach außen determiniert werden.[261] Mit der Größe des Netzwerkes geht auch die Komplexität, also somit auch die Anzahl der Verbindungen zwischen den einzelnen Akteuren, einher. Die Maßzahl der Größe eines Netzwerkes, aber auch die Größe einzelner Akteure kann natürlich entscheidenden Einfluss auf die Möglichkeiten eines Austauschs von Umweltinformationen in solchen Netzwerken haben.

Geht man nun ausführlicher auf die Art der Beziehungen zwischen den einzelnen Netzwerkakteuren ein, kann man hier verschiedene Typen von Netzwerken unterscheiden:[262]

- Informations- bzw. Kommunikationsnetzwerke[263]
- Macht- bzw. Einflussnetzwerke
- Netzwerke kognitiver Orientierung bzw. Vertrauens- und Konsensnetzwerke
- Transaktions- bzw. Austauschnetzwerke

Diese Unterscheidung spielt eng mit der Dauer[264] und Stabilität[265] von Netzwerken zusammen, die wesentlichen Einfluss auf die folgenden Analysen hat. Hier unterteilt man

---

259 Reiß 1998 sieht hierbei ein Anzahl von drei Knoten als Netzwerk im engeren Sinn gerade ausreichend.

260 Vgl. Reiß 1998, S. 224. Damit werden gemeinsame Ziele, Spielregeln sowie kulturelle Gemeinsamkeiten angesprochen. Vergleicht man solch ein Netzwerk mit der Netzwerkdefinition von Sydow (siehe oben), kann man hier bereits von einem strategischen Netzwerk sprechen. Ein Unterschied zu Sydows strategischer Netzwerkdefinition besteht allerdings darin, dass hier ein gemeinsames Ziel- und Wertesystem aufgebaut wird, unabhängig, ob einzelne fokale Unternehmen sich dafür verantwortlich zeigen.

261 Größe wird hier verstanden als einerseits Anzahl der Akteure, andererseits aber auch in Hinblick auf finanzielle und andere Maßgrößen wie Umsatz im Netzwerk, Umsatz der einzelnen Unternehmen, Mitarbeiter etc.

262 Vgl. Kutscher, Schmid 1995, S. 4; Thorelli 1986, S. 38f; Evers versteht unter Art der Beziehung weiters, ob kooperative, laterale, aktive Beziehungen zwischen den einzelnen Netzwerkunternehmen bestehen. Dabei spielen vor allem soziokulturelle Faktoren eine wesentliche Bedeutung (vgl. Evers 1998, S. 49ff).

263 Reiß 1998 sieht hierin vor allem die virtuellen Netzwerke angesiedelt, bei denen die informationstechnische Vernetzung im Vordergrund steht. Darüber hinaus zeichnen sich virtuelle Netzwerke durch eine Kurzfristigkeit in der Zusammenarbeit aus. Siehe dazu auch weiter unten.

264 Formal wird unter der so genannten Kooperationsdauer die Zeitspanne zwischen dem Kooperationsanfang und der Beendigung verstanden. Vgl. dazu auch Kutscher, Michael 1995

265 Die Stabilität bezeichnet dabei das Ausmaß, in dem Beziehungen im Netzwerk über einen längeren Zeitraum hin aufrecht erhalten werden (vgl. Kutschker, Schmid 1995, S. 6).

allgemein zwischen langfristigen und kurzfristigen Beziehungen im Netzwerk sowie zwischen stabilen und dynamischen Netzwerken.[266] Auf die Stabilität haben natürlich auch die Art der vertraglichen Absicherung sowie die Art der Kooperation einen großen Einfluss.[267]

Konzentriert man sich auf die Richtung von Netzwerken, lässt sich diesbezüglich ein weiteres Unterscheidungsmerkmal hervorheben und folgende Netzwerktypen erkennen:[268]

- Horizontale Netzwerke. Hierbei arbeiten die Partner in der gleichen Branche.
- Vertikale Netzwerke: Die Unternehmen kooperieren in vor- und/oder nachgelagerten Stufen der Wertschöpfung.[269]
- Diagonale bzw. laterale Netzwerke: Hier koordinieren Unternehmen aus unterschiedlichen Branchen ihre Tätigkeiten in einem Netzwerk.[270]

Auch bezogen auf die Reichweite können unterschiedliche Typen von Netzwerken ausgemacht werden.[271] Sind die Unternehmen auf engem Raum angesiedelt, spricht man von einem lokalen – bzw. auf eine Region eingegrenzt – von regionalen Netzwerken.[272] [273] Dies hat für weitere Ausführungen vor allem dann Bedeutung, wenn der Sinn des Netzwerkes unter anderem im Austausch von großen Mengen an Rohstoffen besteht.[274] Andererseits können Netzwerke auch auf nationaler, internationaler oder aber auch globaler Ebene angesiedelt sein, was vor allem bei multinationalen Unternehmen nicht unüblich ist.[275] Die vorliegende

266 Vgl. dazu auch Sydow 2003, S. 298

267 Zu den Arten der Kooperation bzw. zur Gestaltung der Kooperation siehe auch Kapitel 4.1.2.1. Zur vertraglichen Absicherung vgl. auch Strebel, Hasler 2003, S. 349; Chrobok bspw. unterscheidet bei vertraglichen Vereinbarungen (im Gegensatz zu kapitalbindenden Formen der Zusammenarbeit) zwischen traditionellen Formen wie Franchising, Liefer- und Lizenzverträge uä. und neuen Formen wie Forschungsabkommen, gemeinsame Beschaffung usw. (vgl. Chrobok 1998, S. 4; in Anlehnung an Büchel et al.1997). Vgl. dazu auch Wildemann 1997, S. 421

268 Vgl. Evers 1998, S. 49f; Strebel, Hasler 2003, S. 349; Müller-Christ 2001, S. 92ff

269 In diese Kategorie fällt bspw. das Wertschöpfungsnetzwerk.

270 In Bezug auf Verwertungsnetzwerke, auf die im weiteren noch näher eingegangen wird, kann hier keine klare und eindeutige Zuordnung gemacht werden, da sie im Prinzip allen drei Arten von Netzwerken entsprechen können.

271 Vgl. Evers 1998, S. 48

272 Hinterhuber und Stahl trennen weiters, angelehnt an das Modell der „hub firm", strikt in ein Regionalnetzwerk versus strategisches Netzwerk (vgl. Hinterhuber, Stahl 1996, S. 91, angelehnt an das Modell von Jarillo 1988; vgl. dazu auch Sydow 2003, S. 301). Diese Unterscheidung wird im Rahmen dieser Arbeit aber abgelehnt, da nach Auffassung der Verfasserin das Merkmal der Reichweite nicht mit dem Merkmal der Intention bzw. dem Merkmal der Struktur der Austauschbeziehungen eines Netzwerkes korreliert. In diesem Zusammenhang wäre es nach Meinung der Verfasserin durchaus denkbar, dass ein auf eine Region beschränktes Netzwerk sowie auch ein regionales Netzwerk auch als strategisches Netzwerk geführt werden kann.

273 Picot, Reichwald, Wigand bezeichnen unter anderem regionale Netzwerke als sogenannte Cluster (vgl. Picot, Reichwald, Wigand 2003, S. 307). Sie haben dabei die Anziehung von ausländischen Direktinvestitionen zum Zweck.

274 Dies ist insbesondere bei Verwertungsnetzen der Fall, wo eine geringe räumliche Distanz oft wesentlich über eine Kooperation entscheiden kann.

275 In diesem Zusammenhang wird auch oft der Grad der Offenheit als Merkmal eines Netzwerkes angegeben (vgl. etwa Strebel, Hasler 2003, S. 348) Da aber ein Netzwerk grundsätzlich durch Offenheit

Arbeit konzentriert sich aber hauptsächlich auf lokale und regionale Netzwerke. Diese können durchaus strategische Aspekte beinhalten und von fokalen Unternehmen und zentralen Institutionen geführt werden.[276]

4.1.2 Rahmenfaktoren in Unternehmensnetzwerken

4.1.2.1 Koordination in Unternehmensnetzwerken

Netzwerke brechen erstmals mit dem Gedanken, dass die Umwelt durch das Unternehmen nicht beeinflusst werden kann, denn durch den Zusammenschluss in Netzwerken wird es den Unternehmen möglich, dass die Unternehmen als Akteure die Beziehungen der Umwelt bewusst beeinflussen und mitgestalten können. Somit werden die Grenzen der Unternehmen verschoben.[277]

Für diese Verschiebung der Grenzen bzw. um die Möglichkeiten, die Umwelt zu beeinflussen, ausnutzen zu können, müssen Unternehmen entsprechende Kooperationen eingehen und diese entsprechend koordiniert werden. Unter Kooperationen versteht man in diesem Zusammenhang insbesondere die gemeinsame Ausübung von betrieblichen Funktionen mit dem Ziel des höheren wirtschaftlichen Erfolges und der Rentabilität für die beteiligten Unternehmen.[278]

Diese Kooperationen werden dabei als eine mittel- bis langfristig ausgelegte, vertraglich geregelte Zusammenarbeit von rechtlich und wirtschaftlich selbständigen Unternehmen zur gemeinschaftlichen Erfüllung von Aufgaben verstanden und werden dann von Unternehmen eingegangen, wenn sie von anderen Organisationsformen nicht oder nur schlechter erfüllt werden können.[279] Die Unternehmen, die an dieser Kooperation bzw. in weiterer Folge an Netzwerken teilnehmen, bleiben in dem Sinn dabei autonom, dass sie über den Eintritt und Austritt der Kooperation selbst entscheiden können,[280] ohne Anweisungen einer übergeordneten Instanz befürchten zu müssen. Darüber hinaus beruht die Vereinbarung zu einer Kooperation auf Freiwilligkeit, was wiederum auf einen Nutzenzuwachs für alle beteiligten Unternehmen im Sinne einer Win-Win Strategie hindeutet.[281]

---

gekennzeichnet ist prinzipiell keine Grenzen und niedrige Eintrittsbarrieren – die sogenannte „Nicht-Abschließbarkeit“ zum Merkmal hat – siehe dazu Kapitel 4.1 – kann hier auf eine Betonung dieses Merkmals verzichtet werden (vgl. Reiß 1998).

276 Ein fokales Unternehmen ist Teil des Netzwerkes, nimmt aber durch seine besonderen Beziehungen, durch Machteinflüsse bzw. auch durch bspw. eine besondere Nähe zum Kunden eine zentrale Stelle im Netzwerk ein. Eine zentrale Institution ist eine Organisation im Netzwerk, die nicht am eigentlichen Wertschöpfungsprozess teilnimmt, sondern vielmehr organisatorische Agenden im Netzwerk wahrnimmt.

277 Vgl. Kutschker, Schmid 1995, S. 10

278 Vgl. Sydow 1992, S. 93. Die Quelle des Erfolges liegt für Sydow dabei in der Überwindung der Unvollkommenheit in Teilbereichen durch Zusammenarbeit. Vgl. zu Überlegungen für eine Effizienz in Netzwerken die Ausführungen von Meckl, Kubitschek 2000

279 Vgl. Zillig 2001, S. 69; Klemm 1997, S. 146ff

280 Natürlich immer unter Berücksichtigung der vertraglichen Vereinbarung. Zur Autonomie in Netzwerken siehe auch Weber 1994

281 Vgl. dazu auch Gerum et al. 1998

Um diese Kooperationen in einem Netzwerk nun koordinieren zu können, werden bestimmte Regelungsmechanismen benötigt. Eine Koordination ist außerdem umso mehr nötig, da erstens Netzwerkunternehmen in der Regel nicht über alle für eine Abstimmung im Netzwerk benötigten Informationen verfügen und zweitens zumeist eine Orientierung ausschließlich an den eigenen Unternehmenszielen und nicht an Netzwerkzielen erfolgt.[282]

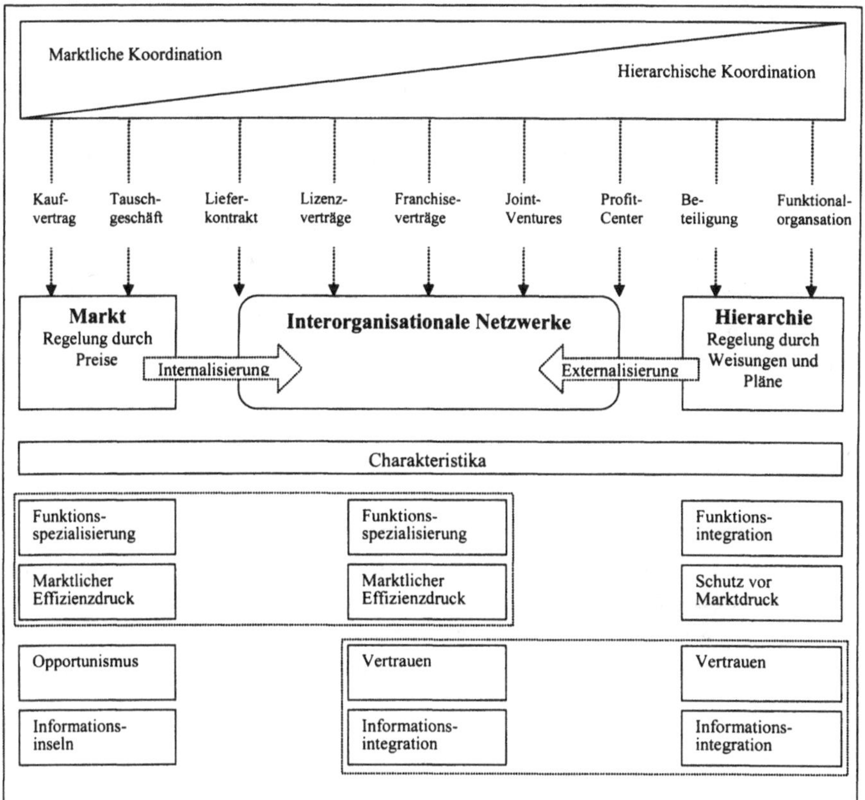

Abbildung 15: Das Netzwerk als Hybridorganisation zwischen Markt und Hierarchie[283]

In diesem Zusammenhang wird als Charakteristik eines Unternehmensnetzwerk betont, dass es zwischen den „reinen" Formen Markt und Hierarchie angesiedelt ist (siehe Abbildung 15). Am Markt wird die Koordination über den Preis[284] des freien Wettbewerbs geregelt,

282 Vgl. Wildemann 1997, S. 422
283 Quelle: In Anlehnung an Sydow 1992, S. 104; Siebert 2003, S. 11
284 Dieser beinhaltet alle transaktionsrelevanten Informationen.

wobei diese marktlichen Beziehungen auf den Wettbewerb ausgerichtet und eher kurzfristig sind. In der Hierarchie erfolgt eine Koordination über Pläne, Anweisungen und Routinen, die Beziehungen sind langfristig ausgelegt und gestalten sich eher kooperativ.[285] Betrachtet man unter diesem Gesichtspunkt Unternehmensnetzwerke, sind sie hingegen eher als hybride Organisationsform zu definieren, da sie sich sowohl der Instrumente des Marktes als auch der Hierarchie zu Koordinationszwecken bedienen.[286] Sie befinden sich dabei im Kontinuum zwischen den beiden Endformen Markt und Hierarchie, wie in Abbildung 15 dargestellt.[287]

Somit lässt sich erkennen, dass sich durch die Positionierung von Netzwerken zwischen Markt und Hierarchie eine „sowohl-als-auch-Organisation" ergibt, die die Stärken beider Organisationsformen in sich vereinigen kann. Dies bestätigt sich ferner, betrachtet man das Charakteristikum von Netzwerken, dass hier Konkurrenz und Kooperation im eigentlichen Sinn zusammenfallen und sich daraus die sogenannte „Coopetition" ergibt.[288] Dies bedeutet im weiteren Sinn, dass in Netzwerken sowohl kooperative als auch wettbewerbliche Prinzipien zum Ausdruck kommen und sich diese in ein und demselben Geschäftsfeld durchaus sehr schnell abwechseln können.[289] Wie bereits oben angesprochen, kann somit sowohl der Wettbewerb innerhalb des Netzwerkes stimuliert werden und dadurch der Zeit-, Kosten-, Qualitäts-, Innovations- und Kompetenz- bzw. Lernwettbewerb innerhalb des Netzwerkes gefördert werden, als auch Konkurrenzvorteile aufgebaut werden.

Um diese Vorteile eines Netzwerkes generieren zu können, müssen aber dennoch gewisse Regelungsmechanismen vorhanden sein. Spätestens bei dieser Betrachtung lässt sich erkennen, dass Unternehmensnetzwerke eigentlich nicht der Hybridorganisation im klassischen Sinne entsprechen, sondern eine eigenständige Organisationsform darstellen. Dies resultiert aus der Tatsache, dass sowohl das Hierarchierecht als auch das Marktrecht aus systematischen Gründen nicht in der Lage sind, Abhängigkeitsverhältnisse in Unternehmensnetzwerken zu regulieren,[290] wie auch in zahlreichen Beispielen belegt werden kann.[291] Aus diesem Grund können Unternehmensnetzwerke durchaus als neue, eigenständige Form der

---

285 Vgl. Hayek 1945; Coase 1937

286 Vgl. Sydow 1992, S. 98ff; Siebert 2003, S. 23; Semlinger 2003, S. 42; Schubert 1994, S. 10ff; Holz, Hippe 1996

287 Vgl. dazu Sydow 1992, S. 101ff, Thorelli 1986

288 Vgl. zu diesem Ansatz Beck 1998, S. 271ff; Für Coopetition werden auch noch Begriffe wie „Koopkurrenz" und „Kooperation mit Konkurrenz" verwendet Zur Vereinigung von Kooperation und Konkurrenz vgl. auch Jarillo 1988. Zu den Grundsätzen der Coopetition siehe auch Schmidtchen 2003.

289 Vgl. Beck 1998, S. 271f

290 Aus diesem Grund müssten Unternehmensnetzwerke eigentlich als eigener, dritter Koordinationsmechanismus interpretiert werden (vgl. Gerum et al. 1998). Zur Diskussion über Netzwerke als eigenständige Organisationsform siehe auch Krebs, Rock 1994

291 Vgl. Gerum et al. 1998; Reiß 1998: Gerum et al. diskutieren dabei Hintergründe, inwiefern überhaupt Regulierungen in Netzwerken notwendig sind, und inwieweit der Markt bzw. Hierarchien geeignete Methoden zur Verfügung stellen können. Zu Möglichkeiten, Netzwerke dennoch regulieren zu können, siehe Kapitel 4.1.2.2.

Organisation sowie die Koordination als dazugehöriger Regelungsmechanismus angesehen werden.

In Unternehmensnetzwerken mit fokalen Netzwerkunternehmen kann zumindest ein Teil der Koordination auf diese Unternehmen übertragen werden, die in gewissem Maße eine kumulierte Prozessverantwortung übernehmen. Sinnvoll wird es dabei sein, dass jene Unternehmen innerhalb des Netzwerkes somit die Hauptverantwortung übertragen bekommen, die auch einen Netzwerkknoten mit dem höchsten Wertschöpfungsanteil darstellen, um somit ein ausreichendes Engagement sicherzustellen.[292] Denkbar wäre es bspw. auch, Koordinationstätigkeiten, so weit dies möglich ist, an zentrale Institutionen, so genannte Broker und neutrale Treuhänder, auszulagern.[293] Dies ist allerdings für Netzwerkteilnehmer mit erhöhten Koordinationskosten verbunden.

In selbstorganisierenden Unternehmensnetzwerken kann eine Koordination der Tätigkeiten aber auch durch interne Regelungsmechanismen erfolgen. Dies wird vor allem dann möglich, wenn es sich um polyzentrische Netzwerke ohne fokale Unternehmen handelt, und alle Unternehmen in einer relativ homogenen, gegenseitigen Abhängigkeit stehen.[294] Dabei übernehmen diese Regeln sowohl eine Koordinierungsaufgabe, als auch eine Motivationsfunktion im Netzwerk. Eine Selbstregelung kann in Netzwerken aber auch durch normen- und vertragskonformes Verhalten sowie durch gesellschaftlichen Druck erfolgen. Ferner können Benchmarking und Audits verwendet werden, um Zielvorgaben im Netzwerk zu kommunizieren und ein geeignetes Monitoringinstrument zur Verfügung zu stellen.[295] Als weiteres mögliches Koordinationsinstrument können Vertrauen und Reputation genannt werden. Nachdem aber Vertrauen und Unsicherheit im Netzwerk wesentliche Determinanten für den Erfolg eines Unternehmensnetzwerkes sind, werden sie im anschließenden Kapitel gesondert hervorgehoben.

---

292 Vgl. Reiß 1998; Reiß 2000, S. 222. Diese Unternehmen können auch als Generalübernehmer und –unternehmer sowie als Systemanbieter und Konfigurationsmanager auftreten. Kritisch an diesem Ansatz kann allerdings sein, dass sich durch die Übernahme der Hauptverantwortung durch einige wenige zentrale Unternehmen innerhalb des Netzwerkes das Engagement der anderen Netzwerkunternehmen dadurch in Grenzen hält.

293 Vgl. Reiß 2000, S. 222. Dies trifft vor allem bei regionalen Netzwerken, die stark mit politischen Aktivitäten verbunden sind, zu. Als Beispiel kann hier der Autocluster in der Steiermark genannt werden, der hier der Vorreiter für solche Konstellationen in Österreich war. Aber auch der Staat kann wertvolle Koordinationsmaßnahmen übernehmen, in dem er die notwendige Infrastruktur zur Verfügung stellt, als Gesetzgeber, Normeninstanz, Förderinstanz etc. (vgl. Reiß 1998).

294 Vgl. Wildemann 1997, S. 425; Burr 1998; Goldbach 2003, S. 51

295 Vgl. Reiß 1998; Wildemann 1997; Zu weiteren Koordinationsinstrumenten, die hauptsächlich in Produktionsnetzwerken ihre Anwendung finden, siehe Wildemann 2000b.

4.1.2.2 Vertrauen in Unternehmensnetzwerken

Vertrauen kann als bedeutendes Merkmal in Netzwerken angesehen werden und spielt eine zentrale Rolle für das effiziente Funktionieren eines Netzwerkes.[296] Durch die Öffnung der Unternehmensgrenzen in Netzwerken und eine räumliche und organisatorische Dezentralisierung der Prozesse verlieren auch herkömmliche Kontroll- und Überwachungsmechanismen an Bedeutung.[297] Vertrauen dient deshalb vor allem der Unsicherheitsreduktion, wobei hier sowohl das Vertrauen zwischen den handelnden Akteuren als auch das Vertrauen in die Institutionen angesprochen wird.[298]

Bringt nun ein Unternehmen Vertrauen in seine Handlungen ein, bedeutet dies im Prinzip „die freiwillige Erbringung einer riskanten Vorleistung unter Verzicht auf explizite vertragliche Sicherungs- und Kontrollmaßnahmen gegen opportunistisches Verhalten...in der Erwartung, dass der Vertrauensnehmer motiviert ist, freiwillig auf opportunistisches Verhalten zu verzichten".[299] Vertrauen hat hier also die Aufgabe, das – subjektive sowie objektive – Risiko von opportunistischen Handlungsweisen der Partner zu minimieren und zugleich ein hohes Maß an Berechenbarkeit der Handlungen der Netzwerkpartner zu leisten, sofern dies nicht durch vertragliche Regelungen abgesichert ist. Insbesondere, wenn man die gegenseitigen Abhängigkeiten, die in Unternehmensnetzwerken auftreten können, betrachtet, wird die Bedeutung von Vertrauen als maßgeblicher Erfolgsfaktor für das Zustandekommen von Kooperationen sichtbar. Darüber hinaus kann Vertrauen innerhalb von Unternehmensnetzwerken wesentlich zur Senkung der Transaktionskosten beitragen, indem der Aufwand für Such-, Abstimmungs- und Kontrollaktivitäten reduziert wird.[300] Darüber hinaus sollte Vertrauen in einem Netzwerk nicht nur reduzierende Wirkung von negativen Sachverhalten, sondern auch einen positiven Effekt für das Zustandekommen von Kooperationen haben. In der Entstehungsphase ist Vertrauen wichtig, da das Wissen über potentielle Partner meist unvollständig ist. Somit spielt einerseits ein gewisses Vertrauen in den potentiellen Partner eine entscheidende Rolle, andererseits auch die Reputation, um die Kooperation für das Unternehmen kalkulierbarer zu machen.[301]

Wird letztendlich eine Kooperation eingegangen, kommt dem Aufbau einer gemeinsamen Identität und Kultur für eine weitere vertrauensvolle Zusammenarbeit eine bedeutende Rolle zu. Hier ist es nicht nur wesentlich, dass das Ziel der Zusammenarbeit verfolgt und

---

296 Reiß kritisiert in diesem Zusammenhang aber, dass die ursprünglichen Extreme Hierarchie und Markt von großem Misstrauen geprägt sind und fragt weiters, warum gerade in der Hybridform der Kooperation Vertrauen als Kernstück herangezogen wird (vgl. Reiß 1998).

297 Vgl. Picot, Reichwald, Wigand 2003; S. 123; Loose, Sydow 1994; Wurche 1994; Beck 1998; Bachmann 2003; Siebert 2003; Goldbach 2003, S. 51; Wird Vertrauen vordergründig als Berechenbarkeit der Netzwerkpartner angesehen (vgl. auch Wurche 1994), dann kann man von der Netzwerkorganisation als besonders vertrauensbasierte Organisation sprechen (vgl. Reiß 1998).

298 Zu den verschiedenen vertrauensbildenden Maßnahmen und Mechanismen siehe Reiß 1998.

299 Picot, Reichwald, Wigand 2003, S. 125

300 Vgl. Jarillo 1998, S. 36; Endres 2001, S. 106

301 Vgl. Loose, Sydow 1994, S. 165; Zahn, Foschiani 2000, S. 512; Ritter, Gemünden 1998

bestmöglich erreicht wird, sondern auch, dass der Informations- und Wissensaustausch zwischen den Unternehmen geregelt wird. Da es hierbei aber um den Austausch von unternehmensinternen Ressourcen, wie es Informationen und Wissen darstellen, geht, ist Vertrauen in diesem Prozess essentiell, um den Verlust von Macht und die Angst vor zu großer Transparenz gegenüber dem Kooperationspartner zu mindern.[302]

Prinzipiell ist Vertrauen in kooperativen Beziehungen zwischen Unternehmen also zu begrüßen. Nicht zu unterschätzen ist dabei aber, dass der Aufbau von Vertrauen in der Regel nur langsam erfolgt und zudem auch Kosten verursacht. Außerdem muss man beachten, dass Vertrauen enttäuscht werden kann und dadurch eine an und für sich attraktive Beziehung abgebrochen wird, ohne Chance, sie wieder herzustellen. Somit stellt sich Vertrauen zwar als effiziente, aber nicht sehr robuste Integrationsplattform innerhalb eines Netzwerkes dar, mit dem großen Nachteil, dass bereits kleine Verletzungen der Vertrauensbasis eine Erosion bewirken können.[303] Damit die Wahrscheinlichkeit von Abbrüchen von Netzwerkbeziehungen minimiert wird, müssen Unternehmen ein gewisses Maß an Kooperationsfähigkeit und Reputation einbringen, um das Vertrauen der anderen Netzwerkpartner zu gewinnen.[304] Diese Eigenschaften werden mitunter als Kooperations- bzw. in weiterer Folge als Koopkurrenzfähigkeit bezeichnet wird. Dabei müssen die Unternehmen nicht nur entsprechende fachliche und soziale Qualifikationen für eine effiziente Zusammenarbeit einbringen, sondern auch netzwerkbeziehungsspezifische und übergreifende Aufgaben erfüllen können. Dabei sind sowohl die dem Netzwerk zur Verfügung gestellten Ressourcen wie auch die Integrativität der Kommunikationsstruktur und die Offenheit der Organisation von Bedeutung.[305] Abschließend kann man also bemerken, dass Vertrauen in einem Netzwerk zwar ein notwendiges, jedoch nicht hinreichendes Steuerungsinstrument in einem Netzwerk darstellt.

4.2 Information und Kommunikation in Unternehmensnetzwerken durch interorganisationale Informationssysteme

4.2.1 Charakteristika von interorganisationalen Informationssystemen

Um auch auf überbetrieblicher Ebene einen kontinuierlichen, effektiv gestalteten Informationsfluss zu gewährleisten, werden interorganisationale Informationssysteme benötigt. Darunter versteht man ein Informationssystem, das in der Zusammenarbeit von Unternehmen Anwendung findet, z.B. für die Erarbeitung einer gemeinsamen Wissens-

---

302 Vgl. Zahn, Foschiani 2000, S. 513; Klein 1996; Vgl. zu Macht in Netzwerken Eichler 2003; Thost 2003

303 Vgl. Bachmann, Lane 2003; Reiß 1998, S. 228

304 Vgl. Bronder 1993a, zu Kooperationsfähigkeit und Bereitschaft, vor allem in umweltschutzorientierten Kooperationen vgl. auch Müller-Christ 2001, S. 84ff

305 Vgl. Ritter, Gemünden 1998, S. 262ff; Duschek 1998; Schuh, Eisen, Dierkes 2000, S. 73; Bronder 1993a

basis.[306] Dabei werden genau genommen Funktionen von Informationssystemen von der betrieblichen auf die überbetriebliche Ebene ausgedehnt, um Vorteile der Büroautomation, z.B. die Integration von Daten, erhöhte Transparenz, Effizienzsteigerung, Vermeidung von Medienbrüchen, Verbesserung der Durchlaufzeiten etc. auch auf den überbetrieblichen Bereich auszuweiten. Neben einem simplen Austausch von Daten und standardisierten Nachrichten geht es dabei vielmehr auch darum, Geschäftsprozesse aufeinander abzustimmen und anzugleichen und die über verschiedene Akteure verteilten Prozesse allen relevanten Personen zugänglich zu machen.[307]

Spricht man nun speziell von interorganisationalen Informationssystemen, wird in der Literatur häufig zwischen elektronischen Märkten und elektronischen Hierarchien unterschieden. Erstere entsprechen Informationssystemen, die bspw. den elektronischen Handel an der Börse unterstützen. Elektronische Hierarchien hingegen stellen integrierte Informationssysteme dar, die bspw. für die Kommunikation in multinationalen Unternehmen eingesetzt werden.[308] Im Folgenden konzentriert sich diese Arbeit auf Systeme, die von ihrer Struktur und ihrem Aufbau prinzipiell den elektronischen Hierarchien entsprechen.[309]

In der klassischen Produktionsumgebung, also auf betrieblicher Ebene, haben diese Informations- und Kommunikationstechnologien den Stellenwert, dass sie primär effizienzsteigernden Charakter aufweisen müssen und somit unterstützende Funktionen aller Bereiche beinhalten. Geht man über den betrieblichen Horizont hinaus und betrachtet Informations- und Kommunikationssysteme auf überbetrieblicher Ebene, muss man diese Systeme als unerlässlichen Bestandteil anerkennen, die teilweise sogar als „Enabler" von überbetrieblichen Kooperationen gelten.[310] [311] Die Informations- und Kommunikationstechnologien müssen daher in Zusammenhang mit überbetrieblichen Kooperationen als strategischer Produktionsfaktor betrachtet werden, um somit neue Kommunikationsformen zu ermöglichen und die Überwindung von Grenzen zwischen Unternehmen durch einen

306 Vgl. Evers 1998, S. 297; Picot, Franck 1993b, S. 522

307 Vgl. Klein 1996, S. 163ff; vgl. dazu auch Wildemann 2001, S. 9ff; Zu verschiedenen Ausprägungen, die interorganisationale Informationssysteme annehmen können, siehe auch Ebers 1994, S. 23f

308 Vgl. Ebers 1994, S. 28

309 An dieser Stelle muss jedoch darauf hingewiesen werden, dass vielfach keine eindeutige Zuordnung gemäß dem oben genannten Schema der elektronischen Märkte und elektronischen Hierarchien erfolgen kann. Speziell im Bereich von Netzwerken werden interorganisationale Informationssysteme eingesetzt, die von ihrer Struktur und ihrem Zweck den hierarchischen Systemen entstammen. Da sie jedoch auf Kooperationen gründen und keine hierarchischen Beziehungen im Prinzip vorhanden sind, wäre eine Zuteilung zu den hierarchischen Systemen in diesem Fall nicht zutreffend. Dennoch werden sie im Rahmen dieser Arbeit diesen elektronischen Hierarchien zugerechnet, da ohnehin in Netzwerken vielfach Abhängigkeitsbeziehungen bestehen und einzelne, fokale Unternehmen die Art und Struktur des zwischenbetrieblichen Informationsaustausches determinieren (vgl. dazu auch Wohinz, Tuppinger 2003, S. 68f).

310 Vgl. Handfield, Nichols 1999, S. 6; Reinhart, Mehler 2000, S. 411; Kuhn, Hellingrath 2002, S.125; Howard, Holweg 2004, S. 355

311 Poirier, Reiter 1997: „Wenn Partnerschaft der fehlende, unverzichtbare Bestandteil eines Unternehmens ist, ist die Informationstechnologie der befähigende und befördernde Katalysator."

wechselseitigen Informations- und Ergebnistausch, durch eine koordinierte und gemeinsame Arbeitsteilung sowie durch Joint Ventures zu unterstützen. Hinzu kommt, dass die Informations- und Kommunikationstechnologien wesentlich zur Weiterentwicklung von innovativen Unternehmensstrategien beitragen können.[312]

Aus all diesen genannten Faktoren kann der Eindruck entstehen, dass diese neuen Informations- und Kommunikationstechnologien auch als Treiber von neuen Organisationsformen dienen. Dies ist insofern zutreffend, da Informations- und Kommunikationssysteme aufgrund ihrer strukturellen Merkmale insbesondere netzwerkartige, häufig kooperative Organisationsformen unterstützen. Sie dienen somit als Plattform der Zusammenarbeit in Richtung einer effizienteren Koordination und Integration der Geschäftsprozesse.[313] Die Informations- und Kommunikationstechnologien aber nur einseitig als die treibende Kraft für die Entwicklung neuer Organisationsformen zu bezeichnen wäre zu eng gegriffen. In der Realität kann man vielmehr wechselseitige Beziehungen zwischen den eingesetzten Technologien und den Organisationsstrukturen erkennen. Neben dem oben genannten Einfluss müssen die Anforderungen an neue Informations- und Kommunikationssysteme hinsichtlich Unterstützung von Unternehmensnetzwerken, die von den Organisationskonzepten ausgehen, beachtet werden. Diese Bedürfnisse und Ansprüche bilden oft den institutionellen Rahmen, in dem sich Informations- und Kommunikationssysteme erst entwickeln.[314]

Betrachtet man nun die Informationen, die in Netzwerken ausgetauscht werden, näher, können drei Grundtypen identifiziert werden:[315]

- Informationen über Bedürfnisse der Abnehmer: Diese Form erlangt vor allem in Zuliefernetzwerken große Bedeutung, in denen Zulieferer über Partnerunternehmen, die in der Wertschöpfungskette näher beim Kunden stehen, Informationen über den Endkunden erhalten können. In Bezug auf Umweltinformationen können so die Informationen der Stakeholder in der Wertschöpfungskette ausgetauscht werden.
- Gesellschaftspolitische Informationen: Maßgebliche Informationen in Netzwerken können Informationen über die gesellschaftliche Meinungsbildung, aber auch Informationen über politische Vorhaben, Gesetzesentwürfe, Verordnungen und ähnliches sein. Diese Auskünfte können für alle Formen von Netzwerken von großer Bedeutung sein, da sie die strategische Ausrichtung der Unternehmen wesentlich beeinflussen können.
- Informationen über technische Möglichkeiten: Diese werden durch den Kontakt zu Kunden, Lieferanten, Wettbewerbern, Forschungseinrichtungen sowie durch

312 Vgl. Picot, Reichwald 1994, S. 549
313 Vgl. dazu Klein 1996, S. 159ff; Evers 1998, S. 298f
314 Vgl. Scheer, Angeli, Herrmann 2003, S. 361; Klein 1996, S. 159f; Zimmermann 1999, S. 84ff
315 Vgl. Strebel, Hasler 2003, S. 363, vgl. dazu auch Stevens 1998, S. 14f

Anbieter komplementärer Technologien ermöglicht. Dies hat vor allem Einfluss auf die Innovationstätigkeiten der Netzwerkunternehmen sowie auf das interorganisatorische Lernen innerhalb des Netzwerkes. Gerade bei umweltschutzorientierten Aktivitäten gewinnen diese Informationen an Bedeutung, da dadurch die Realisierung von umweltfreundlichen Alternativen in den Produktionsprozessen ermöglicht werden kann.

Damit es zwischen den Unternehmen überhaupt erst zu einem Austausch der oben aufgezählten Informationen kommt, müssen einige Voraussetzungen erfüllt werden. Zum einen muss ein gewisses Maß an Standardisierung der Daten vorhanden sein, wobei hier in der Regel auf international bereits existierende Standards zurückgegriffen wird.[316] Sind Informationen erst einmal standardisiert und werden den Unternehmen in entsprechender Art und Weise übermittelt, muss sichergestellt werden, dass alle Unternehmen, die diese Informationen verwenden, die Bedeutung der Informationen richtig erfassen. Geht man auf die Ebene der Daten zurück, muss also sichergestellt sein, dass alle Unternehmen den Daten sowohl den selben Syntax als auch die selbe Semantik[317] zuordnen.[318] Dies ist vor allem in interdisziplinären Netzwerken von großer Bedeutung, da hier Mitarbeiter unterschiedlicher Fachrichtungen miteinander kooperieren müssen, sowie beim Austausch von Umweltinformationen, da diese in ihrer Grundstruktur bereits interdisziplinär ausgerichtet sind. Der Aufbau einer gemeinsamen Sprache, bspw. durch Erarbeiten eines gemeinschaftlichen Glossars innerhalb des Netzwerkes, kann dabei unterstützend wirken. Aber auch in Netzwerken, in denen hauptsächlich technikorientierte Unternehmen teilnehmen, kann dies von großer Bedeutung sein, da Unternehmen sehr oft eigene Begriffe entwickeln und verwenden, die den anderen Netzwerkpartnern nicht bekannt sind.

Andererseits muss beim Austausch von Informationen sichergestellt sein, dass sie in einer genügenden Vollständigkeit und Präzision vorliegen, um dadurch auch entsprechend Entscheidungsgrundlagen darzustellen.[319] Diese Anforderung gestaltet sich umso schwieriger und komplexer, als sich Informationen und Daten zu Produktionsprozessen nicht immer vollständig und präzise beschreiben lassen. Beziehen sich Informationen und Daten auf zugrunde liegende Objekte des Güter- und Leistungsflusses, muss zudem beachtet werden, dass sich diese schnell ändern können und deshalb eine umfassende Bereitstellung aktueller Informationen zumeist weder organisatorisch sinnvoll durchführbar noch wirtschaftlich vertretbar ist. Darüber hinaus kann eine zu hohe Anforderung an die Vollständigkeit und Präzision der Informationen die Lernbereitschaft und die Flexibilität im Netzwerk

---

316 Zum Begriff der Standardisierung vgl. auch Picot, Reichwald, Wigand 2003, S. 182

317 Der Syntax befasst sich mit den Beziehungen zwischen den Zeichen eines Sprachsystems. Die Semantik weist den einzelnen Zeichen ihre inhaltliche Bedeutung zu, wobei sie sowohl die Beziehung zwischen den Zeichen als auch zwischen den Zeichen und dem bezeichneten Objekt herstellt (vgl. Krcmar 2003, S. 16).

318 Vgl. Strebel, Hasler 2003, S. 367

319 Vgl. Handfield, Nichols 1999, S. 18

beeinträchtigen.[320] Ferner ist auf die Adressaten der Informationen innerhalb des Netzwerkes zu achten. Viele Informationen über Prozesse, die in Netzwerken, Plattformen, Wissensdatenbanken oder über bspw. das Internet ausgetauscht werden, sind nur lokal wichtig bzw. spiegeln spezifische Engpässe wider. Diese Informationen sind als Erfahrungen nur von den in den jeweiligen Prozessen tätigen Mitarbeitern interpretierbar. Dies kann ferner problematisch sein, wenn sich diese Informationen durch fehlende Transparenz und Strukturiertheit auszeichnen und so immer mehr eine unüberschaubare Ressource werden. Diese sind schwieriger zu handhaben und können deshalb in vielen Fällen nicht mehr entsprechend genutzt werden.[321]

Wesentlich den Erfolg eines Informations- und Kommunikationssystem beeinflussend ist auch die Durchgängigkeit des Informationsflusses zwischen den einzelnen unternehmensinternen Teilbereichen sowie zu den externen Kooperationspartnern.[322] Eine durchgängige Nutzung von Informations- und Kommunikationstechnologien als unterstützende bzw. als Querschnittsfunktion im Unternehmen und zu den Märkten kann als Voraussetzung zur Realisierung der Vorteile von unternehmensübergreifenden Kooperationen und für eine gesteigerte Arbeitsteilung angesehen werden.[323] Auf dieses Konzept müssen die Organisationsstrukturen abgestimmt werden. Darüber hinaus ist die Verknüpfung der Organisationseinheiten durch gemeinsame Datenbasen und –netze Ziel des Aufbaus eines gemeinsamen Informations- und Kommunikationssystems.[324]

Zusammengefasst kann man die Aufgaben von zwischenbetrieblichen Informationssystemen für die Unternehmen folgend darstellen:[325]

- Ermöglichung eines effizienten Datenaustausches
- Nutzung gemeinsamer Datenbestände
- Intensivierung der Kommunikation der am Netzwerk beteiligten Unternehmen
- Automatisierung von Funktionen
- Zusammenfassung oder Verlagerung von Funktionen
- Unterstützung des menschlichen Handelns
- Harmonisierung von Geschäftsprozessen
- Koordination der Netzwerkteilnehmer

Hinzu kommt laut Buxmann als Aufgabe des zwischenbetrieblichen Informationsmanagements der permanente Aufbau von Wissen über neue

---

320 Vgl. Fischer 2000, S. 432; Vgl. zu den Anforderungen an Umweltinformationen Kapitel 3.
321 In vielen Fällen spricht man hier von einem „information overflow“.
322 Vgl. Scheer 1990, S. 121ff
323 Im Sinne einer Konzentration auf Kernkompetenzen, siehe dazu Kapitel 4.3.
324 Vgl. Picot, Reichwald 1994, S. 555
325 Vgl. Schumann 1990, S. 309ff; Strebel, Hasler 2003; Buxmann 2001, S. 18; Klein 1996, S. 170

Informationstechnologien, insbesondere über Möglichkeiten zur Unterstützung der zwischenbetrieblichen Prozesse.[326]

Um diese Aufgaben nun bestmöglich erfüllen zu können muss das Management der einzelnen Unternehmen bei der Implementierung dieser Systeme entsprechende Aufgaben wahrnehmen.[327] Bevor mit dem Aufbau eines zwischenbetrieblichen Informationssystems begonnen werden kann, muss das Unternehmen das innerbetriebliche Informationssystem genauer analysieren. Sind im Unternehmen die Möglichkeiten erhoben, kann mit der Feststellung der Potenziale zur Steigerung der Wettbewerbsfähigkeit auf zwischenbetrieblicher Ebene begonnen werden. Erst nach positivem Ergebnis über die Eignung von Informationssystemen in innerbetrieblichen Bereichen kann eine Erweiterung auf den zwischenbetrieblichen Bereich in Angriff genommen werden. Eng einher geht mit der Ermittlung der Potenziale eines zwischenbetrieblichen Informationssystems die Formulierung einer Informationssystem-Strategie[328], die im Prinzip definiert, in welchen Bereichen das zwischenbetriebliche Informationssystem angewandt wird und wie sich ein Datenaustausch grundsätzlich gestalten soll. Im Anschluss an die Festlegung der Strategie des Informationssystems erfolgt die Planung. Neben der Bestimmung der teilnehmenden Abteilungen, verantwortlichen Mitarbeiter und der Art der Daten, die ausgetauscht werden, muss hier grundsätzlich die Hard- und Software bestimmt werden.[329] Dies muss, damit das zwischenbetriebliche Informationssystem möglichst effizient gestaltet wird, mit den Partnern im Netzwerk abgestimmt werden. Vor allem auf entsprechende Schnittstellen, sowohl für die Hardware als auch für die Software und für die Daten allgemein, muss geachtet werden.[330] Ferner müssen beim Aufbau eines zwischenbetrieblichen Informationssystems die Partner bei der Realisierung integriert werden. Dies betrifft sowohl eine Abstimmung für entsprechende Schnittstellen als auch die Abstimmung über den Datentransfer und die gewünschten Daten.[331] Um das Risiko von zwischenbetrieblichen Informationssystemen gering zu halten, muss auf eine Gewährleistung der Sicherheitsanforderungen schon beim Aufbau des Systems geachtet werden.[332] Letztendlich muss beim Aufbau eines interorganisationalen Informationssystems, gleich wie auch bei innerbetrieblichen Informationssystemen, auf eine Schulung der Anwender geachtet werden, da jedes unterstützende System nur so gut sein kann, wie es der Anwender auch beherrscht.

---

326 Vgl. Buxmann 2001, S. 18
327 Vgl. Strebel, Hasler 2003, S. 365
328 Siehe dazu auch Kapitel 4.3.3.1
329 Siehe dazu auch weiter unten.
330 Vgl. zu Schnittstellen von Umweltinformationsprogrammen Kapitel 3 und Kapitel 6
331 Vgl. Picot, Reichwald, Wigand 2003, S. 432
332 Siehe dazu auch die Aspekte der Unsicherheit weiter unten. Vgl. dazu auch Brunnstein 1997, S. 269f

4.2.2 Potenziale von interorganisationalen Informationssystemen

All die oben genannten Aufgaben, die ein über- und zwischenbetriebliches Informationssystem erfüllen sollte, können zu folgenden Vorteilen durch die Anwendung führen:

Zeitersparnisse: Der Einsatz von Informations- und Kommunikationssystemen in Unternehmensnetzwerken wirkt sich vor allem auf die Geschwindigkeit der Durchführung kooperativer Prozesse aus und ermöglicht eine rasche Weitergabe von Informationen und Ergebnissen. Hinzu kommt, dass durch den Einsatz von überbetrieblichen Informationssystemen eine Beschleunigung der Verwaltungsabläufe durch die Standardisierung ermöglicht wird.[333] In diesem Zusammenhang kann festgestellt werden, dass als Folge dieser Beschleunigung der Verwaltungsabläufe durch den Einsatz von Informationssystemen auch die Durchlaufzeiten in der Regel verkürzt werden. Dies kann sich einerseits in einer gesteigerten Kundenzufriedenheit niederschlagen, andererseits werden durch verkürzte Bearbeitungszeiten die Opportunitätskosten der Mitarbeiter gesenkt, da sie sich in der eingesparten Zeit anderen Abläufen widmen können.[334] In Bezug auf Umweltinformationen als Gegenstand dieses über- und zwischenbetrieblichen Informationsaustausches kann festgestellt werden, dass durch die Beschleunigung des Informationstransfer in Notfällen schneller und effizienter Handlungen gesetzt werden können, was wiederum der Umwelt zugute kommen kann.[335] Zeitliche Einsparungen werden aber nicht nur bei der Informationsverarbeitung allgemein, sondern auch bei der Speicherung sowie bei der Übertragung von Informationen bemerkbar.[336] Betrachtet man den Austausch von Informationen über größere Strecken, wird jedenfalls das Potenzial von Informations- und Kommunikationstechnologien ersichtlich.

Kostenersparnisse: Werden in Zusammenhang mit Netzwerken Kosten angesprochen, versteht man darunter vor allem Transaktionskosten. Dies sind Kosten, die durch Ressourcenverbrauch für die Koordination und die Motivation in Organisationen, aber auch in Netzwerken, entstehen. Sie beinhalten sämtliche Kosten der Information und Kommunikation, die im Zusammenhang mit der Suche nach Partnern, dem Abschließen von Verträgen, Durchführung und Überwachung von Arbeitsteilung und Spezialisierung sowie

---

333 Vgl. Strebel, Hasler 2003, S. 369, Picot, Reichwald, Wigand 2003, S. 72; Diese Standardisierung von Arbeitsabläufen kann auch zur Folge haben, dass die Prozesse unspezifischer werden und, sofern sie nicht in die Kernkompetenzen des Unternehmens fallen, an externe Anbieter ausgelagert werden können, die sich auf diese Prozesse spezialisieren und Größenvorteile besitzen (vgl. Picot, Reichwald, Wigand 2003, S. 72).

334 Vgl. Buxmann 2001, S. 39; Wildemann 2001, S. 10f

335 Man denke hierbei bspw. an den Austausch von Umweltinformationen zwischen einzelnen Staaten, der in Notfällen möglichst rasch erfolgen muss. Aber auch auf betrieblicher Ebene ist es wichtig, dass in spezifischen Situationen Umweltinformationen so rasch als möglich ausgetauscht werden, sowohl mit anderen Unternehmen im Netzwerk, als auch mit überbetrieblichen Einrichtungen, insbesondere öffentliche Einrichtungen und Behörden.

336 Vgl. Scheer, Angeli, Herrmann 2003, S. 371; Als Beispiel kann hier die Routenplanung in der Logistik in zwischenbetrieblichen Kooperationen genannt werden, bei der durch den Einsatz von Informations- und Kommunikationstechnologien erhebliche Zeiteinsparungen realisiert werden können.

durch die Abstimmungsaktivitäten in Kooperationen entstehen.[337] Sie setzen sich aus Such-, Vereinbarungs-, Abwicklungs- und Kontrollkosten zusammen.[338] [339]

Die Höhe dieser Transaktionskosten wird üblicherweise als Entscheidungsgröße herangezogen, ob Kooperationen überhaupt zustande kommen. Nur, wenn die Transaktionskosten, aber auch die Beschaffungskosten, niedriger als die Produktionskosten und die internen Abstimmungskosten im Unternehmen sind, werden zwischenbetriebliche Kooperationen eingegangen.[340] Somit hat eine Senkung der Transaktionskosten für das Zustandekommen der Kooperationen, aber auch in den verschiedensten Phasen der Kooperation selbst, eine entscheidende Bedeutung.

Überbetriebliche Informationssysteme können nun entscheidend an der Senkung dieser Kosten mitwirken, wobei hier die verschiedenen Phasen der Kooperationen sowie die Verarbeitung, Speicherung und Kommunikation der Informationen betroffen sind.[341] Die Reduktion der Kosten kommt einerseits durch die beschleunigte Abwicklung von unternehmensübergreifenden Vorgängen zustande. Dies ist unter anderem auf eine verbesserte Strukturierung und Standardisierung, wie sie mit der Einführung von überbetrieblichen Informationssystemen einhergeht, zurückzuführen. Darüber hinaus werden Suchvorgänge, sei es bezogen auf Daten, sei es bezogen auf geeignete Kooperationspartner,

---

337 Picot, Reichwald, Wigand 2003, S. 27

338 Vgl. Picot, Reichwald 1994, S. 563; Scheer, Angeli, Herrmann 2003, S. 371;

339 Die Transaktionskostentheorie geht auf Coase zurück, der bereits in den 30er Jahren des 20. Jahrhunderts die Transaktionskosten in seinem Aufsatz „The Nature of the Firm" analysierte (vgl. Coase 1937). Der hier vorgestellte Ansatz der Transaktionskosten, wie er bspw. von Picot schon zu Beginn der 70er Jahre des 20. Jahrhunderts geprägt wurde, (vgl. Picot 1982) darf aber nicht verwechselt werden mit jener Deutung von Transaktionskosten, wie sie bspw. von Jarillo dargestellt wird. (vgl. Jarillo, 1993, S. 133ff). Jarillo geht davon aus, dass Transaktionskosten durch die Schwierigkeit entstehen, die Zukunft perfekt vorherzusagen. Darüber hinaus beeinflussen folgende Faktoren die Transaktionskosten. Erstens ist die Zukunft der Geschäftsaktivitäten unsicher, weiters besteht die Tatsache, dass mehrere Akteure in den Geschäftsprozessen eingebunden sind und letztendlich existiert die Möglichkeit des opportunistischen Verhaltens von anderen Akteuren. Letztere beiden Faktoren überschneiden sich im Grundverständnis mit dem von Picot geprägten Begriff der Transaktionskosten. Unsicherheiten, sowohl über die Zukunft allgemein als auch die Unsicherheit in der geschäftlichen Tätigkeiten eignen sich nach Meinung der Verfasserin aber aus dem Grund nicht als Erklärungsansatz, da sie im Prinzip bei jeder Art von Geschäft entstehen und die Zukunft generell nur sehr schwer planbar ist (vgl. zu Unsicherheit und Risiko auch Knight 1971, S. 20; Strebel 1968, S. 194f; zu Unsicherheit in Netzwerken siehe bspw. Reiß 1998, Burr 1999, S. 1163). Andere Autoren, bspw. Sydow und Ortmann (2003), gehen sogar soweit, dass sie eine operationale Definition und in weiterer Folge die Messung von Transaktionskosten – vor allem aufgrund der Problematik der Grenzziehung von Unternehmensnetzwerken und den mit Transaktionskosten zusammenhängenden Verfügungsrechten – für nicht sinnvoll halten (vgl. Ortmann, Sydow 2003, S. 902). Bezogen auf Netzwerke wird im Rahmen dieser Arbeit aber unter anderem auch das Problem der Koordination und der Motivation beleuchtet, was wiederum im Transaktionskostenansatz, wie Picot in darstellt, treffender dargestellt ist. Aus diesem Grund wird hier der Ansatz von Jarillo der Vollständigkeit halber erwähnt, im Rahmen dieser Arbeit aber auf den Begriff der Transaktionskosten von Picot eingegangen, wie sie auch in Picot, Reichwald, Wigand 2003 dargestellt sind.
Zur Diskussion über die Entstehung von zwischenbetrieblichen Informationssystemen aus der Sicht der Transaktionskostentheorie siehe auch Ebers 1994; Neuburger 1994

340 Vgl. Buxmann 2001, S. 149f

341 Vgl. Scheer, Angeli, Herrmann 2003, S. 371; Buxmann 2001, S. 29f; Müller 2003, S. 20ff; Handfield, Nichols 1999, S. 20

durch Datenbanken unterstützt. Ein weiteres Potenzial von überbetrieblichen Informationssystemen ist, dass dadurch die einzelnen Unternehmen schneller und effizienter auf eine gemeinsame Datenbasis zugreifen können und sich somit die Transaktionskosten ebenfalls reduzieren. Ferner lassen sich noch Kostenvorteile durch eine gemeinsame Nutzung der Infrastruktur für die Informationsbereitstellung, sowohl innerhalb des Unternehmens als auch mit anderen Kooperationspartnern, erzielen und somit eine Senkung der Infrastrukturkosten erreichen.[342] Somit wird den Unternehmen die Realisierung von Effizienz- und Kostenvorteilen bei gleichzeitiger Spezialisierung, hervorgerufen und notwendig geworden durch die steigenden Kundenanforderungen, ermöglicht.[343]

Geht man also davon aus, dass durch die Anwendung von über- und zwischenbetrieblichen Informationssystemen die fixen und variablen Transaktionskosten gesenkt werden, lässt sich anhand Abbildung 16 sehr leicht verdeutlichen, dass sich dadurch das Niveau sowie die Steigung der Transaktionskostenkurve verringert und sich folglich der Break Even Punkt für den Übergang von einer Koordinationsform, dem Markt, auf die andere, in diesem Fall hin zu Kooperationen, nach rechts verschiebt. Wobei S hier die Spezifität darstellt, also ob geringe spezifische Leistungen erforderlich sind, die durch marktliche Organisationsformen abgedeckt werden können, oder ob Leistungen hohen Spezifitätsgrades notwendig sind, für die eine Organisation innerhalb von Unternehmen (Hierarchie) effizient ist.[344] Die Konsequenz daraus, wie auch bereits oben näher erläutert, ist die Entstehung von hybriden Koordinationsformen, wie sie Kooperationen und Netzwerke darstellen, die für die Unternehmen dadurch attraktiver werden.[345] Somit kann man die Schlussfolgerung ziehen, dass durch den Einsatz von Informations- und Kommunikationstechnologien und den entsprechenden Informationssystemen die Kooperationsorientierung der Unternehmen, wie eingangs bereits erwähnt, unterstützt und der Weg hin zu einer Öffnung der Unternehmen geebnet wird.[346]

---

342 Vgl. Strebel, Hasler 2003, S. 369

343 Vgl. Scheer, Angeli, Herrmann 2003, S. 373

344 Vgl. Picot, Reichwald, Wigand 2003, S. 72

345 Die Möglichkeit eines Übergangs zu hierarchischen Unternehmensformen soll im Rahmen dieser Arbeit über Netzwerke und Kooperationen nicht näher behandelt werden.

346 Vgl. Picot, Reichwald, Wigand 2003, S. 71f; Picot, Reichwald 1994, S. 563; Scheer, Angeli und Herrmann (2003) betonen in diesem Zusammenhang auch noch den Einfluss der Entwicklung von Informations- und Kommunikationstechnologien auf die Entstehung von Kooperationen und Netzwerken. Sie kommen dabei zu dem Schluss, dass es nunmehr den Unternehmen möglich ist, mittels zwischenbetrieblicher Informationssysteme selbständig Koordinationsvorgänge abwickeln zu können, ohne dafür übergeordnete Koordinationsinstanzen zu benötigen. Dies begünstigt die Entwicklung von heterarchischen Koordinationsformen (vgl. Scheer, Angeli, Herrmann 2003, S. 374). Diesem Ansatz kann aber gegenübergestellt werden, dass der Einsatz von zentralen Koordinatoren bzw. von fokalen Unternehmen, die in diesem Fall das überbetriebliche Informationssystem verwalten und organisieren, effizienter gestaltet werden kann (vgl. zu Koordination in Netzwerken z.B. Wildemann 1997, S. 423; vgl. dazu auch Evers 1998, S. 219f).

Vieles spricht jedoch dafür, dass eine Diskussion über die Zentralisierung bei der Koordination von übergeordneten vs. einer dezentralisierten Koordination von zwischenbetrieblichen Informationssystemen

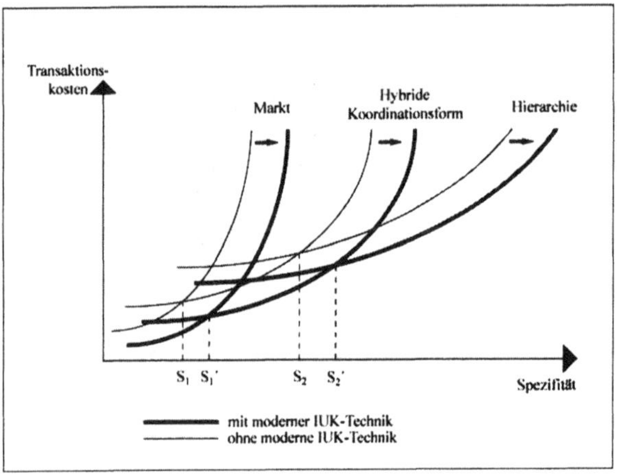

Abbildung 16: Beeinflussung der Transaktionskosten mittels Informations- und Kommunikationssystemen[347]

Diesen positiven Auswirkungen von Informationssystemen auf die Transaktionskosten gegenüberzustellen sind allerdings jene Kosten, die durch den Einsatz von Informationssystemen anfallen. Diese Kosten setzen sich hauptsächlich aus Kosten für eine entsprechende Hard- und Software, Kosten für externe Berater, Kosten für interne Mitarbeiter im Projekt (sind in der Regel hauptsächlich Opportunitätskosten) sowie Kosten für Schulungsmaßnahmen zusammen.[348] Wobei aber an dieser Stelle darauf hingewiesen werden muss, dass neben sinkenden Transaktionskosten durch den Einsatz von zwischenbetrieblichen Informationssystemen auch informationsbezogene Skaleneffekte[349] realisiert werden können und sich dadurch das Problem der hohen Kosten von zwischenbetrieblichen Informationssystemen wieder etwas abschwächt.[350]

Erweiterung der Märkte: Durch den Einsatz von zwischenbetrieblichen Informationssystemen kann festgestellt werden, dass die Markttransparenz zunimmt. Dies führt zu einer effizienteren Arbeitsteilung, bei der auch nationale Grenzen bzw. geografische Entfernungen kein Hindernis mehr darstellen. Betrachtet man den weltweiten Zugang zu Informationen, können sich dadurch intensivere und direkte Kontakte zu Kunden entwickeln. Dies bedingt, dass Marktzutrittsbarrieren sinken und es für spezialisierte Anbieter leichter

ähnlich ausgeht wie bei allgemeinen Kooperations- und Koordinationsagenden. Jedoch kann der Technikeinsatz im Prinzip so gewählt werden, dass er sowohl die eine als auch andere Koordinationsform unterstützt. Wichtig sind nur die dem Informationssystem zugrunde liegenden Strukturen und Strategien, um hier eine größtmögliche Effizienz zu erreichen (vgl. Klein 1996, S. 160).

347 Picot, Reichwald, Wigand 2003, S. 72

348 Vgl. Buxmann 2001, S. 28

349 So genannte information economies of scale

350 Vgl. Klein 1996, S. 163ff

wird, kritische Mindestgrößen im Absatz zu erreichen.[351] Betrachtet man Kooperationen im Umweltbereich, können durch den Einsatz von Informationssystemen die Märkte insofern erweitert werden, in dem bspw. an eine größere Zahl von potenziellen Abnehmern von Abfällen die Mengen und Daten über den Abfall übermittelt werden können. Dies kommt einerseits dem Unternehmen zugute, das den Abfall entsorgen muss, andererseits aber auch der Umwelt, indem der Abfall an anderer Stelle wiederum in der Produktion als Ressource eingesetzt wird und dadurch andere Rohstoffe gespart werden können.

Vertrauen: Als ein wesentliches Merkmal, damit Netzwerke überhaupt funktionieren, kann Vertrauen erwähnt werden.[352] Vertrauen in die Netzwerkpartner ist auch ausschlaggebend für ein Zustandekommen von Kooperationen innerhalb des Netzwerkes. Zwischenbetriebliche Informationssysteme können hier einen Beitrag leisten, in dem sie den Unternehmen notwendige Informationen über die Netzwerkpartner schnell und zuverlässig zur Verfügung stellen.[353] Des Weiteren können durch entsprechende Informationssysteme die Geschäftsprozesse transparenter gestaltet werden, was wiederum das Vertrauen in die Netzwerkpartner stärkt und die Wahrscheinlichkeit von wiederholten Kooperationen erhöht.[354]

Flexibilität: Durch den Einsatz von zwischenbetrieblichen Informationssystemen innerhalb von Netzwerken kann die Flexibilität der Unternehmen entscheidend erhöht werden. Dies resultiert daraus, dass Partner mittels des Einsatzes von Informationssystemen schneller gefunden werden können.[355] Im Falle von kurzfristigen Engpässen kann somit rascher Ersatz gefunden werden, ohne langwierige Verhandlungsprozesse in Kauf nehmen zu müssen. Darüber hinaus kann auf Kundenwünsche, aber auch auf geänderte allgemeine Rahmenbedingungen, schneller reagiert werden, was sich wiederum positiv auf die Flexibilität des Unternehmens auswirkt.[356] Ferner kann durch den schnellen und effizienten Austausch von Informationen eine bessere Segmentierung der Produktion erreicht werden und die Teilautomatisierung effizienter gestaltet bzw. die Vernetzung von autonomen Produktinseln, wie sie in Netzwerken vorkommen, ermöglicht werden. Dadurch entwickelt

---

351 Vgl. dazu Picot, Reichwald 1994, S. 566

352 Siehe dazu Kapitel 4.1.2.2

353 Vgl. Scheer, Angeli, Herrmann 2003, S. 372

354 Vertrauensfördernd können Netzwerke ferner gestaltet werden, wenn zwischenbetriebliche Informationssysteme helfen, gemeinsame Wert- und Zielvorstellungen sowie eine gemeinsame Netzwerkkultur zu entwickeln. Dies geschieht bei der Einführung von interorganisationalen Informationssystemen in der Regel ohnehin, da beim Aufbau dieser Systeme eine intensive Zusammenarbeit mit den Netzwerkpartnern notwendig ist und sich die Unternehmen dadurch näher kommen. Mit diesem Aufbau einer gemeinsamen Kultur und Wertvorstellung positiv einher kann aber auch eine Reduktion der Transaktionskosten gehen, da durch ein gesteigertes Vertrauen in die Netzwerkpartner die Kosten für die Suche nach Partnern, Vereinbarungen und die Durchführung und Erbringung der Leistung effizienter gestaltet werden kann (vgl. dazu etwa Pilon, DeBresson 2003, S. 27).

355 Siehe dazu auch den positiven Aspekt von zwischenbetrieblichen Informationssystemen auf das Vertrauen innerhalb des Netzwerkes, aber auch auf Zeiterspamisse.

356 Vgl. Scheer, Angeli, Herrmann 2003, S. 372

sich die Reaktionsfähigkeit auf Anforderungen des Marktes besser, was sich in weiterer Folge positiv auf die Kreativität und Innovationstätigkeit des Unternehmens auswirken kann.[357] Dieser Prozess wird ferner durch einen offenen Austausch von Ideen und Ressourcen innerhalb des Netzwerkes unterstützt.[358] Letztendlich darf auch die bessere Steuerung von Netzwerken nicht außer Acht gelassen werden, die durch die Nutzung von überbetrieblichen Informationssystemen erreicht werden kann.[359]

4.2.3 Applikationen von interorganisationalen Informationssystemen

Nachdem in den vorangegangenen Abschnitten die Bedeutung von überbetrieblichen Informationssystemen näher beleuchtet wurde, wird hier auf die Umsetzung in den Unternehmen, bezogen auf Applikationen und softwaretechnische Möglichkeiten, näher eingegangen. Herkömmliche Formen der Kommunikation via Telefon und Fax, wie sie vor einigen Jahren noch üblich waren, stoßen bei der Menge an Informationen relativ schnell an die Grenzen ihrer Leistungsfähigkeit. Somit ist der Einsatz von PCs und arbeitsplatzbasierten EDV-Lösungen in diesem Zusammenhang ohnehin unvermeidlich.[360] [361]

Betrachtet man zuerst das Kommunikationsmedium allgemein, kann festgestellt werden, dass für eine effiziente Umsetzung eines überbetrieblichen Informationssystems der Zugang möglichst flächendeckend, das heißt erreichbar für alle Anwender im Unternehmen, aber auch möglichst für alle Netzwerkpartner, sein sollte. Dabei ist allerdings zu beachten, dass die dafür notwendige Infrastruktur ohne besonderes Spezialwissen von allen Partnern genutzt werden kann. Dies ist umso notwendiger, je höher die Kosten für das Unternehmen durch Schulungen und Einarbeitungszeiten entstehen. Bei der Installation von zwischenbetrieblichen Informationssystemen ist allerdings zu beachten, dass offene, also herstellerunabhängige Systeme, geschaffen werden. Dies muss deshalb erfolgen, da nicht davon ausgegangen werden kann, dass alle Kooperationspartner dieselben Anwendungs- und Informationssysteme verwenden. Voraussetzung dafür sind multilateral getroffene Absprachen bezüglich der Kommunikationsschnittstellen, wobei hier öffentlich dokumentierte Schnittstellen und Kommunikationsstandards[362] für die Integration notwendig sind, ohne die eine effiziente Koordination nicht möglich ist.[363] Im Folgenden wird auf

---

357 Vgl. Picot, Reichwald 1994, S. 549

358 Vgl. Strebel, Hasler 2003, S. 369

359 Vgl. Picot, Reichwald, Wigand 2003, S. 73

360 Vgl. Eversheim et al. 2000, S. 370; Fredendall, Hill 2001, S. 215ff

361 Formen der Kommunikation, die sehr spezifisch für einzelne Netzwerktypen sind, beispielsweise Abfallbörsen (siehe dazu Kap. 3.4), werden an dieser Stelle nicht näher erläutert.

362 Mit dieser Thematik befasst sich die sogenannte Standardisierungsökonomie, die die Entwicklung und Durchsetzung von Standards beleuchtet Dabei wird vor allem auf die sogenannten Netzeffekte und die Netzeffektgüter hingewiesen, deren Nutzen mit dem Verbreitungsgrad steigt (vgl Krcmar 2003, S. 386ff; Picot, Reichwald, Wigand 2003, S. 182).

363 Vgl. Krcmar 2003, S. 385; Zur anschließenden Gliederung siehe auch Buxmann 2001, S. 17ff

unterschiedliche Formen des – elektronischen – Informationsaustauschs zwischen Unternehmen eingegangen und die Vor- und Nachteile werden diskutiert.[364]

Internet allgemein: Die Basis für einen unternehmensübergreifenden, weltweiten Austausch von Daten, der über das Telefon und Briefkontakt hinausgeht, bildet das Internet. Erst durch die Entwicklung des Internets wurde die Grundlage für den globalen Informationsaustausch gebildet und so die gemeinsame Abwicklung von wirtschaftlichen Aktivitäten hinreichend ermöglicht und gefördert.[365] Zudem ist das Internet, abgesehen von den Problemen mit Hackern und Viren, die derzeit aktuellste Form eines Kommunikationssystems, sowohl für den inner- als auch überbetrieblichen Austausch von Information via Email, http, html, xml usw. Studien hierzu belegen, dass sich das Internet in den vergangenen Jahren auch immer größerer Beliebtheit erfreut hat.[366] Auch eine Kommunikation über offene und geschlossene Kommunikationsforen ist durch die Entwicklung des Internet möglich geworden.[367]

Als Sonderform kann hier das Web Service aufgelistet werden. Darunter versteht man „lose gekoppelte Softwarekomponenten, die Informationsdefizite über das Internet mit Hilfe standardisierter Protokolle zur Verfügung stellen“,[368] um mit einen offenen Standard die durchgängige informationstechnische Unterstützung zwischenbetrieblicher Geschäftsprozesse zu ermöglichen. Weiters ist mit Hilfe des Web Services der Aufbau von maßgeschneiderten Applikationen, die auf verstreute elektronische Daten und Dienstleistungen zurückgreifen, möglich. Der Vorteil dieser neuen Technologie ist, dass selbst bei einer Änderung von Systemen in den einzelnen Unternehmen die aufrufenden Softwarekomponenten nicht geändert werden müssen.[369]

Electronic Data Exchange: Unter Electronic Data Exchange, kurz EDI, versteht man den elektronischen Datenaustausch von kaufmännischen Geschäftsdaten mittels Computer-Computer Kommunikation in standardisierter und automatisierter Form, wobei hier zum Unterschied von Telefax oder Electronic Mail eine bruchlose Weitergabe von übermittelten Daten besteht.[370] Diese Art der Kommunikation eignet sich für die unternehmensübergreifende Abwicklung von gut strukturierten Geschäftsprozessen, ohne dass eine

---

364 Vgl. dazu bspw. auch Handfield, Nichols 1999, S. 29ff

365 Vgl. auch Klein 1996, S. 159ff; Eversheim et al. 2000, S. 374; Bölzing 2000, S. 109f; Fredendall, Hill 2001, S. 221

366 Vgl. dazu die Studie von Corsten und Gabriel aus dem Jahre 1999 (in Corsten, Gabriel 2002, S.33ff, 280ff).

367 Zu organisatorischen Implikationen für die Nutzung des Internets siehe auch Fischer 2000

368 Siehe Scheer, Angeli, Herrmann 2003, S. 369; Nicolai 2002b, S. 71; Arndt, Görsch 1999; Vogt, Schöch 2004, S. 45f

369 Probleme hinsichtlich der Anwendung dieses Web Services ergeben sich noch aus der Akzeptanz dieses Systems sowie bezüglich der notwendigen Gewährleistung und Sicherheit, die noch nicht endgültig geklärt ist (vgl. dazu Scheer, Angeli, Herrmann 2003, S. 370; Drews, Wesseler 2003).

370 Vgl. Nicolai 2002b, S. 70; Buxmann 2001, S. 63; Picot, Franck 1993b, S. 522; Neuburger 1994, S. 50

menschliche Interaktion notwendig wird. Am häufigsten wird es zur standardisierten Übertragung von Geschäftsdokumenten wie bspw. Rechnungen, Bestellungen und Lieferscheine verwendet. EDI setzt sich dabei aus zwei Komponenten zusammen, dem Kommunikationssystem, das die Datenfernübertragung übernimmt, sowie dem Konvertierungssystem, das die Daten in standardisierte Nachrichtenformate umwandelt.[371] Daraus kann man das Ziel erkennen, die Informationen in einheitliche Formate zu bringen und abgestimmte und spezifische Standards zu verwenden, um eine automatische, datenbruchfreie Verarbeitung und Versendung der Informationen zu gewährleisten. Denn letztendlich hängt die erfolgreiche Gestaltung solcher Systeme wesentlich vom Funktionieren des Standards ab.[372]

Probleme ergeben sich dabei aber bei schlecht strukturierten, koordinationsintensiven, komplexen und dynamischen Problemstellungen sowie durch eine geringe Flexibilität. Hier ist ein gesonderter Rückgriff auf bspw. Integrationsplattformen oder andere Applikationen notwendig.[373] Die Schaffung von offenen Systemen mit dokumentierten Schnittstellen und offenen Standards für den Datenaustausch sowie heterarchischen Strukturen der Systeme können darüber hinaus das Potenzial von EDI verbessern.

Hervorzuheben sind aber die hohen Kosten, die durch die Einführung von EDI für ein Unternehmen anfallen, sowohl bei der Implementierung des Systems als auch durch laufende Kosten.[374] Diesen Kosten stehen aber wiederum Kosten- und Zeitersparnisse bei der Nutzung gegenüber, die in der Regel höher ausfallen und sich somit der Einsatz von EDI in Unternehmen dennoch rechnet.[375]

Groupware Systeme: Mit Hilfe dieser Systeme können die unterschiedlichen Dimensionen der Teamarbeit unterstützt werden. Dazu gehören unter anderem Methoden zur Unterstützung von Gruppenentscheidungen sowie diverse Varianten von Konferenzsystemen, die neben der Übertragung von Bildern auch die simultane Erstellung von Berichten und Dokumenten erlauben.[376] Durch solche Systeme wird eine Kommunikation möglich, bei der sich die involvierten Teilnehmer sowohl zur gleichen und zu unterschiedlichen Zeiten, als auch an gleichen bzw. unterschiedlichen Orten in die Diskussion und Kommunikation

---

371 Vgl. Werner 2000, S. 146; Neuburger 1994, S. 51

372 Vgl. Krcmar 2003, S. 409; Fredendall, Hill 2001, S. 219; Gattorna, Walters 1996, S. 5, 156ff; Handfield, Nichols 1999, S. 31; Als mögliche Lösung des Problems der einheitlichen Standards können so genannte Clearing Stellen dienen, die die Daten in neutrale Formate umwandeln (vgl. Nicolai 2002b, S. 70).

373 Vgl. Scheer, Angeli, Herrmann 2003, S. 369; Fredendall, Hill 2001, S. 219

374 Vgl. Gattorna, Walters 1996, S. 158; Drews, Wesseler 2003; Darüber hinaus ist im Gegensatz zu Web Applikationen bei EDI zwar kein Internet erforderlich, jedoch die kostspielige Installation von privaten Netzwerken (vgl. dazu auch Handfield, Nichols 1999, S. 103).

375 Vgl. Buxmann 2001, S. 65; Die Kosteneinsparungen ergeben sich hierbei vor allem durch eine Rationalisierung und Zeiteinsparung durch die sofortige Verfügbarkeit der Daten. Letzteres ist auch das wichtigste Motiv für die Unternehmen für eine Einführung von EDI (vgl. dazu auch Gattorna, Walters 1996, S. 158f).

376 Vgl. Buxmann 2001, S. 17; Eversheim et al. 2000, S. 374

einbringen. Für all diese genannten Fälle gibt es unterschiedliche Systeme der Unterstützung, die sich alle unter dem Begriff der Groupware subsummieren.[377]

Workflow Management Systeme: Das höchste Maß an Prozessunterstützung wird durch so genannte Workflow-Management-Systeme erreicht, die die kooperative Bearbeitung von Geschäftsprozessen auf Basis genau definierter organisatorischer Regeln unterstützen. Im Gegensatz zu den vorhin genannten Groupware-Systemen, bei denen die Zusammenarbeit im Vordergrund steht, konzentriert sich dieses Unterstützungssystem auf die Abläufe der Vorgänge. Vor allem werden die Tätigkeiten der einzelnen Mitarbeiter an einem Prozess in zeitlicher Hinsicht koordiniert. Jedoch ist die Unterstützung von Abläufen meist auf gut strukturierte Aufgaben und Prozesse eingeschränkt.[378] Derzeit werden Workflow-Management-Systeme jedoch primär im innerbetrieblichen Bereich eingesetzt.

Spezifische Software Systeme: Spricht man von spezifischen Software Systemen für den überbetrieblichen Datenaustausch, werden in diesem Zusammenhang sehr häufig Supply Chain Software Systeme erwähnt. Denn nachdem die Entwicklung von Supply Chains in den letzten Jahren immer stärker vorangetrieben wurde und die Konzepte der Wertschöpfungskette Einzug in die Unternehmen gehalten haben, wurden auch für die Koordination der Tätigkeiten in diesen speziellen Unternehmensnetzwerken vermehrte Anstrengungen unternommen. Als Folge davon wurden spezielle Supply Chain Software Programme entwickelt.[379] In der Regel werden auf innerbetrieblicher Ebene für die Koordination und Abstimmung von Prozessen ERP[380] Systeme und PPS[381] verwendet. Dies betrifft vor allem die Planung und Steuerung von kurz- bis mittelfristigen Aufgaben. Ergänzt können diese Systeme noch durch so genannte Advanced-Planning-and-Scheduling-Systeme werden. Diese Systeme können auf die Ebene des zwischenbetrieblichen Managements von Prozessen ausgedehnt werden, da sie eine unternehmensübergreifende Integration verschiedener Systeme ermöglichen. Dies ist mit Hilfe spezifischer Supply Chain Management Software möglich. Darunter versteht man Anwendungssysteme, die die Planungs-, Optimierungs-, und Steuerungsaufgaben des gesamten Logistikprozesses des Unternehmens unterstützen und übernehmen.[382] Dieser Logistikprozess wird dabei durch eine simultane, kurzfristig flexible, am Kundenwunsch orientierte Planung und Steuerung sowohl

---

377 Vgl. Picot, Reichwald, Wigand 2003, S. 173

378 Vgl. Buxmann 2001, S. 17; Picot, Reichwald, Wigand 2003, S. 174

379 Da im Bereich der Umweltinformationen und speziell bei Umweltinformationssystemen der Fokus noch immer auf der betrieblichen Ebene liegt, abgesehen von überbetrieblichen Systemen wie kommunale Umweltinformationssysteme (siehe Kapitel 3), wird in weiterer Folge der Schwerpunkt auf die Darstellung von überbetrieblichen Software Systemen im Bereich des Supply Chain Managements gelegt. Softwaresysteme, die speziell für bspw. Verwertungsnetze konfiguriert sind, existieren derzeit kaum. Auch der überbetriebliche Austausch von Umweltinformationen wird noch nicht softwaretechnisch unterstützt. Aus diesem Grund konzentriert sich der weitere Absatz auf die Darstellung von Softwaresystemen für die Unterstützung der Kommunikation entlang von Wertschöpfungsketten.

380 Enterprise Resource Planning

381 Production Planning Systems

382 Vgl. Nicolai 2002b, S. 83; Fredendall, Hill 2001, S. 216f

innerhalb des Unternehmens als auch vom Kunden des Kunden und zu Lieferanten und vorgelagerten Lieferanten optimiert.[383] Im Vergleich zu den ERP Systemen werden hierbei also über interne Prozesse hinaus Abläufe und Prozesse koordiniert. Ein weiterer Unterschied zu ERP-Systemen besteht in der Darstellung in Echtzeit, in simultanen Planungsmethoden, einem Agieren bei Supply Chain Software im Vergleich zu einem Reagieren bei ERP-Systemen, sowie die Fokussierung auf die Erfüllung der Kundenwünsche im Vergleich zu einer Produktionsplanung, die bei ERP-Systemen im Mittelpunkt steht.[384] Betrachtet man den Dateninput für Supply Chain Management Systeme, werden diese hauptsächlich aus den ERP-Systemen gespeist. Somit kann man – auch bedingt durch den unterschiedlichen Fokus von beiden Systemen – die parallele Existenz von Supply Chain Management Software und ERP-Systemen im Unternehmen rechtfertigen.

Supply Chain Management Systeme bieten darüber hinaus Hilfe bei der Planung und simulativen Unterstützung und Optimierung von Strukturen und Abläufen im Netzwerk.[385] Ferner existieren so genannte Supply Chain Execution und Event Systeme, deren Inhalt die Steuerung der Beschaffung, Produktion, Transport, Lagerung und Distribution sowie die Detektion von Störfällen und ungeplanten Ereignissen ist. Ziel ist eine schnelle Reaktion, sei es auf gesunkene Lagerbestände, aber auch auf Staus und Maschinenstillstände. Operativ werden diese Supply Chain Systeme, wie auch bereits oben erwähnt, meist durch ERP Systeme unterstützt, wobei diese so verzahnt sein müssen, dass ein Austausch relevanter Daten erfolgen kann und Planabweichungen erkennbar sind. Wichtig für einen effizienten Einsatz dieser Supply Chain Software Systeme ist weiters, dass der Datenaustausch zwischen dem ERP-System und dem Supply Chain Software System so weit wie möglich automatisiert abläuft, um Redundanzen und Parallelarbeiten vermeiden zu können.[386]

Der Markt für solche Supply Chain Management Systeme hat sich in den letzten Jahren ähnlich stark wie das Konzept der Supply Chains entwickelt. Dabei kann man zwei Grundrichtungen unterscheiden. Einerseits entwickeln Anbieter von traditionellen ERP-Systemen, wie bspw. SAP, BaaN und Oracle, Zusatzmodule und Add-on Pakete für unternehmensübergreifende Aktivitäten entlang von Wertschöpfungsketten. Auf der anderen Seite versuchen sich traditionelle Anbieter von Software für Supply Chains weiterhin zu behaupten und bieten vielfach Kooperation mit ERP-Anbietern an.[387] Insgesamt ergibt sich also eine nicht unerhebliche Anzahl von Applikationen für die zwischenbetriebliche Koordination in Supply Chains.[388] Eine Verflechtung der Bereiche der ERP-Systeme und

383 Vgl. Seidl 2000, S. 168

384 Vgl. Nicolai 2002b, S. 83; Seidl 2000, S. 164

385 Vgl. dazu und im Folgenden Scheer, Angeli, Herrmann 2003, S. 378ff

386 Die Vermeidung von Parallelarbeiten ist insbesondere auch bei Umweltinformationssystemen wesentlich bei der Implementierung. Vgl. dazu die empirischen Ergebnisse in Kapitel 5.

387 Vgl. Nicolai 2002b, S. 85f; Buxmann et al. 2003, S. 9; Seidl 2000, S. 170

388 Vgl. dazu eine Studie der Fraunhofer IML im Auftrag des Landes Nordrhein-Westfalen 2000, S. 65; vgl. auch Seidl 2000, S. 177ff

Supply Chain Software Systeme erscheint in diesem Lichte umso sinnvoller, da die eigentliche operative Ebene des Supply Chain Managements Aufgaben wahrnimmt, die auch in den Tätigkeitsbereich von ERP Systemen fallen.[389]

Wiederum können hier die Kosten der Implementierung solcher Systeme als negativer Kritikpunkt angeführt werden, denen jedoch zahlreiche Vorteile und Einsparungen gegenüberstehen. Hinzu kommt, dass im Vergleich zu ERP-Systemen die Einführungszeit in der Regel geringer und auch der Amortisationsraum entsprechend kürzer ist.[390] Zu bedenken ist allerdings, dass sich vor allem kleine und mittlere Unternehmen kaum – sowohl Personal- als auch finanzielle Ressourcen betreffend – leisten können, parallel Supply Chain Management und ERP-Systeme zu führen. So stehen den Vorteilen von Softwaresystemen zur Unterstützung der überbetrieblichen Koordination und Kommunikation die Nachteile von zusätzlichen Systemen mit Schnittstellenproblemen, Datentransferschwierigkeiten und ähnlichem gegenüber.[391]

4.2.4 Hindernisse und Barrieren bei der Einführung von interorganisationalen Informationssystemen

Betrachtet man oben aufgezählte Ausführungen über Potenziale und Möglichkeiten von überbetrieblichen Informationssystemen, dürfen Hindernisse, Barrieren und negative Auswirkungen nicht unerwähnt bleiben. Bei der Implementierung von intraorganisationalen Informationssystemen, zu denen in Folge auch überbetriebliche Umweltinformationssysteme zu zählen sind, können im Prinzip ähnliche Probleme und Hindernisse wie bei rein innerbetrieblichen Systemen, also bezogen auf Kosten, Zeit, Erfahrung etc., auftreten.

Der Unterschied besteht nun aber darin, dass bei zwischenbetrieblichen Informationssystemen der Erfolg wesentlich von externen Partnern abhängt, diese dementsprechend in den Implementierungsprozess miteingebunden werden müssen und auch mitentscheiden können.[392] Ein weiteres Problem kann entstehen, da das Informationssystem notwendigerweise in die jeweiligen Abläufe des Unternehmens eindringt, sie gestaltet und verändert, und letztendlich selbstverständlicher Bestandteil der jeweiligen Arbeitsumgebung wird. Dies kann von Mitarbeitern als Kontrolle gesehen und der Informationszugang als Ausdruck von Macht interpretiert werden. Die Gefahr einer Redefinition von Rollen, Angst des Verlustes von Macht und Machtverschiebungen und Transparenz als allgemeine Gefahr können damit einhergehen.[393] Als Folge können sozio-psychologische Hemmnisse und

---

389 Vgl. Seidl 2000, S. 170

390 Vgl. Nicolai 2002b, S. 87

391 In diesem Zusammenhang wird auch argumentiert, dass eigentlich nur Standardsoftware für Supply Chains wirklich geeignet ist, Unsicherheiten und in Folge Transaktionskosten reduzieren zu können (vgl. Müller 2003, S. 27).

392 Vgl. auch Strebel, Hasler 2003, S. 369

393 Zur Angst gegenüber zu großer Transparenz siehe bspw. auch Monse, Reimers 1994, S. 90

Barrieren bei den Mitarbeitern entstehen, die es für eine erfolgreiche Implementierung dieser Informationssysteme zu überwinden gilt. Zusätzlich kann bei den zwischenbetrieblichen Informationssystemen der Einfluss von außen sowie die Transparenz der Geschäftsprozesse als hemmend empfunden werden. Dem Entgegenzuwirken ist Aufgabe der obersten Geschäftsführung, die mittels dezidierter Vorgaben, Adressierung und Aufteilung der Arbeitsaufgaben und Verantwortlichkeiten geeignete Strukturen für ein zwischenbetriebliches Informationssystem schaffen muss.[394]

Der Einfluss von außen hat auch noch negative Wirkung betrachtet man die Aufrechterhaltung des Informationssystems. Im Unterschied zu betrieblichen Informationssystemen besitzt ein Unternehmen bei einem überbetrieblichen Informationssystems keine Weisungsbefugnis. Jeder Netzwerkteilnehmer entscheidet in der Regel autonom (ausgenommen, wenn das fokale Unternehmen das Informationssystem vorgeben und bestimmen kann). Dies kann zu Kompatibilitätsproblemen der Informationssysteme führen und so einen geordneten Austausch von Daten behindern.[395] Hinzu kommt bei intraorganisationalen Informationssystemen, dass für eine effiziente Gestaltung eine kritische Masse an Unternehmen vorhanden sein muss, die den Standard bzw. das Supply Chain Management System nutzen.[396] Somit ist der Einsatz von überbetrieblichen Informationssystemen für den Austausch von Daten nur dann für die Unternehmen attraktiv, wenn sich möglichst viele Unternehmen im Netzwerk zur Einführung eines gemeinsamen Systems entscheiden. Hier wiederum stellt sich aber die Frage, wer diesen Standard vorgeben kann und wer mit der Einführung des Systems als erster beginnt.[397] Ferner ist bei der Installation eines zwischenbetrieblichen Informationssystems wichtig, dass eine Integrationsfähigkeit der Infrastruktureinrichtung in die Systemarchitektur des nutzenden Unternehmens gegeben ist, da sonst zu viele Änderungen in den Abläufen notwendig wären. Dabei würden weitere

---

394 Klein 1996 bezeichnet dieses Problem unter anderem als Organisationslücke (vgl. Klein 1996, S. 173). Dieses Problem greift umso mehr, wenn ein gewisses, so genanntes Abteilungsdenken die Sicht auf das Ganze – Unternehmen und/oder Netzwerk – zur Optimierung verstellt. Zur Problematik der eingeschränkten Sichtweise in Netzwerken als Hindernis bei der Einführung von Informationssystemen siehe Fredendall, Hill 2001, S. 221

395 Vgl. Buxmann 2001, S. 17f; Dies kann auch als Institutionslücke bezeichnet werden (vgl. Klein 1996, S. 173).

396 In diesem Zusammenhang spricht man von Netzeffekten. Das Informationssystem hat zwar grundsätzlich auch einen Basisnutzen für das Unternehmen, direkte und indirekte Netzeffekte des Informationssystems durch die Anzahl der externen Nutzer müssen aber ebenfalls beachtet werden (vgl. Buxmann 2002). Vergleiche zu Auswirkungen der Anzahl der Teilnehmer auf die Kosten der Netzwerkteilnahme auch Monse, Reimers 1994, S. 76ff

397 Buxmann hebt in diesem Zusammenhang den sogenannten Pinguineffekt hervor, der das Koordinationsproblem darstellen soll. Dies wurde aus folgender Analogie abgeleitet: Hungrige Pinguine stehen am Rande einer Eisscholle. Aus Angst vor Raubfischen hoffen sie, dass andere Pinguinen zuerst ins Wasser springen, um das damit verbundene Risiko auszuloten. Sobald einige Pinguine den Sprung gewagt haben, hat sich die Gefahr für die anderen Pinguine verringert, und die „Trittbrettpinguine" folgen nach (vgl. Buxmann 2002).

Kosten zu den ohnehin schon spezifischen Investitionen für den Zugang zu den Informations- und Kommunikationstechnologien für die Unternehmen anfallen.[398]

Wurde oben bereits auf das Vertrauen der Mitarbeiter in das System als mögliche Barriere diskutiert, muss auf Barrieren für die Zusammenarbeit in solchen Informationssystemen generell eingegangen werden. Denn so ein System kann nur dann effizient gestaltet werden, wenn von den Netzwerkpartnern das notwendige Vertrauen in das System eingebracht wird. Dies betrifft einerseits aureichend Vertrauen in das Informationssystem, andererseits das Vertrauen in das Netzwerk an sich, da hier ja oft sensible Unternehmensdaten ausgetauscht werden und die Geschäftsprozesse des Unternehmens insgesamt transparenter für alle Netzwerkpartner werden. Hinzu kommt, dass durch den Aufbau eines überbetrieblichen Informationssystems für das Unternehmen die Gefahr der Abhängigkeit von Netzwerkpartnern als noch größer empfunden wird. Für ein Funktionieren des intraorganisationalen Informationssystems sind gemeinsame Wert- und Zielvorstellungen deshalb wesentlich und notwendig.[399] Hinzu kommt, dass die Aufteilung der Aufgaben zwischen den Unternehmen gut strukturiert und die Schnittstellen klar definiert und nicht zu komplex sein sollten, um Unsicherheiten zu vermindern.[400]

Ist nun ein zwischenbetriebliches Informationssystem im Unternehmen eingerichtet, ist man natürlich darauf bedacht, die Prozesse der Informationsverarbeitung bzw. die elektronischen Transaktionen besonders wirkungsvoll zu gestalten, was in der Regel zu stark automatisierten, geplanten und effizienten Austauschvorgängen führt. Dadurch können die Prozesse des Informationsaustauschs aber im hohen Maße automatisiert und unpersönlich und reale Begegnungen minimiert werden,[401] was wiederum Hindernisse und Barrieren mit sich bringen kann.[402] Allerdings muss angemerkt werden, dass eine zunehmende Formalisierung und Standardisierung nicht automatisch zu einer Entpersönlichung der Kunden- und Lieferantenbeziehungen führt, da die durch Informationssysteme geschaffenen Freiräume für eine Intensivierung der Kunden- und Lieferantenbeziehungen genutzt werden können.[403] Andererseits aber kann eine erhöhte Standardisierung der Informationssysteme Barrieren für Unternehmen abbauen, in dem die Ein- und Austrittskosten durch solch standardisierte Informationssysteme gesenkt werden können.[404] Jedenfalls muss beachtet werden, dass durch den zunehmenden Einsatz der Informations- und Kommunikationstechnologien der persönliche Kontakt und das direkte Gespräch in der Regel nicht vollständig ersetzt werden

398 Vgl. Kleinaltenkamp, Ehret 2000, S. 462f; Picot 1997, S. 178

399 Siehe dazu Kapitel 4.1.2.2

400 Vgl. Picot, Reichwald 1994, S. 565

401 Vgl. Strebel, Hasler 2003, S. 369

402 Dem gegenüber stehen aber unter Umweltgesichtspunkten die Einsparungen an Reisetätigkeiten, die sich natürlich positiv auf die Umwelt auswirken (vgl. dazu Quack, Oley 2002).

403 Vgl. Klein 1996, S. 167; Inwieweit dies natürlich in den Unternehmen genutzt wird, ist wiederum vor dem Hintergrund eines steigenden Rationalisierungsbewusstseins in Frage zu stellen.

404 Vgl. Picot, Franck 1993b, S. 524

können und diese für den Aufbau von Geschäftsbeziehungen von wesentlicher Bedeutung sind.[405]

Letztendlich soll hier noch der Sicherheitsaspekt als wesentlicher Faktor beim Aufbau von zwischenbetrieblichen Informationssystemen erläutert werden. Wie bereits oben erwähnt, ermöglichen überbetriebliche Informationssysteme den Austausch von sensiblen Daten. Aus diesem Grund muss die Datensicherheit gewährleistet werden, also Schutz vor Spionage, Manipulation und Verlust.[406] Dazu gibt es bereits umfangreiche Schutzprogramme, die aber vielfach nur dann in den Unternehmen eingesetzt werden, wenn sie systemintegriert, plattform- und applikationsneutral realisiert werden können. Zudem sollten sie in der Regel keinen allzu großen Aufwand bei der Installation und Wartung darstellen, da diese wiederum mit Kosten verbunden sind und einen entscheidenden Hinderungsgrund, auch seitens der Mitarbeiter, darstellen können. Diesbezüglich ist auch auf eine entsprechende Schulung der Mitarbeiter zu achten. In dieser Hinsicht wäre also für einen hinreichenden Datenschutz eine Kombination aus organisatorischen – also Vorkehrungen der Mitarbeiter – und technischen – also entsprechende Programmen – Maßnahmen ratsam.[407]

4.3 Wertschöpfungsnetzwerke als spezifische Ausprägung von Netzwerken

Im Folgenden wird speziell auf Wertschöpfungsnetzwerke eingegangen, die sich an das Wertkettenmodell von Porter anlehnen. Nach einer Definition der Begriffe werden zuerst Beweggründe für die Initiierung eines Wertschöpfungsmanagements erläutert. Im Anschluss wird näher auf Wertschöpfungsketten eingegangen und die Bedeutung des Supply Chain Managements in diesem Zusammenhang näher betrachtet. Dabei wird, vor allem in Hinblick auf einen Aufbau von Umweltinformationssystemen, auf die Besonderheitern solcher Supply Chains und Wertschöpfungsnetzwerke bei der Gestaltung und Lenkung eingegangen. Den Abschluss dieses Kapitels bildet eine kritische Betrachtung von Wertschöpfungsketten und Supply Chains, besonderes in Bezug auf die Installierung von Umweltinformationssystemen.

Zurzeit sehen sich Unternehmen immer größeren Herausforderungen gegenüber. Zum einen erfordert die zunehmende Globalisierung, auf erweiterte Beschaffungs- und Absatzmärkte entsprechend flexibel zu reagieren.[408] Hinzu kommt eine verstärkte Arbeitsteilung mit internationalen Standorten, verbunden mit einer Tendenz zur Konzentration auf Kernkompetenzen. Ferner nehmen die Kundenanforderungen bzgl.

---

405 Vgl. Nohria, Eccles 1992, S. 304

406 Vgl. Eversheim et al. 2000, S. 378f; Brunnstein 1997, S. 269ff

407 Zu Funktionalitäten von Sicherheitssystemen siehe auch Shirey 1995. Verschiedene Aspekte des Sicherheitsmanagements können Information über diejenigen, die Informationen anbieten sein, die Sicherung der Vertraulichkeit der Daten und Informationen, Integrität, Authentifizierung der Benutzer, Zugangskontrolle und der Zugang bzw. die Gültigkeit von Informationen. Zur Reduktion von Unsicherheit und Risiko in Bezug auf Informationssysteme siehe auch Brunnstein 1997, S. 273f

408 Siehe zu zunehmenden Anforderungen am Beschaffungsmarkt Möller, Halinen 1999, S. 413f

Qualität, Zeit und Preis eine immer bedeutendere Stellung ein. Und letztendlich sorgen verbesserte Informations- und Kommunikationstechnologien[409] für Möglichkeiten zur Bewältigung der zunehmenden Komplexität auf dem Beschaffungs- und Absatzmarkt.[410]

Durch die gesteigerten Anforderungen des heutigen Wettbewerbs werden Unternehmen gezwungen, nicht nur an den innerbetrieblichen Ineffizienzen anzusetzen, sondern auch ihre Versorgungsketten und Distributionskanäle neu zu konzipieren und daraus ein möglichst fehlerfrei funktionierendes und effizientes Netzwerk von Rohstofflieferanten bis zum Endverbraucher aufzubauen. Durch diese Veränderungen im Unternehmensumfeld forcieren viele Unternehmen in letzter Zeit die Bildung von Netzwerken, da die herkömmlichen Unternehmensformen oft nicht in der Lage sind, sich organisatorisch entsprechend flexibel an diese Veränderungen anzupassen.[411] Diese Netzwerke können dabei alle Lebenszyklusphasen von der Entwicklung durch so genannte Forschungsnetzwerke, über Produktions- und Zuliefernetzwerke, Vertriebsnetzwerke bis hin zur Entsorgung der Produkte und Produktionsrückstände in den so genannten Entsorgungsnetzwerken, mit einschließen und über die gesamte Wertschöpfungskette gebildet werden.

Wird jetzt speziell die Logistik betrachtet, wird als Antwort auf diese unternehmerischen Herausforderungen unserer Zeit seit den 70er Jahren des vergangenen Jahrhunderts der Schwerpunkt auf das Material- und Logistikmanagement gelegt. Diese hauptsächlich intern geprägte Perspektive wurde in weiterer Folge seit den 80er Jahren erweitert und der Begriff der firmenübergreifenden Wertschöpfungsketten sowie des Supply Chain Managements erwähnt.[412]

4.3.1 Die Konzepte der Wertschöpfungsketten, Wertschöpfungsnetzwerke und Supply Chains

Die Wertschöpfungskette, im Englischen als Value Chain bezeichnet, wird allgemein als Prozess, der aus einer Folge zueinander in Beziehung gesetzten Schritten besteht, definiert. Jeder einzelne Schritt fügt dem Produkt eine gewisse Wertschöpfung hinzu. Demnach beginnt die Wertschöpfung eines Produktes bei den Rohstoffen, die mit Hilfe spezieller Technologien bearbeitet werden, und endet bei der Auslieferung an den Kunden. Jeder einzelne Schritt ist notwendig für die Erstellung des Endproduktes und trägt zum Wert bei.[413] Die Wertschöpfung misst also die selbsterstellten Leistungen eines Unternehmens abzüglich der Vor- und Fremdleistungen.[414]

---

409 Siehe dazu auch Kapitel 4.2

410 Vgl. Tuppinger 2002, S. 4; Zäpfel, Piekarz 1998, S. 48; Reichwald 1997, S. 244

411 Vgl. dazu auch Koschatzky, Gundrum 1997, S. 208f

412 Vgl. Corsten, Gabriel 2002, S. 6; Wobei hier angemerkt werden muss, dass Kooperationen im Rahmen dieses Supply Chain Konzeptes in der Regel über den Bereich der Logistik weit hinausgehen.

413 Vgl. Kuhn, Hellingrath 2002, S. 16,

414 Vgl. Werner, 2000, S. 4

Spricht man von Wertschöpfungsketten, wird im Rahmen dieser Studie der Begriff der Wertschöpfungsketten nach Porter herangezogen. Demnach werden auf betrieblicher Ebene alle Tätigkeiten in primäre Aktivitäten, die sich mit der Herstellung und dem Verkauf der Produkte befassen, sowie unterstützende Aktivitäten, bspw. die Personalwirtschaft und die Forschung und Entwicklung, die dafür sorgen, dass die primären Aktivitäten aufrecht erhalten werden, unterteilt.[415] Die jeweiligen Primäraktivitäten, von der Eingangslogistik und Beschaffung[416], der Produktion, Marketing und Vertrieb, Distributionslogistik bis hin zum Kundendienst, gestalten eine Kette, deren einzelne Beiträge den Gesamtwert des Produktes bzw. der Dienstleistung darstellen, die der Kunde bereit ist, dafür zu zahlen. In diesem klassischen Modell, das die Wertschöpfungskette im herkömmlichen Sinn beschreibt, drückt sich der Wert einer Leistung im Preis aus, der für diese Leistung bezahlt wird. Die Wertschöpfung für das Unternehmen stellt in diesem Sinne die Gewinnspanne dar; die Differenz des Preises, den der Kunde für das Produkt zu zahlen bereit ist, zum Gesamtbeitrag der einzelnen Bereiche/Aktivitäten zum Produkt. Eine beispielhafte Auflistung der primären und sekundären Aktivitäten, die in der Literatur auch Stützaktivitäten genannt werden, ist in Abbildung 17 ersichtlich.

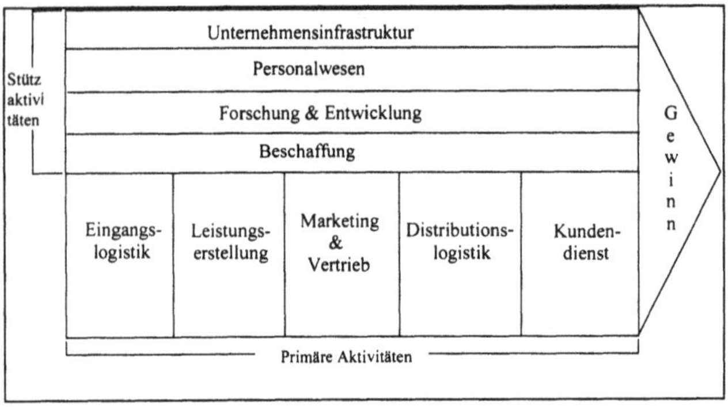

Abbildung 17: Ein Wertkettenmodell[417]

Somit wird mit diesem Modell ein interner Wertschöpfungsprozess beschrieben, der in der Literatur auch als logistische Kette, Wertschöpfungskette, Wertkette, aber auch inter-

415 Vgl. dazu und im Folgenden Porter 1999, S: 70ff; vgl. dazu auch Gattorna, Walters 1996, S. 101f; Reichwald, Hermann, Hoppel 2001, S. 150

416 Vgl. in diesem Zusammenhang zur eingehenderen Diskussion über Beschaffung und Beschaffungsmanagement Seuring, Müller 2004

417 In Anlehnung an Porter 1999

company Supply Chain oder unternehmensinterne Supply Chain genannt wird.[418] Bezogen auf die eingangs erwähnten Herausforderungen, denen sich die Unternehmen gegenüber sehen, müssen unternehmensintern demnach in diesen Wertschöpfungsketten mit Hilfe strategischer Maßnahmen Wertaktivitäten optimiert werden, um Kosten zu senken und bzw. oder Erlöse zu steigern und somit die Wettbewerbsfähigkeit der Unternehmen zu erhöhen.[419] Die jeweiligen, von dem Konzept der internen Supply Chain betroffenen Abteilungen und Bereiche schwanken je nach Fertigungstiefe eines Unternehmens, aber auch nach Art der Leistungserstellung. Vor allem hinsichtlich Dienstleistungsunternehmen muss das Konzept der internen Supply Chain entsprechend modifiziert werden.[420]

Wie schon die Bezeichnung inter-company Supply Chain darauf hindeutet, enden diese Maßnahmen zur Stärkung der Wettbewerbsfähigkeit nicht auf unternehmensinterner Ebene, sondern werden im Idealfall auf die überbetriebliche Ebene ausgedehnt.[421] Als einer der führenden Ansätze, um verborgenes Potential auf überbetrieblicher Ebene in Wertschöpfungsketten zu erschließen, wird das – integrierte, unternehmensübergreifende – Supply Chain Management (SCM)[422] genannt.[423] Ausgangspunkt dieser Konzeption war der

---

[418] Vgl. Otto 2002, S. 92, Otto vertritt bspw. die Ansicht, dass im eigentlichen Sinn jede Form von arbeitsteiliger Erstellung materieller Produkte demnach eine Supply Chain darstellt. Dies wird wiederum eingeengt, wenn man unter Supply Chain den herkömmlichen Begriff der Wertschöpfungskette versteht. Probleme ergeben sich durch diese enge Auslegung der Supply Chain auf die Wertschöpfungskette vor allem dahingehend, da sämtliche Dienstleistungen aufgrund der Tatsache, dass sie weder gelagert noch transportiert werden können, in diesem Zusammenhang ausgegrenzt werden müssten (vgl. dazu auch Müller, Seuring, Goldbach 2003, die einen Fokus auf physische Produkte in den meisten Supply Chain Definitionen sehen). Auch Reichwald, Hermann, Hoppel kritisieren in diesem Zusammenhang das Modell von Porter, da eine Analyse von Dienstleistungsunternehmen mit Hilfe der Wertkette nur eingeschränkt möglich ist (vgl. Reichwald, Hermann, Hoppel 2001, S. 150). Im Rahmen der vorliegenden Arbeit über Netzwerke und Umweltaktivitäten spielen Dienstleistungen aber vor allem dahingehend gehend eine maßgebliche Rolle, da sie für eine Sicherung der Entsorgung in und zwischen Unternehmen wesentliche Bedeutung erlangen können. Aus diesem Grund wird im Rahmen dieser Studie von einem zu engen Begriff der Supply Chain abgegangen.

Werner (2000) trennt hingegen strikt in Wertschöpfungskette und Supply Chain. Erstere bezieht sich dabei streng auf das Konzept der stufenweisen Wertsteigerung nach Porter. Supply Chain Management hingegen hat nach Ansicht Werners die Aufgabe der Verfügbarkeit, Beseitigung, Verwendung oder Verwertung von Waren. Diese Anforderungen werden seiner Ansicht nach durch die Logistik erfüllt. Im Rahmen dieser Arbeit erfolgt dagegen keine strikte Trennung, da sonst Dienstleistungen, wie bei Otto 2002, nicht in das Konzept des Supply Chain Managements hinzugezogen werden können, für die vorliegende Arbeit aber von wesentlicher Bedeutung sind.

[419] Siehe dazu etwa Otto 2002, S. 92; Werner 2000, S. 4; Stadtler 2000, S. 7

[420] Vgl. Werner 2000, S. 5

[421] Die Bedeutung einer überbetrieblichen Logistikkonzeption erschien erstmals bei Forrester 1961.

[422] Wird hier und in weiterer Folge von Supply Chain Management gesprochen, sind damit sowohl interne als auch externe, überbetriebliche Wertschöpfungsketten gemeint.

[423] Zäpfel, Piekarz, aber auch andere Autoren, verwenden dazu noch den deutschen Begriff der Liefer- bzw. Logisitikkette und bezeichnen die Lenkung und Gestaltung als Lieferkettenmanagement. (Vgl. Zäpfel, Piekarz 1998, S. 49) Dies entspricht im Prinzip dem heute aktuellen und verwendeten Terminus des Supply Chain Managements, der in der Literatur zur Zeit trotz Versuchen der Übersetzung von vielen englischen Begriffen ins Deutsche dennoch vermehrt verwendet wird und die Bezeichnung Lieferkettenmanagement dominiert.

Nordamerikanische Raum,[424] wobei hier speziell festgehalten werden muss, dass die wissenschaftliche Auseinandersetzung mit diesem Thema ursprünglich eigentlich von der Praxis und der Vielzahl an Beratungsunternehmen initiiert wurde.[425] Daraus resultiert, dass für den Begriff des SCM keine einheitliche Definition vorliegt, sondern je nach Betrachtungsweise unterschiedliche Auffassungen herrschen.[426] Dazu wird zum Teil sogar in unterschiedliche Denkschulen unterteilt.[427] [428]

Otto (2002), aber auch bspw. Kotzab (2000) betonen, dass trotz des großen Interesses an Supply Chains bislang kaum allgemein akzeptierte Aussagen, geschweige denn weithin verbreitete und anerkannte Definitionen zum Begriff Supply Chain vorliegen. Es wird argumentiert, dass die Spannweite der derzeitigen Begriffsbildungen von Supply Chains von einer „kollaborativen Strategie zur zwischenbetrieblichen Integration, mit der Marktchancen gemeinsam ausgenutzt werden" bis hin zu „Integration aller Geschäftsprozesse über die komplette Versorgungskette",[429] wie es in ähnlicher Form auch bei Affeld 2002 angeführt wird, reicht. Gemein sind den meisten dieser Ansätze und Definition die Orientierung der Kette an den Bedürfnissen der Kundensowie die Herausstellung der Kooperation und Koordination entlang der Kette als besonderes Merkmal und Hinweis auf den unternehmensübergreifenden Aspekt.[430]

---

424 Die Wurzeln des Supply Chain Managements liegen dabei in den USA, wo seit den frühen 60er Jahren durch Arbeiten von Burbidge zum Materialfluss und dazu von Forrester im klassischen Modell der Versorgungskette erstmals die Bedeutung von unternehmensübergreifenden Logistikkonzepten erwähnt wurde (vgl. dazu Corsten, Gabriel 2002, S. 6). Für die praktische Auseinandersetzung setzte sich sehr stark die Automobilindustrie mit dem Konzept des Just in Time ein, das sich von 1980 beginnend hin zu einer Optimierung der gesamten Lieferkette entwickelt hat (vgl. dazu Pfohl 2000, S. 13).

425 Diesbezüglich kann auf das SCC – Supply Chain Council und das SCOR-Modell – Supply Chain Operations Reference Modell – verwiesen werden. http://www.supply-chain.org; (vgl. dazu auch Kotzab 2000).

426 Vgl. dazu etwa Müller, Seuring, Goldbach 2003, S. 421ff; Handfield, Nichols 1999, S. 2; Zu einem Vergleich von Supply Chain Management Definitionen siehe auch Pfohl 2000, S. 5; Seuring, Müller 2004

427 Nach der Differenzierung in Denkschulen, wie sie etwa bei Kotzab 2000 (S. 24ff) angeführt wird, herrscht im Deutschen bei der Begriffsbestimmung des Supply Chains die Integration/Process School vor. Zusätzlich zu den unterschiedlichen Denkschulen können auch verschiedene theoretische Ansätze als Hintergrund für die Bildung von Supply Chain Management herangezogen werden, wie etwa die Transaktionskostentheorie, die Interorganisationsforschung, institutionenökonomische Ansätze, ressourcenorientierte Ansätze, Principal Agent Theorie und die Spieltheorie. Für weitere Ausführungen zu wertschöpfungsnetzwerkbasierten Ansätzen siehe bspw. Stengel 1998; Kaluza, Dullnig, Malle 2003; Zu grundlegenden theoretischen Ansätzen siehe auch Picot, Reichwald, Wigand 2003; Picot 1982; Zentes, Swoboda, Morschett (Hrsg.) 2003

428 Nicht verwechseln darf man jedenfalls das Konzept des Supply Chain Managements mit dem heutzutage ebenfalls vielfach diskutierten Ansatz der virtuellen Unternehmensnetzwerke. Letztere stellen ein Netzwerk unabhängiger Unternehmen bzw. unterschiedlicher Unternehmensbereiche dar, die sich kurzfristig zusammenschließen und den Zweck einer gemeinsamen Zielerreichung haben. Der Zusammenschluss geschieht hier rein virtuell, zumeist über das Internet, und das Netzwerk löst sich auf, wenn der Geschäftszweck erfüllt ist. Aus diesem Grund besteht die Abgrenzung zu Supply Chains, die im Grunde langfristig ausgerichtet sind (vgl. dazu etwa Thaler 2000, S. 26; Kaluza, Blecker 2000b).

429 Vgl. Otto, Kotzab 2001, S. 159

430 Vgl. Müller, Seuring, Goldbach 2003, S. 421ff

Im deutschsprachigen Raum verstehen viele Autoren unter SCM allgemein die Integration von Planungs-, Steuerungs- und Kontrollaufgaben der logistischen Kette sowie die unternehmensübergreifende Abstimmung und Koppelung individueller Prozesse.[431] [432] Darüber hinaus wird in der Literatur sehr häufig auch die integrierte prozessorientierte Planung und Steuerung der Waren und Informations- und Geldflüsse entlang der gesamten Wertschöpfungskette vom Kunden bis zum Rohstofflieferanten mit den Zielen der Stärkung der Wettbewerbsvorteile genannt.[433]

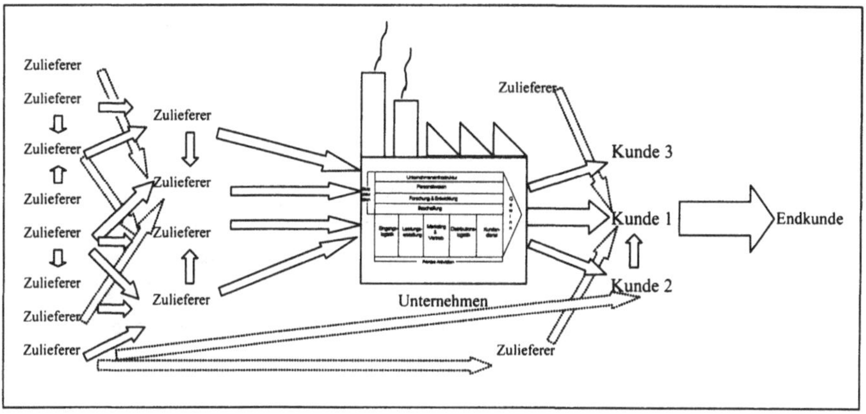

Abbildung 18: Wertschöpfung in Unternehmen und entlang Wertschöpfungsketten

So beinhaltet es die ganzheitliche Optimierung von Material- und Informationsflüssen entlang der gesamten Wertschöpfungskette, da alleinige Optimierungsansätze nur am Standort bzw. nur in einem Unternehmen weniger weit greifen könnten.[434] Es ist somit das Ziel von SCM, Teiloptima zu Gunsten einer Gesamtlösung abzuschaffen und dadurch eine Win-Win Situation für alle Beteiligten entstehen zu lassen.[435] Neben einer Prozessorientierung und einer intensiven Verankerung in der Organisation der Unternehmen hat das SCM zur Aufgabe, den Blickwinkel der einzelnen Standorte zu Unternehmensnetzwerken zu erweitern und die Einbeziehung aller Kunden und Lieferanten in die Prozessabläufe der Unternehmen zu intensivieren.[436] Somit werden rechtlich selbständig Unternehmen, vom Rohstofflieferanten bis zum Endverbraucher, im SCM zusammengefasst. Allen Ansätzen zur

431 Vgl. Otto 2002, S. 92f; Schöder 2002, S. 102ff; Affeld 2002, S. 13; Werner 2000, S. 4f; Hahn 2000, S. 12; Stevens 1990, S. 25ff; Saunders 1997

432 Zu einer Übersicht über derzeit aktuelle Literatur zum Thema Supply Chains siehe auch die Übersicht des Verlags VUB Printmedia GmbH, http://www.vub.de

433 Vgl. dazu Kuhn, Hellingrath 2002, S. 10; Kaluza, Blecker 2000a, S. 123; Hahn 2000, S. 12

434 Vgl. Affeld 2002, S. 13

435 Vgl. Nicolai 2002a, S. 4; Kuhn, Hellingrath 2002, S. 10f

436 Siehe dazu auch weiter unten die Philosophien des Supply Chain Managements.

Definition von SCM ist somit meist gemein, dass sich der Fokus hauptsächlich auf physische Güter richtet, eine Orientierung an den Bedürfnissen der Kunden hervorgehoben wird und vor allem der Aspekt der Kooperation entlang der Wertschöpfungskette eine entscheidende Rolle spielt[437] und auch in der vorliegenden Arbeit, speziell auch in Hinblick auf Möglichkeit der Kooperation für umweltschutzorientierte Tätigkeiten, näher beleuchtet werden soll.

Um in der Begrifflichkeit noch ein Stück weiter zu gehen, kann man das SCM nicht nur anhand der Lieferanten- und Kundenkette betrachten, sondern netzwerkartig. In diesem Fall spricht man von den so genannten Wertschöpfungsnetzwerken. Dabei handelt es sich um Unternehmensnetzwerke, in denen unternehmensübergreifende Leistungen netzwerkartig erstellt werden, siehe Abbildung 18. Das Besondere liegt hierin, dass sie Mehrfachverflechtungen darstellen, in denen zur Leistungserstellung die Zusammenarbeit von mehreren Partnern erforderlich ist.[438]

Für die vorliegende Arbeit über Umweltinformationssysteme in Netzwerken wird versucht, einen pragmatischen Zugang zu Wertschöpfungsketten, Wertschöpfungsnetzwerke und SCM zu finden und die Arbeit bezieht sich deshalb vordergründig auf SCM und Wertschöpfungsnetzwerke als besondere Form der strategischen unternehmensübergreifenden Abstimmung und Koppelung individueller Prozesse.[439] Somit gehen Supply Chains in diesem Sinne über eine reine Verkettung in der Auftragsabwicklung hinaus und werden insbesondere um Überlegungen der strategischen Unternehmensführung sowie der Zusammenarbeit und Kooperation auch auf Ebene von internen Prozessen und Abläufen erweitert.[440] Die Steuerung der Aktivitäten innerhalb der Supply Chain wird durch die Nachfrage bedingt. Wobei diese reine Steuerung durch den Kunden wiederum kritisch betrachtet werden muss. Analysiert man bestehende Wertschöpfungsketten und Supply Chains, wird ersichtlich, dass man nicht von einem reinem Wertschöpfungsfluss zum Kunden hin und von einem Preisdruck auf den Lieferanten ausgehen kann. Erstens gestaltet sich dieser Prozess und diese Organisationsform in der Realität wesentlich komplexer,[441] Zusammenhänge und Beziehungen lassen sich nicht immer linear darstellen. Zweitens sind Beziehungen in Wertschöpfungsketten allgemein durch eine besondere Form der Kooperation geprägt, wie sie auch in der Netzwerkliteratur beschrieben ist.[442] Dies hat vor allem Einfluss auf den Preisdruck, der auf die Lieferanten ausgeübt wird, da im Sinne einer Supply Chain die Zusammenarbeit zum Vorteil aller

437 Vgl. Seuring, Müller 2004

438 Die Gründe, warum solche Kooperationen eingegangen werden, sind bspw. die Investitionsgröße, eine Risikostreuung, Synergieeffekte, Konzentration auf die eigene Wertschöpfung, breiter Informationsfluss und eine umfassende Problemlösung (vgl. Stengel 1999, S. 37ff; Reichwald, Hermann, Hoppel 2001, S. 152f).

439 Vgl. Müller, Seuring, Goldbach 2003, S. 422

440 Dies entspricht im weiteren Sinne einer Zusammenfassung des Begriffs der Supply Chain, wie er etwa bei Kotzab 2000 festgehalten wird.

441 Vgl. Hughes, Ralf, Michels 2000, S. 17; Seidl 2000, S. 165f

442 Siehe bspw. dazu Kapitel 4.1

Beteiligten ausgelegt und letztendlich durch eine Win-Win Situation geprägt sein soll. Aus diesem Grund kann man nur im beschränkten Maße von einem Preisdruck auf Lieferanten innerhalb einer Supply Chain sprechen.

Abschließend muss im Rahmen der Begriffsdefinition noch auf den in der letzten Zeit oft verwendeten Begriff des Clusters eingegangen werden, der häufig als Synonym für Netzwerke von Unternehmen, öffentlichen Institutionen und Forschungseinrichtungen mit der gemeinsamen Ausrichtungen an Produkten und Produktgruppen herangezogen wird. Cluster werden in diesem Zusammenhang als Gruppen von miteinander in Beziehung stehenden Unternehmen charakterisiert, die durch Abnehmerbeziehungen, Lieferverflechtungen, Forschungskooperationen sowie durch Konkurrenz und Kooperation gekennzeichnet sind.[443] Häufig ist hierbei eine Ballung von wettbewerbsfähigen Industrieunternehmen in einer abgegrenzten Region zu beobachten.[444] Ziel dieser Partnerschaften und Kooperationen ist die Stärkung der Chancen und der Wettbewerbsfähigkeit, meistens bezogen auf eine ganze Sparte und Region. So gesehen decken sich die Ziele und die Rahmenbedingungen von Clustern mit jenen der oben beschriebenen Wertschöpfungsnetzwerke und gehen ebenso über reine Zulieferketten hinaus.[445] Aus diesem Grund werden in weiterer Folge Cluster ebenso in die näheren Untersuchungen miteingebunden und unter dem Begriff der Wertschöpfungsnetzwerke subsummiert.[446]

4.3.2 Vorteile von Wertschöpfungsnetzwerken

Ziel einer Kooperation in Wertschöpfungsnetzwerken sollte es sein, die Wertschöpfungskette zielorientiert zu gestalten und zu optimieren um somit in weiterer Folge Kundenbedürfnisse bestmöglich befriedigen zu können. Ferner sollte ein Ausgleich der Kosten-Nutzen-Bilanzen der in der Wertschöpfungskette eingebundenen Unternehmen ermöglicht und die Wettbewerbsfähigkeit aller beteiligten Unternehmen innerhalb der Wertschöpfungskette gesteigert werden.[447] Weitere Vorzüge des allgemeinen Konzepts des Supply Chain Managements werden in der Theorie wie folgt beschrieben:[448]

- Wertschöpfungsmanagement steigert den Umsatz, indem es die Lieferbereitschaft erhöht und die Durchlaufzeiten verkürzt. Darüber hinaus kann es durch den Einsatz von SCM zu einer Synchronisation der Versorgung mit dem Bedarf kommen und in weiterer Folge die Lagerbestände entlang der Wertschöpfungskette somit reduziert

---

443 Vgl. Howald, Kopp, Martens 2001, S. 8ff

444 Vgl. Porter 1996, S. 156

445 Indem bspw. hier auch Forschungseinrichtungen mit eingebunden sind und auch Konkurrenzunternehmen sich im selben Cluster befinden.

446 Insbesondere in der empirischen Analyse werden Cluster herangezogen, da in Österreich derzeit nicht mehr von Wertschöpfungsnetzwerken sondern nur mehr von Clustern gesprochen wird.

447 Vgl. Kaluza, Dullnig, Malle 2003, S. 5; Wildemann 2000a; Kaluza, Blecker 2000a

448 Vgl. Kuhn, Hellingrath 2002, S. 10ff; Corsten, Gabriel 2002, S. 6ff; Hughes, Ralf, Michels 2000, S. 20f; Wildemann 2001, S. 2

werden.[449] Eine erhöhte Lieferbereitschaft hat auch zur Folge, dass die Sicherheitsbestände entsprechend reduziert werden können.[450]

- Durch den Einsatz von SCM kann es zu einer Flexibilisierung in der Fertigung sowie zu einer bedarfsgerechten Produktion kommen. Effektivitätssteigerungen und effizientere Kapazitätsausnutzungen in der Produktion sind eine Folge davon. Dies kann in weiterer Konsequenz zu einer Verbesserung der Kundenorientierung führen, aber auch Potenziale für überbetriebliche Umweltschutzaktivitäten beinhalten.
- Die verstärkte Zusammenarbeit innerhalb der gesamten Wertschöpfungskette kann dazu führen, dass schneller und besser auf Anforderungen von Kunden reagiert werden kann und Kundenwünsche effektiver und effizienter befriedigt werden könnne. Auch ein Endkundenservice kann durch den Einsatz des SCMs verbessert werden. Somit kann durch das SCM den gesteigerten Anforderungen an die Unternehmen entsprochen werden und die Untenehmen können sich flexibler auf die sich schnell verändernden Märkte einstellen.
- Durch das SCM wird die Kapitalbindung verringert, da, wie bereits erwähnt, umfangreiche Lagerbestände vermindert sowie auch die Auslastung der Anlagen verbessert werden.
- All die genannten Vorteile durch den Einsatz von SCM können sowohl zu einer Reduktion von Material- als auch Prozesskosten führen.[451]

Vergleicht man diese Vorteile mit Beispielen aus der Praxis, so kann man durchaus erhebliches Potential im Konzept des SCMs erkennen.[452] Weitere Vorteile durch Zusammenschlüsse zu Wertschöpfungsketten dürfen aber auch nicht außer Acht gelassen werden. Wesentliche Faktoren für Unternehmen, sich in Wertschöpfungsketten und Supply Chains zusammenzuschließen, können eine Verbesserung der Marktzutrittsbedingungen sowie strategische Partnerschaften etwa beim Einkauf sein. Hinzu kommt, dass eine Steigerung des Bekanntheitsgrades des Unternehmens durch den Beitritt in Supply Chains erfolgen kann. Als Folge davon kann das Unternehmen neue Kunden akquirieren und neue Aufträge erhalten. Operativ kann sich durch die Organisation in Wertschöpfungsketten und

---

449 In diesem Zusammenhang wird sehr oft auch der Begriff des Just-in-Time genannt, das bei einigen Autoren auch den Ausgangspunkt für Supply Chain Management darstellt (vgl. Wildemann 2000a).

450 Vgl. dazu auch Wildemann 2001, S. 10f

451 Vgl. Corsten, Gabriel 2002, S. 6ff; Hughes, Ralf, Michels 2000, S. 20f; Kaluza, Blecker 2000b

452 Gemäß einer Studie unter den Besten der Besten im SCM konnte eine Reduktion der Sicherheitsbestände um 20 – 50 Prozent ermittelt werden. Bezogen auf die Kapitalbindung ergibt sich daraus im günstigen Fall eine Senkung um bis zu 20 Prozent. Bei den Gewinnen konnten sogar Steigerungen bis zu 30 Prozent beobachtet werden, die Kostensenkungen von bis zu 20 Prozent gegenüberstanden. Wobei hier natürlich angemerkt werden muss, dass diese Zahlen den Bestwerten der Führer innerhalb dieses Konzeptes entsprechen und realistische und erreichbare Werte sicher um einiges darunter liegen. Nichtsdestotrotz kann damit das erhebliche Potential, das in der Zusammenarbeit von Unternehmen innerhalb von Supply Chains steckt, sichtbar gemacht werden.

Supply Chains für Unternehmen die Planungsunsicherheit verringern und bessere Planungsdaten verfügbar sein.[453] Letztendlich können auch Know-how Vorteile, ein verbesserter Lernprozess innerhalb von Wertschöpfungsketten und ein Zugewinn an Kompetenz für die Unternehmen ausschlaggebend sein, solch intensive Kooperationen entlang von Wertschöpfungsketten einzugehen.[454]

4.3.3 Management von Wertschöpfungsnetzwerken

Da nun die Beweggründe, warum Unternehmen sich zu unternehmensübergreifenden Wertschöpfungsketten zusammenschließen, näher erläutert wurden, wird nun im Folgenden auf die strukturellen und organisatorischen Gestaltungsfaktoren und Steuerungsfunktionen näher eingegangen. Um die Abläufe der Wertschöpfungskette zu optimieren und so die Wettbewerbsfähigkeit aller beteiligten Unternehmen zu erhöhen, müssen unterschiedliche Komponenten, bspw. Quantitäten, Qualitäten, Preise, Liefer- und Lagerorte sowie (Liefer-) Termine, beachtet werden.[455] Um dies zu gewährleisten, ist sowohl eine strategische als auch operative Planung, Steuerung und Organisation notwendig. Dadurch soll eine Koordination des gesamten unternehmensübergreifenden Dienstleistungsflusses und/oder des Wertschöpfungsflusses einschließlich der damit verbundenen Informations- und Geldflüsse erreicht werden.[456] Die Hauptaufgaben des Wertschöpfungsmanagements für Unternehmen sind somit die

- Strategische Planung und Gestaltung des Wertschöpfungsnetzwerkes sowie die
- Lenkung des Wertschöpfungsnetzwerkes.[457]

Fasst man diese beiden in einem zusammen, kann man fünf Kernelemente des Managements von Wertschöpfungsketten identifizieren, die in Abbildung 19 dargestellt sind.

---

453 Vgl. zu Unsicherheit und Planung in Supply Chains auch Lucas, Mitra, Mirhassani 1998

454 Vgl. dazu Männel 1996, S. 18f; Kuhn, Hillengrath 2002, S. 14; Schuh, Eisen, Dierkes 2000, S. 83ff; Schröder 2002, S. 103

455 Vgl. Werner 2000, S. 7

456 Vgl. Kaluza, Dullnig, Malle 2003, S. 7

457 Vgl. dazu auch Zäpfel, Piekarz 1998; Zahn, Herbst, Hertweck 1999

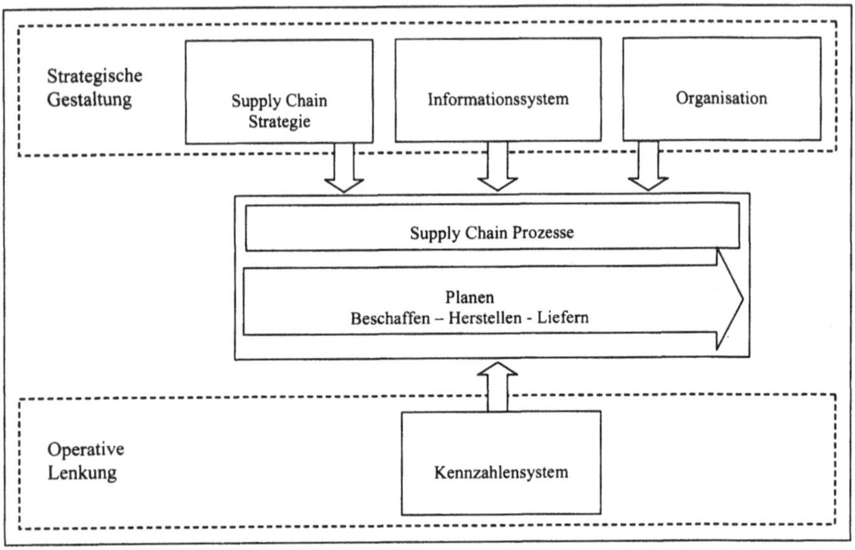

Abbildung 19: Elemente der Supply Chain und des Wertschöpfungsnetzwerkes[458]

Der Wertschöpfungsprozess wird dabei in den Mittelpunkt der Betrachtung gestellt, da es ihn im Rahmen des Wertschöpfungsmanagements zu gestalten und organisieren gilt. In diesem Wertschöpfungsprozess werden alle Tätigkeiten, die für das Funktionieren der Wertschöpfungskette erforderlich sind, beschrieben. Dazu gehören neben den eigentlichen Tätigkeiten und Leistungserstellungen im Sinne der Wertschöpfungskette nach Porter auch die Beziehungen zwischen den einzelnen Prozessen. Als wesentliche Teilbereiche können dabei die übergeordneten Funktionen Planen – Beschaffen – Herstellen – Liefern beobachtet werden. Fügt man wie bspw. bei Werner (2000) die Entsorgung als eine der Hauptaufgaben des Supply Chain Managements hinzu, müssen in diesem Modell die Aufgaben einer möglichen Wiederverwendung, Verwertung bzw. die Entsorgung als Kernprozess innerhalb der Supply Chain beachtet und entsprechend im Bereich des Supply Chain Prozesses berücksichtigt werden.[459] Nichtsdestotrotz stehen die Supply Chain Prozesse im Mittelpunkt und müssen durch entsprechende strategische und operative Maßnahmen gestaltet, gesteuert und gelenkt werden, um in weiterer Folge bspw. auch den überbetrieblichen Umweltschutz im Netzwerk zu verankern. Darauf wird im folgenden Kapitel noch näher eingegangen.

---

458 Modifiziert, in Anlehnung an Greimer, Becker 2001, S. 24

459 Vgl. Kuhn, Hellingrath 2002, S. 27ff; Evers 1998, S. 213ff; Wie bereits oben erwähnt, hat für die Gestaltung des Supply Chain Prozesses die Branche und der Industrietyp einen großen Einfluss, da sich der Supply Chain Prozess von bspw. Dienstleistungsunternehmen erheblich unterscheidet Darauf wird aber hier nicht näher eingegangen.

4.3.3.1 Strategische Planung und Gestaltung von Wertschöpfungsnetzwerken

Als Kernelemente der strategischen Planung und Gestaltung von Wertschöpfungsnetzwerken können die Elemente Strategie, die Organisation sowie die Bereitstellung und der Aufbau eines Informationssystems aufgelistet werden. Diese drei Elemente gemeinsam bilden die Grundstruktur der Wertschöpfungskette eines Unternehmens und sind die Basis für ein weiteres Management des Wertschöpfungsnetzwerkes. Da von diesen Rahmenfaktoren wesentlich der Erfolg des Wertschöpfungsnetzwerkes abhängt, ist es wichtig, dass die Bedingungen sowie die Grundstrukturen sorgfältig, möglichst von höchster Führungsebene, festgelegt werden.

4.3.3.1.1 Strategie

Durch diese Supply Chain Strategie wird die Konzeption der Wertschöpfungskette an den eigenen Unternehmenszielen und der Unternehmensstrategie ausgerichtet und den Erwartungen und Anforderungen des Marktes angepasst. Damit definiert ein Unternehmen, wie es mit seinen eigenen Supply Chain Prozessen und der entsprechenden Infrastruktur einen Beitrag zu einer dauerhaften Wettbewerbsfähigkeit liefern kann.[460] Die Supply Chain Strategie stellt somit den Rahmen für eine kontinuierliche Entwicklung und eine Anpassung der Geschäftsprozesse, Leistungsziele, Organisationsstruktur und Informationssysteme dar.[461] Ziel der Strategiedefinition ist es die Identifizierung von relevanten Wettbewerbsfaktoren und deren Umsetzung im Wertschöpfungsnetzwerk.

Durch diese Strategie wird weiters festgelegt, wie intensiv die Beziehungen innerhalb des Wertschöpfungsnetzwerkes aufgebaut werden sollen und welche übergeordneten Ziele das Unternehmen mittels dieser Wertschöpfungskette überhaupt verfolgt.[462] Ferner werden im Zuge einer Strategiebildung für die Supply Chain weitere wesentliche Eckpunkte für das Unternehmen fixiert. Als eines der wichtigsten ist die Entscheidung über die Leistungs- und Fertigungstiefe anzusehen. Hier müssen sowohl generell Entscheidungen über die Produkte und Dienstleistungen und deren Anpassung an Kundenwünsche getroffen als auch bestimmt werden, welchen Wertschöpfungsbeitrag das eigene Unternehmen innerhalb der Wertschöpfungskette leistet. Wie bereits erwähnt, kann ein wesentlicher Vorteil von Wertschöpfungsnetzwerken sein, dass durch die Teilnahme eine Reduzierung der

---

460 Kaluza, Blecker 2000b; Goetschalckx 2002, S. 105f

461 Vgl. dazu und im Folgenden Greimer, Becker 2001, S. 20ff; Gattorna, Walters 1996, S. 165ff

462 Hughes, Ralf und Michels listen bspw. neun verschiedene Formen von Supply Chains auf, die man abhängig von Sektoren beobachten kann. Diese unterschiedlichen Typen von Supply Chains erfüllen unterschiedliche Geschäftsnotwendigkeiten, von einer offenen Konkurrenz auf kurze Dauer ausgerichtet, über Partnerbildungen zugunsten der Kunden, Bildung von Systemzulieferern für schnelleres und effizienteres Reagieren auf Änderungen bis hin zu virtuellen Unternehmungen. Wobei hier genau genommen immer wieder untersucht werden muss, ob es sich noch um Verbindungen im Rahmen der oben definierten Wertschöpfungsketten handelt (vgl. Hughes, Ralf, Michels 2000, S. 17f).
Durch die Festlegung der Strategie werden darüber hinaus die Art und die Intensität der Kooperation festgelegt und somit auch in weiterer Folge der Typ der Supply Chain.

Leistungstiefe und –breite zustande kommt. Dadurch können sich die Unternehmen voll und ganz auf ihre eigenen Kernkompetenzen konzentrieren und so ihre Wettbewerbsposition weiter stärken.[463] Diese Kernkompetenzen werden mitunter sogar als wesentliches Merkmal in Wertschöpfungsketten und Netzwerken angesehen und als Voraussetzung definiert, dass ein Unternehmen überhaupt langfristig auf dem Markt bestehen kann.[464] Kernkompetenzen können dabei allgemein Technologien und Prozesse, das Know-how, Kombinationen aus diesen, die Marktposition, besonderes Wissen, spezielle Fähigkeiten oder Kundenbindungen sein, die

- für den Kunden erkennbar wertvoll sind,
- schwer imitierbar sind,
- gegenüber der Konkurrenz einmalig sind und
- potentiell den Zugang zu einer Vielzahl von Märkten eröffnen.[465]

Die Identifizierung dieser Kernkompetenzen gestaltet sich für Unternehmen teilweise schwierig, da sie oftmals immateriell und eine unsichtbare Ressource darstellen.[466] Deshalb kommt es vielmehr darauf an, diejenigen Leistungsbereiche zu identifizieren, die auf Kernkompetenzen aufbauen.[467] Langfristig sind sie für den Erfolg des Unternehmens von wesentlicher Bedeutung, sei es durch Innovation und Wachstum, aber auch durch Schrumpfungsprozesse und Konzentration auf die Kernprozesse, und deshalb sind der Aufbau und die Pflege von Kernkompetenzen unabdingbar.

Durch diese Eingliederung in Supply Chains wird es Unternehmen ermöglicht, sich gänzlich auf ihre Kernkompetenzen zu konzentrieren und etwaige Hilfs- und unterstützende Prozesse an andere Unternehmen der Wertschöpfungskette, in der Regel Zulieferer, auszulagern. Insgesamt kommt es dadurch also zu einer Reduktion der Fertigungstiefe und –breite eines Unternehmens und letztendlich dadurch für das Unternehmen zu einer Sicherung der Wettbewerbsfähigkeit. Zusätzlich kann in Bezug auf Wertschöpfungsnetzwerke für Unternehmen aber noch die Möglichkeit des Aufbaus von kooperativen Kernkompetenzen

---

463 Wildemann 2000b weist aber darauf hin, dass eine Reduktion der Leistungstiefe nur dann erfolgen sollte, wenn zuerst vorhandene Produktivitätspotentiale auf der Inputseite und Möglichkeiten zur Erhöhung des Kundennutzens auf der Outputseite vollends ausgeschöpft wurden (vgl. Wildemann 2000b, S. 574). Wildemann 2001 weist weiters darauf hin, dass eine Reduktion auf Kernkompetenzen sinnvollerweise nur dann erfolgen kann, wenn dennoch dem Kunden am Ende ein Bündel von Kernkompetenzen angeboten werden kann. Die Koordination dieser Kernkompetenzen hin zu einem Gesamtpaket für den Endkunden wird durch Kooperationen in solchen Wertschöpfungsnetzwerken erzielt (vgl. Wildemann 2001, S. 7f). Siehe dazu auch Kapitel 4.1.1.2

464 Vgl. Prahalad, Hamel 1990, S. 79ff, siehe dazu auch Oelsnitz 2003; Dieser Ansatz der Konzentration auf Kernkompetenzen in Netzwerken geht auf den Resource-Based-View zurück, der davon ausgeht, dass strategische Wettbewerbsvorteile eines Unternehmens hauptsächlich durch seine spezifischen Ressourcen gesichert werden (vgl. Zillig 2001, S. 144, siehe dazu auch Bellmann, Hippe 1996b, S. 70).

465 Vgl. Prahalad, Hamel 1990; Wildemann 2000a, S. 60, weiters auch Hinterhuber, Stahl 1996, S. 96f

466 Vgl. dazu etwa Picot, Reichwald, Wigand 2003, S. 244

467 Vgl. Wildemann 2000b, S. 575, vgl. zur Erkennung und Nutzung von Kernkompetenzen auch Hinterhuber et al. 1998, S. 358f

bestehen, in denen die Unternehmensnetzwerke als Bezugspunkt für die Entwicklung und Aufrechterhaltung von Kernkompetenzen herangezogen werden.[468] [469]

Als weitere wichtige Entscheidung im Rahmen der Strategiebildung für das SCM kann die Wahl der Vertriebs- und Absatzkanäle notwendig sein. Dabei ist auf dem Weg von der Produktion hin zum Kunden festzulegen, ob der Markt bspw. im Direktvertrieb oder über festgelegte Vertriebspartner bedient wird. Darauf aufbauend sind die Aufgaben der Absatzmittler zu definieren und ihre Stellung zum Unternehmen zu bestimmen. Weiters müssen die spezifischen Lieferbedingungen[470] sowie die Erfüllung der Lieferung ausgehandelt werden.[471]

Auf Inputseite muss als Bestandteil der Supply Chain Strategie festgelegt werden, wie der Einkauf organisiert werden soll. Neben den klassischen Make-or-buy Entscheidungen, die bereits bei der Festlegung der Fertigungstiefe diskutiert werden müssen, fallen hierunter die Definition der Kompetenzen und des Einflusses der Lieferanten. Hier wird bestimmt, ob man sich in die Abhängigkeit eines einzigen Lieferanten begibt oder ob man sich, vor allem bei kritischen Bauteilen, durch einen weiteren oder mehrere zusätzliche Lieferanten absichert.[472] Hinzu kommt, dass im Rahmen der Strategiefestlegung Lieferbedingungen, z.B. Just in Time, Versicherungsfragen etc. abgeklärt werden müssen. Darüber hinaus ist es auch Aufgabe der

---

468 Vgl. Duschek 1998, Dies kann man bspw. im ACstyria beobachten, in dem durch die enge und regionale Zusammenarbeit in der Entwicklung solche kooperativen Kernkompetenzen entwickelt wurden. Hinterhuber et al 1998 weisen jedoch beim Aufbau von Kernkompetenzen durch strategische Netzwerke darauf hin, dass einerseits durchaus Information, Technologien und Fähigkeiten über strategische Allianzen erschlossen werden können. Allerdings muss hier immer beachtet werden, dass diese Möglichkeit natürlich auch den Konkurrenten zur Verfügung steht es und deshalb nicht mehr zu einzigartigem, nicht-imitierbarem Wissen kommen kann. In diesem engeren Sinne wäre also der Aufbau von kooperativen Kernkompetenzen, wie er bei Duschek vorgeschlagen wird, nicht möglich (vgl. Hinterhuber et al. 1998, S. 363).

469 Diese Konzentration auf Kernkompetenzen geht eng einher mit der Tendenz der steigenden Systembeschaffung. Durch die Reduktion der Fertigungstiefe und eine Auslagerung von vielen Prozessen werden die Anforderungen an die Koordination aller Leistungen zunehmend höher und die Beschaffung und Logistik komplexer. Aufgrund der zunehmenden Komplexität wurde deshalb immer mehr abgegangen von der Beschaffung einzelner Teile hin zu bereits vormontierten Komponenten und ganzer Module (diese Entwicklung ist bspw. sehr stark im Automobilsektor zu beobachten).
Durch die zunehmende Beschaffung von Systemen muss man im Folgenden genauer eigentlich zwischen Zulieferern im engen Sinn, die Teile, Komponenten und Systeme für den Endprodukthersteller liefern, Vorlieferanten, die den Hersteller mit Grundstoffen beliefern, und Unterlieferanten, die die Vorfertigungskapazität ihrer Abnehmer durch Produktion nach exakten Angaben der Hersteller vergrößern, unterscheiden. Dies hat zum Beispiel für einzelne Wertschöpfungsketten große Bedeutung, im Rahmen dieser Studie wird im Folgenden aber zur besserem Verständlichkeit vom Zulieferer im allgemeinen Sinn gesprochen (vgl. dazu Männel 1996, S. 3).
Vorteile neben Kostenreduktionen ergeben sich vor allem durch die zunehmende Qualität der Produkte sowie für die Abnehmer durch eine bessere Beherrschung der ansteigenden Komplexität. Zudem kann durch die intensive Zusammenarbeit zwischen Abnehmern und Zulieferern, aber auch unter den Zulieferern ein Know-how Austausch über den Produktentstehungsprozess und die Herstellung der Module ermöglicht werden (vgl. Wildemann 2000a, S. 61).
Auch diese Möglichkeit der Beschaffung von ganzen Modulen und Systemen muss bei der Ausrichtung der Supply Chain und natürlich auch bei der Festlegung der Supply Chain Strategie bereits festgelegt werden, da darauf aufbauend die Supply Chain entsprechend gestaltet werden muss.

470 Hierzu gehören bspw. Versicherungsklauseln.

471 Vgl. Specht, Hellmich 2000

472 Vgl. Greimer, Becker 2001, S. 25f

Strategiefestlegung, inwieweit mit Lieferanten kooperiert und zusammengearbeitet wird. Gerade durch intensive Kooperationen im Rahmen von Supply Chains ist ein reger Austausch von Know-how zwischen Zulieferern und dem Unternehmen möglich und auch erwünscht. Vor allem in Hinblick auf Entwicklungskooperationen eröffnet sich für Unternehmen hier eine Vielzahl an Möglichkeiten. Und letztendlich ergibt sich durch den Zusammenschluss zu Wertschöpfungsketten für Unternehmen die Möglichkeit, ihre Einkäufe in Verbünden und größeren Einheiten zu tätigen, um so die kritische Masse zu erhöhen und Sonderkonditionen zu erlangen. Dies kann vor allem für kleine und mittlere Unternehmen eine große Rolle spielen und wesentliche Kostenvorteile bringen. Auch wenn Lobby für gewisse Aspekte und Positionen, speziell auch in Hinblick auf vermehrten Umweltschutz betrieben werden soll, können diese Zusammenschlüsse zu Wertschöpfungsnetzwerken Vorteile bringen.[473]

Schlussendlich spielt auch die geografische Ausrichtung der Supply Chain ein Rolle bei der Festlegung der Supply Chain Strategie. Um bspw. auf Weltmärkten tätig zu sein, muss festgelegt werden, wie die Produktion und die Produktionsstätten global verteilt sind und wie sich die Absatzkanäle entsprechend dazu gestalten. Darüber hinaus muss bestimmt werden, wie der Informations-, Waren- und Wertefluss zwischen den einzelnen Produktionsstätten, den Zulieferern, dem Vertrieb und dem Kunden angeordnet wird.[474]

Geht man nun auf die Supply Chain Philosophie zurück, dass die Optimierung des Gesamtsystems, also der gesamten Supply Chain, besser ist als die Optimierung von Teilsystemen, muss man im Grunde genommen solche strategischen Überlegungen auf die gesamte Supply Chain ausdehnen, um hier ein bestmögliches Ergebnis zu erzielen.[475] So sollte im Idealfall eine gemeinsame Strategie für die gesamte Wertschöpfungskette bestimmt sowie gemeinsame Ziele festgelegt werden, an denen sich das Management der gesamten Wertschöpfungskette ausrichtet.

4.3.3.1.2 Organisationsmodell

Neben einer grundsätzlichen strategischen Ausrichtung muss für ein Funktionieren des Wertschöpfungsnetzwerkes auch die Organisation entsprechend ausgerichtet werden. Aus diesem Grund muss ein Organisationsmodell entwickelt werden, in dem der Aufbau der Organisation sowie die Zuständigkeiten und Verantwortlichkeiten der einzelnen Mitarbeiter beschrieben werden. Für das Management des Wertschöpfungsnetzwerkes werden hierin die

---

473 Was bei einem Zusammenschluss von Wertschöpfungsketten aber durchaus möglich ist, ist der Aufbau einer gemeinsamen Marketingorganisation. Dadurch wird es möglich, in der Wertschöpfungskette einheitlich nach außen hin aufzutreten und die Zusammenarbeit auch öffentlich, zumeist durch den Aufbau einer Corporate Identity, darzustellen. Dies kann wiederum für kleine und mittlere Unternehmen ein Anreiz sein, sich bestehenden Wertschöpfungsketten anzuschließen. Betrachtet man bspw. die österreichische Clusterlandschaft, kann durchaus ein gemeinsames Marketing beobachtet werden. In den meisten Fällen wird dies zentral vom Clustermanagement organisiert (vgl. Schuh, Eisen, Dierkes 2000, S. 79; Bayer, Eder 2001).

474 Vgl. Greimer, Becker 2001, S. 26

475 Vgl. Kuhn, Hellingrath 2002, S. 10f

Verantwortlichkeiten für den Aufbau und die Pflege des Unternehmensnetzwerkes fixiert. Im Allgemeinen sollten die Entscheidungen beim Aufbau und bei der Eingliederung in Supply Chains von der obersten Führungsebene gefällt werden, aber auch die Pflege der Beziehungen innerhalb der Supply Chain sollte, da hiervon natürlich auch wesentliche Funktionen und Kernkompetenzen des Unternehmens berührt werden, idealerweise in höheren Ebenen der Unternehmensleitung und in Teams erfolgen.

Ferner muss in den Organisationsstrukturen bestimmt werden, in welcher Form innerhalb des Wertschöpfungsnetzwerkes zusammengearbeitet wird und in weiterer Folge müssen entsprechende Maßnahmen innerhalb des Unternehmens gesetzt werden. Dies betrifft die Vertragsgestaltung zwischen den Unternehmen, das Einbringen von Leistungen in das Wertschöpfungsnetzwerk sowie generell die Beziehungen unter den Unternehmen, da dadurch wesentlich die Art des Wertschöpfungsnetzwerkes festgelegt wird.[476] Vor allem hinsichtlich der Beziehungen zwischen den Unternehmen muss sich das Unternehmen klar vor Augen führen, wie sich die Zusammenarbeit innerhalb des Netzwerkes am besten gestalten lässt. Dabei muss sich das Unternehmen auch der Anforderungen bewusst sein, die es durch den Beitritt zu Wertschöpfungsnetzwerken zu erfüllen hat. Einerseits muss das Unternehmen exzellente Kompetenzen in das Kooperationsnetzwerk einbringen, vor allem in Bezug auf Fachkompetenz und beim Einsatz bestimmter Technologien. Andererseits muss sich das Unternehmen vor Augen halten, dass innerhalb eines Netzwerkes eine gewisse Kooperationskompetenz[477] erforderlich ist, um „Ad-hoc" Kooperationen mit reduzierten Transaktions- und Koordinationskosten zu ermöglichen.[478]

In der Literatur, aber auch in der Praxis, gehen die Meinungen zur Organisation von Wertschöpfungsnetzwerken stark auseinander. Während, ähnlich wie bei den Netzwerken allgemein, im deutschsprachigen Raum eher von einer bewussten Gestaltung durch eine zentrale Instanz ausgegangen wird, wenden sich vor allem Autoren aus dem skandinavischen Raum immer mehr einer dynamischen, frei gestaltbaren Netzwerkstruktur zu, die selbstorganisierend agiert.[479] Davon wird in der Regel auch abhängig sein, wie sich das Netzwerk insgesamt entwickelt. Bei zentralen Unternehmen und Instanzen liegt der Vorteil in der strategischen Führung durch dieses Unternehmen, um so langfristig im Wettbewerb

---

476 In der Praxis tritt das Phänomen in unterschiedlichen Formen und Bezeichnungen auf, abhängig von Industrietypen und Branchen. Hier werden bspw. Begriffe wie Crossdocking, Continuous Replinishment Programs, Vendor-Management-Inventory-Systems, Fast flow replenishment operations und andere genannt (vgl. Kuhn, Hellingrath 2002; Handfield, Nichols 1999 u.a.).

477 Bei einigen Autoren wird dies auch als Netzwerkkompetenz bezeichnet Jakobs bspw. versteht darunter explizit die Kommunikationskompetenz, da dadurch die Zusammenarbeit des Netzwerkes maßgeblich beeinflusst wird. Wobei hier sowohl auf die Fähigkeit und auf den Willen zur Zusammenarbeit in Netzwerken verwiesen wird (vgl. Jakobs 2002, S. 317).

478 Vgl. Schuh, Eisen, Dierkes 2000, S. 73

479 Vgl. bspw. Hakansson 1989; Burr 1999, S. 1173;

bestehen zu können.[480] Am Beispiel der österreichischen Industriecluster wäre dies etwa das Clustermanagement. Neben diesen Unternehmen, die zumeist auch Koordinationsaufgaben in den Wertschöpfungsnetzwerken wahrnehmen, existiert auch die Theorie der flexiblen und dezentralen Organisationsformen. Diese besitzen sowohl flexible als auch offene Kooperationsformen und sind eher als lose zu bezeichnen. Innerhalb solcher Netzwerke existieren so genannte fokale Unternehmen, die für die polyzentrisch organisierten Netzwerke eine große Bedeutung vor allem für den Fortbestand des Wertschöpfungsnetzwerkes besitzen und wesentlich in die Gestaltung eingreifen.[481]

Burr (1999), aber auch Hakansson (1989) und andere Autoren, gehen vor allem in letzter Zeit immer stärker ab von einem Konzept der fixen Beziehungen innerhalb eines Netzwerkes mit zentralen Unternehmen als wesentlicher und notwendiger Bestandteil für das Fortbestehen des Wertschöpfungsnetzwerkes und propagieren hingegen das Bestehen von selbst organisierenden, dynamischen, offenen Netzwerken. Diese beruhen auf gewissen, teilweise auch technischen Regeln,[482] welche die Zusammenarbeit innerhalb des Netzwerkes bestimmen. Diese Regeln übernehmen Teilaufgaben der zentralen Unternehmung, indem sie mithelfen, Unsicherheiten in Bezug auf Kooperationspartner zu reduzieren, die Aufgabenträger mit den für sie relevanten Informationen versorgen sowie die Stabilisierung organisatorischer Strukturen bewirken.[483]

Die einzelnen Unternehmen, die in einem Wertschöpfungsnetzwerk als Partner einsteigen wollen, müssen sich bei der Gestaltung ihres Organisationsmodells dieser Ausgangsbedingungen bewusst werden und ihre Organisation entsprechend gestalten, um damit auch wirtschaftlichen Abhängigkeiten und Asymmetrien, wie sie durchaus auch in Netzwerken auftreten können, entgegenzuwirken.[484] Darüber hinaus soll eine effiziente, auf das Wertschöpfungsnetzwerk ausgerichtete Organisationsstruktur schnelle Kooperationen mit geringen Transaktions- und Koordinationskosten ermöglichen.[485] In Hinblick auf die oben dargestellte Definition von Supply Chains als Zusammenschluss rechtlich und wirtschaftlich selbständiger Unternehmen ist der Aufbau einer gemeinsamen Organisation aber in der Praxis

---

480 Siehe zu Entwicklung von Organisationsformen in Netzwerken auch Picot 1997; ferner auch Reichwald 1997

481 Vgl. Zillig 2001, S. 95ff, Evers 1998

482 Diese technischen Regeln kann man wiederum bei Netzwerken wie den ACstyria – obwohl eigentlich mit einer zentralen Koordinationsinstanz ausgestattet, beobachten, da das Netzwerk allgemein hier sehr stark technik-lastig ist und entsprechende Normen und Regeln bereits innerhalb der Branche existieren.

483 Vgl. Burr 1999. S. 1163

484 Zu der Problematik der wirtschaftlichen Abhängigkeit und Informationsasymmetrien trotz rechtlicher Selbständigkeit siehe Gerum, Achenbach, Opelt 1998

485 Kuhn und Hellingrath gehen in diesem Zusammenhang sogar von einer gemeinsamen Organisationsgestaltung aus, um die Optimierung des Gesamtsystems des Netzwerkes zu erreichen (vgl. Kuhn, Hellingrath 2002, S. 11).

eher zu verneinen.[486] Wohl aber kann ein Bedarf zur Harmonisierung beim Austausch von Informationen für den Erfolg von Wertschöpfungsnetzwerken bedeutungsvoll sein.

4.3.3.1.3 Informationssysteme

Als wesentliches Merkmal für das Funktionieren eines Wertschöpfungsnetzwerkes und als notwendiges Hilfsmittel für die Planung und Ausführung der Wertschöpfungsprozesse werden die integrierten Informationssysteme angesehen. [487] Im Idealfall werden dabei alle Beteiligten in Echtzeit miteinander verbunden und tauschen ohne Zeitverzug alle relevanten Informationen aus. Durch diese Automatisierung der Daten wird also der klassische Postweg hinfällig.[488]

Aus diesem Grund kommt dem Einsatz von Informationssystemen in Wertschöpfungsnetzwerken auf allen inner- und überbetrieblichen Ebenen der Wertschöpfungskette eine wesentliche Bedeutung zu. Bspw. wird durch den Einsatz von entsprechenden IT-Systemen die Anpassung an Wettbewerbsbedingungen auf den nationalen und internationalen Märkten erleichtert. Darüber hinaus ermöglicht der Einsatz von Informationen die Bewältigung der zunehmenden Komplexität von Gütern und Prozessen, was wiederum zu einer Verbesserung der Reaktionsfähigkeit auf Anforderungen des Marktes führt.[489] Dies hilft einerseits, die Komplexität in den einzelnen Wertschöpfungsprozessen zu verhindern, andererseits kommt es hiermit zu einer Entkoppelung von Produkt und Information, was sich wiederum förderlich auf die Effektiviät und Effizienz der inner- und zwischenbetrieblichen Wertschöpfungsprozesse auswirkt.[490] Zusammenfassend kann man anmerken, dass eine wesentliche Aufgabe der Informationssysteme die Bewältigung der durch die Arbeitsteilung hervorgerufenen Koordinationsprobleme ist.[491] Somit muss dass Informationssystem sicherstellen, dass dem Unternehmen durch die Zusammenarbeit mit externen Partnern – im Vergleich zu internen Vergaben von Aufträgen – keine Nachteile durch einen zu hohen Koordinationsaufwand entstehen.

Bei der Integration eines Unternehmens in ein Wertschöpfungsnetzwerk muss deshalb der Aufbau eines entsprechenden Informations- und Kommunikationssystems idealtypisch von

---

486 Eine gemeinsame Organisationsgestaltung wird in der Regel nur bei unternehmensinternen Supply Chains vorkommen.

487 Kuhn, Hellingrath sehen die Rolle der IT sogar als Enabler und Katalysator und bezeichnen sie neben dem Management der Kooperationsbeziehungen und dem Redesign der Kernprozesse als dritte wesentliche Säule beim Aufbau eines wirkungsvollen Supply Chain Managements (vgl. Kuhn, Hellingrath 2002, S. 29ff). Vgl. zu Ausführungen dazu auch Solf 2004.

488 Vgl. Buxmann et al. 2003, S. 7

489 Vgl. Picot, Reichwald 1994, S. 549; Gattorna, Walters 1996, S. 148ff, S. 269ff

490 Vgl. dazu auch Wildemann 2001, S. 7

491 Siehe dazu auch Kapitel 4.2

höchster Führungsebene getragen werden.[492] Dementsprechend muss die organisatorische Bereitschaft zur Vernetzung signalisiert und letztendlich die Informations- und Güterflüsse durch die Nutzung der Informations- und Kommunikationstechnologien effizient gestaltet werden.[493] Vor allem die Möglichkeit des Einsatzes des Internets hat hier einen wesentlichen Beitrag geleistet.[494] [495] Diese Überlegungen müssen natürlich immer im Hinblick auf das Wertschöpfungsnetzwerk, in dem das Unternehmen agiert, betrachtet werden. Vielfach ergeben sich durch bereits im Unternehmensnetzwerk gefestigte Standards keine oder nur mehr wenige Spielräume im Aufbau von Informationssystemen. Je nach Intensität der Integration in das Wertschöpfungsnetzwerk muss das Unternehmen die Systeme der anderen Wertschöpfungspartner übernehmen und auf die eigenen Bedürfnisse hin adaptieren.[496]

Jedenfalls ist bei all den oben genannten Überlegungen zu beachten, dass die IT im Zusammenhang mit SCM immer nur die Rolle eines Werkzeuges, nicht aber die Grundlage für Zusammenschlüsse in Wertschöpfungsketten darstellen kann. So gesehen muss sich also die Informations- und Kommunikationstechnik an den festgesetzten Strategien, Prozessen und Abläufen ausrichten und nicht umgekehrt.[497] Darüber hinaus ist vor allem die Durchgängigkeit des Informationsflusses, sowohl zwischen den Unternehmensteilbereichen als auch zwischen den Unternehmen, als Schlüsselfaktor für den Erfolg in Wertschöpfungsnetzwerken anzusehen.[498] Wobei festzustellen ist, dass hier idealerweise der Informationsfluss nicht nur in gleicher Richtung wie der Güterfluss stattfinden soll, sondern auch in entgegengesetzter Richtung, um so die oben genannten Möglichkeiten und Vorteile von SCM noch stärker

---

492 Horst spricht in diesem Zusammenhang von IT-Governance. Er betont dabei die Wichtigkeit des Zusammenspiels der IT-Abteilung und den Fachbereichen, wobei hier sehr oft geteilte Verantwortlichkeiten zwischen diesen Abteilungen zielführend sein können (vgl. Horst 2001, S. 524).

493 Vgl. Buxmann et al. 2003, S. 8f

494 Siehe dazu etwa Corsten, Gabriel 2002, S. 279ff

495 Wesentlich ist dabei die Festlegung und anschließende Nutzung gewisser Standards wie etwa SMTP, FTP, HTTP, XML, Java, HTML und andere. Darauf aufbauend kann ein gemeinsames Datenmanagement der beteiligten Unternehmen gestaltet werden. Hier wiederum müssen Kommunikationsstandards festgelegt werden. Dazu zählen bspw. der Einsatz von EDI, aber auch die Möglichkeit gemeinsamer Datenpools und Data Warehouse (vgl. dazu auch Werner 2000, S. 141ff). Letztendlich ist auch der Einsatz spezieller Supply Chain Managment Software (dazu zählen bspw. i2 Technologies, J.D. Edwards, Oracle und SAP, vgl. Buxmann et al. 2003, S. 9; vgl. dazu weiters Nicolai 2002b, S. 85; Jehle 2000; Seidl 2000) bzw. die Anknüpfung an unternehmensinterne ERP-Systeme zu überlegen. Nicolai bspw. skizziert zwar in diesem Zusammenhang die Möglichkeit der Anknüpfung an ERP-Systeme, vor allem vor dem Hintergrund, dass nahezu alle – zumindest großen – Unternehmen bereits ERP-Systeme eingeführt haben, kritisiert aber, dass die Anforderungen von Supply Chain Management durch den bloßen Einsatz von ERP-Systeme nicht erfüllt werden können, da hier eine zu große Fokussierung auf interne Prozesse vorherrscht (vgl. Nicolai 2002b, S. 82f).

496 Vgl. Wohinz, Tuppinger 2003, S. 68f

497 Buxmann unterscheidet dabei zwischen dem „technological imperative“, bei dem die IuK-Technik bestimmend ist und die Organisationsform determiniert, dem „organizational imperative“, bei dem der Einsatz von IuK-Technik die abhängige Variable darstellt und sich an der Organisationsform auszurichten hat, und der „emergent perspective“, wo es zu wechselseitigen Einflüssen zwischen der Organisation und der IuK-Technik kommt (vgl. Buxmann 2001, S. 104ff). In Bezug auf Supply Chain Management, bei dem idealtypisch zuerst die Strategie und die Organisation festgelegt wird, ist davon auszugehen, dass sich das Informationssystem entsprechend anpassen muss.

498 Vgl. Picot, Reichwald 1994, S. 556

ausschöpfen zu können. Dies sicherzustellen bei der Gestaltung von Wertschöpfungsnetzwerken, aber auch unternehmensintern, ist die Aufgabe der obersten Führungsebene und muss bereits im Vorfeld abgeklärt werden.

4.3.3.2 Operative Lenkung der Wertschöpfungsnetzwerke

Neben der Gestaltung und strategischen Ausrichtung von Wertschöpfungsnetzwerken muss für den langfristigen Erfolg solcher Unternehmensnetzwerke und für den dauerhaften Aufbau von Wettbewerbsvorteilen auch das operative Management und die Lenkung von Wertschöpfungsnetzwerken hinreichend gestaltet werden.[499] Ein wesentlicher Bestandteil des operativen Managements von Wertschöpfungsnetzwerken ist die Lenkung mittels eines Kennzahlensystems, da sich mit Hilfe prozessbezogenener Kennzahlen die Leistung der Wertschöpfungskette bewerten und entsprechend steuern lässt.[500] Mittels der Kennzahlen wird es dem Management ermöglicht, Anweisungen zu erteilen und die Aktivitäten des Unternehmens innerhalb des Wertschöpfungsnetzwerkes zu lenken und zu steuern.[501] Aus dem Blickwinkel der Geschäftsführung müssen Kennzahlen in weiterer Folge dazu dienen, Maßnahmen, Aktionen und Unternehmensstrategien des Unternehmens, die im Rahmen der Wertschöpfungskette getätigt werden, bewerten zu können. Dazu müssen diese Kennzahlen entsprechend nützliche, gültige und aktuelle Informationen über die Tiefe und das Ausmaß der Wertschöpfung liefern, um somit die Performance in der Wertschöpfungskette beurteilen zu können. Vorsicht ist bei dieser vereinfachten Sichtweise der operativen Lenkung von Supply Chains anhand von Kennzahlen geboten, da solche Kennzahlen sehr oft nicht widerspiegeln, wie gesetzte Ziele erreicht wurden bzw. oft nur Ergebnisse und Symptome messen, ohne die zugrunde liegende Ursache zu erkennen und darzustellen.[502] [503]

---

499 Zur Lenkung und dem allgemeinen Controlling in Netzwerken siehe auch Reichwald 1997.

500 Affeld analysiert und identifiziert diesbezüglich in seiner durchgeführten Erfolgsfaktorenforschung für Supply Chain Management knapp die Hälfte von Erfolgsfaktoren, die die Messung von Supply Chain Management Kennzahlen beinhalten (vgl. Affeld 2002, S. 22).

501 Seit es Unternehmen gibt, gelten Messgrößen und Kennzahlen als klassisches Managementwerkzeug (vgl. Hughes, Ralf, Michels S. 218). Das kann teilweise sogar so weit gehen, dass ein Nicht-Messen als nicht angebracht angesehen wird und auf fehlende organisatorische Kontrolle hinweist. Vgl. dazu auch Fredendall, Hill 2001, S. 31ff

502 Vgl. Hughes, Ralf, Michels 2000, S. 218ff

503 Die Struktur der Kennzahlen, anhand derer sich das operative Management der Supply Chain ausrichtet, kann sich auf verschiedene Arten bilden. Eine Möglichkeit wäre eine Identifikation der wichtigsten Erfolgsfaktoren für das Funktionieren der jeweiligen Wertschöpfungskette, um darauf aufbauend Kennzahlen zu ermitteln und den Erfolg der Teilnahme an einem Wertschöpfungsnetzwerk in Folge daran zu messen (vgl. dazu Sürie, Wagner 2002, S. 33). Dies gestaltet sich mitunter aber als ein sehr aufwendiger Prozess, aus diesem Grund wird in der Regel versucht, eine sachliche Aufteilung in Preis, Kosten, Verfügbarkeit, Qualität und strategische Aspekte zu schaffen und jedem dieser Elemente Kennzahlen zuzuordnen. Bei Preisen könnte dies zum Beispiel die gesamte Preisreduzierung im betrachteten Supply Chain Sektor sein. Bezogen auf Kosten könnten hier bspw. die Lagerhaltungs- und Kommissionierkosten oder die Kosten der Kundenauftragsabwicklung gemessen werden. Transportkosten oder der Servicegrad der eigenen Endprodukte könnten als Maßzahl für die Verfügbarkeit hergenommen werden. Die Qualität als universeller Begriff kann etwa anhand von Reklamationsquoten, Anzahl der Transport- und Verpackungsfehler und Anzahl und Dauer der Betriebsstörungen gemessen werden (vgl.

Als Möglichkeit, auch die Performance des Unternehmens in der Wertschöpfungskette in strategischer Hinsicht zu messen wird in der Literatur die Einführung der Balanced Scorecard empfohlen.[504] Der Aufwand der Einführung eines solch komplexen Instruments der Performance Messung kann aber in der Regel nur dann gerechtfertigt sein, wenn auch das Management der übrigen Geschäftsprozesse, die nicht Bestandteil der Wertschöpfungskette sind, anhand diese Instruments erfolgt. Darüber hinaus kann die Balanced Scorecard nur als Gerüst für ein Kennzahlensystem dienen, das Füllen mit entsprechenden – sowohl operativen als auch strategischen Kennzahlen – wird der Geschäftsführung dadurch nicht erspart.[505]

Ferner werden im Rahmen von Kennzahlensystemen finanzielle Kennzahlen genannt, um Supply Chains operativ zu lenken und zu gestalten. Diese Kennzahlen können bspw. der Net-Profit, Break-Even Point, Return on Investment und ähnliche sein.[506] Diese werden meist ohnehin von Controlling- und anderen Abteilungen benötigt und können durchaus auch für die Lenkung von Wertschöpfungsketten herangezogen werden. Wesentlich bei all den genannten Kennzahlen ist jedoch, dass sie nicht nur der obersten Führungsebene zum Controlling der Supply Chain dienen, sondern auch dem mittleren Management, den Spezialisten der verschiedenen Funktionsbereiche und allgemein für die Mitarbeiter eine wichtige Informationsfunktion darstellen sollen.[507]

4.3.4 Kritik am Modell der Wertschöpfungsnetzwerke

Betrachtet man die erheblichen Kostenreduktionen, Steigerungen des Gewinns, die Reduktion von Sicherheitsbeständen und der Kapitalbindung,[508] lässt dies durchaus Hoffnung auf ein Wundermittel SCM und Wertschöpfungsnetzwerke aufkommen, durch das der Wettbewerbsvorteil langfristig gesichert ist. Trotz dieser genannten Vorteile der Wertschöpfungsnetzwerke ist das Konzept aber nicht ganz unumstritten und wird in letzter Zeit sehr häufig als allumfassende Antwort auf steigende Wettbewerbsbedingungen kritisiert. Bei eingehender Betrachtung muss man erkennen, dass, vor allem, was Agenden rund um die Bestandshaltung anbelangt, zwar durchaus die positive Folgen einer Einführung von SCM Bestandssenkungen und ähnliches sein können. Diese können meist aber nur einmalig etwas dem Unternehmen bringen, vordergründig im ersten Jahr zu Verbesserungen. Im Sinne einer

Zeuch 2002, S. 159ff). Vorgeschlagen wird bei der Ermittlung von Kennzahlen aber auch die Berücksichtigung der strategischen Aspekte, die zuvor bereits diskutiert wurden. Dies gestaltet sich umso schwieriger, da für diese Kennzahlen keine allgemeine Empfehlung abgegeben werden kann, sondern diese spezifisch für das jeweilige Unternehmen und das Wertschöpfungsnetzwerk definiert werden müssen.

504 Vgl. Werner 2000, S. 200ff; Sürie, Wagner 2002, S. 32; vgl. zur Balanced Scorecard und Informationssysteme Rödler, Rödler, Müller 2003

505 Zu Kennzahlen siehe auch Thaler 2000

506 Vgl. Fredendall, Hill 2001, S. 31ff; Sürie, Wagner 2002, S. 30f

507 Für eine weitere Auflistung von Kennzahlen für das Supply Chain Management und deren Informationsfunktion für die verschiedenen Stufen und Ebenen des Managements siehe Hughes, Ralf, Michels 2000, S. 219.

508 Siehe oben.

kontinuierlichen Verbesserung, wie sie eigentlich angestrebt werden sollte, ist dies aber sicherlich nicht ausreichend. Auf längere Sicht muss die Kundenorientierung im Vordergrund stehen.

Ferner herrschen, vor allem im europäischen Raum, in Bezug auf SCM und seine Wirksamkeit durchaus auch Zweifel, da die empirische Basis, wie sie bislang vorliegt, nicht generell auf die Wirksamkeit von Supply Chains schließen lässt.[509] Vielmehr werden dabei zumeist nur spezielle, meist „Zweier"- Beziehungen untersucht und deren Vorteile dargestellt bzw. nicht nachvollziehbare Pilotstudien herangezogen.[510] Ein weiteres Problem ergibt sich, da vorliegende empirische Studien zu SCM zumeist nicht auf die Allgemeinheit rückschließen lassen. Dies wird umso deutlicher, wenn man eine Nutzung und Teilnahme an Wertschöpfungsnetzwerken nach Branchen differenziert. Hier kann man, bei einer allgemein geringen bis mittelmäßigen Nutzung von Supply Chains erkennen, dass die Automobilindustrie eindeutig führend ist. Darüber hinaus kann man beobachten, dass die Nutzung von Supply Chains bei Teile- und Systemlieferanten größer ist als bei Rohstofflieferanten.[511] Eine generelle Empfehlung für, aber auch gegen SCM ist nicht möglich.

Grenzen des SCMs ergeben sich auch durch die zugrunde liegenden Informationstechnologien. Die Entwicklung von Informationssystemen war zwar einerseits maßgeblich daran beteiligt, dass es überhaupt zu einer derartigen Entfaltung des Konzepts der überbetrieblichen Wertschöpfungsketten gekommen ist. Sie bergen aber andererseits viele Hemmnisse und Barrieren in sich. So ist die Funktionalität des Supply Chain Systems immer abhängig von den entsprechenden Daten, die geliefert werden und hängt entscheidend von der organisatorischen und technischen Intergration des Systems in das Unternehmensumfeld ab. Hier können sich große Hindernisse ergeben, extern durch eine Ablehnung von Datenlieferanten, aber auch intern durch bewusst herbeigeführte Intransparenzen, Ablehnung der eigenen Mitarbeiter sowie Barrieren und Wiederstände gegen die Veränderungen, die mit dem Aufbau eines Informationssystems für das SCM zwangsläufig einher gehen.[512] Darüber hinaus können unterschiedliche Niveaus der IT-Systeme der beteiligten Partnerunternehmen die Effektivität und Effizienz eines Wertschöpfungsnetzwerkes erheblich beeinflussen.

Organisatorisch betrachtet können Widerstände gegen die Komplexität des notwendigen Redesigns der Prozesse, nicht adäquate Organisationsstrukturen, Zurückhaltung beim Austausch von Informationen – sowohl intern als auch extern – und eine unzureichende Abstimmung der Ziele zwischen den Funktionsbereichen und zwischen den Unternehmen genannt werden. Eine geringe Verfügbarkeit von Daten bei der Einführung von SCM kann als

---

509 Vgl. Kotzab 2000, S. 41

510 Zu Kritik siehe bspw. Otto, Kotzab 2001

511 Diese Angaben beziehen sich auf eine Studie unter 365 großen und mittleren Unternehmen Deutschlands. Vgl. Affeld 2002, S. 18

512 Vgl. Steinäcker, Kühner 2001, S. 57

weiteres Hindernis aufgelistet werden.[513] Darüber hinaus können eine fehlende Orientierung an den Kundenbedürfnissen sowie eine Verhinderung der gemeinsamen Ressourcennutzung den Erfolg einer Supply Chain dämpfen.[514]

Betrachtet man das Wertschöpfungsnetzwerk bzw. die Supply Chain als ganzes, müssen auch hier gewisse Probleme und Hindernisse beim Aufbau näher beleuchtet werden. Zum einen darf nicht außer Acht gelassen werden, dass auch bei auf Vertrauen basierenden Kooperationen und Netzwerken[515] die Gefahr besteht, dass eines der beteiligten Unternehmen versucht, einseitig Preise zu drücken oder lediglich die Bestandsverantwortung auf einen Dritten überwälzen will.[516] So gesehen ist auch die Ausprägung eines Netzwerkes als Wertschöpfungsnetzwerk nicht vor den Barrieren und Hindernissen, die für allgemeine Kooperationen in Netzwerken gelten, gefeit, und Übervorteilung und opportunistisches Verhalten der Netzwerkpartner bestehen durchaus. Zum anderen besteht auch die Gefahr der Abhängigkeit von zentralen Netzwerkpartnern, die die Macht in sich vereinen und so die Selbständigkeit von anderen Netzwerkpartnern massiv untergraben können. Hier muss deshalb darauf geachtet werden, dass etwaige Asymmetrien von Anfang an möglichst klein gehalten werden.[517]

Letztendlich muss hier noch angeführt werden, dass der Aufbau und die Pflege von einem Wertschöpfungsnetzwerk oder einer Supply Chain einen nicht einfachen Prozess darstellen.[518] Hierbei bedarf es einer kreativen und auch interdisziplinären Anstrengung seitens des Unternehmens, um ein individuelles und unternehmensspezifisches Supply Chain Konzept zu entwickeln.[519] Entscheidend ist auch, dass hier nicht nur in Erwartung eines bestimmten Outputs Strukturen verfolgt werden, sondern dass man sich gezielt der Veränderungen im SCM bewusst ist und dies auch im Unternehmen entsprechend umsetzt. Aus diesen genannten Gründen müssen Wertschöpfungsnetzwerke mehr als nur die Teilnahme bedeuten. Um oben genannte Vorteile zu verwirklichen, muss SCM in allen Ebenen des Unternehmens aktiv umgesetzt und ausgeführt werden.

4.4 Verwertungsnetzwerke als spezifische Ausprägung von Netzwerken

Im Rahmen der vorliegenden Arbeit wird neben der Darstellung von Wertschöpfungsnetzwerken der Fokus auf Verwertungsnetzwerke, im Folgenden auch als Verwertungsnetze bezeichnet, gelegt. Ähnlich wie bei den Wertschöpfungsnetzwerken, die

---

513 Vgl. Corsten, Gabriel 2002, S. 5
514 Vgl. Poirier, Reiter 1997, S. 116
515 Siehe Kapitel 4.1.2.2
516 Vgl. Werner 2000, S. 50
517 Vgl. Gerum, Achenbach, Opelt 1998, S. 267
518 Dies trifft umso mehr zu, wenn auch Agenden des überbetrieblichen Umweltschutzes in das Wertschöpfungsnetzwerk integriert werden.
519 Vgl. Schröder 2002, S. 103

die Produktion und in weiterer Folge die Logistikketten für die Produktion in den Vordergrund rücken, konzentrieren sich Verwertungsnetze in verstärktem Maße auf die Beschaffung und die Produktion. Darüber hinaus legen Verwertungsnetze verstärktes Augenmerk auf die Outputseite eines Unternehmens und konzentrieren sich dabei auf das Ausnutzen von Verwertungspotentialen.[520]

Im Folgenden werden zur Verständlichkeit für den weiteren Inhalt dieser Arbeit die Ziele und Hintergründe von Verwertungsnetzen kurz erläutert und der Aufbau bzw. Charakteristika diskutiert, um für den Aufbau von überbetrieblichen Umweltinformationssystemen Rahmenfaktoren zu identifizieren. Den Abschluss dieses Kapitels bilden die Darstellung von ausgesuchten Beispielen von Verwertungsnetzen, die die Existenz und praktischen Applikationen von solchen Netzwerken darstellen sollen, sowie eine Diskussion von Grenzen von Verwertungsnetzen. Auf weitere Ausführungen wird im Rahmen dieser Arbeit verzichtet, diesbezüglich wird auf die dazu vorliegende Literatur verwiesen.[521]

Unter einem Verwertungsnetz versteht man grundsätzlich „...die zielgerichtete Zusammenarbeit mehrerer Unternehmen..., bei der versucht wird, alle ökonomisch sinnvollen Verwertungsbeziehungen unter Beachtung rechtlicher Rahmenbedingungen zu realisieren."[522] Verstärkt regionale Verwertungsnetze zeichnen sich insbesondere dadurch aus, dass die Rückstände aus der Produktion und aus dem Konsumbereich explizit innerhalb der regionalen Industrie als Rohstoffersatz sowie als Ersatz für Primärenergieträger eingesetzt werden.[523] Innerhalb eines Verwertungsnetzes können sich auch so genannte einzelne Verwertungszellen herausbilden, indem sich Zweierbeziehungen entwickeln, in denen ein Unternehmen dabei Quelle eines Rückstandes, ein anderes dabei die Position der Senke des Rückstandes einnimmt. Per Definition handelt es sich bei Verwertungsnetzen also um zwischenbetriebliche Recyclingaktivitäten.[524]

---

520 Vgl. Fichtner, Tietze-Stöckinger, Rentz 2004, S. 132; Kaluza, Blecker 1996, S. 389ff; Gemäß dieser Definition der Wertschöpfungsnetzwerke und Verwertungsnetze werden hier also explizit Forschungs- und Technologienetzwerke ausgeklammert. Hierbei muss aber hinzugefügt werden, dass durchaus in Wertschöpfungsnetzwerken und Verwertungsnetzen Kooperationen für eine gemeinsame Forschung und Entwicklung eingegangen werden können und diese Ausnutzung von Synergien auch begrüßt wird. Grundsätzlich kann jedoch per Definition eine gemeinsame Forschung und Entwicklung speziell in Verwertungsnetzen nicht als ein vordergründiges Ziel der Kooperation angeführt werden.

521 Für weitere Ausführungen zum Themenbereich zwischenbetriebliches Recycling, Stoffstrommanagement und Recyclings- und Verwertungsnetze vgl. bspw. Strebel 1994; Strebel, Schwarz, Schwarz 1996; Strebel 1996b; Schwarz, Steininger 1997; Kaluza, Blecker 1996; Kleinaltenkamp 1985; Schmidt 2000a

522 Schwarz 1998, S. 17

523 Vgl. dazu und im Folgenden Schwarz 1998, S. 11; Strebel, Schwarz, Ortner 1994, S. 314

524 Strebel 1995a verweist weiters auch auf die Möglichkeiten des innerbetrieblichen Recyclings und auf die Bildung von innerbetrieblichen Verwertungsketten, bei denen Rückstandsquellen und Rückstandssenken im Betrieb durch Rückstandsflüsse miteinander verbunden werden. Ein zwischenbetriebliches Recycling bildet sich dabei in Folge heraus, wenn die beteiligten Rückstandsquellen und –senken zu verschiedenen Unternehmen gehören (vgl. Strebel 1995a, S. 114f).

Mitunter wird ein Verwertungsnetz auch mit dem vor allem im deutschen Sprachraum aufgekommenen Begriff des Stoffstrommanagements in Beziehung gebracht.[525] Gemäß der Definition der Enquete Kommission 1994 wird unter Stoffstrommanagement das zielorientierte, verantwortliche, ganzheitliche und effiziente Management von Stoffströmen der beteiligten Akteure verstanden, deren Zielvorgaben aus dem ökologischen und ökonomischen Bereich kommen und soziale Aspekte berücksichtigt werden.[526] Den besonderen Aspekten des Recyclings bzw. der Verwertung von Stoffen und Energieflüssen wird jedoch im Konzept des Stoffstrommanagements weniger Bedeutung zugedacht, aus diesem Grund werden in der vorliegenden Arbeit die Ansätze dieses Konzepts aufgenommen und mitberücksichtigt, das Hauptaugenmerk im ökologischen Bereich der Netzwerke liegt jedoch auf den Verwertungsnetzen.

Geht man auf die Klassifikation von Netzwerken ein, wie sie in Kapitel 4.1 dargestellt ist, kann man feststellen, dass es sich bei Verwertungsnetzen in der Regel um eher kleinere Netzwerke mit einer Teilnehmerzahl in der Regel zwischen fünf und dreißig handelt. Der Grund für die relativ kleine und überschaubare Anzahl an Netzwerkpartnern liegt in der Verringerung der Komplexität, da in kleineren Netzwerken die Beziehungen zwischen den Netzwerkunternehmen einfacher gestaltet werden können.[527] Bezüglich einer Klassifikation nach Art der Beziehung kann keine definitive Zuteilung von Verwertungsnetzen erfolgen, da sie sowohl Elemente der Informations- bzw. Kommunikationsnetzwerke als auch natürlich der Transaktions- und Austauschnetzwerke beinhalten. Hinzu kommt, dass speziell auch in Verwertungsnetzen Vertrauen eine wesentliche Rolle spielt.[528] Die Dauer und Stabilität kann hingegen als langfristig und sehr stabil beschrieben werden. Betrachtet man die Richtung von Verwertungsnetzen, kann man klar erkennen, dass die einzelnen Unternehmen, die in einem solchen Netzwerk tätig sind, möglichst heterogen sein müssen. Dies resultiert aus der Tatsache, dass das Potential für eine zwischenbetriebliche Verwertung innerhalb einer Branche, in der Unternehmen ähnliche Inputs und Outputs aufweisen, eher begrenzt ist. Beim Zusammenschluss heterogener Unternehmen können jedoch die Möglichkeiten der zwischenbetrieblichen Verwertung viel stärker genutzt werden, da in den einzelnen Unternehmen unterschiedliche Produktionsprozesse ablaufen, die auch unterschiedliche Ressourcen benötigen und deren Output verschieden ist. So gesehen stellen Verwertungsnetze in der Regel keine horizontalen Netzwerke, sondern meist laterale bzw. vertikale, aber auch

525 Vgl. Seuring, Müller 2004, S. 119

526 Vgl. Enquete-Kommission „Schutz des Menschen und der Umwelt" des 12. Deutschen Bundestages 1994, S. 549

527 Vgl. Schwarz 1994a, S. 134; Schwarz nennt hier organisatorische, informatorische, technische, wirtschaftliche und legistische Überlegungen als Grund für die Entwicklung von eher kleineren Verwertungsnetzen, obwohl die Vorteile einer großen Anzahl an Netzwerkpartnern – vor allem vermehrte Verwertungsmöglichkeiten – nicht unterschätzt werden dürfen. Vgl. dazu auch Kreikebaum 1998, S. 71

528 Vgl. dazu Kapitel 4.1.2.2

Mischformen von beiden, dar.[529] Somit machen Verwertungsnetze in der Regel nur Sinn, wenn die Unternehmen nicht aus der gleichen Branche kommen.[530] Betrachtet man den Gegenstand von Verwertungsnetzen gemäß obiger Definition und den dazugehörigen Austausch von Rohstoffen innerhalb solcher Verwertungsnetze, wird schnell eine Einschränkung auf einen engeren Raum erkennbar. Unter Einbeziehung der Bewertung des Transportes von Rohstoffen wird ein Verwertungsnetz sowohl ökonomisch als auch ökologisch umso effizienter, je kürzer die Entfernungen zwischen den einzelnen Netzwerkpartnern sind.[531] So gesehen können Verwertungsnetze also als regionale Netzwerke beschrieben werden.[532] Die Frage nach der Existenz von fokalen Unternehmen kann im Rahmen von Verwertungsnetzen ebenso wenig geklärt werden, auch hier können sich beide Formen abzeichnen.[533]

4.4.1 Hintergründe und Ziele von Verwertungsnetzen

Wie bereits schon erwähnt konzentrieren sich Verwertungsnetze auf den gegenseitigen Austausch von Stoffen, wobei neben ökonomischen Vorteilen, die dadurch generiert werden sollen, die ökologischen Auswirkungen der Produktion so gering wie möglich zu halten sind. Hintergrund dieses Konzeptes des Verwertungsnetzes ist dabei die so genannte Kreislaufwirtschaft, die seit der Schaffung des deutschen Kreislaufwirtschafts- und Abfallgesetzes KrW-/AbfG im 1996 zu einem zentralen Thema in der umweltorientierten Betriebswirtschaft geworden ist.[534] Ziel der Kreislaufwirtschaft ist die Schonung der natürlichen Ressourcen sowie die Sicherung der umweltverträglichen Beseitigung von Abfällen. Dabei werden die Prioritäten so gesetzt, dass als oberstes Ziel die Vermeidung von Abfällen, insbesondere die Verminderung der Mengen und Schädlichkeit steht. In zweiter Linie folgt die stoffliche und letztendlich die energetische Verwertung steht.[535]

---

529 Vgl. Schwarz 1994a, S. 150; Kaluza, Blecker 1996, S. 392

530 Zu beachten ist dabei aber, dass die größere Vielfalt an unterschiedlichen Unternehmen, wie sie in diagonalen Netzwerken vorkommt, auf der anderen Seite aber auch zu großen Herausforderungen führt, gerade wenn es um gemeinsame Zielvorstellungen und eine gemeinsame Netzwerkidentität geht. Hier sind oft zu unterschiedliche Interessen vorhanden (vgl. Posch 2004, S. 115).

531 Vgl. Strebel 1993, S. 43ff

532 Dies kann bspw. auch durch die Standorttheorie zur Entwicklung von Regionalnetzwerken untermauert werden. Ähnliche Ansätze werden auch aus der ökonomischen Geografie beigesteuert, die eine Konzentration von Netzwerken auf regional begrenzte Gebiete untersuchen (vgl. Knyphausen-Aufseß 1999).

533 Für die Installierung einer zentralen Institution in Verwertungsnetzwerken in Form von bspw. regionalen Verwertungsagenturen spricht, dass dadurch überbetriebliche Informations- und Koordinationsaufgaben effektiver und effizienter gewährleistet werden können (vgl. Schwarz 1994a, S. 144, 168). Jedoch spielen hier auch finanzielle Überlegungen über die Erhaltung solcher Verwertungsagenturen eine entscheidende Rolle für eine Installation.

534 Vgl. dazu Rennert 2001; Kirchgeorg 1999, S. 2; Dyckhoff 2000b; Vgl. dazu das deutsche Kreislaufwirtschafts- und Abfallgesetzes KrW-/AbfG.

535 Vgl. Kirchgeorg 1999, S. 175f

Kreislaufwirtschaft ist somit ein junger Begriff, der sich im Zuge der Auseinandersetzung mit begrenzten Ressourcen und endlicher Aufnahmenkapazität der natürlichen Umwelt ergeben hat und durch die gesetzlichen Vorgaben wie das Kreislaufwirtschafts- und Abfallgesetz, aber auch die Umwelt- und Abfallgesetzgebung in anderen Ländern, nun verstärkt zur Umsetzung gelangt.[536] Bekanntheit, aber auch eine Weiterentwicklung erreichte dieses Konzept durch die Arbeiten des Wuppertal Instituts und hier vor allem durch die Arbeiten „Faktor 4" und „Faktor 10".[537]

Ein Kreislauf definiert sich dabei im wirtschaftlichen Kontext als ein Prozess, der stattfindet, wenn ein Kuppelprodukt in denselben Prozess oder eine vorgelagerte Stufe zurückgeführt wird.[538] Das Leitbild bzw. der Antrieb für Kreislaufwirtschaft ist es, dass Wirtschaftsysteme dabei lernen, mit bedeutend weniger Massen und Energie auszukommen und somit zur Schonung der natürlichen Umwelt beitragen. In diesem Zusammenhang nimmt man sich die Natur zum Vorbild, in der die Stoffe in ihren Kreisläufen vollständig recycelt werden. Als Beispiel dafür können der atmosphärische Wasserkreislauf, der Stickstoffkreislauf und der Kohlenstoffkreislauf dienen, die alle nahezu geschlossene ökologische Systeme darstellen, in denen die Stoffe vollständig recycelt werden.[539] In diesem System existieren die Typen der Produzenten, Konsumenten und Destruenten[540], die sowohl Rückstände als auch Produkte erzeugen.[541] Zieht man hier Parallelen zu wirtschaftlichen Kreisläufen, erkennt man auch hier physikalische Grenzen, bedingt durch die Hauptsätze der Thermodynamik, die eine vollständig geschlossene Kreislaufwirtschaft physikalisch, aber auch in weiterer Folge ökonomisch, unmöglich machen.[542] Außerdem fehlen in den industriellen Produktionssystemen weitgehend Stoff- und Energiekreisläufe, eine

---

536 Vgl. dazu das deutsche Kreislaufwirtschafts- und Abfallgesetz KrW-/AbfG und das österreichische Abfallwirtschaftsgesetz.

537 Vgl. Weizsäcker, Lovins, Lovins 1995; Die Weiterentwicklung des Konzeptes der Kreislaufwirtschaft bei Weizsäcker, Lovins und Lovins gestaltet sich vor allem dahingehend, dass nunmehr auch eine Reduzierung des Schadenspotential durch verstärkten Einsatz von Technik forciert wird, die Schließung von Stoffkreisläufen noch mehr in den Vordergrund tritt und eine Betrachtung von gesamten Lebenszyklen von Produkten erfolgt. Vgl. dazu auch Fleig 2000a, S. 12f; Pasckert 1997, S. 94ff; Zur historischen Entwicklung der kreislaufspezifischen Orientierung der Wirtschaft vgl. Kirchgeorg 1999, S. 21ff.

538 Riebel 1996, Sp. 993-996: Ein Kuppelprodukt ist dabei das Ergebnis eines Produktionsprozesses, aus dem naturgesetzlich bedingt zwei oder mehrere Produktarten hervorgehen, wobei dies sich in erwünschte und unerwünschte Outputs unterscheiden. Die unerwünschten Outputs werden dabei als Kuppelprodukte bezeichnet Vgl. dazu auch Riebel 1955.

539 Zu weiteren Analogiebeziehungen zwischen den natürlichen und den industriellen Ökosystemen vgl. Wallner 1998, S. 93

540 Als Destruenten werden jene Organismen bezeichnet, die sich als Zersetzer von organischem Material betätigen.

541 Vgl. Haber 1991, S. 45f; Einschränkend muss hier allerdings angemerkt werden, dass in diesen Kreisläufen das Sonnenlicht als Energiespender von außen hinzukommt. In diesem Sinne spricht man hier von geschlossenen Systemen, im Gegensatz zu abgeschlossenen Systemen, in denen auch keine Sonnenenergie von außen zugeführt wird (vgl. Haber 1991).

542 Vgl. Dyckhoff 1994, S. 9; Strebel 1993, S. 36ff

anthropogene Zufuhr von Energie und Stoffen von außen ist unumgänglich.[543] Jedenfalls sollte auch in den – in diesem Sinne eingeschränkten – wirtschaftlichen Kreisläufen der Einsatz von Sonnen- und Windenergie sowie Wasserkraft als Energiequellen von außen stärker genutzt werden. Darüber hinaus muss im Rahmen einer ökologischen und ökonomischen Bewertung des Recyclings geachtet werden, dass nicht mehr Ressourcen verbrauchen werden sollten, als damit eingespart werden können.[544]

Übernimmt man nun das Konzept des ökologischen Kreislaufes in die ökonomischen Prozesse, spricht man von der so genannten Kreislaufwirtschaft. Darunter versteht man im Allgemeinen das Rückführen von Stoffströmen zu verschiedenen Stationen in der Produktion, wobei jede Station gleichzeitig Rückstandsquelle und Rückstandssenke ist. Ziel dieser Kreislaufwirtschaft ist somit, eine möglichst häufige, schadstoffarme und ressourcenschonende Nutzung von Stoffen auf hohem Wertschöpfungsniveau unter Einbeziehung ökonomischer Überlegungen zu erreichen.[545] Somit nimmt sich das Konzept der Verwertungsnetze die natürlichen Ökosysteme zum Vorbild und versucht, durch den Zusammenschluss verschiedener Unternehmen einer Region eine Rückstandsverwertung durchzuführen und somit die Rückstandsabgabe an die natürliche Umwelt auf ein Minimum zu reduzieren.[546] Um dies aber in den Unternehmen und in der Ökonomie durchzusetzen, bedarf es einem langwierigen Lernprozess zum Denken in Kreisläufen und für ein Umdenken in eine vermehrt ökologische Produktion.[547]

Dass für ein Umdenken in Richtung ökologische Unternehmensführung umfassende Vorteile mit dem Konzept des Verwertungsnetzes verbunden sein müssen, ist unbestritten. Im vorliegenden Fall eines Verwertungsnetzes ergeben sich durch die Installierung von Kreisläufen in und zwischen den Unternehmen einerseits Vorteile für die Umwelt durch die Schonung der natürlichen Ressourcen. Damit für Unternehmen aber ein Anreiz geschaffen wird, an Verwertungsnetzen teilzunehmen, müssen andererseits auch ökonomische Vorteile generiert werden können. So haben ökonomische Überlegungen sicherlich Priorität bei Entscheidungen zur Teilnahme an Verwertungsnetzen. Zusätzlich können rechtliche Überlegungen eine Rolle bei der Entscheidung für ein Verwertungsnetz spielen.[548]

Zusammenfassend können folgende ökonomische und ökologische Vorteile durch die Teilnahme an einem Verwertungsnetz identifiziert werden.[549]

---

543 Vgl. Strebel 1996a, Sp. 1304; Schwarz 1996, S. 351

544 Vgl. Liesegang 2003, S. 97f

545 Vgl. Thomé-Kozmiensky 1994, GlossarIV/14; Fleig 2000a, S. 14ff

546 Vgl. dazu auch Kreikebaum 1998; Schwarz 1994a; Schwarz 1996; Schwarz, Steininger 1997; Strebel 1998; Wallner 1998; Empirische Befunde zum Thema Kreislaufwirtschaft findet man bei Arnold 2000.

547 Vgl. Strebel 1995a; Harris, Pritchard 2004; Vgl. zu Überlegungen des Verhaltenskontextes bezogen auf Netzwerke Zabel 1998.

548 Vgl. Strebel 1995a, S. 116; Schwarz 1998, S. 13ff; Arnold 2000; Strebel, Schwarz, Ortner 1994, S. 327; Schneidewind 1995

549 Vgl. Schwarz 1994a, S. 111f; Strebel 1995a, S. 122; Wildemann 1996, S. 334ff; Schwarz 1998, S. 18f; Schwarz, Steininger 1997; Posch 2004; Fichtner, Tietze-Stöckinger, Rentz 2004, S. 137

Ökologisch:

- Vermeidung von Rückständen, die deponiert werden.
- Erzielung höherer Recyclingquoten.
- Unterstützung des öffentlichen Sektors beim Recycling von Rückständen, die durch den Konsum von Produkten entstehen.[550]

Ökonomisch:

- Förderung der Ansiedelung von Unternehmen in Regionen, in denen Verwertungsnetze bestehen. Dies hat aus regionaler Perspektive betrachtet auch soziale Auswirkungen, Arbeitsplätze können geschaffen werden etc.
- Reduzierung von Deponiekosten für den Produzenten des Rückstandes. Durch eine immer strengere Gesetzgebung[551] ist eine Deponierung von Rückständen ohnehin nur mehr eingeschränkt möglich.
- Wegfall von Entsorgungsproblemen durch die Abnahme von Rückständen als Sekundärrohstoff.[552]
- Generierung von zusätzlichen Erträgen durch die Abgabe von Abfällen als Sekundärrohstoffe.
- Verringerung der Kosten für Primärrohstoffe durch Einsatz von Sekundärrohstoffen.
- Verbesserung der Produktqualität in einzelnen Fällen durch den Einsatz von Sekundärrohstoffen.
- Verbesserung des Images und Aufbau eines positiven Umweltimages für das Unternehmen durch die Teilnahme an Verwertungsnetzen.
- Aufbau und Verstärkung der Beziehungen zu regionalen Behörden.

4.4.2 Aufbau von Verwertungsnetzen

Beim Aufbau und der Entstehung von Verwertungsnetzen müssen eine Vielzahl von Faktoren beachtet werden. Betrachtet man aber vorerst nur den Aufbau von Verwertungsnetzen an sich, kann man grundsätzlich zwischen geplanten und zufälligen Entwicklungen unterscheiden.[553] Vor allem die Entstehung von regionalen Verwertungsnetzen geschieht oft zufällig, oftmals

---

550 Wallner gibt bei der Betrachtung der ökologischen Vorteilhaftigkeit von Verwertungsnetzwerken, insbesondere aber auch bei den so genannten Ökoclustern, zu bedenken, dass die Vernetzung von Stoffströmen in Ökoclustern grundsätzlich zwar sinnvoll ist, da Primärrohstoffe gespart werden können und eventuell auch Emissionen vermindert werden können. Die Hauptrohstoffe in diesem Netzwerk bleiben in der Regel aber meist fossiler Herkunft und deshalb leistet ein solches Netzwerk im eigentlichen Sinne keinen Beitrag zur nachhaltigen Entwicklung. Dies muss beim Aufbau von solchen Verwertungsnetzen deshalb berücksichtigt werden (vgl. Wallner 1998 S. 105).

551 Vgl. dazu das deutsche Kreislaufwirtschafts- und Abfallgesetzes KrW-/AbfG und das österreichische Abfallwirtschaftsgesetz.

552 Vgl. dazu auch Strebel, Schwarz, Ortner 1994, S. 330

553 Vgl. Kaluza, Blecker 1996, S. 395; Zur Evolution von industriellen Verwertungsnetzen vgl. auch Baldwin et al. 2004

sind Netzwerke existent, ohne dass sie von den einzelnen Netzwerkpartnern als solche erkannt werden.[554] Durch gestiegene Anforderungen an Unternehmen, vordergründig durch vermehrte gesetzliche Vorschriften, ist in letzter Zeit eine aktive Gestaltung von Verwertungsnetzen häufiger.[555]

Unabhängig von der Entstehung von Verwertungsnetzen müssen grundsätzliche Rahmenfaktoren für eine erfolgreiche Implementierung von solchen Netzwerken erfüllt werden. Aus technisch organisatorischer Sicht muss gewährleistet werden, dass für den Aufbau von Verwertungsbeziehungen innerhalb von Verwertungsnetzen die Rückstände grundsätzlich verwertungsgeeignet sein müssen.[556] Ist dies nicht von vornherein der Fall, besteht die Möglichkeit, eventuell Produktionsprozesse entsprechend anzupassen.[557] Eng damit zusammenhängend ist die Suche nach geeigneten Partnern in einem Netzwerk.[558] In die Analyse der Partner müssen dabei sowohl die relevanten Branchen, rechtliche und ökonomische Rahmenbedingungen, Entfernungen der Partner sowie eine Analyse der relevanten Stoffströme miteinbezogen werden. Hinzu kommt, dass beim Aufbau von Kooperationen mit Netzwerkpartnern eventuell notwendige Anpassungsmaßnahmen und Steuerungsmechanismen berücksichtigt werden und Verträge über Liefer- und Abnahmekonditionen ausverhandelt werden müssen. Für ein erfolgreiches Bestehen von Verwertungsnetzen auf lange Sicht müssen darüber hinaus strategische, strukturelle und kulturelle Charakteristika in die Überlegungen bei der Partnersuche miteinbezogen werden, ebenso wie die Beachtung von zwischenmenschlichen Aspekten.[559]

Sind nun entsprechende Partner für den Aufbau von verwertungsorientierten Kooperationen[560] gefunden, können für das Bestehen eines Netzwerkes folgende wesentliche Rahmenfaktoren identifiziert werden.[561] Die Kenntnis aller relevanten Partner ist von großer Bedeutung, um bestehende Kooperationsbeziehungen bestmöglich auszunutzen und die

---

554 Als Beispiele für Verwertungsnetze, die zufällig entstanden sind und lange nicht als solche erkannt wurden, werden in der Literatur die Industriesymbiose Kalundborg, das Verwertungsnetz Steiermark und das industrielle Verwertungsnetz Massachusetts angeführt (vgl. Strebel, Schwarz, Ortner 1994, S. 314; Strebel 1995a, S. 122; Schwarz 1994a, S. 107; Baldwin et al. 2004, S. 47).

555 Vgl. Kaluza, Blecker 1996, S. 395

556 Vgl. Lowe 1997, S. 60; Dafür ist es wichtig, dass Informationen über die Rückstände der anderen Unternehmen vorliegen.

557 Vgl. Schwarz 1994a, S. 151f

558 Dies betrifft vor allem den geplanten Aufbau von Verwertungsnetzen.

559 Vgl. Bronder, Pritzl 1992, S. 36ff; Bronder 1993, S. 21; Schwarz 1998, S. 13; Strebel 1983, S. 64; Strebel spricht dabei von inoffiziellen Grundlagen für das Funktionieren von Kooperationen und streicht das Vorhandensein von psychologischen Faktoren für ein Entstehen von Kooperationen heraus. Der bei Strebel erwähnte Bezug auf Innovationskooperationen kann insbesondere auch auf Kooperationen innerhalb von Verwertungsnetzen übertragen werden, da es sich beim Aufbau von Kooperationsbeziehungen ebenso oft um sehr firmenspezifische Daten und Informationen handelt, die möglichst vertraulich behandelt werden sollen.

560 In Zusammenhang mit Verwertungsnetzen wird in der Literatur immer wieder auf Kooperationen als dominante Form der Organisation bei Verwertungsbeziehungen hingewiesen, was empirisch auch belegt werden konnte (vgl. Strebel, Schwarz, Schwarz 1996).

561 Vgl. Strebel 1998, S. 5

Verwertungsmöglichkeiten im Netzwerk möglichst auszuschöpfen.[562] Für das Ausnutzen von im Netzwerk vorhandenen Verwertungsmöglichkeiten ist neben der Kenntnis der Netzwerkpartner auch eine umfassende Kenntniss der Stoff- und Rückstandsströme innerhalb des Verwertungsnetzes, die dabei auch auf ihre Eignung zum Recycling analysiert werden müssen,[563]notwendig. Dies indiziert ein erhebliches Potenzial für überbetriebliche Umweltinformationssysteme. Längerfristige Recyclingbeziehungen im Verwertungsnetz garantieren eine stabile und dauerhafte Zusammenarbeit, die vor allem dann notwendig ist, wenn für die Verwertung von Rückständen Produktionsprozesse umgewandelt bzw. neu konfiguriert werden mussten und somit auch Investitionen in das Netzwerk getätigt wurden.[564] Die Existenz einer Netzwerkidentität ist für ein Verwertungsnetz ebenso wesentlich, da dadurch das Vertrauen im Netzwerk gestärkt werden kann. Dies wiederum kann dazu führen, dass die Kommunikation im Netzwerk verbessert wird und so die Verwertungsmöglichkeiten innerhalb des Netzwerkes besser ausgeschöpft werden. Die gemeinsame Netzwerkidentität führt zur Existenz gemeinsamer Zielvorstellungen, die notwendig sind, um alle Netzwerkunternehmen an diesen auszurichten und eine Win-Win Situation für alle Netzwerkpartner zu schaffen. Um um letztendlich auch die Einführung eines überbetrieblichen Umweltinformationssystems in diesem Netzwerk zu forcieren.

Auf operativer Ebene muss bereits beim Aufbau von Verwertungsnetzen geachtet werden, dass geeignete Sammel-, Sortier- und Aufbereitungsanlagen vorhanden sind bzw. eingerichtet werden. In diesem Zusammenhang müssen auch die Transportsysteme installiert werden, wobei hier bestmöglich Synergien im Verwertungsnetz auszuschöpfen sind.[565]

Wie bereits angesprochen müssen kulturelle und informelle Faktoren beim Aufbau von Verwertungsnetzen berücksichtigt werden. In Kapitel 4.1.2.2 wurde Vertrauen als wesentlich für das Bestehen eines Netzwerkes und natürlich auch für ein Verwertungsnetz hervorgehoben. Deshalb muss beim Aufbau von Verwertungsnetzen der Umgang mit opportunistischen Verhalten berücksichtigt werden. Vor allem das Vorhandensein von offenen und flexiblen Verträgen, wie sie in Verwertungsnetzen in der Regel gepflegt werden, begünstigt das Auftreten von opportunistischem Verhalten.[566] Dem kann und muss entgegengewirkt werden, sowohl formell durch explizite Verhaltensnormen und Regeln[567] sowie auf informeller Basis durch Selbstverpflichtung der einzelnen Netzwerkpartner[568] und durch den

562 Vgl. Strebel 1995a, S. Dies ist wiederum nur möglich, wenn das Verwertungsnetz entsprechend klein konzipiert ist und die Anzahl der Netzwerkpartner überschaubar bleibt.

563 Vgl. Schwarz 1998, S. 13

564 Hier wiederum kommt der Ansatz zum Tragen, dass Investitionen aus ökologischen Gesichtspunkten in der Regel langfristig betrachtet werden müssen und daher dauerhafte, stabile Beziehungen innerhalb des Verwertungsnetzes an Bedeutung gewinnen.

565 Vgl. Schwarz 1998, S. 13

566 Vgl. Wildemann 1997, S. 433; Kreikebaum 1998, S. 72ff

567 Vgl. Burr 1999

568 Vgl. Wildemann 1997, S. 433

Aufbau von Vertrauen. Letzteres wird maßgeblich auf persönlicher, zwischenmenschlicher Ebene beeinflusst,[569] durch eine entsprechend intensive Kommunikation zwischen den Netzwerkpartnern können darüber hinaus Verhaltensunsicherheiten abgebaut werden.

4.4.3 Verschiedene Ausprägungen von Verwertungsnetzen

Nachdem in den vorangegangenen Kapiteln die Vorteile von Verwertungsnetzen sowie die Rahmenbedingungen erläutert wurden, werden im Folgenden einige Beispiele aus der Industrie kurz erläutert, die zum Teil auch in der empirischen Erhebung in Kapitel 5 näher untersucht wurden.

Das erste Auftreten einer Verwertungszelle wurde von Kleinaltenkamp bereits im Jahre 1985 erwähnt, wobei hier eben nur zwei Unternehmen im konsumnahen Bereich involviert waren.[570] Als eines der Vorreiter von Verwertungsnetzen und mittlerweile eines der meist zitiertesten Beispiele wird die Industriesymbiose Kalundborg[571] auf der dänischen Insel Seeland genannt, die sechs Netzwerkunternehmen und zahlreiche landwirtschaftliche Betriebe als Abnehmer von Rückständen aufweisen kann. Dieses Netzwerk ist seit 1972 langsam und eigenständig entstanden, wobei einerseits ökologische Knappheiten bei der Entsorgung, andererseits aber vor allem ökonomische Anreize stark im Vordergrund standen.[572] Die Grundidee war eine gegenseitige Verflechtung mit dem Ziel der Minimierung des Aufwandes für Umweltschutzmaßnahmen und eine Reduzierung der Umweltbelastungen insgesamt. Bestimmend für den Erfolg waren dabei, dass die vertraglichen Beziehungen auf freiwilliger Basis entstanden und die Vertreter der beteiligten Unternehmen auf zwischenmenschlicher Ebene gut kommunizieren konnten. Dies wurde durch die geringe Anzahl an Netzwerkunternehmen sowie die räumliche Nähe der Netzwerkunternehmen unterstützt.[573]

Als ein weiteres bekanntes Beispiel kann das Verwertungsnetz Steiermark angeführt werden, das formal der Industriesymbiose Kalundborg ähnelt (siehe Abbildung 20).[574] Jedoch

---

569 Probleme im zwischenmenschlichen Bereich können am ehesten zum Scheitern von Kooperationen in Verwertungsnetzen führen, da sie egoistisches, nicht-kooperatives Verhalten fördern sowie zusätzlich die mangelnde Bereitschaft zur Weitergabe von Informationen, nicht eingehaltene Absprachen und einseitige Aufgabenverteilungen hervorbringen können (vgl. Kreikebaum 1998, S. 72). Zabel weist erschwerend für den Aufbau von Verwertungsnetzen und Netzwerken darauf hin, dass es eigentlich ökonomisch fokussierte Verhaltensweisen bedingen, dass Akteure in Netzwerken Opportunismus, Lobbyismus, Verteilungsasymmetrien und ähnliche Verhaltensweisen zeigen. Dadurch wird allerdings das Vertrauen in die Institution Netzwerk zerstört und dessen Vorteilhaftigkeit in Frage gestellt. Somit bedarf es also einem altruistischen, auf das Ganze ausgerichtete Verhalten der Netzwerkakteure, unabhängig von ökonomischen Anreizen (vgl. Zabel 1998, S. 149ff).

570 Vgl. Kleinaltenkamp 1985, S. 158

571 Der Name Industriesymbiose entstand durch die Analogie zu der aus der Biologie bekannten Symbiose zwischen Organismen.

572 Vgl. Christensen 1998, S. 69; Strebel 1995a, S. 119; Entdeckt wurden auf wissenschaftlicher Ebene die Zusammenhänge der einzelnen Unternehmen in einem Netzwerk aber erst sehr viel später im Jahre 1989 von einer Studentengruppe (vgl. Schwarz, Steininger 1997, S. 49).

573 Vgl. Kreikebaum 1998, S. 71

574 Vgl. Strebel 1995b, S. 51

ist die Zahl der Netzwerkpartner mit mehr als 20 teilnehmenden Unternehmen größer als bei der Industriesymbiose Kalundborg und dadurch unterscheiden sich wesentliche Rahmenfaktoren. Vor allem hinsichtlich Kommunikation, Kenntnisse der Netzwerkpartner und informeller Faktoren zwischen den teilnehmenden Unternehmen können hier bereits Defizite im Vergleich zu dem relativ kleinen Netzwerk in Kalundborg erkannt werden,[575] das Potenzial gerade für überbetriebliche Umweltinformationssysteme hingegen kann im Verwertungsnetz Steiermark stärker identifiziert werden. Ferner steigt durch die Größe des Netzwerkes aber auch das Verwertungspotential.[576]

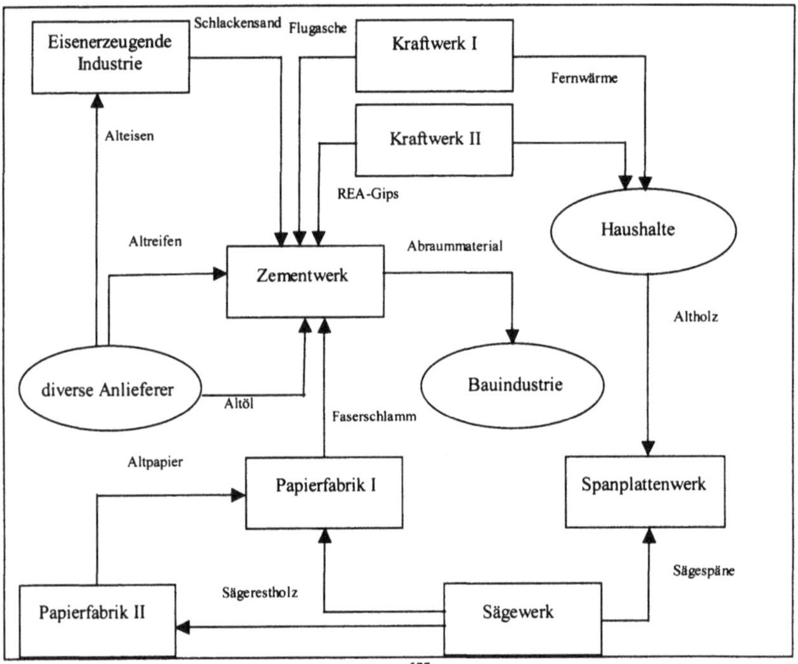

Abbildung 20: Teil des Verwertungsnetzes Steiermark[577]

Ähnliche Verwertungsnetze können auch in Deutschland identifiziert werden. Als Beispiel werden hier das Verwertungsnetz im Oldenburger Münsterland[578] und das Verwertungsnetz im Heidelberger Industriegebiet Pfaffengrund[579] angeführt. Das Verwertungsnetz im Oldenburger Münsterland, das ungefähr 20 Netzwerkpartner umfasst, ist ähnlich wie die

575 Vgl. Strebel 1995b; Kreikebaum 1998, S. 71;
576 Vgl. Schwarz, Steininger 1997; Posch et al. 1998;
577 Quelle: in Anlehnung an Posch et al. 1998, S. 220f
578 Vgl. Hasler, Hildebrandt, Nüske 1998
579 Vgl. Sterr 1998

beiden bereits erwähnten Netzwerke stark regional verankert mit einer geringen räumlichen Distanz zwischen den Netzwerkunternehmen. Darüber hinaus herrscht eine große Vertrauensbasis zwischen den einzelnen Netzwerkpartnern.[580] Beim Verwertungsnetz im Heidelberger Industriegebiet Pfaffengrund unterschied sich bereits die Ausgangssituation wesentlich von den anderen Verwertungsnetzen, da hier definitiv noch keine Kooperationen und stofflichen Austauschprozesse bestanden, das Verwertungsnetz mit insgesamt 14 Unternehmen im Rahmen eines Projektes gezielt aufgebaut wurde. Auch der persönliche Kontakt zwischen den einzelnen Unternehmen musste im Laufe des Projektes erst aufgebaut werden.[581] Parallelen findet man hier zu den anderen Verwertungsnetzen, da auch in Heidelberg eine klar abgegrenzte Region als Basis für den Aufbau des Verwertungsnetzes herangezogen wurde und große Transportwege somit vermieden werden.

Als weitere Beispiele für den Zusammenschluss von Unternehmen mit dem Ziel der Kooperation zur Ausnutzung von zwischenbetrieblichen Verwertungspotentialen und als derzeitig aktuelle Weiterentwicklungen müssen auch so genannte Ökoparks bzw. Ecoparks angeführt werden. Stark verbreitet ist dieses Konzept der Ecoparks in den USA, wo die ersten eco industrial parks bereits im Jahre 1990 entstanden sind und derzeit ungefähr 60 Ecoparks in Kanada und den vereinigten Staaten existieren.[582] Die erste Definition von Ecoparks geht dabei auf das US President´s Council on Sustainable Development Mitte der 90er Jahre des vergangenen Jahrhunderts zurück und bezeichnet die Ecoparks als „... a community of business that cooperate with each other and with the local community to efficiently share resources (information, materials, energy, infrastructure and natural habitat), leading to economic gains, improvements in environmental quality and equitable enhancement of human resources for businesses and the local community".[583] Somit sind Ecoparks vom Konzept her ähnlich den Verwertungsnetzen, gehen aber über reine Verwertungsmaßnahmen hinaus, da hier zwar Kooperation im Bereich Ressourcenmanagement im Vordergrund stehen, aber auch gemeinsame Marketing- und Logistikaktivitäten miteinbezogen werden.[584] Ferner existieren auch in Europa, bspw. in den Niederlanden, zahlreiche Ecoparks, deren Bildung und Fortbestand auch vom Staat gefördert wird.[585] In Österreich wurden Ökoparks anhand von Beispielen aus geografisch eng abgegrenzten Regionen in der Oststeiermark bereits 1998 erwähnt.[586]

---

580 Vgl. Hasler, Hildebrandt, Nüske 1998, S. 313

581 Vgl. Sterr 1998, S. 11

582 Vgl. Posch 2004, S. 116; Peck 2002, S. 3; Heeres, Vermeulen, Walle 2004

583 Vgl. Peck 2002, S. 3; Zu weiteren Ausführungen zu Ecoparks vgl. auch Lowe 1997; Lowe 1998.

584 Hier fehlt jedoch eine eindeutige Begriffsbestimmung über das Ziel von Ecoparks, was zur Folge hat, dass das Konzept der Ecoparks in den USA vorwiegend aus Imagegründen bereits inflationär verwendet wird. Somit wäre für die Unternehmen ein einheitlicher Standard nötig, um mit dem Label der Ecoparks noch Wettbewerbsvorteile erzielen zu können (vgl. Peck 2002).

585 Vgl. Eilering, Vermeulen 2004, S. 254ff; Heeres, Vermeulen, Walle 2004

586 Vgl. Wallner 1998, S. 107ff; Als Beispiel wird der Ökopark Hartberg angeführt.

4.4.4 Informationen in Verwertungsnetzen

Wie bereits in den vorangegangenen Kapiteln erwähnt, spielt die Information und Kommunikation für den langfristigen Erfolg von Verwertungsnetzen eine entscheidende Rolle. Neben informellen Faktoren wie Vertrauen, gegenseitiges Kennen der Projektpartner und weitere zwischenmenschliche Faktoren ist eine institutionalisierte Kommunikation und Information von großer Bedeutung, denn ohne Information ist die Planung und Kontrolle von Stoffströmen innerhalb eines Verwertungsnetzes nicht durchführbar. Betrachtet man die Rahmenfaktoren für erfolgreiche Verwertungsnetze wird dies umso deutlicher. Je umfangreicher die Kenntnisse sowohl über die Netzwerkpartner als auch über die Stoff- und Rückstandsströme sind, desto effizienter und ökologisch wirkungsvoller kann das Verwertungsnetz wirken.

In Verwertungsnetzen muss man grundsätzlich zwischen drei Arten des Informationsaustausches unterscheiden.[587] Einerseits findet ein Informationsaustausch zwischen Unternehmen statt, die direkt miteinander in Beziehung stehen und Stoffe und Rückstände untereinander austauschen. Dabei geht es um Informationen wie Menge, Qualität, Zeit und Ort der Auslieferung sowie diverse Umweltinformationen über die Gefährlichkeit der Stoffe, Zusammensetzung etc. Diese Daten und Informationen können grundsätzlich aus Datenbasen der Produktionsplanung, aus ERP Systemen, aber auch aus den spezifischen betrieblichen und überbetrieblichen Umweltinformationssystemen generiert werden. Der Austausch erfolgt in der Regel in Papierform, teilweise existieren aber auch Ansätze der elektronischen Weitergabe mittels bspw. EDI.

Schwieriger wird es, wenn man zweitens den Austausch von Informationen innerhalb des gesamten Netzwerkes betrachtet, da dieser wie eingangs erwähnt notwendig für ein effizientes Funktionieren von Verwertungsnetzen ist. Bestehen im Netzwerk fokale Unternehmen[588] bzw. übergeordnete Koordinationsstellen[589], versorgen diese die Unternehmen mit konkreten Informationen und übernehmen die Koordination der Informations- und Kommunikationseinrichtungen.[590] Wichtig ist es in diesem Zusammenhang, eine Kommunikationsplattform, ev. in Form eines spezifischen Umweltinformationssystems, zu bilden, in der die Umweltinformationen für die Netzwerkunternehmen bereitgestellt, aber auch entsprechend aufbereitet werden. Diese organisatorische Vernetzung muss jedenfalls effizient gestaltet werden, was einen elektronischen Austausch der Informationen impliziert. Die

587 Vgl. dazu Kaluza, Blecker 1996, S. 401

588 Dies entspricht den so genannten Hub firms.

589 In Österreich existieren solche übergeordneten Koordinationseinrichtungen bspw. in Form von Recycling- und Abfallbörsen oder regionalen Verwertungsagenturen (vgl Schwarz 1994a, S. 167; Kaluza, Blecker 1996, S. 403).

590 Die Aufgabenstellung von übergeordneten Koordinationsstellen soll aber über die bloße Bereitstellung von Informationen hinausgehen und beratende Funktionen ebenso inkludieren (vgl Schwarz 1994a, S. 167; Strebel, Schwarz, Schwarz 1996, S. 132ff). Vgl. dazu auch Lowe 1997, S. 60

Kommunikation wird deshalb in solchen Netzwerken vielfach durch eine Client-Server-Struktur des Netzwerkes geprägt. Neben zeitlichen Vorteilen und einer Flexibilitätserhöhung soll somit die Basis für eine netzwerkweite Sammlung und Verteilung der benötigten Informationen erreicht werden.[591] Voraussetzung für den elektronischen Austausch von Informationen ist aber wieder die Existenz gewisser Standards bezogen auf Hardware und Softwarekomponenten.[592] Somit ist der Aufbau von überbetrieblichen, elektronischen Informationssystemen zu begrüßen, aufgrund mangelnder softwaretechnischer Unterstützung wird dies aber nur in Ansätzen verwirklicht. Jedenfalls würde auch hier die Möglichkeit bestehen, überbetriebliche Schnittstellen mit bestehenden ERP-Systeme der einzelnen Unternehmen einzurichten. Besteht im Verwertungsnetz keine überbetriebliche Koordinationsstelle, gestaltet sich die Vernetzung der einzelnen Netzwerkunternehmen umso schwieriger.[593]

Drittens muss auch die Information zwischen dem Netzwerk und seiner Umgebung berücksichtigt werden. Hiermit ist sowohl die Kommunikation mit Behörden als auch mit sogenannten Stakeholdern des Netzwerkes angesprochen, letzteres vor allem mit Gemeinden, der ansässigen Bevölkerung und Umweltschutzgruppierungen. Aber auch Imagevorteile, die durch die Teilnahme an einem Verwertungsnetz generiert werden, müssen entsprechend kommuniziert werden. Existiert ein fokales Unternehmen oder eine zentrale Verwertungsagentur, wird die Funktion von dieser erfüllt.[594] Andernfalls muss jedes Netzwerkunternehmen selbst für die entsprechende Kommunikation des positiven Images des Netzwerkes nach außen sorgen.

4.4.5 Grenzen von Verwertungsnetzen

Bisher wurde hauptsächlich auf das Potential und die Möglichkeiten des Aufbaus von zwischenbetrieblichen Verwertungsnetzen eingegangen. Nicht unerwähnt darf aber bleiben, dass die Möglichkeit der Verwertung und des Recyclings von Stoffen und Rückständen in Verwertungsnetzen auch auf ihre Grenzen stößt.

Ökonomisch sinnvoll kann ein Verwertungsnetz nur gestaltet werden, wenn Stoffströme in hinreichend großer Menge und Qualität vorhanden sind, nur dann kann eine

---

591 Vgl. Wildemann 1996, S. 33f

592 Siehe dazu auch Kapitel 4.2.3

593 Andererseits muss bedacht werden, dass der Aufbau von zentralen Informations- und Kommunikationseinrichtungen mit Kosten verbunden ist, die meist von den einzelnen Netzwerkunternehmen zumindest zum Teil mitgetragen werden müssen. Dem gegenüber stehen wiederum Opportunitätskosten, die entstehen, wenn Mitarbeiter der Netzwerkunternehmen die Koordination einzelner Verwertungsmöglichkeiten übernehmen müssen, die in der Regel mit dem Fachbereich weit weniger vertraut sind und über weniger Übersicht verfügen als eine zentrale Koordinationsstelle (vgl. Schwarz 1994a, S. 167ff; Schwarz 1998, S. 22).

594 Unter fokalem Unternehmen werden dabei Unternehmen im Netzwerk verstanden, die aufgrund ihrer Größe, Machtstrukturen, Stellung zum Kunden und ähnlichem einen besonderen Stellenwert im Netzwerk einnehmen. Zentrale Institution sind hingegen Organe, die das Netzwerk koordinieren und managen.

Rückstandsverwertung ökonomisch interessant gestaltet werden.[595] Ferner ist natürlich auch die Art des Rückstandes für eine Verwertung in einem Netzwerk maßgeblich, wobei hier Grenzen der Verwertung berücksichtigt werden müssen.[596] Bspw. kann das Recycling von Rückständen letztendlich für die Unternehmen kostspieliger als der Einsatz von Primärrohstoffen sein und die Verwertung somit ökonomisch ineffizient.[597]

An Grenzen stößt ein Verwertungsnetz auch, betrachtet man die Möglichkeiten des Transports vor allem über größere Distanzen hinweg, die eine Verwertung von Rückständen meist unrentabel machen. Darum können Verwertungsnetze meist nur auf kleinere Regionen eingeschränkt werden. Eng verbunden mit der räumlichen Entfernung, aber auch mit der Größe des Netzwerkes bezogen auf die Anzahl der Netzwerkunternehmen, ist die Komplexität des Verwertungsnetzes. Je größer das Netzwerk gestaltet ist, desto größer sind die zwischenbetrieblichen Verwertungspotentiale. Aufgrund stark ansteigender Informations- und Koordinationskosten ist vor einem zu großen Netzwerk allerdings abzuraten, vor allem auch, betrachtet man den für ein Verwertungsnetz ebenso wichtigen Aufbau von informellen Beziehungen zwischen den Netzwerkpartnern.

Darüber hinaus muss beachtet werden, dass beim Aufbau von Verwertungsnetzen auch innerbetriebliche Barrieren überwunden werden müssen, wobei hier oft persönliche Faktoren den Erfolg eines Verwertungsnetzes maßgeblich beeinflussen können.[598] Auch die Entscheidung über eine Teilnahme an Verwertungsnetzen ist sehr oft persönlich geprägt und hängt von den Kenntnissen, Präferenzen und dem Vorwissen der entscheidenden Person ab.[599] Umso bedeutender ist in diesem Zusammenhang der Aufbau von informellen Beziehungen und Vertrauen zwischen den einzelnen Unternehmen im Verwertungsnetz. Letztendlich ist ausschlaggebend, ob die Teilnahme an einem Verwertungsnetz den Bedürfnissen des Unternehmens entspricht und die Unternehmen den Sinn der Teilnahme an einem Verwertungsnetz erkennen.

Innerbetriebliche Barrieren werden häufig auch deshalb aufgebaut, da der Austausch von Stoffen in Verwertungsnetzen für die Unternehmen natürlich auch mit Risiken verbunden sein kann. Einerseits besteht für Unternehmen die Gefahr, dass der Lieferant von Sekundärrohstoffen nicht mehr liefern kann. Hier kann man aber mit dem in Lieferanten-Abnehmerbeziehungen üblichen Methoden und geeigneter Vertragsgestaltung

---

595 Vgl. Fichtner, Tietze-Stöckinger, Rentz 2004, S. 140; Strebel, Schwarz, Ortner 1994, S. 330; Strebel 1995, S. 124

596 Vgl. Strebel 1994, S. 829; Strebel 1993; Strebel spricht in diesem Zusammenhang vom Recyclingpotential eines Stoffes.

597 Vgl. Strebel 1995, S. 124; Allerdings kann hier, sollten rein ökonomische Gründe gegen eine Verwertung von Stoffen sprechen, das Postulat entgegengehalten werden, dass sich bei ausreichend langer zeitlicher Frist umweltrelevante Aktivitäten eines Unternehmens bezahlt machen und deshalb Verwertungsnetze, die in der Regel langfristig und dauerhaft ausgerichtet sind, geeignet erscheinen.

598 Vgl. Fichtner, Tietze-Stöckinger, Rentz 2004, S. 140

599 Vgl. Posch 2004, S. 121

entgegenwirken. Probleme können ebenso auftreten, wenn die Qualität des Sekundärrohstoffes schwankt. Ähnliches kann eintreten, wenn Sekundärrohstoffe mit toxischen Materialen belastet sind, die dann natürlich auch in der Produktion des Abnehmers auftreten. Hier ist vor allem eine ausreichende Kommunikation der Daten und Informationen über Inhaltsstoffe, Toxizität etc. wesentlich. Wobei wiederum für Unternehmen die Gefahr allzu großer Transparenz entstehen kann, wenn sie die Input- und Outputstoffe deklarieren müssen und dies zu internen Widerständen führen kann.[600]

[600] Vgl. Lowe 1997, S. 61

5 Empirische Untersuchungen zu betrieblichen und überbetrieblichen Umweltinformationssystemen

Um für die Entwicklung von Implementierungskonzepten für Umweltinformationssysteme auf betrieblicher und überbetrieblicher Ebene auf bestehende Strukturen in den Unternehmen und der Industrie entsprechend Rücksicht zu nehmen, wurde im Rahmen der vorliegenden Arbeit Augenmerk auf eine empirische Erhebung zu Möglichkeiten der Verarbeitung von Umweltinformationen in Unternehmen gelegt. Darüber hinaus war es unter anderem Ziel der Arbeit, den Stand der Wissenschaft bezogen auf Forschungsprojekte in diesem Tätigkeitsfeld zu erheben, da aus den zahlreich durchgeführten Forschungsprojekten regelmäßig wichtige Impulse für Weiterentwicklungen in den Unternehmen kommen. Die Seite der Anbieter von Konzepten und Lösungen für die Verarbeitung von Umweltinformationen wird durch eine Analyse von Softwareanbietern komplettiert.

Besonderheiten, Möglichkeiten, Rahmenbedingungen, aber auch Hindernisse und Barrieren in den Unternehmen im Hinblick auf eine Implementierung von Lösungskonzepten für die Verarbeitung von Umweltinformationen wurden im Rahmen der empirischen Arbeit mittels einer umfassenden Erhebung in der österreichischen Industrie berücksichtigt. Ferner wurden für eine weitere Entwicklung von Lösungskonzepten auf überbetrieblicher Ebene einzelne Verwertungsnetze und Wertschöpfungsnetzwerke untersucht. Einen Überblick über die einzelnen Teile der Empirie gibt Abbildung 21.

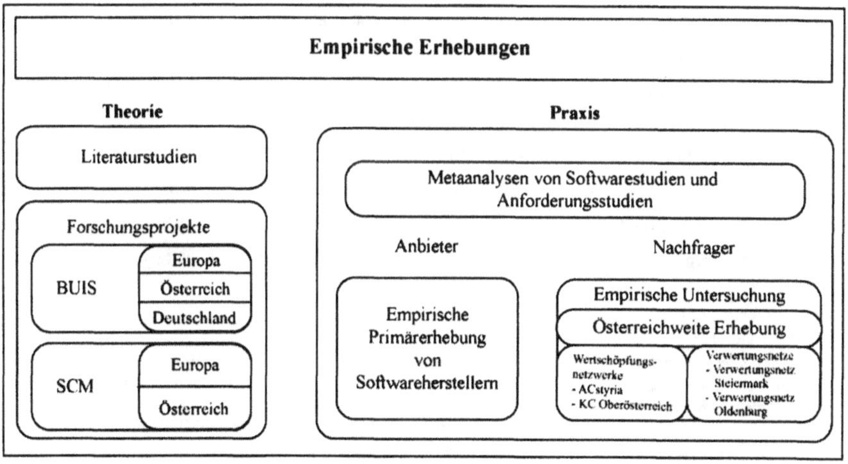

Abbildung 21: Struktur und Überblick über die empirischen Untersuchungen zu Umweltinformationssystemen

Zu den angegebenen empirischen Arbeiten wurde jeweils auch versucht, auf bestehende Studien zurückzugreifen und Sekundäranalysen durchzuführen. In jenen Bereichen, in denen dies nicht oder nur unzureichend möglich war, wurden eigene Erhebungen durchgeführt. Ziel war es somit, die der vorliegenden Arbeit zurgrunde liegenden, in Kapitel 1 erläuterten Forschungsfragen zu untersuchen.[601]

5.1 Status quo von Umweltinformationssystemen in Forschungsprojekten

Der Stand der Entwicklung von betrieblichen Umweltinformationssystemen und Informationssystemen in Wertschöpfungsnetzwerken auf wissenschaftlicher Ebene kann von verschiedenen Perspektiven betrachtet werden, wobei vor allem Literatur und Publikationen zu diesem Thema, die von Universitäten, universitären Forschungseinrichtungen und Instituten veröffentlicht werden, dominieren. Dieser Status quo an Publikationen wurde bereits in den vorangegangenen Kapiteln erläutert.[602] Im Folgenden wird deshalb der Stand der Entwicklung von Umweltinformationssystemen in Forschungsprojekten beleuchtet.

5.1.1 Aufbau und Methodik der empirischen Untersuchung der Forschungsprojekte

Bei der Betrachtung der theoretischen Ebene für die vorliegenden Bereiche der betrieblichen Umweltinformationssysteme und Informationssysteme entlang der Wertschöpfungskette darf nicht auf zahlreiche geförderte Forschungs- und Auftragsprojekte, sowohl auf nationaler als auch auf internationaler Ebene,[603] vergessen werden. Darunter werden im Rahmen dieser Arbeit Projekte verstanden, die von der EU bzw. anderen europäischen Staaten in Kooperation sowie bei den nationalen Projekten von nationalen Auftraggebern gefördert werden.[604] Aufgrund dieses Hintergrundes ist nicht immer eine wissenschaftliche Publikation das Resultat dieser Auftragsprojekte. Dies macht sowohl die Verbreitung von Ergebnissen aus diesen Projekten seitens der Projektauftragnehmer schwierig und teilweise unübersichtlich als auch eine Recherche nach Resultaten im Bereich der betrieblichen Umweltinformationssysteme komplex. Ferner wird den Forschungsprojekten im Rahmen dieser Arbeit vermehrte Aufmerksamkeit geschenkt, da solche Projekte in vielen Fällen aufgrund der Zusammenstellung der Projektpartner meist den Charakter einer verstärkten Anwendungs-

601 Vgl. Kapitel 1

602 Insbesondere wird für den Bereich betriebliche Umweltinformationssysteme auf die Literaturrecherche und den Überblick zu BUIS von Arndt, Günther 1996; Hilty, Rautenstrauch 1997 sowie von Rautenstrauch 2000 verwiesen.

603 Unter internationalen Projekten werden hier all jene Projekte verstanden, die von der EU finanziert wurden, das heißt Projekte, die zwar von Partnern mehrerer Länder durchgeführt, aber national gefördert werden, werden hier nicht explizit hereingenommen.

604 Bei von der EU geförderten Projekten muss beachtet werden, dass hierbei auch Länder in Projekten involviert sein können, die zum damaligen Zeitpunkt noch nicht Mitglied in der Europäischen Union waren bzw. auch nach der EU Erweiterung nicht zur EU gehören, bspw. Norwegen, die Schweiz und die Türkei.

orientierung aufweisen[605] und deshalb aus diesen Projekten wichtige Impulse für eine Weiterentwicklung in den Unternehmen abgeleitet werden können. Darüber hinaus können wichtige Impulse für eine gesteigerte Akzeptanz von Umweltinformationssystemen und allgemeinen Informationssystemen in den Unternehmen ausgehen und deshalb werden Forschungsprojekte im Rahmen dieser Arbeit entsprechend berücksichtigt.

5.1.1.1 Forschungsfragen

Ziel der empirischen Erhebung über Forschungsprojekte ist die Überprüfung der in Kapitel 1 aufgeworfenen Forschungsfrage, ob bestehende theoretische Konzepte und Software die an sie gestellten Anforderungen abdecken. Einschränkend muss angemerkt werden, dass sich die Analyse von Forschungsprojekten auf betriebliche Umweltinformationssysteme und umweltorientierte Wertschöpfungsnetzwerke und Supply Chains konzentrierte. Studien zu Verwertungsnetzen wurde nicht explizit untersucht, da auf diesem Gebiet insbesondere vom Institut für Innovations- und Umweltmanagement der Karl Franzens Universität Vorarbeiten geleistet wurden und deshalb auf die Arbeiten von Strebel, Schwarz, Posch u.a. verwiesen werden soll.[606]

Um diese Forschungsfrage zu operationalisieren und durch die empirischen Erhebungen analysieren zu können, wurden entsprechende Hypothesen aufgestellt. Diese Hypothesen wurden aus der in den Kapiteln 3 und 4 angeführten Theorien über die betriebliche und überbetriebliche Kommunikation von Umweltinformationen abgeleitet.

HFP-1. Forschungsprojekte auf dem Gebiet BUIS/umweltorientiertes SCM sind in großer Zahl vorhanden.[607]

Die Überprüfung dieser Hypothese soll insbesondere darüber Aufschluss geben, wie der Stand der Wissenschaft, ausgedrückt durch geförderte Forschungsprojekte, auf dem Gebiet der BUIS bzw. SCM derzeit aussieht und ob die Anzahl der Forschungsprojekte ausreichend ist, um wichtige Impulse für die weitere Entwicklung von softwaregestützten Systemen und letztendlich für die Implementierung in Unternehmen zu setzen.

HFP-2. Die Ergebnisse der Forschungsprojekte haben hauptsächlich Relevanz für große Unternehmen.

HFP-3. Die Ergebnisse der Forschungsprojekte sind auf andere Unternehmensgrößen übertragbar.

HFP-4. Die Ergebnisse der Forschungsprojekte sind nicht auf Branchen eingegrenzt. Wenn sie sich auf Branchen spezialisieren, können die

---

605 Siehe bspw. das Projekt MEDITEX auf S. 147.

606 Vgl. dazu Strebel 1995a; Strebel 1995b; Strebel, Schwarz 1998; Strebel, Schwarz, Schwarz 1996; Schwarz 1994; Schwarz 1996; Schwarz, Steininger 1997; Posch et al. 1998; Posch 2004; Auf internationaler Ebene sind hierbei auch die Arbeiten zur Industriesymbiose Kalundborg zu erwähnen, auf die im Kapitel 4.4 bereits eingegangen wurde. Vgl. dazu Christensen 1998; Schwarz 1994

607 HFP bezieht sich auf Hypothesen für Forschungsprojekte.

Ergebnisse dennoch auf andere Branchen und Zielgruppen übertragen werden.

Diese Hypothesen wurden aus der Theorie über die Implementierung von BUIS abgeleitet und sollen für eine Weiterentwicklung von Implementierungskonzepten Hinweise bringen, inwiefern die Unternehmensgröße sowie die Branche einen entscheidenden Einfluss auf den Erfolg bei der Umsetzung von Konzepten für BUIS bzw. SCM in den Unternehmen haben.

HFP-5. Die Forschungsprojekte zielen hauptsächlich auf den betrieblichen Bereich ab und beachten überbetriebliche Aspekte, wenn überhaupt, nur am Rande.

In Kapitel 3 bzw. 4 wurden bereits die Lücken in der Gestaltung des überbetrieblichen Informationsaustausches, sowohl bezogen auf den Austausch von Umweltinformationen als auch auf Informationen in Wertschöpfungsketten hingewiesen. Hypothese 5 soll über diese wissenschaftlichen Erkenntnisse Aufschluss geben und in Hinblick auf Forschungsprojekte überprüfen.

HFP-6. Forschungsprojekte sind primär anwendungsorientiert, das heißt die Entwicklung von Implementierungskonzepten und/oder die Entwicklung eines Softwaresystems ist Ergebnis des Forschungsprojektes. Darüber hinaus wird eng mit Unternehmen zusammengearbeitet und diese werden in die Projekte integriert.

Trifft diese Hypothese zu, können daraus wertvolle Erkenntnisse für die Gestaltung der Implementierung von BUIS und SCM in Unternehmen abgeleitet werden. Aus den Ergebnissen der einzelnen Projekte können ferner wertvolle Hinweise über Hindernisse und Barrieren bei der Einführung von Systemen für den betrieblichen und überbetrieblichen Austausch von Informationen gewonnen werden.

HFP-7. Die entwickelten Softwareprogramme werden in den Unternehmen auch eingesetzt.

HFP-8. Die Ergebnisse der Forschungsprojekte können als nachhaltig bezeichnet werden, das heißt sie können entsprechend allgemein zugänglich weiterentwickelt werden und die Ergebnisse der Forschungsprojekte werden von den Unternehmen übernommen.

Diese Hypothesen werden als zusätzliche Bestätigung herangezogen, dass auf der Angebotsseite von BUIS und SCM ausreichende Ergebnisse vorhanden sind.

5.1.1.2 Recherchedesign

Für eine Erhebung der Forschungsprojekte musste zu Beginn der Recherche festgelegt werden, wie und vor allem wo die Suche nach Forschungsprojekten durchgeführt werden sollte. Einerseits existieren Datenbanken, vor allem bei international geförderten Projekten, andererseits mussten namhafte Forschungsinstitutionen kontaktiert werden.

5.1.1.2.1 Internationale Projekte

Eine Untersuchung ausgehend von Forschungsinstituten in Europa erschien zu aufwändig, komplex und nicht durchführbar.[608] Aus diesem Grund wurde die EU als Auftraggeber der Forschungsprojekte – in diesem Fall die jeweiligen Datenbanken der EU – für die Recherche herangezogen. Ausgangspunkt dazu war die offizielle Homepage der EU, das CORDIS – Community research and development information service.[609] Neben den Förderprogrammen der EU werden dort auch die genehmigten Forschungsprojekte dargestellt. Weiters wurde auf dieser Homepage auf andere Datenbanken, die teilweise den jeweiligen Programmen zugeordnet sind, verwiesen.[610] Für Projekte über betriebliche Umweltinformationssysteme und umweltorientierte Wertschöpfungsnetzwerke kamen hauptsächlich Förderprogramme des 4. und 5. Rahmenprogramms der EU mit den jeweiligen Themengebieten in Frage:[611]

Übergeordnete Datenbanken:
- CORDIS
- ERGO (European research gateway on-line):

Datenbanken der einzelnen Subprogramme

FP 4: 4. FTE Rahmenprogramm (1994-1998)[612]
- Informations- und Kommunikationstechnologien[613]
- Fortgeschrittene Kommunikationstechnologien und -dienste (ACTS)
- Informationstechnologien (ESPRIT)
- Telematikanwendungen
- Umwelt
- Umwelt und Klima
- Logistik in virtuellen Unternehmen
- BRITE/EURAM 3

FP 5: 5. FTE Rahmenprogramm (1998-2002)[614]
- Quality of Life and management of living resources (Quality of Life)
- User-friendly information society (IST)
- Competitive and sustainable growth (GROWTH)

608 Allein in Österreich existieren 14 Universitäten (ausgenommen die medizinischen, veterinärmedizinischen und theologischen Universitäten und die Universitäten für Musik und darstellende Kunst in Wien und Graz) die sich mit diesem Thema theoretisch beschäftigen könnten (vgl. http://www.univie.ac.at/links/uni_uniinoe.html), wobei hier noch an den Universitäten gezielt an den einzelnen Instituten nachgeforscht werden müsste.

609 Siehe dazu http://www.cordis.lu/de/home.html

610 Die übergeordneten Datenbanken, bzw. die ERGO Datenbank, die auch Daten und Informationen der CORDIS-Datenbank enthalten. Aber auch hier gab es keine vollständige Kongruenz der Anzahl der Datensätze und auch den Inhalt betreffend. Aus diesem Grund war es unvermeidlich, die Datenbanken einzeln nach Datensätzen zu betrieblichen Umweltinformationssystemen und Wertschöpfungsnetzwerken zu durchsuchen.

611 Das sechste Rahmenprogramm der EU startete zum Zeitpunkt der Erhebung gerade und es gab aus diesem Grund noch keine zu untersuchenden Projekte.

612 Das in diesem Zeitraum parallel laufende Forschungsprogramm EURATOM wurde für die Erhebung im Rahmen dieser Arbeit nicht näher in Erwägung gezogen.

613 Wie sich später herausstellte, bot vor allem das Subprogramm ESPRIT eine breite Basis für die gesuchten Projekte.

614 Auch hier wurde wiederum das parallel laufende EURATOM-Förderprogramm nicht weiter in die Recherche miteinbezogen.

Energy, environment and sustainable development (EESD) Promotion of innovation and encouragement of SME participation (Innovation/SMEs) Sonstige Datenbanken: INCO (international cooperation) EUREKA[615] FORIS (Forschungsinformationssystem Sozialwissenschaften) ERA (european research area) BIT (Büro für internationale Forschung und Technologiekooperation

Abbildung 22: Datenbanken der EU über Forschungsprojekte

Diese sehr umfassenden Datenbanken wurden nach Schlagworten im Bereich betriebliche Umweltinformationssysteme, Informationssysteme, industrielle Umweltschutzmaßnahmen, Umweltmanagement usw. untersucht. Für den Bereich der Wertschöpfungsnetzwerke wurde insbesondere nach Schlagwörtern SCM, Logistikmanagement, umweltorientierte Logistik und ähnlichem gesucht.[616]

5.1.1.2.2 Österreichische Projekte

Im Vergleich zu den Recherchen über international geförderte Forschungsprojekte gestaltete sich die Suche nach österreichischen Forschungsprojekten ungleich komplizierter. National existieren nicht bzw. kaum übergeordnete Forschungsprogramme, wie sie bspw. die Rahmenprogramme in der EU darstellen. Hinzu kommt, dass neben den Förderungen vom Bund auch länderspezifisch Förderungen vergeben werden. Aufgrund dieser vielen verschiedenen Förderaktivitäten existieren auch keine übergeordneten Datenbanken.[617]

Aus diesem Grund, aber auch, weil die österreichische Forschungslandschaft überschaubarer ist als die gesamteuropäische, wurde auf zwei verschiedene Arten in der Recherche vorgegangen. Zum einen wurden die für betriebliche Umweltinformationssysteme und Wertschöpfungsnetzwerke in Frage kommenden Fördergeber kontaktiert.[618] Ferner fand eine intensive Recherche auf den einzelnen Homepages der Ministerien, der Fachabteilungen sowie den Förderstellen statt.

---

615 Hierbei handelt es sich um ein paneuropäisches Netzwerk für marktorientierte und industrielle Forschung. Ziel dieses Programms ist es, die Wettbewerbsfähigkeit europäischer Unternehmen durch internationale Zusammenarbeit zu stärken sowie Netzwerke zu schaffen. Im Jahr 2004 waren bereits 33 europäische Staaten Mitglied dieser Vereinigung. Nähere Informationen zu diesem Forschungsförderungsprogramm findet man unter http://www.eureka.be

616 Anzumerken ist hier, dass die Eingabe der Schlagworte und Stichworte sehr bedeutend für den Sucherfolg war, da teilweise eine sehr starke Sensibilität der Suchmaschinen in den Datenbanken herrschte. Aus diesem Grund waren bei der Suche nach Projekten mehrere Durchläufe notwendig, um einen entsprechenden Überblick über Forschungsprojekte zu erhalten.

617 Wie es auf EU-Ebene bspw. die CORDIS-Datenbank darstellt.

618 Bei den Bundesländern wurde hier eine Einschränkung auf die Steiermark gemacht.

Fördergeber:

BMBWK – Bundesministerium für Bildung, Wissenschaft und Kultur, das Zukunftsministerium

BMLFUW – Bundesministerium für Land- und Forstwirtschaft, Umwelt und Wasserwirtschaft, das Lebensministerium

BMVIT – Bundesministerium für Verkehr, Innovation und Technologie, Abteilung für Energie- und Umwelttechnologien

BMVIT – Bundesministerium für Verkehr, Innovation und Technologie, Forschungsrat

BMWA – Bundesministerium für Wirtschaft und Arbeit

FFF – Forschungsförderungsfonds für die gewerbliche Wirtschaft

FWF – Der Wissenschaftsfonds

OENB – Österreichische Nationalbank, Förderung von Wissenschaft und Forschung, Jubiläumsfonds

Steirische Landesregierung, Fachabteilung 19D, Abfall- und Stoffflusswirtschaft

Steirische Landesregierung, Fachabteilung 6A, Wissenschaft und Forschung

Abbildung 23: Datenbanken der Fördergeber Österreichs über Forschungsprojekte[619]

Problematisch hierbei erwies sich, dass nahezu keiner der oben angegebenen Fördergeber umfassende Datenbanken, wie sie bspw. in den Förderprogrammen der EU existieren, aufweisen konnte. Aus diesem Grund wurden ferner auch übergeordnete Forschungs-, Dissertations- und Projektdatenbanken überprüft. Bei der Suche in diesen Datenbanken wurde ähnlich wie bei der Recherche zu den internationalen Forschungsprojekten vorgegangen und gleiche Schlagwörter verwendet.

Datenbanken:

Österreichische Dissertationsdatenbank, Österreichische Umwelttechnikdatenbank (BMWA) AURIS Forschungsdatenbank

Umweltmanagement.at – Österreichische Spitzenleistungen im Umweltmanagement

BIT – Büro für internationale Forschung und Technologiekooperation

Abbildung 24: Österreichische Datenbanken über Forschungsprojekte

Aufgrund der Tatsache, dass sich auch aus dieser Untersuchung heraus keine namhafte Zahl an Forschungsprojekten, vor allem auf dem Gebiet der betrieblichen Umweltinformationssysteme, herausstellte, wurde auch der umgekehrte Weg gewählt und versucht, über Universitäten und Forschungsinstitute Informationen zu national geförderten Forschungsprojekten zu bekommen. Da auch an den einzelnen Universitäten zumeist keine umfassenden und vollständigen Datenbanken der Forschungsprojekte vorhanden waren, wurden Institute und Abteilungen, die sich mit Themen wie Umweltschutz, Informatik, Logistik und mit Betriebswirtschaft allgemein beschäftigen, direkt kontaktiert.

[619] Diese Auflistung erhebt nicht den Anspruch auf Vollständigkeit

Universitäten
Donau Universität Krems, Universitäres Zentrum für postgraduelle Ausbildung
FH Joanneum Kapfenberg
Johannes-Kepler-Universität Linz
Leopold-Franzens-Universität Innsbruck
Montanuniversität Leoben
Paris-Lodron-Universität Salzburg
Technische Universität Wien
TU Graz – Erzherzog-Johann-Universität
Universität für Bodenkultur
Universität Klagenfurt
Universität Wien
Wirtschaftsuniversität Wien

Abbildung 25: Österreichische Universitäten

Schlussendlich wurden neben den Universitäten außeruniversitäre Forschungseinrichtungen kontaktiert bzw. ihre Homepages nach aktuellen und bereits abgeschlossenen Projekten zum Thema betriebliche Umweltinformationssysteme durchsucht. Berücksichtigt wurden dabei auch Beratungsgesellschaften, die auch nachweislich Forschungsprojekte zum Thema Umweltschutz ausführen.

Außeruniversitäre Forschungseinrichtungen
Austrian Research Centers Seibersdorf
Cleaner Production Center Austria CPC
IFZ – Interuniversitäres Forschungszentrum für Technik, Arbeit und Kultur, Graz
IIÖ – Institut für industrielle Ökologie
IÖW – Institut für ökologische Wirtschaftsforschung
JOINTS – Joanneum Research: Institut für Nachhaltige Techniken und Systeme
Know-center Graz – Österreichs Kompetenzzentrum für Wissensmanagement
Stenum – Unternehmensberatung und Forschungsgesellschaft für Umweltfragen mbH
Success Factory
Wallner + Schauer – Beratung und Forschung für nachhaltige Entwicklung GmbH

Abbildung 26: Außeruniversitäre Forschungseinrichtungen

5.1.1.2.3 Deutsche Projekte

Wie bereits oben erläutert, wurden neben der umfangreichen Erhebung der österreichischen Forschungsprojekte auf dem Gebiet der betrieblichen Umweltinformationssysteme auch Projekte aus Deutschland in die Analyse miteinbezogen.[620] Der Grund dafür war, dass vor allem von Deutschland sehr wichtige Impulse für die Forschung im Bereich der betrieblichen

[620] Die Analyse über umweltorientierte Wertschöpfungsketten wurde nicht auf Deutschland ausgedehnt, da auch in weiterer Folge die Analyse der Unternehmen in solchen Wertschöpfungsketten sich auf Österreich beschränkte.

Umweltinformationssysteme ausgehen, sowohl die Konzepte als auch die Umsetzung in Softwarelösungen und die Implementierung in Unternehmen betreffend.

In Deutschland besteht für eine umfassende Recherche die gleiche Problematik wie in Österreich. Zum einen existieren keine umfassenden Datenbanken des Bundes, die sämtliche Forschungsprojekte, die national gefördert werden, zusammenfassen. Und zum anderen bestehen in den einzelnen Ländern unterschiedliche Förderprogramme, die alle zu untersuchen zu weitreichend ausfallen würde. Darüber hinaus ist auch die Anzahl der Forschungsinstitute sehr groß im Vergleich zu Österreich. Eine Recherche bei diesen Instituten wäre demnach zu komplex und umfassend.[621] Aus diesen und den oben bereits genannten Gründen konzentriert sich die Recherche im Rahmen dieser Arbeit auf die wichtigsten Fördergeber des Bundes sowie vereinzelt auf Forschungseinrichtungen.[622]

Datenbanken:
- Datenbank der Deutschen Bundesstiftung Umwelt
- Forschungsdatenbank des Bundes
- Forschungsdatenbank Land Sachsen Anhalt

Abbildung 27: Deutsche Datenbanken über Forschungsprojekte

Bei den untersuchten Forschungseinrichtungen handelt es sich zum Teil um Universitäten, zum Teil um Institute der Fraunhofer Gesellschaft.

Universitäten:
- Humboldt-Universität Berlin
- Otto-von-Guericke-Universität Magdeburg
- Technische Universität München
- Universität Augsburg
- Universität Hamburg
- Universität Hohenheim
- Universität Karlsruhe
- Universität Lüneburg
- Universität Stuttgart

Institute der Fraunhofer Gesellschaft:
- Angewandte Informationstechnik – FIT
- Arbeitswirtschaft und Organisation – IAO
- Fabrikbetrieb und -automatisierung – IFF
- Informations- und Datenverarbeitung – IITB
- Integrierte Publikations- und Informationssysteme – IPSI
- Materialfluss und Logistik – IML
- Software- und Systemtechnik – ISST
- Systeme der Kommunikationstechnik – ESK
- Systemtechnik und Innovationsforschung – ISI
- Umwelt-, Sicherheits- und Energietechnik – UMSICHT

621 In Deutschland existieren mehr als 100 Universitäten und Hochschulen. Hinzu kommen noch rund 100 Fachhochschulen sowie außeruniversitäre Forschungseinrichtungen (siehe dazu auch http://www.ger-netde/kuehn/fk_uni.htm).

622 Auch hier wäre eine umfassende Analyse aller Forschungseinrichtungen, die sich mit dem Thema betriebliche Umweltinformationssysteme beschäftigen bzw. theoretisch beschäftigen könnten, zu umfassend.

Zuverlässigkeit und Mikrointegration – IZM
Weitere Forschungsintitute:
Wuppertal Institut für Klima, Umwelt, Energie GmbH

Abbildung 28: Deutsche Forschungseinrichtungen

5.1.1.3 Evaluierung

Um die in der Recherche gefundenen Forschungsprojekte besser vergleichen und beurteilen zu können, wurde dafür ein Raster zur Beschreibung der Projekte entworfen, der als Basis und Nachschlagwerk für folgende Forschungsprojekte angesehen wird. Dies ergibt sich auch aus der Tatsache, dass bei vielen Projekten, vor allem, wenn eine Software das Endergebnis darstellt, keine Evaluierung im eigentlichen Sinne möglich war. Darüber hinaus wurden von den meisten Forschungsprojekten nur Endberichte weitergeleitet, die in ihrer Aussagefähigkeit eher eingeschränkt sind. Neben einer Auflistung von allgemeinen Daten über das Projekt und die beteiligten Einrichtungen geben die Angabe von Schlagwörtern sowie die Zuteilung zu gewissen Branchen und Unternehmensgrößen eine erste Übersicht über das Projekt. Die Zusammenfassung der Projektergebnisse gibt einen detaillierten Einblick in die Resultate und den methodischen Aufbau des Projektes.

Projektbeschreibung

Allgemeine Beschreibung:

1. Acronym
2. Titel
3. Förderungsprogramm
4. Projektbeginn
5. Projektende
6. Projektdauer
7. Antragsteller
8. Projektpartner
9. Schlagwörter
10. Zielgruppen
11. Überblick
12. Zielsetzung

Ergebnisse:

13. Zugänglichkeit zu den Ergebnissen
14. Transferierbarkeit der Konzepte in andere Regionen/auf andere Zielgruppen
15. Erstellung eines Software-Produktes als Ergebnis

15.1 Entwicklungsstadium des Softwareprodukts
15.2 Anzahl Referenzanwendungen

16. Nachhaltigkeit der Ergebnisse/Bedeutung für die Zielgruppen

Abbildung 29: Beschreibung der Forschungsprojekte

Neben dieser Beschreibung der Forschungsprojekte bildet auch die Evaluierung der Ergebnisse einen wesentlichen Teil der Auswertung. Aus diesem Grund wurde bei der Zusammenfassung und Beschreibung der Projekte auch eine Beurteilung der Projekte integriert. Diese Beschreibung und die Evaluierung dient in weiterer Folge als Basis für die Erhebung der Projekte und zur Beurteilung der Forschungshypothesen. Für die Überprüfung der Hypothesen wurden aus der Beschreibung der Projekte folgende Kriterien identifiziert, nach denen in weiterer Folge die Projekte evaluiert wurden und die für die Beurteilung der Hypothesen maßgebend waren.

1. **Zugänglichkeit:** Dieses Kriterium untersucht, ob über die Beschreibung des Projektes in den Datenbanken hinaus Informationen zugänglich waren. Trifft dies zu, wird das Kriterium positiv beurteilt.
2. **Fokussierung auf große Unternehmen:** Dabei wird beurteilt, ob sich das Projekt explizit an KMUs bzw. an große Unternehmen wendet oder ob hier keine spezielle Einschränkung gemacht wird. Als positiv wird dieses Kriterium bewertet, wenn das Projekt ausschließlich auf große Unternehmen fokussiert ist.
3. **Transferierbarkeit der Unternehmensgröße:** Ist das Projekt auf eine spezielle Unternehmensgröße spezifiziert, soll festgestellt werden, ob die Projektergebnisse auch auf andere Unternehmensgrößen transferierbar sind. Positiv wird dieses Kriterium beurteilt, wenn die Ergebnisse zwar auf eine bestimmte Zielgruppe zugeschnitten sind, von ihrer Aussagekraft aber durchaus für andere Unternehmensgrößen Geltung haben können. Sind die Ergebnisse hauptsächlich für die Bedürfnisse von KMUs zugeschnitten, wurde angenommen, dass sie auch für große Unternehmen herangezogen werden können.
4. **Transferierbarkeit Zielgruppen/Branchen:** Sind die Ergebnisse des Projektes spezifisch für eine Branche, wurde durch dieses Kriterium überprüft, ob prinzipiell eine Übertragbarkeit auf andere Branchen und Zielgruppen gegeben ist. Dies ist gewährleistet, wenn die Ergebnisse explizit aus den Projektberichten hervorgehen bzw. wenn sie grundlegende Erkenntnisse hervorbringen, die branchenübergreifend gelten.
5. **Regionale/kommunale Aspekte bzw. überbetriebliche Aspekte:** Hierbei wurde beurteilt, ob das Projekt regionalen und/oder kommunalen Bezug aufweist. Dies war zwar prinzipiell ein Ausschlusskriterium bei der Projektauswahl, nichts desto trotz können aber auch nicht vordergründig auf diesen Themenbereich fokussierte Projekte regionale und kommunale Agenden mitberücksichtigen. Positiv wurde dieses Kriterium beurteilt, wenn in den Projektberichten kommunale und regionale Stellen als Zielgruppen des Projekts hervorgehoben wurden. Bei der Evaluierung von Projekten zum umweltorientierten SCM wurde hier beurteilt, ob die Projekte auch einen überbetrieblichen Fokus aufweisen können. Dies wurde dann positiv beurteilt, wenn überbetriebliche Informationssysteme, der überbetriebliche Datenaustausch oder andere überbetriebliche Verbesserungsmaßnahmen als Ziel des Projektes angegeben waren.
6. **Software:** Hier wurde untersucht, ob ein Softwareprogramm ein Ergebnis des Projektes darstellt.
7. **Stadium der Software:** Bedeutend war weiters, wie das Stadium der Software definiert wird. Hier wird unterschieden in noch in der Konzeptphase befindliche Software, Prototypen und auf dem Markt eingeführte Software.
8. **Anzahl Referenzanwendungen:** Die Anzahl der Referenzanwendungen wurde aus den Projektberichten entnommen.
9. **Anwendungsorientierung:** Hier wurde beurteilt, inwiefern das Projekt einen Praxisbezug aufweisen kann. Positiv wurde beurteilt, wenn Unternehmen in das Projekt als Partner integriert wurden bzw. wenn die Ergebnisse des Projektes bereits in Unternehmen angewendet werden. Zusätzlich wurde als positiv für die Anwendungsorientierung angesehen, wenn spezielle Implementierungskonzepte für Unternehmen entwickelt wurden.
10. **Allgemeine Weiterentwicklungsmöglichkeiten:** Um die Hypothese über die Nachhaltigkeit der Projektergebnisse überprüfen zu können, wird bei den Weiterentwicklungsmöglichkeiten analysiert, inwiefern die Ergebnisse auf theoretischer oder praktischer Ebene übernommen und weiterentwickelt werden. Auf praktischer Ebene wird dabei untersucht, inwieweit die Ergebnisse, Konzepte und Softwareprogramme in den Unternehmen bereits Anwendung finden und zum Einsatz kommen. Auf theoretischer Ebene wird analysiert, inwiefern die Ergebnisse verbreitet

werden und somit der wissenschaftlichen Welt zugänglich sind und ob bereits Folgearbeiten zu den Projekten bestehen.

11. **Nachhaltigkeitsbezug:** Bei Projekten zum SCM wurde explizit beurteilt, ob die Projekte auch Umweltagenden mit einschließen. Dies muss explizit aus den Projektergebnissen hervorgehen.

Abbildung 30: Beurteilungskriterien für Forschungsprojekte

Aufgrund der Tatsache, dass es sich bei der Bewertung der Kriterien um qualitative Urteile der Verfasserin handelt, wird in weiterer Folge auf komplexe statistische Auswertungen verzichtet. Hypothesen werden als belegt angesehen, wenn bei zumindest zwei Drittel der untersuchten Grundgesamtheit das für die Hypothese entsprechende Kriterium als positiv bewertet wurde.[623] Werden mehrere Kriterien für Aussagen über eine Hypothese herangezogen, werden die Kriterien für das jeweilige Untersuchungsobjekt zusammen bewertet. Falsifiziert wird eine Hypothese, wenn zumindest zwei Drittel der untersuchten Grundgesamtheit das entsprechende Kriterium als negativ bewerten bzw. nur ein Drittel positiv bewertet wird. Anders können keine aussagekräftigen Schlüsse für die vorliegenden Hypothesen gezogen werden.[624]

5.1.2 Ergebnisse der empirischen Erhebung über Forschungsprojekte zu betrieblichen Umweltinformationssystemen

Im Folgenden werden Forschungsprojekte zum Thema betriebliche Umweltinformationssysteme beleuchtet. Eine Unterteilung erfolgt dabei in Projekte auf internationaler Ebene, gefördert durch diverse Programme der EU sowie internationalen Kooperationen zur Förderung der europäischen Forschung, und national geförderte Projekte, eingeschränkt auf Österreich und Deutschland. Im Folgenden werden Forschungsprojekte auf internationaler und nationaler Ebene im Bereich betriebliche Umweltinformationssysteme beleuchtet.

5.1.2.1 Stand der international geförderten Forschungsprojekte

Wie bereits in der Einleitung dieses Kapitels erwähnt, müssen, wenn es gilt, den Status quo der europäischen Forschungslandschaft auf einem Gebiet zu beleuchten, auch internationale und nationale Forschungsprojekte als Spiegel der Forschungslandschaft herangezogen werden. Neben dem Stand der Entwicklung der Forschung wird durch die Analyse von Projekten, die national wie auch international gefördert werden, eine Priorisierung von bestimmten Themengebieten durch die Fördergeber selbst, also die EU und die einzelnen Länder, ersichtlich.

[623] Diese Festlegung des Annahmebereichs für die Hypothesen wurde von der Verfasserin getroffen.

[624] Dies trifft insbesondere zu, wenn einzelnen Kriterien nicht bewertet werden können und sich so die Anzahl der Antworten je Kriterium verringert. Eine Beurteilung der Hypothese bezieht sich aber immer auf die Grundgesamtheit der Untersuchungsobjekte.

Betrachtet man nur einzelne Fördermaßnahmen, lassen sich daraus zwar auch eine grobe Einteilung und Favorisierung ableiten,[625] wenn es um konkrete, eingeschränkte Spezialforschungsgebiete geht, können hieraus aber nur Grundrichtungen abgleitet werden. Erstens kann man aus den meist sehr allgemein gehaltenen Fördermaßnahmen nicht auf einzelne Spezialprojekte schließen, und zweitens kann man speziell beim Themengebiet der betrieblichen Umweltinformationssysteme feststellen, dass hier durchaus mehrere Anknüpfungspunkte zu den einzelnen Fördermaßnahmen existieren.[626] [627] Daraus ist ersichtlich, dass das Spezialfach betriebliche Umweltinformationssysteme keinem einzelnen speziellen Programm zugeordnet werden kann, was eine Erhebung der einzelnen Forschungsprojekte komplexer gestaltet.

Nichts desto trotz ist eine umfassende Analyse der Forschungsprojekte sowohl auf europäischer als auch auf nationaler Ebene für eine Erhebung der Entwicklung von betrieblichen Umweltinformationssystemen wesentlich. Der genaue Ablauf dieser Untersuchung sowie deren Ergebnisse werden in den folgenden Abschnitten erläutert.

5.1.2.1.1 Selektion der Forschungsprojekte

Um aus der Fülle an Forschungsprojekten, die sich bei der Suche in den einzelnen Datenbanken herauskristallisiert haben, jene Projekte mit einem Bezug zu betrieblichen Umweltinformationssystemen herauszufiltern, wurden inhaltliche und zeitliche Kriterien sowie so genannte Ausschlusskriterien zu Beginn der Recherche entwickelt.

Die Auswahl der inhaltlichen Kriterien, nach denen die oben beschriebenen Datenbanken durchsucht wurden, ist bewusst sehr breit gewählt, da nach Durchlauf einer ersten Untersuchung der Datenbanken sich eine nur sehr beschränkte Zahl an Forschungsprojekten der EU ergab. Aus diesem Grund wurden die Datenbanken auch nach Schlagworten, die nicht auf den ersten Blick in direktem Bezug zu betrieblichen Umweltinformationssystemen stehen, durchsucht. Wichtig war dabei der Bezug zu Informationssystemen bzw. ein Zusammenhang mit Umweltschutzaktivitäten.[628] [629] Um zu verhindern, dass Umweltinformationssysteme, die

---

625 Als Beispiel dazu ist das IST-Programm innerhalb des 5. Rahmenprogramms zu erwähnen. Siehe dazu http://www.cordis.lu/ist/

626 Siehe dazu auch Abbildung 11, in der betriebliche Umweltinformationssysteme im Schnittpunkt der Informatik und der Umweltinformatik dargestellt sind. Darüber hinaus können bei Förderprogrammen durchaus auch Schnittstellen zu allgemein gehaltenen Themen wie Umweltschutz, betriebliches Informationsmanagement, Steigerung der Produktivität etc. existieren.

627 Bspw. kann ein Projekt zur Umsetzung von betrieblichen Umweltinformationssystemen in den Informationstechnikbereich hineinfallen, wenn vordergründig Lösungsvorschläge und Applikationen der Informatik erarbeitet werden sollen. Geht es um konzeptionelle Arbeiten, also den Aufbau und die Integration solcher Systeme in den Unternehmen, können durchaus Organisationsagenden als Schwerpunkt angesehen werden. Oder aber es wird die Umwelt und deren Verbesserung in den Mittelpunkt gestellt und die Projekte in entsprechenden Maßnahmen zur Förderung der nachhaltigen Entwicklung fallen.

628 In den meisten Fällen wurde hier auf eine Ressourceneffizienz bzw. auf eine elektronische Unterstützung von umweltbezogenen Managementsystemen Rücksicht genommen.

keinen Bezug zu betrieblichen Aktivitäten aufweisen können, in die engere Auswahl kommen, wurden eigens dafür Ausschlusskriterien aufgestellt. Dadurch sollte eine Recherche nach vor allem geografischen Umweltinformationssystemen unterbunden werden.[630] Mit dem Kriterium der Aktualität wurde der früheste Starttermin der zu untersuchenden Projekte mit Anfang des Jahres 1995 festgelegt.

Auswahlkriterien

- Betriebliche Umweltinformationssysteme
- Betriebliche Informationssysteme
- elektronische Unterstützung von betrieblichen Umweltmanagementsystemen
- umweltorientierte Produktionsplanungs- und Steuerungssysteme
- Informationssysteme mit Orientierung zu ressourcenintensiven Branchen[631]
- Umweltorientiertes Supply Chain Management
- Ressourceneffiziente Produktionssysteme
- Elektronische Unterstützung von Energiemanagementsystemen
- Umweltorientierte Entscheidungsunterstützungssysteme

Ausschlusskriterien

- Regionaler Bezug
- Kommunale Informationssysteme
- Geografische Informationssysteme

5.1.2.1.2 Rechercheergebnisse

Als Ergebnis dieser Untersuchung, wurden mehr als 50 Projekte identifiziert, die den Themenbereich betriebliche Umweltinformationssysteme berühren. Diese Vorauswahl der Projekte wurde hauptsächlich aufgrund der Titel, teilweise auch aufgrund der angegebenen Schlagworte getroffen. In einem zweiten Durchlauf wurden die Projekte, die in die engere Auswahl gekommen sind, einer näheren Untersuchung unterzogen. Dafür wurden die Beschreibungen der Projekte, die in den Datenbanken zu finden waren, herangezogen. Auf

---

629 Es muss an dieser Stelle zugegeben werden, dass auch durch diese Einschränkung und Selektion kein endgültiges Ergebnis vorlag. Grund dafür war, dass in den einzelnen Datenbanken meist jene Projektbeschreibungen enthalten waren, die in der Antragstellung der jeweiligen Projekte entstanden. Änderungen im Projektablauf, Inhalt oder auch bei den Projektpartnern wurden in diesen Datenbanken nicht erfasst. Um hier das Projekt umfassend beurteilen zu können, waren die entsprechenden Projektabschluss- bzw. Zwischenberichte notwendig. Dabei stellte sich heraus, dass teilweise Projekte gar nicht oder nur in abgeänderter Form umgesetzt wurden, dass Projektantragsteller und Partner nicht mehr existent waren bzw. ihre Firmenstandorte verlagerten oder sich der Inhalt und die Ergebnisse der Projekte vom Titel und von den Schlagworten doch wesentlich unterschieden.

630 Wie sich letztendlich herausstellte, handelte es sich bei geografischen Umweltinformationssystemen um den Großteil der Projekte. Mit Hilfe dieser Ausschlusskriterien wurde also ein Vorselektion von Projekten zum Thema betriebliche Umweltinformationssysteme getroffen.

631 Die Auswahl nach diesem Kriterium geschah aufgrund der Annahme, dass von diesen Branchen die größten Umwelteinwirkungen ausgehen und dass hier das Reduktionspotential am größten ist.

dieser Basis wurde eine Selektion der Projekte durchgeführt und folgende, in Abbildung 31 dargestellten Forschungsprojekte identifiziert.

1. DESTINY
   Decision support system for local sustainable development based on eco-budget methodology
2. EEIS
   European Environmental Information Systems
3. EIOAPP
   Eionet Telematics Application Development Group
4. EUREKA EUROENVIRON – E! 1731 EMOS
   Environmental monitoring system
5. EUREKA EUROENVIRON E!2051 TEXTEFUSE
   Most appropriate technologies for the re-use of dyeing effluents
6. EnviroMEND/ENVIS (Environmental information system)
   Model-based system for analysing environmental economics of industrial decision making
7. HITERM
   High-performance computing and networking for technological and environmental risk management
8. IQEM
   Integrated Quality and Environmental Management
9. ISIREMM
   Integrated System for Intelligent Environmental Monitoring & Management
10. IT FOR FOOD
    Information Technology for food production
11. ITEMS
    IT technology transfer for the implementation of EMAS and ISO 14000 environmental management systems
12. MEDITEX
    Environmental management in the textile sector
13. PROMIS
    Process Oriented integrated quality Management Internet Services for SMEs
14. TEASE
    Telematics Architecture Study for Environment and Security
15. TEMSIS
    Transnational Environmental Management Support and Information System[632]

Abbildung 31: Ergebnisse der Untersuchung der internationalen Forschungsprojekte zu BUIS

5.1.2.1.3 Kritische Analyse der Ergebnisse

Die Analyse der identifizierten Projekte findet sich in einem Übersichtsraster im Anhang dieser Arbeit. Aufbauend auf dieser Analyse konnten folgende Ergebnisse abgeleitetet werden.

Die Zugänglichkeit zu den Projektergebnissen konnte bei den Projekten als relativ hoch eingestuft werden. Neben den Projektabschlussberichten wurden teilweise auch detaillierte Informationen von den Projektverantwortlichen zur Verfügung gestellt.[633] Jedoch konnte rund

[632] Vgl. dazu auch Denzer, Güttler, Houy 1998

[633] Kritisch dabei ist allerdings anzumerken, dass hier nur jene Projekte untersucht wurden, bei denen die Projektpartner ausfindig gemacht werden konnten bzw. die Projektergebnisse zugänglich gemacht wurden.

ein Viertel der Projekte, die inhaltlich für die vorliegende Arbeit eine hohe Relevanz aufwiesen, aufgrund fehlender Ergebnisse nicht evaluiert werden. Insgesamt muss die Forschungshypothese H1 - Forschungsprojekte auf dem Gebiet BUIS sind in großer Zahl vorhanden – als falsifiziert angesehen werden, da bezogen auf die unüberschaubare Anzahl an Forschungsprojekten in der EU und speziell der Forschungsprojekte im Umweltbereich die Zahl von 15 Projekten auf dem Gebiet betrieblicher Umweltschutz und speziell BUIS als unterrepräsentiert und gering angesehen werden kann.

Eindeutig falsifiziert werden kann Hypothese 2 über die Größe der betroffenen Unternehmen. Obwohl in der Literatur sehr oft darauf hingewiesen wird, dass BUIS bisher hauptsächlich in größeren Unternehmen eingesetzt werden, war die überwiegende Mehrzahl der Projekte für die Anwendung in KMUs konzipiert. Hypothese 3 kann gestützt werden, da ein Übertrag der Ergebnisse auf große Unternehmen einerseits aufgrund der leichteren Übertragbarkeit der Ergebnisse von kleinen auf große Unternehmen (im Gegensatz zur umgekehrten Richtung) als auch aufgrund der Inhalte der Projekte ermöglicht wird. Auch bezüglich der branchenübergreifenden Orientierung konnte bei mehr als zwei Drittel der Projekte die Transferierbarkeit bezogen auf Zielgruppen und Branchen festgestellt werden.

Schwieriger gestaltet sich die Beurteilung von Hypothese 5 über die primäre Orientierung auf den betrieblichen Bereich. Obwohl bei der Auswahl von Forschungsprojekten darauf geachtet wurde, keine Projekte mit den Hauptagenden im überbetrieblichen regionalen und kommunalen Bereich auszuwählen, konnten bei etwa der Hälfte der Projekte regionale bzw. kommunale Aspekte festgestellt werden. Dennoch kann die Hypothese aufgrund der geringen Anzahl der Nennungen weder verifiziert noch falsifiziert werden.

Positiv kann die Frage der Anwendungsorientierung und somit Hypothese 6 beurteilt werden, da mehr als zwei Drittel der Forschungsprojekte Unternehmen als Projektpartner und nahezu alle die Ausarbeitung von Anwendungskonzepten zum Ziel ihrer Arbeit hatten. Hinzu kommt, dass ca. die Hälfte der Projekte eine Softwarelösung als Ergebnis vorweisen konnte. Dennoch kann Hypothese 7 über den Einsatz der Softwareprogramme in den Unternehmen nicht verifiziert werden, da die meisten Programme derzeit erst als Prototyp vorliegen. Zumindest bei fast einem Drittel der Projekte ist die Software in relativ großer Zahl im Einsatz.[634]

Letztendlich kann auch Hypothese 8 über die Nachhaltigkeit der Ergebnisse positiv beurteilt werden, da mehr als zwei Drittel der untersuchten Projekte allgemeine Weiter-

---

Bei einigen Projekten, bspw. Epsilon und Caemis, die eine hohe Projektrelevanz aufweisen, wurden trotz wiederholter Anfragen an die Projektleiter keine Ergebnisse zur Verfügung gestellt.

634 Hierbei wird bspw. auf das Projekt MEDITEX verwiesen.

entwicklungspotenziale aufweisen. Dies wird ferner auch durch die insgesamt gute Zugänglichkeit zu den Ergebnissen bei diesen Projekten untermauert.[635]

5.1.2.2 Stand der national geförderten Projekte in Österreich

Um den Entwicklungsstand von Forschungsprojekten auf dem Gebiet der betrieblichen Umweltinformationssysteme, die national gefördert werden, festzustellen, wurde eine umfassende Recherche in Österreich durchgeführt.[636] Der Grund der Eingrenzung der detaillierten Untersuchung auf den österreichischen Markt liegt einerseits in der Tatsache, dass Österreich im Vergleich zu Deutschland auf wissenschaftlicher Ebene noch relativ überschaubar ist und zweitens, dass auch die Analyse der Anwender von betrieblichen Umweltinformationssystemen, auf die in Kapitel 5.3 noch näher eingegangen wird, auch hauptsächlich auf Österreich beschränkt ist.

5.1.2.2.1 Rechercheergebnisse

Wie bereits erwähnt, wurden für die Untersuchung der nationalen Forschungsprojekte über betriebliche Umweltinformationssysteme dieselben Such- und Auswahlkriterien herangezogen wie für die Auswahl der internationalen Forschungsprojekte. Aufgrund der Tatsache, dass sich die Zahl der Forschungsprojekte sehr gering hielt, wurde hier keine Vorselektion benötigt.[637]

Nachdem sich die von der EU bzw. von anderen internationalen Institutionen geförderten Projekte nicht wesentlich von national geförderten Projekten unterscheiden und dadurch ein Vergleich der verschiedenen Forschungsprojekte möglich ist, wurde für die Auswertung der

---

635 Dies trifft insbesondere auf die theoretischen Arbeiten der Projekte zu. Bezogen auf praktische Applikationen ist der Verfasserin der Arbeit nur ein Projekt bekannt, bei dem das Softwareprogramm weiterentwickelt wurde. Es ist dies das Projekt IT4FOOD. Darin wurde ein spezifisches Softwareprogramm entwickelt. Für die Vermarktung der Software entstand als Spin Off des Projektes ein eigenes Unternehmen. Dieses wurde jedoch kurze Zeit später von Maritech, einem weltweit agierenden Softwarehaus, welches sich unter anderem auch der Fischindustrie gewidmet hat, aufgekauft. Dadurch wurde der weitere Verkauf der aus dem Projekt entstandenen Softwarelösung vorangetrieben.

636 Projekte, die Kooperationen von Forschungseinrichtungen aus mehreren Staaten darstellen und auch von mehr als einem Staat gefördert werden, fallen nicht hier hinein. Gleiches gilt für EU-geförderte Forschungsprojekte, an denen österreichische Partner beteiligt sind. Diese wurden bereits bei den internationalen Forschungsprojekten erhoben.

637 Jedoch konnten einige Projekte zwar inhaltlich als sehr zutreffend für das Thema betriebliche Umweltinformationssysteme beurteilt werden, sie fielen aber aufgrund des Alters aus der Liste der Projekte wieder heraus. Diese sind im Folgenden die Projekte „Betriebliche Umweltinformationssysteme – Ist Umweltschutz auf Knopfdruck möglich?“ (vgl. Eschenbach, Neumann 1995) und „Betriebliche Umweltmanagementsysteme und Gestaltung des Öko-Audits in Österreich“. Ferner ist das Projekt „PREMISE – Preventive environmental management in small enterprises by utilization of existing information systems“ zu erwähnen. Es handelt sich dabei genau genommen um ein von der EU gefördertes Programm, beim dem Österreich zwar nicht Antragsteller, aber maßgeblich am Projekt beteiligt war. Der Inhalt dieses Projektes war unter anderem die Erarbeitung eines Handbuchs zur Einführung eines Umweltmanagements in Klein- und Mittelunternehmen unter Berücksichtigung von EDV-technischen Lösungen. Da dieses Projekt aber als zu alt eingestuft wurde und darüber hinaus umfassende Ergebnisse des Projektes nicht mehr zugänglich waren, wurde es nicht mehr in die Liste der internationalen Projekte über betriebliche Umweltinformationssysteme aufgenommen.

Projekte dasselbe Evaluierungsschema herangezogen, wie es bereits für die Bewertung der internationalen Projekte erarbeitet wurde.[638] Folgende Projekte waren Ergebnis der Recherche in Österreich:

1. PUIS – Produktbezogene Umweltinformationssysteme in österreichischen Unternehmen[639]
2. STABIS – Von der Stoffstromanalyse zum integrierten Bewertungs- und Informationssystem[640]
3. Einsatz und Entwicklungsperspektiven von betrieblichen Umweltinformationssystemen und Umweltmanagementsystemen in der Kärntner Wirtschaft – theoretische Überlegungen und empirische Befunde[641]

Abbildung 32: Ergebnisse der Untersuchung der nationalen Forschungsprojekte zu BUIS

5.1.2.2.2 Kritische Analyse der Ergebnisse

In Österreich fiel die Zahl der Forschungsprojekte für BUIS erstaunlich gering aus, nur 3 Projekte konnten insgesamt ausfindig gemacht werden, was Hypothese 1 eindeutig widerlegt. Jedoch muss angemerkt werden, dass Österreich bei 4 EU-Projekten Antragsteller war und bei einem weiteren EU-Projekt schien Österreich als Projektpartner auf. Nichts desto trotz erscheint die Zahl von 3 Forschungsprojekten in Österreich als sehr gering und deshalb lassen sich für die folgenden Hypothesen auch nur beschränkt Aussagen treffen.

Die Projekte konzentrierten sich ausnahmslos auf Klein- und Mittelunternehmen. Aufgrund der Möglichkeit der Übertragung der Ergebnisse auch auf große Unternehmen kann Hypothese 3 gestützt werden. Selbiges gilt für Hypothese 4, da alle drei Projekte nicht auf einzelne Branchen eingegrenzt sind. Anders als bei den international geförderten Projekten konnte hier aber kein regionaler oder kommunaler Bezug entdeckt werden, wodurch Hypothese 5 belegt werden konnte. Keines der drei Projekte hatte jedoch eine Softwarelösung als Ergebnis, aber alle drei hatten zumindest in Ansätzen Konzepte für die Implementierung von BUIS in Unternehmen als Output. So gesehen kann die Anwendungsorientierung und somit Hypothese 6 untermauert werden, über Hypothese 7 lässt sich keine Aussage treffen.

Die allgemeinen Weiterentwicklungsmöglichkeiten können als hoch angesehen werden, da die Verfügbarkeit der Ergebnisse aufgrund von wissenschaftlichen Publikationen gegeben ist und darauf aufbauend weitere Forschungsarbeiten der Projektpartner entstanden sind und noch entstehen.[642]

---

638 Siehe 5.1.1.3 auf S. 142

639 Vgl. Seebacher et al. 2003

640 Vgl. Tschandl et al. 2002a und 2002b

641 Vgl. Kaluza et al. 1999

642 Dies kann auch dadurch bestätigt werden, dass von den ausführenden Forschungsinstitutionen auf die Ergebnisse der Projekte aufbauend schon mehrere Publikationen entstanden. Auch das vorliegende Werk baut teilweise auf Erkenntnissen aus diesen Projekten auf.

5.1.2.3 Stand der national geförderten Projekte Deutschlands

Abschließend werden beispielhaft Projekte zum vorliegenden Thema BUIS aus Deutschland aufgelistet. Dabei wird kein Anspruch auf Vollständigkeit erhoben, da aufgrund der Fülle an Forschungsinstitutionen keine umfassende Recherche, wie sie in Österreich durchgeführt wurde, möglich war.[643]

5.1.2.3.1 Rechercheergebnisse

Trotz einer im Vergleich zur österreichischen eher eingeschränkten Recherche in Deutschland konnten mehrere Projekte mit hoher Relevanz zum Thema betriebliche Umweltinformationssysteme identifiziert werden. Diese werden im Folgenden dargestellt:[644]

1. CARE – Computer aided resource efficiency accounting in SMEs[645]
2. ECO-Integral – Der offene Standard für betriebliche Umweltinformationssysteme zur Verknüpfung von Ökologie und Ökonomie[646]
3. ECO-Rapid – Einführung eines integrierten Umweltinformationsmanagements in mittelständischen Unternehmen
4. INTUS – Operationalisierung von Instrumenten des Umweltcontrollings durch den effektiven Einsatz von Betrieblichen Umweltinformationssystemen[647]
5. ISAC – Integration der Stoffstromanalyse in ein erweitertes Umweltcontrollingkonzept
6. MESA – Entwicklung von Methoden zur Einführung eines betrieblichen Stoffstrommanagements in Automobilzulieferbetrieben
7. OPUS – Organisationsmodelle und Informationssysteme für einen produktionsintegrierten Umweltschutz[648]
8. Telekommunikation und Umwelt – Analyse von Marktpotenzialen im Bereich betrieblicher Umweltinformationssysteme[649]
9. BUFU – Die Einführung betrieblicher Umweltinformationssysteme begleitet durch Schulung und Fernunterricht MANIUM Net

Abbildung 33: Ergebnisse der Untersuchung der deutschen Forschungsprojekte zu BUIS

Auch bei diesen Projekten wurde wiederum aus Gründen der besseren Vergleichbarkeit und der Ähnlichkeit zu österreichischen und internationalen Projekten dasselbe Evaluierungsschema herangezogen, wie es bereits für die Bewertung der internationalen Projekte erarbeitet wurde.[650] [651]

5.1.2.3.2 Kritische Analyse der Ergebnisse

643 Wie in Kapitel 5.1.2.3 dargestellt.

644 Einen Überblick über vom deutschen Bundesministerium für Bildung und Forschung geförderte Projekte im Bereich allgemeiner betrieblicher Umweltschutz findet man auch bei Biebeler, Mahammadzadeh 2004.

645 Vgl. Busch, Beucker, Lehmann 2004

646 Vgl. Krcmar et al. 1997

647 Vgl. Steinfeldt, Lang 2004, Loew et al. 2004

648 Vgl. Weller 1997, Jürgens 2000

649 Dieses Projekt wurde von der deutschen Telekom AG in Darmstadt finanziert.

650 Siehe dazu Abbildung 29 auf S. 142

651 Deutsche Projekte, die hauptsächlich eine Erhebung des Softwaremarktes zum Inhalt hatten bzw. die den Bedarf der Anwender in den Vordergrund des Projektes stellten, werden in den folgenden Kapiteln gesondert erläutert.

Aufgrund der Tatsache, dass in Deutschland nur eingeschränkt recherchiert wurde und dennoch 9 Projekte als relevant eingestuft wurden, kann Hypothese 1, dass eine genügend große Anzahl Forschungsprojekte zu BUIS existieren, für Deutschland belegt werden. Hinzu kommt außerdem noch, dass Deutschland bei 2 EU-Projekten als Antragsteller aufschien und bei weiteren 4 EU-Projekten als Partner mitarbeitete.

Im Unterschied zu den internationalen und österreichischen Projekten kann hier allerdings eine Konzentration auf große Unternehmen festgestellt werden und somit Hypothese 2 gestützt werden. Trotz dieser Fokussierung auf große Unternehmen kann auch Hypothese 3 positiv beurteilt werden, da sich der Inhalt der Projekte durchwegs auf konzeptionelle Grundlagenarbeit stützt und diese auch für KMUs von Bedeutung sind. Hinzu kommt, dass die Ergebnisse der Projekte auf andere Zielgruppen übertragbar sind und somit Hypothese 4 bestätigt werden kann. Es wurde versucht, in den einzelnen Projekten unterschiedliche Branchen anzusprechen und somit keine Einschränkung auf einzelne Branchen zu forcieren. Auch die Begrenzung auf den innerbetrieblichen Bereich konnte in allen Projekten festgestellt und somit Hypothese 5 bestätigt werden.

Obwohl nur 3 dieser Projekte eine Software als Output hatten, können die Projekte insgesamt als sehr anwendungsorientiert beschrieben werden, was durch die intensive Einbindung von Unternehmen im Großteil der Projekte noch weiter bestätigt werden konnte. Somit kann auch Hypothese 6 verifiziert werden. Über Hypothese 7 kann keine Aussage getroffen werden, da erstens die Zahl der Softwareprogramme in den Projekten so gering ist und zweitens, weil zum Stadium der Software sowie zu Referenzanwendungen keine Angaben gemacht wurden. Bezogen auf Hypothese 8 zum Entwicklungspotential kann insofern die Aussage getroffen werden, dass viele Projekte dem Stand der Wissenschaft entsprechen, da sie in der Literatur häufig als Beispiel herangezogen werden und allgemein viel zitiert sind.[652] Auch eine Übernahme der Ergebnisse von Unternehmen kann positiv beurteilt werden, ebenso wie eine Weiterentwicklung und Übernahme der Ergebnisse in anderen Projekten, da sehr viele Forschungsprojekte auf den Ergebnissen der vorliegenden Projekte aufbauen.[653] Anzumerken ist weiters, dass insbesondere für die vorliegende Arbeit einzelne deutsche Forschungsprojekte hohe Relevanz aufweisen und aus den Ergebnissen wertvolle Erkenntnisse für den Aufbau von überbetrieblichen Umweltinformationssystemen gewonnen werden können.[654]

---

652 Hinzu kommt, dass diese Projekte in großer Zahl von jenen Forschungsinstituten und Universitäten durchgeführt werden, die auf dem Gebiet BUIS am meisten forschen und publizieren.

653 Vgl. zB. Eco-Rapid als Fortführung des Projektes Eco-Integral (vgl. Krcmar et al. (Hrsg.))

654 Dies betrifft insbesondere die Projekte Eco-Integral, Eco-Rapid, Isac, Intus und Opus.

5.1.3 Ergebnisse der empirischen Erhebung über Forschungsprojekte zu Informationssystemen entlang von Wertschöpfungsketten

Neben einer Recherche über BUIS wurde untersucht, inwiefern umweltbezogene Informationen entlang von Wertschöpfungsketten ausgetauscht werden können. Dazu wurden Forschungsprojekte sowohl auf europäischer Ebene als auch in Österreich untersucht. Deutschland als Untersuchungsgebiet wurde hierbei nicht untersucht, weil sich im weiteren die empirischen Erhebungen von Wertschöpfungsnetzwerken aufgrund der großen Anzahl von Forschungsprojekten auch auf Österreich beschränkte und ausschließlich österreichische Wertschöpfungsnetzwerke näher analysiert wurden.[655]

In dieser Recherche wurden sowohl Projekte, die den Informationsaustausch in Wertschöpfungsnetzwerken, als auch Projekte, die eine Umweltorientierung in Wertschöpfungsnetzwerken aufwiesen, näher analysiert. Auswahlkriterien gab es dabei folgende:

- Agenden des Supply Chain Managements
- Agenden der Wertschöpfungsnetzwerke
- Aspekte des umweltorientierten Supply Chain Managements
- Aspekte des überbetrieblichen Stoffstrommanagements

Wiederum war die fehlende Aktualität ein wesentlicher Ausschlussgrund. Projekte, die schon vor dem Jahr 1997 abgeschlossen, aber noch in den Datenbanken geführt wurden, wurden im Rahmen der Analyse nicht berücksichtigt.[656] Ansonsten gab es für die Projekte keine Kriterien, die eine detaillierte Untersuchung von vorne herein ausgeschlossen hätten.

5.1.3.1 Internationale Projekte

Als Ergebnis der Recherche nach internationalen Projekten auf dem Gebiet der Wertschöpfungsketten konnten folgende Projekte identifiziert werden.[657]

---

655 Darüber hinaus gestaltete sich die Suche aufgrund der geringen Einschränkungsmöglichkeiten insgesamt sehr aufwendig, eine Ausweitung auf den deutschen Markt hätte den Rechercheaufwand noch unverhältnismäßig verstärkt.

656 Dies traf auf das Projekt „LOCOMOTIVE – Logistics Chain Multidimensional Design Toolbox With Environmental Assessment" zu.

657 Hierbei muss angemerkt werden, dass noch einige andere Projekte ursprünglich in die detaillierte Recherche aufgenommen wurden. Aufgrund der Tatsache, dass keine näheren Informationen über die Projekte zugänglich waren, konnte eine eingehende Analyse nicht weiter verfolgt werden und diese Projekte sind aus diesem Grund hier nicht aufgelistet Dies sind im Folgenden die Projekte „EPSILON – Environmental planning and control system for industrial logistic networks" (betraf auch schon die Analyse über BUIS), „SUPPLIERS – Supply chains linking food SMEs in Europe's lagging rural regions" und „Target Logistics – System for inter-networked production management and supply coordination in traditional sectors".

5.1.3.1.1 Rechercheergebnisse

1. CHAINFEED – A dynamic networked virtual supply chain for co-operative resource planning in feed related production
2. CHAMAN – Advanced Tools for Integrated Supply Chain Management in European SMEs (Small & Medium sized enterprises)
3. Co-OPERATE – Co-operation in dynamic networked organisations
4. FLUENT – Flow-oriented Logistics Upgrade for Enterprise Networks
5. INTERMAR – Intelligent Supply Chain Management for the Extended Maritime Enterprise
6. LISCOS – Large scale integrated supply chain optimisation software based upon branch & cut and constraint programming methods
7. LOGSME – Logistics to Support Continuous Improvement for SMEs in the virtual enterprise
8. MUSSELS – Multi site & multi stage enterprises logistic control system
9. RELOOP – Reverse logistics chain optimisation in a multi–user trading environment
10. SULOGTRA – Effects on transport of trends in logistics and Supply Chain Management
11. SUS-CHAIN – Marketing sustainable agriculture: an analysis of the potential role of new food supply chains in sustainable rural developments
12. VIRTUAL Q – IT Tools for the Manufacturing Supply Chain Integration in the Virtual Organisation

Abbildung 34: Ergebnisse der Untersuchung der internationalen Forschungsprojekte zu umweltorientiertem SCM

5.1.3.1.2 Kritische Analyse der Ergebnisse

Insgesamt konnten 12 Forschungsprojekte zu umweltorientierten Wertschöpfungsketten und -netzwerken näher untersucht werden. Darüber hinaus musste festgestellt werden, dass sich noch einige weitere Forschungsprojekte mit der Thematik beschäftigen, deren Ergebnisse aber nicht zugänglich sind. Dennoch kann die Zahl der Forschungsprojekte – ähnlich wie bei BUIS – als eher gering angesehen werden und Hypothese 1 deshalb verworfen werden. Auch kann die allgemeine Zugänglichkeit zu den Ergebnissen der Projekte kritisiert werden, da nach mehrmonatiger Recherche bei 5 Projekten nicht mehr als Kurzberichte zugesendet wurden.

In den Forschungsprojekten wurden sowohl KMUs als auch größere Unternehmen berücksichtigt, es kann deswegen für Hypothese 2 über die Zielgruppe der Projekte keine eindeutige Aussage getroffen werden. Jedoch kann aufgrund der Inhalte der Projekte eine Transferierbarkeit auf andere Unternehmensgrößen durchaus positiv beurteilt und somit Hypothese 3 bestätigt werden.

Auch über Hypothese 4 über branchenübergreifende Lösungen kann keine Angabe gemacht werden, da dies teilweise nicht aus den Informationen über die Projekte hervorgeht und bei zumindest 4 Projekten eine sehr enge Einschränkung der Branchen vorgenommen wurde.

Wie der Name des SCM jedoch schon indiziert werden hier hauptsächlich überbetriebliche Agenden behandelt und somit kann Hypothese 5 über die betriebliche Orientierung der Projekte klar widerlegt werden. Positiv hingegen kann Hypothese 6 über die Anwendungsorientierung beurteilt werden. 7 Projekte hatten insgesamt ein Softwaresystem als Ergebnis, und 10 Forschungsprojekte hatten die Entwicklung von Implementierungskonzepten zum Ziel bzw. arbeiteten eng mit Unternehmen zusammen.

Über die Anwendung der Softwaresysteme in den Unternehmen bzw. das Stadium der Software können keine Aussagen getroffen werden, da hierzu nicht genügend Informationen vorliegen. Die Weiterentwicklungsmöglichkeiten können ebenfalls nicht klar bestätigt werden, obwohl hier eine leicht positive Beurteilung aus den Projektergebnissen hervorgeht. Eindeutiger fällt aber die Entscheidung über einen Umweltbezug in den einzelnen Projekten aus, der in zwei Drittel der Projekte identifiziert werden konnte.

5.1.3.2 Nationale Projekte Österreich

Wie bereits erwähnt, wurde die Analyse von nationalen Projekten über den Informationsaustausch entlang von Wertschöpfungsketten auf Österreich beschränkt und hier vor allem bundesweite Förderprogramme betrachtet. Darüber hinaus wurde versucht, bereits spezifisch nur Projekte in die engere Analyse aufzunehmen, die neben dem Informationsaustausch bzw. den Verbesserungen der Zusammenarbeit in Wertschöpfungsketten einen Bezug zu einer umweltorientierten Zusammenarbeit in diesen Wertschöpfungsketten vorweisen konnten.

5.1.3.2.1 Rechercheergebnisse

Die Recherche in österreichischen Datenbanken und bei österreichischen Förderprogrammen ergab folgende Forschungsprojekte:

1.	Was bedeutet „Nachhaltigkeit" für einen Industriecluster?
2.	SUMMIT – Sustainable Management Methods Integrating Tool-Kit and Prepare Plus
3.	PUIS – Produktbezogene Umweltinformationssysteme in österreichischen Unternehmen

Abbildung 35: Ergebnisse der Untersuchung der österreichischen Forschungsprojekte zu umweltorientiertem SCM

Wiederum wurde das Projekt PUIS in die Analyse miteinbezogen, da es in diesem Projekt zwar weniger um die produktbezogenen Umweltinformationen als vielmehr um den unternehmensübergreifenden, an der Wertschöpfungskette orientierten Austausch der Umweltinformationen geht und dies vom Projekt PUIS ebenso abgedeckt wird.

5.1.3.2.2 Kritische Analyse der Ergebnisse

Ähnlich wie bei den Projekten zu BUIS ist die Zahl der Forschungsprojekte über den Informationsaustausch entlang von Wertschöpfungsketten sehr klein, da insgesamt nur 3 Projekte gefunden werden konnten. Diese geringe Zahl widerlegt also die Hypothese 1. Darüber hinaus ist Österreich nur bei einem einzigen internationalen Projekt als Partner involviert, was wiederum auf eine geringe Bedeutung dieser Themenstellung in Österreich schließen lässt. Aufgrund dieser geringen Anzahl an Forschungsprojekten lassen sich auch für die folgenden Hypothesen nur begrenzte Schlüsse ziehen.

Bezogen auf die Unternehmensgröße kann keine eindeutige Aussage getroffen werden, da bei allen drei Projekten sowohl große Unternehmen als auch KMUs integriert wurden. Betrachtet man jedoch die Ergebnisse der Projekte, kann durchaus die Transferierbarkeit auf andere Unternehmensgrößen bejaht und somit Hypothese 3 für die österreichischen Projekte verifiziert werden. Da sich die Konzepte der einzelnen Projekte prinzipiell – bis auf ein Projekt – auch nicht auf einzelne Branchen einschränken lassen, kann Hypothese 4 ebenfalls gestützt werden.[658] Überbetriebliche Aspekte wurden jedoch nur von einem Projekt explizit behandelt, aus diesem Grund kann Hypothese 4 – zumindest für diese drei österreichischen Projekte – positiv bewertet werden.

Eine Anwendungsorientierung kann bei allen 3 Projekten festgestellt werden, da sie einerseits Methodiken und Implementierungskonzepte entwickeln und andererseits auch eng mit Unternehmen kooperieren. Jedoch hatte keines der drei Projekte eine Softwarelösung als Ergebnis, weshalb über Hypothese 7 keine Aussage getroffen werden kann. Das allgemeine Weiterentwicklungspotenzial wird aufgrund der Projektinhalte und der Verfügbarkeit der Projektergebnisse als hoch angesehen und Hypothese 8 kann aus diesem Grund als gestützt angesehen werden.

5.1.4 Zusammenfassende Betrachtung der Analyse der Forschungsprojekte

Betrachtet man die Recherche der Forschungsprojekte über BUIS und den Informationsaustausch entlang von Wertschöpfungsketten, kann man insgesamt feststellen, dass die Anzahl der Forschungsprojekte die Erwartungen nicht erfüllen konnte. Darüber hinaus ist negativ anzumerken, dass die Ergebnisse der meisten Forschungsprojekte zwar den am Forschungsprojekt beteiligten Institutionen zugänglich waren, allgemein werden Ergebnisse aus solchen Projekten aber nur sehr eingeschränkt verbreitet und sind deshalb auch nicht sehr bekannt. Aus diesem Grund ist das Heranziehen der Ergebnisse dieser Forschungsprojekte für die vorliegende Arbeit auch nur beschränkt möglich. Ausnahmen bilden hier deutsche Forschungsprojekte zu BUIS, die die Verbreitung über wissenschaftliche Publikationen in Zeitschriften, Sammelwerken und Monografien sowie über Downloads der Forschungsberichte im Internet sehr stark forcieren. Aus diesem Grund, aber auch vor allem auch aufgrund der hohen Relevanz zum Themenbereich der vorliegenden Arbeit werden

658 Das Projekt „Was bedeutet Nachhaltigkeit für einen Industriecluster“ ist zwar grundsätzlich auf die Automobilbranche eingegrenzt, die Entwicklung von Implementierungskonzepten von Methoden und Prinzipien der Nachhaltigkeit in der Industrie als Output des Projektes kann aber durchaus auf andere Branchen übertragen werden.

Ergebnisse dieser Projekte für weitere Analysen und für die Entwicklung des Implementierungskonzeptes im Rahmen dieser Arbeit herangezogen.

Positiv zu vermerken ist bei allen Forschungsprojekten die Orientierung an der Anwendbarkeit sowie die intensive Miteinbeziehung von Unternehmen in die Forschungsarbeiten. Zu hinterfragen ist allerdings, inwieweit die Konzepte, Methodiken und Softwarelösungen, die in den Projekten entwickelt wurden, bei den Anwendern „nachhaltig" in Verwendung sind.

Insgesamt kann die Recherche über Forschungsprojekte als wertvoll für die fortführenden Arbeiten angesehen werden, da hierbei der Status quo an Arbeiten auf wissenschaftlicher Ebene sowie an anwendungsorientierter Forschung ermittelt wurde. Darüber hinaus liefern einige Forschungsprojekte wichtige Erkenntnisse und Impulse für die Entwicklung von Implementierungskonzepten für BUIS und überbetriebliche Umweltinformationssysteme.

5.2 Stand der Software Applikationen für betriebliche Umweltinformationssysteme

In diesem Kapitel werden durch die empirische Analyse von Softwareapplikationen folgende Forschungsfragen untersucht:

- Decken bestehende theoretische Konzepte und Software zu betrieblichen Umweltinformationssystemen die an sie gestellten Anforderungen ab?
- Schenken Softwareanbieter den betrieblichen Rahmenbedingungen und Barrieren bei der Einführung ausreichend Beachtung?

5.2.1 Aufbau und Methodik der empirischen Erhebung über Softwaresysteme

Bei der Analyse von Softwaresystemen für den Austausch von Umweltinformationen wurden ausschließlich Applikationen für betriebliche Umweltinformationssysteme in die nähere Analyse miteinbezogen. Softwaresysteme für Wertschöpfungsnetzwerke wurden hierbei ausgeklammert, da dazu bereits umfassende Studien und Bewertungen vorliegen und deshalb hier nur eine Sekundäranalyse durchgeführt wurde. Im Bereich Verwertungsnetze erscheinen in der Literatur keine entsprechenden Hinweise auf spezifische Softwaresysteme.[659]

Um den Stand der Entwicklung von betrieblichen Umweltinformationssystemen auf praktischer Ebene zu analysieren, wird in Kapitel 5.2 speziell auf Applikationen und Anwendungen eingegangen. Dabei werden ausgesuchte Softwaresysteme verschiedener Hersteller untersucht. Bewusst soll hier keine komplette Darstellung der auf dem deutschen

---

[659] Zum Teil werden jedoch allgemeine Softwaresysteme zur Unterstützung der Ökobilanz als computergestützte Planungs- und Steuerungssysteme für Verwertungsnetze bezeichnet (vgl. Frank et al. 2000, S. 172). Jedoch sind diese Softwaresysteme nicht primär auf die Unterstützung des Informationsaustausch innerhalb von Verwertungsnetzen ausgerichtet, aus diesem Grund wurden sie zwar bereits in der Analyse der Softwareprodukte für BUIS berücksichtigt, werden hier aber nicht nochmals angeführt.

Markt befindlichen Software erfolgen,[660] da solche Auflistungen nur sinnvoll erscheinen, wenn sie laufend aktualisiert werden und solche Studien ohnehin zum Teil bereits im Internet verfügbar sind.[661] Aus diesem Grund werden hier nur exemplarisch einige – repräsentative – Systeme genannt und genauer untersucht. Dadurch soll ein Überblick über Möglichkeiten der Anwendung von Software zur Unterstützung von betrieblichen Umweltinformationssystemen gegeben werden.

5.2.1.1 Forschungsfragen

Die folgenden Forschungsfragen werden durch die empirische Analyse der Softwareprodukte für betriebliche Umweltinformationssysteme erhoben. Diese Hypothesen basieren auf dem Status quo an betrieblichen Umweltinformationssystemen, wie sie in Kapitel 3 dargestellt sind. Die Überprüfung der Hypothesen dient einerseits der Analyse der theoretischen Erkenntnisse zu BUIS, andererseits werden dadurch empirische Erkenntnisse für eine Gestaltung von Implementierungskonzepten für softwaregestützte Umweltinformationssysteme gewonnen. Da sich die Forschungshypothesen im Wesentlichen auf Funktionen, Anforderungen und Spezifikationen der Anbieter ausrichten, wird auf eine detaillierte Beschreibung der folgenden, dem Fragebogen für Softwarehersteller zugrunde liegenden Hypothesen verzichtet.[662]

HS-1 Die derzeitigen am Markt erhältlichen Softwareprodukte sind Ergebnis langjähriger Forschung, das heißt, es gibt sie schon länger bzw. es gab Vorgängermodelle.

HS-2 Softwareunternehmen können auf eine Vielzahl von Referenzanwendungen verweisen.[663]

HS-3 Die Softwareprodukte sind hauptsächlich in Englisch und Deutsch erhältlich.

HS-4 Die Softwareprodukte sind hauptsächlich für große Unternehmen konzipiert.

HS-5 Die Softwareprodukte sind nicht auf Branchen einzugrenzen bzw. wurden nicht ausschließlich für einzelne Branchen entwickelt.

HS-6 Stoffstromanalysen sind der Hauptaspekt, der durch die Software abgedeckt wird.

HS-7 Die Ökobilanzierung sowie die Erstellung von Input-Output-Analysen ist wesentlicher Bestandteil der Software.

---

660 Ingesamt bestehen auf dem deutschen Softwaremarkt mehr als 200 Systeme zur Unterstützung des betrieblichen Umweltschutzes, vgl. Rey, Schnapperelle 1999, S. 147.

661 Zu einem Überblick über eine Auswahl von Internet-Informationsangeboten zu BUIS siehe Lang, Jürgens 2003, S. 80

662 Forschungshypothesen, die sich auf die Software beziehen, werden im Folgenden als HS bezeichnet

663 Vgl. von Lang 2000, S. 48: Die Marktposition des Herstellers hat erheblichen Einfluss auf die Auswahl der Softwareprodukte.

HS-8 Als organisatorische Einheiten werden hauptsächlich einzelne Produkte und Prozesse durch die Software abgedeckt.

HS-9 Softwareprodukte sind modular aufgebaut.

HS-10 Die Software kann individuell vom Kunden gestaltet werden.

HS-11 Der Import/Export von Daten ist in der Software möglich.

HS-12 Eine Integration der Software in andere Programme ist derzeit noch nicht möglich.

HS-13 Anwendern der Software werden umfassende Hilfestellungen wie Beratung bei der Implementierung, Hotlines, Handbücher und Schulungen geboten.[664]

HS-14 Für überbetriebliche Fragestellungen ist die Software nicht im Einsatz.

HS-15 Der überbetriebliche automatische Import/Export von Daten ist nicht möglich.

HS-16 Schnittstellen zu externen Systemen zum Zweck des überbetrieblichen Datenaustausches sind nicht möglich.

HS-17 Software entwickelt sich weiter in Richtung integrierte Systeme.[665]

5.2.1.2 Recherchedesign

Im Gegensatz zu den Recherchen über wissenschaftliche Arbeiten, Publikationen und Forschungsprojekte stellt die vorliegende Analyse über Softwaresysteme nur einen exemplarischen Auszug aus der Fülle der derzeit am Markt befindlichen Softwareapplikationen dar.[666] Dabei wurden aus den in Abbildung 36 dargestellten Datenbanken und Studien die 14 wichtigsten und größten[667] Hersteller von Softwareapplikationen für betriebliche Umweltinformationssysteme ausgewählt. Es wurde ferner darauf geachtet, dass durch die Auswahl der Produkte ein repräsentativer Überblick über alle am Markt angebotenen Funktionen gegeben ist.

- ABAG: Umwelt-Software, Die richtige Entscheidung[668]
- Bundesministerium für Umwelt, Jugend und Familie, Abt. II/3: Ecodesign/Cleaner Production Software Recherche und Leistungstest
- Fraunhofer IAO: Betriebliche Umweltinformationssysteme: Anforderungen und Einsatz

664 Vgl. von Lang 2000, S. 48: Die Kriterien Image des Herstellers, Schulungsbereitschaft und Service haben einen großen Einfluss auf die Auswahl von Softwareprodukten.

665 Vgl. Kapitel 3

666 Vgl. bspw. Harmsen et al. 1998, S. 5

667 Die Größe der Hersteller hatte deshalb Bedeutung, da die vielen kleinen Hersteller meist Individuallösungen anbieten und so kein repräsentativer Überblick geboten werden könnte. Hinzu kommt, dass der Softwaremarkt ein stark fluktuierender Markt ist, bei dem vor allem kleinere Unternehmen sehr oft kommen und gehen.

668 Vgl. Mayer 1997a

– Fraunhofer IAO: Ikarus – Internet-Katalog betrieblicher Umweltinformationssysteme – Ökoradar: BUIS – Betriebliche Umweltinformationssysteme – Usis Umweltinformatik, Edition 1997/98, Verzeichnis der Umwelt-Software und kompetenter IT-Anbieter[669] – Lfu: Betriebliche Energie- und Stoffstrommanagementsysteme, Methoden, Praxiserfahrung, Software – Eine Marktanalyse – Marx-Rohdemann: Empirische Studie: EDV-Unterstützung im Umweltmanagement, 2. Auflage, Köln 1996 - Telekommunikation und Umwelt – Analyse von Marktpotenzialen im Bereich betrieblicher Umweltinformationssysteme[670]

Abbildung 36: Studien und Datenbanken zu betrieblichen Umweltinformationssystemen

5.2.1.3 Evaluierung

Um die in die engere Auswahl gekommenen Softwareprodukte besser vergleichen zu können, wurde dafür ein Evaluierungsschema, das in

Abbildung 37: Evaluierungsraster für Softwareapplikationen

dargestellt ist, entwickelt und verschiedene Kriterien in die Untersuchung mit einbezogen. Als einer der Hauptpunkte ist die Funktion des Softwareprodukts hervorzuheben. Hier können auch noch Zusatz- bzw. Nebenfunktionen von Bedeutung sein. Für einen effizienten Einsatz ist auch wichtig, welche Hardware- und Softwareanforderungen durch das betriebliche Umweltinformationssystem an das Unternehmen gestellt werden.[671] Für die Recherche entschied sich die Verfasserin der Arbeit, den Unternehmen Fragebögen zuzusenden und so aus Sicht der Unternehmen die Funktionalitäten und Merkmale der Softwareapplikationen zu ermitteln.[672] Wenn es möglich war, wurde im Rahmen dieser Arbeit auch versucht, über Demonstrations-Programme[673] die Recherche zu vervollständigen.

669 Vgl. Mayer 1997b

670 Dieses Projekt wurde von der deutschen Telekom AG in Darmstadt finanziert.

671 Bei der Zusammenstellung des Evaluierungsrasters und der Auswahl der Kriterien für die Softwareanalyse wurde auf Kriterien von bereits durchgeführten Studien Rücksicht genommen. Vgl. dazu Wimmer, Bertsch 1997; Handke, Schnapperelle 2000; Arndt, Geisler, Günther 1998

672 Details zum Fragebogen siehe Anhang III.

673 Vollversionen wurden von den Softwareunternehmen nicht zur Verfügung gestellt.

Softwareapplikation **1 Funktionen** 1.1 Hauptfunktion und Anwendung 1.2 Weitere Funktionen Erstellung von Abfallbilanzen Erstellung von Input-Output Bilanzen Ökobilanzierung Stoffstromanalysen Produktlebenszyklusanalysen Berichterstattung und Visualisierung Prozess Monitoring Simulation von Abläufen und Prozessen Umweltkostenrechnung Evaluierung aufgrund ökologischer Bewertungsverfahren Erstellung von Umweltkennzahlen Risikoanalyse von Umweltgefahren Überprüfung der Erfüllung von Gesetzen/ legal compliance Mitarbeiterinformation Weitere Funktionen **2 Hardware and Software Voraussetzungen** 2.1 Mindestanforderungen 2.2 Abhängigkeit vom Betriebssystem	**3 Kosten** 3.1 Lizenzkosten 3.2 Erhaltungskosten **4 Nebenbedingungen / weitere Einschränkungen** 4.1 Modularität 4.2 Anpassungs- und Erweiterungsfähigkeit 4.3 Sprachen 4.4 Flexibilität bzgl. Branchen 4.5 Unabhängigkeit von der Unternehmensgröße **5 Datenmanagement** 5.1 Import / Export von Daten 5.2 Kompatibilität der Daten 5.3 Datensicherheit und Datenschutz 5.4 Schnittstellen **6 Service** 6.1 Updates 6.2 Schulungsangebote 6.3 Service Hotline/Offices 6.4 Kontaktadresse und Homepage **7 Anzahl an Referenzanwendungen**

Abbildung 37: Evaluierungsraster für Softwareapplikationen

Für die Auswertung und Analyse der Hypothesen über die Softwaresysteme wurden die Antworten der Softwarehersteller herangezogen. Bei einer eindeutigen Zuordnung der Antworten als zutreffend gelten dieselben Regeln für die Annahme der Hypothese wie für die Forschungsprojekte. Sind zwei Drittel der Antworten positiv, gilt die Hypothese als belegt. Bei zwei Drittel negativen Antworten gilt sie als verworfen. Anders sind keine eindeutigen Aussagen über die Annahme oder Ablehnung der Hypothesen möglich. Können die Antworten keiner nominalen Skala zugeordnet werden, geschehen die Auswertung und die Bewertung der Hypothesen vor diesem Hintergrund deskriptiv.

5.2.2 Ergebnisse der Softwaresysteme zu betrieblichen Umweltinformationssystemen

5.2.2.1 Auswahl der Softwareapplikationen

Derzeit sind rund 200 Softwarelösungen für den betrieblichen Umweltschutz am deutschsprachigen Markt erhältlich, zählt man auch Softwaresysteme für Rechtsdatenbanken, die natürlich auch die Umweltgesetzgebung mit einschließen dazu, existieren sogar noch mehr.[674] Teilweise handelt es sich dabei um Pilotanwendungen, die in nur einem einzigen Unternehmen implementiert wurden, teilweise fallen darunter auch Softwarelösungen, die

[674] Vgl. http://www.ikarus.iao.fhg.de; Mayer 1997a; Harmsen et al 1998, S. 5; Vgl. dazu auch die Studie der gruppe angepasste Technologie, die vom damaligen Bundesministerium für Umwelt, Jugend und Familie in Auftrag gegegen wurde (vgl. Wimmer, Bertsch 1997).

100 und mehr Referenzanwendungen vorweisen können. Hinzu kommt bei dieser Recherche, dass es sich beim Softwaremarkt um eine sehr kurzlebige Branche handelt. Laufend werden neue Versionen von Softwareprodukten entwickelt, ebenso wechseln auch die Anbieter dieser Software sehr stark. Daraus resultiert, dass eine Auflistung von derzeit am Markt erhältlichen Softwareprodukten immer nur eine Momentaufnahme darstellen kann, die nur durch eine laufende Aktualisierung ihren Wert beibehält.[675]

Ein weiterer Grund, warum im Rahmen dieser Arbeit keine vollständige Erhebung über Softwareapplikationen durchgeführt wurde, liegt in der großen Anzahl an bereits durchgeführten Studien. Zum Teil datieren diese Studien aber sehr weit zurück und können für Unternehmen bei der Auswahl von Softwareprodukten für ihr betriebliches Umweltinformationssystem keine Hilfestellung leisten. Nichts desto trotz zeigen sie die Fülle an Softwareprodukten für betriebliches Umweltmanagement auf. Zu bemerken ist hierbei auch, dass nur eine einzige Studie in Österreich durchgeführt wurde. Dies hat aber insofern nur wenig Bedeutung, da für Softwareunternehmer meist ohnehin der gesamte deutschsprachige Raum als potentieller Markt betrachtet wird und deutsche und schweizer Produkte auch in Österreich vertrieben werden und umgekehrt.[676]

Bezüglich Aktualität und Hilfestellung bei der Auswahl geeigneter Softwareprodukte müssen noch jene Studien bzw. Datenbanken hervorgehoben werden, die laufend aktualisiert werden. Es sind dies das Projekt Ökoradar[677] und der Internet-Katalog betrieblicher Umweltinformationssysteme IKARUS.[678] Darüber hinaus bietet das Institut für Arbeitswirtschaft und Organisation der Fraunhofer Gesellschaft in Stuttgart ein Demonstrationszentrum für Umweltinformationssysteme in Produktion und Logistik an. In diesem Zentrum - BUIS-Lab ge-

---

675 Auch bei der vorliegenden Recherche konnten einige Softwareapplikationen, die als interessant herausgefiltert wurden, nicht analysiert werden, da entweder das Unternehmen nicht mehr existierte oder die Software nicht mehr am Markt angeboten wird. Dies war bspw. bei den Softwareprodukten Pilot, ISOsoft 14001 und Cassandra der Fall.

676 Hier erweist sich die einheitliche deutsche Sprache als großer Vorteil, da vor allem für Klein- und Mittelbetriebe ein Softwaresystem in einer Fremdsprache eine Barriere bei der Implementierung darstellen kann (vgl. Opierzynski, Müller 2004). Bei international tätigen Konzernen ist dieses Problem aber weniger schwerwiegend.

677 http://www.oekoradar.de; Beim Projekt Ökoradar handelt es sich um ein Internetportal für Unternehmen und Interessierte am Thema Nachhaltiges Wirtschaften. Dieses Projekt wurde zwischen 2002 und Ende 2004 vom Deutschen Kompetenzzentrum für Nachhaltiges Wirtschaften (DKNW) der privaten Universität Witten/Herdecke und dem Lehrstuhl für Umweltmanagement der Universität Hohenheim unter Beteiligung von über 80 deutschen Unternehmen und Institutionen durchgeführt. Betriebliche Umweltinformationssysteme stellen dabei ein Teilgebiet eines umfassenden, integrierten betrieblichen Umweltschutzes dar, bei dem den interessierten Unternehmen mittels dieser Plattform Unterstützung gewährt wird (vgl. Bäcker, Sandhage-Hofmann 2002; Schulz et al. 2004).

678 http://www.ikarus.iao.fhg.de; Beim Projekt IKARUS der Fraunhofer Gesellschaft, Institut für Arbeitswirtschaft und Organisation in Stuttgart, handelt es sich um eine Datenbank, in der Anbieter von betrieblichen Umweltinformationssystemen eigenhändig ihr Produkt platzieren können. Unternehmen, die nun die Auswahl einer geeigneten Softwarelösung treffen müssen, haben mittels dieser Datenbank und eigens definierter Suchkriterien die Möglichkeit, die große Anzahl an Softwareapplikationen auf für sie geeignete Produkte einzuschränken. Dadurch wird eine Transferplattform geschaffen und die Kommunikation zwischen Anbietern und Anwendern erleichtert.

nannten – werden einzelne Softwareprodukte getestet und untersucht, ob sie für die jeweiligen Bedürfnisse der Unternehmen passend sind.[679] Dadurch wird den Unternehmen sowohl ein Test der Software als auch gleichzeitig eine Einführung in die Bearbeitung von solchen betrieblichen Umweltinformationssystemen ermöglicht.

Bei der Auswahl der für die vorliegende Arbeit zu untersuchenden Softwareprodukte wurde darauf geachtet, dass das breite Anwendungsspektrum für betriebliche Umweltinformationssysteme durch verschiedene Softwarelösungen abgedeckt wird. Wichtig bei der Auswahl der Softwaresysteme war außerdem, dass sie bereits gut entwickelt sind, um einerseits den Stand der Entwicklung darstellen zu können, und um andererseits zu vermeiden, dass Produkte von Herstellern evaluiert werden, die sich nur kurz am Markt behaupten können.[680] Schlussendlich wurden von ursprünglich 20 Softwareapplikationen folgende Softwareprodukte einer näheren Analyse unterzogen und der Fragebogen[681] zugesandt:

---

679 Siehe dazu auch http://www.buislab.iao.fhg.de/index.html

680 Auf die Evaluierung von Individuallösungen wurde im Rahmen dieser Arbeit verzichtet, da sich eine Übertragung auf andere Branchen, aber auch auf andere Unternehmen als oft zu schwierig erweisen kann.

681 Siehe Anhang III.

- AUDIT
  AUDIT
  Softwareentwicklungs- und
  Handelsges.m.b.H.
  Radegunderstraße 41
  8045 Graz
  Österreich
  http://www.audit.at
- GABI
  PE Europe GmbH
  Hauptstraße 111-113
  70771 Leinfelden-
  Echterdingen
  Germany
  http://www.gabi-
  software.de
- REGIS
  Sinum AG
  Lerchenfeldstraße 5
  9014 St. Gallen
  Schweiz
  http://www.sinum.com
- SAP EH&S
  TechniData AG
  Emmy-Noether-Straße 9
  76131 Karlsruhe
  Deutschland
  http://www.technidata.de
- SIMA PRO
  Pré Consultans B.V.
  Plotterweg 12
  3821BB Amersfoort
  Niederlande
  http://www.pre.nl
- UMBERTO
  ifu Hamburg GmbH
  Große Bergstr. 219
  22767 Hamburg
  Deutschland
  http://www.umberto.de
- ITU system
  Umweltdatenmanagement
  GmbH
  Alstertwiese 3
  20099 Hamburg
  www.itu-system.de
- Umsys
  INPLUS GmbH
  Environment &
  Management
  Therese-Ghiese-Platz 6
  82110 Germering
  Deutschland
  http://www.inplus.de
- WAU plus
  GUB mbH
  Industriestraße 10
  38110 Braunschweig
  Deutschland
- Div. Softwareprogramme
  WEKA Media GmbH &
  Co KG
  Römerstraße 4
  86438 Kissing
  Deutschland
- UBIS
  GWU mbH
  Birlenbacherstraße 18
  57078 Siegen
  Deustschland
- EMIS
  Carbotech
  Eulerstraße 68
  4051 Basel
  Schweiz
- Agenda
  Alstom
  Augsburger Straße 712
  70329 Stuttgart
  Deutschland
- Econova 14000
  Econova
  Spitalsgasse 18
  86150 Augsburg

Abbildung 38: Liste der Softwarehersteller

5.2.2.2 Kritische Analyse der Ergebnisse

Von den 14 Softwareunternehmen, die in die engere Auswahl gekommen sind, wurden insgesamt 9 Fragebögen beantwortet. 2 weitere Unternehmen antworteten, dass sie keine Umweltinformationssoftware mehr vertreiben.

Im Folgenden werden die Hypothesen zu den Softwareapplikationen in drei Gruppen eingeteilt. Hypothese HS 1 bis HS 5 werden dem allgemeinen Teil zugeordnet. Die Kategorie Funktionen und Aufbau der Software umfasst die Hypothesen HS 6 bis HS 12. Service und Kosten stellt die dritte Kategorie dar und beinhalten die Hypothesen HS-13 bis HS-17.

5.2.2.2.1 Grundlagen

Betrachtet man die Unternehmen, kann man feststellen, dass diese (bis auf die Firma Audit) alle schon mehr als 10 Jahre am Markt bestehen, was sicherlich für eine konstante Arbeit der Unternehmen spricht. Andererseits gaben nur 3 Unternehmen an, dass bereits Vorgängermodelle zum jetzigen Softwareprodukt existierten. Darüber hinaus besitzen 7 der 9 Hersteller noch weitere Softwareprodukte, was auf entsprechendes Know-How auch auf anderen Gebieten schließen lässt. Somit kann Hypothese 1 zumindest als nicht verworfen angesehen betrachtet werden. Betrachtet man die Anzahl der Referenzanwender, kann dies auch bestätigt werden, die Anwenderzahlen schwankten zwischen 10 und 600, wobei der Großteil eine Zahl an Referenzkunden größer 100 angeben konnte. Somit kann Hypothese 2 belegt werden.

Betrachtet man die Sprachen, in denen Softwareprodukte verkauft werden, kann man feststellen, dass zumindest 6 Softwarelösungen neben Deutsch auch in Englisch verkauft werden, was für die Implementierung in multinationalen Unternehmen von großer Bedeutung sein kann. Damit wird auch Hypothese 3 untermauert. Auffallend ist, dass Japanisch bereits bei 3 Softwarelösungen als Standardsprache angeboten wird, Französisch hingegen nur bei 2 Softwaresystemen (Spanisch hingegen auch bei 3). Bezogen auf die Unternehmensgröße, für die die Softwareapplikationen konzipiert wurden, muss Hypothese 4 verworfen werden. Nur ein einziges Unternehmen gab in der Befragung an, dass die Software für eine Unternehmensgröße ab 100 Mitarbeitern geeignet ist. Der Rest der Unternehmen machte entweder keine Angaben dazu (nur ein Unternehmen) bzw. gab an, dass das Softwareprodukt sowohl für KMUs als auch für größere Unternehmen handhabbar ist. Ein ähnliches Ergebnis war auch in Bezug auf die Eingrenzung auf bestimmte Branchen zu beobachten, da nur ein einziges Mal keine Angabe dazu gemacht wurde, ansonsten wurden die Softwareprodukte als branchenneutral beurteilt. Somit wird Hypothese 5 gestützt.

5.2.2.2.2 Funktionen und Aufbau der Software

Im Fragebogen wurden die Unternehmen aufgefordert, den Hauptanwendungsbereich ihres Softwareproduktes anzugeben. Dabei reichte die Beschreibung von einer einfachen Unterstützung der Verantwortlichen über Dokumentenmanagementsysteme, Ökobilanzierung, Prozessmodellierung bis zur Lebenszyklusanalyse. Somit kann hier keine eindeutige Richtung der Softwarelösungen herausgefiltert werden.[682] Dadurch ist auch die Hypothese 6, dass Stoffstromanalysen der Hauptaspekt von Software für BUIS sind, nicht zu bestätigen, obwohl in der Literatur gerade dieser Aspekt in Zusammenhang mit BUIS immer wieder stark hervorgehoben wird.[683] Stoffstromanalysen kommen dennoch in den Funktionen von 7 Unternehmen vor, ebenso wie die Input-Output-Bilanzen und die Ökobilanzierung (6 Nennungen). Ferner fand der Aspekt Stoffströme (aber auch Anlagen) die meisten Nennungen bei der Frage, welche Aspekte durch die Software behandelt werden. Somit können diese Funktionen als wesentlich für die Software identifiziert werden. Betrachtet man die Funktionen, die von den Unternehmen für ihre Softwareprodukte angegeben wurden, näher, kann man darüber hinaus feststellen, dass nur insgesamt 2 Softwareprodukte hier wesentlich eingeschränkte Funktionalitäten aufwiesen. Dies weist auf die allgemein hohe Entwicklung und das Potential der Softwareapplikationen hin.

Als Bereiche, die von der Software abgedeckt werden, wurden von allen die Nennung Produkt und Prozess angegeben, wodurch Hypothese 8 belegt werden konnte. Auffallend ist aber auch, dass fast alle Unternehmen darüber hinaus noch Abteilungen, das gesamte Unternehmen und sogar überbetriebliche Aktivitäten als Wirkungsfeld ihres Softwaresystems angaben.[684]

Betrachtet man den grundsätzlichen Aufbau der Software, kann Hypothese 9, dass Softwareprodukte regelmäßig modular aufgebaut sind, gestützt werden.[685] Dennoch lässt dies nicht automatisch den Schluss zu, dass es durch den modularen Aufbau den Kunden auch ermöglicht wird, sich die Software individuell zu gestalten und nur jeweils Teilfunktionen des Softwareprodukts zu erwerben. Dies ist bei nur 5 Softwareprodukten möglich, wodurch Hypothese 10 nicht bestätigt werden kann. Anpassungen an die individuellen Gegebenheiten in den Unternehmen sind aber dennoch möglich, ebenso Erweiterungen der Software.

Die organisatorische Integration der BUIS hat sich in den letzten Jahren ebenso gebessert. Waren vor einigen Jahren noch Stand-alone-Systeme von BUIS Standard,[686] stellt mittlerweile der Import und Export von Daten kein Problem mehr für die Software dar. Dies

---

682 Aufgrund der Tatsache, dass bei der Auswahl der Softwarelösungen unter anderem auch darauf geachtet wurde, dass ein breites Spektrum an Anwendungsbereichen abgedeckt wird, kann diese Vielfalt an Antworten erklärt werden.

683 Vgl. Schmidt 2000b

684 Darin kann man ein gewisses Potenzial, diese BUIS auch für den überbetrieblichen Austausch von Umweltinformationen einzusetzen, erkennen.

685 Hier gab es nur eine gegenteilige Meldung.

686 Vgl. Kapitel 3.5.1.1

geschieht größtenteils über standardisierte Schnittstellen. Eine Anknüpfung mittels Export und Import zu und von Excel, Access, aber auch zu SAP, ist bei fast allen Systemen möglich. Dadurch kann die Hypothese 11 gestützt werden. Probleme gibt es allerdings, betrachtet man die Schnittstellen zu kaufmännischer Software. Wenn diese Frage positiv beantwortetet werden konnte, wurde hier hauptsächlich SAP genannt. Hypothese 12 über eine Integration der Softwareapplikationen in andere Programme kann nicht eindeutig beantwortet werden, obwohl erstaunlicherweise 6 Unternehmen angeben, dass eine vollständige Integration in andere Systeme möglich bzw. auch nur teilweise möglich ist. Dies lässt keinen eindeutigen Schluss zu.

5.2.2.2.3 Service und Kosten

Die Ergebnisse der Umfrage unter den Softwareherstellern weisen darauf hin, dass Service für die Unternehmen große Bedeutung hat. So gaben alle Softwarehersteller an, dass Updates durchgeführt werden, teilweise sogar mehrmals jährlich. Auch das Anbieten von Schulungen und Trainings wurde von allen Herstellern bestätigt, ebenso wie umfangreiche Hilfestellungen bei der Implementierung der Software sowie eine Service-Hotline. Somit kann Hypothese 13 belegt werden.

Zu erwähnen sind ferner die Kosten. Die Bandbreite reicht hier von € 1500 bis mehr als € 25000, wobei einige Anbieter dies nur auf Anfrage angeben. Darüber hinaus können den Unternehmen je nach Inanspruchnahme von Beratungs- und Serviceleistungen Zusatzkosten entstehen.[687] Bezogen auf Verbesserungen ging aus dem Fragebogen nicht hervor, dass in Richtung Integration in andere Programme wesentliche Neuerungen zu erwarten sind. Jene Unternehmen, die ein neues Softwareprogramm auf den Markt bringen, arbeiten eher an Verbesserungen von Teilbereichen sowie an der Benutzerfreundlichkeit. Somit kann Hypothese 17 verworfen werden, was auch dem Ergebnis der Hypothese 12 entspricht, in der eine Integration in andere Systeme zum Teil schon bestätigt werden konnte.[688]

5.2.3 Ergebnisse der Softwaresysteme für Wertschöpfungsketten

Da für den Bereich Software für Supply Chain Management und Wertschöpfungsketten bereits detaillierte und aktuelle Studien veröffentlicht wurden,[689] wurde auf eine eigene empirische Analyse der Software im deutschsprachigen Markt verzichtet. Viele dieser Studien haben es sich dabei zum Ziel gesetzt, neben einer ausführlichen Auflistung der am Markt vorzufindenden Software einen Leitfaden für die Auswahl der Software zu gestalten. Der

---

687 Aufgrund der teilweise hohen Kosten relativiert sich allerdings die Aussage, dass die Produkte auch für kleine Unternehmen geeignet sind.

688 Und somit Hypothese 13 verworfen werden konnte.

689 Vgl. bspw. Busch et al. 2003. In diesem Werk werden Unternehmen bei ihrer Entscheidung und strategischen Auswahl von geeigneter SCM-Software unterstützt, in dem 14 Standardsoftwareprogramme ausführlich miteinander verglichen werden. Stärken und Schwächen der Anbieter sowie deren branchenspezifische Orientierung werden dabei verdeutlicht.

Marktspiegel Business Software[690] identifiziert bspw. 36 Softwareprodukte für das Management der Wertschöpfungskette und beschreibt deren Funktionalitäten und Vorteile in der Anwendung. Der Software Guide Deutschland[691] ordnet neben rund 70 Softwaresystemen für den Einkauf davon allein 26 Softwareprodukte spezifisch dem Supply Chain Management zu. Neben dieser Vielzahl an expliziten Softwareapplikationen für das Supply Chain Management kann und wird auch noch auf das Gros der ERP Software zurückgegriffen, wobei sich hier der Markt natürlich noch weitaus vielfältiger gestaltet.[692] Auch in Österreich werden eigene Softwarebörsen im Internet angeboten, die für den Einkauf, die Produktion und die Warenwirtschaft mehr als 120 Softwareprodukte auflisten und deren Charakteristika hervorheben.[693] So wird die Auswahl von Softwareapplikationen für das Management von Wertschöpfungsketten für die Unternehmen erleichtert und – zumindest eingeschränkt – werden Vergleiche der Softwarelösungen ermöglicht.

Aus diesen Studien lässt sich erkennen, dass die Fülle an Softwaresystemen durchaus auf einen ausreichenden Markt hindeutet. Verglichen mit den in den Studien zu BUIS mehr als 200 angepriesenen Softwarelösungen erscheinen die oben genannten Zahlen zwar auf den ersten Blick gering. Bei den genannten Lösungen für BUIS stellen umweltinformationsspezifische Funktionen häufig nur Nebeneffekte der eigentlichen Softwaresysteme dar, sie werden aber dennoch angeführt.[694] Hingegen sind die in der Studie des Marktspiegels identifizierten 36 Softwareapplikationen spezifisch auf das Management von Wertschöpfungsketten zugeschnitten. Aus diesem Grund kann man dennoch von einer ausreichenden Anzahl an Softwareapplikationen sprechen.[695]

Allerdings besteht sicherlich noch Handlungsbedarf in der Integration von Umweltaspekten in die Wertschöpfungskette. Sowohl die Softwarelösungen, die speziell für das Management der Wertschöpfungskette entwickelt wurden, als auch die ERP-Systeme berücksichtigen umweltorientierte Belange wenn überhaupt nur am Rande.[696] Hier besteht eindeutig Handlungsbedarf, einerseits in der Berücksichtigung der Umwelt in den

---

690 Einen Auszug und ein Inhaltsverzeichnis des Marktspiegel SCM findet man unter: http://www.it-matchmaker.com/public/downloads/msp_scm_auszuege.pdf

691 http://www.softguide.de/software/einkauf.htm

692 Auf der Homepage http://eri.benchpark.de/company_list.asp findet sich eine Übersicht über rund 80 Unternehmen, die die Implementierung von ERP-Systemen anbieten. Für weitere Studien zu SCM Softwaresystemen siehe auch Busch et al. 2003

693 Vgl. dazu die 1. österreichische Softwarebörse unter http://www.swb.at/sguide/sgetphp3?id=swb_at&seite=software/einkauf.htm

694 Bei der empirischen Analyse der Softwareapplikationen für BUIS stellte sich heraus, dass die meisten der angegebenen 200 Softwarelösungen nicht spezifisch für BUIS entwickelt wurden oder nicht mehr existierten.

695 Für eine Übersicht über die Funktionalitäten dieser Softwareapplikationen wird auf die jeweiligen Studien verwiesen.

696 Vgl. dazu die Studien Marktspiegel unter http://www.it-matchmaker.com/public/downloads/msp_scm_auszuege.pdf oder bspw. die 1. österr. Softwarebörse unter http://www.swb.at/sguide/sgetphp3?id=swb_at&seite=software/einkauf.htm

Entscheidungen in der Wertschöpfungskette, andererseits aber auch in den unterstützenden Softwaresystemen.

5.2.4 Zusammenfassende Betrachtung der Analyse der Softwareapplikationen

Betrachtet man Softwareapplikationen sowohl zur Unterstützung von BUIS als auch zur Unterstützung des Informationsaustausches entlang der Wertschöpfungskette, kann festgestellt werden, dass Produkte und Lösungen in ausreichender Zahl vorhanden sind. Somit kann die Forschungsfrage, ob die bestehende Software die Anforderungen abdecken, zumindest bezogen auf die Anzahl der Softwareapplikationen als positiv beurteilt werden. [697] Was die Anwendung der Systeme, vor allem der Softwarelösungen für BUIS betrifft, kann aufgrund der empirischen Analyse festgestellt werden, dass zumindest von Seiten der Softwarehersteller die Weichen für eine Integration der Systeme in die betriebliche IT-Landschaft gestellt sind. Inwiefern diese Softwareapplikationen in der Praxis auch tatsächlich in andere Systeme integriert werden und so Synergien bestmöglich ausgenutzt werden, darüber gibt die nachfolgende empirische Unternehmensanalyse Aufschluss. Bezogen auf die Forschungsfrage, ob Softwareanbieter den betrieblichen Rahmenbedingungen und Barrieren bei der Einführung zu wenig Beachtung schenken, kann ein gewisses Bemühen um Anpassung und Modularität bei den Softwareherstellern bemerkt werden. Wie eine Eignung der Softwareprogramme aus Sicht der Unternehmen wahrgenommen wird, darüber soll das anschließende Kapitel Aufschluss geben.

5.3 Stand der Umsetzung von betrieblichen und überbetrieblichen Umweltinformationssystemen in den Unternehmen

Die folgende empirische Analyse der Unternehmen dient der Klärung der folgenden in Kapitel 1 erörterten Forschungsfragen:

- Hängt die Umsetzung von betrieblichen Umweltinformationssystemen von der betrieblichen Ausgangssituation im Unternehmen ab?
- Werden betriebliche Umweltinformationssysteme bisher nur als isolierte Systeme betrieben?
- Können betriebliche Umweltinformationssysteme zu überbetrieblichen Umweltinformationssystemen in Netzwerken erweitert werden, um so zu überbetrieblichen Umweltschutzmaßnahmen beizutragen?
- Hängt die Umsetzung von überbetrieblichen Umweltinformationssystemen von der betrieblichen Ausgangssituation im Unternehmen bzw. der Kooperation ab?

---

[697] Bezogen auf die Anforderungen an diese Softwaresysteme wird auf Kapitel 5.2 verwiesen.

In der empirischen Erhebung wird somit die betriebliche Ausgangssituation geklärt und Zusammenhänge zu einer Entscheidung für eine Umsetzung von BUIS in den Unternehmen aufgezeigt. In weiterer Folge wird untersucht, welchen Einfluss die betriebliche Ausgangssituation auf die Implementierung solcher Systeme hat. Ist eine Implementierung von BUIS im Unternehmen erfolgt, ist die Frage über die Einbindung des Systems in die betrieblichen Abläufe zu klären.

Wie bereits erwähnt, wurde im Rahmen dieser Arbeit nach Möglichkeit auf bestehende Studien und Analysen Rücksicht genommen. Nach eingehender Recherche wurden folgende Studien identifiziert, die empirische Untersuchungen in Unternehmen zum Thema betriebliche Umweltinformationssysteme durchgeführt haben:

- Klemisch 1997: Die betriebliche Umsetzung von Umweltinformationssystemen in kleinen und mittelständischen Unternehmen[698]
- Kaluza et al 1999: Einsatz und Entwicklungsperspektiven von betrieblichen Umweltinformationssystemen in der Kärntner Wirtschaft – theoretische Überlegungen und empirische Befunde[699]
- Tschandl et al. 2002: STABIS – Von der Stoffstromanalyse zum integrierten Bewertungs- und Informationssystem, Teil A, B und C[700]
- Beucker et al. 2002: BUIS im Umweltcontrolling, Umfrage zur Nutzung von Instrumenten des Umweltcontrollings und deren informationstechnischer Unterstützung[701]
- Opierzynski, Mueller 2004: ASIA IT&C – Information Technology and Communication in the Field of Sustainable Environmental Protection for Resource Intensive Enterprises[702]

Diese fünf Studien wurden im Rahmen der vorliegenden Arbeit näher untersucht. Dabei musste aber festgestellt werden, dass sie für eine Überprüfung der Forschungsfragen nicht ausreichend sind.[703] Nichtsdestotrotz wurde versucht, so weit wie möglich Synergien zu den vorhandenen Arbeiten zu nutzen.

---

698 Vgl. Klemisch 1997

699 Vgl. Kaluza et al. 1999

700 Vgl. Tschandl et al. 2002a; 2002b

701 Vgl. Beucker et al. 2002

702 Vgl. Opierzynski, Müller 2004

703 Die Studie von Klemisch wurde als zu alt für die vorliegende Arbeit beurteilt. Darüber hinaus enthält sie hauptsächlich Elemente des betrieblichen Umweltmanagementsystems, auf betriebliche Umweltinformationssysteme wurde für die vorliegende Arbeit zu wenig Rücksicht genommen. Die Studie von Kaluza et al. wurde im Aufbau und bei Detailfragen näher untersucht und versucht, in den für die vorliegenden Fragebogen einzuarbeiten. Das Projekt Stabis von Tschandl et al. wurde insofern berücksichtigt, als dass daraus wertvolle Anleitungen für die Erstellung der empirischen Analyse gewonnen werden konnten. Inhaltlich konnten leider für die vorliegende Arbeit insofern keine weiterreichenden Erkenntnisse gewonnen werden, da sich die empirische Analyse eher auf den Bereich des Controllings von Umweltinformationen sowie den Einsatz von Softwarelösungen für Umweltinformationen konzentrierte. Die durchgeführte empirische Erhebung in den Unternehmen zum Einsatz von betrieblichen Umweltinformationen liegt derzeit

In Bezug auf empirische Arbeiten zu Wertschöpfungsketten und Wertschöpfungsnetzwerke kann insbesondere auf die Arbeit von von Stengel verwiesen werden,[704] der in seiner empirischen Erhebung produzierende Betriebe mit mehr als 750 Mitarbeitern in Deutschland befragte. Aufgrund der unterschiedlichen Unternehmensgröße[705] konnten aber keine direkten Rückschlüsse auf die vorliegende Arbeit gezogen werden. Dennoch konnten aus dem Aufbau der Erhebung sowie aus der Auswertung der Ergebnisse wertvolle Erkenntnisse für die vorliegende Arbeit gewonnen werden.

Ähnliches gilt für die Studie von Wohinz und Tuppinger.[706] Zwar stimmt in dieser Studie die Grundgesamtheit mit jener für die vorliegende Arbeit überein, dennoch können aufgrund verschiedener Faktoren, bspw. die unterschiedliche Ausrichtung der Arbeit, die unterschiedlichen Fragestellungen, mangelnder Bezug zu Umweltaspekten[707] und der Verarbeitung von Umweltinformationen keine Erkenntnisse für die Ableitung von validen Aussagen über die zu überprüfenden Hypothesen gewonnen werden.[708] Die Studie von Beucker et al. erschien zwar für betriebliche Umweltinformationssysteme passend, auf überbetriebliche Umweltinformationssysteme wurde jedoch nicht näher eingegangen.

Insgesamt kann also festgestellt werden, dass zu Wertschöpfungsketten und Supply Chain Management durchaus einige Studien und empirische Analysen bestehen. Da sie aber vor allem Umweltaspekte allgemein und die Verarbeitung von Umweltinformationen innerhalb dieser Wertschöpfungsketten nicht oder nur sehr oberflächlich behandeln, konnten sie in die vorliegende Arbeit nicht explizit eingebunden werden. Aus diesem Grund wurde eine eigene empirische Unternehmensanalyse durchgeführt, die im Folgenden dargestellt wird.

5.3.1 Ziel und Methodik der empirischen Unternehmensanalyse

Die Ziele der folgenden empirischen Untersuchung in der Industrie können zusammenfassend dargestellt werden.

- Erfassung des Status quo der Verarbeitung von Umweltinformationen in Unternehmen

---

noch nicht veröffentlicht vor. Letztendlich konnten auch aus der empirischen Erhebung von Opierzynski und Müller nur beschränkt Rückschlüsse für die vorliegende Arbeit gezogen werden. Vom Aufbau gestaltete sich die Erhebung zwar ähnlich wie die vorliegende empirische Analyse, aufgrund der Tatsache, dass in der Untersuchung von Opierzynski und Müller Thailand als Zielgebiet der Erhebung ausgewählt wurde, können auch hier nur begrenzt Ergebnisse für die Überprüfung der Hypothesen übernommen werden.

704 Vgl. von Stengel 1999

705 Für die vorliegende empirische Analyse der Unternehmen in Österreich wäre die Unternehmensgröße von 750 Mitarbeitern aufgrund der geringen Anzahl an Unternehmen nicht repräsentativ gewesen. Darüber hinaus könnten daraus keine validen Rückschlüsse auf die Grundgesamtheit der österreichischen Industrie gezogen werden.

706 Vgl. Wohinz, Tuppinger 2003

707 Dies gilt auch für die Studie von Stengel 1999.

708 Dennoch wurde die Studie von Wohinz und Tuppinger teilweise als Basis für die Ausarbeitung von Hypothesen für den Fragenbogen über Wertschöpfungsnetzwerke herangezogen.

- Gewinnung von neuen empirischen Erkenntnissen über die betrieblichen Abläufe und Ausgangssituationen für die Erfassung, Verarbeitung und Speicherung von Umweltinformationen in Unternehmen
- Analyse von Hinderungsgründen und Verbesserungspotenzialen für den systematischen Einsatz von betrieblichen Umweltinformationssystemen in Unternehmen
- Ermittlung von Rahmenfaktoren für eine Implementierung von betrieblichen Umweltinformationssystemen in Unternehmen
- Erfassung des Status quo des tatsächlichen Austauschs von Umweltinformationen in Netzwerken
- Untersuchung des Potenzial der Verankerung von Umweltinformationen in Netzwerken
- Ermittlung von Hindernissen und Barrieren sowie Rahmenfaktoren für die Gestaltung von Implementierungskonzepten für die Verankerung von Umweltinformationssystemen zu einer nachhaltigen Entwicklung in Netzwerken

Um für die Entwicklung der Implementierungskonzepte für den Austausch von Umweltinformationen auf betrieblicher und überbetrieblicher Ebene Anhaltspunkte zu erhalten, wurde die im Folgenden beschriebene empirische Analyse in der österreichischen Industrie initiiert. Dabei geht es darum, den Status quo an umweltorientierten Maßnahmen in den österreichischen Unternehmen sowie wesentliche Rahmenbedingungen und Eckpunkte für eine erfolgreiche Implementierung von betrieblichen Umweltinformationssystemen zu identifizieren. Auf überbetrieblicher Ebene werden mittels der Analyse von Netzwerken die Möglichkeiten des Austauschs von Umweltinformation zwischen Unternehmen untersucht und im Folgenden Hindernisse und Barrieren identifiziert sowie Möglichkeiten zu ihrer Überwindung abgeleitet.

Zusammenfassend kann die Methodik der Arbeit so dargestellt werden, dass ausgehend von Beobachtungen und von bereits vorhandenen theoretischen Erkenntnissen theoriegestützte Hypothesen aufgestellt und in der empirischen Untersuchung analysiert werden. Daraus abgeleitet werden wiederum Erkenntnisse für ein theoretisches Konzept zur Gestaltung einer Erfolg versprechenden Implementierung von Umweltinformationssystemen auf betrieblicher und überbetrieblicher Ebene.

5.3.2 Gegenstand und Aufbau der empirischen Untersuchung

Für die empirische Analyse wurde eine Vollerhebung innerhalb der österreichischen produzierenden Industrie mittels eines Fragebogens gewählt. Durch diese Vollerhebung sollte eine ausreichende Repräsentativität und Validität erreicht werden. Das Design des Fragebogens wurde so angelegt, dass es sich hauptsächlich um geschlossene Fragen handelt, mit Ausprägungen von 1 bis 5, wobei 1 „eher weniger", „trifft nicht zu", „sehr unwichtig", „gar nicht" etc. und 5 jeweils „eher mehr", „trifft völlig zu", „sehr wichtig" und „völlig" bedeutet. Um die Rücklaufquote durch ein einfaches Ausfüllen des Fragebogens zu erhöhen, wurden hauptsächlich Einschätzungen und Einstellungen abgefragt, auf die Analyse von „harten", also spezifischen, Zahlen und Fakten, die erstens zumeist der Vertraulichkeit unterliegen und zweitens schwerer und aufwendiger für die Befragten zu erheben sind, wurde bewusst verzichtet.[709] Als Ansprechperson und Adressat für die Vollerhebung in Österreich wurde der Umwelt- und Abfallbeauftragte des Unternehmens ausgewählt, da angenommen wurde, dass er zu den im Fragebogen enthaltenen Fragestellungen am meisten Informationen besitzt. Der empirischen Erhebung lief außerdem ein Pretest voraus, in dem die Verständlichkeit der Fragen gemeinsam mit Vertretern der Industrie und Experten im Vorfeld abgeklärt wurde.

Neben dieser Vollerhebung in der österreichischen produzierenden Industrie, die sich an Unternehmen mit mehr als 100 Mitarbeitern richtete, wurden in weiterer Folge auch gezielt einzelne Netzwerke, sowohl Wertschöpfungsnetzwerke als auch Verwertungsnetze, untersucht. Für Verwertungsnetze wurde dabei der gleiche Fragebogen wie auch für die gesamtösterreichische Erhebung herangezogen, da es sich hierbei um nahezu die gleichen Fragestellungen handelt.

Für die Analyse von Wertschöpfungsnetzwerken wurde der Fragebogen in der Hinsicht adaptiert, dass alle spezifischen Fragen zu Verwertungsnetzen aus dem Fragebogen genommen und durch spezielle Fragestellungen zu Wertschöpfungsnetzwerken ersetzt wurden.[710] Ansonsten blieb der Fragebogen gleich, um Unterschiede und Ähnlichkeiten zwischen den Netzwerken analysieren sowie um Rückschlüsse aus der gesamtösterreichischen Umfrage auf die einzelnen Netzwerke ziehen zu können. Als Ansprechperson für die Untersuchung von Wertschöpfungsnetzwerken wurde, sofern vom Management des Netzwerkes keine anderen Personen genannt wurden, wiederum der Umwelt- und Abfallbeauftragte herangezogen.

Aufgrund der Tatsache, dass in der empirischen Unternehmensanalyse verschiedene Samples untersucht wurden, wird im Folgenden näher auf die einzelnen untersuchten Unternehmensgruppen eingegangen. Dabei wird zuerst die Gesamtuntersuchung der österreichischen Industrie und im Anschluss auf die einzelnen exemplarischen Netzwerke eingegangen. Jedoch konzentriert sich die vorliegende Arbeit und empirische Untersuchung neben der Analyse der gesamtösterreichischen Industrie vordergründig vor allem auf Wertschöpfungsnetzwerke. Dabei wird besonderes Augenmerk auf österreichische Wertschöpfungsnetzwerke gelegt. Die Eingrenzung auf Österreich erfolgt, da hierbei auch Vergleiche mit der gesamtösterreichischen Umfrage möglich werden. Eine Vollerhebung aller

709 Die Fragebögen der empirischen Analyse sind im Anhang I und II abgebildet

710 Siehe zum Fragenbogen für Wertschöpfungsnetzwerke ebenfalls in Anhang II.

in Österreich existierender Wertschöpfungsnetzwerke[711] ist in diesem Zusammenhang jedoch nicht sinnvoll, da ständig neue Wertschöpfungsnetzwerke und Cluster hinzukommen, viele Überschneidungen bei den untersuchten Einheiten zustande kommen würden und letztendlich würde eine Vollerhebung der österreichischen Wertschöpfungsnetzwerke den Rahmen dieser Arbeit sprengen. Aus diesem Grund wurden zwei Wertschöpfungsnetzwerke ausgewählt, die sich aus unterschiedlichen Branchen zusammensetzen und von ihrem Aufbau und ihrer Entstehung teilweise unterschiedliche Strukturen aufweisen.

Um im Rahmen der empirischen Unternehmensanalyse auch auf Besonderheiten von Wertschöpfungsnetzwerken im Vergleich zu anderen Netzwerken eingehen zu können, wurde eine zusätzliche Befragung in Verwertungsnetzen durchgeführt. Im Gegensatz zu anderen Typen von Netzwerken (bzw. Technologie- und Forschungsnetzwerke) besteht bei Verwertungsnetzen bereits ein expliziter Bezug zu Umweltschutzmaßnahmen. Da in Österreich derzeit aber nur ein bekanntes Verwertungsnetz existiert, wurde die Analyse auf weitere europäische Beispiele ausgedehnt, wobei aufgrund der zahlenmäßig eingeschränkten Anzahl an untersuchten Verwertungsnetzen in Europa bezogen auf die Gesamtzahl an bestehenden Verwertungsnetzen keine repräsentativen Schlussfolgerungen für die Gesamtsituation in Europa gezogen werden können. Nichtsdestotrotz kann durch die Analyse der verschiedenen Netzwerke das Potenzial von Systemen zum Austausch von Umweltinformationen für eine nachhaltige Entwicklung dargestellt und untersucht werden.

5.3.2.1 Produzierende Industrie in Österreich

Als Grundgesamtheit wurde die österreichische produzierende Industrie ausgewählt, also insbesondere Dienstleistungsunternehmen aus der Untersuchung ausgeklammert. Als zweite Einschränkung wurden nur Unternehmen mit mehr als 100 Mitarbeitern ausgewählt, also jene Unternehmen, die gemäß der Definition der EU zu den mittleren und großen Betrieben zählen.[712] Dies führte zu einer Grundgesamtheit von 1480 Unternehmen, die in einer Vollerhebung untersucht wurden.

5.3.2.2 Wertschöpfungsnetzwerke

Eine weitere Untersuchungseinheit stellten Wertschöpfungsnetzwerke dar, die durch den ACstyria und den Kunststoffcluster Oberösterreich repräsentiert werden.[713]

5.3.2.2.1 ACstyria

Der ACstyria wurde im Jahre 1996 in der Steiermark auf Anstoß der steirischen Landesregierung von der Steirischen Wirtschaftsförderung gegründet. Ziel der Gründung

---

711 Bzw. Cluster, wie sie in vielen Bereichen auch genannt werden.

712 Vgl. dazu die Recommendation 2003/361/EC vom 6. Mai 2003

713 Diese beiden Wertschöpfungsnetzwerke wurden aufgrund ihrer Struktur, Organisation sowie der unterschiedlichen Branchenzuhörigkeit ausgewählt.

dieses Clusters im Automobilbereich war die Stärkung der Wettbewerbsfähigkeit der Region Steiermark. Seit dem Zeitpunkt der Gründung weist der ACstyria ein stetiges Wachstum an Mitgliedern auf. Im Jahre 1999 wurde die ACstyria Autocluster GmbH in ein eigenständiges Unternehmen umgewandelt, das seither das Wertschöpfungsnetzwerk ACstyria unterstützt.[714]

Für die vorliegende Untersuchung wird der ACstyria ausgewählt, da es ein sowohl nationales als auch international angeerkanntes Netzwerk an Unternehmen der gleichen Wertschöpfungskette darstellt. Darüber hinaus wird mit der Auswahl der Automobilbranche ein, vor allem auf die Steiermark bezogen, derzeit erheblich wachsender Industriezweig in die Analyse miteinbezogen. Auch in Bezug auf Umweltaktivitäten werden vom ACstyria bereits einige Maßnahmen gesetzt.

Vom Clustermanagement, das die empirische Erhebung unterstützte, wurden insgesamt 269 Adressen zur Verfügung gestellt, wobei viele Firmen mit mehreren Ansprechpartner genannt wurden. Darunter waren auch so genannte Interessenten, die in den Datenbanken des ACstyria zwar aufscheinen, aber keine offiziellen Mitglieder sind. Diese wurden aus der Analyse ausgeklammert. Um die Vergleichbarkeit mit dem Grundsample der österreichischen Industrie und den Verwertungsnetzen zu ermöglichen, wurden auch hier die Dienstleister und der Handel aus der Erhebung herausgenommen. Eine Einschränkung auf die Unternehmensgröße und die Mitarbeiteranzahl wurde aber bei der Analyse der Wertschöpfungsnetzwerke ebenso wie bei den Verwertungsnetzen nicht gemacht. Schlussendlich wurden insgesamt 94 Unternehmen im Rahmen der empirischen Analyse befragt.

5.3.2.2.2 Kunststoffcluster Oberösterreich

Der Kunststoffcluster (KC) Oberösterreich existiert seit dem Jahre 1999 und wurde von der oberösterreichischen Technologie- und Marketinggesellschaft (TMG) gegründet.[715] Er ist derzeit das größte Netzwerk Oberösterreichs mit fast 300 Mitgliedern und das größte kunststoffspezifische Netzwerk in Europa.[716] Die Aufgaben des Clustermanagements beziehen sich derzeit vordergründig auf die Unterstützung der Netzwerkunternehmen bei Kooperationen sowie bei Innovationen, damit die Unternehmen langfristig im Wettbewerb bestehen können. Auf Ebene des Umweltschutzes werden derzeit vom Clustermanagement noch kaum Maßnahmen getätigt. Der KC Oberösterreich kann aufgrund seiner gut funktionierenden Strukturen und seines Aufbaus als repräsentatives Beispiel für ein – sogar teilweise branchenübergreifendes – Wertschöpfungsnetzwerk herangezogen werden und er wird deshalb auch in die folgende empirische Analyse miteinbezogen.

---

714 Vgl. http://www.acstyria.com/

715 Die OÖ. Technologie- und Marketinggesellschaft m.b.H. (TMG) betreut neben dem KC Oberösterreich den Automobil-Cluster (AC) (nicht zu verwechseln mit dem ACstyria), den Cluster Drive Technology (CDT), Möbel- und Holzbau-Cluster (MHC), Gesundheits-Cluster (GC) und den Mechatronik-Cluster (MC) und macht Oberösterreich somit zum Clusterland Nummer 1 in Österreich. (vgl. http://www.clusterland.at, eingesehen am 24.09.04; vgl. dazu auch Ohler 2001; Bayer, Eder 2001, S. 30ff)

716 Vgl. Bayer, Eder 2001, S. 39f

Aufgrund der Tatsache, dass seitens der TMG bereits sehr viele Fragebögen den Partnerunternehmen zugesendet wurden, wurde von Seiten des Clustermanagements keine umfassende Unterstützung zugesagt.[717] Die Firmendaten wurden uns aber aufgrund der Homepage zur Verfügung gestellt und die Aussendung der Fragebögen ausdrücklich genehmigt.

Wiederum wurden von all den auf der Homepage genannten Unternehmen Forschungseinrichtungen, Unternehmensberater und andere Dienstleistungsunternehmen ausgesondert. Auf eine Einschränkung auf die Mitarbeiterzahl und Unternehmensgröße wurde aus den gleichen Gründen wie beim ACstyria verzichtet. Somit wurde letztendlich 137 Unternehmen ein Fragebogen zugesandt.

5.3.2.3 Verwertungsnetze

Die folgenden Verwertungsnetze wurden für die weitere Analyse über die Möglichkeiten für den inner- und überbetrieblichen Austausch von Umweltinformationen herangezogen und vor allem für Vergleiche zwischen den Wertschöpfungsnetzen und Verwertungsnetzen ausgewertet. Dabei wurde neben dem einzigen österreichischen Verwertungsnetz auch ein deutsches in die Analyse aufgenommen. Darüber hinaus wurde darauf geachtet, dass für eine bessere Vergleichbarkeit ähnliche Ausgangsbedingungen und Rahmenfaktoren wie im österreichischen Verwertungsnetz vorliegen.[718]

5.3.2.3.1 Verwertungsnetz Obersteiermark

Das Verwertungsnetz Obersteiermark ist das einzige bisher bekannte Verwertungsnetz in Österreich. Es wurde mehr oder weniger durch die Publikationen von Schwarz und Strebel in den 90er Jahren bekannt und umfassend dargestellt.[719] Anders als bei den oben beschriebenen Wertschöpfungsnetzwerken entstand das Verwertungsnetz Obersteiermark evolutionär und ohne Anstoß von außen. Bis zu den Veröffentlichungen war den meisten Unternehmen der Netzwerkcharakter gar nicht bewusst, obwohl zu diesem Zeitpunkt bereits über 1 Mio. Tonnen Rückstände innerhalb des Netzwerkes zur zwischenbetrieblichen Verwertung abgegeben wurden.[720] Innerhalb der vorliegenden empirischen Unternehmensanalyse wird untersucht, inwiefern in diesem bereits existierenden Verwertungsnetz Umweltinformationen ausgetauscht werden, auch in Relation zum Grundsample der österreichischen produzierenden Industrie. Darüber hinaus wird analysiert, in welchem Ausmaß Möglichkeiten gegeben sind,

---

717 Dies bedeutete, dass das Clustermanagement nicht als Auftraggeber bzw. als Partner der Unternehmensanalyse aufscheinen wollte.

718 Aus diesem Grund wurde auf die zahlreichen Ecoparks, die sich in den letzten Jahren gebildet haben, keine Rücksicht genommen.

719 Vgl. Schwarz 1994; Strebel 1995b; Strebel 1996b

720 Vgl. Posch et al. 1998, S. 211ff

hier die Installation von Umweltinformationssystemen zur Unterstützung des inner- und überbetrieblichen Austauschs von Umweltinformationen zu ermöglichen.

5.3.2.3.2 Verwertungsnetz Oldenburger Münsterland, Deutschland

Als zweites Verwertungsnetz der Untersuchung wird das Verwertungsnetz im Oldenburger Münsterland, Deutschland, herangezogen. Im Gegensatz zum genannten Verwertungsnetz Obersteiermark wurde dieses Verwertungsnetz bewusst im Rahmen des Projektes „RIDROM – Ressourcenschonung in der Region Oldenburger Münsterland“ initiiert mit dem Ziel, ein regionales Verwertungsnetz zwischen Unternehmen in den Landkreisen Vechta und Cloppenburg mit ca. 20 Unternehmen aufzubauen.[721] Für die vorliegende empirische Untersuchung war bedeutend, dass im Verwertungsnetz Oldenburger Münsterland bezogen auf regionale Ausbreitung die gleichen Verhältnisse wie im Verwertungsnetz Obersteiermark bestehen und dass hier ebenso die Vertrauensbasis zwischen den Netzwerkunternehmen als vorhanden angesehen werden kann.[722] Somit dient dieses Verwertungsnetz einerseits als Vergleichsample vor allem zum Verwertungsnetz in der Obersteiermark, zum anderen kann aber die Untersuchung herangezogen werden, um die Ausgangssituation und die Möglichkeiten für die Installierung von Umweltinformationssystemen in Deutschland, das auf diesem Gebiet auf wissenschaftlicher Ebene schon sehr weit fortgeschritten ist, zu untersuchen.

5.3.3 Forschungsfragen

Die im Folgenden aufgestellten Forschungshypothesen stützen sich auf die theoretischen Erkenntnisse der Kapitel 3 über Ausführungen zu Umweltinformationssystemen und Kapitel 4 zu den theoretischen Ansätzen zu Wertschöpfungsnetzwerken und Verwertungsnetzen. Die Hypothesen fassen somit die beschriebenen Ansätze und Theorien zusammen.[723]

Inhaltlich beziehen sich die Hypothesen auf:

- Kommunikation von Umweltinformationen auf betrieblicher Ebene
- Kommunikation von Umweltinformationen auf überbetrieblicher Ebene
- Potenzial für die Kommunikation von Umweltinformationen in Wertschöpfungsnetzwerken
- Gegenüberstellung der Potenziale zur Verankerung von Umweltinformationssystemen in Wertschöpfungsnetzwerken und Verwertungsnetzen

---

721 Vgl. Hasler 2002, S. 231

722 Vgl. Hasler, Hildebrandt, Nüske 1998, S. 313

723 Auf die Ausarbeitung von spezifischen Forschungshypothesen zu Verwertungsnetzen wurde im Rahmen dieser Arbeit verzichtet

5.3.3.1 Hypothesen zur betrieblichen Kommunikation von Umweltinformationen

Bezogen auf den Austausch von Umweltinformationen in Unternehmen mit Hilfe von betrieblichen Umweltinformationssystemen stellen sich in der vorliegenden Arbeit folgende, abgeleiteten Forschungshypothesen, die es durch die empirische Analyse zu beantworten gilt. Diese Hypothesen werden auf die gesamte empirische Analyse bezogen, sowohl auf die gesamtösterreichische Umfrage, als auch auf die Erhebungen zu Verwertungsnetzen und Wertschöpfungsnetzwerken, da sie sich hauptsächlich auf die Verarbeitung von Umweltinformationen im inner- und zwischenbetrieblichen Bereich beziehen.

HU-1 Die bereits getätigte Installierung von Umweltmanagementsystemen wirkt sich positiv auf eine Implementierung von BUIS aus.

HU-2 Je größer ein Unternehmen ist, desto eher wird ein BUIS im Unternehmen installiert bzw. existiert bereits.

HU-3 Spezielle Systeme zur Erfassung von Umweltinformationen werden umso eher implementiert, je eher das Unternehmen auch andere Maßnahmen zum betrieblichen Umweltschutz tätigt.

Wie in Kapitel 3 ausführlich diskutiert, werden BUIS im Unternehmen eingesetzt, um die Komplexität (die durch die Größe des Unternehmens und durch den speziellen Einsatz von Instrumenten, die spezifische Umweltinformationen benötigen, noch verstärkt wird) in der Verarbeitung von Umweltinformationen zu reduzieren und unterstützend für das Umweltcontrolling und in weiterer Folge für das Umweltmanagement im Unternehmen zu wirken.

HU-4 Wird ein BUIS im Unternehmen verwendet, werden Stoffflüsse regelmäßiger erhoben als ohne BUIS.

Um ein Ökocontrolling im Unternehmen effizient durchführen zu können, sind regelmäßige Informationen über Stoffströme erforderlich. Diese Unterstützung wird prinzipiell von BUIS gewährleistet, die Umsetzung in Unternehmen kann jedoch mit erheblichem Aufwand verbunden sein.

HU-5 Die verwendeten BUIS werden isoliert im Unternehmen verwendet.

HU-6 Werden BUIS im Unternehmen eingesetzt, werden diese nicht im vollen Umfang ihrer Leistungsfähigkeit genutzt.

Derzeit am Markt angebotene Software für BUIS wird häufig als zu komplex für Unternehmen beschrieben, der Ruf nach einfachen, in der Regel modular aufgebauten Systemen, die auch für kleine und mittlere Unternehmen handhabbar sind, wird stärker.

HU-7 Die Installierung von BUIS führt im Unternehmen zu Kostereduktionen.

Als wesentlichster Vorteil von BUIS werden sowohl in der Literatur als auch von den Software-Herstellern Kostenreduktionen angepriesen. Trifft diese Hypothese zu, kann dies als wesentlicher Faktor für die Gestaltung von Implementierungskonzepten für BUIS herangezogen werden.

HU-8 Sind im Unternehmen noch keine BUIS installiert, ist auch der Informationsstand über solche Systeme sehr gering.

In der Literatur werden häufig fehlende Information und Kenntnisse über BUIS als Hindernisgrund für eine Implementierung angeführt. Kann diese Hypothese durch die empirische Erhebung bestätigt werden, sind hiervon klare Handlungsanleitungen für Implementierungskonzepte abzuleiten.

HU-9 Der Einsatz von BUIS wird in Zukunft in den Unternehmen stärker forciert. Unternehmen, die bereits ein BUIS installiert haben, erkennen dieses Potenzial.

Der Einsatz von BUIS birgt viele Vorteile, das entsprechende Potenzial in Unternehmen wird von den Unternehmen, die ein solches System bereits implementiert haben, auch explizit erkannt. Die Überprüfung dieser Hypothese kann also die Bestätigung bringen, dass ein BUIS für die Unternehmen eine wesentliche Unterstützung sein kann und die von den Unternehmen auch wahrgenommen wird.

HU-10 Gründe, die gegen den Einsatz von BUIS sprechen, sind vorrangig im Bereich der Software selbst zu suchen (teuer, komplex, nicht geeignet etc.).

HU-11 Monetäre Anreize sind Gründe für die zukünftig mögliche Installierung von BUIS für den innerbetrieblichen Austausch von Umweltinformationen.

Treffen diese Hypothesen zu, liegen zwar die notwendigen Voraussetzungen für eine erfolgreiche Implementierung und Anwendung von BUIS in den Unternehmen vor, Softwaresysteme werden jedoch nicht als ausreichend erachtet. Daraus lassen sich wesentliche Faktoren für die Hersteller von Softwaresystemen ableiten bzw. Stellschrauben für die Gestaltung von Implementierungskonzepten identifizieren.

5.3.3.2 Hypothesen zur überbetrieblichen Kommunikation von Umweltinformationen

Ebenso wie die oben dargestellten Hypothesen zur betrieblichen Kommunikation von Umweltinformationen beziehen sich diese Hypothesen auf die gesamte empirische Analyse und schließen die Umfrage in Gesamtösterreich als auch in den einzelnen Wertschöpfungsnetzwerken und Verwertungsnetzen mit ein.

HU-12 Die Kommunikation mit Abnehmern von Rückständen und Lieferanten von Rohstoffen erfolgt derzeit hauptsächlich per Telefon/Fax und im Briefverkehr. Softwareprogramme haben hierbei keine Bedeutung.

Trifft diese Hypothese zu, kann dies als bedeutender Indikator für weitere Maßnahmen zur Unterstützung des Austauschs von Umweltinformationen gesehen werden und dafür, dass zuerst das Bewusstsein für den Einsatz von EDV-Unterstützung geschaffen werden muss.

HU-13 BUIS und Umweltinformationen werden generell nicht dazu verwendet, um überbetriebliche Maßnahmen des Umweltschutzes (LCA, umweltfreundliche Produktgestaltung etc.) zu ergreifen und zu unterstützen.

HU-14 Unternehmen verwenden BUIS nicht, um den überbetrieblichen Datenaustausch von Stoffströmen mit Sekundärrohstofflieferanten und mit Abnehmern von Rückständen zu unterstützen.

Unternehmen sind sich zwar prinzipiell derzeit der Notwendigkeit von Maßnahmen zum Schutz der Umwelt bewusst. Die Überprüfung dieser Hypothesen soll Aufschluss darüber geben, inwiefern Unternehmen ihre Sichtweise geweitet haben und bereits überbetriebliche Maßnahmen zum Umweltschutz tätigen und dazu Umweltinformationen der Lieferanten, Abnehmer und Behörden in ihre betrieblichen Entscheidungen mit einbeziehen.

HU-15 Das Potenzial für den Einsatz von Softwaresystemen für den überbetrieblichen Austausch von Umweltinformationen wird derzeit von den Unternehmen als sehr gering eingestuft.

HU-16 BUIS sind aus Sicht der Unternehmen noch nicht weit genug entwickelt, um den Austausch von Umweltinformationen und Informationen innerhalb von Netzwerken zu unterstützen.

Wie in Kapitel 3 und 4 erläutert, kann der Einsatz von entsprechender Software den Austausch von Umweltinformationen erheblich unterstützen. Sehr oft wird dieses Potenzial aber von Unternehmen unterschätzt, insbesondere im überbetrieblichen Bereich, wo der Einsatz von spezieller Software für den Datenaustausch noch relativ unbekannt ist. Wird darüber hinaus von den Unternehmen der Entwicklungsstand von BUIS für die überbetriebliche Kommunikation als gering erachtet, kann dies als wichtiger Hinweis für eine stärkere Transparenz auf dem Angebotsmarkt für Software gewertet werden, um die Vorteile dieser speziellen Softwareprodukte besser an die Unternehmen zu kommunizieren.

HU-17 Gründe, die gegen den Einsatz von Software für den überbetrieblichen Austausch von Umweltdaten sprechen, sind vorrangig im Bereich der Software selbst zu suchen (teuer, komplex, nicht stabil, nicht genug Sicherheit)

Trifft diese Hypothese zu, kann dies Aufschluss darüber geben, dass zwar das Bewusstsein und die organisatorisch, technischen Voraussetzungen in den Unternehmen für den EDV-gestützten Austausch von Umweltinformationen gegeben sind, jedoch die angebotenen Softwarelösungen als nicht ausreichend eingeschätzt werden. Dies kann wiederum als Indiz für die fehlende Transparenz am Softwaremarkt und damit einhergehende mangelnde Informationen der potenziellen Kunden gedeutet werden.

HU-18 Monetäre Anreize sind Gründe für die zukünftig mögliche Installierung von Softwaresystemen für den überbetrieblichen Austausch von Umweltinformationen. Vorgaben von Konzernen, Lieferanten und Abnehmern haben keinen Einfluss auf die mögliche Installierung von Softwareprogrammen für den überbetrieblichen Austausch von Umweltinformationen

In der Literatur wird vielfach auf die Vorteile des Einsatzes von BUIS aus monetärer Sicht hingewiesen. Kann diese Hypothese gestützt werden, bedeutet dies, dass zukünftig die Rahmenbedingungen für Unternehmen für den verstärkten Einsatz von BUIS dergestalt geschaffen werden müssen, dass monetäre Gesichtspunkte verstärkt in den Vordergrund treten.

5.3.3.3 Hypothesen zur Kommunikation von Umweltinformationen in Wertschöpfungsnetzwerken

Diese Hypothesen basieren auf den theoretischen Erkenntnissen, die in Kapitel 4 dargestellt wurden. Zum einen stellen sie betriebliche Rahmenbedingungen in den Wertschöpfungsnetzwerken dar, die für eine erfolgreiche Implementierung von Umweltinformationssystemen maßgeblich sind. Zum anderen werden insbesondere bestehende Kommunikationsformen für Umweltinformationen in den Wertschöpfungsnetzwerken beleuchtet und Möglichkeiten für eine Verankerung des Umweltschutzes in den bestehenden Kooperationen diskutiert. Diese Hypothesen umfassen ausschließlich die Untersuchung der Wertschöpfungsnetzwerke.

HU-19 Wertschöpfungsnetzwerke werden von zentralen Institutionen geführt. Diese zentrale Institution übernimmt die operative Planung und Steuerung sowie die Pflege (Kommunikation, Vertretung des Netzwerkes, Partnersuche) des Netzwerkes und ist somit wesentlich für den langfristigen Erfolg des Wertschöpfungsnetzwerkes.

In den Theorien zu Wertschöpfungsnetzwerken wird in der Regel die Bedeutung von zentralen Institutionen für das langfristige Bestehen des Netzwerkes postuliert. Insbesondere die Koordination und Steuerung des Netzwerkes sowie die Gestaltung von Austauschbeziehungen und Kommunikation zwischen den Netzwerkpartnern werden als wesentliche Aufgabe der zentralen Institution angeführt und sind in weiterer Folge auch für die Unterstützung des überbetrieblichen Austauschs von Umweltinformationen wesentlich.

HU-20 Partnerschaften innerhalb von Wertschöpfungsnetzwerken sind langfristig ausgelegt.

HU-21 Die Beziehungen innerhalb des Netzwerkes beruhen vermehrt auf Vertrauen denn auf strengen Regelungen und es besteht mehr Vertrauen als in herkömmlichen Geschäftsbeziehungen. Aus diesem Grund wird die Gefahr des opportunistischen Verhaltens der Netzwerkpartner als gering eingestuft.

Die Netzwerktheorie streicht insbesondere die Bedeutung des Aufbaus von Vertrauen in Netzwerken heraus, der wiederum nur durch langfristige Partnerschaften ermöglicht wird. In Hinblick auf den Austausch von Umweltinformationen zwischen den Netzwerkpartnern wird Vertrauen als essentieller Faktor für das Gelingen und Bestehen solcher Austauschbeziehungen angeführt, da insbesondere Umweltinformationen sehr heikle Informationen für das Unternehmen darstellen können.

HU-22 Wertschöpfungsnetzwerke sind von einzelnen Unternehmen abhängig, die im Wertschöpfungskreislauf eine zentrale Stellung einnehmen und ohne die ein Fortbestand des Wertschöpfungsnetzwerkes nicht möglich ist.

Trifft die Theorie des fokalen Unternehmens in Wertschöpfungsnetzwerken zu, kann dies für die Implementierung von überbetrieblichen Informationssystemen wesentliche Hinweise geben und somit entscheidende Key-Player identifiziert werden, die für die Implementierung dieser Umweltinformationssysteme wesentlich sind.

HU-23 Die Koordination innerhalb des Wertschöpfungsnetzwerkes funktioniert durch gemeinsame Wertvorstellungen und Zielsetzungen.

Stehen, wie in der Netzwerktheorie postuliert,[724] gemeinsame Wertvorstellungen und Zielsetzungen bei der Koordination des Netzwerkes im Vordergrund, kann dies für die Verankerung von umweltschutzorientierten Tätigkeiten als Ausgangspunkt für eine überbetriebliche Zusammenarbeit in Bezug auf Umweltschutzaktivitäten angesehen werden.

HU-24 Unternehmen sind sich der vielfältigen Vorteile von Wertschöpfungsnetzwerken bewusst, bspw. dass sie helfen, Unsicherheiten zu reduzieren, dass sie den Prozess des internen und organisatorischen Lernens fördern und dass sie letztendlich mittel- bis langfristig zu Wettbewerbsvorteilen für die Netzwerkteilnehmer führen.

Erst das Bewusstsein der vielfältigen Vorteile in Wertschöpfungsnetzwerken, insbesondere Vorteile wie die Reduktion von Unsicherheiten und die Unterstützung des gegenseitigen Lernprozesses können den Unternehmen auch den Austauschprozess von Umweltinformationen zur Unterstützung von überbetrieblichen Umweltschutzaktivitäten als förderlich vermitteln.

HU-25 Die Unternehmen bestimmen die Art, wie sie Daten austauschen, autonom, wobei das Internet über EDI, also den elektronischen Austausch kaufmännischer Geschäftsdaten bzw. mittels ERP-Systemen, eine zentrale Stellung einnimmt.[725] Dabei sind die Informations- und Kommunikationstechnologien individuell auf das Unternehmen abgestimmt und die Investitionen in die Informations- und Kommunikationstechnologien sind erheblich.

Trifft diese Hypothese zu, hat das für den überbetrieblichen Austausch von Umweltinformationen insofern Auswirkungen, als dem Problem der Schnittstellen besonderes Augenmerk gewidmet werden muss.

HU-26 Kooperationen innerhalb von Wertschöpfungsnetzwerken werden nicht für umweltschutzorientierte Maßnahmen wie die umweltgerechte Produktgestaltung und eine umweltgerechtere Verfahrensgestaltung benutzt bzw. als sinnvoll erachtet und bei der Auswahl der Kooperationspartner auch nicht auf Kriterien des Umweltschutzes geachtet.[726]

Mit der Überprüfung dieser Hypothese soll der derzeitige Status quo von umweltschutzorientierten Maßnahmen auf betrieblicher Ebene dargestellt und als Ausgangspunkt für die Gestaltung von Implementierungskonzepten zum überbetrieblichen Austausch von Umweltinformationen herangezogen werden.

---

724 Vgl. Kapitel 4

725 Vgl. Werner 2000; Corsten, Gabriel 2002, S. 28

726 Vgl. Schneidewind 1995

HU-27 Aufgrund der langfristigen Auslegung der Partnerschaften in Wertschöpfungsnetzwerken sind diese grundsätzlich geeignet, um hierin auch Aktivitäten im Sinne einer ökologischen Nachhaltigkeit zu erfüllen. Unternehmen sehen aber bislang nicht die Möglichkeit, das Wertschöpfungsnetzwerk grundsätzlich für zwischenbetriebliche Recyclingaktivitäten zu nutzen, da ihnen dafür auch die entsprechenden Informationen über Stoffströme anderer Netzwerkpartner fehlen.[727]

Sind, wie in Hypothese 20 postuliert, Wertschöpfungsnetzwerke langfristig ausgerichtet, können sie sich prinzipiell für unternehmensübergreifende umweltschutzorientierte Tätigkeiten gut eignen, da sich diese Tätigkeiten in der Regel erst langfristig rechnen.[728] Dies setzt aber entsprechende Informationen über die Tätigkeiten der anderen Netzwerkpartner voraus, was wiederum nur durch entsprechende Informationssysteme gewährleistet werden kann.

HU-28 Kooperationen in Wertschöpfungsnetzwerken werden bislang nicht für den Erfahrungsaustausch über innerbetriebliche Umweltschutzaktivitäten benutzt.

HU-29 Kooperationen in Wertschöpfungsnetzwerken werden bislang nicht für den Erfahrungsaustausch über überbetriebliche Umweltschutzaktivitäten benutzt.

Diese beiden Hypothesen dienen der Überprüfung des derzeitigen Status quo der Unterstützung von inner- und überbetrieblichen Umweltschutzaktivitäten in Wertschöpfungsnetzwerken, um für die Gestaltung von Implementierungskonzepten wesentliche Anhaltspunkte zu generieren.

5.3.3.4 Hypothesen zur Gegenüberstellung von Wertschöpfungsnetzwerken und Verwertungsnetzen

Um für den überbetrieblichen Austausch von Umweltinformationen in bestehenden Netzwerken die bestmöglichen Rahmenfaktoren analysieren zu können, werden durch diese Hypothesen die beiden Typen von Netzwerken – Wertschöpfungsnetzwerke und Verwertungsnetze – untersucht. Diese Hypothesen wurden aus dem Kapitel 4 aus den dort angeführten wissenschaftlichen Theorien und Beobachtungen abgeleitet und werden durch die empirische Erhebung der Wertschöpfungsnetzwerke und Verwertungsnetze überprüft.

HU-30 Der Informationsstand über Möglichkeiten der zwischenbetrieblichen Verwertung und somit auch über die Stoffströme der anderen Netzwerkpartner ist in Verwertungsnetzen höher als in Wertschöpfungsnetzwerken.

Aufgrund der Tatsache, dass das Ziel von Verwertungsnetzen im Austausch von Stoffströmen zum Schutz der Umwelt und aus monetären Gesichtspunkten definiert wird, kann auch der Informationsstand über die Möglichkeiten der zwischenbetrieblichen

[727] Vgl. dazu auch Paschkert 1997, S. 265

[728] Vgl. Kapitel 2

Verwertung in Verwertungsnetzen als höher angesehen werden. Dies betrifft insbesondere auch die Information über die Stoffströme der anderen Netzwerkpartner.

HU-31 Betriebliche Umweltschutzmaßnahmen werden eher in Verwertungsnetzen als in Wertschöpfungsnetzwerken getätigt.

HU-32 In Verwertungsnetzen werden eher BUIS eingesetzt als in Wertschöpfungsnetzwerken.

HU-33 Das Potenzial für den Austausch von Umweltinformationen innerhalb von Netzwerken mittels spezifischer Umweltsoftware wird in Verwertungsnetzen höher eingestuft als in Wertschöpfungsnetzwerken.

Verwertungsnetze sind von ihrer Grundstruktur und ihrem Ausgangsziel als ökologisch orientiert einzustufen, obwohl natürlich auch wirtschaftliche Anreize in diesen Verwertungsnetzen gegeben sein müssen. Durch dieses verstärkte Bewusstsein um ökologische Zusammenhänge in Verwertungsnetzen werden betriebliche Umweltschutzmaßnahmen stärker in Verwertungsnetzen getätigt und zu deren Unterstützung EDV-gestützte Umweltinformationssysteme, sowohl auf betrieblicher als auch auf überbetrieblicher Ebene, eingesetzt.

HU-34 Mit Abnehmern von Rückständen wird in Wertschöpfungsnetzwerken eher elektronisch mittels Email und spezifischen Programmen kommuniziert als in Verwertungsnetzen.

HU-35 Umweltinformationen von Lieferanten von Roh-, Hilfs- und Betriebsstoffen werden in Wertschöpfungsnetzwerken eher elektronisch mittels Email und spezifischen Programmen ausgetauscht als in Verwertungsnetzen.

In Partnerschaften in Wertschöpfungsnetzwerken ist die Kommunikation mittels elektronischer Systeme regelmäßig sehr gut verankert. Können diese Hypothesen bestätigt werden, bedeutet dies, dass sich Wertschöpfungsnetzwerke für die Implementierung von softwaregestützten Systemen zum Austausch von Umweltinformationen auf überbetrieblicher Ebene aus technischer und organisatorischer Sicht besser eignen als Verwertungsnetze.

HU-36 Unternehmen in Verwertungsnetzen finden die Zugehörigkeit zur gleichen Region wichtiger für die Umsetzung von nachhaltigen Maßnahmen im Rahmen eines Netzwerkes als die Zugehörigkeit zur gleichen Wertschöpfungskette. Unternehmen in Wertschöpfungsnetzwerken hingegen finden die Zugehörigkeit zur gleichen Wertschöpfungskette wichtiger für die Umsetzung von nachhaltigen Maßnahmen im Rahmen eines Netzwerkes als die Zugehörigkeit zur gleichen Region.

Verwertungsnetze sind aufgrund des Austauschs von Rückständen zur Verwertung aus wirtschaftlichen Überlegungen primär daran interessiert, die Transportwege so gering wie möglich zu halten. Aus diesem Grund ist eine regionale Orientierung für Verwertungsnetze auch bei der Umsetzung von überbetrieblichen Umweltschutzaktivitäten maßgeblich. Wertschöpfungsnetzwerke konzentrieren sich vordergründig auf Aktivitäten entlang der

Wertschöpfungskette, aus diesem Grund ist eine Installierung von Umweltschutzaktivitäten entlang von Wertschöpfungsketten auch sinnvoller.

5.3.4 Ergebnisse der empirischen Unternehmensanalyse

Die empirischen Ergebnisse beziehen sich auf folgende, in Wertschöpfungsnetzwerke, in Verwertungsnetze und in die gesamtösterreichische Befragung[729] unterteilten und retournierten Fragebögen. Tabelle 5 gibt Aufschluss über die Anzahl sowie die einzelnen Rücklaufquoten. Fehler bei der Auswahl der Stichproben können in allen 5 Samples ausgeschlossen werden, da es sich jeweils um Vollerhebungen handelt.[730]

Untersuchungssample	Anzahl (n)	Rücklaufquote
Österreichische produzierende Industrie[731]	138	9,8 %
Wertschöpfungsnetzwerk ACstyria	25	26,6 %
Wertschöpfungsnetzwerk KC Oberösterreich	23	16,8 %
Verwertungsnetz Obersteiermark	27	96,4 %
Verwertungsnetz Oldenburger Münsterland	14	63,6 %

Tabelle 5: Anzahl und Zuteilung der retournierten Fragebögen

Bei der Befragung der österreichischen produzierenden Industrie kann die Rücklaufquote von knapp 10 % im Vergleich zu sonstigen großzahligen Untersuchungen als sehr zufrieden stellend bezeichnet werden. Die Repräsentativität[732] der Ergebnisse wird durch einen Vergleich der untersuchten Unternehmen mit dem Gesamtsample in Hinblick auf Anzahl der Mitarbeiter und Umsatz untermauert und in Abbildung 39 dargestellt. Sowohl bezogen auf Mitarbeiter als auch auf den Umsatz kann die den folgenden Auswertungen zugrunde gelegte Untersuchungseinheit von 138 Unternehmen als repräsentativ angegeben werden, da das Untersuchungssample der österreichischen produzierenden Industrie nur unwesentlich von der gesamten österreichischen Industrie, an die die Fragebögen ausgesendet wurden, abweicht.[733] Somit können Rückschlüsse aus den Auswertungen der Fragebögen auf die gesamtösterreichische Industrie als durchaus gerechtfertigt angesehen werden.

---

729 In der folgenden Darstellung der empirischen Ergebnisse wird dieser Untersuchungssample kurz mit „Österreichische Industrie" bezeichnet, wenn gleich auch die Unternehmen der Wertschöpfungsnetzwerke und des Verwertungsnetzes zur österreichischen Industrie gezählt werden müssen

730 Bei der Befragung der Wertschöpfungsnetzwerke und Verwertungsnetze konnte aufgrund der Daten der Netzwerkkoordinatoren eine Vollerhebung durchgeführt werden. Von den insgesamt 1480 ausgesendeten Fragebögen an die österreichische Industrie wurden nur knapp 2 Prozent aufgrund von Adressfehlern, Firmenstilllegungen und ähnlichem unbeantwortet retourniert, somit kann die Erreichungsquote von 98 % als zufrieden stellend angesehen werden.

731 Insgesamt wurden 142 Fragebögen in der gesamtösterreichischen Umfrage zurückgesandt, wovon aber 4 dem Verwertungsnetz Steiermark zugerechnet wurden.

732 Hiermit ist die Kongruenz zwischen theoretisch definierter Gesamtheit und der Untersuchungseinheit gemeint (vgl. Kromrey 2002, S. 269).

733 Diese Daten basieren auf der Herolds Datenbank 2003.

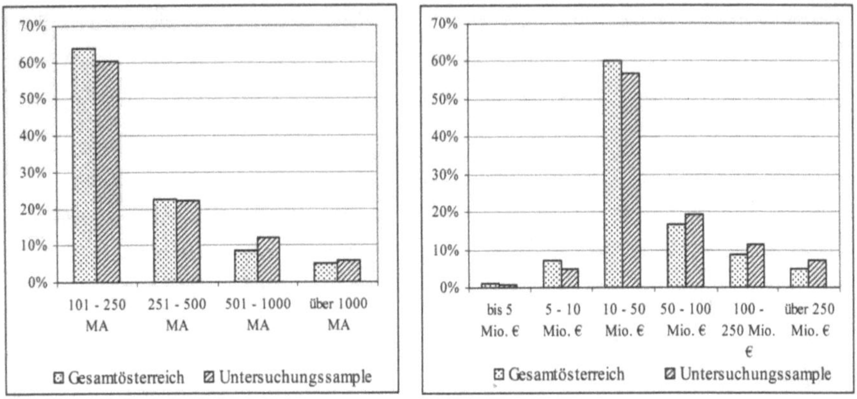

Abbildung 39: Vergleich der retournierten Fragebögen zur Gesamtuntersuchungseinheit bezogen auf Mitarbeiter und Umsatz

Bei den Wertschöpfungsnetzwerken wurden aufgrund einer derzeitigen starken Frequenz an zugesendeten Fragebögen für Cluster geringere Rücklaufquoten erzielt, die trotz mehrmaligen Kontaktierens der Unternehmen[734] nicht wesentlich gesteigert werden konnten. Zufallsfehler (sampling errors) können deshalb in diesen beiden Untersuchungseinheiten nicht ausgeschlossen werden. Vergleicht man die beiden Wertschöpfungsnetzwerke, kann man in der Verteilung nach Mitarbeiteranzahl vor allem beim KC Oberösterreich eine Tendenz zu einer kleinen Mitarbeiterzahl erkennen, wo hingegen der ACstyria durchaus in allen Kategorien der Mitarbeiterzahl ungefähr gleich stark in der Erhebung repräsentiert wird. Diese Unterschiedlichkeiten müssen als Hinweis dafür gewertet werden, dass eine Vergleichbarkeit der beiden Wertschöpfungsnetzwerke, insbesondere in Zusammenhang mit der Maßzahl Mitarbeiteranzahl unter Umständen nicht gegeben ist.

[734] Eine Auswahl der Unternehmen, die nochmals kontaktiert wurden, geschah nach dem Zufallsprinzip, beispielsweise wurde jedes 10. Unternehmen der Adressdatenbank kontaktiert.

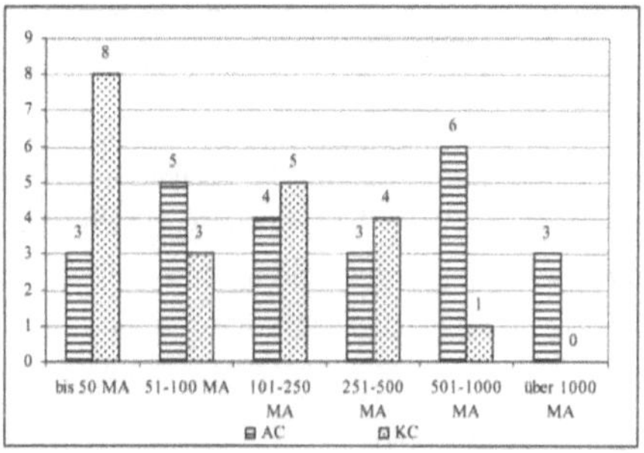

Abbildung 40: Aufteilung der Wertschöpfungsnetzwerke nach Mitarbeiter

Bei den Verwertungsnetzen konnten aufgrund teilweise persönlich enger Kontakte durch gemeinsam abgewickelte Projekte sowie durch die Kooperation mit der für das Verwertungsnetz Oldenburger Münsterland zuständigen Verwertungsagentur sehr hohe Rücklaufquoten erreicht werden. Somit können diese beiden Auswertungen als ausreichend repräsentativ angesehen werden.

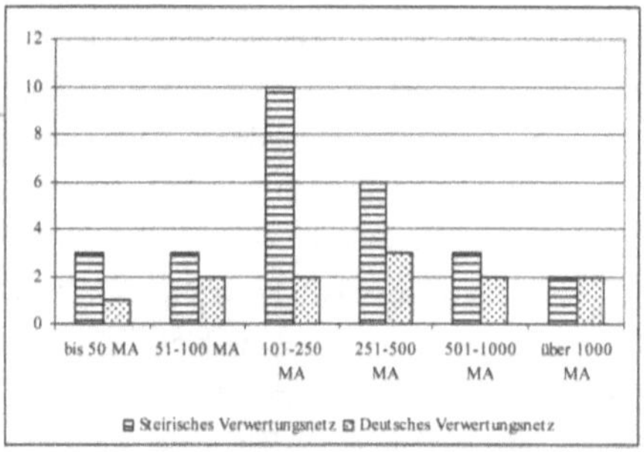

Abbildung 41: Aufteilung der Verwertungsnetze nach Mitarbeiter

Betrachtet man die Größe der Unternehmen in den beiden Verwertungsnetzen, kann durchaus von einer sich ähnelnden Aufteilung ausgegangen werden, mit Ausnahme der starken Überrepräsentativität bei kleineren Unternehmen im steirischen Verwertungsnetz und vor allem bei den Unternehmen mit einer Mitarbeiteranzahl zwischen 101 und 250. Eine Vergleichbarkeit der beiden Netzwerke bezogen auf Auswertungen der Mitarbeiteranzahl kann deswegen nur mit Vorbehalten durchgeführt werden. Bei Vergleichen zur gesamtösterreichischen Umfrage muss jedoch der Präsenz der Unternehmen unter 100 Mitarbeitern im steirischen Verwertungsnetz Rechnung getragen werden.

Bei der Auswertung der folgenden Erhebung wird als Lageparameter hauptsächlich der Medianwert, als Streuungsmaße bzw. Dispersionsparameter die Quartile verwendet.[735] Diese Auswahl wurde aufgrund der zugrunde liegenden ordinalen Skalenniveaus gewählt. Jedoch muss beachtet werden, dass mitunter der Median durch Interpolation jener Ausprägungsklasse, in dem der Median liegt, erfolgt (Median für gruppierte Häufigkeitstabellen).[736] Es wird in diesem Fall also implizit von einer Gleichverteilung innerhalb dieser Klasse und von einem kardinal skalierten Skalenniveau ausgegangen. Dieses Vorgehen wird insbesondere in der Sozialwissenschaft vielfach aus rein pragmatischen Gründen motiviert, da ein Median für ungruppierte Daten vor allem dann kaum Aussagekraft besitzt, wenn er sehr häufig in derselben Ausprägungsklasse liegt. Vergleiche zwischen Untersuchungseinheiten werden so erschwert. Dieses Vorgehen kann auch dann gerechtfertigt werden, wenn ordinale Messungen von Eigenschafen, die eigentlich kardinalen Charakter haben, vorgenommen werden. Darüber hinaus kann der Median im Vergleich zum gruppierten Median bei Untersuchungseinheiten mit einem kleineren Stichprobenumfang „n" zu Fehlschlüssen führen, wenn nämlich die Änderung eines Fragebogens ausreicht, um den Median von einem Wert zum anderen springen zu lassen. Der gruppierte Median kann dieses Problem abschwächen.

Letztendlich muss zwar angemerkt werden, dass durch diese Annahmen die Gefahr der Produktion von Artefakten in der Auswertung durchaus gegeben ist, jedoch besteht „die Gefahr von Fehlschlüssen ... auch dann, wenn grundsätzlich ein niedriges Messniveau angenommen wird und als Konsequenz Analysemodelle angewendet werden, die theoretisch relevante Informationen nicht erfassen können. Die eigentliche Kunst der sozialwissenschaftlichen Datenanalyse liegt darin, die verschiedenen Fehlermöglichkeiten abzuschätzen und vor diesem Hintergrund die optimale Analysestrategie zu wählen."[737]

Zur Darstellung von Zusammenhängen zweier (zumindest ordinal skalierter) Merkmale wird die Rangkorrelation nach Kendall Tau b herangezogen.[738] Für eine grafische Auswertung werden insbesondere Box-Plot-Diagramme,[739] aber auch Balken-, Säulen- und

---

735 Der Median gibt die exakte Mitte einer Verteilung, deren Ausprägungen nach dem ordinalen Kriterium geordnet wurden, an. Über diesem Wert liegen genauso viele Fälle wie unter dem Wert. Der Quartilsabstand gibt den Abstand zwischen erstem und dritten Quartil an. Der 1. Quartil bzw. das 25% Perzentil gibt jene Ausprägung an, unter der ein Viertel, der 3. Quartil bzw. das 75% Perzentil jene, unter der drei Viertel aller geordneten Messwerte liegen. Die Spannweite gibt jenen Bereich an, innerhalb dessen die Merkmalsausprägungen liegen (vgl. Bortz 1999, S. 38; Bleymüller, Gehlert, Gülicher 2002, S. 15, 23).

736 Vgl. hierzu Kühnel, Krebs 2001, S. 71f

737 Kühnel, Krebs 2001, S. 35f

738 Vgl. zu Zusammenhangkoeffizienten auch Azizi Ghanbari 2002, S. 205ff; Pospeschill 2004, S. 6-55ff.

739 Auch die grafische Darstellung mittels Box Plots (bzw. Box and Whisker Plots) setzt im Grunde genommen metrisch skalierte Daten voraus. Hier behilft man sich aber teilweise mittels Perzentilen, die wie Median und Quartile zu den Quantilen gehören und die Gesamtheit in einhundert gleich große Teilgesamtheiten aufteilen (vgl. Bleymüller, Gehlert, Gülicher 2002, S. 24). Der Strich innerhalb der Box stellt hierbei den Median dar, die untere bzw. obere Grenze das 1. bzw. 3. Quartil. Die Querstriche geben den minima-

Punktdiagramme herangezogen, sofern eine tabellarische Auflistung zu unübersichtlich werden würde.

5.3.4.1 Betriebliche Kommunikation von Umweltinformationen

Für die Überprüfung der folgenden Hypothesen wird aufgrund der Reduzierung der Komplexität in der Darstellung vorwiegend auf die österreichische Industrie als Untersuchungssample zurückgegriffen. Dies ist auch insofern gerechtfertigt, als es sich hierbei ausschließlich um Fragen der innerbetrieblichen Verarbeitung von Umweltinformationen handelt und die Umfrage in der österreichischen Industrie als durchaus repräsentativ für Österreich angesehen werden kann.

HU-1: Die bereits getätigte Installierung von Umweltmanagementsystemen wirkt sich positiv auf eine Implementierung von BUIS aus.

Wird für die Überprüfung der Hypothese HU-1 über den Zusammenhang eines installierten Umweltmanagementsystems und die Implementierung von BUIS die empirische Untersuchungseinheit der österreichischen Industrie herangezogen, kann hier bezogen auf die Unterstützung von BUIS mittels Papier, MS Excel und MS Access kein eindeutiger Zusammenhang zu einer Installierung eines Umweltmanagementsystems nach EMAS bzw. ISO 14001 festgestellt werden.[740] Betrachtet man jedoch die höher entwickelten Systeme und hier insbesondere die speziellen Softwaresysteme, kann festgestellt werden, dass jene Unternehmen, die entweder ISO 14001 oder EMAS zertifiziert sind, anteilsmäßig stärker zu solchen umfassenden Softwaresystemen tendieren als nicht zertifizierte Unternehmen (bspw. bei EMAS 7 ja zu 15 nein, bei nicht nach EMAS validierten Unternehmen 5 ja und 106 nein).

Österreichische Industrie	**Papier**		**MS Excel**		**MS Access**		**Spezielle Software-programme**	
UMS	ja	nein	ja	nein	ja	nein	ja	nein
EMAS ja	5	17	16	6	5	17	7	15
EMAS nein	41	71	79	33	10	102	5	106
ISO 14001 ja	8	41	37	12	8	41	9	40
ISO 14001 nein	38	46	57	27	7	77	3	80

Tabelle 6: Zusammenhang zwischen installierten Umweltmanagementsystemen und BUIS

Dies lässt auf die Unterstützung dieser Softwareprogramme bei der Abwicklung der Umweltmanagementsysteme und auf eine Reduzierung der Komplexität, aber auch auf ein

len und maximalen Wert an. Zusätzlich werden so genannte Ausreißer durch das Symbol o dargestellt sind, also jene Werte, die um da 1,5 fache der Länge der Box von dieser entfernt liegen (vgl. dazu auch Pospeschill 2004, S. 6ff; Kühnel, Krebs 2001, S. 2001).

740 Für grundsätzliche Aussagen über den Einsatz von speziellen Systemen im betrieblichen Umweltmanagement siehe auch Abbildung 78 auf S. 196.

verstärktes Bewusstsein um die Vorteile dieser speziellen Softwareprogramme bei jenen Unternehmen, die ein Umweltmanagementsystem eingeführt haben, schließen.

HU-2: Je größer ein Unternehmen ist, desto eher wird ein BUIS im Unternehmen installiert bzw. existiert bereits.

Die Überprüfung der Hypothese HU-2 gibt Aufschluss darüber, ob BUIS eher in größeren Unternehmen eingesetzt werden. Betrachtet man bspw. Umweltinformationssysteme, die auf Papier abgewickelt werden, ist hier eine Tendenz zu den kleineren Unternehmen ersichtlich, wo hingegen größere Unternehmen nur in geringer Zahl auf Papierversionen zurückgreifen. Anders sieht es bei Versionen auf Basis von MS Excel aus, die einerseits bereits in der Mehrzahl verwendet werden, und andererseits auch kein eindeutiger Zusammenhang mit der Größe des Unternehmens ersichtlich ist. Betrachtet man den Einsatz von Access für Umweltinformationssysteme, kann man ersehen, dass anteilsmäßig hauptsächlich größere Unternehmen auf diese Form zurückgreifen. Selbiges gilt für den Einsatz von speziellen Softwareprogrammen, die in der empirischen Untersuchung eher in größeren Unternehmen eingesetzt werden.

Österreichische Industrie	**Papier**		**Excel**		**Access**		**Spezielle Software-programme**	
Anzahl der MA	ja	nein	ja	nein	ja	nein	ja	nein
bis 50 MA	1	0	0	1	0	1	0	1
51-100 MA	6	5	6	5	0	11	0	11
101-250 MA	25	40	48	17	7	58	3	62
251-500 MA	10	20	21	9	1	29	4	25
501-1000 MA	3	15	14	4	4	14	2	16
über 1000 MA	1	9	7	3	3	7	3	7

Tabelle 7: Zusammenhang zwischen der Größe des Unternehmens (nach Mitarbeitern) und BUIS

HU-3: Spezielle Systeme zur Erfassung von Umweltinformationen werden umso eher implementiert, je eher das Unternehmen auch andere Maßnahmen zum betrieblichen Umweltschutz tätigt.

Obwohl nur 12 Unternehmen der österreichischen Industrie angaben, spezielle Umweltsoftwareprogramme im Unternehmen einzusetzen, konnte hier bereits ein Zusammenhang zu ausgewählten Maßnahmen des betrieblichen Umweltschutzes festgestellt werden.[741] In Tabelle 8 ist eine Häufigkeitsverteilung der 12 Unternehmen und ihrer Antworten zu den betrieblichen Umweltschutzmaßnahmen dargestellt. Dabei gab kein einziges Unternehmen an, die 5 Maßnahmen sehr wenig einzusetzen. Die meisten Unternehmen gaben hier an, die Maßnahmen viel (Wert 4) bzw. sehr viel einzusetzen (die

741 Vgl. zu den ausgewählten Maßnahmen auch Kapitel 6.2.3

Mediane liegen bei allen Maßnahmen beim Wert 4).[742] Dies ist deshalb erfreulich, da sich die Unternehmen der Verantwortung in Bezug auf den Umweltschutz offensichtlich bewusst sind. Zur Unterstützung der Maßnahmen des betrieblichen Umweltschutzes sowie zur Reduktion der Komplexität ziehen die Unternehmen die Unterstützung von BUIS heran. Somit kann die Hypothese in Ansätzen untermauert werden.

Maßnahmen des betrieblichen Umweltschutzes	**sehr wenige (1)**	**2**	**3**	**4**	**sehr viele (5)**
umweltfr. Produktgestaltung	0	1	3	5	3
umweltfr. Verfahrensgestaltung	0	0	0	7	5
inner- u. zwbetr. Recyclingaktivitäten	0	2	2	5	3
umweltfr. Entsorgung	0	0	1	7	4
umweltfr. Einsatzstoffe	0	1	2	7	2

Tabelle 8: Häufigkeitstabelle über Maßnahmen des betrieblichen Umweltschutzes in jenen 12 Unternehmen, die auch BUIS eingeführt haben

HU-4: Wird ein BUIS im Unternehmen verwendet, werden Stoffflüsse regelmäßiger erhoben als ohne BUIS.

Zur Überprüfung der Hypothese HU-4 werden die Fragen, wie oft Rückstände im Unternehmen erhoben werden, mit der Frage nach einem speziellen Umweltsoftwareprogramm gegenübergestellt.

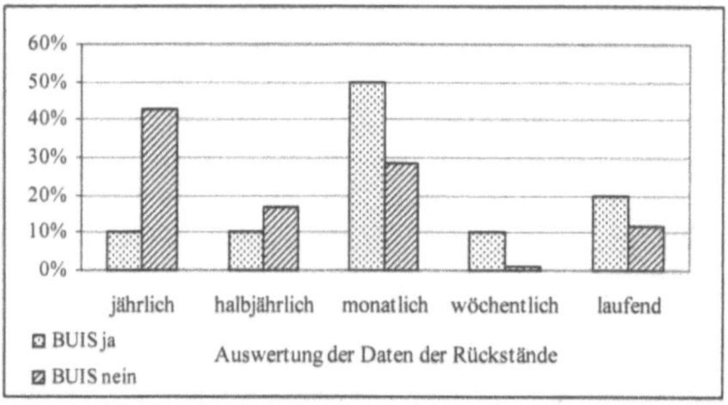

Abbildung 42: Prozentmäßiger Anteil an der zeitlich variierenden Auswertung von Rückständen, erhoben für Unternehmen mit und ohne spezielle Umweltsoftwareprogramme

Wie man in Abbildung 42 über die prozentmäßige Verteilung über zeitliche unterschiedliche Auswertungen erkennen kann, ist lediglich die jährliche Auswertung bei

742 Im Vergleich dazu schneiden zwar auch jene Unternehmen, die angaben, kein spezielles Softwareprogramm einzusetzen, sehr positiv ab, mit jedoch geringeren 1. Quartilen. Nichts desto trotz kann dies als Hinweis darauf gewertet werden, dass sich Unternehmen der Verantwortung in Belangen des betrieblichen Umweltschutzes durchaus bewusst sind und auch entsprechende Maßnahmen setzen.

Unternehmen mit speziellen Umweltsoftwareprogrammen weniger häufig, dafür dominiert die monatliche Auswertung. Eine Tendenz hin zu täglichen bis laufenden Auswertungen konnte jedoch nicht festgestellt werden.

HU-5: Die verwendeten BUIS werden isoliert im Unternehmen verwendet.

Obwohl in der Literatur mehrheitlich darauf verwiesen wird, dass integrierte Systeme zur Unterstützung derzeit erst in Ansätzen verwirklicht wurden, geben in der Erhebung der österreichischen Industrie 22 Unternehmen an, dass sie ihre BUIS in integrierter Form verwenden, nur 12 Unternehmen bestätigten, dass das BUIS isoliert im Unternehmen eingesetzt wird.[743] Somit kann die Hypothese über den isolierten Einsatz von BUIS in Unternehmen nicht bestätigt werden.

HU-6: Werden BUIS im Unternehmen eingesetzt, werden diese nicht im vollen Umfang ihrer Leistungsfähigkeit genutzt.

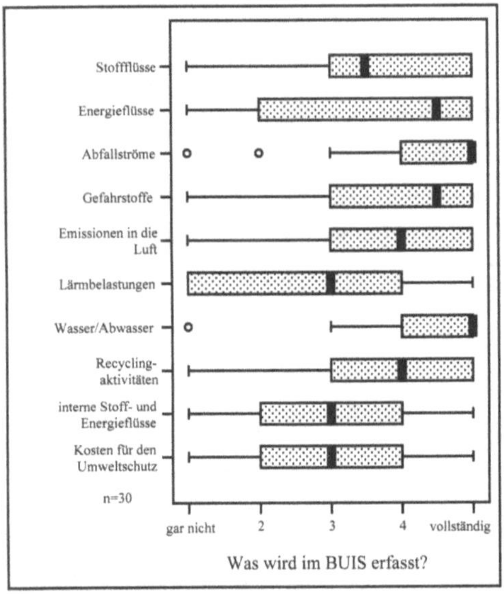

Einsatz von BUIS	Gruppierter Median
Stoffflüsse	3,6
Energieflüsse	4,2
Abfallströme	4,6
Gefahrstoffe	4,3
Emissionen in die Luft	4,1
Lärmbelastungen	3,0
Wasser/Abwasser	4,4
Recyclingaktivitäten	4,1
Erfassung interner Stoff- und Energieflüsse	3,3
Kosten für den Umwelt-schutz	3,3

Tabelle 9: Gruppierte Mediane über die Erfassung von Daten in BUIS

Abbildung 43: Box Plot über den Umfang der Erfassung von Daten in BUIS

743 Gemäß der Ausfüllanleitung im Fragebogen wurden nur jene Unternehmen aufgefordert, auf die weiteren Fragen für die Hypothesen 4,5,6 und 7 zu antworten, wenn sie bereits ein spezielles BUIS besitzen. Dies dürften nach Auswertung der Hypothesen 1-3 jedoch nur 12 Unternehmen sein. Da aber per Definition in der vorliegenden Arbeit auch andere Systeme zu BUIS gezählt werden, werden die folgenden Hypothesen dennoch ausgewertet.

Um der Frage nachzugehen, ob die am Markt angebotene Software derzeit als zu komplex für die Unternehmen gelten kann, wurden die Unternehmen nach dem genutzten Umfang von BUIS gefragt, in der Ausprägung von gar nicht bis vollständig.

Wie in Abbildung 43 ersichtlich, ist die Erfassung von Daten mit Hilfe von BUIS bereits sehr weit fortgeschritten, was sich auch in den gruppierten Medianen in Tabelle 9 detaillierter erkennen lässt. Bis auf Lärmbelästigungen wurde überall ein gruppierter Median von über 3 erreicht. Bei der Erfassung von Abfallströmen und von Wasser/Abwasser wurde sogar ein Median von 5 erreicht, auch Energieflüsse und Gefahrstoffe werden durch BUIS vielfach erfasst.

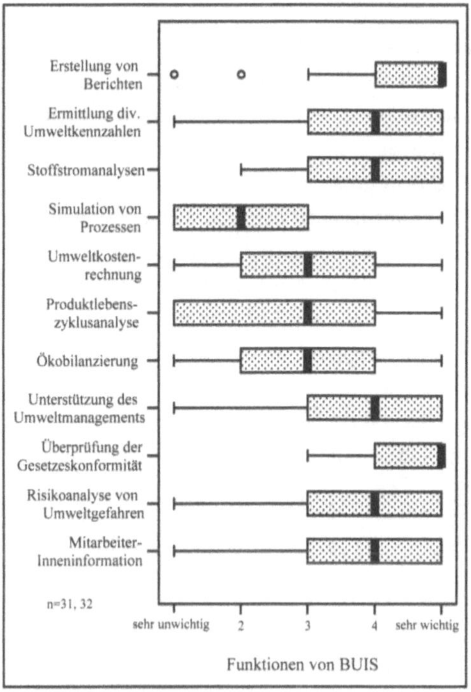

Abbildung 44: Box Plot über die Funktionen von BUIS

Funktionen in BUIS	Gruppierter Median
Erstellung von Berichten	4,4
Ermittlung div. Umweltkennzahlen	4,1
Stoffstromanalysen	4,1
Simulation von Prozessen	2,3
Umweltkostenrechnung	3,3
Produktlebenszyklusanalyse	2,5
Ökobilanzierung	3,0
Unterstützung des Umweltmanagements	4,1
Überprüfung der Gesetzeskonformität	4,5
Risikoanalyse von Umweltgefahren	4,0
MitarbeiterInneninformation	4,1

Tabelle 10: Gruppierte Mediane über die Funktionen von BUIS

Bei Analyse der Bedeutung der Funktionen von BUIS wird ebenso deutlich, dass BUIS von Unternehmen in sehr großen Umfang genutzt werden. Die Darstellung der Funktionen von BUIS in Abbildung 44 macht ersichtlich, dass vor allem in Bezug auf die Erstellung von Berichten und zur Überprüfung der Gesetzeskonformität mit gruppierten Medianen von 4,4 bzw. 4,5 (siehe Tabelle 10) sehr stark auf BUIS zurückgegriffen wird. Bis auf die Simulation von Prozessen konnte ein Median von zumindest 3 ermittelt werden (der gruppierte Median ist jedoch auch bei Produktlebenszyklusanalysen unter 3). Somit kann die Hypothese, dass BUIS nicht in ihrem vollen Umfang in den Unternehmen genutzt werden, durch die empirische Erhebung in der österreichischen Industrie verworfen werden. Jene Unternehmen, die BUIS einsetzen, sind sich der Funktionalitäten dieser Systeme bewusst und nutzen sie auch in ausreichendem Maße.

HU-7: Die Installierung von BUIS führt im Unternehmen zu Kostenreduktionen

Die Hypothese, dass BUIS als Kostenreduktionen für den betrieblichen Umweltschutz angesehen werden können, trifft in der Unternehmensbefragung in der österreichischen Industrie[744] zumindest zum Teil zu. Von den insgesamt 27 Unternehmen, die in den Umfragen angaben, BUIS im Unternehmen einzusetzen, gaben insgesamt 25 Unternehmen an, dass die Kosten für den betrieblichen Umweltschutz dadurch gesunken bzw. zumindest gleich geblieben sind. Der Median befindet sich genau in der Mitte, der gruppierte Median für die österreichische produzierende Industrie liegt sogar bei 2,5. In Abbildung 45 kann man außerdem ersehen, dass ebenso auch das 3. Quartil genau in der Mitte liegt. Das 1. Quartil liegt beim Wert 2. Da auch insgesamt nur 2 Unternehmen der österreichischen Industrie antworteten, dass die Kosten zumindest leicht gestiegen sind, kann der Vorteil von Kostenreduktionen durch die Einführung von BUIS durchaus untermauert werden. Für Weiterführungen in Bezug auf die verstärkte Implementierung von solchen BUIS und UIS in Unternehmen hat dies insofern Bedeutung, da das Argument der Kosten und ökonomischen Auswirkungen einer Installation für die Unternehmen wesentlich ist. Durch die Überprüfung dieser Hypothese können auch die ökonomischen Vorteile für die Unternehmen durch die Implementierung von BUIS herausgestrichen werden.

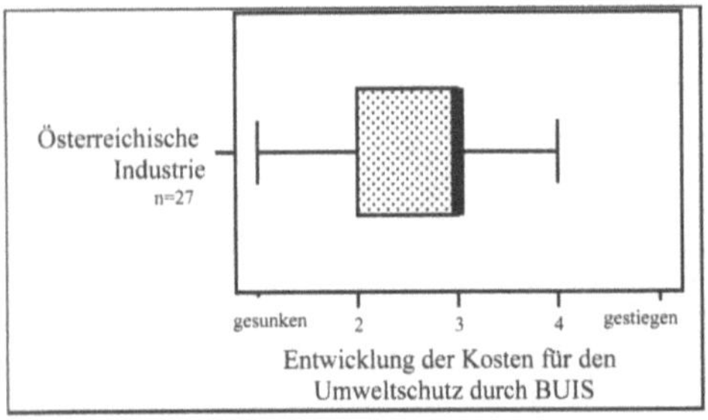

Abbildung 45: Box Plot über die Entwicklung der Umweltschutzkosten mit der Einführung von BUIS

[744] Auf eine statistische Auswertung der Netzwerke hinsichtlich Hypothese 7 wird aufgrund des kleinen Untersuchungsumfangs verzichtet. Ähnliches gilt für Hypothese 9.

HU-8: Sind im Unternehmen noch keine BUIS installiert, ist auch der Informationsstand über solche Systeme sehr gering.

Für eine erfolgreiche Installierung von BUIS in Unternehmen ist ein bestimmtes Ausmaß von Informationen über diese Systeme von Bedeutung. Dass dieses Wissen als sehr gering eingestuft werden kann, ist in Abbildung 46 zu ersehen. Bei allen Netzwerken und auch in der gesamtösterreichischen Umfrage liegt der Median deutlich unter der Mitte, beim deutschen Verwertungsnetz sogar bei einem sehr niedrigen Informationsstand (gruppierte Mediane: steirisches Verwertungsnetz 2,3; deutsches Verwertungsnetz 1,6; österreichische Industrie 2,2; Autocluster 2,4; Kunststoffcluster 2,0). Selbst das 3. Quartil liegt bei maximal 3, einen sehr hohen Informationsstand geben einzig in der österreichischen Industrie 2 Unternehmen und im Autocluster ein einziges Unternehmen an, was insgesamt auf einen sehr geringen Informationsstand bei BUIS in Unternehmen schließen lässt und Hypothese HU-8 stützt. Dies hat vor allem für die Entwicklung eines Implementierungskonzeptes für BUIS im betrieblichen und überbetrieblichen Kontext große Bedeutung, da dadurch auf die Phase der Aufklärung und Information über BUIS vermehrtes Augenmerk gelegt werden muss.

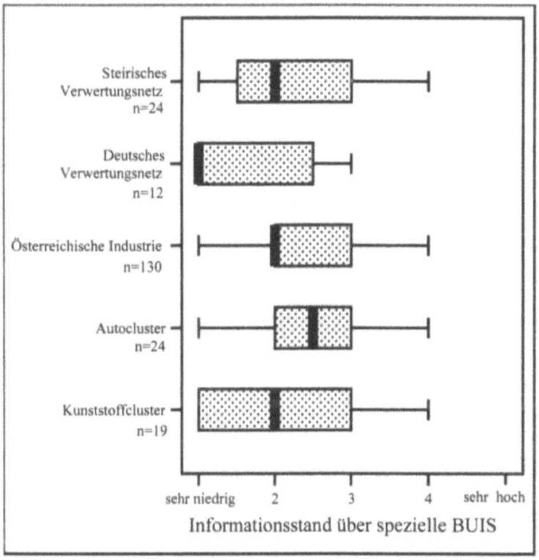

Abbildung 46: Box Plot über den Informationsstand über spezielle BUIS

HU-9: Der Einsatz von BUIS wird in Zukunft in den Unternehmen stärker forciert. Unternehmen, die bereits ein BUIS installiert haben, erkennen dieses Potenzial.

Insgesamt sehen die Unternehmen in der österreichischen Industrie die Zukunft für den Einsatz von BUIS indifferent bis leicht positiv. Der Median liegt dabei bei 3, der gruppierte Median bei 3,4. Auffallend ist, dass das 75% Quartil zwischen 3 und 5 liegt (vlg. Abbildung 47), was auf eine vermehrt positive Einstellung zumindest der Hälfte der Unternehmen schließen lässt. 9 Unternehmen in der österreichischen Industrie sehen den Einsatz von BUIS in Zukunft sogar sehr positiv. Nachdem aber der Median eher in der Mitte der Skala platziert ist, kann keine eindeutige Aussage darüber getroffen werden, ob die Unternehmen das Potenzial von BUIS erkennen. Auch dies kann als Hinweis für eine notwendige Forcierung der Information über die Möglichkeiten und den Einsatz dieser Programme gesehen werden.

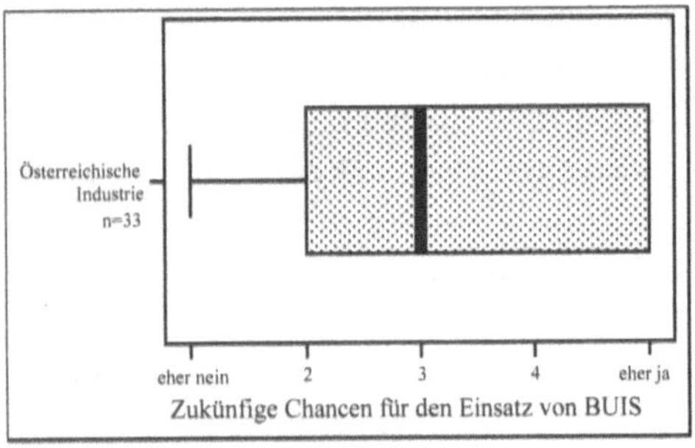

Abbildung 47: Box Plot über die zukünftigen Chancen von BUIS

HU-10: Gründe, die gegen den Einsatz von BUIS sprechen, sind vorrangig im Bereich der Software selbst zu suchen (teuer, komplex, nicht geeignet).

Um herauszufinden, warum Unternehmen derzeit keine BUIS im Unternehmen installiert haben, wurden spezifische Funktionen und Eigenschaften von BUIS herausgestrichen und von 1 „trifft nicht zu" bis 5 „trifft völlig zu" abgefragt. Zusätzlich hatten Unternehmen die Möglichkeit, die Antwort „weiß nicht" anzukreuzen. Auffällig ist, dass insgesamt von der Möglichkeit „weiß nicht" sehr viel Gebrauch gemacht wurde. Vor allem bei spezifischen, die Software betreffenden Fragen konnten Unternehmen oft keine Bewertung abgeben. Dies weist auf ein großes Informationsdefizit in Bezug auf den Softwareeinsatz für Umweltinformationen hin.[745]

[745] Vgl. dazu auch Hypothese HU-8!

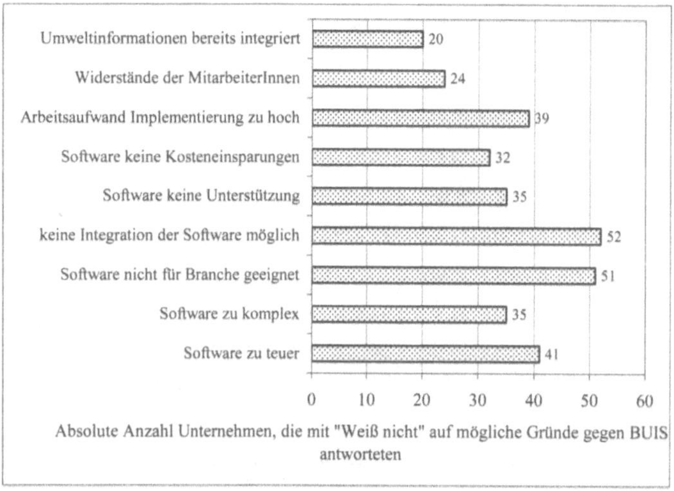

Abbildung 48: Antworten „weiß nicht" auf mögliche Gründe, warum BUIS im Unternehmen derzeit nicht eingesetzt werden

Die Antworten jener Unternehmen, die diese Fragen beantworten konnten, sind in Abbildung 49 dargestellt, wobei 1 „trifft nicht zu" und die Bewertung 5 „trifft völlig zu" bedeutet. Zu sehen sind jeweils die gruppierten Mediane sowie das 1. und 3. Quartil. Sehr deutlich kann man erkennen, dass die Software von der Mehrheit als zu teuer empfunden wird, das 3. Quartil liegt hier beim Wert 5. Ebenso negativ wird die Komplexität der Software beurteilt, wodurch die Hypothese HU-10 untermauert wird. Ferner sehen Unternehmen vielfach die Gründe für einen Nichteinsatz von BUIS in fehlenden Kosteneinsparungen und im hohen Arbeitsaufwand. Weniger problematisch sehen die Unternehmen eine fehlende Integration und die Eignung der Software, wobei hier aber eingeschränkt werden muss, dass sehr viele Unternehmen diese Frage mit „weiß nicht" beantworteten. Recht deutlich geht aber aus dieser Frage hervor, dass die Einstellung der Mitarbeiter und mögliche Widerstände eine nur untergeordnete Rolle spielen, hier liegt der Median bei 2 sowie der gruppierte Median bei 2,1, das 3. Quartil auch nur beim Wert 3. Dass Umweltinformationen bereits in anderen Systemen integriert sind, wird nicht als Grund gegen den Einsatz von BUIS angegeben.

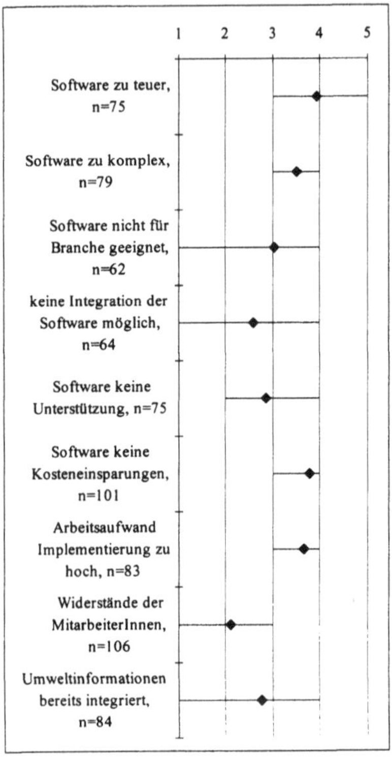

	Median	Gruppierter Median
Software zu teuer	4	3,9
Software zu komplex	4	3,5
Software nicht für Branche geeignet	3	3,0
keine Integration der Software möglich	3	2,6
Software keine Unterstützung	3	2,8
Software keine Kosteneinsparungen	4	3,8
Arbeitsaufwand Implementierung zu hoch	4	3,7
Widerstände der MitarbeiterInnen	2	2,1
Umweltinformationen bereits integriert	3	2,8

Tabelle 11: Statistische Auswertungen über mögliche Gründe für den geringen Einsatz von BUIS in Unternehmen

Abbildung 49: Gründe, die für Unternehmen gegen den Einsatz von speziellen Umweltsoftwareprogrammen sprechen, (1...trifft nicht zu bis 5...trifft völlig zu)

HU-11: Monetäre Anreize sind Gründe für die zukünftig mögliche Installierung von BUIS für den innerbetrieblichen Austausch von Umweltinformationen.

Die Unternehmen wurden in der empirischen Erhebung explizit darauf angesprochen, welche Faktoren sich für sie ändern müssten, damit ein spezielles BUIS im Unternehmen installiert werden würde. Wiederum hatten die Unternehmen die Möglichkeit, bei fehlenden Informationen die Antwort „weiß nicht“ anzukreuzen. Erstaunlich ist, dass im Vergleich zu den Gründen, die gegen den Einsatz von BUIS sprechen, die Unternehmen verhältnismäßig sehr gut einschätzen können, welche Rahmenbedingungen sich verändern müssten. Einzig beim Faktor der Integration von BUIS in die betriebliche EDV gaben 20 Unternehmen die Antwort „weiß nicht“, in allen anderen Fragen hatten weniger Unternehmen kein Wissen darüber (bei den Gründen gegen den Einsatz von Software stellte der Wert 20 den kleinsten bei den Antworten „weiß nicht“ dar). Dies kann als Hinweis darauf gewertet werden, dass sich die Unternehmen stärker über Faktoren und Rahmenbedingungen für den Einsatz von

Systemen im betrieblichen Umweltschutz bewusst sind. Somit kann auch argumentiert werden, dass durch Erfüllung der wesentlichen Rahmenbedingungen für den Einsatz von BUIS im Unternehmen dieser sicherlich entscheidend verstärkt werden kann.

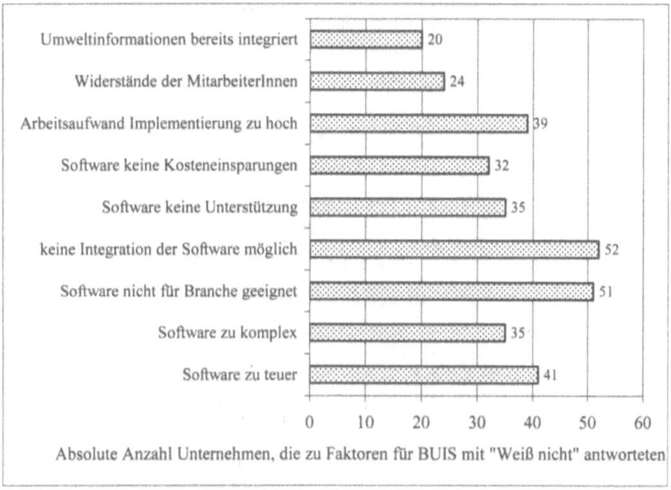

Abbildung 50: Antworten „weiß nicht" auf Faktoren, die sich für einen verstärkten Einsatz von BUIS im Unternehmen ändern müssten

Als ein wesentlicher Faktor, der aus Sicht der Unternehmen notwendig ist, um verstärkt auf spezielle BUIS für den betrieblichen Austausch von Umweltinformationen zurückzugreifen, wird eine Reduktion der Parallelarbeiten angegeben. Der gruppierte Median liegt hierbei über 4, und auch das 25% Quartil sogar bei 3. In engem Bezug dazu geben die Unternehmen als sehr zutreffend an, dass sich das System in die betriebliche IT integrieren lassen soll. Auch die Bedeutung des Umweltschutzes und die Kosten dafür sowie die Komplexität der Abläufe im Unternehmen werden als wesentliche Rahmenfaktoren für den Einsatz von BUIS angegeben. Eher geringe Bedeutung als Faktor für die Einführung von BUIS im Unternehmen kommt den Kunden und den eigenen Mitarbeitern sowie der Einführung eines Umweltmanagementsystems zu. Somit wird ersichtlich, dass nicht ausschließlich monetäre Faktoren als wesentliche Rahmenbedingungen, die sich ändern müssten, für Unternehmen über den Einsatz von BUIS im Unternehmen entscheiden. Bei der Entwicklung von Implementierungskonzepten muss deshalb auch auf Faktoren wie die Verringerung des Aufwands der Dateneingabe und der Komplexität der betrieblichen IT Rücksicht genommen werden.

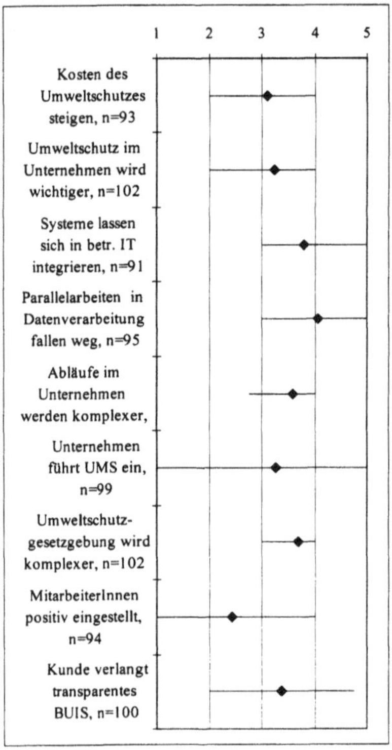

	Median	**Grup-pierter Median**
Kosten des Umweltschutzes steigen	3	3,1
Umweltschutz im Unterneh-men wird wichtiger	3	3,2
Systeme lassen sich in betr. IT integrieren	4	3,8
Parallelarbeiten Datenverar-beitung fallen weg	4	4,1
Abläufe im Unternehmen werden komplexer	4	3,6
Unternehmen führt UMS ein	3	3,3
Umweltschutzgesetzgebung wird komplexer	4	3,7
MitarbeiterInnen positiv eingestellt	2	2,4
Kunde verlangt transparentes BUIS	3	3,4

Tabelle 12: Statistische Auswertungen über mögliche Faktoren, die sich für einen verstärkten Einsatz von BUIS ändern müssten

Abbildung 51: Faktoren, die sich für einen verstärkten Einsatz von BUIS ändern müssten, (1...trifft nicht zu bis 5...trifft völlig zu)

5.3.4.2 Überbetriebliche Kommunikation von Umweltinformationen

HU-12: Die Kommunikation mit Abnehmern von Rückständen und Lieferanten von Rohstoffen erfolgt derzeit hauptsächlich per Telefon/Fax und im Briefverkehr. Softwareprogramme haben hierbei keine Bedeutung.

In der empirischen Erhebung konnte keine eindeutige Tendenz für gewisse Arten der Kommunikation herausgelesen werden, jedoch wurde eine Dominanz in allen 5 Samples in der telefonischen (bzw. per Fax) Kommunikation festgestellt. Aber auch der Austausch von Daten via Email und die persönlich mündliche Kommunikation erfreuen sich bei den Unternehmen annähernd gleicher Beliebtheit. Ein Austausch von Daten und Informationen mittels spezifischer Programme wurde nur von einem einzigen Unternehmen im ACstyria genannt. Ansonsten können keine wesentlichen Unterschiede im Austausch der Daten zwischen den Netzwerken und der österreichischen Industrie festgestellt werden. Es besteht also großer Handlungsbedarf, vor allem auch in Hinblick auf eine Bewusstseinsschaffung, sollen zukünftig auch Umweltinformationen in Netzwerken mittels spezieller Programme ausgetauscht werden.

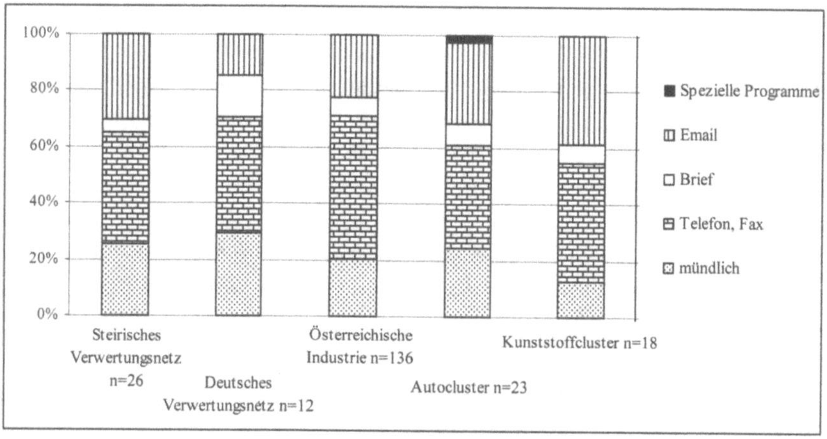

Abbildung 52: Art der überbetrieblichen Kommunikation ausgedrückt in % der Gesamtantworten

HU-13: BUIS und Umweltinformationen werden generell nicht dazu verwendet, um überbetriebliche Maßnahmen des Umweltschutzes (LCA, umweltfreundliche Produktgestaltung etc.) zu ergreifen und zu unterstützen.

Die Hypothese HU-13 untersucht, ob Umweltinformationen generell dazu verwendet werden, um überbetriebliche Maßnahmen des Umweltschutzes (umweltfreundliche Produktgestaltung, umweltfreundliche Verfahrensgestaltung, umweltfreundliche Entsorgung, Auswahl umweltfreundlicher Einsatzstoffe und Erstellung von Produktlebenszyklusanalysen etc.) zu ergreifen, wobei 1 „eher weniger" und 5 den Wert „eher mehr" annimmt. Generell lässt sich in den Vergleichen der verschiedenen Untersuchungssamples eine verstärkte positive Orientierung des deutschen Verwertungsnetzes erkennen. In Bezug auf Umweltinformationen in Zusammenhang mit einer umweltfreundlichen Produktgestaltung und der Erstellung von Produktlebenszyklusanalysen lässt sich feststellen, dass die Untersuchungssamples aus Österreich (die beiden Wertschöpfungsnetzwerke, die gesamtösterreichische Industrie sowie das steirische Verwertungsnetz) diesem eher negativ gegenüberstehen, mit gruppierten Medianen weit unter 3. Auffallend ist hierbei nur, dass die beiden Wertschöpfungsnetzwerke dies positiver als das Verwertungsnetz Steiermark und auch die österreichische Industrie beurteilen. Ähnlich negativ wird die umweltfreundliche Produktgestaltung beurteilt, die Hypothese kann für diese Bereiche somit gestützt werden. Dem Einsatz von Umweltinformationen bei der umweltfreundlichen Verfahrensgestaltung wird großteils indifferent mit den gruppierten Medianen um 3 gegenübergestanden. Positiver beurteilt werden die Wahl umweltfreundlicher Einsatzstoffe mit durchwegs ähnlichen gruppierten Medianen zwischen 3,5 und 3,7 in den österreichischen Untersuchungssamples. Recyclingaktivitäten und die umweltfreundliche Entsorgung werden als sehr positiv beurteilt, mit gruppierten Mediane von vielfach weit über 3. Auffällig ist hierbei auch, dass die Netzwerke verstärkt positiv geantwortet haben im Gegensatz zur österreichischen Industrie, was auf Potenziale für Umweltinformationen in diesen Bereichen innerhalb von Netzwerken schließen lässt. Insgesamt lassen sich keine wesentlichen Unterschiede zwischen den Wertschöpfungsnetzwerken und dem steirischen Verwertungsnetz feststellen. Auch im Vergleich zur österreichischen Industrie lassen sich keine eindeutigen Besonderheiten feststellen, auch die primär ökonomisch orientierten Wertschöpfungsnetzwerke beurteilen überbetriebliche Maßnahmen des Umweltschutzes durchwegs positiv, wobei der Kunststoffcluster aber tendenziell hinter dem ACstyria einzuordnen ist. Jedoch lässt sich aus dieser Fragestellung ein verstärktes Potenzial für den Austausch von Umweltinformationen zwischen den Unternehmen feststellen und dies kann als Motivation für die weitere Forcierung von überbetrieblichen Umweltinformationssystemen herangezogen werden.

Gruppierte Mediane	**Umwelt-freundliche Produkt-gestaltung**	**Umwelt-freundliche Verfahrens-gestaltung**	**Recycling-aktivitäten**	**Umwelt-freundliche Entsorgung**	**Wahl um-welt-freund-licher Einsatzstoffe**	**Erstellung von Produkt-lebenszyklus-analysen**
Steirisches Verwertungsnetz	2,7	3,5	3,4	4,0	3,5	1,7
Deutsches Verwertungsnetz	3,8	4,0	4,0	4,2	4,1	3,5
Österreichische Industrie	2,8	3,2	3,1	3,7	3,7	1,7
Autocluster	2,8	3,3	3,9	4,2	3,7	2,2
Kunststoffcluster	2,7	2,9	3,2	3,8	3,6	2,5

Tabelle 13: Gruppierte Mediane des Einsatzes von Umweltinformationen für überbetriebliche Umweltschutzmaßnahmen

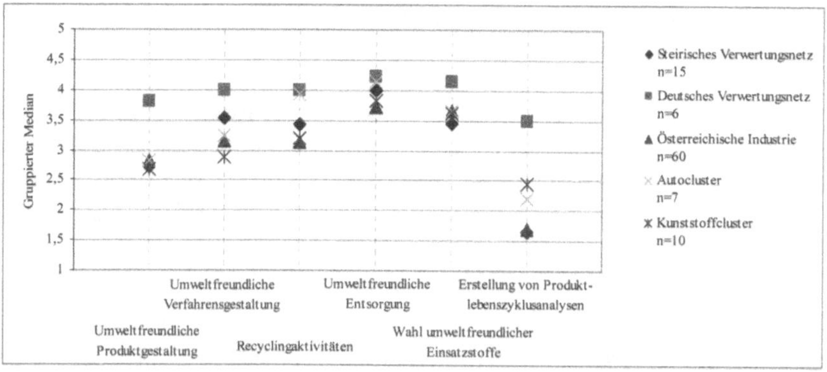

Abbildung 53: Einsatz von Umweltinformationen für umweltschutzorientierte Maßnahmen, (1...trifft nicht zu bis 5...trifft völlig zu)

Betrachtet man nur die Erhebung der österreichischen Industrie, ist auch auffallend, dass zwischen der Ergreifung von Maßnahmen des Umweltschutzes und der Verwendung von Umweltinformationen von Lieferanten und Abnehmern kein signifikanter Zusammenhang besteht. Dies wird durch die Zusammenhangmaße Koeffizienten Kendall Tau b sichtbar.[746] Nirgends erreichen die Koeffizienten auch annähernd den Wert 1, was auf einen starken Zusammenhang zwischen der Tätigung von Umweltschutzmaßnahmen und der Nutzung von überbetrieblichen Umweltinformationen hierfür schließen lassen würde. Hier muss daher entsprechende Überzeugungsarbeit geleistet werden, um die Sinnhaftigkeit der Nutzung von Umweltinformationen von Lieferanten und Abnehmern darlegen zu können.

Betriebliche Umweltschutz-maßnahmen	**Informationen von Lieferanten und Abnehmern für die Umweltschutzmaßnahme**	
		Kendall Tau b
	umweltfreundliche Produktgestaltung	0,389
	umweltfr. Verfahrensgestaltung	0,271
	inner- u. zwbetr. Recyclingaktivitäten	0,351
	umweltfr. Entsorgung	0,205
	umweltfr. Einsatzstoffe	0,413

Tabelle 14: Zusammenhang zwischen Umweltschutzaktivitäten und überbetrieblichen Informationen

746 Der Koeffizient Kendall Tau b kann Werte zwischen -1 und +1 annehmen, wobei +1 auf einen sehr starken Zusammenhang hinweist. Im vorliegenden Fall wird untersucht, ob die Unternehmen bei den Fragen zu den betrieblichen Umweltschutzmaßnahmen ähnlich geantwortet haben wie auf die Frage zu Informationen von Lieferanten und Abnehmern für die Umweltschutzmaßnahmen (Pospeschill 2004, S. 6-56).

HU-14: Unternehmen verwenden BUIS nicht, um den überbetrieblichen Datenaustausch von Stoffströmen mit Sekundärrohstofflieferanten und mit Abnehmern von Rückständen zu unterstützen.

Um die Hypothese HU-14 zu untersuchen, wurden die Unternehmen gefragt, wie hilfreich sie die Unterstützung von speziellen Umweltsoftwareprogrammen für den überbetrieblichen Austausch von Umweltinformationen mit Lieferanten, Abnehmern und sonstigen, wie etwa Behörden, von 1 „sehr niedrig" bis 5 „sehr hoch" beurteilen. Betrachtet man die Seite der Lieferanten, so liegt der gruppierte Median doch bei allen Untersuchungssamples weit unter 3 (vgl. Abbildung 53), auch das 3. Quartil liegt bei maximal 4, was die Annahmen der Hypothese untermauert. Optimistischer wird der Einsatz auf der Seite der Abnehmer beurteilt, hier können sich Unternehmen, betrachtet man den gruppierten Median, zumindest mittelmäßig den Einsatz von speziellen Umweltsoftwareprogrammen vorstellen. Ähnliches gilt für die Kommunikation mit Behörden. Auffallend hierbei ist auch, dass zwischen den einzelnen Untersuchungssampeln kein wesentlicher Unterschied besteht. Im Vergleich zur österreichischen Industrie äußern sich die Wertschöpfungsnetzwerke sowie die beiden Verwertungsnetze annähernd gleich.

Daraus kann man den Rückschluss ziehen, dass sich die Unternehmen zwar der Bedeutung von Umweltinformationen für überbetriebliche Umweltschutzmaßnahmen bewusst sind,[747] diese derzeit aber noch nicht in Zusammenhang mit bestehenden Lieferanten und Abnehmern sehen. Auch hier muss wiederum bei der Bewusstseinsbildung angesetzt werden.

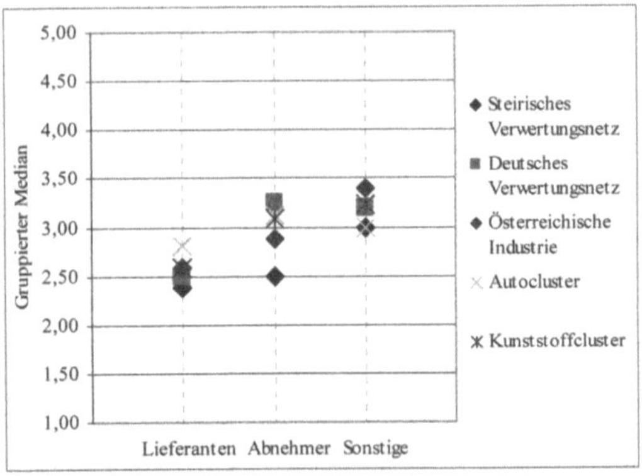

Gruppierte Mediane	Liefer-anten	Ab-nehmer	Sonst.
Steirisches VWN[748]	2,4	2,5	3,0
Deutsches VWN	2,5	3,3	3,2
Österr. Industrie	2,6	2,9	3,4
Autocluster	2,8	3,1	3,0
Kunststoffcluster	2,6	3,1	3,2

Abbildung 54: Potenzial von BUIS im Austausch von Umweltinformationen mit Lieferanten, Abnehmern und sonstigen

747 Siehe

748 Verwertungsnetz

HU-15: Das Potenzial für den Einsatz von Softwaresystemen für den überbetrieblichen Austausch von Umweltinformationen wird derzeit von den Unternehmen als sehr gering eingestuft.

Betrachtet man die empirische Erhebung, lässt sich deutlich eine negative Einschätzung des Potenzials von Softwaresystemen für den überbetrieblichen Austausch von Daten ableiten. Bezogen auf den Median liegen nur die Umfrage der österreichischen Industrie sowie der Kunststoffcluster bei 3, betrachtet man aber auch hier die 3. Quartile, liegen diese ebenso alle bei 3 (Die gruppierten Mediane liegen alle unter drei, steirisches Verwertungsnetz 2,4; deutsches Verwertungsnetz 2,5; österreichische Industrie 2,5; Autocluster 2,1; Kunststoffcluster 2,6). Es wird somit eine deutliche negative Einstellung der Unternehmen sichtbar und die Hypothese dadurch untermauert. Daraus ist abzuleiten, dass einerseits für den überbetrieblichen Austausch von Umweltinformationen – zumindest anfangs – auf weniger komplexe Methoden zurückgegriffen werden muss und andererseits auch hier das Bewusstsein für diese hoch entwickelten Methoden erst geschaffen werden muss.

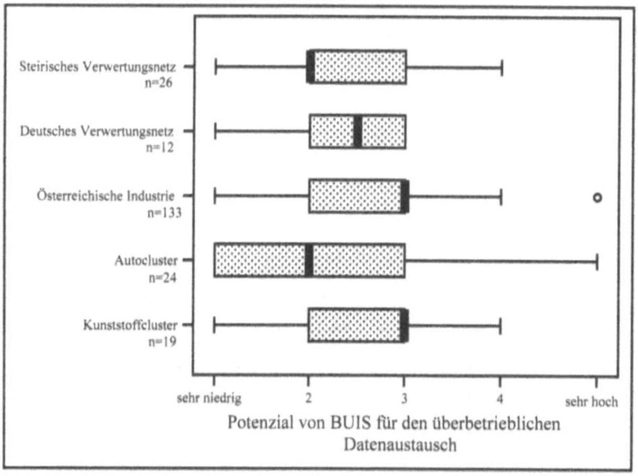

Abbildung 55: Box Plot über das Potenzial von BUIS für den überbetrieblichen Datenaustausch

HU-16: BUIS sind aus Sicht der Unternehmen noch nicht weit genug entwickelt, um den Austausch von Umweltinformationen und Informationen innerhalb von Netzwerken zu unterstützen.

Diese Frage konnte, mit Ausnahme des Autoclusters, von rund 50 % der befragen Unternehmen in der Untersuchungseinheit nur mit „weiß nicht“ nicht beantwortet werden, da sie darüber offensichtlich keine Informationen besitzen. Im deutschen Verwertungsnetz ist man am stärksten der Meinung, dass diese Softwaresysteme noch nicht weit genug entwickelt sind. Der gruppierte Median liegt hier bei 3,33. Blickt man nach Österreich, liegen fast alle gruppierten Mediane zwischen 2 und 3 (steirisches Verwertungsnetz 2,5; österreichische Industrie 3,3; Autocluster 2,9; Kunststoffcluster 2,4). Man sieht diese Systeme eine Spur besser entwickelt als es das deutsche Verwertungsnetz tut, wobei das steirische Verwertungsnetz und der Kunststoffcluster ihren Median bei 2 haben und auch das 3. Quartil liegt beim Wert 3. Insgesamt muss die Hypothese, dass die Unternehmen die Softwareprogramme als noch nicht entsprechend entwickelt ansehen, verworfen werden. Für die Entwicklung eines Implementierungskonzepts hat dies insofern Auswirkungen, als dass hier die notwendige Überzeugung und in weiterer Folge auch das Vertrauen der Vorteile dieser Systeme in Ansätzen zumindest bei der Hälfte der Unternehmen (also Unternehmen, die hier geantwortet haben) schon vorhanden ist und auf diesem Wissen weiter aufgesetzt werden kann.

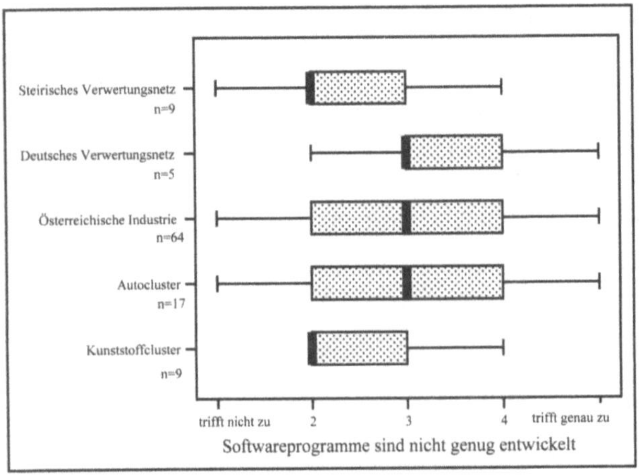

Tabelle 15: Auswertung der Frage: Softwareprogramme sind noch nicht weit genug für den überbetrieblichen Austausch von Umweltinformationen geeignet

HU-17: Gründe, die gegen den Einsatz von Software für den überbetrieblichen Austausch von Umweltdaten sprechen, sind vorrangig im Bereich der Software selbst zu suchen (teuer, komplex, nicht stabil, nicht genug Sicherheit).

Zur Überprüfung, warum Unternehmen derzeit keine speziellen Umweltsoftwareprogramme für den überbetrieblichen Austausch von Umweltinformationen einsetzen, wurden spezifische Eigenschaften von diesen Softwareprogrammen hervorgehoben und von 1 „trifft nicht zu“ bis 5 „trifft zu“ abgefragt. Zusätzlich hatten Unternehmen die Möglichkeit, die Antwort „weiß nicht“ anzukreuzen. Von der Antwortmöglichkeit „weiß nicht“ wurde im Bereich Software sehr viel Gebrauch gemacht, was auf große Informationsdefizite in diesem Bereich schließen lässt.

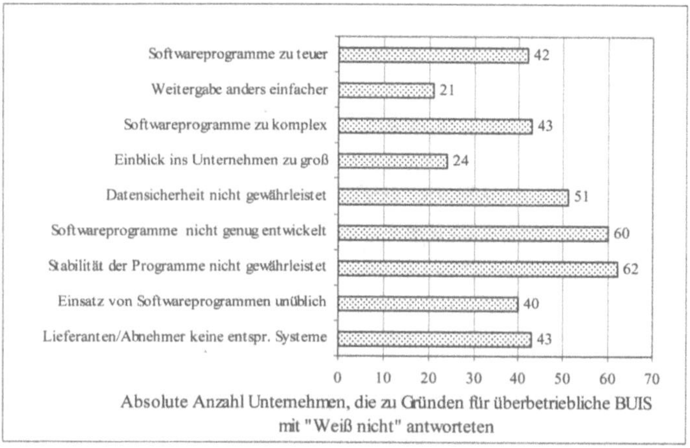

Abbildung 56: Antworten „weiß nicht" auf mögliche Gründe, warum BUIS im überbetrieblichen Bereich derzeit nicht eingesetzt werden

Abbildung 56 stellt die gruppierten Mediane sowie das 1. und 3. Quartil auf die Fragen zu den Gründen über den mangelnden Einsatz von Umweltsoftwareprogrammen im überbetrieblichen Bereich dar. Wie auch im innerbetrieblichen Bereich wird für den überbetrieblichen Bereich angegeben, dass die Software als zu teuer empfunden wird (Median bei 4, gruppierter Median bei 4,1). Hier liegt das 1. Quartil bei knapp 3 und das 3. Quartil sogar bei 5, also sehr zutreffend. Mit einem Median von 4 und einem gruppierten Median von 4,1 folgt als Grund, dass Lieferanten und Abnehmer nicht mit entsprechenden Systemen ausgestattet sind, damit das Unternehmen seine Umweltinformationen mittels speziellen Softwareprogrammen kommunizieren kann. In Bezug auf Faktoren der Software selbst wird auch als mit fast zutreffend beschrieben, dass die Software zu komplex ist (Median von 4, gruppierter Median von 3,4).

Auch wird wiederum eine anderweitige Weitergabe von Informationen als einfacher empfunden (Median bei 3, gruppierter Median bei 3,4). Dass der Einsatz der Software unüblich ist, die Datensicherheit nicht gewährleistet ist, die Softwareprogramme nicht weit genug entwickelt und die Einblicke ins Unternehmen zu groß sind wird von den Unternehmen als eher mittelmäßiger Grund angegeben (alle mit Medianen von 3, einem 1. Quartil von 2 und einem 3. Quartil von 4). Einzig die Stabilität der Programme wird von den Unternehmen weniger als Grund angegeben, der Median liegt hier nur bei 2 (gruppierter Median bei 2,3), das 1. Quartil bei 2 und das 3. Quartil bei 3. Somit lässt sich aus der empirischen Erhebung herauslesen, dass zwar durchaus Gründe für einen mangelnden Einsatz im Umweltsoftwareprogramm selbst liegen, diese aber nicht ausschließlich für einen fehlenden Einsatz verantwortlich gemacht werden können.

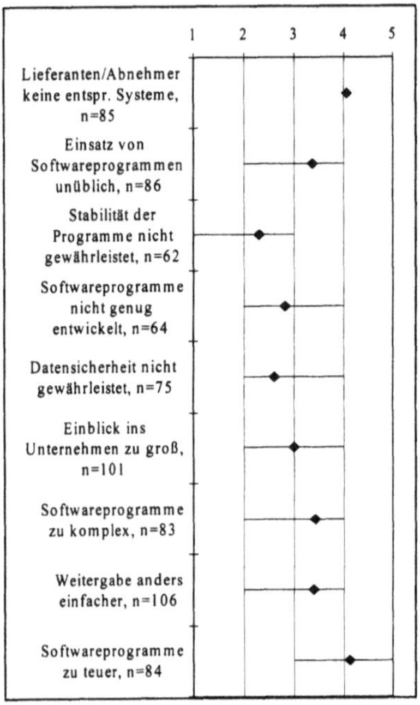

	Median	Gruppierter Median
Lieferanten/Abnehmer keine entspr. Systeme	4	4,1
Einsatz von Softwareprogrammen unüblich	3	3,4
Stabilität der Programme nicht gewährleistet	2	2,3
Softwareprogramme nicht genug entwickelt	3	2,8
Datensicherheit nicht gewährleistet	3	2,60
Einblick ins Unternehmen zu groß	3	3,0
Softwareprogramme zu komplex	4	3,4
Weitergabe anders einfacher	3	3,4
Softwareprogramme zu teuer	4	4,1

Tabelle 16: Statistische Auswertungen über mögliche Gründe für den geringen Einsatz von BUIS für den überbetrieblichen Austausch von Umweltinformationen

Abbildung 57: Gründe, die für Unternehmen gegen den Einsatz von speziellen Umweltsoftware-programmen im überbetrieblichen Bereich sprechen, (1...trifft nicht zu bis 5...trifft völlig zu)

HU-18: Monetäre Anreize sind Gründe für die zukünftig mögliche Installierung von Softwaresystemen für den überbetrieblichen Austausch von Umweltinformationen. Vorgaben von Konzernen, Lieferanten und Abnehmern haben keinen Einfluss auf die mögliche Installierung von Softwareprogrammen für den überbetrieblichen Austausch von Umweltinformationen.

Um mögliche Rahmenbedingungen für BUIS für den überbetrieblichen Austausch zu identifizieren, wurden die Unternehmen befragt, welche Faktoren sich für sie ändern müssten, damit sie auf diese speziellen Softwareprogramme zurückgreifen. Wie in Abbildung 32 zu erkennen ist, geben sich die Unternehmen bei den meisten indifferent (mit Medianen bei 3) bis leicht positiv (mit Medianen bei 3,5 und 4). Einzig ein Anstieg der Preise für Primärrohstoffe ist für Unternehmen kein Grund, vermehrt auf die Unterstützung von BUIS zurückzugreifen. Hier fehlt eindeutig der Zusammenhang mit weiterführenden Möglichkeiten wie bspw. Recycling und einem zwischenbetrieblichen Stoffstrommanagement. Wiederum wird eine Integration des Programms in die betriebliche IT als sehr bedeutend ausgewiesen (gruppierter Median mit 3,9). Jedoch wurden auch konzerninterne Vorgaben als wichtige

Rahmenfaktoren genannt (gruppierter Median bei 3,7). Somit werden monetäre Kriterien wie der Preis der Software und die Kosten für den Umweltschutz (gruppierte Mediane bei 3,5 und 3,3) erst hinter den vorhin genannten Faktoren gereiht. Aus diesen Gründen kann die aufgestellte Hypothese widerlegt werden (den Vorgaben von Lieferanten und Abnehmer stehen die Unternehmen mit einem gruppierten Median von 3,3 und der dargestellten Verteilung eher indifferent gegenüber).

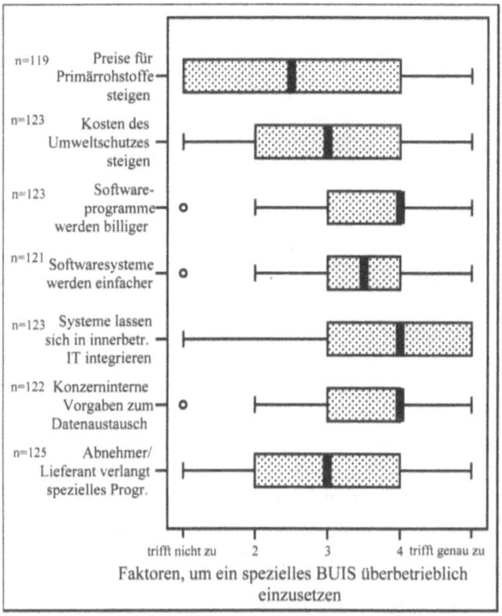

Abbildung 58: Box Plots über Faktoren, um spezielle BUIS auch für den überbetrieblichen Austausch von Umweltinformationen einzusetzen

5.3.4.3 Kommunikation von Umweltinformationen in Wertschöpfungsnetzwerken

Bevor die Überprüfung der Hypothesen im folgenden Abschnitt näher beleuchtet wird, werden zuvor kurz die Motive, die Unternehmen Partnerschaften in Wertschöpfungsnetzwerken eingehen lassen, erläutert. Wie in Abbildung 59 ersichtlich, gaben nur 2 der insgesamt 23 Unternehmen des Autoclusters, die hier geantwortet haben, an, die Fertigungstiefe verringern zu wollen, und nur ein einziges Unternehmen der 19 Unternehmen im Kunststoffcluster. Als ausschlaggebendes Motiv wird von den Unternehmen eigentlich nur die Steigerung der Wettbewerbsfähigkeit genannt. Zusätzlich sind gemeinsame Forschungs- und Entwicklungsanstrengungen für Unternehmen des Kunststoffclusters interessant, um an diesem Wertschöpfungsnetzwerk teilzunehmen. Bemerkenswert ist auch, dass eine Kostensenkung ebenfalls keine bedeutende Rolle für die Unternehmen in Zusammenhang mit der Teilnahme an einem Wertschöpfungsnetzwerk spielt. Die Zusammenarbeit mit Lieferanten und die Verringerung der Fertigungstiefe wurden nicht als wesentliche Gründe für die Teilnahme am Netzwerk genannt. Im Zusammenhang mit der vorliegenden Arbeit ist jedoch besonders zu beachten, dass gemeinsame Umweltschutzaktivitäten nicht ausschlaggebende Faktoren in Wertschöpfungsnetzwerken zu sein scheinen und somit hier erst entsprechende Überzeugungsarbeit geleistet werden muss, um auch Beziehungen in Wertschöpfungsnetzwerken verstärkt für Agenden des nachhaltigen Wirtschaftens zu nutzen.

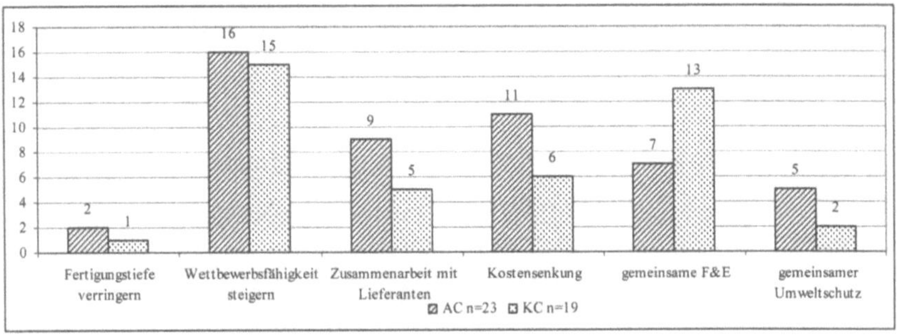

Abbildung 59: Gründe für Unternehmen, an Wertschöpfungsnetzwerken teilzunehmen

HU-19: Wertschöpfungsnetzwerke werden von zentralen Institutionen geführt. Diese zentrale Institution übernimmt die operative Planung und Steuerung sowie die Pflege (Kommunikation, Vertretung des Netzwerkes, Partnersuche) des Netzwerkes und ist somit wesentlich für den langfristigen Erfolg des Wertschöpfungsnetzwerkes.

In der empirischen Erhebung in den beiden Wertschöpfungsnetzwerken konnte in beiden Auswertungen eine zentrale Institution identifiziert werden. Jeweils nur 2 Unternehmen im Autocluster und 1 Unternehmen im Kunststoffcluster gaben an, dass keine zentrale Institution im Netzwerk existiert (siehe Abbildung 60). Auch die Wichtigkeit der zentralen Institution für den langfristigen Erfolg des Netzwerkes wird von den Unternehmen als sehr hoch eingestuft, der Median liegt bei beiden Wertschöpfungsnetzwerken bei 4 (der gruppierte Median liegt beim Autocluster bei 4,2 und beim Kunststoffcluster bei 3,8). Das 3. Quartil liegt beim Autocluster sogar bei 5, und der niedrigste Wert bei 3, was die Bedeutung der zentralen Institution noch hervorhebt. Beim Kunststoffcluster kann zwar keine so stark positive Antwort erkannt werden, dennoch ist auch hier die Bedeutung der zentralen Institution für das langfristige Bestehen des Netzwerkes ersichtlich.

Somit kann die Aussage von Hypothese 19 über die Existenz und die Wichtigkeit von zentralen Institutionen in Wertschöpfungsnetzen gestützt und als wesentlicher Anhaltspunkt für die Entwicklung von Implementierungskonzepten für überbetriebliche UIS in Netzwerken herangezogen werden.

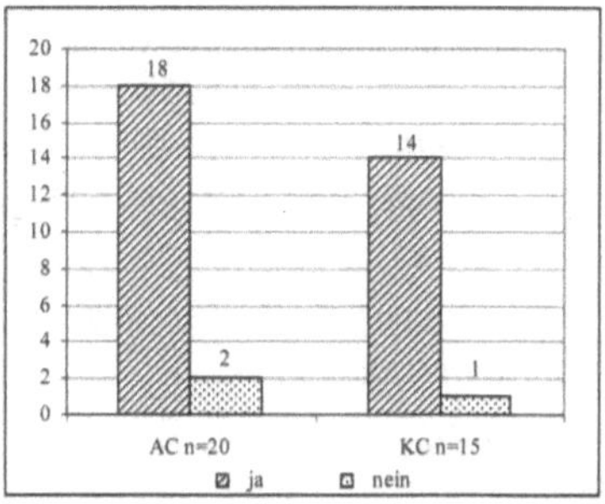

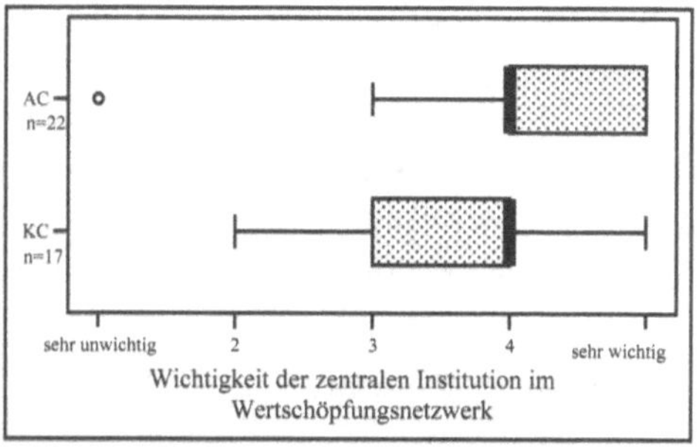

Abbildung 60: Existenz (links) und Wichtigkeit (rechts) einer zentralen Institution im Wertschöpfungsnetzwerk

Bezüglich der Aufgaben kann festgestellt werden, dass sowohl im Autocluster als auch im Kunststoffcluster die Vertretung des Netzwerkes nach außen als Hauptaufgabe gesehen wird (siehe Abbildung 61). Auch die Entwicklung einer Netzwerkvision und die Kommunikation werden als wichtige Aufgaben für die zentrale Institution angesehen. Auffallend ist weiters, dass gemeinsame Umweltschutzaktivitäten als sehr unwichtig angesehen werden, was auf einen großen Bedarf in dieser Hinsicht hinweist, wenn im Netzwerk umweltschutzorientierte Maßnahmen eingeführt werden sollen.

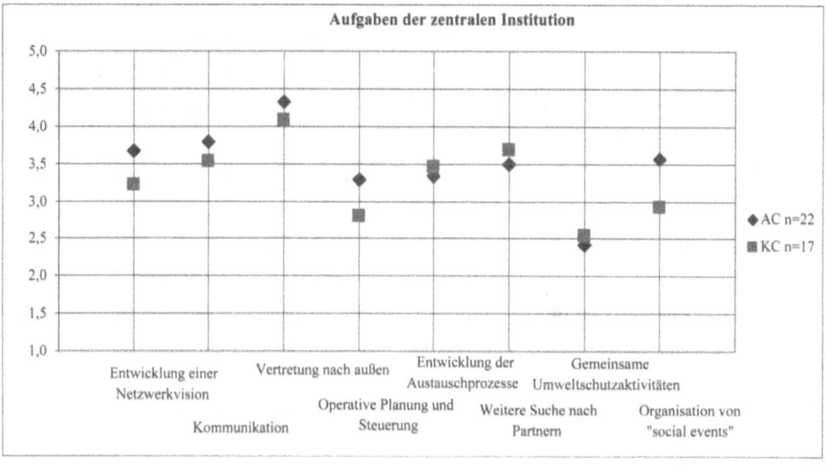

Abbildung 61: Gruppierte Mediane zu Aufgaben der zentralen Institution im Wertschöpfungsnetzwerk

HU-20: Partnerschaften innerhalb von Wertschöpfungsnetzwerken sind langfristig ausgelegt.

Wie man bei der Überprüfung der Hypothese feststellen kann, sind Wertschöpfungsnetzwerke langfristig orientiert. Nur ein einziges Unternehmen gab eine kurzfristige Zusammenarbeit an, als einmalige Zusammenarbeit sieht keines der Unternehmen das jeweilige Wertschöpfungsnetzwerk. Somit wird die Hypothese 20 durch die empirische Untersuchung im ACstyria und im Kunststoffcluster Oberösterreich gestützt. Dies ist insofern für den Aufbau von überbetrieblichen Umweltinformationssystemen von Bedeutung, da Umweltschutz langfristig ausgerichtet werden muss und somit auch die hinter den überbetrieblichen Umweltschutzaktivitäten liegenden Wertschöpfungsnetzwerke langfristig orientiert sein sollten.

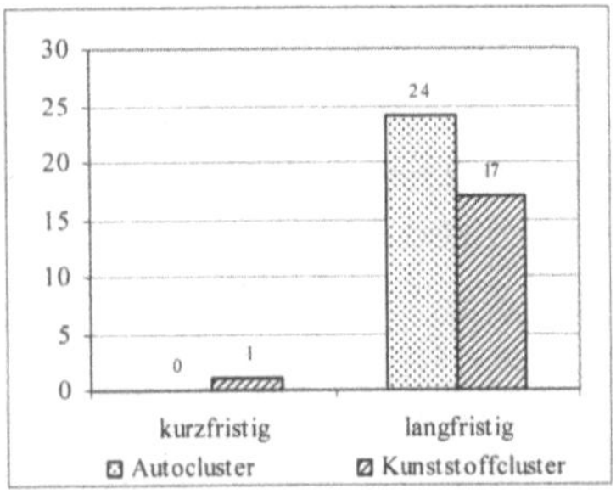

Abbildung 62: Dauer der Zusammenarbeit in Wertschöpfungsnetzwerken

HU-21: Die Beziehungen innerhalb des Netzwerkes beruhen vermehrt auf Vertrauen denn auf strengen Regelungen und es besteht mehr Vertrauen als in herkömmlichen Geschäftsbeziehungen. Aus diesem Grund wird die Gefahr des opportunistischen Verhaltens der Netzwerkpartner als gering eingestuft.

Einerseits wurde abgefragt, ob die Beziehungen im Wertschöpfungsnetzwerk stärker durch Vertrauen geprägt sind als herkömmliche Geschäftsbeziehungen. Diese Frage wurde sowohl von den Unternehmen im Autocluster als auch im Kunststoffcluster indifferent beantwortet, wie in Abbildung 63 ersichtlich ist. Zusätzlich wurden die Unternehmen befragt, wie hoch sie die Gefahr des Übervorteilens durch Partner im Wertschöpfungsnetzwerk beurteilen. Dies sehen die Unternehmen des ACstyria positiver mit einem Median von 2 und einem gruppierten Median von 2,2, jedoch mit sowohl Minimalwerten bei 1 als auch mit Maximalwerten bei 4. Geschlossener antwortete hierbei der Kunststoffcluster, da alle Unternehmen diese Frage zwischen 2 und 3 beantworteten, mit einem Median von 3 und einem gruppierten Median von 2,5. Insgesamt kann also die Hypothese, dass sich Wertschöpfungsnetzwerke durch vermehrtes Vertrauen auszeichnen, in der empirischen

Erhebung nicht bestätigt werden. Die Frage, ob die Gefahr des opportunistischen Verhaltens in Netzwerken geringer ist, konnte ebenfalls nicht eindeutig beantwortet werden.

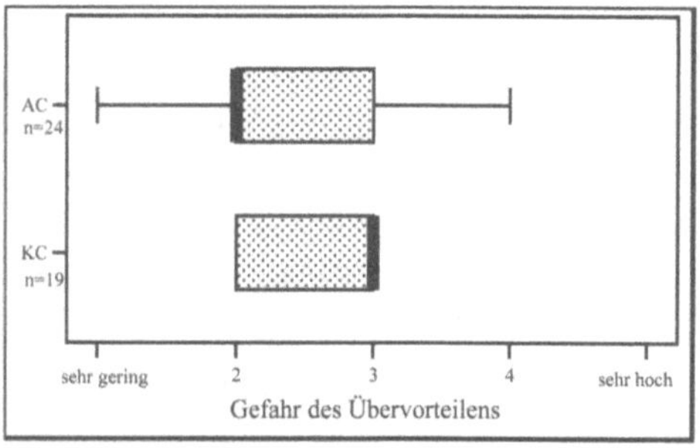

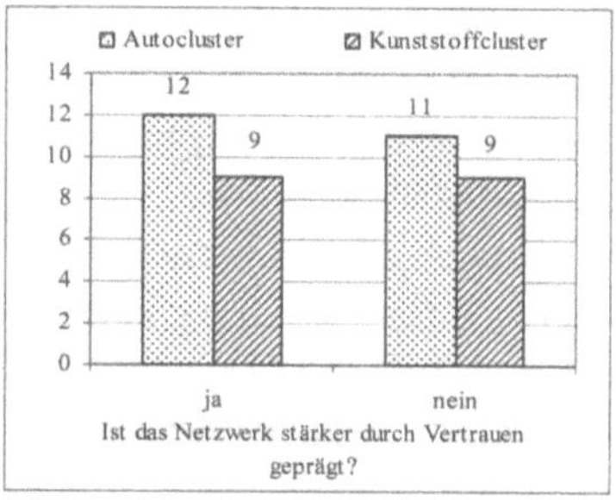

Abbildung 63: Vertrauen in den Geschäftsbeziehungen im Wertschöpfungsnetzwerk (links) und Box Plot über die Gefahr des Übervorteilens durch Partner im Netzwerk

HU-22: Wertschöpfungsnetzwerke sind von einzelnen Unternehmen abhängig, die im Wertschöpfungskreislauf eine zentrale Stelle einnehmen und ohne die ein Fortbestand des Wertschöpfungsnetzwerkes nicht möglich ist.

Bei beiden Wertschöpfungsnetzwerken kann keine eindeutige Aussage über die Hypothese 23 getroffen werden, da bei beiden Netzwerken der Median genau in der Mitte des Wertebereichs liegt (gruppierter Median beim Autocluster bei 3,2 und beim Kunststoffcluster bei 3,1). Jedoch liegt das 1. Quartil beim Kunststoffcluster noch bei 3, wo hingegen beim Autocluster eine symmetrische Verteilung um den Median zu sehen ist. Auch liegen beim Autocluster die Extremwerte bei 1 „gar nicht" und 5 „völlig". Somit können zwar keine eindeutigen Key-Player im Netzwerk identifiziert, aber auch nicht ausgeschlossen werden. Für die Implementierung von überbetrieblichen Umweltinformationssystemen ist darauf zu achten, dass zentrale Unternehmen in die Implementierung intensiv mit eingebunden werden.

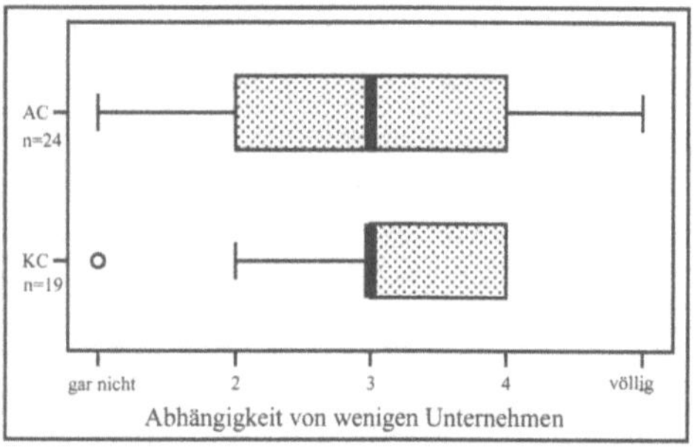

Abbildung 64: Box Plot über die Abhängigkeit von wenigen Unternehmen im Wertschöpfungsnetzwerk

HU-23: Die Koordination innerhalb des Wertschöpfungsnetzwerkes funktioniert durch gemeinsame Wertvorstellungen und Zielsetzungen.

In der Untersuchung der beiden Wertschöpfungsnetzwerke konnte diese Theorie weder bestätigt noch widerlegt werden, da sich beide Netzwerke eher indifferent ausdrückten.[749] Wie in Abbildung 65 ersichtlich, äußerten sich die Unternehmen im Kunststoffcluster positiver, da der Median hier bei 3 liegt (gruppierter Median liegt bei 3,4), ebenso das 1. Quartil, was auf einen gewissen Zusammenhalt im Netzwerk basierend auf dessen Leitbildern und Zielvorstellungen schließen lässt. Beim Autocluster lässt sich keine eindeutige Aussage treffen, blickt man auf die Darstellung des Box Plots in Abbildung 65. Der Median liegt hierbei ebenfalls bei 3 (gruppierter Median bei 3,2), die Verteilung der Quartile und Extremwerte verläuft aber über den gesamten Wertebereich.

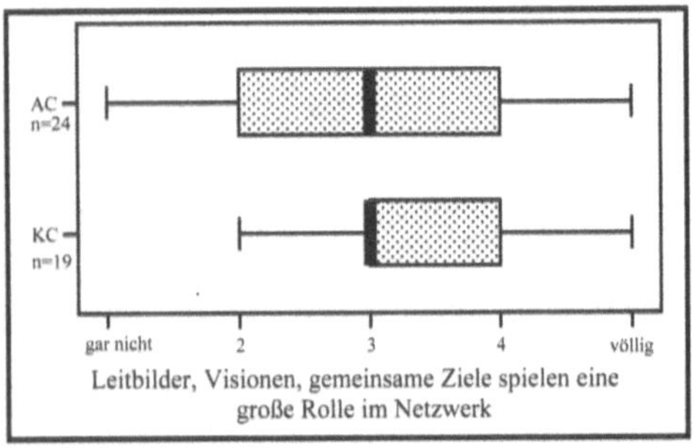

Abbildung 65: Box Plot über die Frage, ob Leitbilder, Visionen und gemeinsame Ziele für das Wertschöpfungsnetzwerk eine große Rolle spielen

Werden nun in diesen Netzwerken überbetriebliche Umweltinformationssysteme aufgebaut, muss auf eine möglichst konsistente Zielvorstellung in Bezug auf den Umweltschutz in diesen Wertschöpfungsnetzwerken geachtet werden. Diese Zielvorstellung muss unter Umständen erst definiert und aufgebaut werden.

In diesem Zusammenhang wurde auch die Frage gestellt, ob sich die Unternehmen als Teil des Netzwerkes verstehen, von 1 „gar nicht“ bis 5 „völlig“. Interessanterweise wurde bei dieser Fragestellung bei beiden Wertschöpfungsnetzwerken ein Median von 4, also fast völlig zutreffend, erreicht (siehe Abbildung 66). Das 1. Quartil lag sogar bei einem Wert von 3, Ausreißer bzw. negative Antworten kamen in beiden Netzwerken nicht vor. Somit kann man

749 Ursprünglich war vorgesehen, diese Hypothese und auch die Hypothese 22 auch für Verwertungsnetze zu überprüfen. Da aber insgesamt nur 2 Unternehmen diese Fragen beantwortet hatten, konnte keine Auswertung erfolgen.

feststellen, dass in beiden Netzwerken eine gewisse Identität mit dem Netzwerk besteht,[750] auf die in weiterer Folge bei der Implementierung von Umweltinformationssystemen innerhalb dieses Netzwerkes aufgebaut werden kann.

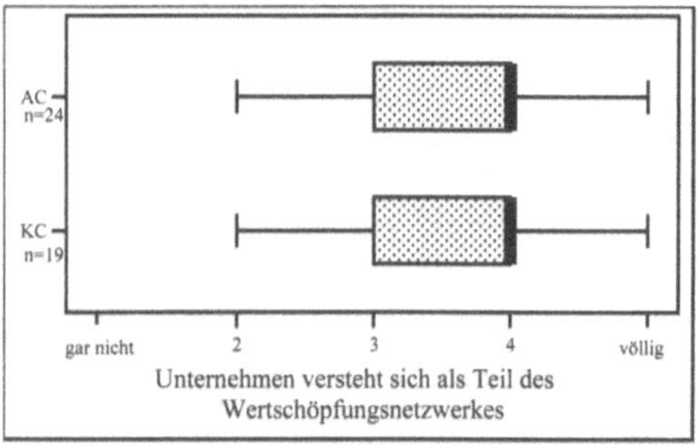

Abbildung 66: Box Plot zur Frage, ob Unternehmen sich als Teil des Wertschöpfungsnetzwerkes verstehen

HU-24: Unternehmen sind sich der vielfältigen Vorteile von Wertschöpfungsnetzwerken bewusst, bspw, dass sie den Prozess des internen und organisatorischen Lernens fördern, dass sie mittel- bis langfristig zu Wettbewerbsvorteilen für die Netzwerkteilnehmer führen und dass sie helfen, Unsicherheiten zu reduzieren.

Wie sich in der empirischen Untersuchung herausstellte, sind sich die Unternehmen durchaus der Vorteile in Wertschöpfungsnetzwerken bewusst. Bei der Frage, ob das Wertschöpfungsnetzwerk den Wissensaustausch und internen Lernprozess fördert, konnte sowohl beim Autocluster als auch beim Kunststoffcluster ein Median von 4 erreicht werden (gruppierte Median beim AC von 3,7 und beim KC von 3,8). So gesehen werden hier keine Unterschiede zwischen den beiden Wertschöpfungsnetzwerken sichtbar. Die Generierung von Wettbewerbsvorteilen durch die Partnerschaft im Netzwerk wird sogar noch stärker von den Unternehmen wahrgenommen, vor allem im Autocluster, wo der Median, das 1. und das 3. Quartil beim Wert 4 liegen (gruppierter Median liegt bei 3,9). Der Kunststoffcluster sieht hierbei Wettbewerbsvorteile ähnlich positiv wie die Förderung des Wissensaustauschs (gruppierter Median bei 3,6).

---

750 Ausnahmen sind in diesem Zusammenhang jedoch jene Unternehmen, die den Fragebogen unbeantwortet retournierten, da sie sich nicht als Netzwerkmitglied fühlen, vom Netzwerkmanagement aber angeführt wurden.

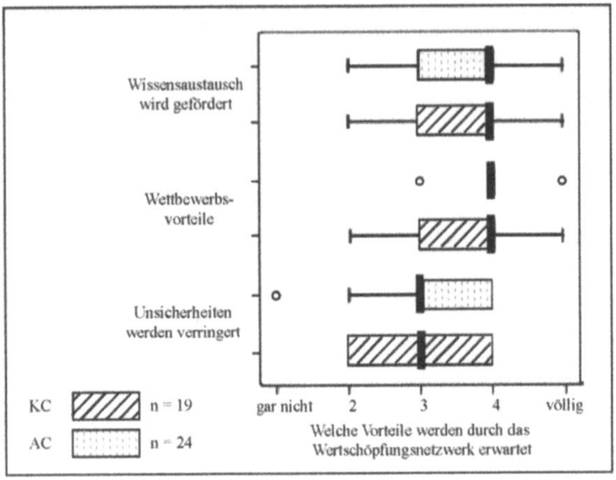

Abbildung 67: Box Plot über erwartete Vorteile im Wertschöpfungsnetzwerk

Die Reduktion von Unsicherheiten in den Geschäftsbeziehungen durch das Wertschöpfungsnetzwerk wird weniger stark von den Unternehmen wahrgenommen, der Median liegt hierbei bei beiden Wertschöpfungsnetzwerken bei 3 (gruppierter Median beim Autocluster bei 3,16 und beim Kunststoffcluster bei 2,9).

Somit kann festgestellt werden, dass die Hypothese über die Wahrnehmung der Vorteile in Wertschöpfungsnetzwerken durch die empirische Untersuchung gestützt werden und auf diesen Ergebnissen aufbauend das Implementierungskonzept für den überbetrieblichen Austausch von Umweltinformationen entwickelt werden kann.

HU-25: Die Unternehmen bestimmen die Art, wie sie Daten austauschen, autonom, wobei das Internet über EDI, also den elektronischen Austausch kaufmännischer Geschäftsdaten bzw. mittels ERP-Systemen, eine zentrale Stellung einnimmt. Dabei sind die Informations- und Kommunikationstechnologien individuell auf das Unternehmen abgestimmt und die Investitionen in die Informations- und Kommunikationstechnologien sind erheblich.

In der empirischen Erhebung wurde nicht bestätigt, dass die Unternehmen selbst die Art, wie sie Daten austauschen, bestimmen können, da der Median in beiden Wertschöpfungsnetzwerken bei 3 liegt (der gruppierte Median für den Autocluster liegt zumindest bei 2,5, beim Kunststoffcluster bei 3,1). Somit können zumindest zum Teil externe Vorgaben für den Datenaustausch identifiziert werden. Die Frage, ob die speziellen Systeme unternehmensspezifisch sind, wurde von den Unternehmen tendenziell bejaht (vgl. Abbildung 68, die gruppierten Mediane betragen beim Autocluster 3,7, beim Kunststoffcluster 3,5). Als ein wesentlicher Hinweis für die Entwicklung von Implementierungskonzepten kann die Frage nach der Nutzung des Internets und von Emails herangezogen werden. Die Wichtigkeit dieser Informationsmedien wurde von den Unternehmen in den beiden

Wertschöpfungsnetzwerken stark unterstrichen (gruppierte Mediane bei 4,4). Somit muss bei der Implementierung von überbetrieblichen Umweltinformationssystemen diesen Kommunikationsformen vermehrtes Augenmerk geschenkt werden. Ähnliche Hinweise sind auch aus der letzten Fragestellung, inwiefern der Investitionsaufwand für die Kommunikation im Netzwerk erheblich war, abzulesen. Aus den Antworten geht relativ klar hervor, dass der Aufwand für die Unternehmen eher gering war, was wiederum sehr wahrscheinlich auch von Systemen für den überbetrieblichen Austausch von Umweltinformationen erwartet wird.[751]

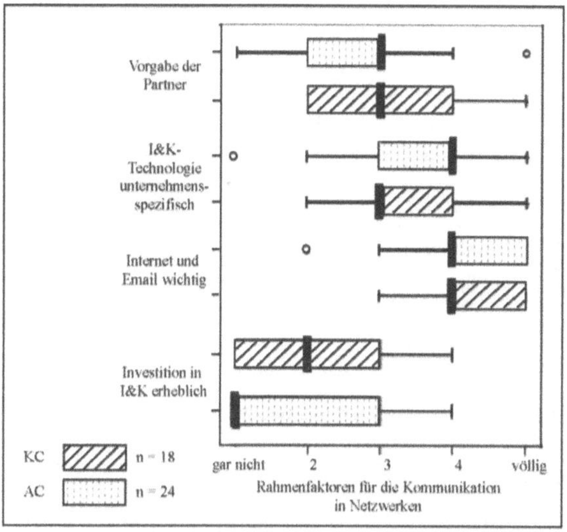

Abbildung 68: Box Plots über den Austausch von Informationen in Wertschöpfungsnetzwerken

HU-26: Kooperationen innerhalb von Wertschöpfungsnetzwerken werden nicht für umweltschutzorientierte Maßnahmen wie die umweltgerechte Produktgestaltung und eine umweltgerechte Verfahrensgestaltung benutzt bzw. als sinnvoll erachtet und bei der Auswahl der Kooperationspartner auch nicht auf Kriterien des Umweltschutzes geachtet.

Geht man davon aus, dass Wertschöpfungsnetzwerke primär ökonomisch orientiert sind und sich die Unternehmen der verschiedenen Vorteile auch bewusst sind, stellt sich die Frage, inwiefern die Verankerung von ökologischen Fragestellungen in den Unternehmen sinnvoll erscheint. Dazu wurden im Fragebogen beispielhaft einige umweltorientierte Tätigkeiten abgefragt (vgl. Abbildung 69). Analysiert man die Mediane für den Autocluster und den Kunststoffcluster, sind nahezu alle Aktivitäten mit dem Wert 4 belegt (Ausnahme das Life Cycle Assessment beim Kunststoffcluster). Auch die gruppierten Mediane schwanken

751 Dies korreliert in gewissem Sinne auch mit den vorangegangenen Ergebnissen, dass monetäre Faktoren bei der Implementierung von BUIS eine bedeutende Rolle spielen.

insgesamt zwischen 3,3 und 3,7, was auf eine im Durchschnitt mittelmäßige Einstellung gegenüber diesen umweltschutzorientierten Maßnahmen schließen lässt. Auch ist zu bemerken, dass die beiden Wertschöpfungsnetzwerke nur unwesentlich voneinander abweichen.

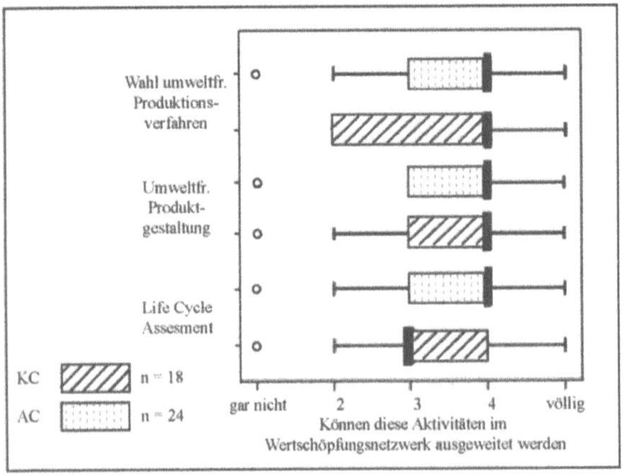

Abbildung 69: Box Plots über überbetriebliche umweltorientierte Aktivitäten in Wertschöpfungsnetzwerken

Ähnliches gilt für die Berücksichtigung der Kriterien des Umweltschutzes bei der Auswahl von Lieferanten und Abnehmern. Auch hier äußerten sich die Unternehmen sehr indifferent (siehe auch Abbildung 70), mit Medianen von 3 und gruppierten Medianen beim Autocluster von 2,9 und beim Kunststoffcluster von 3,4.

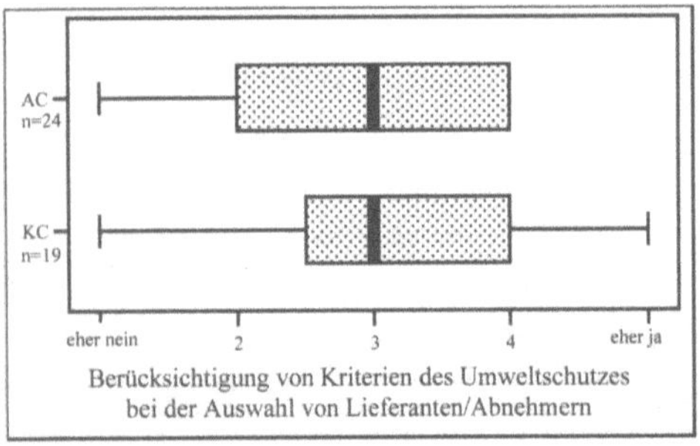

Abbildung 70: Box Plot über die Berücksichtigung von Kriterien des betrieblichen Umweltschutzes bei der Auswahl der Lieferanten/Abnehmer

Für die Entwicklung eines Implementierungskonzeptes hat dies insofern Konsequenzen, dass in Bezug auf die Nutzung von Wertschöpfungsnetzwerken für überbetriebliche Umweltschutzmaßnahmen noch einiges an Überzeugungsarbeit geleistet werden muss, um in weiterer Folge den überbetrieblichen Austausch von Umweltinformationen in den Wertschöpfungsnetzwerken aufbauen zu können.

HU-27: Aufgrund der langfristigen Auslegung der Partnerschaften in Wertschöpfungsnetzwerken sind diese grundsätzlich geeignet, um hierin auch Aktivitäten im Sinne einer ökologischen Nachhaltigkeit zu erfüllen. Unternehmen sehen aber bislang nicht die Möglichkeit, das Wertschöpfungsnetzwerk grundsätzlich für zwischenbetriebliche Recyclingaktivitäten zu nutzen, da ihnen dafür auch die entsprechenden Informationen über Stoffströme anderer Netzwerkpartner fehlen.

Um in Wertschöpfungsnetzwerken verstärkt nachhaltige Aspekte verankern zu können, wurden die Unternehmen befragt, wie sie grundsätzlich die Möglichkeiten des zwischenbetrieblichen Recyclings im Wertschöpfungsnetzwerk einstufen. Wie in Abbildung 71 dargestellt ist, drücken sich die Unternehmen beider Wertschöpfungsnetzwerke eher indifferent aus. Der Median liegt beim Autocluster bei 4, beim Kunststoffcluster bei 3. Betrachtet man hingegen die gruppierten Mediane, beim Autocluster 3,5 und beim Kunststoffcluster 3,3, werden keine allzu großen Unterschiede ersichtlich. Hinzu kommt, dass die Quartile sowie die Extremwerte gleich ausgeprägt sind und sich hieraus deshalb keine eindeutigen Schlüsse ziehen lassen.

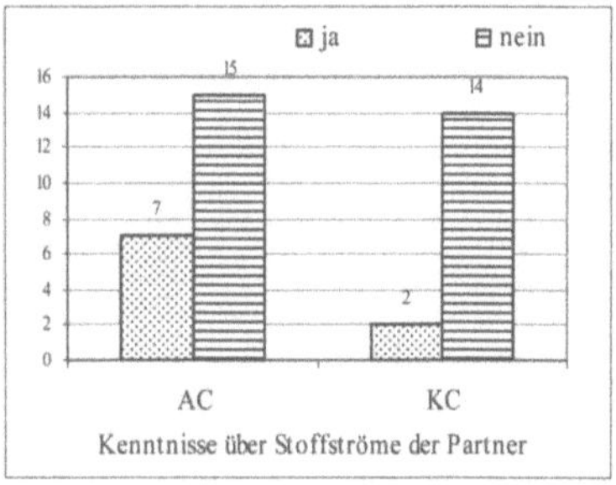

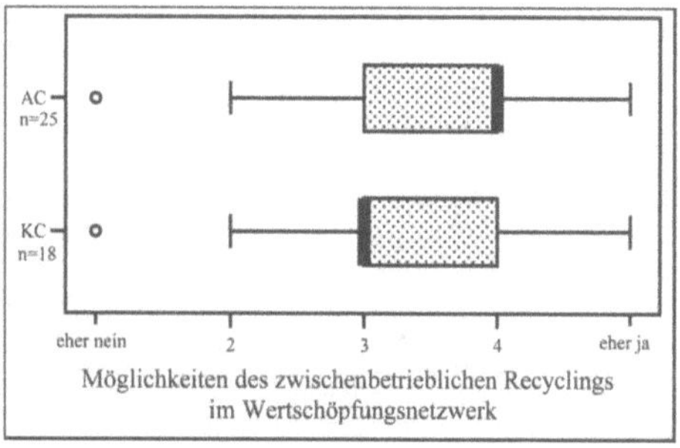

Abbildung 71: Box Plot über die Möglichkeiten des zwischenbetrieblichen Recyclings in Wertschöpfungsnetzwerken (links) und über Informationen über Stoffströme der anderen Netzwerkpartner (rechts)

Betrachtet man das rechte Balkendiagramm in Abbildung 71 über Informationen der Stoffströme von anderen Netzwerkpartnern, wird auch ersichtlich, warum die Möglichkeiten für ein zwischenbetriebliches Recycling als mittelmäßig eingestuft werden. Nur wenige Unternehmen in den beiden Wertschöpfungsnetzwerken (der Autocluster schneidet auch hier vergleichsweise besser ab) besitzen Informationen über die Stoffströme der anderen Netzwerkpartner, was aber als Voraussetzung herangezogen werden muss, damit überhaupt eine zwischenbetriebliches Stoffstrommanagement und Recycling ermöglicht werden kann.

Dies kann wiederum als Hinweis dafür gesehen werden, dass Umwelt-informationssysteme auch im zwischenbetrieblichen Bereich höchste Aktualität besitzen und zu einer insgesamt nachhaltigen Entwicklung in Netzwerken wesentlich beitragen können.

HU-28: Kooperationen in Wertschöpfungsnetzwerken werden bislang nicht für den Erfahrungsaustausch über innerbetriebliche Umweltschutzaktivitäten genutzt.

Diese Hypothese konnte in der empirischen Überprüfung teilweise bekräftigt werden. In Abbildung 72 wird ersichtlich, dass sowohl beim Kunststoffcluster als auch beim Autocluster der Median unter 3 liegt (der gruppierte Median beim Kunststoffcluster bzw. beim Autocluster bei 2,3), sodass also Kooperationen im Wertschöpfungsnetzwerk eher weniger den Erfahrungsaustausch über innerbetriebliche Umweltschutzaktivitäten nutzen. Hinzu kommt, dass bei beiden Netzwerken das 3. Quartil ebenfalls noch unter dem Wert 3 liegt und einzig im Autocluster ein Extremwert von 4 angegeben wurde. Somit können die Voraussetzungen in Wertschöpfungsnetzwerken für den Erfahrungsaustausch in Bezug auf betriebliche Umweltschutzaktivitäten als eher rudimentär bezeichnet werden, für die Nutzung der Netzwerke in dieser Hinsicht muss noch entsprechende Aufbauarbeit geleistet werden.

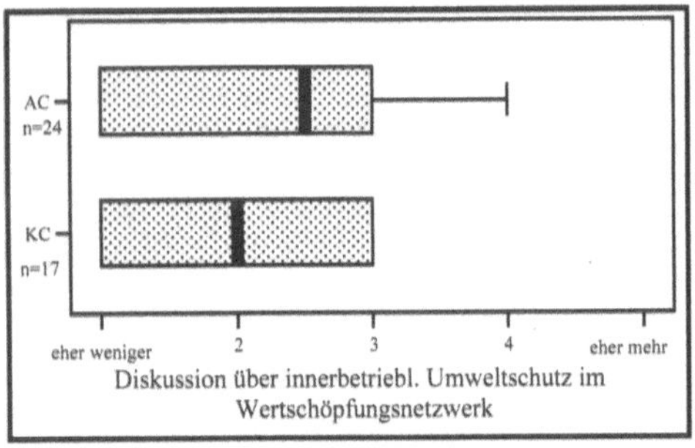

Abbildung 72: Box Plot über die Möglichkeiten der Diskussion über innerbetrieblichen Umweltschutz im Wertschöpfungsnetzwerk

HU-29: Kooperationen in Wertschöpfungsnetzwerken werden bislang nicht für den Erfahrungsaustausch über überbetriebliche Umweltschutzaktivitäten genutzt.

Die gleiche Fragestellung wie für Hypothese 28 wurde auch für überbetriebliche Aktivitäten des Umweltschutzes an die Unternehmen gestellt. Ähnliche Ergebnisse werden auch hier ersichtlich (siehe Abbildung 73). Der Median liegt bei beiden Wertschöpfungsnetzwerken bei 2 (gruppierter Median beim Autocluster wiederum bei 2,3 und beim Kunststoffcluster bei 2,4), wodurch die Hypothese 29 in Ansätzen gestützt werden kann. Einzig das 3. Quartil liegt beim Autocluster über 3, und der Extremwert mit 5 variiert im Vergleich zur vorherigen Fragestellung.

Dennoch kann die Nutzung der Wertschöpfungsnetz-werke für den Erfahrungsaustausch von überbetrieblichen Umweltaktivitäten erst in Ansätzen gesehen werden, was wiederum als Hinweis für ein entsprechendes Forcieren der Bewusstseinsbildung für verstärkten Umweltschutz und für das gegenseitige Lernen in Wertschöpfungsnetzwerken gedeutet werden kann.

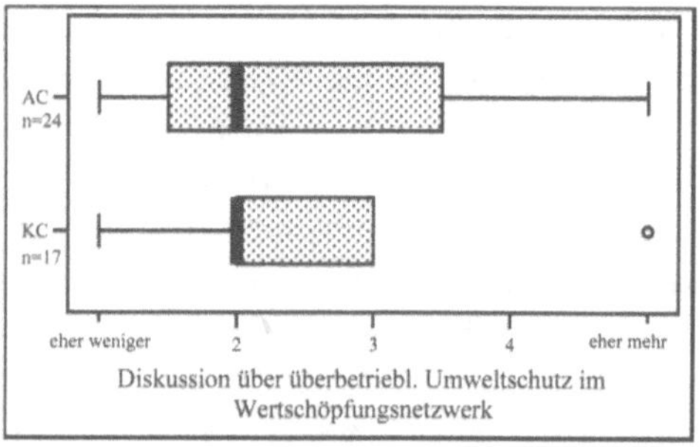

Abbildung 73: Box Plot über die Möglichkeiten der Diskussion über überbetrieblichen Umweltschutz im Wertschöpfungsnetzwerk

5.3.4.4 Vergleichende Analysen von Wertschöpfungsnetzwerken und Verwertungsnetzen

Für die Entwicklung von Implementierungskonzepten von überbetrieblichen Umweltinformationssystemen in Netzwerken ist es von Bedeutung, welche Präferenzen und Ausgangsbedingungen in den einzelnen Netzwerken bestehen. Aus diesem Grund wurden die Unternehmen aller Untersuchungssamples befragt, wie sie die Wichtigkeit der Faktoren „Wirtschaftlicher Erfolg", „Schutz der natürlichen Umwelt" und „Soziale Verantwortung" einschätzen und wie diese im gegenseitigen Vergleich zu sehen sind.

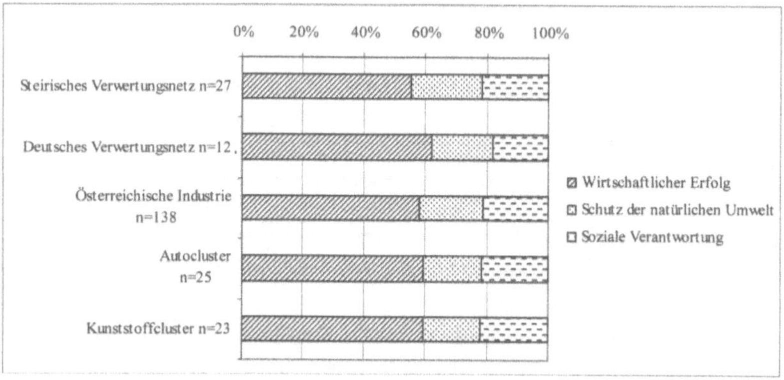

Abbildung 74: Prioritäten in den Unternehmen in Prozent in den Bereichen Wirtschaftlicher Erfolg, Ökologische Faktoren und Soziale Verantwortung

Abbildung 74 stellt die Prioritäten in Prozent in den 4 Netzwerken und in der österreichischen produzierenden Industrie dar. Erwartungsgemäß stufen die Unternehmen in allen Netzwerken den wirtschaftlichen Erfolg als das Hauptkriterium ein, im Durchschnitt geben die Unternehmen hier zwischen 50 und 60% an. Bei der Angabe des zweitwichtigsten Faktors gibt es geringfügige Unterschiede in den Netzwerken. Ebenfalls nicht unerwartet reihen die beiden Verwertungsnetze den Schutz der natürlichen Umwelt an die zweite Stelle, wenige Prozentpunkte vor der sozialen Verantwortung. Die Wertschöpfungsnetzwerke, aber auch die Unternehmen der österreichischen Industrie, stufen die soziale Verantwortung als zweitwichtigsten Faktor ein, einige Prozentpunkte vor dem Schutz der natürlichen Umwelt. Dies weist darauf hin, dass die Verwertungsnetze im Gegensatz zu Wertschöpfungsnetzwerken eher ökologisch ausgerichtet sind,[752] was sich in den Prozenten der Bedeutung widerspiegelt. Dies hat insofern Auswirkungen auf die weitere Entwicklung von Konzepten für überbetriebliche Informationssysteme, da außer in den Verwertungsnetzen die Unternehmen für den Schutz der natürlichen Umwelt erst sensibilisiert werden müssen. Jedoch konnte bezogen auf umweltschutzorientierte Maßnahmenbereiche in Netzwerken zur nachhaltigen Entwicklungen eine Kongruenz in den einzelnen Netzwerken beobachtet werden (vgl. Abbildung 75).

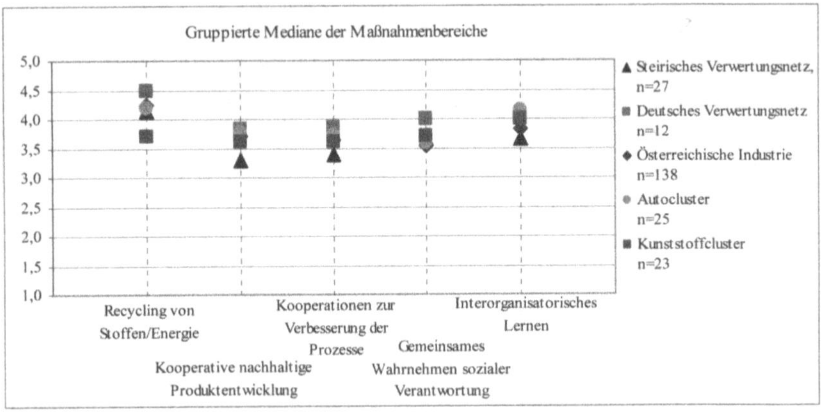

Abbildung 75: Gruppierte Mediane der umweltschutzorientierten Maßnahmen in Netzwerken

HU-30: Der Informationsstand über Möglichkeiten der zwischenbetrieblichen Verwertung und somit auch über die Stoffströme der anderen Netzwerkpartner ist in Verwertungsnetzen höher als in Wertschöpfungsnetzwerken.

Die Theorie, dass in Verwertungsnetzen die Informationen über Technologien zur Rückstandsverwertung eher vorliegen als in Wertschöpfungsnetzwerken konnte in der

[752] Dies wurde auch bereits in den vorangegangen Hypothesen angenommen.

empirischen Analyse nicht bestätigt werden. Obwohl als ein wesentliches Kriterium in den Verwertungsnetzen die Verwertung von Stoffen im Vordergrund stehen sollte, konnten in der empirischen Untersuchung ähnliche Ergebnisse den Wissensstand betreffend in den Wertschöpfungsnetzwerken, aber auch in der österreichischen Industrie, festgestellt werden. Auffallend ist, dass sowohl im Autocluster, als auch in der österreichischen Industrie und im deutschen Verwertungsnetz sogar die gruppierten Mediane ident bei 3,1 liegen. (im steirischen Verwertungsnetz unwesentlich höher bei 3,4 und im Kunststoffcluster bei 3,5).

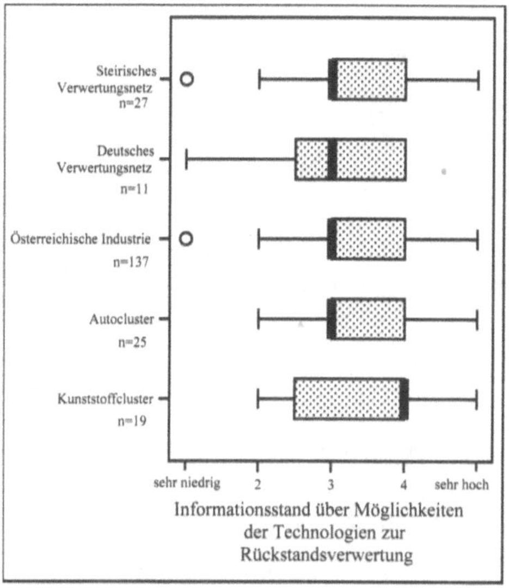

Abbildung 76: Box Plot über Möglichkeiten der Technologien zur Rückstandsverwertung

HU-31: Betriebliche Umweltschutzmaßnahmen werden eher in Verwertungsnetzen als in Wertschöpfungsnetzwerken getätigt.

Zur Überprüfung dieser Hypothese wurden beide Wertschöpfungsnetzwerke und beide Verwertungsnetze zum Zwecke der besseren Übersichtlichkeit zusammengefasst und in Abbildung 77 mittels Box Plots dargestellt. Wie relativ leicht zu erkennen ist, existieren keine wesentlichen Unterschiede zwischen den verschiedenen Netzwerktypen. Die Mediane liegen mit Ausnahme der umweltfreundlichen Entsorgung alle bei 4, auch die Ausprägung der Quartile gestaltet sich in den Netzwerken ähnlich. Somit kann die Hypothese für die vorliegenden Untersuchungseinheiten widerlegt werden. Auswirkungen auf die weitere Entwicklung von Implementierungskonzepten für überbetriebliche UIS hat dies insofern, dass gemäß dieser empirischen Untersuchung auch Unternehmen der Wertschöpfungsnetzwerke sehr aktiv in Bezug auf betriebliche Umweltschutzmaßnahmen sind und sie deshalb in ähnlicher Weise für weiterführende Maßnahmen des überbetrieblichen Umweltschutzes geeignet sind wie Unternehmen in Verwertungsnetzen.

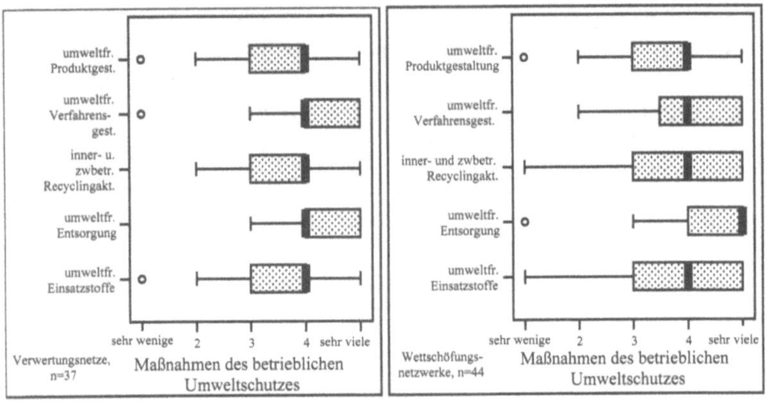

Abbildung 77: Maßnahmen des betrieblichen Umweltschutzes in Verwertungsnetzen (links) und in Wertschöpfungsnetzwerken (rechts)

HU-32: In Verwertungsnetzen werden eher BUIS eingesetzt als in Wertschöpfungsnetzwerken.

Diese Hypothese konnte in der empirischen Untersuchung nicht belegt werden. In Abbildung 78 wird die prozentmäßige Verteilung an der gesamten Untersuchungseinheit dargestellt (Mehrfachnennungen hier erlaubt), dabei lassen sich keine großen Unterschiede zwischen den einzelnen Netzwerkstypen und auch nicht zur österreichischen Industrie feststellen. Tendenziell werden Tabellen in allen Netzwerken am stärksten genutzt.

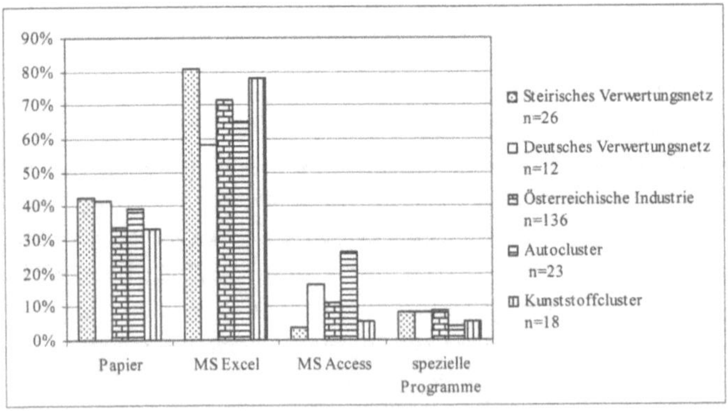

Abbildung 78: Einsatz von Systemen für den betrieblichen Umweltschutz in den Netzwerken

Auffallend ist auch, dass papiergestützte Versionen sich nach wie vor großer Beliebtheit erfreuen, noch vor den Datenbanken wie bspw. Access. Spezielle Programme zur Verarbeitung von Umweltinformationen verwenden nur ein verschwindend geringer Anteil (überall unter 10%) der Unternehmen. Somit kann die Aktualität der vorliegenden Arbeit und das Bedürfnis für Implementierungskonzepte für hoch entwickelte BUIS begründet werden.

HU-33: Das Potenzial für den Austausch von Umweltinformationen innerhalb von Netzwerken mittels spezifischer Umweltsoftware wird in Verwertungsnetzen höher eingestuft als in Wertschöpfungsnetzwerken.

Von der vermehrt ökologischen Orientierung in Verwertungsnetzen ausgehend[753] wurde angenommen, dass das Potenzial für den Austausch von Umweltinformationen mittels spezieller Softwaresysteme in Verwertungsnetzen höher eingestuft wird, da hier auch mehr Informationen über Stoffströme fließen müssen. Wie in Abbildung 55 auf Seite 205 ersichtlich, ist dies in den gegenständlich untersuchten Verwertungsnetzen und Wertschöpfungsnetzwerken nicht zutreffend. Bezogen auf die Mediane blieben die Erwartungen der beiden Verwertungsnetze unter der österreichischen Industrie und auch unter dem Kunststoffcluster. Eine Ausnahme bildete lediglich der Autocluster, der hier das Potenzial für Software eher niedrig sieht.

Basierend auf dieser empirischen Auswertung muss bei der Ausarbeitung von Implementierungskonzepten auch in den Verwertungsnetzen erst entsprechende Überzeugungsarbeit geleistet werden, um die Vorteile von solchen Kommunikationssystemen für den überbetrieblichen Austausch von Umweltinformationen hervor zu streichen.

HU-34: Mit Abnehmern von Rückständen wird in Wertschöpfungsnetzwerken eher elektronisch mittels Email und spezifischen Programmen kommuniziert als in Verwertungsnetzen.

In Hypothese 12 wurde bereits die Kommunikation mit Abnehmern untersucht.[754] In der empirischen Untersuchung der 5 Untersuchungssample kann man erkennen, dass sich keine eindeutigen Schlüsse über die Kommunikation mit Abnehmern von Rückständen in Netzwerken ableiten lassen. In allen Netzwerken dominiert die Kommunikation per Telefon und Fax, einzig der Kunststoffcluster zeigt eine schwache Tendenz, die Kommunikation mittels Email abzuwickeln. Ein spezielles Programm hierfür besitzt hingegen nur 1 Unternehmen des Autoclusters. Es lassen sich somit keine wesentlichen Unterschiede zwischen den einzelnen Netzwerken in der Kommunikation zu Abnehmern von Rückständen feststellen, was für die Entwicklung von Implementierungskonzepten Auswirkungen hat, da in beiden Netzwerktypen die gleichen Ausgangssituationen vorliegen.

---

753 Siehe dazu auch Abbildung 74 auf S. 196.

754 Siehe Abbildung 52 auf S. 196.

HU-35: Umweltinformationen von Lieferanten von Roh-, Hilfs- und Betriebsstoffen werden in Wertschöpfungsnetzwerken eher elektronisch mittels Email und spezifischen Programmen ausgetauscht als in Verwertungsnetzen.

Im Gegensatz zur Kommunikation mit Abnehmern von Rückständen sind Email und vor allem auch die spezifischen Programme weiter verbreitet. In Prozenten ausgedrückt kommunizieren zwar mehr Unternehmen des Autoclusters und des Kunststoffclusters per Mail mit den Lieferanten als in Verwertungsnetzen, der Unterschied ist aber nicht so bedeutend, um Rückschlüsse ziehen zu können und die Hypothese bestätigen zu können. Dennoch lässt der hohe Anteil an Emails an der Kommunikation, sowohl in den Wertschöpfungsnetzwerken als auch in den Verwertungsnetzen auf ein vermehrtes Potenzial für die weitere Entwicklung hin zu vollständig elektronischen Kommunikationssystemen für Umweltinformationen schließen.

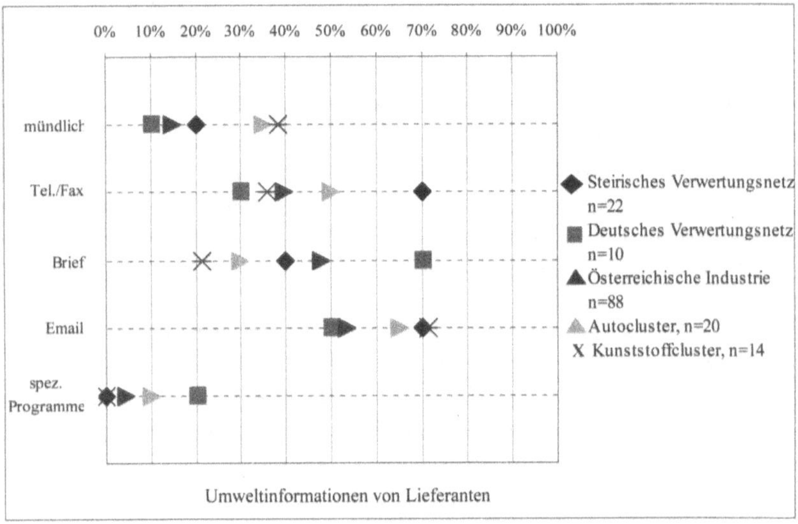

Abbildung 79: Kommunikation von Umweltinformationen von Lieferanten

HU-36: Unternehmen in Verwertungsnetzen finden die Zugehörigkeit zur gleichen Region wichtiger für die Umsetzung von nachhaltigen Maßnahmen im Rahmen eines Netzwerkes als die Zugehörigkeit zur gleichen Wertschöpfungskette. Unternehmen in Wertschöpfungsnetzwerken hingegen finden die Zugehörigkeit zur gleichen Wertschöpfungskette wichtiger für die Umsetzung von nachhaltigen Maßnahmen im Rahmen eines Netzwerkes als die Zugehörigkeit zur gleichen Region.

Diese Hypothese konnte in der empirischen Erhebung widerlegt werden. Wie in Abbildung 80 dargestellt, dominierte die Bedeutung der Wertschöpfungskette für nachhaltige Maßnahmen in Netzwerken. Einzig die Unternehmen des steirischen Verwertungsnetzes sahen eine stärkere Verbindungen zu den Unternehmen in der gleichen Region (Mediane für beide bei 4, der gruppierte Median der gleichen Region allerdings bei 3,5 und der gruppierte Median für die gleiche Wertschöpfungskette bei 3,3). Im Vergleich dazu tendierte das deutsche Verwertungsnetz eindeutig zur gleichen Wertschöpfungskette mit einem Median von 5, der Median für den Faktor der gleichen Region liegt bei 3. Der Autocluster und die Unternehmen der österreichischen Industrie unterscheiden sich nicht wesentlich, und auch beim Kunststoffcluster hat die gleiche Wertschöpfungskette eine größere Bedeutung.

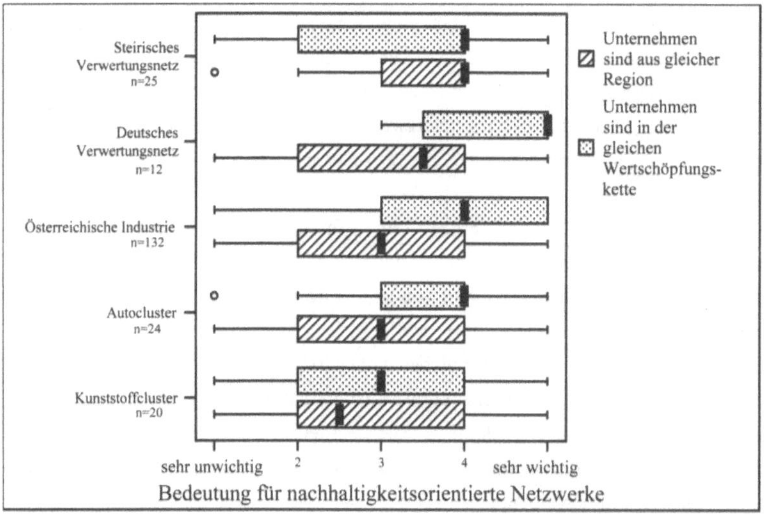

Abbildung 80: Bedeutung der regionalen Aspekte und der Wertschöpfungskette auf nachhaltigkeitsorientierte Maßnahmen in Netzwerken

Die Ergebnisse haben für die weiter folgenden Arbeiten insbesondere Bedeutung, da durch die starke Betonung auf die gleiche Wertschöpfungskette umweltschutzorientierte Maßnahmen, die entlang der Wertschöpfungskette umgesetzt werden (bspw. eine Lebenszyklusanalyse) stärker forciert werden können.

5.3.5 Zusammenfassende Betrachtung der empirischen Untersuchung

Durch die empirische Untersuchung der Unternehmen der österreichischen produzierenden Industrie und der Unternehmen in den ausgewählten Wertschöpfungsnetzwerken und Verwertungsnetzen können für die Entwicklung eines Implementierungskonzeptes wichtige

Erkenntnisse abgeleitet werden. So konnten die der Arbeit zugrunde liegenden Forschungsfragen, ob die Umsetzung von betrieblichen Umweltinformationssystemen von der betrieblichen Ausgangssituation im Unternehmen abhängt, positiv beantwortet werden. Die Forschungsfrage, ob betriebliche Umweltinformationssysteme bisher nur als isolierte Systeme betrieben werden, muss gemäß der empirischen Erhebung verneint werden, die Unternehmen gaben zum größten Teil an, dass sie die Softwareprogramme bereits in die betriebliche IT integriert haben.

Betrachtet man jedoch die Möglichkeiten, betriebliche Umweltinformationssysteme als Basis heranzuziehen, um auch den Austausch von Umweltinformationen auf überbetrieblicher Ebene zum Schutz der Umwelt zu unterstützen, werden Grenzen der betrieblichen Umweltinformationssysteme sichtbar. Dies kann einerseits durch die fehlende Akzeptanz dieser Systeme in den Systemen sowie einer allgemeinen Skepsis und Zurückhaltung der Unternehmen gegenüber der Eignung der betrieblichen Umweltschutzsoftware für überbetriebliche Kooperationen begründet werden. Andererseits stehen die Unternehmen der empirischen Erhebung, sowohl in den Netzwerken als auch die Unternehmen der österreichischen produzierenden Industrie, dem überbetrieblichen Umweltschutz insgesamt eher sehr reserviert gegenüber.

Diese spezifischen Faktoren werden im folgenden Kapitel, das einem Implementierungskonzept für Umweltinformationssysteme gewidmet ist, berücksichtigt. Aufbauend auf den empirischen Erkenntnissen wird auf die Verarbeitung von Umweltinformation auf betriebliche Ebene ausführlich eingegangen. In weiterer Folge werden auch den Aspekten des überbetrieblichen Umweltschutzes und der Koordination in Netzwerken vermehrtes Augenmerk geschenkt und letztendlich das Implementierungskonzept für betriebliche Umweltinformationssysteme auf die überbetriebliche Ebene erweitert. Somit sollen auch überbetriebliche Maßnahmen des industriellen Umweltschutzes durch geeignete Umweltinformationen gestützt werden.

6 Entwicklung eines Implementierungskonzeptes für betriebliche und überbetriebliche Umweltinformationssysteme

Die Bedeutung von Umweltschutz und die dafür notwendigen Informationen sind in der heutigen Zeit unbestritten. Vielfach stellt sich aber die Frage, wie Umweltschutz möglichst effektiv und effizient gestaltet werden kann. Ein strukturiertes Vorgehen bei der Erfassung, Verarbeitung und Speicherung der nötigen Umweltinformationen ist in diesem Sinne unumgänglich. Aus diesem Grund widmet sich das folgende Kapitel den Fragestellungen, wie Umweltinformationen im Unternehmen systematisch gemanagt werden können und wie in weiterer Folge ein Umweltinformationssystem auf betrieblicher Ebene gestaltet und implementiert werden kann.

Umweltschutz darf jedoch nicht an den Unternehmenstoren innehalten, große Verbesserungspotenziale stecken in der überbetrieblichen Zusammenarbeit zum Schutz der natürlichen Umwelt.[755] Aus diesem Grund wird in Kapitel 6.2 das Konzept für innerbetriebliche Umweltinformationssysteme auf die überbetriebliche Ebene ausgebaut und erweitert. Dadurch soll gewährleistet werden, dass auch Umweltinformationen für überbetriebliche Umweltschutzmaßnahmen systematisch gesammelt, aufbereitet und gespeichert werden. Dabei wird insbesondere auf Maßnahmen innerhalb von bestehenden Kooperationsstrukturen, im speziellen in Verwertungsnetzen und Wertschöpfungsnetzwerken, eingegangen.

6.1 Umweltinformationssysteme auf betrieblicher Ebene

Im Folgenden wird ein Implementierungskonzept für betriebliche Umweltinformationssysteme entwickelt, das auf den theoretischen Konzepten aus der Literatur, aber vor allem auch auf den gewonnenen Erkenntnissen aus den empirischen Untersuchungen im vorangegangenen Kapitel 5 aufbaut.

Als Implementierungskonzept wurde ein modular aufgebautes Modell gewählt, das in Stufen den Weg hin zu einem betrieblichen Umweltinformationssystem, welches in letzter Instanz vollständig in die betrieblichen Abläufe und in das betriebliche Informationssystem integriert sein soll, darstellt. Der Entschluss, hier ein Stufenmodell zu entwickeln, wird mit einer „Philosophie der kleinen Schritte“ begründet, da nämlich vor allem bei umfangreichen organisatorischen Veränderungen der Fehler der „Gigantomanie“ (ein großer statt vieler klei-

[755] Boons, Baumann bezeichnen dies als den zweiten Managementansatz für die Reduzierung von Umweltbeeinträchtigungen. Die erste Ebene stellt dabei der Umweltschutz innerhalb von Unternehmen dar. Der dritte Managementansatz, der sich auf politischer Ebene abspielt, wird im Rahmen dieser Arbeit nicht beleuchtet (vgl. Boons, Baumann 2002, S. 407).

ner Schritte) häufig zum Versagen führt.[756] In der empirischen Analyse hat sich herausgestellt, dass viele Unternehmen sich bisher erst wenig bis gar nicht mit Informationssystemen für Umweltinformationen beschäftigt haben. Große umfangreiche Veränderungen in kurzer Zeit würden auf diese Unternehmen eher abschreckend wirken und sie würden vielfach auch noch kein Potenzial in diesen Entwicklungen sehen. Hinzu kommt, dass in vielen Unternehmen das Bewusstsein, entscheidende Schritte in Richtung nachhaltiges Wirtschaften zu setzen, noch fehlt.[757] Aus diesem Grund wird diesem Aspekt besonderes Augenmerk bei der Implementierung von BUIS geschenkt.

Weitere wesentliche Gründe, warum die Implementierung von BUIS im Unternehmen in Stufen vorgeschlagen wird, sind Kostengesichtspunkte und zeitliche Aspekte. Wie sich in der empirischen Erhebung herausstellte, werden monetäre Kriterien sowohl bei Aktivitäten des Umweltschutzes als auch bei Kriterien für BUIS von den Unternehmen in den Vordergrund gestellt. Kleinere Umstellungen und Veränderungen können deshalb, vor allem von kleineren Unternehmen, leichter bewältigt werden, da die Ressourcenbindung meist nicht so belastend für sie ist.

Jedoch ist nicht belegt, dass höhere Kosten für Informationstechnologien auch für ein später erfolgreicheres Informationssystem stehen. Darüber hinaus kann eine neue Informationstechnologie noch so gut auf die Anforderungen im Unternehmen abgestimmt und dennoch zum Scheitern verurteilt sein. Dies trifft dann zu, wenn mit einer neuen Informationstechnologie versucht wird, traditionelle Methoden der Problemlösung nachzubilden, ohne entsprechende organisatorische Maßnahmen zu setzen. Also wenn neue Informationstechnologien im Unternehmen eingeführt werden, ohne dass die betrieblichen Kommunikations- und Informationsflüsse neu geregelt werden und die Informationskultur angepasst wird.[758] Auch diese Aspekte werden im folgenden Implementierungsmodell für BUIS mitberücksichtigt, da durch die Besonderheiten von Umweltinformationen[759] diese Hindernisse vielfach noch verstärkt werden können.

Das Implementierungskonzept ist primär für die betriebliche Ebene der Kommunikation von Umweltinformationen vorgesehen. Es ist jedoch – bedingt auch durch die modulare Struktur – so aufgebaut, dass es sich für die überbetriebliche Ebene und für eine Implementierung von überbetrieblichen Umweltinformationssystemen erweitern lässt. Diese Erweiterung auf die überbetriebliche Ebene wird im Anschluss in Kapitel 6.2 dargestellt.

756 Vgl. Pieler 2001, S. 31
757 Vgl. die empirischen Untersuchungen in den Unternehmen in Kapitel 5
758 Vgl. Rauch 1994, S. 10
759 Vgl. dazu Kapitel 2 und 3 in der vorliegenden Arbeit.

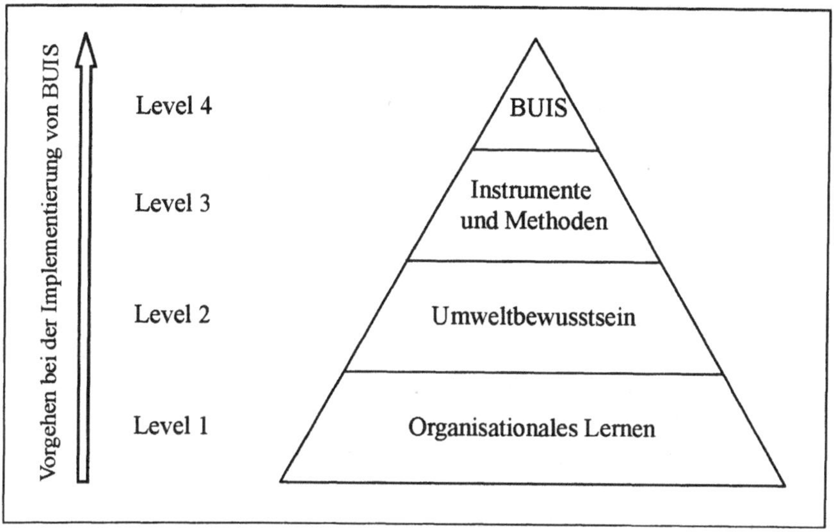

Abbildung 81: Implementierungskonzept für betriebliche Umweltinformationssysteme

Ferner ist das Konzept modular aufgebaut, das heißt, es müssen nicht alle Stufen in einem Ablauf letztendlich bis zu einem EDV-technischen, nach Möglichkeit in das Informationssystem des Unternehmens integrierten, BUIS erreicht werden, da es vielfach auch an personellen und finanziellen Ressourcen fehlt, um alle Stufen des Konzeptes umzusetzen. Eine Implementierung von BUIS über einen längeren Zeitraum hinweg sowie ein Einhalten auf einer Stufe sind durch dieses modular aufgebaute Konzept denkbar und möglich.[760]

6.1.1 Level 1: Organisationales Lernen

„Wer die löbliche Absicht hat, die Privatwirtschaft dahin zu bringen, den gemeinwirtschaftlichen Nutzen zu pflegen, der kann nicht beim Rechnungswesen anfangen. Er muss dahin wirken, dass gemeinwirtschaftlicher und privatwirtschaftlicher Nutzen immer zusammenfallen; das ist im Wesentlichen eine Frage der Wirtschaftspolitik. Zweitens ist das eine Frage der Erziehung".
(Schmalenbach 1926[761])

760 Viele Faktoren vor allem in den unteren Stufen benötigen auch sehr viel Zeit, um wirklich in den Strukturen des Unternehmens verankert zu sein.

761 Schmalenbach 1926, zitiert nach Steitferdt, Pfnür 1998, S. 385

Umweltschutz stellt ohne Zweifel den gemeinwirtschaftlichen Nutzen in den Vordergrund. Wie also schon Schmalenbach 1926 postuliert hat, hängen auch der betriebliche Umweltschutz und die Überzeugung für Umweltschutzmaßnahmen sehr stark von der Erziehung ab.[762] Einerseits wird hier die Erziehung bzw. die Einstellung der Geschäftsführer und der Leiter der Unternehmen zu Agenden des Umweltschutzes angesprochen. In weiterer Instanz ist hiermit aber auch implizit die Einstellung des gesamten Unternehmens, also der Mitarbeiter und der Organisation als Ganzes, angesprochen.

Primär ökonomisch ausgerichtete Unternehmen[763] müssen sich also erst der Bedeutung des Umweltschutzes bewusst werden. Damit dieses Umdenken im Unternehmen stattfinden kann, sind organisationale Lernprozesse notwendig, denn auch betriebliche Informationssysteme, und speziell BUIS, bauen im Idealfall auf organisatorischen Voraussetzungen auf, die ohne Veränderung im Verhalten der Mitarbeiter, in der Kultur und in den Organisationsstrukturen der Unternehmen nicht möglich sind.[764]

In diesen Lernprozessen geht man grundsätzlich der Frage nach, wie neues Wissen, also etwa Wissen über Umweltschutz, in einer Organisation generiert werden kann. Denn nicht nur Individuen, in diesem Fall die Mitarbeiter, können lernen und somit neues Wissen generieren, sondern auch die Organisation besitzt ein kollektives Wissen und Gedächtnis, das auch weiterhin besteht, wenn Mitglieder die Organisation verlassen. Dieses kollektive Gedächtnis bestimmt, wie Handlungen im Unternehmen gesetzt werden, und kann als eine Art unternehmensspezifische Norm und Handlungsanleitung gesehen werden, die sich in den Organisationsstrukturen und Anreizsystemen widerspiegeln.[765]

Für die vorliegende Arbeit stellt sich nun die Frage, wie dieses kollektive und organisationale Wissen aufgebaut ist, um es in Richtung umweltbewusstes Unternehmen lenken zu können. Diesen Prozess bezeichnet man allgemein als organisationales Lernen, dem in der Literatur zahlreiche Studien und Abhandlungen[766] gewidmet sind.[767]

Ohne detaillierter auf die verschiedenen Diskurse von organisationalem Lernen einzugehen, werden im Folgenden ausgewählte Definitionen dargestellt, die für die vorliegende Arbeit und hier speziell für den organisationalen Lernprozess hin zu einem gesteigerten Umweltbewusstsein Bedeutung haben. Nach Agyris und Schön geschieht organisationales Lernen dann, wenn Akteure eines Unternehmens auf Veränderungen der

---

762 Auch Strebel sieht bei Umwelt generell das Problem, dass ein Umdenken stattfinden muss (vgl. Strebel 1995a, S. 115).

763 Siehe dazu die Abbildung 74 auf S. 196, bei der die ökonomische Nachhaltigkeit eindeutig am wichtigsten für die Unternehmen dargestellt ist. Unternehmen geben als wichtigste Faktoren ökonomische Ziele an, ökologische und soziale Faktoren spielen eine eher untergeordnete Rolle.

764 Vgl. Grasenick 2004, S. 219

765 Vgl. Meier et al. 2003, S. 35

766 Kieser, Hegele, Klimmer 1998, S. 235, sprechen sogar von einer Flut an Veröffentlichungen.

767 Zu einem Überblick über Ansätze und Perspektiven zu organisationalem Lernen siehe Wiegand 1996, S. 171ff; Eine systematische Übersicht findet man auch bei Probst, Büchel 1994.

internen und externen Unternehmensumwelt reagieren und ihr Verhalten im organisationalen Kontext entsprechend verankern können.[768] So gesehen müssen die Mitarbeiter zuallererst Fähigkeiten und Einsichten auf individueller Ebene entwickeln, dieses Wissen weitergeben und die Erfahrungen teilen. Auf auf letzter Ebene muss das Wissen und die Wissensbasis in die Organisation integriert werden. Als Konsequenz werden dadurch Normen und Handlungsroutinen im Unternehmen verändert.[769]

Im Zentrum dieser Definition stehen also die Individuen, die ihrerseits lernen und das erworbene Wissen auf das Unternehmen entsprechend übertragen. Die Wissensbasis einer Organisation hängt stark von ihren Mitgliedern ab. Zu beachten ist hierbei aber, dass auch das individuelle Lernen der Organisationsmitglieder nicht ganz abgekoppelt von der Organisation geschieht.[770] Die Organisation gibt insofern die Rahmenbedingungen für das Handeln und Lernen ihrer Mitglieder durch organisationsspezifische Werte, Normen und Rollenerwartungen vor: „The actors act, but they are directed."[771]

Ident ist organisationales Lernen dennoch nicht mit dem Lernen seiner Mitglieder, wenn es nämlich gelingt, dieses Wissen der Individuen im Unternehmen zu manifestieren und unabhängig vom weiteren Verbleiben der Mitarbeiter im Unternehmen zu halten. Somit ist das organisationale Wissen mehr als die Summe der Teilchen des Wissens der einzelnen Mitarbeiter.[772] In diesem Sinne muss das Unternehmen danach streben, Barrieren, die bei der Überführung von individuellem Wissen in kollektives Wissen auftreten können, möglichst zu verhindern bzw. zu beseitigen.[773]

Somit muss eine lernende Organisation ihren Mitgliedern das Lernen ermöglichen und sich dabei selbst ständig weiterentwickeln.[774] Lernfähigkeit wird dabei als Oberbegriff für ein funktionierendes Bildungs- und Wissensmanagement verstanden, die Veränderungsfähigkeit wird als Fähigkeit gesehen, veraltete Strukturen aufzulösen und sich schnell und flexibel an geänderte Rahmenbedingungen anzupassen.[775] Jedoch muss beachtet werden, dass diese beiden Fähigkeiten in geeignetem Maße miteinander eingesetzt werden. Sonst können

---

768 Vgl. Agyris, Schön 1978, S. 29

769 Vgl. Schreyögg 2001, S. 4

770 Vgl. Wilkesmann 1999, S. 72

771 Hedberg 1981; Prange 1996, S. 165

772 Vgl. Wiegand 1996, S. 170ff

773 Als Kritik gegen das Modell der lernenden Organisation wird immer wieder angeführt, dass nur die Menschen lernen können, nicht die Organisation. Wenn also Individuen lernen, bedeutet das nicht, dass auch automatisch die Organisation lernt (vgl. Pieler 2001, S. 24). Auf den wissenschaftlichen Diskurs über organisationales Lernen wird an dieser Stelle jedoch nicht näher eingegangen, da neben dem Prozess des Lernens vor allem das eigentliche Ergebnis wichtig ist, also die Veränderung des organisationalen Wissens sowie die Verbesserung der Handlungsroutinen und organisatorischen Strukturen.

774 Lernfähigkeit und Veränderungsfähigkeit müssen dabei vom Unternehmen entwickelt werden.

775 Vgl. Pieler 2001, S. 23; Organisationales Lernen ist demnach ein Prozess, bei dem die Mitglieder einer Organisation Wissen über die Beziehungen ihrer Organisation zur Umwelt erwerben und bei dem eine kontinuierliche Organisationstransformation stattfindet (vgl. Prange 1996, S. 167). In diesem Konzept spiegelt sich auch die Theorie der schöpferischen Zerstörung von Schumpeter wider (vgl. Schumpeter 1977).

gegenteilige Effekte wie das Scheitern einer Innovation, wie es die Implementierung von Umweltinformationssystemen für die Organisation darstellt, in der Phase der Implementierung aufgrund geringer Veränderungsbereitschaft oder Umstrukturierung ohne gewünschtes Ergebnis zustande kommen. Vor dem Hintergrund der Implementierung von betrieblichen und überbetrieblichen UIS muss diesen Aspekten besonderes Augenmerk gewidmet werden. Ziel dieses organisationalen Lernens ist somit eine verbesserte Problemlösungs- und Handlungskompetenz, die es dem Unternehmen ermöglichen soll, rascher auf sich verändernde Rahmenbedingungen im Unternehmensumfeld zu reagieren.[776] Jedoch muss kritisch in diesem Zusammenhang angemerkt werden, dass in der Literatur kaum konkrete Gestaltungsempfehlungen zum Prozess des organisationalen Lernens vorliegen.[777] Vordergründig orientiert sich die derzeit vorherrschende Meinung an Barrieren im organisationalen Lernen, die durch fördernde Faktoren zu beseitigen sind (siehe Tabelle 17).

Einflussfaktoren auf organisationales Lernen	
Barrieren	**Begünstigende Faktoren**
Verharren beim Bewährten (Organisatorischer Konservatismus)	Gelungene Mitarbeiterbeteiligung
Festhalten an Fehlentscheidungen	Kommunikation
Häufigkeit und Repräsentativität von Problemen	Qualifikation und Qualifizierung
Gigantomanie	
Kollektivierung des Wissens	
Institutionalisierung des Wissens	
Akzeptanzprobleme	
Rückkoppelungsschleifen	

Tabelle 17: Einflussfaktoren auf das organisationale Lernen

6.1.1.1 Barrieren

Vielfach existieren in Unternehmen Barrieren, die sich dem Aneignen von individuellem und kollektivem Wissen entgegenstellen. Diese werden im Folgenden erläuter:[778]

Verharren beim Bewährten: Wenn sich gewisse Prozeduren und Handlungsroutinen in der Vergangenheit bewährt haben, kann die Versuchung für das Management und die

---

776 Senge definiert dies als die Fähigkeit, kontinuierlich die Gestaltung der eigenen Zukunft zu überdenken (vgl. Senge 1990).

777 Eine viel beachtete Ausnahme stellt hier der Ansatz von Senge zu den fünf Disziplinen der organisatorischen Gestaltung dar (vgl. Senge 1990).

778 Vgl. Pieler 2001, S. 27ff

Mitarbeiter groß sein, trotz geänderter Umfeldbedingungen mangels erprobter Alternativen daran festzuhalten. Dies wird mitunter auch als organisatorischer Konservatismus bezeichnet.[779] Sowohl interne als auch externe Ursachen können dahinter stecken. Intern werden hierbei Verhaltenswiderstände[780] bzw. eine Verhaltensträgheit und Systemwiderstände wie bspw. starre Organisationsstrukturen,[781] ungeschriebene Regeln, Normen und Privilegien identifiziert. Als ungünstige externe Bedingungen können das Verhalten von Share- und Stakeholdern,[782] das Technikangebot und die Gesetzgebung[783] genannt werden.[784]

Festhalten an Fehlentscheidungen: Diese Barriere ist vordergründig dem Management zuzuordnen, da trotz offensichtlich falscher Entscheidungen investiert wird, um die Fehlentscheidung im Nachhinein noch in einen Erfolg umzuwandeln bzw. zumindest zu rechtfertigen. Gerade in Hinblick auf die Installierung von BUIS kann dies enorme Auswirkungen haben.

Häufigkeit und Repräsentativität: Oft werden jene Probleme, die häufig und augenscheinlich vorkommen, bevorzugt behandelt, ohne ihre Bedeutung im organisationalen Kontext zu bewerten. Agenden des Umweltschutzes zum Beispiel, die zweifelsfrei eigentlich als prioritär bewertet werden müssten, werden so gegenüber Problemen im Tagesgeschäft in den Hintergrund gedrängt.

Gigantomanie: Der Fehler der Gigantomanie führt dazu, dass statt vielen kleinen Schritten zum Ziel ein großer gewählt wird, was sehr häufig zum Scheitern verurteilt ist, da Korrekturen nur sehr schwer möglich sind. Denn gerade bei aktuellen, für das Unternehmen neuen, Konzepten herrschen anfangs häufig Unklarheit und Unsicherheit. Dieser Fehler wurde auch beim vorliegenden Implementierungskonzept zu vermeiden versucht, indem Stufen hin zu einem integrierten BUIS dargestellt werden.[785] Zusätzlich müssen Hemmnisse beachtet werden, die den Übergang von individuellem zu organisationalem Lernen verhindern können.[786] Dies kann in einem modular aufgebauten Konzept leichter geschehen und Barrieren überwunden werden.

Kollektivierung des Wissens: Um sicherzustellen, dass individuell angeeignetes Wissen der Organisation zur Verfügung gestellt und in ihr verankert werden kann, müssen die Mitarbeiter entsprechende Anreize bekommen, ihr Wissen zu teilen. Da aber ein

---

779 Vgl. Kieser, Hegele, Klimmer 1998, S.120f

780 Diese Widerstände wurden vor allem von Hauschildt näher beschrieben (vgl. Hauschildt 2004, S. 195ff).

781 Vgl. Meier et al. 2003, S. 52

782 In Bezug auf das Setzen von Maßnahmen für den betrieblichen Umweltschutz werden eher Shareholder Einwände und Widerstände aufweisen als Stakeholder.

783 Die Gesetzgebung kann insofern als Hemmnis auftreten, wenn durch fehlende, mangelnde oder zu wenig rigorose Gesetze betriebliche Umweltschutzmaßnahmen nicht dezidiert gefördert und verlangt werden.

784 Vgl. Kieser, Hegele, Klimmer 1998, S. 123

785 Vgl. zum Stufenkonzept auch Kreikebaum 1996, S. 6

786 Vgl. Pieler 2001, S. 113

Wissensvorsprung oft mit Macht verbunden ist, ist die Weitergabe von Wissen im eigentlichen Sinne nicht rational.[787] Entsprechende Anreizsysteme sollen hier förderlich auf das Teilen von Wissen wirken.[788]

Institutionalisierung von Wissen: Konnten Individuen zum Teilen ihrer Wissensbasis gebracht werden, ist die richtige Form der Wissensspeicherung entscheidend für den weiteren Erfolg im organisationalen Lernprozess. Vor allem ein schneller Zugriff auf Informationen ist eine wesentliche Determinante für das Funktionieren der gemeinsamen Wissensbasis. Dies betrifft insbesondere auch den mit der Implementierung von BUIS zusammenhängenden Lernprozess, da an sich mit BUIS ein rascher und zuverlässiger Zugang zu Informationen (als Anforderung an das BUIS) gewährleistet sein sollte.

Akzeptanz: Ist Wissen im Unternehmen institutionalisiert, muss es von den Mitarbeitern auch angenommen werden. Hierin spiegeln sich die in Zusammenhang mit dem organisatorischen Konservatismus erwähnten internen Verhaltenswiderstände wider, die gegen neue Regeln, Prozesse, Strukturen und gegen eine Veränderung der Unternehmenskultur wirken.

Rückkoppelungsproblem: Ist das Wissen im Unternehmen verankert und angenommen, darf der Lernprozess hier nicht enden, sondern es sollte sich ein zyklischer Prozess entwickeln, aus dem wiederum neues Wissen hervorgeht. Hier muss dem Unternehmen der Balanceakt gelingen, den Mitarbeitern auf der einen Seite die Bedeutung der neu erworbenen Erkenntnisse im Unternehmen sowie Kontinuität und Stabilität zu vermitteln, auf der anderen Seite jedoch die stete Weiterentwicklung zu unterstützen.

6.1.1.2 Fördernde Faktoren zur Überwindung der Barrieren

Beteiligung der Mitarbeiter: Die Beteiligung der Mitarbeiter wird als wichtiger Erfolgsfaktor für das organisationale Lernen angesehen.[789] Dies beruht nicht allein auf der Tatsache, dass es die Mitarbeiter sind, die die Widersprüche und Zeichen der Veränderungen wahrnehmen und daraufhin individuelle Lernprozesse einleiten.[790] Die Miteinbeziehung der Mitarbeiter hat vor allem bei der Überführung von individuellem Wissen zu kollektivem, organisationalem Wissen eine wesentliche Bedeutung, um vor allem die Barrieren der oben beschriebenen Akzeptanz zu überwinden. Mitarbeiter sollen somit durch die Integration in den organisationalen Lernprozess angehalten werden, den Wandel im Unternehmen mit zu

787 In diesem Zusammenhang wird auch von einem sozialen Dilemmata gesprochen (vgl. Grasenick 2004, S. 217). Zur Diskussion über den Einfluss von Macht auf die Weitergabe von Informationen in Organisationen vgl. Hanft 1996, S. 143ff

788 Dieses Thema ist insbesondere Inhalt der Disziplin Wissensmanagement, die seit Mitte der 90er Jahre des vorigen Jahrhunderts zahlreiche Publikationen hervorbrachte.

789 Die Beteiligung der Mitarbeiter sowie die anderen fördernden Faktoren werden allgemein für das Implementierungskonzept für BUIS als förderlich angesehen.

790 Vgl. Wilkesmann 1999, S. 83

tragen und aktiv zu gestalten.[791] Hierbei wird vor allem auch der Führungsstil im Unternehmen angesprochen, der für eine Beteiligung der Mitarbeiter an der Weiterentwicklung des Unternehmens dezentral und partizipativ sein sollte.[792]

Kommunikation: Eng mit der Partizipation zusammenhängend ist die Kommunikation im Unternehmen, die für eine aktive Mitarbeiterbeteiligung entsprechend gestaltet werden muss. Wichtig ist dabei nicht nur, dass den Mitarbeitern die notwendigen Informationen zur Verfügung stehen, sondern dass diese auch entsprechend einheitlich interpretiert werden.[793] Nur wenn organisationale Veränderungen kommuniziert und von den Mitarbeitern interpretiert und verinnerlicht werden, ist ein Wandel in der organisatorischen Strukturen und Routinen möglich.

Qualifikation: Neben der fachlichen Qualifikation für die jeweiligen Lernprozesse sind für den Erfolg von Veränderungsvorgängen auch die so genannten extrafunktionalen Qualitäten der Mitarbeiter gefordert. Eigenschaften wie Verantwortungsbewusstsein, Arbeitsdisziplin, Anpassungsbereitschaft, Flexibilität und Identifikation mit den Zielen des Unternehmens können wesentlich zum Erfolg von Veränderungen in den organisatorischen Strukturen beitragen.[794] Vor allem in Hinblick auf ein gestärktes Umweltbewusstsein und die Einführung von Systemen für die Verarbeitung von Umweltinformationen, die für die Unternehmen meist außergewöhnliche Projekte darstellen, sind diese Qualitäten für den Erfolg von besonderer Bedeutung.

6.1.2 Level 2: Aufbau eines Umweltbewusstseins im Unternehmen

„Denn wir bringen ja nicht auf's Geratewohl Unheil über die Natur, sondern unser Handeln ist ein Ausdruck von Denkweisen. Und nicht nur das Handeln, sondern auch die Denkweise müssten sich verändern, um Auswege aus der Krise zu finden."

(Meyer-Abich 2003)

Wie auch schon im vorangegangenen Kapitel über organisationales Lernen als Basis des Implementierungskonzeptes für BUIS erläutert, muss, um neue organisatorische Strukturen einzuführen, eine Änderung in den Denkweisen stattfinden. Betrachtet man das betriebliche Umweltmanagement und insbesondere betriebliche Umweltinformationssysteme, wird allein bereits durch die Anforderung an die Interdisziplinarität im Unternehmen ersichtlich, dass es

---

791 Vgl. Tuppinger 2003, S. 136f

792 Vgl. Wilkesmann 1999; Jedoch brechen in diesem Zusammenhang Kieser, Hegele und Klimmer die Diskussion vom Zaun, wie viel Partizipation der Mitarbeiter im Unternehmen noch effizient ist (vgl. Kieser, Hegele und Klimmer 1998, S. 219; Kaiser, 1996, S. 44f). Die vorliegende Arbeit geht nicht näher auf diesen Diskurs ein, es wird jedoch in den einzelnen Stufen der Implementierung immer wieder auf die Beteiligung der Mitarbeiter für den erfolgreichen Einsatz von BUIS hingewiesen.

793 Vgl. Meier et al. 2003, S. 59f; Kaiser 1996, S. 52f

794 Vgl. Meier et al. 2003, S. 58

hier einer Änderung in den Handlungen und Einstellungen im Unternehmen bedarf, um erfolgreich ein BUIS im Unternehmen einzusetzen und letzten Endes damit einen Beitrag zum Schutz der Umwelt zu leisten.[795] Wie bereits angedeutet geht es also nicht nur um die Einführung von neuen Verfahren und Technologien für eine umweltfreundlichere Produktion, sondern eine Änderung im Bewusstsein in Hinblick auf einen stärker ausgeprägten Umweltschutz ist erforderlich, da eine alleinige Konzentration auf den Einsatz von Technik zum Schutz der Umwelt nicht ausreichend sein kann. Umweltschutz muss in dieser Hinsicht in das Zielsystem des Unternehmens integriert werden. Auch die emotionalen, sozialen und motivationalen Potenziale, die im Unternehmen und in den einzelnen Mitarbeitern stecken, können und sollen einen wesentlichen Beitrag zum betrieblichen und in weiterer Folge zum überbetrieblichen Umweltschutz leisten. Der technisch orientierte Umweltschutz soll sich so „mit Leben erfüllen", und die wertvollen Beiträge von Mitarbeitern aufgenommen und umgesetzt werden.[796] Denn die besten Verfahren und Systeme (und in diesem Zusammenhang natürlich auch BUIS und generell UIS) werden nur bedingt ausgeschöpft, wenn das notwendige Umweltbewusstsein nicht in den Köpfen der Mitarbeiter verankert ist.[797] Der Mitarbeiter als Mensch mit seinen Widersprüchlichkeiten, seiner Vernunft und seiner Unvernunft, seinen Stärken und Schwächen stellt hier den Angelpunkt bei der Implementierung des organisationalen und organisatorischen Lernprozesses hin zu einem gestärkten Umweltbewusstsein dar, denn Wissen ist in diesem Fall die Vorraussetzung für Verständnis, Einsicht und Handeln. Ferner ist von entscheidender Bedeutung, dass dieses Umweltbewusstsein von der Unternehmensführung mitgetragen und dass auf eine dezentrale Verankerung der Ideen ebenso Wert gelegt wird.[798]

Insgesamt müssen also Unternehmen voll davon überzeugt sein, dass sich nachhaltiges Wirtschaften für sie letztendlich bezahlt macht,[799] um vom traditionellen, zumeist hinsichtlich

---

795 In der Literatur wird in Zusammenhang mit umweltbewusstem Verhalten von Unternehmen häufig auch von offensivem Umweltmanagement gesprochen (vgl. bspw. Wicke 1997, S. 412ff).

796 Steinle, Reiter 2002, S. 66; Finger, Bürgin, Haldimann 1996, S. 21

797 Sander 1994, S. 69

798 Hierbei geht man von der Überlegung aus, dass zur Identifizierung zwar von Bedeutung ist, dass die oberste Führungsebene die Wertvorstellungen mit trägt, dennoch ist es pädagogisch nur sehr schwer, eine Verhaltensänderung hervorzurufen, indem konkret neues Verhalten vorgegeben wird. Wichtiger ist es, eine nachhaltige Entwicklung aus lokaler Perspektive und in dieser Hinsicht auf Ebene der Mitarbeiter zu formulieren (vgl. Müller-Christ 1998, S. 322).

799 In einer repräsentativen Umfrage unter 5788 Unternehmen in Deutschland im Rahmen des Projektes Ökoradar stellte sich heraus, dass Unternehmen, die nachhaltig wirtschaften, im Wettbewerb besser dastehen als solche, die sich passiv gegenüber den Themen Umweltschutz und Ressourcenschonung verhalten. Vgl. http://www.oekoradar.de/imperia/md/content/pdfdokumente/ifo-langfassung; Zu einer Auflistung des Nutzens nachhaltiger und der Kosten traditioneller Unternehmensführung vgl. Majer 2003, S. 35.

Umweltbewusstsein passiven Unternehmensstil hin zu einer nachhaltigen Unternehmensführung zu gelangen und diesen Stil auf die Mitarbeiter übertragen zu können.[800] [801]

6.1.2.1 Empirische Befunde

Bereits in Hypothese 1 der empirischen Erhebung wurde untersucht, ob die Existenz eines betrieblichen Umweltmanagementsystems, das eine gewisse Grundeinstellung an umweltbewusstem Verhalten zumindest in der oberen Führungsebene im Unternehmen widerspiegelt, einen Einfluss auf die Installierung eines BUIS hat. Als Ergebnis konnte eine Tendenz zur Implementierung von EDV-gestützten BUIS in jenen Unternehmen bemerkt werden, die bereits ein Umweltmanagementsystem eingeführt haben und somit in gewissem Maße umweltbewusstes Verhalten an den Tag legen. Noch stärker wird die Bedeutung des betrieblichen Umweltbewusstseins für die Einführung von BUIS im Unternehmen ersichtlich, betrachtet man Maßnahmen des betrieblichen Umweltschutzes. In jenen Unternehmen, die ein BUIS installiert haben, weisen insbesondere auch andere Maßnahmen des betrieblichen Umweltschutzes eine besonders hohe Bedeutung auf.[802]

Bewusstsein spielt bei der Installierung von BUIS darüber hinaus eine große Rolle, da das Wissen über die Möglichkeiten bzw. überhaupt die Existenz solcher unterstützenden Systeme nicht allzu ausgeprägt in jenen Unternehmen ist, die sich noch nicht mit diesen Systemen näher befasst haben. Dies kommt in der Auswertung von Hypothese 8 auch zum Ausdruck. Hingegen wird das Potenzial von BUIS positiv von jenen Unternehmen erkannt, die dieses System im Unternehmen bereits eingesetzt haben.

Die Verankerung von Umweltbewusstsein im Unternehmen spielt aber nicht nur für die Installierung von UIS auf betrieblicher Ebene eine große Rolle, sondern auch für überbetriebliche UIS, da auch hier das Erkennen des Potenzials für den überbetrieblichen Austausch von Umweltinformationen erst entstehen muss. Darauf wird später noch näher eingegangen.

6.1.2.2 Barrieren für eine umweltbewusste Einstellung im Unternehmen

Die Verankerung eines umweltbewussten Verhaltens im Unternehmen ist aber nicht immer konfliktfrei, Unternehmen müssen sich zahlreichen Hindernissen stellen, um letztendlich im Unternehmen nachhaltig eine umweltbewusste Unternehmensführung zu verankern. Einige Besonderheiten sind dabei zu beachten, wenn das Wissen über ökologische Bedingungen in unternehmerischen Entscheidungen berücksichtigt werden soll. Vor allem die hohe

---

800 Eine Übersicht über idealtypische Zuordnungen von Faktoren zur traditionellen und zur nachhaltigen Unternehmensführung gibt Majer 2003, S. 33. Auf diese Faktoren wird im Folgenden jedoch nicht näher eingegangen.

801 Müller-Christ 2003, S. 17 gibt eine Übersicht darüber, wie große Konzerne und Unternehmen ihre Einstellung zum Thema Nachhaltigkeit und Verantwortung ausdrücken.

802 Vgl. die Auswertung zu Hypothese 3 auf S. 190 der Unternehmensbefragung.

Komplexität von Fragestellungen in Bezug auf betrieblichen Umweltschutz und die Notwendigkeit zu interdisziplinären Lernbemühungen, bedingt durch den in Kapitel 2 erläuterten Querschnittscharakter von Umweltschutz in Unternehmen, erschweren ökologische Lernprozesse im Unternehmen. Hinzu können sowohl individuelle und sozio-psychologische Barrieren der Mitarbeiter durch Voreingenommenheit kommen.[803] Als wesentliches Hindernis in diesem Zusammenhang wird immer wieder die fehlende Honorierung des individuellen umweltbezogenen Einsatzes der Mitarbeiter hervorgehoben.[804]

Seitens des Unternehmens bzw. der Unternehmenskultur kann es zu Barrieren durch bestehende Zielsetzungen[805] kommen.[806] Dem Kostenbewusstsein wird Vorrang gegenüber dem Marktbewusstsein bwz. den Anforderungen der Stakeholder gegeben, und insbesondere wird eine Leistungsorientierung gegenüber einer gesellschaftlich-ökologischen Verpflichtung prioritär behandelt. Als weiteres Hemmnis in der Unternehmenskultur kann die Ausrichtung an kurzfristigen Zielen angeführt werden, die häufig in Zielkonflikt mit Zielen des betrieblichen Umweltschutzes kommen, die eher langfristig orientiert sind. Ferner wird die Komplexität des Umstellungsprozesses auf eine nachhaltige Unternehmensführung als zu hoch für das Unternehmen angesehen. Als Argument gegen Veränderungen in der Werthaltung und in den Routinen im Unternehmen wird auch der Faktor Zeit angeführt, da eine Umstellung allgemein neben den tagesaktuellen Tätigkeiten erfolgen muss und eine Zusatzbelastung darstellt.[807]

6.1.2.3 Fördernde Faktoren zur Überwindung der Barrieren

Um diese Barrieren und Hindernisse beim Aufbau einer ökologisch orientierten Unternehmenseinstellung zu überwinden, müssen einige Rahmenfaktoren berücksichtigt werden.

Der hohen Komplexität bzw. den Anforderungen der interdisziplinären Fragestellungen des betrieblichen Umweltschutzes kann durch entsprechende Qualifikation, Trainings und Schulungen der Mitarbeiter entgegengewirkt werden.[808] Dies ist darüber hinaus auch ein wesentlicher Anreizfaktor.[809] Ferner werden dadurch die Mitarbeiter aktiv in den Prozess der umweltbewussten Unternehmensführung miteingebunden, was sich wiederum förderlich auf die Motivation durch höhere individuelle Ansprüche an die Arbeit auswirken kann. Als

803 Vgl. Kreikebaum 1996, S. 4; Majer 2003, S. 36
804 Vgl. bspw. Sander 1994; Steinle, Reiter 2002
805 Zielkonflikte, auf die in Kapitel 2 schon eingegangen wurde.
806 Vgl. Kreikebaum 1996, S. 4
807 Vgl. Majer 2002, S. 35; Kreikebaum 1996, S. 5
808 Vgl. Lorenz 1996, S. 32
809 Für die Überwindung der fehlenden Honorierung von umweltbewusstem Verhalten muss im Unternehmen ein entsprechendes Anreizsystem installiert werden, wobei hier sowohl Gruppen- als auch individuelle Anreize sowie materielle und immaterielle Anreize inkludiert sind. Eine Übersicht zur umweltorientierten Anreizgestaltung findet sich in Steinle, Reiter 2002, S. 67f; Zu genaueren Studien zu Anreizen zu ökologisch verpflichtetem Wirtschaften siehe Seidel 1991.

weiterer positiver Faktor, der durch die verstärkte Einbindung der Mitarbeiter entsteht, ist die bessere Identifikation mit den – nunmehr geänderten – Zielen des Unternehmens nennenswert, was zusammen mit einer vertrauensvollen Zusammenarbeit im Unternehmen einer der wesentlichsten Faktoren für den Unternehmenserfolg darstellt.[810]

Oft wird von Mitarbeitern auch als negativ empfunden, dass keine entsprechenden Zugriffsmöglichkeiten auf Daten- und Informationsquellen bestehen, um zu erfahren, wie der betriebliche Umweltschutz tatsächlich im Unternehmen umgesetzt werden kann.[811] Aus diesem Grund ist es besonders wichtig, den ökologischen Lernprozess im Unternehmen so transparent wie möglich zu gestalten und bei der Einbindung der Mitarbeiter insbesondere auf die Versorgung mit Informationen zu achten.[812] Gefördert kann dies werden durch den Einsatz bestimmter Instrumentarien wie bspw. die Einrichtung eines speziellen „Ökoforums", die Bestimmung von Mitarbeitern, die als „Ombudsmänner" tätig sind, Benachrichtigungen über Firmenzeitschriften etc. Zusätzlich kann das umweltbewusste Verhalten auch durch allgemeine Informationen über Umweltschutz gestärkt werden, bspw. über entsprechende Literatur, Vorträge, entsprechende Anweisungen, um nur einige zu nennen.[813].

Zusätzlich müssen im Unternehmen noch weitere Einflussfaktoren berücksichtigt werden, um den ökologisch orientierten Lernprozess bestmöglich zu unterstützen. Erstens muss der Auslöser des Veränderungsprozesses berücksichtigt werden, ob hier ev. interne Faktoren (z.B. das Bewusstsein von Schlüsselpersonen, Vorgaben von Investoren etc.) oder externe Motive (Gesetze, Marktanforderungen, Unfälle, Presse etc.) ausschlaggebend waren, da sich dies sehr stark auf die Motivation und die Anreize im Unternehmen auswirken kann. Weiters muss bei der Auswahl der Akteure, die für die Durchführung des umweltbezogenen Lernprozesses verantwortlich sind, sorgsam vorgegangen werden. Hier sollte nach Möglichkeit eine ausgewogene Zusammensetzung von Mitarbeitern aus allen Hierarchieebenen erfolgen.[814] Schlussendlich können auch Überlegungen angestellt werden, ob die Zusammenarbeit mit

---

810 Vgl. Beyer, Fehr, Töpfer 1995, S. 39; Majer, 2003, S. 33

811 In einer empirischen Erhebung unter 310 Mitarbeitern in deutschen Unternehmen gaben ca. 80% an, dass sie zuwenig Kenntnisse über ökologische Handlungsmöglichkeiten haben und dies auch als Defizit empfinden (vgl. Steinle, Reiter 2002, S. 69).

812 Denkt man an die Einführung eines BUIS als Kern des betrieblichen Lernprozesses, werden Informationen über ökologische Handlungsmöglichkeiten natürlich erst aufgebaut. Nichts desto trotz muss auch hier die Versorgung der Mitarbeiter mit entsprechenden Informationen gewährleistet sein. Dennoch muss beachtet werden, dass eine Erweiterung der Wissensbasis nicht automatisch bedeutet, dass dieses Wissen zu einem von allen geteilten Wissen wird. Außerdem wird durch mehr Wissen über ökologische Zusammenhänge nicht selbstverständlich auch die Unternehmenskultur deswegen umweltbewusster, hier bedarf es der Berücksichtigung von anderen, bereits genannten, Faktoren (vgl. dazu auch Hammerl 1996, S. 17).

813 Vgl. Sander 1994, S. 70; Tarara 1997, S. 138ff

814 Insbesondere auf die Miteinbeziehung von so genannten Promotoren ist zu achten, um Widerstände im Unternehmen gegen die Veränderung so gering wie möglich zu halten (vgl. zu Promotoren Hauschild 2004, S. 195ff).

externen Einrichtungen bei der Verankerung von umweltbewusstem Verhalten im Unternehmen sinnvoll erscheint.[815]

Werden all diese Faktoren in ausreichendem Maße berücksichtigt, sind damit notwendige Voraussetzungen für eine erfolgreiche Wandlung hin zu einem umweltbewussten Unternehmen gesetzt. Darauf aufbauend können Maßnahmen zum betrieblichen Umweltschutz initiiert werden.

6.1.3 Level 3: Anwendung von Instrumenten und Methoden für den betrieblichen Umweltschutz

Wie bereits in Kapitel 3 erläutert, werden BUIS im Rahmen dieser Arbeit nicht ausschließlich als EDV-gestützte technische Systeme verstanden, sondern auch als rein organisatorische, auch zum Teil papiergestützte, Systeme zur Unterstützung für das betriebliche Umweltmanagement. In diesem Zusammenhang wird häufig auf Instrumente zur Unterstützung des Umweltcontrollings und Umweltmanagements hingewiesen. Diese können in weiterer Folge aber auch EDV-technisch mit Hilfe von speziellen Softwareprogrammen sowie auch mittels Standardsoftware unterstützt werden.

Bevor sich ein Unternehmen somit Gedanken über den Einsatz von speziellen EDV-gestützten BUIS machen kann, müssen einige grundsätzliche Überlegungen zum Einsatz von Umweltinformationsinstrumenten im Unternehmen angestellt werden:[816]

6.1.3.1 Instrumentenbezogene Bestimmungsfaktoren

Wenn ein Unternehmen sich dazu entschließt, ein Umweltmanagement im Unternehmen zu unterstützen bzw. grundsätzliche Umweltschutzaktivitäten zu setzen, müssen zuerst Ziel und Inhalt der Maßnahmen abgeklärt werden. Ist dies geschehen, kann der Einsatz von Instrumenten zur Unterstützung herangezogen werden.

Als einer der ersten und wichtigsten Punkte muss abgeklärt werden, welche Umweltschutzaktivitäten das Unternehmen setzen will. Ist man sich darüber im Klaren, muss der Bedarf an Informationen für diese Aktivität bestimmt werden. Darüber hinaus ist von Bedeutung, wer in diese Aktivitäten eingebunden ist und wer in weiterer Folge Umweltinformationen benötigt.[817] Ferner muss ermittelt werden, woher und in welcher Form Informationen für

---

[815] Vgl. dazu und zu weiteren Ausprägungen zum ökologischen Lernprozess in Unternehmen insbesondere Kreikebaum 1996; Finger, Bürgin, Haldimann 1996; Steinfeldt, Lang 2004, S. 17

[816] Lang bezeichnet dies als Methodenpotenzial im Unternehmen, das zu den wesentlichen Bestimmungsfaktoren bei der Einführung von EDV-gestützten BUIS zählt (vgl. Lang 2000, S. 50).

[817] Vgl. zur Informationsbereitstellung von Umweltinformationsinstrumenten die empirische Erhebung von Tarara 1997, S. 191. Dabei geht hervor, dass Umweltinformationen vordergründig für Umweltschutzbeauftragte und das Management bereitgestellt werden müssen, gefolgt von Mitarbeitern. Umweltinformationen für externe Stakeholder wie Kunden, Konkurrenten, Kreditgeber hatten für Unternehmen in dieser Umfrage nur eine geringe Bedeutung. Ein ähnliches Bild ergibt sich bei Beucker et al. 2002, S. 11. Auch in dieser empirischen Erhebung unter EMAS-Betrieben in Deutschland werden Umweltinformationen hauptsächlich für Umweltbeauftragte und teilweise für die Geschäftsführung zur Verfügung gestellt.

die Erfüllung der Umweltschutzaktivität kommen, und wie die Umweltinformationen aufbereitet werden müssen. Hier ist insbesondere die Aufbereitung und Auswertung der Umweltinformationen maßgeblich für die spätere Entscheidung für ein Umweltinstrument. Insbesondere die Detailliertheit der Umweltinformationen kann determinierend auf die Auswahl eines Instrumentes wirken. Letztendlich hat auch das für die Anwendung des Instruments erforderliche Know-how einen Einfluss auf die Auswahl.[818]

Ausgewählte Instrumente zur Unterstützung des betrieblichen Umweltinformationssystems und ihre Funktionalitäten wurden bereits in Kapitel 3.4 diskutiert. Der Vollständigkeit halber werden sie an dieser Stelle nochmals kurz angeführt, um die verschiedenen Möglichkeiten der instrumentellen Unterstützung für das betriebliche Umweltmanagement hervorzuheben.[819]

- Umweltchecklisten
- Stoff- und Energiebilanzen
- Bewertete Stoff- und Energiebilanzen
- Produktlinienanalysen
- Bewertungsverfahren
- Umweltkennzahlen

Zieht man die empirische Untersuchung zum Vergleich über den Einsatz dieser Instrumente in der Praxis heran, ist insbesondere Hypothese 6 in dieser Arbeit zu beachten, die spezifisch auf einzelne Funktionalitäten von BUIS, die unter anderem auch von diesen Umweltinformationsinstrumenten abgedeckt werden, eingeht.[820] Dabei wird ersichtlich, dass neben der Überprüfung der Gesetzeskonformität[821] und der Umweltberichterstattung insbesondere die Erstellung von Stoffstromanalysen und die Ermittlung von Umweltkennzahlen eine besondere Wichtigkeit für die Unternehmen besitzen. Hingegen wird den Instrumenten der bewerteten Stoff- und Energiebilanzen bzw. Ökobilanzen und der Produktlinienanalyse wenig Bedeutung beigemessen.[822]

Dieses Ergebnis spiegelt sich zum Teil auch in der Auswahl der Instrumente wider, wobei vor allem einfachere Instrumente wie Umweltchecklisten von den Unternehmen bevorzugt werden. Insbesondere ist auch auf die Bedeutung von Stoff- und Energiebilanzen hinzuwei-

---

818 Das Know-how über Umweltinformationsinstrumente wird auch als wesentliche Einflussgröße auf den gesamten Implementierungsprozess angesehen (vgl. Steinfeldt, Lang 2004, S. 37).

819 In der empirischen Erhebung von Tarara 1997 wurde der Einsatz von Umweltinformationsinstrumenten abgefragt. Die Unternehmen gaben dabei an, bis zum Jahr 1995 Umweltchecklisten am häufigsten zu verwenden, gefolgt von Umweltkennzahlensystemen. Produktlinienanalysen und Ökobilanzen wurden nur in eingeschränktem Ausmaß im Unternehmen eingesetzt (vgl. Tarara 1997, S. 186). Ein ähnliches Bild ergibt sich bei Beucker et al. 2002, in deren empirischen Erhebung die Unternehmen ebenfalls angaben, Umweltkennzahlensysteme verstärkt einzusetzen, ebenso wie Umweltbilanzen (in Form von Stoff- und Energiebilanzen) und Abfallbilanzen. Umweltchecklisten wurden in dieser Studie nicht explizit angeführt (vgl. Beucker et al. 2002, S. 11).

820 Vgl. Hypothese 6 auf S. 192

821 Dies ist der externe Anreiz, ein BUIS im Unternehmen einzusetzen.

822 In der Literatur wird die Bedeutung der Produktlebenszyklusanalyse in Kombination mit dem betrieblichen Umweltmanagementsystem hervorgehoben (vgl. Ehrenfeld 2001).

sen, einerseits als bereits näher beschriebene Grundlage von BUIS[823], andererseits aber auch aufgrund ihrer Fähigkeit, die im Unternehmen ablaufenden Prozesse und die damit verbundenen Stoffströme sehr gut analysieren und abbilden zu können.[824] Darüber hinaus ist die Erstellung von Stoff- und Energiebilanzen in umweltbezogenen Normen, aber auch zum Teil im deutschen Kreislaufwirtschafts- und Abfallgesetzgesetz, für die Unternehmen vorgeschrieben und allein schon aus diesem Grund sind Stoff- und Energiebilanzen im Unternehmen sinnvoll einzusetzen.[825]

6.1.3.2 Personelle Bestimmungsfaktoren

Neben den essentiellen Fragen, welche Umweltinformationsinstrumente eingesetzt werden sollen, ist auch die Frage, wer im Unternehmen für die Einführung von betrieblichen Umweltinformationsinstrumenten verantwortlich ist, wichtig. Hier wird bereits deutlich, dass die Fähigkeit des organisationalen Lernens und das Vorhandensein eines gesteigerten Umweltbewusstseins maßgebend zum Erfolg der Implementierung von Umweltinformationsinstrumenten beitragen und sie deshalb als Basis bzw. als notwendige vorangehende Schritte in der Implementierung von BUIS dargestellt werden.

Wie bereits in Kapitel 6.1.1 über organisationales Lernen erörtert wurde, ist auch bei der Einführung von Umweltinformationsinstrumenten die Einstellung der Mitarbeiter und insbesondere der Unternehmensleitung von Bedeutung. Vor allem die Unternehmensleitung muss von den Vorteilen der betrieblichen Umweltinformationsinstrumente überzeugt sein und dieses Bewusstsein an die Mitarbeiter weitergeben.[826] Wenn also durch die Unternehmensleitung der Umweltschutz als Selbstverständlichkeit angesehen und im Zielsystem des Unternehmens integriert wird, wird sich dies positiv auf die Motivation der Mitarbeiter auswirken, die Einführung von speziellen Umweltinformationsinstrumenten mitzugestalten.[827]

Als ein weiterer wesentlicher Faktor für die Motivation wird wiederum die Versorgung der Mitarbeiter mit entsprechenden Informationen angesehen.[828] Dies betrifft erstens Informationen über den Status quo bei der Einführung der Instrumente, zweitens Informationen über die Anwendung der Umweltinformationsinstrumente, die durch die einhergehende gesteigerte Qualifikation zur Motivation der Mitarbeiter beitragen kann. Drittens sind auch jene Informa-

---

823 Siehe dazu Kapitel 3.4.2

824 Als wesentliches Einsparungspotenzial von EDV-gestützten BUIS werden immer wieder aufgedeckte Ineffizienzen angeführt, die auch mit Hilfe von Stoff- und Energiebilanzen analysiert werden können.

825 Vgl. EMAS II, ISO 14001:2004; In Deutschland sind Stoff- und Energiebilanzen auch im § 20 des Kreislaufwirtschaft- und Abfallgesetzes vorgesehen (vgl. KrW-/AbfG). Im KrW-/AbfG, § 20 ist festgelegt, dass Unternehmen unter besonderen Umständen eine Bilanz über Art, Menge und Verbleib der verwerteten und beseitigten und besonders überwachungsbedürftigen Abfälle erstellen müssen.

826 Siehe dazu auch Kapitel 6.1.2

827 Vgl. Tarara 1997, S. 137ff; Ähnliches bestätigte sich auch in der empirischen Umfrage von Tarara, in der das Engagement der Unternehmensleitung als besonders wichtig hervorgehoben wurde (vgl. Tarara 1997, S. 195), Kürzl 1995

828 Vgl. die fördernden Faktoren zur Überwindung der Barrieren in Kapitel 6.1.2 und die dort angeführten Möglichkeiten der Mitarbeiterinformation.

tionen von großer Bedeutung, die die Umweltinformationsinstrumente an sich vermitteln sollen. Die ersten beiden Punkte tragen dabei wesentlich zum Erfolg der Einführung der Instrumente bei. Gerade aber auch die dritte Form als die ständige Kommunikation von Umweltinformationen über solche Instrumente ist bedeutend für den langfristig erfolgreichen Einsatz dieser Instrumente. Dies konnte auch in der empirischen Erhebung der Unternehmen bestätigt werden, da beim Einsatz von BUIS die Mitarbeiterinformation eine wesentliche Funktionalität des BUIS darstellt.[829] Somit erkennen jene Unternehmen, die bereits ein BUIS eingeführt haben, die Bedeutung der Mitarbeiter in diesem Prozess und stellen ihnen die entsprechenden Umweltinformationen zur Verfügung.[830]

6.1.3.3 Organisatorische Bestimmungsfaktoren

Besonders wichtig für eine erfolgreiche Einführung von Instrumenten für das betriebliche Umweltmanagement ist die organisatorische Durchführung. Aufgrund der Neuheit und Komplexität, die diese Instrumente für das Unternehmen in der Regel darstellen,[831] empfiehlt es sich jedenfalls, eine eigene Arbeitsgruppe im Unternehmen dafür einzurichten.[832] Die Zusammensetzung dieses Teams ist dabei genau zu überlegen. Neben dem Umweltbeauftragten im Unternehmen sollte die Unternehmensleitung sowie die Leitungsebenen sämtlicher relevanter Funktionsbereiche integriert sein, um zum einen dem Querschnittscharakter des betrieblichen Umweltschutzes gerecht zu werden, und zum anderen die Identifikation aller Unternehmensbereiche mit den Umweltinformationsinstrumenten und die Integration der Umweltinformationen in alle Abteilungen zu ermöglichen. Besteht im Unternehmen noch kein detailliertes Fachwissen zu betrieblichen Umweltschutzaktivitäten bzw. zu den einzelnen Umweltinformationsinstrumenten, kann auch die Miteinbeziehung von externen Beratern in Betracht gezogen werden.[833] Darüber hinaus wird die personelle Zusammensetzung des Projektteams auch von der Unternehmensstruktur und insbesondere von der Unternehmenskultur beeinflusst. Bspw. kann sich die Miteinbeziehung von einflussreichen Mitgliedern des Unternehmens in das Team durchaus positiv auswirken, motivierend für andere Mitarbeiter sein und Widerstände gegen die Einführung von Umweltinformationsinstrumenten gering halten.[834]

---

829 Vgl. dazu Hypothese 6 auf S. 192

830 Wobei dies wiederum zu einem gesteigerten Umweltbewusstsein der Mitarbeiter führen kann und sich somit ein kontinuierlicher Verbesserungs- und Lernprozess entwickeln kann.

831 Wird die Einführung der Umweltinformationsinstrumente als neu, komplex, und die Strukturen der Organisation verändernd angesehen, kann man hierbei durchaus von einer Strukturinnovation für das Unternehmen sprechen (vgl. dazu Perl 2003, S. 36f). Auch Steinfeldt und Lang gehen von der Interpretation als organisatorische Innovation aus (vgl. Steinfeldt, Lang 2004, S. 35).

832 Vgl. Tarara 1997, S. 143

833 Vgl. Eschenbach, Neumann 1995, S. 149; Jedoch muss darauf geachtet werden, dass die externe Beratung hauptsächlich in Form von Fachwissen, also als Fachpromotor, zur Verfügung steht, jedoch nicht für den eigentlichen Prozess verantwortlich ist, in diesem Sinne also nicht die Stellung des Prozesspromotors einnimmt (vgl. Steinfeldt, Lang 2004, S. 37; Zu Promotoren siehe Hauschild 2004, S. 212).

834 Diese Personengruppe wird von Hauschildt als Machtpromotor bezeichnet Sie muss jedoch nicht zwingend der obersten Führungsebene angehören (vgl. Hauschildt 2004, S. 212ff).

Bezogen auf den Ablauf der Implementierung der Umweltinformationsinstrumente empfiehlt sich außerdem die Abwicklung innerhalb einer Projektorganisation. Dies ist durch die Neuheit der Instrumente für das Unternehmen sinnvoll, darüber hinaus aufgrund des nicht so geringen Zeitaufwands, der in der Implementierung regelmäßig notwendig ist und der neben den täglichen Routineabläufen geschehen muss. Weiters ist die Einführung einer Projektorganisation auch aufgrund des interdisziplinären Charakters der umweltorientierten Informationsinstrumente sinnvoll.[835] Mitunter wird, angelehnt an Innovationsprozesse, ein eigenes Phasenschema für die Implementierung von Umweltinformationsinstrumenten vorgeschlagen, das von der Ideengenerierung über die spezifische Problemlösung zur Implementierung führt und insbesondere die organisationalen Lernprozesse innerhalb dieser Phasen und insgesamt den gesamten Implementierungsprozess betreffend hervorstreicht.[836] Wesentlich zu beachten ist jedenfalls bei der Implementierung gemäß Phasen, dass der Implementierungsprozess von Umweltinformationsinstrumenten selten linear abläuft, sondern ähnlich wie in Innovationsprozessen Rückkoppelungsschleifen notwendig sind und diesen auch entsprechend Raum eingeräumt werden muss.

6.1.3.4 Ökonomische Bestimmungsfaktoren

Neben den erwähnten instrumentenspezifischen, personellen und organisatorischen Überlegungen beim Einsatz von Umweltinformationsinstrumenten spielen natürlich auch ökonomische Kriterien eine Rolle.

Als Aufwand bei der Einführung der Instrumente kann einerseits der Aufwand bei der Implementierung und andererseits der Aufwand für die laufende Aufrechterhaltung der Funktionalität des Umweltinformationsinstruments angegeben werden. Dieser Aufwand kann aber insbesondere durch die Beachtung oben genannter Bestimmungsfaktoren erheblich reduziert werden. Hinzu kommt noch der Aufwand für die Qualifizierung der Mitarbeiter, wenn Instrumente, über die im Unternehmen noch kein spezifisches Know-how aufgebaut wurde, angewendet werden sollen. In diesem Zusammenhang kann auch noch der Aufwand für die Inanspruchnahme externer Beratung hinzukommen. Wird diesbezüglich nur die Implementierung der Instrumente ohne zusätzliche Unterstützung betrachtet, kann der Aufwand in der Regel als relativ gering angesehen werden, hauptsächlich werden personelle Ressourcen in der Implementierung und späteren Aufrechterhaltung der Instrumente gebunden.

Schwieriger wird es, wird dem Aufwand der Nutzen der Umweltinformationsinstrumente gegenüber gestellt. In der Literatur wird vor allem auf die erhöhte Transparenz in umweltschutzorientierten Tätigkeiten, auf eine bessere Übersichtlichkeit von Umweltinformationen und auf die Versorgung aller Beteiligten mit aktuellen quantitativen und qualitativen Umweltinformationen hingewiesen. Allgemein können als weitere Vorteile dieser Instrumente die

---

835 Zum Management von Projekten siehe bspw. Posch 2003b

836 Vgl. Steinfeldt, Lang 2004, S. 38; Loew et al. 2004, S. 153f

Unterstützung bei der Generierung und Sammlung von Daten, Hilfe bei der Bewertung der Informationen sowie die strukturierte, systematische Verarbeitung[837] von Umweltinformationen angeführt werden. Insbesondere werden vor allem auch die Potenziale im Unternehmen, die durch entsprechende Umweltinformationsinstrumente, bspw. durch Stoff- und Energiebilanzen, aufgedeckt werden können, als Nutzen dieser Instrumente angeführt.[838]

Ein Problem bei der Gegenüberstellung von Aufwand und Nutzen von Umweltinformationsinstrumenten ergibt sich aber aus der Tatsache, dass sich der ökonomische Nutzen der Instrumente, da sie ja nur Werkzeug und Hilfsmittel sind, nur indirekt über Produkte, Verfahren, Erträge und ein verbessertes Image ausdrückt, dieser aber nicht unmittelbar in Zusammenhang mit den Instrumenten gebracht werden.[839] Um Umweltinformationsinstrumente nicht ungünstig erscheinen zu lassen, müssten genau genommen hier strenge Abgrenzungen bzw. eine verursachergerechte Zuordnung des Nutzens zu den Instrumenten gemacht werden, was aber vielfach nicht möglich ist.

Letztendlich werden der Aufwand und der Nutzen auch dadurch beeinflusst, ob das Umweltinformationsinstrument EDV-technisch unterstützt wird. Dies wird im nächsten Punkt noch gesondert dargelegt.

6.1.3.5 Technische Bestimmungsfaktoren

Wird ein Umweltinformationsinstrument für das Unternehmen ausgewählt, muss abgeschätzt werden, wie die Verarbeitung der ökologischen Daten mit einem vertretbaren Zeit- und Kostenaufwand bewältigt werden kann.[840] Dabei kann es durchaus sinnvoll sein, die Umweltinformationsinstrumente EDV-technisch zu unterstützen, um eine laufende Aktualisierung und Ergänzung von Daten zu gewährleisten. Bspw. kann die Verwaltung von Daten aus den umweltorientierten Checklisten oder den Stoff- und Energiebilanzen computergestützt erfolgen und die Auswertungen somit erleichtert werden.

Wenn nun in diesem Zusammenhang von EDV-technischen Lösungen gesprochen wird, soll in erster Linie auf Standardsoftwareprogramme wie Tabellenkalkulationsprogramme, Grafikprogramme zur Auswertung von Informationen und Datenbanken verwiesen werden. Der Vorteil liegt dabei in der Tatsache, dass diese Programme meist in den Unternehmen sowie auch die dafür nötige Expertise schon vorhanden sind. Dadurch wird sich der

---

837 Siehe dazu Kapitel 3.4

838 Hierbei muss jedoch beachtet werden, dass der Nutzen von Umweltinformationsinstrumenten durch die Aufdeckung von betrieblichen Verbesserungspotenzialen hauptsächlich in der Anfangsphase der Instrumente entsteht, laufende Instrumente haben hauptsächlich die erwähnte Transparenz und strukturierte Verarbeitung der Umweltinformation als wesentlichen Nutzen.

839 Vgl. Schlatter 2000, S. 16

840 In der empirischen Erhebung von Tarara wurde von den Unternehmen eine EDV-gestützte Umsetzung der Informationsinstrumente als eher weniger wichtig angegeben (vgl. Tarara 1997, S. 195). Da seit dem Zeitpunkt der Erhebung aber ein großer Fortschritt bei den EDV-Programmen gemacht wurde, ist dieses Ergebnis zu relativieren.

finanzielle und personelle Aufwand für solche Standardsoftwareprogramme zur Unterstützung von Umweltinformationsinstrumenten regelmäßig in Grenzen halten.

Reichen diese Programme als Unterstützung nicht aus, kann auf Programme zur spezifischen direkten Unterstützung von einzelnen Umweltinformationsinstrumenten ausgewichen werden, bspw. Gefahrstoff-Software, Gesetzesrecherche-Software, Grafik-Programme speziell für Sankey-Diagramme etc.[841]

Letztendlich besteht für Unternehmen auch die Möglichkeit, auf allgemeine Umweltinformationssoftware zurückzugreifen, die sich nicht zwingend nur auf die Unterstützung eines einzigen Umweltinformationsinstruments beschränken, sondern weiter greifende Unterstützung anbieten. Entschließt sich das Unternehmen für solch ein EDV-gestütztes BUIS, müssen für eine erfolgreiche Implementierung jedoch einige weitere Faktoren berücksichtigt werden. Auf diese wird ausführlich im nächsten Kapitel eingegangen.

In der empirischen Erhebung konnte jedenfalls diesbezüglich ein verstärktes Rückgreifen auf die Hilfe von softwaregestützten Systemen für spezielle Umweltinformationssysteme in jenen Unternehmen, die umweltschutzorientierte Maßnahmen auch mit Hilfe von Umweltinformationsinstrumenten setzten, abgelesen werden.[842]

6.1.4 Level 4: Einsatz einer BUIS Software

In der vorangegangenen Stufe des Implementierungskonzepts beschäftigt sich das Unternehmen intensiv mit Umweltinformationsinstrumenten, die allein und für sich genommen im Unternehmen eingeführt werden, die aber auch in einem Umweltinformationssystem eingebettet werden können. Stützt sich dieses System darüber hinaus auf EDV-technische Anwendungen bzw. auf eine eigene Software, also auf ein EDV-gestütztes BUIS, müssen hier für den langfristigen Erfolg der Instrumente und der Software einige Besonderheiten beachtet werden. Im Folgenden wird dabei zwischen bestimmenden Faktoren bei der eigentlichen Entscheidung für eine Software eingegangen und im Anschluss Einflüsse bei der Implementierung eines solchen BUIS erläutert.[843]

6.1.4.1 Rahmenfaktoren bei der Entscheidung für eine Software

Werden BUIS in Hinblick auf die Unterstützung spezifischer Umweltinformationsinstrumente im Unternehmen eingeführt, also aufbauend auf Stufe 3 des Implementierungskonzeptes, ist der Inhalt von BUIS bereits in groben Zügen vorgegeben. Dennoch müssen sich Unternehmen explizit darüber Gedanken machen, was das Ziel der Implementierung von BUIS im Unter-

---

841 Vgl. Tarara 1997, S. 134

842 Vgl. Hypothese 3 auf S. 190

843 Kleinaltenkamp bezeichnet dies unter anderem als Beschaffungsprozess für neue Technologien. Der Initiierungsprozess mit der Entscheidung, ein BUIS einzuführen, wurde bereits im Ende des Kapitels 6.1.3 dargestellt (vgl. Kleinaltenkamp 1994, S. 175). Auf den dritten Bereich, den Implementierungsprozess, wird weiter unten noch eingegangen.

nehmen ist, welche Funktionen im besonderen damit unterstützt werden sollen und wer im Unternehmen bzw. welche Abteilung daraus Umweltinformationen beziehen soll.[844]

Insbesondere über die Anforderungen, die an solch ein System gestellt werden, muss sich das Unternehmen im Klaren sein, da dies die Auswahl einer Software entscheidend beeinflusst. Die Anforderungen sollten sich jedenfalls am Ziel orientieren, dass BUIS sowohl hinsichtlich der Ergebnisse in Bezug auf Umweltinformationen und Umweltinformationsinstrumente effektiv sind als auch hinsichtlich der Aufwand-Nutzen Relation die Kriterien eines effizienten Systems erfüllen.[845] Im Folgenden wird deshalb weiters zwischen inhaltlich-organisatorischen Anforderungen und systemtechnischen Anforderungen unterschieden.

6.1.4.1.1 Inhaltlich-organisatorische Anforderungen

Als die wesentlichste Anforderung, die an die Software gestellt wird, kann die Unterstützung bei den Aufgaben des betrieblichen Umweltmanagements angesehen werden. Dabei muss sich das Unternehmen bewusst werden, welche Bereiche und Funktionen im Unternehmen durch den Einsatz von BUIS unterstützt bzw. welche Umweltinformationen mittels dieser Systeme erfasst und verarbeitet werden sollen.[846]

Unternehmen stellen insbesondere in der Erhebung von Daten spezielle Anforderungen an das System. Organisatorisch betrifft dies die Erfassung der Daten aufgrund von Mess- und Erhebungsvorgängen, die soweit wie möglich automatisiert ablaufen sollten.[847] Ferner spielt die Qualität der Daten und Umweltinformationen eine Rolle. Hierbei ist es wichtig, dass die Anwender auf bereinigte, normierte und gut strukturierte Umweltinformationen zugreifen können. Darüber hinaus muss gewährleistet sein, dass jeder Nutzer jene Umweltinformationen bekommt, die er speziell für sein Arbeitsumfeld benötigt und diese Umweltinformationen zielgruppengerecht aufbereitet sind.[848] Welche Informationen dies sind bzw. wer auf welche Informationen Zugriff haben darf, muss jedoch vorher im Unternehmen in einer Informationsbedarfsanalyse und durch Vergabe von Berechtigungen festgelegt werden, die softwaretechnisch abgebildet und umgesetzt werden müssen.[849] Auch die Qualität der Umwelt-

---

844 Vgl. dazu die empirische Untersuchung von Beucker et al. 2002, S. 11, in der die Unternehmen angaben, dass vordergründig die Umweltschutzbeauftragten die Informationen aus dem BUIS benötigen. Alle anderen Abteilungen greifen eher unregelmäßig auf Umweltinformationen aus diesem BUIS zurück. Bezüglich der Funktionen gaben die Unternehmen an, hauptsächlich die Erstellung der Abfallbilanzen zu unterstützen und Umweltkennzahlen zu generieren. Vgl. dazu auch Lang 2000, S. 50; Handke, Schnapperelle, Scholz 2000, S. 98

845 Anforderungen an die Effektivität, das Ergebnis von BUIS, können hierbei als Muss-Anforderungen bezeichnet werden, Anforderungen an die Effizienz als Kann-Anforderungen (vgl. Jürgens et al. 2003, S. 17). Vgl. zu Anforderungen auch Handke, Schnapperelle, Scholz 2000, S. 99ff; Schulze 2001, S. 288f

846 Für nähere Informationen zu den unterschiedlichen Funktionalitäten wird auf Kapitel 3 und Kapitel 5.2 in dieser Arbeit verwiesen.

847 Auf die Erfassung von Daten mittels Import aus anderen IT-Systemen wird später noch näher eingegangen.

848 Vgl. Röhrle 2004, S. 168; Beucker 2000, S. 80f

849 Vgl. Picot, Reichwald, Wigand 2001, S. 81ff; Krcmar 2003, S. 56; Blume, Haasis 2000, S. 144ff; Behrendt 2000, S. 91ff

informationen spielt natürlich eine wesentliche Rolle, wobei dieses Kriterium zugegebenermaßen häufig durch organisatorische Faktoren – Messung, Personal, Dateneingabe – determiniert wird. Die Bewertung von Umweltinformationen, die als wichtiges Umweltinformationsinstrument in Kapitel 3.4 dargestellt wurde und die häufig in BUIS integriert ist, hat dabei auch einen großen Einfluss auf die Qualität der Umweltinformationen,[850] insbesondere, wenn eine Aggregation unterschiedlicher Daten erforderlich ist.

Schlussendlich werden auch in der Ausgabe der Daten Anforderungen an ein BUIS gestellt. Klarheit und Nachvollziehbarkeit stehen dabei an oberster Stelle der Anforderungen. Wünschenswert ist Flexibilität in der Art der Ausgabe der Daten sowie eine möglichst hohe Automatisierbarkeit von Schritten der Datenausgabe bei Routinetätigkeiten.[851]

6.1.4.1.2 Systembezogene Anforderungen

Spricht man von systembezogenen Anforderungen an die Software, können diesbezüglich allgemeine Anforderungen an die Software wie bspw. die Zuverlässigkeit der Software, die Bedienerfreundlichkeit für Benutzer des Systems, Stabilität bzw. auch Wartungsfreundlichkeit aufgelistet werden.[852] Bezogen auf Anforderungen speziell für BUIS ist ferner ein modularer, baukastenartiger Aufbau von Bedeutung.[853] Dies ist insbesondere für Unternehmen wichtig, die nur Teilsysteme der Software nutzen wollen und können und deshalb auch nur Teile der Software erwerben wollen. In der empirischen Erhebung in der österreichischen produzierenden Industrie wurde zwar von jenen Unternehmen, die ein BUIS bereits im Unternehmen eingeführt haben, angegeben, dass sie zum Großteil die angebotenen Funktionen von BUIS anwenden,[854] jedoch wurde die Komplexität der Software von vielen Unternehmen auch als Hinderungsgrund angegeben, warum sie bisher noch kein BUIS im Unternehmen eingesetzt haben.[855] So gesehen kann die individuelle Abstimmung auf die Bedürfnisse der Kunden als weitere wichtige Anforderung an ein BUIS angesehen werden. Falls Unternehmen zu einem späteren Zeitpunkt gesteigerte Funktionalitäten verlangen, ist die Erweiterbarkeit der Software eine weitere wichtige Anforderung an das BUIS. Letztendlich sind für die Unternehmen auch ein entsprechender Schutz vor dem Verlust von Daten sowie der Datenschutz für sensible Mitarbeiterdaten wichtige Faktoren bei der Auswahl einer geeigneten Software zur Unterstützung der BUIS.[856]

---

850 Vor allem auf eine Einheitlichkeit der Umweltinformationen muss Wert gelegt werden (vgl. Keßeler 2000, S. 137).

851 Vgl. Jürgens et al. 2003, S. 23

852 Vgl. Ortega, Perez, Rojas 2003, S. 227; Mohtashami, Deek, Im 2003, S. 269; Zu weiteren Erläuterungen über Kriterien zur Beurteilung von betrieblicher Umweltschutzsoftware vgl. Arndt, Geisler, Günther 1998

853 Vgl. Murray, Hughes, Russel 2000

854 Vgl. die Ergebnisse zu Hypothese 6 auf S. 192

855 Vgl. die Ergebnisse zu Hypothese 10 auf S. 196

856 Vgl. Fragebogen Softwarehersteller im Anhang III dieser Arbeit

Wie in der empirischen Erhebung der BUIS Software in Kapitel 5.2 ausführlich dargestellt wurde, erfüllen die derzeit am Markt gängigen Softwareprodukte diese Anforderungen zum größten Teil.[857] Die Unternehmen müssen sich daher ihrer Anforderungen bewusst sein, um sie in weiterer Folge bei der Implementierung der Software auch umsetzen und erfüllen zu können. Gängige Softwareprodukte für BUIS bieten hier ausreichend Hilfestellung.[858]

Eine weitere und wesentliche Anforderung an softwaregestützte BUIS sind vorhandene Schnittstellen zu anderen IT-Systemen. Hierbei kann man drei verschiedene Arten von Schnittstellen unterscheiden. Benutzungsschnittstellen haben insbesondere Bedeutung für die Unternehmen, wenn es die Automatisierbarkeit der Dateneingabe betrifft und diese effizient gestaltet werden soll. Idealerweise ist das BUIS mit entsprechenden Importfunktionen ausgestattet, die Eingabe der Daten in EDV-Systeme sollte insgesamt nur einmal anfallen.[859] Schnittstellen zu anderen Informationssystemen sind vor allem für eine Integration des BUIS in die betriebliche EDV wichtig. Letztendlich sollten BUIS auch noch mit Schnittstellen zu Peripheriegeräten wie Drucker, Fax etc. ausgerüstet sein, um auch intra- und internetfähig zu sein.[860] Diesbezüglich sollten Exportfunktionen vorhanden sein, mit deren Hilfe eine Integration in MS-Office. bspw. der Transfer der Ergebnisse der BUIS in MS Excel, Word und Access, ermöglicht werden soll.

Die in Kapitel 5.2 untersuchten Softwareprodukte verfügen großteils über spezifische Import- und Exportfunktionen. Eine Anknüpfung mittels Import und Export über standardisierte Schnittstellen zu und von Excel und Access ist möglich. Eine Verbindung zu kaufmännischer Software und ERP Systemen birgt hingegen bereits einige Probleme, wie in der empirischen Befragung festgestellt wurde. Wenn eine Schnittstelle angegeben wurde, dann hauptsächlich zum ERP-Programm SAP. Deshalb wurde in Deutschland eine öffentliche verfügbare Spezifikation PAS 1025 entwickelt, um die Schnittstelle zwischen BUIS und ERP Systemen generell zu standardisieren.[861] Diese wurde jedoch erst mit einigen wenigen Softwareprodukten abgestimmt und kann noch nicht als allgemeiner Standard bei BUIS angesehen werden. Über weitere Besonderheiten der Integration wird weiter unten bei der Darlegung der Implementierung der BUIS noch näher eingegangen.

---

857 Vgl. Kapitel 5.2

858 Gerade aber die Auswertung der Hypothese 11 auf S. 196 ergibt das Bild, dass sehr viele Gründe gegen ein BUIS für Unternehmen dennoch in der Software zu suchen sind, bspw. dass sie zu teuer bzw. zu komplex sind. Hier müssen bei der Kommunikation der Vorteile der softwaregestützten BUIS seitens der Softwarehersteller entsprechende Maßnahmen gesetzt werden.

859 Vgl. Röhrle 2004

860 Vgl. Jürgens et al. 2003, S. 20; Beucker 2000, S. 81; Murray, Hughes, Russel 2000

861 Vgl. PAS 1025; Wohlgemuth, Niebuhr, Lang 2004

6.1.4.1.3 Aufwand/Nutzen Überlegungen

Bereits beim isolierten Einsatz von Umweltinformationsinstrumenten wurden Aufwand/Nutzen Überlegungen angestellt.[862] Da in der Regel beim Einsatz von Softwareprogrammen zur Unterstützung von BUIS erhebliche Investitionen getätigt werden müssen, ist eine Analyse des anfallenden Aufwands und des zu erwartenden Nutzens von umso größerer Bedeutung.

Bei den Kosten sind einerseits die Anschaffungs- und Implementierungskosten hervorzuheben, die mitunter sehr hoch ausfallen können. Vor allem die Kosten der Installation und Anpassung von BUIS auf die unternehmensspezifischen Besonderheiten können sehr viel Zeit in Anspruch nehmen. Speziell die Adaptation des Systems auf das Unternehmen bzw. die organisatorischen Veränderungen[863] sind ein nicht zu unterschätzender Kostenfaktor. Hinzu kommt die notwendige Qualifikation der Mitarbeiter, die oft erst aufgebaut werden muss. Darüber hinaus können für Unternehmen auch die laufend anfallenden Wartungskosten abschreckend wirken. Aus diesen genannten Gründen bestehen in den Unternehmen oft Zweifel, ob die Implementierung eines betrieblichen Umweltinformationssystems nicht vielleicht nur einen zusätzlichen finanziellen Aufwand für das Unternehmen darstellt, den man vermeiden kann.

Dem gegenüber muss der Nutzen durch die Einführung von BUIS gestellt werden. Als eines der stichhaltigsten Argumente für die Einführung von BUIS wird die Aufdeckung von betrieblichen Schwachstellen durch eine detaillierte Erfassung der Material- und Energieflüsse dargestellt.[864] Ein BUIS hilft, dann Kosten einzusparen, wenn durch BUIS aufgedeckte Einsparpotenziale von der Unternehmensleitung richtig wahrgenommen werden.[865] Dies wird auch als Argument der Softwarehersteller herangezogen. Auch in der empirischen Erhebung in der österreichischen produzierenden Unternehmen gaben jene Unternehmen, die bereits ein BUIS eingeführt haben, an, dass die Kosten für den betrieblichen Umweltschutz damit zumindest gleich geblieben bzw. sogar gesunken sind.[866] Das Problem in dieser Hinsicht ist aber, dass diese Vorteile des Softwareeinsatzes für BUIS nicht entsprechend an die Unternehmen kommuniziert werden können, da in der Umfrage ein Großteil der Unternehmen an-

---

862 Kosten/Nutzen Überlegungen müssen grundsätzlich auch bereits in früheren Stufen angewendet werden. Da aber bei der Einführung von EDV-gestützten BUIS der Aufwand sich regelmäßig als sehr hoch herausstellt, muss hier besonderes Augenmerk auf Kosten/Nutzen Überlegungen gesetzt werden.

863 Aus diesem Grund wird die Einführung eines BUIS immer öfter als organisatorische bzw. als Strukturinnovation hervorgehoben.

864 Dies kann zwar auch durch nicht EDV-gestützte Stoff- und Energiebilanzen erfolgen. In der Regel ist dieser Erfassungsprozess aber sehr aufwändig, ohne entsprechende Unterstützung durch Software ist der Aufwand der Erhebung und der Darstellung vielfach größer bzw. zu groß für Unternehmen.

865 Aus diesem Grund sind die in Stufe 1 und 2 diskutierten organisatorischen Lernprozesse und das gelebte Umweltbewusstsein von Bedeutung.

866 Vgl. die Auswertung der Hypothese 7 auf S. 193, bei der der Median und das 3. Quartil beim Wert „gleich geblieben" liegen.

gab, dass für einen Einsatz in ihrem Unternehmen die Software derzeit noch zu teuer ist.[867] Hier liegt es also an den Softwareherstellern, diese Vorteile von BUIS entsprechend zu kommunizieren.[868]

Weitere Vorteile der BUIS sind die Rationalisierung, Systematisierung, gesteigerte Effizienz und Effektivität im betrieblichen Umweltmanagement sowie eine verbesserte interne und externe Kommunikation von Umweltinformationen.[869] Jedoch werden diese Vorteile sehr oft nicht erkannt, da ein BUIS im eigentlichen Sinn nur Hilfsmittel und Werkzeug ist und der ökonomische Nutzen nur indirekt über bessere Produkte, eine verbesserte Produktion, geringere Produktionskosten, geringere Entsorgungskosten, besseres Image etc. entsteht.[870] Darüber hinaus kann ein Großteil des Nutzens nur qualitativ erfasst werden.[871] Ferner besteht das Problem, dass viele positive Synergieeffekte von BUIS nicht erkannt werden bzw. diese aufgrund mangelnder Quantifizierbarkeit nicht in die Entscheidung mit einfließen.[872]

Diese Vorteile werden von jenen Unternehmen, die BUIS bereits eingeführt haben, auch erkannt. So gaben sie in der österreichischen empirischen Erhebung nicht nur Kosteneinsparungen als Nutzen an, sondern bestätigten auch die Verwendung von vielen Funktionalitäten, die ein BUIS anbieten kann. Dies kann durch die Erhebung im Rahmen des Projektes INTUS in Deutschland bestätigt werden.[873] Jedoch müssen auch jene Unternehmen, die noch kein BUIS eingeführt haben, diese Vor- und Nachteile bzw. den Aufwand und Nutzen von BUIS erkennen und gegenüberstellen, bevor sie sich für die Einführung eines BUIS entscheiden.[874]

6.1.4.1.4 Wahl der Software

Haben sich die Unternehmen nach den bereits angeführten Überlegungen entschieden, eine Software zur Unterstützung des betrieblichen Umweltmanagements einzusetzen, ist die Auswahl eines geeigneten Produktes mit entscheidend für eine erfolgreiche Implementierung. Zu

---

867 Vgl. die Auswertung der Hypothese 10 auf S. 196 der empirischen Unternehmensumfrage.

868 Das Problem hierbei liegt auch, dass Einsparungspotenziale der BUIS vor allem bei der Einführung möglich sind. Sind diese erst mal erschöpft, bietet das BUIS hauptsächlich Hilfestellung in der laufenden Auswertung von Umweltinformationen, hierbei sind keine allzu großen Einsparungen mehr möglich. Man spricht in diesem Zusammenhang auch vom abnehmenden Grenznutzen von BUIS (vgl. Schmidt 2000b, S. 29).

869 Vgl. Schlatter 2000, S. 16; Katsumoto 2003; Zu weiteren Vorteilen zu BUIS siehe Kapitel 3. Der Nutzen von BUIS kann überdies nicht pauschal beurteilt werden, da es eine Vielzahl an unterschiedlichen Ausprägungen gibt (siehe dazu Kapitel 5.2).

870 Vgl. Schlatter 2000, S. 17

871 Diesbezüglich gab es zwar Anstrengungen, Modelle zu entwickeln, die den ökonomischen Nutzen von BUIS erfassen sollten, dies würde für die Unternehmen, die die Einführung eines BUIS abwägen, jedoch zu umfangreich und zu komplex werden. Aus diesem Grund sei an dieser Stelle lediglich auf die Arbeiten hierzu von Schlattter 2000 und Blümel, Gamweger 1999 verwiesen.

872 Vgl. Blümel, Gamweger 1999, S. 311ff

873 Vgl. dazu die Ergebnisse der Hypothese 6 auf S. 192; vgl. dazu auch Beucker et al. 2002, S. 8ff

874 Hier wiederum ergibt sich das Problem, dass die Unternehmen in der empirischen Umfrage angaben, einen nur sehr geringen Informationsstand über BUIS zu besitzen (vgl. dazu die Auswertung der Hypothese 8 auf S. 195).

Beginn dieses Kapitels wurden die Anforderungen, die ein Unternehmen an die Software stellt, aufgelistet. Die wesentliche Frage bei der Auswahl der Software ist nun, welches Produkt diese Anforderungen erfüllen kann. Dabei soll an dieser Stelle darauf hingewiesen werden, dass nicht nur spezielle Umweltsoftwareprogramme in die nähere Auswahl kommen, sondern auch abgewogen werden muss, ob diese Anforderungen an die Unterstützung des betrieblichen Umweltmanagements durch Standardsoftwareprogramme bzw. durch ERP-Systeme abgedeckt werden können. Insbesondere für Klein- und Mittelbetriebe ist der Aufwand, eigene Systeme zu installieren, oft nicht gerechtfertigt, hier kann sinnvollerweise auf Standardprogramme, die im Unternehmen schon vorhanden sind, zurückgegriffen und diese entsprechend adaptiert werden. Ähnliches gilt für Unternehmen, die bereits ein ERP-System aufgebaut haben. Hier ist vorerst zu klären, ob die Anforderungen des betrieblichen Umweltmanagements nicht durch dieses System abgedeckt werden können.[875]

Ferner muss das BUIS auf den Anwender abgestimmt sein, sowohl die inhaltlich-organisatorischen als auch die systemtechnischen Anforderungen betreffend. Betriebliche Aspekte wie die existierende IT-Struktur, Besonderheiten in den Produktionsprozessen sowie spezielle Anforderungen an die Ausgabe und Verteilung der Umweltinformationen müssen dabei berücksichtigt werden.

Einen Einfluss auf die Auswahl des BUIS hat auch die Branchenzugehörigkeit, obwohl in letzter Zeit die Softwareprodukte bereits so konzipiert sind, dass sie in vielen verschiedenen Branchen eingesetzt werden können. Letztendlich sind natürlich auch die Unternehmensgröße und die Komplexität der Abläufe im Unternehmen dafür ausschlaggebend, welche Software im Unternehmen zukünftig eingesetzt werden soll.[876]

Sind alle Anforderungen bzw. diese Kriterien geklärt, gilt es, aus einer Vielzahl an Softwareprodukten das Richtige herauszufinden. In der Literatur wurde diesbezüglich immer kritisiert, dass der Softwaremarkt für BUIS zu unübersichtlich ist und deshalb den Unternehmen die Auswahl eines geeigneten Produktes erheblich erschwert wird.[877] Diese fehlende Marktübersicht konnte in der eigenen empirischen Erhebung bestätigt werden.[878] Jedoch können hier Datenbanken wie bspw. die Datenbank „Ikarus“ des Fraunhofer Instituts für Arbeits-

---

875 Im Projekt INTUS wurde ausführlich untersucht, welche Softwareprogramme im Unternehmen eingesetzt werden sollen. Standardsoftwareprogramme, die über Intranet und Internet sowie über bspw. XML Daten im Unternehmen austauschen, erwiesen sich vor allem für kleine und mittlere Unternehmen vorteilhaft. Die Integration von Aufgaben des betrieblichen Umweltmanagements in ERP Systeme wurde überall dort vorgeschlagen, wo bereits ein ERP System existiert und wo die Anforderungen an das BUIS nicht zu hoch waren, bspw. wenn Simulationen oder regelmäßige Auswertungen nicht gefordert wurden (vgl. Heubach et al. 2003). Vergleiche dazu auch die Gegenüberstellung von verschiedenen Varianten bei der Erfassung, Verarbeitung und Ausgabe von Umweltinformationen in Heubach et al. 2003, S. 43ff.

876 Vgl. Meier et al. 2003, S. 72f

877 Vgl. Lang 2000, S. 51. Lang kritisiert dabei fehlende Kenntnisse der BUIS Produkte als Lücke bei den Anwendern sowie Schwächen im Vertrieb der Software als Fehler bzw. Hemmnisse, die bei den Herstellern verankert sind. Sie spricht dabei von fehlender Markt- und Produkttransparenz.

878 Vgl. die Auswertung der Hypothese 8 auf S. 195

wirtschaft und Organisation Abhilfe schaffen, indem die derzeit gängigen BUIS-Softwareprodukte am deutschsprachigen Markt mit ihren Funktionalitäten aufgelistet werden.[879]

Neben technischen Argumenten bei der Auswahl der Software müssen ökonomische Faktoren wie der Preis der Software sowie für die Implementierung auch zusätzliche Aspekte wie Servicefunktionen, Hilfestellung, Schulungen, Updates und weitere Unterstützung durch den Hersteller berücksichtigt werden, da sie für die Akzeptanz des Systems und für die erfolgreiche Einführung und langfristige Nutzung der Software von großer Bedeutung sein können.[880]

6.1.4.2 Faktoren bei der Implementierung von BUIS im Unternehmen

Im vorigen Schritt wurden die Anforderungen im Unternehmen an ein BUIS festgelegt und auf diesen aufbauend ein entsprechendes Softwareprodukt ausgewählt. Sofern es sich dabei nicht schon um bestehende Standardsoftware wie Tabellenkalkulationsprogramme bzw. um bereits installierte ERP-Systeme handelt, die um Anforderungen des betrieblichen Umweltmanagements erweitert werden, muss bei der Implementierung der BUIS auf einige Besonderheiten geachtet werden.

6.1.4.2.1 Personelle Überlegungen und organisatorische Integration

Die Mitarbeiter spielen bei der Einführung von BUIS eine entscheidende Rolle, denn von ihnen hängt es maßgeblich ab, inwiefern damit der erwartete Nutzen für das Unternehmen auch realisiert bzw. kommuniziert werden kann.[881] Damit die Einbindung der Mitarbeiter in den Implementierungsprozess funktioniert, sind die in der Stufe 1 des organisationalen Lernens in Kapitel 6.1.1 erwähnten Rahmenfaktoren zu beachten. Ferner ist es natürlich ebenso von Bedeutung, dass die Mitarbeiter die umweltbewusste Einstellung des Unternehmens mittragen. Dazu wird auf Kapitel 6.1.2 verwiesen.

Erstaunlich sind jedoch die diesbezüglichen Ergebnisse in der empirischen Erhebung, in der die Unternehmen zur Bedeutung der Mitarbeiter für die Einführung eines BUIS befragt wurden. Sowohl bei den Gründen, die gegen den bisherigen Einsatz von BUIS sprechen, als auch bei Faktoren, die sich für den Einsatz der Umweltsoftwareprogramme ändern müssten, wurden die Mitarbeiter und deren Einstellung und Widerstände als weniger wichtig angegeben.[882] Dies kann als Hinweis darauf gesehen werden, dass hier entsprechender Nachholbedarf beim Bewusstsein der Einbindung der Mitarbeiter in Veränderungen der organisatorischen Abläufe, wie es die Einführung eines BUIS letztendlich darstellen sollte, besteht.[883]

---

879 Vgl. http://www.ikarus.iao.fhg.de

880 In der empirischen Erhebung zu Software für BUIS wurde speziell auch auf diese Kriterien eingegangen. Vgl. dazu Kapitel 5.2

881 Vgl. Grasenick 2004. S. 219; Eschenbach, Neumann 1995

882 Vgl. dazu die Ergebnisse der Hypothesen 10 auf S. 196 und 11 auf S. 196.

883 In diesem Zusammenhang wird auf die Bedeutung der Mitarbeiter hingewiesen, wie sie auch in der Forschung über Barrieren im Innovationsmanagement dargestellt wird. Fasst man die Einführung von

Darüber hinaus wird hier die Bedeutung der Erfüllung der ersten beiden Stufen im Implementierungskonzept ersichtlich.

Darüber hinaus müssen die Verantwortlichkeiten bei der Implementierung des BUIS geklärt werden. Einerseits muss bestimmt werden, wer mit dem Aufbau und der Pflege des BUIS betraut wird, andererseits muss festgelegt werden, wer und welche Abteilung eine Berechtigung und einen Zugriff auf das System hat und wer für die Eingabe der Daten verantwortlich ist. In der Praxis hat sich sehr häufig herausgestellt, dass hauptsächlich der Umweltbeauftragte mit der Pflege des Systems betraut ist.[884] Dies ist deshalb verständlich, da er seitens seiner Position mit den Prozessen des betrieblichen Umweltmanagements regelmäßig konfrontiert ist und auch das entsprechende Fachwissen besitzt. Jedoch sollte gerade eine BUIS die Möglichkeit schaffen, verschiedene Abteilungen in das betriebliche Umweltmanagement durch zur Verfügung stellen der entsprechenden Umweltinformationen einzubinden. Ebenso kann das BUIS wertvolle Umweltinformationen gerade auch für strategische Entscheidungen liefern und in diesem Zusammenhang auch verwendet werden.[885] Eine Integration des Systems in das Unternehmen sollte deshalb nicht nur in technischer und fachlicher Hinsicht, auf die im folgenden Abschnitt näher eingegangen wird, erfolgen, sondern auch organisatorisch, in dem alle Abteilungen in das System eingebunden werden und so gemeinsam das betriebliche Umweltmanagement gestalten.

6.1.4.2.2 Systemtechnische Integration

In der Theorie wird immer wieder die Integration von BUIS in die betrieblichen IT-Systeme gefordert.[886] Ebenso betonen die Unternehmen in der empirischen Erhebung der österreichischen produzierenden Industrie mehrmals die Bedeutung einer Integration in betriebliche EDV-Systeme. Die Integration wurde sogar als zweitwichtigster Faktor angegeben, der sich für einen Einsatz eines BUIS ändern müsste.[887]

Die Vorteile der Integration sind vielfältig, bspw. eine Erleichterung der Dateneingabe, Vermeidung von redundanter Datenerfassung, automatische Übernahme von Applikationen, Verfügbarkeit einheitlicher Definitionen und Kennzahlen, Transparenz und Nachvollzieh-

---

Umweltinformationssystemen als Strukturinnovationen auf, können hier durchaus wertvolle Erkenntnisse aus den Theorien zu Barrieren im Innovationsmanagement gewonnen werden. Vgl. dazu bspw. Hauschildt 2004; Englberger 2000

884 Vgl. Beucker et al. 2002, S. 11; Tarara 1997, S. 191

885 Vgl. Murray, Hughes, Russel 2000; Beucker 2000, S. 80

886 Vgl. Heubach, Lang, Loew 2003; Jürgens et al. 2003; Rautenstrauch 1999, S. 57; Bullinger, Görsch, Rey 1998; Lang, Jürgens 2003, S. 96; Harmsen et al. 1998; Bußwald et al. 1998, S. 227; Röhrle 2004; Conrad, Türker 1997

887 Vgl. die Überprüfung der Hypothese 10 auf S. 196. Allerdings fehlte vielen Unternehmen auf die Frage nach der Integration die notwendige Information, um diese Frage zu beantworten. Nichts desto trotz wurde eine verringerter Aufwand durch die Integration des System in die eigene EDV als sehr wesentlich angesehen. Vgl. auch die Auswertungen der Hypothesen 11 auf S. 196 und 18 auf S. 196.

barkeit und eine einheitliche Sprache bezüglich der Inhalte.[888] Unternehmen sind sich dieser Vorteile bewusst, vor allem die Wartung und Pflege des Systems und die Vermeidung von redundanten Daten wird hervorgehoben. Doch trotz dieser Vorteile kann eine vollständige Integration von BUIS derzeit noch nicht bis ins Letzte verwirklicht werden.[889] Einerseits liegt dies am erheblichen Aufwand, der mit einer Integration der BUIS verbunden ist und der sich nur dann rechnet, wenn das BUIS intensiv genutzt wird und laufend Auswertungen aus dem System benötigt werden. Dazu wird eine jederzeit aktuelle, mit dem betrieblichen ERP-System abgestimmte Datenbasis erforderlich.[890] In diesem Fall ist die Anbindung an die operativen Systeme zwar aufwändig, bietet aber ein großes Potenzial an Kostensenkung, das somit genutzt werden kann.[891]

Ein Nachteil einer Integration eines BUIS in ein ERP-System liegt andererseits darin, dass für das betriebliche Umweltmanagement die Umweltinformationen häufig in anderer Form benötigt werden als sie in etablierten Informationssystemen vorhanden sind. Darüber hinaus kann es auch zu möglichen Zielkonflikten zwischen der Umweltschutz- und anderen Abteilungen kommen, die aber durch ein einheitliches Umweltverständnis, wie es in Stufe 2 des Implementierungskonzeptes gefordert wird, weitgehend unterbunden werden können.[892]

Darüber hinaus verfügen zwar sehr viele Softwareprodukte bereits über Schnittstellen und standardisierte Export- und Importfunktionen,[893] eine vollständige Integration in die betrieblichen IT-Systeme kann dadurch aber nicht gewährleistet werden. Abhilfe soll hier die bereits erwähnte öffentliche verfügbare Spezifikation PAS 1025 schaffen,[894] diese befindet sich aber erst im Anfangsstadium, auf detaillierte Studien über ihre Anwendung in Unternehmen zur Anknüpfung von BUIS an betriebsspezifische EDV-Systeme kann noch nicht zurückgegriffen werden.

Zusammenfassend kann man feststellen, dass eine Integration des BUIS in die betrieblichen Informationssysteme zwar durchaus erstrebenswert ist und die Akzeptanz der BUIS sicherlich sehr stark steigern würde, dennoch müssen die Vor- und Nachteile sorgfältig abgewogen werden. Außerdem müssen zuerst die organisatorischen Voraussetzungen dafür geschaffen werden, denn ohne eine inhaltliche Integration in die Unternehmensziele und –strukturen ist auch eine systemtechnische Integration nur wenig nützlich für ein umfassendes, alle Bereiche des Unternehmens umspannendes betriebliches Umweltmanagement.

---

888 Siehe dazu Kapitel 3 und die vorangegangene Stufen des Implementierungskonzeptes. Vgl. dazu auch Röhrle 2004, S. 175ff

889 Obwohl in der empirischen Erhebung der Softwarehersteller nahezu alle angaben, dass eine Integration in andere EDV-Systeme möglich ist. Vgl. dazu auch Kapitel 3.5.1.1

890 Vgl. Heubach, Lang, Loew 2003

891 Vgl. Röhrle 2004, S. 173

892 Vgl. Schmidt 2000b, S. 28f

893 Siehe Kapitel 5.2

894 Vgl. PAS 1025

6.1.4.3 Barrieren für eine erfolgreiche Implementierung von BUIS

Die Barrieren werden im Folgenden in die drei Bereiche der Humanbarrieren, Organisationsbarrieren und softwarespezifische Barrieren unterteilt,[895] wobei diese aber als nicht ganz überschneidungsfrei zu betrachten sind. Zusätzlich werden zu den Barrieren Hinweise aus der empirischen Erhebung eingefügt. Hinweise und Möglichkeiten, diese Hindernisse im Unternehmen zu überwinden, runden die Betrachtung ab.

6.1.4.3.1 Humanbarrieren

Zu Beginn der Ausführungen über die Implementierung von BUIS in diesem Kapitel wurde bereits über personelle Faktoren bei der Einführung diskutiert. Aus diesem Grund sollen sie hier der Vollständigkeit halber nur mehr erwähnt werden. Dies sind im Speziellen die fehlende Einbindung der Mitarbeiter, die in der empirischen Erhebung von den Unternehmen zwar als weniger bedeutend angegeben wurde, die in der Theorie aber immer wieder als wesentliche Rahmenbedingungen für die erfolgreiche Einführung von BUIS angeführt wird. Aus diesem Grund wurde in der Stufe 1 im organisationalen Lernen sowie in der Stufe 2 beim Aufbau des Umweltbewusstseins näher darauf eingegangen. Werden diese Faktoren also bereits in den unteren Stufen des Implementierungskonzeptes berücksichtigt, kann dadurch das Auftreten von Widerständen gegen ein neues System, wie es ein BUIS darstellt, verhindert werden.

Als weiterer wichtiger Faktor bzw. als Hemmnis wird eine fehlende Qualifikation der Mitarbeiter angesehen, da der Einsatz und Betrieb von BUIS ein anderes und neuartiges Wissen erfordert, das nahezu durchgängig in den Unternehmen nicht vorhanden ist.[896] Diese Barrieren müssen mit entsprechenden Schulungsmaßnahmen bereits beim Aufbau eines unternehmensweiten Umweltbewusstseins bzw. auch bei der Einführung von Umweltinformationsinstrumenten abgeschwächt werden. Darüber hinaus ist bei der Auswahl der Software danach zu streben, dass entsprechendes Coaching vom Hersteller angeboten wird.

Letztendlich können auch personelle Widerstände bei Mitarbeitern gegen die neue Informationstechnologie im Unternehmen auftreten. Diese können entstehen, da sich bspw. mit der Einführung eines BUIS der Aufwand für die betreffende Person in der subjektiven Wahrnehmung erhöht. Ebenso können abweichende Einsatzbedingungen zu bereits traditionellen betriebswirtschaftlichen EDV-Systemen auftreten. Hinzu kommt, dass BUIS viel stärker als allgemeine Informationssysteme in die betrieblichen Verfahren eingreifen und durch Analysen und Rationalisierungen Prozesse ändern können. Dies kann emotionale Widerstände der Mitarbeiter hervorrufen.[897] Persönliche Ängste, der neuen Technologie nicht gewachsen zu sein, können überdies noch hinzukommen. Inwieweit sich diese Widerstände

---

895 Vgl. Grasenick 2004, S. 220
896 Vgl. Lang 2000, S. 54
897 Vgl. ebenda, S. 51; Kuhnt 1998, S. 26

im Unternehmen niederschlagen, hängt maßgeblich vom Einfluss dieser Personen im Unternehmen ab.[898] Durch entsprechende Einbindung dieser Mitarbeiter, durch Einbindung von Machtpromotoren in den Implementierungsprozess[899] sowie durch entsprechende Maßnahmen der Qualifikation kann hier seitens des Unternehmens entgegengewirkt werden.[900]

Denn es nützt letztendlich nichts, wenn mit viel Elan und Fachwissen versucht wird, ein möglichst umfassendes und intelligentes Computersystem für BUIS aufzubauen, um dabei zu vergessen, dass der Zweck von BUIS letztendlich sein sollte, Informationen so aufzubereiten, dass diese von Menschen interpretiert und Handlungen gesetzt werden können.[901]

6.1.4.3.2 Organisationsbarrieren

Als eine der wesentlichsten Barrieren bei der Einführung von BUIS kann der fehlende Handlungsdruck von außen angesehen werden.[902] Anders als häufig bei der generellen Forderung von Kunden, Umweltmanagementsysteme einzuführen, entsteht der Anstoß für ein BUIS generell aus dem Unternehmen heraus. Auch fehlen diesbezüglich in der Regel wichtige gesetzliche Vorgaben, die ein BUIS im Unternehmen fordern könnten.[903] Auch in der empirischen Erhebung gaben sehr viele Unternehmen an, dass die Zunahme an gesetzlichen Vorgaben als Anreiz für sie gelten könnte, ein BUIS im Unternehmen einzuführen. Ferner wurde auch der Druck von Kunden, ein BUIS im Unternehmen einzuführen, als Anreiz von den Unternehmen wahrgenommen.[904] Derzeit liegt es jedoch meistens am Unternehmen selber, den Schritt hin zur Implementierung eines BUIS zu wagen. Dies wird aber nur dann geschehen, wenn auch entsprechend die Motivation und die Einstellung zu umweltbewusstem Verhalten im Unternehmen vorhanden sind. Aus diesem Grund wurde auch die Stufe 2 in diesem Implementierungskonzept immer wieder hervorgehoben. Ferner wird auch in der empirischen Erhebung die Bedeutung der Einstellung zu einer umweltbewussten Unternehmensführung ersichtlich. Dem fehlenden Anreiz steht in der Regel auch der relativ hohe Verbrauch an finanziellen und zeitlichen Ressourcen gegenüber, zusätzlich zu Fehleinschätzungen der Möglichkeiten, die solch ein System mit sich bringen kann. Diese können detaillierte Aufwand-Nutzen Überlegungen, wie sie bereits oben dargestellt wurden, abschwächen.

898 Vgl. Kleinaltenkamp 1994, S. 177f

899 Vgl. Hauschildt 2004, S. 212ff

900 Jedoch muss bei der Qualifikation der Mitarbeiter beachtet werden, dass diese im Sinne eines integrierten Umweltschutzes geschieht, da die mediale Ausbildung eine vernetzte Sichtweise und somit die Dringlichkeit von übergreifenden Instrumenten, wie es ein BUIS darstellt, verhindert (vgl. Arndt 1997, S. 159).

901 Vgl. Schlatter, Züst 1998, S. 32

902 Kleinaltenkamp bezeichnet diese Phase als die wichtige Initiierungsphase von neuen Technologien (vgl. Kleinaltenkamp 1994, S. 175).

903 Vgl. Arndt 1997, S. 159f; Arndt macht hier insbesondere die mediale Umweltschutzgesetzgebung verantwortlich, die nur sehr wenig Anreize für einen integrierten Umweltschutz und in weiterer Folge für übergreifende Werkzeuge wie BUIS bietet.

904 Vgl. dazu die Auswertung der Hypothese 11 auf S. 196

Weitere organisatorische Barrieren können in der Implementierung eines BUIS bei der Zusammenführung der relevanten Daten entstehen, da Umweltinformationen in der Regel stark im Unternehmen verstreut sind und oft das Wissen über die Herkunft und die Existenz der Umweltinformationen fehlt. Hier sind wiederum organisatorische Maßnahmen der Bewusstseinsbildung zu setzen und die Einbeziehung aller betroffenen Mitarbeiter sicherzustellen, um Abteilungsdenken und isoliertes Arbeiten gerade im Bereich des Querschnittsbereich des betrieblichen Umweltmanagements zu vermeiden und die komplexen Zusammenhänge erfassen sowie die Synergieeffekte nutzen zu können.[905]

Neben der technischen Integration des BUIS, die bereits ausführlich diskutiert wurde, muss also auch eine organisatorische Einbettung in die Abläufe und Strukturen des Unternehmens ermöglicht werden. Dabei steht als letzte und oberste Instanz der Mitarbeiter im Mittelpunkt der Überlegungen, da der Mensch weiterhin bei vielen komplexen Prozessen unverzichtbar ist und er komplexe Situation besser erfassen kann als Maschinen.

6.1.4.3.3 Softwarespezifische Barrieren

Wie sich in der empirischen Erhebung herausstellte, sind vielen Unternehmen die Nutzen und Vorteile sowie mögliche Funktionalitäten der Software zur Unterstützung der BUIS nicht bekannt.[906] Hier liegen die Barrieren zwar nicht in der Software selbst, sondern eindeutig bei den Herstellern, die die derzeit vorherrschende Intransparenz am Softwaremarkt für BUIS überwinden müssen, um den Kunden die Vorteile und den Nutzen der Umweltsoftwareprogramme näher zu bringen. Darüber hinaus muss das von den Benutzern und den potenziellen Käufern von BUIS häufig empfundene unausgewogene Preis-Leistungsverhältnis[907] von den Herstellern gerechtfertigt bzw. verbessert werden, um den Unternehmen Anreize zu bieten, ein solches System im Unternehmen einzusetzen.

Als wesentliche softwarespezifische Barriere muss jedoch auf fehlende Möglichkeiten der Integration hingewiesen werden, die für Unternehmen das größte Hindernis in der Implementierung bzw. als fehlender Anreiz gesehen wird, wie auch in der empirischen Erhebung in der österreichischen produzierenden Industrie bestätigt werden konnte.[908] Andere wesentliche Funktionalitäten und Leistungen der Softwareprodukte können im Großen und Ganzen von den Softwareherstellern angeboten werden.[909] Die Überwindung der Barriere der fehlenden Integration in betriebsspezifischen IT-Systeme ist somit die essentielle Aufgabe der Soft-

---

905 Vgl. Arndt 1997, S. 157; Heubach, Lang, Loew 2003

906 Vgl. dazu die Ergebnisse der Hypothesen 10 auf S. 196 und 11 auf S. 196 und insbesondere der Hypothese 8 auf S. 195 über den Informationsstand über BUIS, der in der Regel in den Unternehmen sehr gering ist.

907 Vgl. Lang 2000, S. 50; Arndt 1997, S. 154

908 Vgl. dazu die Auswertung der Hypothesen 10 und 11 und das Kapitel 3 in dieser Arbeit. Vgl. dazu auch Bußwald et al. 1998, S. 226

909 Vgl. die empirische Analyse der Softwareprodukte in Kapitel 5.2

warehersteller, die es zu bewältigen gilt, um in Zukunft den Einsatz von BUIS in Unternehmen stärker forcieren zu können.

6.2 Umweltinformationssysteme auf überbetrieblicher Ebene in Wertschöpfungsnetzwerken und Verwertungsnetzen

Um die Implementierung von Umweltinformationssystemen von der betrieblichen auf die überbetriebliche Ebene auszudehnen, wurde das Stufenmodell für betriebliche Umweltinformationssysteme um Besonderheiten der überbetrieblichen Kommunikation von Umweltinformation in Netzwerken erweitert. So ermöglicht das modular aufgebaute Implementierungskonzept, dass in den Unternehmen die Voraussetzungen für erfolgreiche Kooperationen, die vielfach ohnehin in Ansätzen vorhanden sind, intensiviert werden können. Diese sind insbesondere von essentieller Bedeutung, um neben den ursprünglichen Zielen der Kooperation auch den Umweltschutz zu verankern und den Austausch von Umweltinformationen zwischen den Unternehmen zur Unterstützung der überbetrieblichen Maßnahmen des Umweltschutzes zu fördern.

Das folgende Modell besitzt sowohl für Wertschöpfungsnetzwerke als auch für Verwertungsnetze Gültigkeit. Herrschen je nach Netzwerk unterschiedliche Ausgangsbedingungen bzw. Voraussetzungen, wird auf diese in den einzelnen Stufen hingewiesen.

Auf die Grundvoraussetzungen und Bedingungen in den einzelnen Stufen, die bereits im innerbetrieblichen Implementierungskonzept notwendig sind, wird hier nicht mehr näher eingegangen, es wird auf das Kapitel 6.1 in dieser Arbeit verwiesen. Im Folgenden wird speziell den Besonderheiten, die beim Transfer auf die überbetriebliche Ebene auftreten, gesonderte Aufmerksamkeit geschenkt.

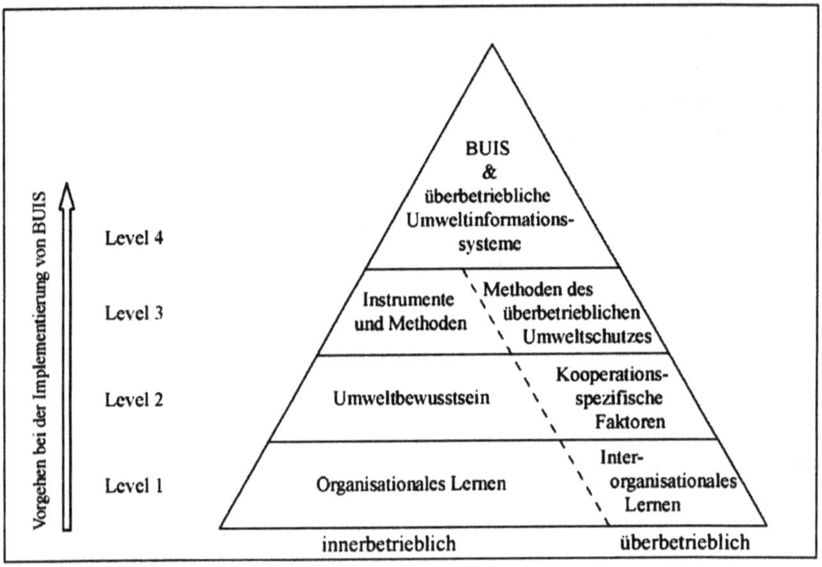

Abbildung 82: Erweiterung des Implementierungskonzepts für überbetriebliche Umweltinformationssysteme

Wie im Implementierungskonzept für überbetriebliche Umweltinformationsmodelle in Abbildung 82 ersichtlich, wurden die Stufen des innerbetrieblichen Implementierungskonzeptes um überbetriebliche Aspekte erweitert. In Stufe 1 gewinnt neben dem Organisationalen Lernen das Interorganisationale Lernen als Voraussetzung für die Kooperation, aber auch als Potenzial, das es auszuschöpfen gilt, an Bedeutung. Auf Stufe 2, welche Voraussetzungen für Umweltschutzmaßnahmen auf betrieblicher Ebene beinhaltet und insbesondere das Umweltbewusstsein beleuchtet, ist für eine überbetriebliche Kommunikation von Umweltinformationen ein Netzwerkbewusstsein mit den entsprechenden kooperationsspezifischen Faktoren wichtig. Eine Erweiterung zu überbetrieblichen Maßnahmen und Werkzeugen für den Umweltschutz wird in Level 3 vorgenommen. An der Spitze des überbetrieblichen Implementierungskonzeptes steht letztendlich das unternehmensübergreifende Umweltinformationssystem. Auf die Erweiterungen der einzelnen Stufen wird im Folgenden näher eingegangen.

6.2.1 Erweiterung des Level 1: Interorganisationales Lernen

Ebenso wie beim Implementierungskonzept für ein betriebliches Umweltinformationssystems muss auch beim überbetrieblichen Umweltinformationssystem das Unternehmen die grundsätzlichen Voraussetzungen für ein organisationales Lernens mitbringen. Dies ist hier umso mehr gefordert, da es neben den Änderungen im Unternehmen durch ein verstärktes Umweltbewusstsein sowie durch ein geändertes Informationssystem für Umweltinformationen geänderte Strukturen nach außen hin gibt. Denn gerade das Eingehen von Kooperationsbeziehungen verlangt dem Unternehmen ein hohes Maß an organisationalem Lernvermögen ab.[910]

Da sich das organisationale Lernen im Grundprinzip für das spätere Eingehen von Kooperationsbeziehungen für den verstärkten Umweltschutz im Vergleich zum betrieblichen Umweltschutz und zu betrieblichen Umweltinformationssystemen nicht wesentlich ändert, wird auf Kapitel 6.1.1 und die dort angeführten Faktoren und Barrieren verwiesen. Hinzu kommen in Netzwerken jedoch noch die vielfältigen Möglichkeiten des interorganisationalen Lernens, die ein großes Potenzial für die Unternehmen beinhalten können und als Nutzen eines Netzwerkes bezeichnet werden können, sowohl in Hinblick auf die Entwicklung und das Setzen von umweltschutzorientierten Maßnahmen, als auch in Bezug auf Prozessverbesserungen und Effizienzsteigerungen.[911]

Nachdem für die Einführung eines BUIS im Unternehmen grundsätzliche Rahmenfaktoren des organisationalen Lernens im Unternehmen geschaffen werden sollten, bedarf es darüber hinaus einiger notwendiger Schritte hin zu einem interorganisationalen Lernprozess und zu einer mehr oder weniger starken Ausweitung der fördernden Faktoren des organisationalen Lernens. Das Wissen über interorganisationales Lernen ist derzeit jedoch noch sehr heterogen und es bestehen sowohl hinsichtlich Theorie als auch empirischer Belege noch erhebliche Defizite.[912] Derzeit herrscht auch noch keine allgemein anerkannte und geteilte Auffassung über das Konzept des interorganisationalen Lernens. Darüber hinaus existieren dazu noch keine spezifischen Gestaltungskonzepte, wie der Prozess des interorganisatorischen Lernens aufgebaut werden kann. Es existieren hauptsächlich theoretische Gebilde und Theorieperspektiven, jedoch keine spezifizierten Managementkonzepte, wie Unternehmen fördernd auf den Wissensaustausch zwischen Unternehmen einwirken können.[913] Teilweise wird in der Literatur

910 In Kapitel 4.1 wurde bereits auf die Kooperationsfähigkeit hingewiesen, die im Unternehmen auch erst „erlernt" und gefestigt werden muss. Dies ist im Grunde unabhängig davon, ob das Unternehmen sich in einem Verwertungsnetz oder in einem Wertschöpfungsnetzwerk befindet Aus diesem Grund wird im Folgenden keine Unterscheidung zwischen diesen beiden Netzwerktypen getroffen.

911 Die Fähigkeiten, den Wissensaustausch unter den Partner zu fördern und von einander zu lernen kann zwar nicht direkt als Grundvoraussetzung für den weiteren Aufbau eines umweltorientierten Netzwerkes und den entsprechenden Informationssystemen zwischen den Netzwerken angesehen werden, das große Potenzial für die Unternehmen, das es beinhaltet, wird von den Unternehmen aber durchaus erkannt. In der empirischen Erhebung der österreichischen produzierenden Industrie gaben Unternehmen an, dass das interorganisationale Lernen und der Wissensaustausch zwischen den Netzwerkpartnern von wesentlicher Bedeutung für das Netzwerk ist.

912 Vgl. Simonin 1999, S. 596; Buse 2002, S. 84; Vgl. zur Kritik an empirischen Studien auch Wiegand 1996, S. 525

913 Vgl. Buse 2002, S. 88f; vgl. zu Barrieren für organisationales Lernen in strategischen Allianzen Pucik 1996, S. 155ff; Prange 1996, S. 181; Wenn in diesem Zusammenhang immer wieder vom Austausch von Wissen gesprochen, ist es notwendig, den Bezug des Wissens als Bestandsgröße und dem interorganisati-

auch explizit auf die Faktoren des innerbetrieblichen Lernens eingegangen, ohne dem überbetrieblichen Konzept des Wissensaustauschs genügend Beachtung zu schenken. Der Übergang von organisationalem zu einem interorganisationalen Lernen wurde demnach nur sehr spärlich erforscht, insbesondere fehlen Gestaltungsvorschläge.[914]

Neben den Grundvoraussetzungen des organisationalen Lernens muss für den überbetrieblichen Wissensaustausch jedenfalls für eine offene Unternehmensstruktur und ein für Verbesserungen offenes Unternehmensklima gesorgt werden. Je offener diese Unternehmensstrukturen und die Organisationsgrenzen konzipiert werden, desto wahrscheinlicher fallen das organisationale und das interorganisationale Lernen zusammen und es kann auf die Grundkonzepte des organisationalen Lernens zurückgegriffen werden.[915] Insbesondere Netzwerke können hier sehr förderlich wirken, da sie vom Grundprinzip bereits nach außen hin ausgerichtet sind und der Wissensaustausch auch als wesentlicher Vorteil solcher Netzwerkstrukturen angesehen wird.[916] Dies wurde auch in der empirischen Erhebung der Wertschöpfungsnetzwerke ersichtlich, bei der die Unternehmen zum großen Teil angaben, dass durch die intensiven Beziehungen im Netzwerk der Wissensaustausch und darüber hinaus ein interner Lernprozess gefördert wird.[917] Darüber hinaus wird derzeit immer stärker die Initiierung von Innovationsnetzwerken gefordert und diese Netzwerke zum Teil auch umgesetzt, da diese von ihrem Grundaufbau her schon dem Austausch von Wissen zur Förderung der Wettbewerbsfähigkeit aller Partner gewidmet sind.[918]

Nicht vergessen werden darf jedenfalls, dass auch beim interorganisationalen Lernen der Mensch und seine Lernfähigkeit im Mittelpunkt stehen und diese Fähigkeit auch entsprechend gefördert werden muss. Werden diese Grundvoraussetzungen geschaffen, können insbesondere drei Arten von Lernen unterschieden werden, die es in dem Sinne zu managen gilt. Einerseits kann das bereits angeschnittene Lernen von den Partnern bzw. das gegenseitige Lernen festgestellt werden. Dies wird in der Literatur mitunter auch als das zentrale interorganisationale Lernen bezeichnet.[919] In Netzwerken erfährt dies große Bedeutung und wird durch den Wissensaustausch im Netzwerk stark gefördert. Zweitens existiert ein Lernen im Sinne eines Aufbaus von Managementfähigkeiten, insbesondere das Aneignen der Koopera-

---

onelen Lernen als Prozess, wie Wissen ausgetauscht wird, aber auch als ein Prozess, der auf Wissen aufbaut, klar zu legen (vgl. Prange 1996, S. 172).

914 Eine Übersicht über Konzepte des interorganisationalen Lernens findet man bei Buse 2002, S. 76ff

915 Vgl. Wiegand 1996, S. 517

916 Vgl. zu Beispielen über Lernen in Netzwerken das Lernen in einem Just-in-time Netzwerk in Hartmann 2001, S. 18ff

917 Vgl. dazu die Auswertung der Hypothese 24 auf S. 196. Für Verwertungsnetze können diesbezüglich keine Aussagen getätigt werden, da zu wenige Unternehmen diese Frage beantworteten.

918 Vgl. zu Innovationsnetzwerken bspw. Strebel, Hasler 2003; Preissl, Solimene 2003; Stampfer 2001; Koschatzky, Gundrum 1997; Mayer 2000; zu den Möglichkeiten von Innovationsnetzwerken für den Umweltschutz vgl. auch Karl, Möller 2003

919 Vgl. Buse 2002, S. 82. Jedoch bezieht Buse diese Lernform vor allem auf horizontale Allianzen. Betrachtet man Wertschöpfungsnetzwerke, die primär vertikal ausgerichtet sind, können hier jedoch ebenso intensive Wissensaustauschprozesse beobachtet werden.

tionsfähigkeit wird hierbei hervorgehoben. Das Erlernen dieser Kompetenzen[920] ist insbesondere für den weiteren Erfolg des Netzwerkes ausschlaggebend.[921] In diesem Sinne kann dieser Bereich des interorganisationalen Lernens auch als Voraussetzung für weitere Maßnahmen innerhalb des Netzwerkes, auch in Hinblick auf überbetriebliche umweltschutzorientierte Tätigkeiten angesehen werden.[922] Drittens ist auch ein Lernen im Sinne des gegenseitigen Kennenlernens der anderen Partner im Netzwerk von Bedeutung.[923] Eine Rolle spielt dieses Lernen vor allem, wenn es um Informationen über Prozesse und Abläufe der Netzwerkpartner geht, die zum Teil für überbetriebliche Maßnahmen des Umweltschutzes, bspw. ein zwischenbetriebliches Recycling, notwendig sind. Hier besteht besonderer Handlungsbedarf, da auch in der empirischen Erhebung zum Ausdruck kam, dass Unternehmen, sowohl in der österreichischen produzierenden Industrie als auch in den einzelnen Netzwerken, einen nur eingeschränkten Informationsstand über Prozesse der anderen Netzwerkpartner besitzen, um bspw. eine zwischenbetriebliche Rückstandsverwertung forcieren zu können.[924] Darüber hinaus kann diese Art des interorganisationalen Lernens sehr gut durch überbetriebliche Informationssysteme und in Bezug auf Umweltaktivitäten durch Umweltinformationssysteme unterstützt werden.

6.2.2 Erweiterung des Level 2: Kooperationsspezifische Faktoren

Auf Stufe 2 werden allgemein die Voraussetzungen für Umweltschutzmaßnahmen auf betrieblicher Ebene und insbesondere das Umweltbewusstsein hervorgehoben. Ähnlich werden auf überbetrieblicher Ebene die Voraussetzungen für das Zustande kommen einer Kooperation diskutiert und entsprechend kooperationsspezifische Faktoren dargestellt.

Bezüglich des Aufbaus, Inhalt und Spezifika von Netzwerken wird auf Kapitel 4 in dieser Arbeit verwiesen. Im Folgenden werden deshalb die Besonderheiten dieser beiden Netzwerktypen für eine Installation von umweltorientierten Maßnahmen und weiterführend von Umweltinformationssystemen erläutert. Dies ist insbesondere notwendig, da, wie in der empirischen Untersuchung zum Teil bestätigt werden konnte, beide Netzwerke zum Teil unterschiedliche Ausgangsbedingungen für eine Einführung von Umweltinformationssystemen haben.

6.2.2.1 Aufbau des Netzwerkes

Für eine spätere erfolgreiche Verankerung von Umweltinformationssystemen ist es wesentlich, dass bereits möglichst früh diese Ziele im Netzwerk gefestigt sind. Greift man Verwer-

---

920 Vgl. dazu Kapitel 4.1

921 Bspw. sieht Strebel auch das Verwertungsnetz als ein Problem des betrieblichen Lernens (vgl. Strebel 1995a).

922 Erst durch das interorganisationale Lernen entsteht somit eine Kooperation, und erst durch die Kooperation werden wiederum interorganisationale Lernprozesse initiiert (vgl. Prange 1996, S. 174).

923 Vgl. ebenda, S. 83

924 Vgl. dazu die Auswertung der Hypothese 30 auf S. 196.

tungsnetze heraus, ist eine Verankerung des Umweltschutzgedankens in der Regel weiter fortgeschritten als in Wertschöpfungsnetzwerken.[925] Eine Suche nach Partnern im Netzwerk nach Kriterien des Umweltschutzes und der überbetrieblichen Zusammenarbeit ist hierbei eigentlich schon gegeben.

Bei Wertschöpfungsnetzwerken werden jedoch die Partner aus anderen Gründen in einem Netzwerk zusammengefasst, Gedanken des überbetrieblichen Umweltschutzes und der Vorteile, die aus übergreifenden Umweltschutzmaßnahmen für das Unternehmen entstehen, müssen im Netzwerk erst installiert werden. Dies geht auch aus der empirischen Untersuchung hervor, in der die Unternehmen den gemeinsamen Umweltschutz als relativ unwichtigen Vorteil im Netzwerk erachten.[926] Darüber hinaus gaben die Unternehmen in den Wertschöpfungsnetzwerken überwiegend an, dass bei der Auswahl der Lieferanten und Abnehmer innerhalb des Wertschöpfungsnetzwerkes Kriterien des Umweltschutzes keine große Rolle spielen.[927]

Günstig wirkt sich für den Erfolg des Netzwerkes aus, wenn nicht nur in ökonomischer, sondern auch in ökologischer Hinsicht diese Grundstrukturen, übergeordneten Ziele und Leitbilder bereits zu Beginn des Eingehens der Partnerschaften im Netzwerk feststehen, um danach auch entsprechend die Partnerwahl zu gestalten.[928] In Bezug auf ökologische Fragestellungen konnte dies in den Wertschöpfungsnetzwerken, wie bereits erwähnt, noch nicht festgestellt werden. Jedoch besteht in den untersuchten Wertschöpfungsnetzwerken zumindest in Ansätzen eine Identifikation mit den Zielen, Leitbildern und Visionen des Netzwerkes und die Unternehmen sehen sich – wenn auch nur eingeschränkt, als Teil des Netzwerkes.[929] In diese Ziele und Leitbilder können somit Ziele des Umweltschutzes integriert werden.

Von großer Bedeutung für die Installierung von umweltorientierten Tätigkeiten in Netzwerken muss jedenfalls auch die Dauer der Zusammenarbeit im Netzwerk angesehen werden. In Verwertungsnetzen, in denen überbetriebliche, umweltschutzorientierte Verwertungsaktivitäten im Vordergrund der Zusammenarbeit stehen, wird eine längerfristige Kooperation vorausgesetzt.[930] Auch bei Wertschöpfungsnetzwerken wird die Sinnhaftigkeit von dauerhaften Beziehungen innerhalb des Netzwerkes hervorgehoben, insbesondere, wenn Umwelt-

---

925 Vgl. dazu die empirische Untersuchung über die Prioritäten in den einzelnen Netzwerken, die allerdings nur eine schwache Tendenz der Verwertungsnetze zu einem ausgeprägten Umweltbewusstsein zeigt.

926 Siehe dazu Abbildung 69 auf S. 196

927 Vgl. dazu die Auswertung der Hypothese 26 auf S. 196.

928 Gemäß einer empirischen Studie von Fontanari sind das frühzeitige Ausrichten des Netzwerkes an den Zielen und ein entsprechendes Gestalten der Netzwerkstrukturen wesentlich für den Erfolg der Kooperationsbeziehungen (vgl. Fontanari 1995 , S. 122). Für Wertschöpfungsnetzwerke betonen Handfield, Nichols ebenso die Bedeutung der Partnersuche für den Erfolg des Netzwerkes (vgl. Handfield, Nichols 1999, S. 162). Insbesondere die aktive Beteiligung der Unternehmen am Netzwerk und das Mittragen des Netzwerkgedankens können als weitere bedeutende Faktoren identifiziert werden (vgl. Heeres, Vermeulen, Walle 2004, S. 993).

929 Vgl. die Auswertung der Hypothese 23 auf S. 196

930 In der empirischen Erhebung der Verwertungsnetze wurden zum Teil sehr lange Beziehungen zu Partnern von den Unternehmen angegeben.

schutzmaßnahmen in das Netzwerk integriert werden sollen.[931] Dies konnte auch in der empirischen Untersuchung bestätigt werden, da nur ein einziges Unternehmen angab, dass die Kooperationsbeziehungen innerhalb des Netzwerkes nur kurzfristig ausgerichtet sind.[932] Demnach können beide Netzwerktypen, bezogen auf die Dauerhaftigkeit des Netzwerkes, als geeignet für weiterführende Tätigkeiten im Bereich des überbetrieblichen Umweltschutzes mit Hilfe von speziellen Umweltinformationssystemen angesehen werden.

Indifferent muss die Frage nach der Entstehung von Netzwerken betrachtet werden, es sind keine Aussagen darüber möglich, ob langsam und evolutionär entstandene Netzwerke oder von außen initiierte Kooperationsbeziehungen besser geeignet für die Verfolgung des unternehmensübergreifenden Umweltschutzes geeignet sind.[933] Dies kann jedoch Auswirkungen auf die Strukturen des Netzwerkes sowie auf die Koordinationsmechanismen haben. Diese Aspekte werden im Folgenden behandelt.

6.2.2.2 Koordination im Netzwerk

Die Koordination im Netzwerk hat entscheidenden Einfluss auf den späteren Erfolg einer Implementierung von umweltschutzorientierten Tätigkeiten und Kommunikationssystemen im Netzwerk. In Kapitel 4 wurde bereits auf die Diskussion über eine zentrale vs. dezentrale Steuerung in Netzwerken eingegangen. Im Folgenden werden deshalb nur mehr die Auswirkungen dieser beiden Koordinationsformen auf die Implementierung von Umweltschutzmaßnahmen und Umweltinformationssystemen in Netzwerken erläutert.

Wie aus der empirischen Erhebung hervorgeht, sind die – untersuchten – Wertschöpfungsnetzwerke[934] primär zentral koordiniert, in beiden untersuchten Netzwerken existiert eine zentrale Institution, die unterstützende Funktionen im Netzwerk wahrnimmt. Ferner ist für die Unternehmen die Existenz eines fokalen Unternehmens wesentlich für den Fortbestand des Netzwerkes. Auch in Bezug auf die Aufgaben kann die Bedeutung der zentralen Institution erkannt werden. Vor allem die Entwicklung einer gemeinsamen Netzwerkvision, die Kommunikation im Netzwerk sowie die Vertretung nach außen werden als wichtige Funktionen dieser zentralen Organe angesehen.[935]

Aufgrund der Bedeutung, die den zentralen Unternehmen im Netzwerk zukommt, sollte die Einführung von überbetrieblichen, umweltschutzorientierten Aktivitäten auch von diesen Unternehmen mitgetragen werden. Noch bedeutender wird die Existenz dieser zentralen Un-

---

931 Vgl. Zhu, Cote 2004, S. 1026

932 Vgl. die Auswertung der Hypothese 20 auf S. 196

933 In der empirischen Erhebung wurde nicht gesondert auf diese Aspekte eingegangen. Jedoch konnten zum Teil Unterschiede im Netzwerkbewusstsein festgestellt werden. Jene Unternehmen, deren Netzwerk von außen initiiert wurde, wiesen sehr oft ein stärkeres Netzwerkbewusstsein auf (vgl. dazu die empirischen Ergebnisse in Kapitel 5.3).

934 Aber auch sehr viele andere Wertschöpfungsnetzwerke, vgl. etwa Bayer, Eder 2001

935 Vgl. dazu die Auswertung der Hypothese 19 auf S. 196. Nur 2 Unternehmen des ACstyria und nur ein Unternehmen des KC Oberösterreich verneinten die Existenz einer zentralen Institution.

ternehmen, fasst man den Aufbau eines überbetrieblichen Umweltinformationssystems ins Auge, da die Steuerung der Wertschöpfungsaktivitäten und des Informationsflusses innerhalb des Netzwerkes häufig von diesen zentralen Institutionen wahrgenommen wird. Dies trifft im Grunde auch auf Verwertungsnetze zu. Jedoch sind in den untersuchten Verwertungsnetzen nicht immer Organe zu finden, die die Koordination des Netzwerkes zentral steuern. Im Verwertungsnetz Steiermark bspw. kann aufgrund des evolutionären Entstehens keine zentrale Institution identifiziert werden. Dies kann zwar einerseits ein Vorteil für die Effizienz in den Austauschbeziehungen sein,[936] kann im Speziellen aber auch Auswirkungen auf die Netzwerkidentität haben.[937] Dies wirkt sich wiederum negativ auf die Entwicklung von gemeinsamen Leitbildern, Visionen und Zielsetzungen im Netzwerk aus. Wie jedoch bereits in den vorangegangenen Kapiteln erläutert, sind gemeinsame Wertvorstellungen und Ziele von essentieller Bedeutung für den Aufbau von gemeinsamen, umweltschutzorientierten Tätigkeiten, da hiermit auch Wertvorstellungen des einzelnen Unternehmens berührt werden.[938] Aus dieser Perspektive heraus ist die Existenz einer zentralen Institution für das Setzen von überbetrieblichen Umweltschutzaktivitäten essentiell.

Geht es nun darum, bei bereits ökologisch motivierten Austauschbeziehungen besondere Umweltinformationssysteme einzuführen, kann die Existenz einer zentralen Organisation, die einerseits die Aufgabe der Informationsbereitstellung aller Netzwerkteilnehmer erfüllt,[939] andererseits die Koordination der Aktivitäten, bspw. den Aufbau einer Informationsplattform und die Auswahl von geeigneten Übertragungsmedien für die Kommunikation der Umweltinformationen etc. übernimmt, wesentlichen Einfluss auf den Erfolg der Maßnahmen haben.

Spielt auch die Gestaltung von gemeinsamen Konzepten für eine erfolgreiche Kooperation in Netzwerken eine Rolle, kann dies oft nur durch die Initiative eines fokalen Unternehmens erfolgen.[940] Ähnliches gilt für den Aufbau eines unternehmensübergreifenden, strategischen

---

936 Desrochers bspw. distanziert sich von zentral geleiteten Netzwerken und streicht die Vorteile der erhöhten Effizienz in den Abläufen in Verwertungsnetzen hervor. Insbesondere sieht er fehlende Anreizsysteme, das Problem der rationalen Allokation von Ressourcen in Netzwerken und die Schwierigkeiten des Informationsflusses von intangiblen Informationen der einzelnen Netzwerkunternehmen als Schwachpunkte der zentralen Planung in Netzwerken (vgl. Desrochers 2004).

937 Im Verwertungsnetz Steiermark gab nur ein Unternehmen an, dass es Teil des Netzwerkes ist.

938 In der empirischen Erhebungen der Wertschöpfungsnetzwerke bewerteten die Unternehmen die Koordination mittels gemeinsamen Leitbildern, Visionen und Zielen eher indifferent (ACstyria) bis leicht positiv (KC Oberösterreich). Dies deutet auch auf einen Mangel an gemeinsamen Netzwerkverständnis hin, das für eine erfolgreiche Einführung von unternehmensübergreifenden Maßnahmen des Umweltschutzes von Bedeutung ist.

939 Diese Aufgabe ist den Aufgaben der obersten Führungsebene auf betrieblicher Ebene bei der Einführung von betrieblichen Umweltinformationssystemen ähnlich (siehe Kapitel 6.1).

940 Vgl. Fontanari 1995 , S. 122

Controllings für die Durchsetzung der Umweltschutzmaßnahmen.[941] Auch hier zeichnet sich in der Regel ein zentrales Organ verantwortlich.

Somit kann in den Verwertungsnetzen zum Teil ein Nachholbedarf in der Koordination und Struktur des Netzwerkes festgestellt werden, um weiterführende Maßnahmen für die Implementierung von unternehmensübergreifenden Umweltinformationssystemen zu ermöglichen. Aber auch in Wertschöpfungsnetzwerken besteht durchaus Bedarf, die Identität mit dem Netzwerk und seinen Zielvorstellungen noch zu vertiefen, um darauf aufbauend neue – umweltschutzorientierte – Ziele für das Netzwerk zu entwickeln und die Aktivitäten der Unternehmen darauf auszurichten.

6.2.2.3 Vertrauen

In Kapitel 4.1.2.2 wurde bereits die Bedeutung von Vertrauen für das Funktionieren von Netzwerken hervorgehoben.[942] Werden nun speziell Kooperationsbeziehungen für den überbetrieblichen Umweltschutz betrachtet, spielt das Vertrauen zwischen den Netzwerkpartnern eine umso größere Rolle, da es sich bei Umweltinformationen meist um sehr sensible Daten handelt, die nur unter besonderen Umständen ausgetauscht werden. Darüber hinaus handelt es sich bei überbetrieblichen Maßnahmen für den Umweltschutz um freiwillige Aktivitäten, Unternehmen agieren meist aus eigenem Antrieb heraus und wollen hierbei kein Risiko eingehen.[943] Auch die Vertragsgestaltung zwischen den Netzwerkpartnern in Umweltbeziehungen in Netzwerken ist häufig lockerer, was opportunistisches Verhalten nach sich ziehen kann. Ferner können Anreize für einzelne Unternehmen bestehen, zum eigenen Vorteil und somit zum Nachteil des Kooperationspartners handeln. Dies geschieht bspw. dann, wenn ein Partner die gesamten Kosten beim Misslingen der Umweltschutzbemühungen zu tragen hat bzw. ein Partner die Vorteile aus dem umweltfreundlichen Verhalten für sich allein beanspruchen kann. Diese Fälle können insbesondere bei Netzwerkbeziehungen zum überbetrieblichen Umweltschutz häufig auftreten.[944] Um dennoch Kooperationen in diesen konfliktreichen Aktionsfeldern einzugehen, muss einerseits die Vertraggestaltung dementsprechend geregelt werden, andererseits aber auch das Vertrauen zwischen den Netzwerkpartnern höher sein als in herkömmlichen geschäftlichen Beziehungen.

Bezogen auf das Vertrauen kann sowohl in Wertschöpfungsnetzwerken als auch in Verwertungsnetzen kein Unterschied erkannt werden, in beiden muss Vertrauen als Vorausset-

---

941 Zum Aufbau eines integrierten Controllings in Unternehmensnetzwerken vgl. Lange, Schäfer, Daldrup 2001; Kuchenbuch, Lange und Hafkesbrink arbeiten in das integrierte Controlling neben ökonomischen auch ökologische und soziale Fragestellungen mit ein (vgl. Kuchenbuch, Lange, Hafkesbrink 2004).

942 Fontanari konnte in seiner empirischen Erhebung belegen, dass Vertrauen als einer der wichtigsten Faktoren für den Erfolg des Netzwerkes angesehen wird (vgl. Fontanari 1995, S. 176). Vgl. zur Bedeutung von Vertrauen für interorganisationale Informationssysteme auch Mohtashami, Deek, Im 2003, S. 262.

943 Vgl. Shaft, Sharfman, Swahn 2002, S. 109

944 Vgl. Rosen, Bercovitz, Beckman 2001, S. 90

zung bestehen, um weiterführende Maßnahmen des überbetrieblichen Umweltschutzes im Netzwerk installieren zu können. In der empirischen Untersuchung, die sich aufgrund der geringen Antwortzahl bei Verwertungsnetzen in diesem Bereich nur auf Wertschöpfungsnetzwerke bezog, konnte dennoch kein allzu großes Vertrauensverhältnis innerhalb des Netzwerkes in Relation zu anderen Geschäftsbeziehungen außerhalb des Netzwerkes festgestellt werden. Allerdings stuften die Unternehmen in den Wertschöpfungsnetzen die Gefahr des opportunistischen Verhaltens als nicht allzu hoch ein.[945] Darüber hinaus wirkt sich ein gesteigertes Vertrauen positiv auf die Identifikation mit den Zielen des Netzwerkes aus, wobei sicherlich bei beiden Netzwerktypen noch Bedarf besteht. Darüber hinaus ist eine Vertrauensbasis zwischen den Unternehmen im Netzwerk auch notwendig, um das interorganisationale Lernen zu unterstützen und überhaupt zu ermöglichen.[946]

Deshalb muss es Aufgabe des Netzwerkmanagements bzw. eines fokalen Unternehmens unter anderem sein, die notwendige Vertrauensbasis im Netzwerk von Anfang an aufzubauen und zu gestalten.[947] Um dies zu ermöglichen, ist es vor allem wichtig, dass ein gegenseitiges Kennen lernen der Partner bereits zu Beginn der Kooperationsbeziehungen erfolgt.[948] Umso bedeutender ist dies in Netzwerken mit umweltschutzorientierten Zielen, da viele verschiedene Formen der Kooperation, bspw. Recyclingbeziehungen, erst möglich werden, wenn über das andere Unternehmen und seine Prozesse genügend Information vorliegt.

Besteht nun im Netzwerk ausreichend Vertrauen zu den Netzwerkpartnern, kann ein Austausch von Informationen und natürlich auch Umweltinformationen vorangetrieben werden. Auf Besonderheiten in dieser Hinsicht gibt der folgende Abschnitt Hinweise.

6.2.2.4 Information und Kommunikation

Als zentrales Element und kritischer Erfolgsfaktor kann die Sicherung der Information und Kommunikation im Netzwerk angesehen werden.[949] Auch in zahlreichen empirischen Untersuchungen wird immer wieder auf die Information als wesentlicher Faktor, den es zu managen gibt, hingewiesen,[950] denn vor allem die Erzielung der Vorteile und Potenziale des Netzwerkes hängt wesentlich von der zur Verfügung Stellung der nötigen Informationen ab. Der Aufbau der Kommunikation im Netzwerk wird vielfach zentralen Institutionen zugewiesen.

---

945 Vgl. dazu die Auswertung der Hypothese 21 auf S. 196 über die Beziehungen im Netzwerk.

946 Vgl. Prange 1996, S. 181ff; Scott 2000, S. 83ff; Hier stellt sich die Frage, ob Vertrauen nicht vor das interorganisationale Lernen gestellt werden sollte. Nachdem aber das organisationale Lernen als Ausgangsbasis angesehen wird, um überhaupt Kooperationsbeziehungen in Netzwerken erfolgreich einzugehen, wird Vertrauen hier aufbauend dargestellt. Iterative Schleifen zurück zu Stufen des Lernens sind natürlich jederzeit möglich und auch sinnvoll, um einen kontinuierlichen Lernprozess zu ermöglichen.

947 Vgl. Hantschel 2001, S. 256f; Das Clustermanagement sollte dabei eine möglichst neutrale Rolle einnehmen.

948 Dies wurde als dritte Art des interorganisationalen Lernens im vorangegangenen Kapitel bereits erläutert.

949 Vgl. Zhu, Cote 2004, S. 1026; Heeres, Vermeulen, Walle 2004. S. 987; Endres 2001, S. 107; Vgl. auch die Ausführungen über Information und Kommunikation in Netzwerken in Kapitel 4.

950 Vgl. Fontanari 1995, S. 174; Zhu, Cote 2004; Hantschel 2001, S. 247

Insofern sind Netzwerke, die solch ein zentrales Organ installiert haben, bevorzugt. Eine zentrale Institution ist vor allem dann notwendig, wenn es um den Aufbau von Kommunikationsplattformen geht, da dies häufig nicht von einem Netzwerkunternehmen allein organisiert werden kann. Auch in der empirischen Untersuchung der Wertschöpfungsnetzwerke[951] ging hervor, dass der Aufbau von Kommunikationseinrichtungen den zentralen Institutionen zugewiesen wird.[952]

Auf weitere allgemeine Faktoren der Information und Kommunikation wird insbesondere auf Kapitel 4 verwiesen. Betrachtet man an dieser Stelle den weiteren Aufbau von Umweltinformationssystemen in Netzwerken, ist jedenfalls von Vorteil, wenn bereits Informationssysteme im Netzwerk bestehen, auf die in Folge aufgebaut werden kann. Dies muss sowohl in Wertschöpfungsnetzwerken als auch in Verwertungsnetzen gewährleistet sein. Günstig für den Aufbau von weiteren Informationssystemen ist dabei, wenn diese Kommunikation bereits in möglichst elektronischer automatisierter Form erfolgt. In der empirischen Erhebung konnte dies jedoch weder für Wertschöpfungsnetzwerke noch für Verwertungsnetze in großer Zahl festgestellt werden. Auch konnten diesbezüglich keine wesentlichen Unterschiede in den beiden Netzwerktypen identifiziert werden.[953] Insofern kann man von ähnlichen Ausgangssituationen in beiden Netzwerken ausgehen, wobei an dieser Stelle angemerkt werden muss, dass jedenfalls noch Nachholbedarf besteht, was den Austausch von Informationen in Netzwerken betrifft. Bspw. werden kaum elektronische Medien für den Austausch der Informationen verwendet, was theoretisch und auch praktisch aber schon länger realistisch wäre.[954]

Doch obwohl der Bedarf an Informationen als wesentlich für den Erfolg des Netzwerkes gesehen wird, werden in diesem Zusammenhang sehr häufig Barrieren sichtbar. Einerseits natürlich die Barriere der fehlenden Information,[955] die sich negativ auf die gesamten Beziehungen im Netzwerk auswirkt, andererseits die Koordination und der Aufwand, der mit dem Aufbau von Kommunikationsinstrumenten und Informationsplattformen verbunden ist.[956] Letzteres wirkt insbesondere durch die damit zusammenhängenden Kosten für die Unternehmen abschreckend, da zum Teil aufwändige Investitionen in Kommunikationseinrichtungen notwendig werden. Diese Faktoren müssen bei der Gestaltung der Netzwerkbeziehungen sowie beim weiteren Aufbau von Umweltinformationssystemen im

---

951 Die Verwertungsnetze konnten in dieser Hinsicht aufgrund zu weniger Antworten nicht ausgewertet werden.

952 Vgl. dazu die Auswertung der Hypothese 19 auf S. 196.

953 Vgl. dazu die Auswertungen der Hypothesen 32, 34 und 35 auf S. 196ff. Darüber hinaus konnten bei der Auswertung dieser Hypothesen keine signifikanten Unterschiede zu jenen Unternehmen der österreichischen produzierenden Industrie, die in keinen Netzwerken sind, in der Kommunikation zu Lieferanten und Abnehmern festgestellt werden.

954 Vgl. zu den Möglichkeiten des Datenaustauschs in Netzwerken Kapitel 4 bzw. die Analyse der Softwarelösungen in Kapitel 5.2.

955 Vgl. Heeres, Vermeulen, Walle 2004. S. 987; Seuring 2004, S. 1061

956 Vgl. Seuring, Müller 2004, S. 139

Netzwerk berücksichtigt werden, um langfristig überbetriebliche Umweltschutzmaßnahmen im Netzwerk verankern zu können.

Welche überbetrieblichen Aktivitäten in Netzwerken umgesetzt werden bzw. welche Möglichkeiten der überbetrieblichen umweltschutzorientierten Zusammenarbeit in Wertschöpfungsnetzwerken und Verwertungsnetzen existieren und funktionieren, darüber gibt das folgende Kapitel Aufschluss.

6.2.3 Erweiterung des Level 3: Maßnahmen und Werkzeuge für den überbetrieblichen Umweltschutz

„By working together, the community of businesses seeks a collective benefit that is greater than the sum of the individual benefits each company would realize if it optimised its individual performance only".
(Martin et al. 1996)

Im Implementierungskonzept für überbetriebliche Umweltinformationssysteme ist es wesentlich, dass neben betrieblichen Methoden und Werkzeugen für ein Umweltinformationssystem auch überbetriebliche Maßnahmen beleuchtet werden. Deshalb wird als nächster Schritt, wenn die Voraussetzungen der Basis im Unternehmen für neues Wissen und Veränderung bestehen und Partnerschaften in Netzwerken bereits eingegangen wurden, überlegt, wie überbetriebliche Maßnahmen für den Umweltschutz im Netzwerk verankert werden können. In der Praxis existieren bereits zahlreiche Beispiele, wie Umweltschutzaktivitäten in Netzwerken verankert sind. Dabei müssen allerdings die unterschiedlichen Ausgangsbedingungen beachtet werden, die in Verwertungsnetzen und Wertschöpfungsnetzen vorliegen.

6.2.3.1 Besonderheiten in Verwertungsnetzen

Verwertungsnetze verfügen per Definition bereits über eine ökologische Ausrichtung, die auch mit den entsprechenden Umweltaktivitäten verbunden ist. Beispiele für Verwertungsnetze, aber auch für die vor allem im englischsprachigen Raum weit verbreiteten Ecoparks liefert Kapitel 4.4 im Rahmen dieser Arbeit. Dennoch darf auf dem Niveau der ökologischen Austauschbeziehungen in diesen Netzwerken, die sich vorwiegend auf die zwischenbetriebliche Verwertung beziehen, nicht stehen geblieben werden. Dies kann auch in der großen Anzahl der Publikationen, die derzeit zum Gebiet der industrial ecology und zu Ecoparks verfasst werden, festgestellt werden.[957] Vor allem eine Ausweitung des Konzeptes

---

[957] Vgl. dazu bspw. Mirata 2004; Korhonen 2004; Peck 2002; Heeres, Vermeulen, Walle 2004; Posch 2004; Desrochers 2004; Baldwin et al. 2004; Boons, Baas 1997 und andere. Vor allem auf die Artikel des

der Verwertungsnetze auf andere unternehmensübergreifende Umweltschutzaktivitäten wird dabei stark betont, bspw. die Zusammenarbeit für einen verminderten Energieeinsatz im Netzwerk,[958] eine Reduzierung des stofflichen Inputs in den Produktionsprozessen, ein gemeinsames Auftreten nach außen sowie die Zusammenarbeit hinsichtlich Beschäftigung und Arbeitssicherheit. Hier gilt es demnach, die Unternehmen von den ökonomischen, ökologischen und sozialen Vorteilen der weiterführenden nachhaltigen Maßnahmen zum überbetrieblichen Umweltschutz im Netzwerk zu überzeugen.[959] Grenzen dieser Erweiterung können hingegen insbesondere bei Verwertungsnetzen auftreten, da diese eher diagonale Kooperationsformen darstellen und hier nicht alle überbetrieblichen Umweltschutzaktivitäten, bspw. eine ökologische Produktgestaltung bzw. –entwicklung entlang von Produktionsketten, durchgeführt werden können.[960] Durch eine Ausweitung des Netzwerkes und Neuaufnahmen von Unternehmen in das Netzwerk können jedoch auch solche Maßnahmen verwirklicht werden.

6.2.3.2 Besonderheiten in Wertschöpfungsnetzwerken

Auf der anderen Seite können Wertschöpfungsnetzwerke als Ausgangsbasis für Maßnahmen des überbetrieblichen Umweltschutzes herangezogen werden. Dieses noch relativ junge Wissenschaftsgebiet erfährt vor allem seit Beginn des 21. Jahrhunderts einen enormen Aufschwung.[961] Aber auch auf praktischer Seite gibt es seit wenigen Jahren Beispiele, wie die Integration von Umweltaktivitäten in Wertschöpfungsnetzwerke erfolgen kann.[962] Bezeichnungen wie green supply chain management,[963] environmental supply chain management, responsible chain management,[964] closed loop supply chains[965] und integrated

---

Journals of Cleaner Production, des Journal of Industrial Ecology und des Journals Progress in Industrial Ecology wird in diesem Zusammenhang hingewiesen.

958 Siehe zu einem unternehmensübergreifenden Energiemanagement in Verwertungsnetzen Frank et al. 2000

959 Dies setzt wiederum beim organsationalen Lernen sowie beim Umweltbewusstsein des Unternehmens an, wie es in den Kapiteln 6.1.1 und 6.1.2 dargestellt ist. Vgl. weiters zu den Potenzialen dieser übergreifenden Maßnahmen im Rahmen von industriellen Symbiosen Mirata 2004, S. 967

960 Vgl. zu den drei Richtungen der Kooperationen Kapitel 4.1.1.3

961 Eine Übersicht über die Literatur zu Nachhaltigkeit und Supply Chain gibt Seuring, Müller 2004.

962 Diese Beispiele sind dabei, bezogen auf Branchen, durchaus weit gestreut. Eine umweltorientierte Supply Chain wurde bspw. von Xerox initiiert (vgl. Handfield, Nichols 1999, S. 160ff). In der Textilindustrie können Unternehmen wie der Otto Versand in Deutschland (vgl. Goldbach 2003, S. 54ff; Seuring 2004, S. 1065f), Verner Frang in Schweden (vgl. Seuring 2004, S. 1066) und das Netzwerk Ecolog in Deutschland (vgl. Morana, Seuring 2003; Seuring 2004, S. 1067) genannt werden. Beispiele für ökologisch orientierte Wertschöpfungsketten in der Holzindustrie werden von Walton, Handfield, Malnyk 1998 sowie von Kogg 2003 dargestellt. In Bezug auf die Lebensmittelindustrie geht Boons auf Milchverpackungen und deren ökologische Auswirkungen und Verbesserungspotenziale in der Wertschöpfungskette in Holland ein (vgl. Boons 1998, S. 23ff). Ökologisch orientierte Beziehungen in der Wertschöpfungskette in der Zuckerindustrie beleuchten Zhu und Cote 2004.

963 Vgl. Zhu, Cote 2004; Walton, Handfield, Melnyk 1998

964 Vgl. Rosen, Bercovitz, Beckman 2001; Kogg 2003

965 Vgl. Morana, Seuring 2003

chain management[966] werden dabei für die Integration von Umweltschutzaktivitäten in die Wertschöpfungsnetzwerke herangezogen.

Die Akteure der in der empirischen Erhebung untersuchten Wertschöpfungsnetzwerke stehen hingegen den überbetrieblichen Umweltschutzmaßnahmen in den Netzwerken relativ indifferent bis leicht positiv gegenüber, hier besteht sicherlich noch Potenzial, Maßnahmen des überbetrieblichen Umweltschutzes stärker zu forcieren.[967] Im Gegensatz zum herkömmlichen Management der Wertschöpfungsketten umfasst das integrated chain management neben den Material- und Informationsflüssen vom Hersteller zum Konsumenten auch die Materialflüsse in entgegengesetzter Richtung, also zurück vom Konsumenten in die einzelnen Produktionsstufen.[968] Die Kooperationsbeziehungen in den integrated supply chains werden ferner ausgebaut, neben den vertikalen Beziehungen werden ebenso horizontale und diagonale Kooperationen eingegangen.[969] Darüber hinaus bemüht man sich in diesen ökologisch orientierten Wertschöpfungsketten, möglichst alle Akteure und ihre Interaktionen sowie die Stakeholder in die Betrachtungen mit einzubeziehen. Insgesamt sollen somit die Aspekte der Kreislaufwirtschaft und der industriellen Ökosysteme auch in Wertschöpfungsnetzwerken verwirklicht werden.[970] Dabei ist auch wichtig, dass die Partner im Netzwerk, insbesondere die Zulieferer der einzelnen Unternehmen, sorgfältig ausgesucht werden.[971]

Vielfach spielen in diesen umweltbewussten Wertschöpfungsnetzwerken zentrale Institutionen und fokale Unternehmen eine bedeutende Rolle, da sie die aufwändigen Arbeiten der Koordination im Netzwerk, die sich durch die Integration von ökologischen Zielen vielfach komplexer gestaltet, übernehmen. Die fokalen Unternehmen verfügen in der Regel auch über genügend Einfluss und Macht im Netzwerk, um umweltschutzorientierte Aktivitäten im Netzwerk durchzusetzen, aber auch, um entsprechend motivierend auf die anderen Netzwerkteilnehmer einzuwirken. Auch die wichtige Aufgabe des Design und der Zusammenstellung des Netzwerkes, sofern nicht bereits Strukturen bestehen, wird häufig als Aufgabe der zentralen Institution bzw. des fokalen Unternehmens gesehen. Die Überzeugungsarbeit kann als weiterer wesentlicher Aufgabenbereich für die fokalen Unternehmen angesehen werden, um alle Partner im Wertschöpfungsnetzwerk an

966 Vgl. Seuring 2004
967 Vgl. dazu die Auswertung der Hypothese 26 auf S. 196
968 Vgl. Seuring 2004, S. 1060
969 In diesem Sinne bestehen Anknüpfungspunkte zum Konzept der Verwertungsnetze.
970 Vgl. Groene, Hermans 1998, S. 200; Seuring 2004, S. 1060ff
971 Vgl. Walton, Handfield, Melnyk 1998, S. 2ff; In der empirischen Erhebung der Wertschöpfungsnetzwerke gaben die Unternehmen hingegen an, bei der Auswahl der Lieferanten im Netzwerk nicht besonders auf Kriterien des Umweltschutzes zu achten (vgl. die Auswertung der Hypothese 26). Hierbei wird in Bezug auf eine Weiterentwicklung zu ökologisch orientierten Wertschöpfungsnetzwerken noch erheblicher Bedarf ersichtlich.

gemeinsamen, umweltorientierten Zielen auszurichten und das „Greening“ der Produktionskette als Chance und Möglichkeit für die Unternehmen zu sehen.

Darüber hinaus kann ein Kontrollsystem vom fokalen Unternehmen im Netzwerk installiert werden, um die Verfolgung der gemeinsamen Ziele sicherzustellen. Dies trifft insbesondere dann zu, wenn das fokale Unternehmen eine gewisse Machtposition bzw. Promotorenrolle im Netzwerk einnimmt. Aber auch netzwerkinterne Normen, Industriestandards und Vereinbarungen können die Einhaltung der Ziele gewährleisten.[972]

6.2.3.3 Allgemeine Barrieren in der Einführung von überbetrieblichen Umweltschutzmaßnahmen

Eine weitere wichtige Aufgabe, die zentralen Institutionen und fokalen Unternehmen im Wertschöpfungsnetzwerk zukommt, ist die Überwindung von Barrieren, die bei der Integration von ökologischen Zielen in Wertschöpfungsnetzwerken auftreten können. Vielfach sind sich Unternehmen nicht über die ökonomischen Potenziale, die ein Verankerung von Umweltschutzaktivitäten in Netzwerken mit sich führt, bewusst, hier muss insbesondere Überzeugungsarbeit, bspw. in Form von erfolgreichen best-practise Fällen, geleistet werden.[973] Diese Barrieren müssen jedenfalls als sehr wichtig angesehen werden, dementsprechend muss ihrer Überwindung besondere Aufmerksamkeit gewidmet werden. Organisatorische bzw. logistische Barrieren können mit geeigneter Infrastruktur, sowohl in den einzelnen Unternehmen als auch im Netzwerk an sich, überwunden werden. Dazu zählt bspw. auch die Infrastruktur für Informationssysteme innerhalb des Netzwerkes, auf die im folgenden Kapitel eingegangen wird.[974] In Bezug auf Barrieren von räumlichen Distanzen muss jedoch darauf geachtet werden, dass große Entfernungen zwischen den Netzwerkunternehmen auch ein Hindernis für den Austausch von Stoffströmen bedeuten kann. Dieser Grenzen muss man sich jedenfalls bewusst werden, speziell bei der Gestaltung des Netzwerkes und der Zusammenstellung der Netzwerkpartner.[975] Schwieriger wird die Überwindung von sozio-psychologischen Barrieren, die auf Netzwerkebene außer durch entsprechende Informationen kaum gelöst werden können. Hier ist vor allem das einzelne Unternehmen angehalten, auf betrieblicher Ebene offene Strukturen zu schaffen. Aus diesem Grund wurden die Prozesse des organisationalen und des interorganisationalen Lernens als Basis für die weiteren Aufbauarbeiten hin zu Umweltschutzaktivitäten in Netzwerken herangezogen.[976] Gesetzliche Barrieren als letztes Hindernis können hingegen nur sehr schwer

---

972 Vgl. Kogg 2003, S. 77ff

973 Vgl. zu den Vorteilen, warum das Konzept der industrial Ecology überhaupt sinnbringend ist, Jackson, Clift 1998.

974 Dies wird unter anderem auch als technische Barriere bezeichnet (vgl. Groene, Hermans 1998, S. 205).

975 In Hypothese 36 auf S. 196 wurden die Aspekte der räumlichen Nähe der Netzwerkpartner hinterfragt. Für die befragten Unternehmen stellt jedoch die Entfernung der Partnerunternehmen weniger ein Problem dar, die Zugehörigkeit zur gleichen Wertschöpfungskette wird als wichtiger hervorgehoben.

976 Vgl. Kapitel 6.1.1 und Kapitel 6.2.1

von fokalen Unternehmen gelöst werden, hier ist der Gesetzgeber gefordert, Strukturen zu schaffen, die eine Integration von ökologischen Zielen in den Unternehmen fördern. Netzwerken bietet sich aber durch ein gemeinsames Auftreten nach außen die Möglichkeit, Lobbying zu betreiben und so gesetzliche Hindernisse zu beeinflussen bzw. zu mindern.[977]

Der Austausch von Informationen in diesen ökologisch orientierten Wertschöpfungsnetzwerken, aber auch in den Verwertungsnetzen, ist von besonderer Bedeutung, da „the economic transfer links the single stages of a life cycle or supply chain to each other and allow the economic activities to be carried out. ... To optimise the chain towards both environmental and business goals, information plays a vital role".[978] So sind Informationen über Materialflüsse, die anderen Netzwerkpartner und deren Umweltaktivitäten eine notwendige Voraussetzung, um ein „integrated chain management" überhaupt installieren zu können.[979] Darum erfahren die überbetrieblichen Umweltinformationssysteme in diesen umweltorientierten Wertschöpfungsnetzwerken und den Verwertungsnetzen, eine große Bedeutung.

6.2.3.4 Ausgewählte Maßnahmen der überbetrieblichen Zusammenarbeit

6.2.3.4.1 Zwischenbetriebliche Verwertung

Die zwischenbetriebliche Verwertung bzw. das überbetriebliche Stoffstrommanagement kann als wesentlicher Bereich für überbetriebliche Umweltschutzmaßnehmen angesehen werden, da durch dieses Konzept Rohstoffe als Input gespart werden können und outputseitig weniger Abfälle anfallen. Insbesondere entspricht eine zwischenbetriebliche Verwertung den Prinzipien der Kreislaufwirtschaft.

Die Möglichkeiten der zwischenbetrieblichen Verwertung bzw. des Recyclings sind die primären Inhalte von Verwertungsnetzen, sie sind aber nicht ausschließlich auf diese Form eines Netzwerkes beschränkt. Bspw. bieten auch Wertschöpfungsnetzwerke vielfältige Möglichkeiten für ein ökologisch orientiertes zwischenbetriebliches Stoffstrommanagement. Als Beispiele hierfür können Automobilhersteller in Deutschland genannt werden, die durch intensive Zusammenarbeit mit Zulieferern und Abnehmer ein weit reichendes Verwertungsnetz aufbauten.[980] Aber auch auf horizontaler Ebene sind solche Kooperationen der Automobilhersteller bekannt.[981]

[977] Vgl. Boons 1998
[978] Seuring 2004, S. 1061
[979] Vgl. Groene, Hermans 1998. In der empirischen Erhebung der Wertschöpfungsnetzwerke wurden die Unternehmen befragt, inwiefern sie über Informationen anderer Unternehmen im Netzwerk verfügen (vgl. die Auswertung der Hypothese 30 auf S. 196). Diese Frage wurde zum größten Teil negativ von den Unternehmen beantwortet, was auf einen großen Bedarf an Informationsaustausch und in weiterer Folge an Umweltinformationssystemen hinweist.
[980] Vgl. Krcal 2000, S. 7; Meinig, Mallad 2000, S. 11
[981] Vgl. ebenda, S. 8

Als weiteres Beispiel dafür, wie in Wertschöpfungsnetzwerken stoffstrombasierte Ansätze integriert werden können, kann die deutsche Elektronikindustrie genannt werden. Hier wurde in einem Pilotprojekt versucht, Materialkreisläufe zu schließen, insbesondere durch die Koordination beim Aufbau von Neuprodukten, bei der Rücknahme von Altgeräten sowie bei der Planung der Ersatzteilversorgung.[982] Im Bereich zwischenbetriebliche Verwertung muss an dieser Stelle aber eingeräumt werden, dass für Unternehmen vielfach Anreize zu überbetrieblichen Kooperationen im Umweltbereich durch die Gesetzgebung gegeben sind, bspw. durch die Altauto-Verordnungen, die Richtlinie über die Entsorgung von Altfahrzeugen oder die WEEE Richtlinie der EU.[983] Ein weiteres Beispiel ist das deutsche Kreislaufwirtschaftsgesetz, das förderlich auf den Aufbau der zwischenbetrieblichen Verwertung wirkt.[984] Für Unternehmen bestehen aber durchaus auch interne Anreize, um ein zwischenbetriebliches Stoffstrommanagement zu forcieren, vor allem, wenn bereits eine intensive Zusammenarbeit in Netzwerken besteht.[985] So nutzten bspw. die Automobilhersteller die neuen Möglichkeiten der Zusammenarbeit, um Demontage und Verwertungstechnologien zu entwickeln und verbessern.[986]

Diese Beispiele verdeutlichen, dass das Potenzial in Wertschöpfungsnetzwerken hin zu einem überbetrieblichen Stoffstrommanagement durchaus gegeben ist, es fehlt aber vielfach an Anreizen und an einer unternehmensinternen Motivation, hier Maßnahmen zu setzen. Darüber hinaus ist es vielfach eine Frage der Information über die Möglichkeiten der zwischenbetrieblichen Verwertung, wie auch in der empirischen Untersuchung der Netzwerke belegt wurde.[987] Nur wenn genügend Informationen über die Prozesse der Netzwerkpartner bestehen, können derartige Umweltaktivitäten initiiert werden.[988] So gesehen ist der Aufbau von Umweltinformationssystemen in Netzwerken eine förderliche, wenn nicht sogar notwendige Maßnahme, um eine zwischenbetriebliche Verwertung im Netzwerk zu unterstützen.

---

982 Vgl. Hesselbach et al. 2004, S. 62ff; Spengler, Stölting 2003

983 Vgl. WEEE Richtlinie und die Richtlinie über Altfahrzeuge sowie die nationalen Umsetzungen in Deutschland durch die Altauto-VO und in Österreich durch die Verordnung über Altfahrzeuge.

984 Vgl. Deutsches Kreislaufwirtschafts- und Abfallgesetzes KrW-/AbfG; §4 und auch §16

985 1996 gaben sogar 16 Branchen eine freiwillige Selbstverpflichtung zur Optimierung der Altautoentsorgung ab (vgl. Meinig, Mallad 2000, S. 10).

986 Vgl. Krcal 1999, S. 184ff

987 In der empirischen Erhebung wurden die Unternehmen befragt, inwiefern sie Umweltinformationen für überbetriebliche Umweltschutzmaßnahmen verwenden. Diese Frage wurde für das Recycling durchaus positiv von den Unternehmen beantwortet So gesehen herrscht diesbezüglich eine offene Einstellung. Dennoch müssen die Aktivitäten in Richtung zwischenbetriebliche Verwertung noch weiter ausgebaut werden.

988 Vgl. Hesselbach et al. 2004, S. 61; Lethmathe, Schwarz, Steven sehen in diesem Zusammenhang bspw. auch die Möglichkeit, die Stoff- und Energiebilanzierung auf ganze Netzwerke auszudehnen, um genügend Information für ein zwischenbetriebliches Recycling zur Verfügung zu stellen (vgl. Lethmathe, Schwarz, Steven 1996, S. 422ff)

6.2.3.4.2 Umweltfreundliche Prozessgestaltung

Eine weitere Möglichkeit umweltschutzorientierter Maßnahmen in Netzwerken stellt die umweltfreundliche Prozess- bzw. Verfahrensgestaltung dar. Dabei werden im Rahmen von Kooperationen Verfahren in den Unternehmen, aber auch Prozesse, die zwischen den Unternehmen ablaufen – bspw. Logistikprozesse – in Richtung Umweltschutz und Nachhaltigkeit verbessert. Dadurch sollen nicht nur Kosten, sondern auch der Einsatz stofflicher und energetischer Ressourcen entlang einer Wertschöpfungskette sowie schädliche Outputs verringert werden. Häufig sind diese Maßnahmen zur umweltorientierten Verfahrensgestaltung Nebeneffekte von anderen ökologischen Maßnahmen auf überbetrieblicher Ebene, bspw. die Entwicklung von Demontage- und Verwertungstechnologien als Folge der verstärkten Kooperation im deutschen Automobilsektor im Bereich der zwischenbetrieblichen Verwertung.[989] Vor allem in Verwertungsnetzen können umweltorientierte Maßnahmen durchaus als Nebenprodukt auftreten und so zum industriellen Umweltschutz beitragen.

Werden überbetriebliche Prozesse betrachtet, besteht vor allem in Wertschöpfungsnetzwerken großes Potenzial zu umweltschutzorientierten Verbesserungen. Als Beispiel können hier die Logistikprozesse in Supply Chains angeführt werden, wo versucht wird, Transportwege und die Verpackungen umweltfreundlicher zu gestalten. Aber auch in Verwertungsnetzen muss den Logistikprozessen vermehrte Aufmerksamkeit geschenkt werden, da hier oft erhebliche Verbesserungen in der Nachhaltigkeit der Prozesse und Transportwege erreicht werden können.

Wiederum spielen im Bereich der überbetrieblichen Verbesserung der umweltfreundlichen Prozesse Informationen eine wesentliche Rolle, bspw. werden für Recyclingprozesse für Elektro- und Elektronikaltgeräte detaillierte Informationen über die Bauteile und Inhaltsstoffe der Produkte benötigt, um hier den Recyclingprozess wirklich nachhaltig gestalten zu können.[990] Auch um Logistikprozesse umweltfreundlich gestalten zu können, ist ein Informationsaustausch wesentlich. Noch größere Bedeutung kommt einem überbetrieblichen Informationssystem zu, werden umweltorientierte Innovationsaktivitäten in den Netzwerken betrachtet.[991] Dabei ist aber zu beachten, dass es sich oft um sensible Informationen handelt, die nur unter besonderen Voraussetzungen von den Unternehmen weiter gegeben werden. In diesem Zusammenhang muss deshalb einerseits sichergestellt sein, dass die Informationen vor widerrechtlichem Zugriff geschützt werden können, andererseits muss zwischen den

---

989 Vgl. Krcal 2000, S. 8

990 Auch Aspekte der Arbeitssicherheit werden bei der Demontage und dem Recycling des Elektro- und Elektronikschrotts massiv berührt (vgl. bspw. Hanke, Ihrig C., Ihrig D. F. 2000).

991 Vgl. Meinig, Mallad 2000

Unternehmen im Netzwerk eine gewisse Vertrauensbasis bestehen,[992] damit die Informationen überhaupt erst ausgetauscht werden.

Die Unternehmen in den Netzwerken erkennen die Bedeutung von Informationen für eine umweltfreundliche Verfahrensgestaltung zum Teil bereits, wie in der empirischen Erhebung der Verwertungsnetze, der Wertschöpfungsnetzwerke sowie der produzierenden Industrie erhoben wurde.[993] Dennoch liegt gerade im Bereich der unternehmensübergreifenden umweltorientierten Verfahrensgestaltung ein großes Potenzial für eine nachhaltige Entwicklung, das es auszuschöpfen gilt.

6.2.3.4.3 Umweltfreundliche Produktgestaltung

Eine weitere Form der überbetrieblichen Zusammenarbeit zum Schutz der Umwelt stellt die umweltfreundliche Produktgestaltung dar. Bei dieser nachhaltigkeitsorientierten Produktentwicklung geht es darum, ein definiertes Produkt mit möglichst wenig negativen ökologischen und sozialen Wirkungen entlang der Wertschöpfungskette zu kreieren. Dabei ist von grundlegender Bedeutung, dass die ökologischen Auswirkungen des Produktes über die Unternehmensgrenzen hinaus betrachtet werden, der viel zitierte Ansatz „from the cradle to the grave" kommt hier zum Tragen. Eine überbetriebliche Zusammenarbeit ist hierfür in der Regel unerlässlich.[994]

Wie bereits angedeutet, spricht diese Form der überbetrieblichen Koordination vorwiegend Wertschöpfungsnetzwerke bzw. vertikale Kooperationen an. In Verwertungsnetzen kann dieses umweltschutzorientierte Konzept nur eingeschränkt angewandt werden. Nichts desto trotz spielt auch die Verwertung im Allgemeinen bei der umweltfreundlichen Produktgestaltung eine große Rolle, da Umweltauswirkungen nach dem Gebrauch der Produkte bei der Gestaltung mit berücksichtigt werden müssen und durch die entsprechende Gestaltung des Produktes eine umweltschonende Verwertung ermöglicht werden sollte.[995] Die Prinzipien der umweltfreundlichen Produktgestaltung, im englischsprachigen Raum häufig als Design for the Environment genannt, sind eine Verringerung des Inputs an Rohstoffen, die vermehrte Verwendung von Sekundärrohstoffen, die Vermeidung von Abfällen bei der Produktion, Verminderung des Energiekonsums bei der Produktion und im Gebrauch und schlussendlich, wie bereits erwähnt, nach Ablauf der Produktlebensdauer eine umweltschonende Entsorgung des Produktes mit einer möglichst hohen Verwertungsquote.[996]

---

992 Auch aus diesem Grund spielt Vertrauen in Netzwerken eine wichtige Rolle und wird deshalb im Stufenkonzept explizit dargestellt.

993 Vgl. dazu die Auswertung der Hypothese 13 auf S. 196.

994 Vgl. Boons 1998, S. 22

995 Vgl. Strebel, Hildebrandt 1989

996 Vgl. Ryan 1999, S. 5 Der Anreiz zu diesen unternehmensübergreifenden Bemühungen ging maßgeblich von gesetzlicher Seite, bspw. durch das Inkrafttreten der Elektronikschrottrichtlinie WEEE-Richtlinie im Jänner 2004 aus. Hersteller von Elektro- und Elektronikgeräten waren nunmehr auch für die Rücknahme

Beispiele, wie eine umweltfreundliche Produktgestaltung in Netzwerken funktioniert, gibt es in der Praxis bereits zahlreiche. Vor allem die Elektronikindustrie ist auf diesem Gebiet schon seit längerem aktiv. Ziel der Hersteller war und ist es, Elektro- und Elektronikgeräte so zu konzipieren, dass Auswirkungen der einzelnen Bauteile während des Gebrauchs, aber speziell auch in der Entsorgung der Geräte minimiert werden.[997] Ähnliche Bespiele liegen auch in der Automobilindustrie vor, eine intensive Zusammenarbeit mit Lieferanten und Kunden, zum Beispiel im Bereich Antriebstechnik, Katalysatoren, Batterien etc., wird von den Herstellern angestrebt.[998] In den in der empirischen Erhebung untersuchten Netzwerken nimmt die nachhaltige Produktentwicklung jedoch eine eher untergeordnete Stellung ein.[999] Hier besteht jedenfalls Nachholbedarf, insbesondere was die Vermittlung der Vorteile und Potenziale einer überbetrieblichen Zusammenarbeit für eine umweltfreundliche Produktgestaltung betrifft.

Um bei der Gestaltung der Produkte Auswirkungen über den gesamten Produktlebenszyklus[1000] erfassen zu können, sind entsprechende Informationen notwendig. Der Austausch von Informationen und im speziellen Umweltinformationen zwischen den Unternehmen kann als wesentlich für eine erfolgreiche nachhaltige Produktgestaltung angesehen werden.[1001] In Kapitel 3.4 wurden bereits mit dem Umweltinformationsinstrument der Produktlinienanalyse ein Ansatz für die Unterstützung der Kommunikation der Umweltinformationen vorgestellt. Dieses Life Cycle Assessment findet auch in den Unternehmen immer größere Beliebtheit,[1002] ist jedoch auch nicht immer ohne Hindernisse und Barrieren, sowohl in organisatorischer als auch in technischer Hinsicht, umzusetzen.[1003] Vor allem kann sich eine Erfassung der Daten, die oft auf überbetriebliche Informationen den Zugriff benötigt, als sehr aufwändig gestalten und lässt viele Unternehmen davor zurückschrecken, detaillierte Analysen über die Umweltauswirkungen der Produkte über die gesamte Lebensdauer der Produkte anzustellen. Ähnliches gilt auch für die nachhaltige Produktentwicklung im Allgemeinen, die auf überbetrieblicher Ebene ebenso eine erhebliche Datenerfassung verursacht.

Um diesen Hindernissen entgegen zu wirken, wurden in den letzten Jahren sehr viele Softwarepakete mit Lebenszylusanalysen ausgestattet.[1004] Unternehmen und auch Netzwerke,

---

und Entsorgung der Geräte verantwortlich, wodurch diese Design for Environment Strategien größeres Gewicht bekamen.

997 Vgl. Grüner, Birkhofer 2000, S. 183f; Feldmann, Trautner 2000; Young, Kielkiewicz-Young 2000

998 Vgl. Krcal 2000, S. 7; Gädicke 2000

999 Vgl. die Auswertungen und Darstellung in Kapitel 5.3.3.4

1000 Eigentlich müsste hier auch der Rückstandszyklus in die Überlegungen mit einbezogen werden, bei dem die letztendliche Verwertung der Produkte betrachtet wird (vgl. Strebel, Hildebrandt 1989).

1001 Vgl. Young, Kielkiewicz-Young 2000, S. 247; Kytzia, Faist, Baccini 2004

1002 Vgl Beispiele zum Life Cycle Assessment bei Sousa, Eisenhard, Wallace 2001; Haes et al. 2004; Keßeler 2000

1003 Vgl. Haes et al. 2004; Ryan 1999

1004 Vgl. dazu die empirische Untersuchung über Softwareprodukte in Kapitel 5.2

die im Rahmen ihrer umweltschutzorientierten Tätigkeiten auf eine nachhaltige Produktgestaltung und auf Produktlebenszyklusanalysen setzen, müssen deshalb die Unterstützung dieser Maßnahmen durch geeignete Softwaretools in ihre Überlegungen mit ein beziehen, um auf der einen Seite mögliche Barrieren in der Datenerfassung zu überwinden, und um andererseits diese Prozesse zu unterstützen und effizienter zu gestalten. Wie der Einsatz von solchen Softwarelösungen in Netzwerken gestaltet werden kann bzw. welche Grenzen hierbei existieren, darüber gibt das folgende Kapitel Aufschluss.

6.2.4 Erweiterung des Level 4: Überbetriebliche Umweltinformationssysteme

Bestehen Kooperationen zwischen den Unternehmen und werden diese Kooperationsbeziehungen dazu genutzt, überbetriebliche Umweltschutzmaßnahmen zu ergreifen, stellt sich die Frage, inwiefern diese Maßnahmen durch geeignete überbetriebliche Umweltinformationssysteme unterstützt werden können und sollen. Da die meisten Umweltschutzaktivitäten nur mit den entsprechenden Umweltinformationen durchgeführt werden können, ist der Austausch dieser Umweltinformationen zwischen den Unternehmen umso wichtiger.[1005]

Sind sich die einzelnen Unternehmen, die im Netzwerk unter anderem auch zum Schutz der Umwelt kooperieren, über die Vorteile von unternehmensübergreifenden UIS bewusst, müssen Überlegungen angestellt werden, wie dieses UIS auszusehen hat. Dabei sind einerseits organisatorische Faktoren zu beachten, die für den Aufbau und den späteren Einsatz von UIS wesentlich sind. Darüber hinaus ist der Einsatz von EDV zu überlegen, da hierin, wie in Kapitel 4 bereits erläutert, ein sehr großes Potenzial für die Kommunikation in Netzwerken besteht. Auf diese Faktoren wird im Folgenden näher eingegangen.

Dabei ist im Prinzip nicht unbedingt notwendig, dass für ein UIS als Basis ein BUIS vorhanden ist, es ist aber natürlich förderlich. Nichts desto trotz kann ein Unternehmen an einem überbetrieblichen Umweltinformationssystem beteiligt sein, ohne auf spezifische Softwareprogramme zum betrieblichen Umweltinformationsaustausch zurückgreifen zu müssen.

6.2.4.1 Organisatorische Implikationen für überbetriebliche Umweltinformationssysteme

Wie auch bereits bei betrieblichen UIS erläutert, muss vor einer Einführung solcher Systeme zuallererst der Bedarf für nötige Informationen geklärt werden, um zu gewährleisten, dass nur die relevanten und notwendigen Informationen innerhalb des UIS kommuniziert werden.[1006] Dieser wird primär durch die überbetrieblichen Umweltschutzmaßnahmen im Netzwerk bestimmt. Es erfolgt daraus implizit auch eine Festlegung der verwendeten Daten- und Wirkungskategorien, eine Festlegung der Systemgrenzen, eine Definition von Kriterien für

---

1005 Diese Umweltinformationen, für die eine überbetriebliche Kommunikation notwendig ist, sind bspw. unternehmensübergreifende Informationen für Lebenszyklusanalysen, Informationen über Inhaltsstoffe für eine umweltfreundliche Verwertung, Umweltinformationen zur umweltorientierten Produktgestaltung, um nur einige zu nennen.

1006 Vgl. Blume, Haasis 2000, S. 144; Spengler, Stölting 2003, S. 359

die zu erfassenden Inputs und Outputs in das UIS sowie die Bestimmung der Anforderungen an die Datenqualität.[1007]

Ferner muss geklärt werden, welche Partner im Netzwerk welche Umweltinformationen in welcher Form und Detailliertheit benötigen. Diese Auswahl der Partner im Netzwerk ergibt sich primär aus den überbetrieblichen Umweltschutzmaßnahmen. Um darüber hinaus auch weitere Möglichkeiten der netzwerkinternen Umweltschutzaktivitäten zu unterstützen, kann es aber durchaus sinnvoll sein, alle Unternehmen im Netzwerk in dieses UIS miteinzube-ziehen, sofern der Aufwand dazu in Grenzen gehalten werden kann.[1008] Andererseits kann es aber auch durchaus Sinn machen, dass ein UIS sich auf den bilateralen Austausch von Umweltinformationen zwischen zwei Unternehmen beschränkt, wenn der Aufwand für dieses System es nur in dieser Form rechtfertigt. Dies hängt jedoch auch maßgeblich von der Art des zu implementierenden UIS ab.

Die getroffenen überbetrieblichen Umweltschutzmaßnahmen beeinflussen darüber hinaus wesentlich den Aufbau und die Gestaltung der UIS, denn je enger die Beziehungen im Netzwerk durch diese Maßnahmen sind, desto eher werden auch Informationen von den Partnern benötigt und desto umfangreicher sollte das UIS ausfallen.[1009]

Es stellt sich nun, unabhängig davon, ob das UIS EDV-technisch unterstützt wird oder nicht, die Frage, wer für den Aufbau und die Gestaltung des überbetrieblichen UIS verantwortlich ist. Wird ein solches System aufgrund von Machteinflüssen im Netzwerk durchgesetzt, kann dies in der Regel nur durch ein fokales Unternehmen, das auch mit dem entsprechenden Einfluss auf die anderen Netzwerkteilnehmer ausgestattet ist, durchgeführt werden.[1010] Dies trifft insbesondere dann zu, wenn das fokale Unternehmen Umweltschutzmaßnahmen im Netzwerk durchsetzen will und seine Partner, häufig die Zulieferer, zu solchen Aktivitäten und zu den entsprechenden UIS zwingt.[1011] Für Unternehmen in den untersuchten österreichischen Wertschöpfungsnetzwerken trifft dies, wie die empirische Erhebung ergab, derzeit jedoch eher weniger zu, obwohl fokale Unternehmen relativ großen Einfluss im Netzwerk besitzen.[1012] Nachteilig an dieser Vorgangsweise ist, dass UIS nur dann eingeführt werden, wenn sich das fokale Unternehmen für die umweltschutzorientierten Aktivitäten im

---

1007 Vgl. Keßeler 2000, S. 137ff; vgl. zu generellen Anforderungen an BUIS bzw. UIS Seder et al. 1999; Zu Ausführungen zu interorganisationalen Informationssystemen siehe auch Kapitel 4.

1008 Dazu muss jedoch gewährleistet werden, dass sensible Daten nur jenen Unternehmen zukommen, die diese auch benötigen. Geht man von bspw. nur papiergestützten UIS aus, die keine EDV-technische Unterstützung benötigen, ist ein das Netzwerk umfassendes UIS durchaus im Bereich des möglichen.

1009 Vgl. Klein 1996, S. 174

1010 Vgl. Mohtashami, Deek, Im 2003, S. 265. Dies sind häufig jene Unternehmen, die nahe am Kunden agieren und so über die größte Macht und über die meisten Informationen verfügen.

1011 Als Beispiel hierfür können die umweltschutzorientierten Supply Chains genannt werden, bspw. die Firma Otto in Deutschland, die ihre Lieferanten zu umweltschutzorientiertem Verhalten gezwungen hat und dies auch durch ein umfassendes Informations- und Kontrollsystem überprüft (vgl. Goldbach 2003, S. 54ff; Seuring 2004, S. 1065f). Vgl. zu Einflüssen von Macht in solchen Beziehungen auch Kogg 2003.

1012 Vgl. dazu die Auswertung der Hypothese 25 auf S. 196, bei der die Unternehmen angaben, dass es eher keine Vorgaben von anderen Unternehmen über die Art des Austauschs von Informationen gibt.

Netzwerk verantwortlich fühlt und sich dafür auch entsprechend einsetzt, dass diese Maßnahmen und die dazugehörigen UIS von den anderen Netzwerkpartnern folglich mit getragen und umgesetzt werden. Dazu ist es notwendig, dass das fokale Unternehmen die hinreichende Einstellung zum industriellen Umweltschutz aufweist und auch das Wissen über Maßnahmen im betrieblichen und vor allem im überbetrieblichen Bereich der Umweltschutzaktivitäten besitzt, um gegebenenfalls auch in der Rolle des Vorreiters zu agieren und Überzeugungsarbeit bei den anderen Netzwerkpartnern zu leisten.

Eine andere Möglichkeit besteht, die Kommunikation von Umweltinformationen bzw. den Aufbau von UIS auf zentrale Institutionen, bspw. das Clustermanagement, sofern vorhanden, zu übertragen, insbesondere da die Sicherstellung der Kommunikation im Netzwerk als wesentliche Aufgabe der zentralen Institution in der empirischen Erhebung der Wertschöpfungsnetzwerke genannt wurde.[1013] Sofern eine zentrale Institution im Verwertungsnetz existiert, bspw. im Verwertungsnetz Oldenburger Münsterland,[1014] auch Verwertungsagenturen genannt,[1015] trifft dies natürlich auch auf Verwertungsnetze zu. Als wichtige Aufgabe der zentralen Institution, völlig unabhängig, ob es sich dabei um ein Verwertungsnetz oder ein Wertschöpfungsnetzwerk handelt, kann somit die Vermittlung von Informationen bzw. das Zusammenführen von einzelnen Unternehmen im Netzwerk angesehen werden.[1016] Als hilfreich erweist sich in diesem Fall meist die Errichtung einer Informationsplattform, idealerweise in Form einer Internetplattform, auf der die notwendigen Informationen über das Netzwerk, aber auch über die einzelnen Partner im Netzwerk vorhanden sind. Somit ist ein erster Schritt in Richtung notwendige Information über die Netzwerkteilnehmer getan. Ferner kann diese Plattform auch dem interorganisationalen Wissensaustausch sowie der Beratung der Unternehmen, bspw. über Umweltschutzaktivitäten, Gesetze etc., dienen.[1017] Hier ist vor allem wichtig, dass diese Aufgabe von der zentralen Institution übernommen wird, da damit nicht unerheblicher Wartungsaufwand verbunden sein kann und die Plattform nur dann Sinn macht, wenn sie laufend aktualisiert wird.[1018]

Erstrebenswert wäre in diesem Zusammenhang darüber hinaus, dass die zentrale Institution bzw. die Verwertungsagentur über die Input- Outputbilanzen der einzelnen Netzwerkteilnehmer verfügen könnte.[1019] So könnten die Möglichkeiten der zwischenbetrieblichen Ver-

---

1013 Vgl. dazu die empirische Erhebung zur Hypothese 19 auf S. 196.

1014 Vgl. Hasler, Hildebrandt, Nüske 1998

1015 Vgl. Rautenstrauch, Schwarz 1997, S. 53; Hasler, Hildebrandt, Nüske 1998

1016 Vgl. Schwarz 1994b, S. 393; Rautenstrauch, Schwarz 1997, S. 53; Rautenstrauch 1999, S. 126ff; Fellner, Bünger 2000, S. 158

1017 Vgl. Strebel, Schwarz, Schwarz 1996, S. 133; Schwarz 1994b, S. 393; Rautenstrauch, Schwarz 1997, S. 53

1018 Aus rein monetären Überlegungen heraus ist es hierbei sinnvoll, wenn diese Aufgaben von zentralen Institutionen übernommen werden, für die von den anderen Netzwerkteilnehmern ein Beitrag geleistet wird bzw. die von kommunalen Einrichtungen gefördert werden.

1019 Grenzen können hier jedoch gesetzt werden, da es sich bei den Daten der Stoff- und Energiebilanzen von Unternehmen meist um sehr spezifische und sensible Daten handelt, die in der Regel nicht sehr gerne von wertung besser abgeschätzt und gefördert werden. Erste Ansätze in diese Richtung existieren durch so genannte Recycling- bzw. Abfallbörsen, die jedoch nur sinnvoll bei selten und unregelmäßig anfallenden Gütern sind.[1020] Für Netzwerke, die regelmäßig ein überbetriebliches Stoffstrommanagement betreiben, ist die Installierung von spezifischen EDV-gestützten Umweltinformationssystemen zu überlegen, die ausführlicher weiter unten dargestellt sind.

Ebenso von großer Bedeutung für den Austausch von Umweltinformationen sind persönliche Treffen bzw. Workshops in den einzelnen Netzwerken, die in der Regel von den zentralen Institutionen bzw. auch den fokalen Unternehmen organisiert werden. Dabei geht es einerseits um ein generelles Kennen lernen der Netzwerkpartner, was sich sicherlich positiv auf das Vertrauen im Netzwerk auswirkt, und andererseits um einen mehr oder weniger informellen Austausch von Erfahrungen und Erkenntnissen. Für Verwertungsnetze konnte zu diesen Formen des Informationsaustauschs keine Schlüsse aus der empirischen Erhebung gezogen werden, bei Wertschöpfungsnetzwerken stellte sich jedoch heraus, dass zwar von den zentralen Institutionen regelmäßige Treffen, Workshops, Seminare und Schulungen stattfinden, diese aber prinzipiell nicht für den Informationsaustausch über inner- und überbetriebliche Umweltschutzaktivitäten genützt werden.[1021] Dies ist umso bedauerlicher, da gerade diese Treffen und Plattformen ein großes Potenzial für den interorganisationalen Wissensaustausch im Bereich Umweltmanagement darstellen.

Insgesamt kann man feststellen, dass zuerst Faktoren des Aufbaus, der Koordination, der beteiligten Partner und weiterführender Maßnahmen für ein UIS im Netzwerk geklärt sein müssen, damit darauf aufbauend auch ein EDV-gestütztes UIS im Netzwerk verwirklicht werden kann.

6.2.4.2 EDV-technische Implikationen für überbetriebliche Umweltinformationssysteme

In Kapitel 4.2 wurde bereits ausführlich auf die Charakteristika, Potenziale und Ausprägungen von interorganisationalen Informationssystemen eingegangen. Auch wurden mögliche Hindernisse und Barrieren erläutert, die es bei der Einführung von überbetrieblichen Informationssystemen zu überwinden gilt. Überbetriebliche UIS unterscheiden sich in Hinsicht auf diese Faktoren nicht wesentlich, sie greifen ferner auf die gleichen Technologien wie herkömmliche interorganisationale Informationssysteme zurück. Dennoch muss bei der Installation von überbetrieblichen UIS auf einige Besonderheiten geachtet werden, damit eine Installierung und der spätere Gebrauch erfolgreich sind. Insbesondere muss die derzeit noch geringe Resonanz der Unternehmen auf unternehmensübergreifende Umweltinformationssysteme

---

den Unternehmen weitergegeben werden und wenn, dann nur unter bestimmten Auflagen und Bestimmungen.

1020 Vgl. Rautenstrauch, Schwarz 1997, S. 51; Strebel, Schwarz, Schwarz 1996, S. 134

1021 Vgl. dazu die Auswertung der Hypothesen 28 und 29 auf S. 196f, bei denen die Unternehmen eher negativ über den Erfahrungsaustausch in Kooperationen und bei Treffen im Wertschöpfungsnetz berichteten.

als großes Hindernis für Systeme zum überbetrieblichen Austausch von Umweltinformationen genannt werden, wie auch in der empirischen Untersuchung bestätigt werden konnte.[1022] Dies steht im Gegensatz dazu, dass die Softwareprogramme für den betrieblichen Austausch von Umweltinformationen, die BUIS, im Prinzip bereits ausreichend entwickelt sind und über genügend Schnittstellen verfügen würden, um auch den überbetrieblichen Austausch von Umweltinformationen zu unterstützen.[1023] Dies wird von den Unternehmen nur teilweise wahrgenommen.[1024] Dennoch steckt eine Implementierung dieser UIS noch sehr in der Anfangsphase, was sicherlich auch auf Informationsdefizite über geeignete Softwareprogramme in vielen Unternehmen zurückzuführen ist.[1025]

Ein weiteres Hindernis für Unternehmen stellt der derzeit als sehr hoch wahrgenommene Aufwand für ein Umweltsoftwareprogramm für UIS dar,[1026] sowohl was die Anschaffung der Software betrifft als auch die Installierung im Netzwerk und der Abgleich mit allen Netzwerkpartnern. Somit entsteht bei der Installierung eines überbetrieblichen EDV-gestützten BUIS ein erheblicher wirtschaftlicher Legitimationsbedarf, um diesen Aufwand zu rechtfertigen.[1027] Wie bereits in Kapitel 4 angedeutet, stehen dem Aufwand aber zahlreiche Vorteile bei der Abwicklung und im Austausch der Informationen gegenüber. Das Problem ist ähnlich wie bei betrieblichen Umweltinformationssystemen, da der Nutzen sehr oft nicht erkannt bzw. bewertet wird.[1028] Abgeschwächt kann dieses Problem des hohen Aufwands werden, wenn Unternehmen weiterhin auf ihre bestehenden, betriebsspezifischen Softwarelösungen zurückgreifen und für den überbetrieblichen Austausch von Umweltinformationen Schnittstellen und Standardtechnologien verwenden. Auf diese verschiedenen Ausprägungen wird weiter unten noch spezifisch eingegangen.

Darüber hinaus können weitere Faktoren der Software bzw. in der Kommunikationstechnologie als essentiell für eine erfolgreiche Installierung von Umweltinformationssystemen identifiziert werden, Faktoren wie Vertrauen, Macht, Kultur etc., die ebenfalls hier hinein-

---

1022 Vgl. dazu die Auswertung der Hypothese 15 auf S. 196, bei der die Unternehmen aller Untersuchungseinheiten das Potenzial für BUIS für den überbetrieblichen Austausch von Umweltinformationen als eher niedrig einstufen.

1023 Vgl. die empirische Erhebung über die Software in Kapitel 5.2

1024 Dies wurde durch die Hypothese 16 und in der Hypothese 17 auf S. 196f in der empirischen Unternehmensbefragung untersucht, bei der sich eigentlich nur die Unternehmen des Kunststoffclusters negativ über die Entwicklung von Softwareprogrammen zur überbetrieblichen Kommunikation von Umweltinformationen äußerten.

1025 Die Frage über mögliche Gründe, warum BUIS im überbetrieblichen Bereich noch nicht eingesetzt werden, konnten viele Unternehmen nicht beantworten. Vgl. dazu die Auswertungen der Hypothese 17 auf S. 196

1026 Vgl. die Auswertung der Hypothese 17 und 18, bei denen der Aufwand für die Software als größtes Hindernis dargestellt wurde bzw. eine Reduzierung der Kosten als Grund angegeben wurde, dennoch eine Software für den überbetrieblichen Umweltinformationsaustausch einzusetzen.

1027 Vgl. Klein 1996, S. 174

1028 Vgl. zu weiteren Ausführungen Kapitel 6.1.4; Zu den Potenzialen von interorganisationalen Informationssystemen allgemein siehe Kapitel 4.2

fließen, werden nicht mehr gesondert erwähnt, es wird dazu auf die vorangegangenen Kapitel verwiesen.

Unerlässlich für eine erfolgreiche Adoption des Systems durch die Netzwerkunternehmen ist eine möglichst einheitliche Form des Systems. Dies bedeutet nicht unbedingt, dass alle Unternehmen die gleiche Software installiert haben, sondern dass alle am Umweltinformationssystem beteiligten Unternehmen auf den gleichen Standard der Kommunikationstechnologie[1029] zurückgreifen müssen.[1030] Dies bedeutet einerseits eine Standardisierung auf überbetrieblicher Ebene, auf der anderen Seite müssen die Systeme auf betrieblicher Ebene ein gewisse Flexibilität zulassen, um an die betriebsspezifischen EDV-Strukturen angepasst zu werden und auch, um auf Besonderheiten in den Abläufen der betriebsspezifischen Prozesse Rücksicht nehmen zu können.[1031] Zu näheren Ausführungen über die unterschiedlichen Standards, die hierfür verwendet werden können, wird auf Kapitel 4.2.3 verwiesen. Diese Anforderungen treffen jedenfalls auf alle Netzwerkstypen sowie auf alle möglichen Formen der überbetrieblichen Umweltschutzaktivitäten zu. Sofern kein überbetriebliches Umweltinformationssystem installiert werden soll, bei dem alle Netzwerkunternehmen die gleichen Programme verwenden, wäre ein modular aufgebautes Umweltinformationssystem sinnvoll. Dabei stehen betriebliche Umweltinformationssysteme, sofern vorhanden, bzw. ERP-Systeme oder andere Informationssysteme, im Mittelpunkt. Diese zentralen Systeme werden über Schnittstellen bzw. auch über eigene Server mit den Systemen der anderen Netzwerkteilnehmer verbunden. [1032] Die Gestaltung der Schnittstellen hat eine ebenso hohe Bedeutung, insbesondere zu innerbetrieblichen Informationssystemen.[1033] Die zur Verfügung Stellung und Wartung des Servers kann als originäre Aufgabe der zentralen Institution im Netzwerk übertragen werden.

Weitere Faktoren für eine erfolgreiche Implementierung der unternehmensübergreifenden Software bzw. des Kommunikationsstandards wie Benutzerfreundlichkeit, Zuverlässigkeit etc. unterscheiden sich nicht wesentlich von jenen, die für die betrieblichen Umweltinformationssysteme zutreffen und werden deshalb an dieser Stelle nicht nochmals erwähnt. Ähnliches gilt für die Auswahl der Software bzw. des Kommunikationsstandards,[1034] wobei sich diese ungleich schwieriger gestaltet, da hier ein Konsens zwischen den einzelnen

---

1029 Vgl. zu den verschiedenen Ausprägungen Kapitel 4.2.3. Vor allem internetbasierte Lösungen werden hier angesprochen.

1030 Diese Ansicht wird auch durchaus von den Unternehmen geteilt, wie in der Auswertung der Hypothese 18 auf S. 196 ersichtlich wird. Vgl. dazu auch Mohtashami, Deek, Im 2003, S. 267

1031 Vgl. Czap, Reiter 1997, S. 1999; Mohtashami, Deek, Im 2003, S. 267

1032 Vgl. zum Prinzip der Architektur des Systems Vogt, Schöch 2003, S. 51

1033 Vgl. Jürgens, Schnapperelle, Steinaecker 1999, S. 51: Diese Schnittstellen sind dabei in technischer Hinsicht in Bezug auf Häufigkeit, Einzigartigkeit, Umfang, Dauer, Vereinheitlichung und Abhängigkeit des Material-, Informations-, Finanz- und Ressourcensaustausches zu analysieren (vgl. Blume, Haasis 2000, S. 149).

1034 Bzw. auch die Nutzung von spezifischen Supply Chain Softwarelösungen für den Austausch von Umweltinformationen. Vgl. zu diesen Systemen die Ausführungen in Kapitel 5.2

Netzwerkpartnern erreicht werden muss. Der Einfluss eines fokalen Unternehmens bzw. auch Vorgaben von zentralen Institutionen können hierbei natürlich förderlich wirken.

6.2.4.3 Beispiele für EDV-technisch gestützte überbetriebliche Umweltinformationssysteme

Obwohl die Entwicklung von überbetrieblichen Umweltinformationssystemen im Allgemeinen noch als in den Kinderschuhen steckend angesehen werden kann, gibt es in letzter Zeit dennoch einige Beispiele, wie ein überbetrieblicher Austausch von Umweltinformationen funktionieren kann.

Als ein Beispiel kann eine Umweltberichterstattung als strategische und betriebsübergreifende Anwendung von BUIS und UIS angeführt werden.[1035] Hierbei wird die Textauszeichnungssprache XML verwendet, um zwischen Unternehmen Umweltinformationen auszutauschen und daraus Umweltberichte gemäß der DIN Norm 33922 zu genieren.[1036]

Auch eine so genannte Ökobilanz kann auf überbetrieblicher Ebene mit Hilfe EDV-technischer Unterstützung erstellt werden.[1037] Als Beispiel werden hier Unternehmen der Land- und Ernährungswirtschaft angeführt, bei denen unterschiedliche einzelwirtschaftliche Umweltinformationen zusammengeführt werden und zu einer kettenübergreifenden Ökobilanzierung von ernährungswirtschaftlichen Produkten führen.[1038] Dabei werden Anforderungen an den Einsatz eines rechnergestütztes Softwaresystem zur Unterstützung der unternehmensübergreifenden Ökobilanzierung untersucht, wie bspw. eine überbetriebliche Erfassung von Wirkungskategorien, die Festlegung von Bilanzgrenzen, einheitliche Richtlinien für die Datenherkunft und allgemein gültige Standardmodule.[1039] In der Ausführung der Ökobilanz für landwirtschaftliche Produkte konnte festgestellt werden, dass derzeit bestehende Defizite für die produktionskettenübergreifende Ökobilanzierung nicht in technischen, sondern in fehlenden Rahmenbedingungen liegen. Die Behebung dieser Defizite obliegt nicht den Herstellern der Software, sondern bedarf internationaler, nationaler und branchenübergreifender Vereinbarungen.

Als ein Beispiel, wie Informationssysteme im Bereich der Verwertung Eingang finden können, kann das Projekt StreaM herangezogen werden, bei dem ein stoffstrombasiertes Supply Chain Management zwischen mehreren Produzenten und Recyclingunternehmen im Bereich der Elektronikindustrie aufgebaut wird.[1040] Im Rahmen dieses Projektes wird

---

1035 Vgl. dazu und im Folgenden Arndt, Christ, Günther 2000; Arndt, Görsch 1999; Isenmann et al. 2003

1036 Vgl. DIN Norm 33922 „Umweltberichte für die Öffentlichkeit"; vgl. dazu auch Krüger 2001, S. 129ff; Otterstätter et al. 2001

1037 Zu Ökobilanzen vgl. die Ausführungen in Kapitel 3.4.3

1038 Vgl. dazu und im Folgenden Keßeler 2000

1039 In diesem Beispiel wurde die Software Gabi untersucht, vgl. dazu auch die empirische Analyse der Softwareprodukte für Umweltinformationssysteme.

1040 Vgl. dazu und im Folgenden Spengler, Stölting 2003; Stölting, Karl 2004; Hesselbach et al. 2004; Zum nachhaltigen Supply Chain Management speziell in der Computerindustrie als Teilbereich der überdies versucht, ein Wertschöpfungsnetzwerk um die Belange des Recyclings der Elektro- und Elektronikaltgeräte zu erweitern. Bei der Bedarfsanalyse für die Umweltinformationen ist man dabei allerdings auf Grenzen gestoßen, denn anders als bei Industriezweigen, in denen detaillierte Materialdatenbanken über die Komponenten und Inhaltstoffe der Produkte vorliegen, existieren in der Elektronikindustrie solche Angaben, wenn überhaupt, nur sehr spärlich. Ebenso ist eine Zerlegung der alten Geräte nicht genau geregelt. Aus diesem Grund wurde eine Kommunikationsplattform entwickelt, welche es den beteiligten Akteuren der um das Recycling erweiterten Wertschöpfungskette ermöglicht, Erfahrungen und Informationen auszutauschen. Ferner wurde der Informationsbedarf für ein umweltfreundliches Recycling ermittelt, die Informationsquellen identifiziert und eine Recyclingdatenbank errichtet. Die Bereitstellung der standardisierten Daten aus dieser Datenbank erfolgt in Form eines Recyclingpasses, der in einem Pilotunternehmen auch erprobt wurde. Mit Hilfe dieser Plattform wird den Recyclingunternehmen ermöglicht, eine umweltfreundliche Verwertung der Produkte stärker zu forcieren. Sie müssen für die nötigen Informationen dazu auf nur mehr eine einzige Informationsquelle zugreifen.[1041]

Ähnliche lebenszyklusübergreifende Beispiele liefern EDV-technische Umsetzungen in Bezug auf das Life Cycle Assessment von Produkten. Vor allem im amerikanischen Raum existieren dazu einige Darstellungen, wie unternehmensübergreifende Lebenszyklusanalysen mit Hilfe des Einsatzes von EDV durchgeführt werden können. Im Bereich Bauen und Wohnen sei exemplarisch die Arbeit von Norris und Yost erwähnt, die Lebenszyklusanalyse für Fenster durchführten und den Softwareeinsatz in diesem Bereich untersucht haben.[1042] Haes et al. haben darüber hinaus Studien zum Einsatz von unterschiedlichen Formen des Life Cycle Assessments in verschiedenen Branchen durchgeführt.[1043]

Als letztes Beispiel soll hier die Arbeit von Shaft et al. angeführt werden, die in einem internationalen Logistikunternehmen mit Sitz in Schweden ein computergestütztes Integrated Chain Management und Life-Cycle-Management eingeführt haben.[1044] Hierbei wurde die Zusammenarbeit des Logistikunternehmens mit seinen Kunden, Partnern und Zulieferern untersucht. Um ein unternehmensübergreifendes Umweltmanagement einzuführen, wurden die unternehmensinternen Informationssysteme miteinander vernetzt. Im unternehmensinternen Informationssystem wurden 5 verschiedene Einzelbereiche identifiziert

---

Elektronikindustrie siehe Rosen, Bercovitz, Beckmann 2001. Da es sich hier um ein von Deutschland gefördertes Projekt handelt, wurde es in der Analyse der Forschungsprojekte in Kapitel 5 nicht berücksichtigt. Zu weiteren Projekten im Bereich der umweltorientierten Wertschöpfungskette siehe Kapitel 5.1.3

1041 Der Prototyp wurde als relationale Datenbank konzipiert. Die überbetriebliche Kommunikation erfolgt im Rahmen einer Webanwendung, bei der ein Webserver auf die Datenbank zugreift und HTML- und XML-Dokumente generiert (vgl. Hesselbach et al. 2004, S. 62).

1042 Vgl. Norris, Yost 2002

1043 Vgl. Haes et al. 2004

1044 Vgl. dazu und im Folgenden Shaft, Sharfman, Swahn 2001

und die gegenseitigen Informationsbeziehungen sowie die externe Kommunikation mit diesen Einzelsystemen untersucht. Aufbauend darauf wurde ein unternehmensübergreifendes Umweltinformationssystem aufgebaut und installiert. Auf die dabei aufgetretenen Barrieren wie Vertrauen, Macht, Einfluss, Standardisierung etc. wurde bereits weiter oben eingegangen.

Abschließend kann man anmerken, dass mit Ende dieses Stufenkonzepts eine gemeinsame Software die überbetriebliche Kommunikation und den Zugang zu und das Teilen von operationalen und kritischen Umweltinformationen unterstützen soll. Darüber hinaus soll im Idealfall durch dieses Informationssystem ein Zugang zu Tools und Methoden zur Unterstützung des betrieblichen Umweltmanagements ermöglicht werden. An dieser Stelle müssen jedoch auch die Grenzen der Software aufgezeigt werden, da diese im eigentlichen Sinn das betriebliche Umweltmanagement nur unterstützen können, die Implikationen, die aus diesem System abgeleitet werden, und die Entscheidungen, die auf Basis der aus dem System generierten Umweltinformationen gefällt werden, werden weiterhin von Menschen durchgeführt. Demzufolge ist jedes System, mag es auch noch so aufwändig gestaltet sein, nur so gut wie die Menschen, die damit arbeiten.

7 Zusammenfassung und Ausblick

Die Koordination und Steuerung von umweltschutzorientierten Tätigkeiten gestaltet sich nicht zuletzt aufgrund des sehr starken interdisziplinären Charakters des Umweltschutzes für Unternehmen immer komplexer. Um Umweltschutzaktivitäten bestmöglich im Unternehmen umsetzen zu können, ist es notwendig, dass die Agenden des Umweltschutzes im Zielsystem des Unternehmens verankert sind und auf operativer Ebene entsprechend umgesetzt werden. Dadurch soll gewährleistet werden, dass Umweltschutz nicht nur effektiv und effizient im Unternehmen verankert wird, sondern insgesamt auch zur Wettbewerbsfähigkeit des Unternehmens beiträgt.

Informationen und Umweltinformationen spielen dabei eine große Rolle und sind mitverantwortlich dafür, dass Umweltschutzaktivitäten überhaupt erst im Unternehmen umgesetzt werden können. Dies gilt sowohl für Umweltschutzmaßnahmen in Unternehmen auf betrieblicher Ebene als auch für umweltschutzorientierte Handlungen, die in Kooperation zwischen Unternehmen ausgeführt werden.

Damit diese Umweltinformationen strukturiert und systematisch erfasst, verarbeitet und verwaltet werden können, sind in der Regel spezielle Systeme dafür von Notwendigkeit. Auf betrieblicher Ebene haben sich in den letzten 15 Jahren betriebliche Umweltinformationssysteme entwickelt und zum Teil manifestiert. Eine Darstellung der Grundstrukturen dieser Systeme, eine Klassifikation und Erläuterung der Anforderungen an diese Systeme sowie eine Zuordnung im betrieblichen Kontext erfolgten in Kapitel 3 der vorliegenden Arbeit.

Im anschließenden Kapitel 4 wurde die überbetriebliche Ebene beleuchtet und Netzwerke als mögliche Organisationsformen für eine Verankerung von Umweltschutzmaßnahmen auf überbetrieblicher Ebene diskutiert. Neben Grundcharakteristiken von Netzwerken und einer spezifischen Darstellung von Informationssystemen auf Netzwerkebene wurden insbesondere Typen von Netzwerken, im speziellen Wertschöpfungsnetzwerke und Verwertungsnetze, als mögliche Ausgangsformen für eine weitere Verankerung von Umweltschutzaktivitäten dargestellt. In Verwertungsnetzen, die primär bereits auf ökologische Aspekte in der Zusammenarbeit ausgerichtet sind, sind Maßnahmen für eine verstärkte Kooperation sowie für eine Unterstützung durch entsprechende Umweltinformationssysteme Ansatzpunkte für weitere Arbeiten. In Wertschöpfungsnetzen dominieren ökonomisch orientierte Gründe für die Zusammenarbeit. Hier sind insbesondere Überlegungen anzustellen, wie Wertschöpfungsnetzwerke die bestehende Zusammenarbeit auch für Aktivitäten im Sinne des industriellen Umweltschutzes nutzen können und in welcher Form Umweltinformationen und Umweltinformationssysteme vorliegen müssen.

Aufbauend auf diesen theoretischen Erkenntnissen schließt in Kapitel 5 die Untersuchung der Umsetzung von Umweltinformationssystemen einerseits in Forschungsprojekten und seitens der Hersteller von spezifischen Softwaresystemen, und andererseits seitens der Unternehmen an. Analysiert wird dabei insbesondere, inwiefern Umweltschutzaktivitäten umgesetzt werden, welche Rolle Umweltinformationen in diesem Zusammenhang spielen und welche Möglichkeiten Netzwerke in der betrieblichen Praxis diesbezüglich bieten können.

Die Überprüfung der der Arbeit zugrunde liegenden Forschungsfragen war ein weiteres Ziel der empirischen Untersuchungen in Kapitel 5. In den Analysen zu Forschungsprojekten und Softwaresystemen konnte die Forschungsfrage, ob bestehende theoretische Konzepte und Software zu betrieblichen Umweltinformationssystemen die Anforderungen abdecken, zum Großteil bestätigt werden. Die Zahl der wissenschaftlichen Arbeiten sowie die daraus abgeleiteten praktischen Applikationen in Form von Softwareprogrammen lassen ein hohes Potenzial für die Verarbeitung von Umweltinformationen erkennen. Weniger positiv muss jedoch die Forschungsfrage über die Berücksichtigung der betrieblichen Rahmenbedingungen beurteilt werden. Obwohl sich Hersteller um eine Adaptabilität der Software bemühen und durch zur Verfügung Stellung von Schulungen, Beratung etc. versuchen, auf die betriebsspezifischen Gegebenheiten gesondert einzugehen, wird dies von den Unternehmen nicht in der entsprechenden Art und Weise angenommen. Insbesondere die Kommunikation zwischen den Softwareherstellern und den Unternehmen muss an dieser Stelle als unzureichend hervorgehoben werden, wie auch in der empirischen Untersuchung der Unternehmen aufgezeigt wurde. Unternehmen kennen vielfach weder die Vorteile dieser Systeme noch sind ihnen die Funktionalitäten und Möglichkeiten im Einsatz solcher Softwarelösungen bekannt. Sollen Umweltinformationssysteme in Zukunft stärker in die Unternehmen vordringen, besteht entsprechender Handlungsbedarf bei den Softwareherstellern.

Die Unternehmen ihrerseits haben jedoch ebenso große Verantwortung, geht es um eine erfolgreiche Implementierung von Umweltinformationssystemen. So kann als Ergebnis der empirischen Untersuchung der Unternehmen angesehen werden, dass die betrieblichen Ausgangsbedingungen in den Unternehmen sowohl auf betrieblicher als auch auf überbetrieblicher Ebene entscheidend sind, ob und in weiterer Folge wie ein Umweltinformationssystem umgesetzt werden kann. In diesem Sinne können die Forschungsfragen, ob die Umsetzung von betrieblichen und überbetrieblichen Umweltinformationssystemen von der betrieblichen Ausgangssituation im Unternehmen abhängen, positiv beantwortet werden.

Diese betrieblichen Ausgangsbedingungen bei der Implementierung zu berücksichtigen bzw. Hindernisse und Barrieren bei einer Einführung eines Umweltinformationssystems zu überwinden versucht das Implementierungskonzept in Kapitel 6. Ferner wird das

Implementierungskonzept um Anforderungen auf überbetrieblicher Ebene erweitert und für eine Implementierung von Umweltinformationssystemen in Netzwerken modifiziert.

Jedoch können Einschränkungen aufgrund der Spezifika von Kooperationen bemerkt werden. Insbesondere Rahmenfaktoren wie Vertrauen, Informationen über Netzwerkpartner und vor allem das Bewusstsein über die Vorteile von überbetrieblichen Kooperationen zum Zweck des industriellen Umweltschutzes können als maßgebliche Hindernisse im Aufbau von überbetrieblichen Umweltinformationssystemen genannt werden. Diese Aspekte sind auch der Grund, warum letztendlich die Forschungsfrage über die Eignung der betrieblichen Umweltinformationssysteme zur Erweiterung zu überbetrieblichen Umweltinformationssystemen in Netzwerken in Frage gestellt werden muss. Um hier erfolgreich Umweltinformationssysteme zur Unterstützung von überbetrieblichen Umweltschutzmaßnahmen verankern zu können, bedarf es sehr vieler Schritte in den Unternehmen und im Netzwerk insgesamt, die aus heutiger Sicht noch recht schwer zu bewältigen erscheinen.

Literaturverzeichnis

Abkürzungen zur Literatur:

BfuP Betriebswirtschaftliche Forschung und Praxis
DBW Die Betriebswirtschaft
EM Environmental Manager
HBM Harvard Business Manager
HM Harvard Manager
IJPMM International Journal of Purchasing and Materials Management
IM Industrie Management
IMM Industrial Marketing Management
JCP Journal of Cleaner Production
JIE Journal of Industrial Ecology
JSPD Journal of Sustainable Product Design
PIE Progress in Industrial Ecology
SMJ Strategic Management Journal
SQJ Software Quality Journal
SW Spektrum der Wirtschaft
UE Handbuch Umwelt und Energie
UWF Umweltwirtschaftsforum
WING Wirtschaftsingenieur
WiSt Wirtschaftswissenschaftliches Studium
WISU Das Wirtschaftsstudium
ZAU Zeitschrift für angewandte Umweltforschung
ZfB Zeitschrift für Betriebswirtschaft
ZfbF Zeitschrift für betriebswirtschaftliche Forschung
ZfO Zeitschrift für Führung und Organisation
ZOF Zeitschrift für Organisation und Führung

Ackerman, Bruce A.; Alstott, Anne 2001: Die Stakeholder-Gesellschaft : ein Modell für mehr Chancengleichheit, Frankfurt am Main

Affeld, Dennis 2002: Mit Best Practice im Supply Chain Management (SCM) zur Optimierung der Wertschöpfungskette, in: Voegele, Andreas R.; Zeuch Michael P. (Hrsg.): Supply Network Management, Wiesbaden, S. 13-30

Agyris, Chris; Schön, Donald A. 1978: Organizational Learning: A Theory of Action and Perspective, Reading

Almer, Alexander; Zeiner, Herwig; Derler, Christian; Stelzl, Harald; Luley, Patrick 2002: National Park Information System; in: Pillmann, Werner; Tochtermann, Klaus (Hrsg.): Environmental Communication in the Information Society, Part 1, Wien, S. 589-596

Alter, Steven 1999: Information Systems, 3. Auflage, Reading Massachusetts

Arndt, Hans-Knud 1997: Betriebliche Umweltinformationssysteme. Gestaltung und Implementierung eines BUIS Kernsystems, Wiesbaden

Arndt, Hans-Knud; Günther, Oliver 1997: Betriebliche Umweltinformationssysteme: Konzeption und DV-technische Unterstützung, in: UWF, 5. Jg., H3, September 1997, S. 22-26

Arndt, Hans-Knud; Geisler, Knut; Günther, Oliver 1998: Betriebliche Umweltschutzsoftware – Ein Kriterienkatalog zur Beurteilung, in: Haasis, Hans Dieter; Ranze, Christoph K. (Hrsg.): Umweltinformatik 98, Vernetzte Strukturen in Informatik, Umwelt und Wirtschaft: 12. Internationales Symposium "Informatik für den Umweltschutz", Marburg, S. 83-96

Arndt, Hans-Knud; Günther, Oliver 1998: Umweltmanagement-Handbücher – Anforderungen an betriebliche Umweltinformationssysteme, in: Riekert, Wolf-Fritz; Tochtermann, Klaus (Hrsg.): Hypermedia im Umweltschutz, S. 219-230

Arndt, Hans-Knud, Görsch, Daniel 1999: Überbetriebliche Integration von Umweltinformationen mit Hilfe von XML, in: Dade, Christian; Schulz, Bernhard (Hrsg.): Management von Umweltinformationen in vernetzten Umgebungen, Marburg, S. 151-162

Arndt, Hans-Knud; Christ, Mario; Günther, Oliver 2000: Umweltberichterstattung als strategische und betriebsübergreifende Anwendung betrieblicher Umweltinformationssysteme, in: Hilty, Lorenz M.; Schulthess, Daniel; Ruddy, Thomas F. (Hrsg.): Strategische und betriebsübergreifende Anwendungen betrieblicher Umweltinformationssysteme, Marburg, S. 113-124

Arnold, Frank 2000: Vorreiterunternehmen zeigen es: Kreislaufwirtschaftskonzepte eröffnen Marktpotentiale, in: Fleig, Jürgen (Hrsg.): Zukunftsfähige Kreislaufwirtschaft, Stuttgart, S. 29-38

Azizi Ghanbari, Sharam 2002: Einführung in die Statistik für Sozial und Erziehungswissenschaftler, Berlin Heidelberg

Bachmann, Reinhard 2003: The Role of Trust and Power in the Institutional Regulation of Territorial Business Systems, in: Fornahl, Dirk; Brenner, Thomas (Hrsg.): Cooperation, networks and institutions in regional innovation systems, Cornwall, S. 58-81

Bachmann, Reinhard; Lane, Christel 2003: Vertrauen und Macht in zwischenbetrieblichen Kooperationen – zur Rolle von Wirtschaftsrecht und Wirtschaftsverbänden in

Deutschland und Großbritannien, in: Sydow, Jörg; Windeler, Arnold 1994 (Hrsg): Management interorganisationaler Beziehungen. Vertrauen, Kontrolle und Informationstechnik, Opladen, S. 75-106

Backhaus, Klaus; Meyer, Margit 1993: Strategische Allianzen und strategische Netzwerke, in: WiSt, Heft 7, 1993, S. 330-334

Baldwin, James Scott; Ridgway, Keith; Winder, Belinda; Murray, Robert 2004: Modelling industrial ecosystems and the „problem" of evolution, PIE, Vol. 1. Nr. 1/2/3, S. 39-60

Bamberg, Günther 1987 (Hrsg.): Agency theory, information and incentives, Berlin

Bätge, Jörg 1974: Betriebswirtschaftliche Systemtheorie. Regelungstheoretische Planungs-Überwachungsmodelle f. Produktion, Lagerung u. Absatz, Opladen

Bayer, Berghold; Eder, Manfred 2001: Clusterorientierte Wirtschafts- und Technologiepolitik in Oberösterreich, in: Hartmann, Christian; Schrittwieser, Walter (Hrsg.): Kooperation und Netzwerke: Grundlagen und konkrete Beispiele, Graz, S. 27-45

Becker, Jörg; Schütte, Reinhard 1996: Handelsinformationssysteme, Landsberg, Lech

Behrendt, Ingo 2000: Umweltinformationssysteme als informelle Basis strategischer Planungen: Eine Gestaltungsempfehlung zur Architektur von strategischen Umweltinformationssystemen, Gießen

Bellmann, Klaus; Hippe, Alan 1996a: Netzwerkansatz als Forschungsparadigma im Rahmen der Untersuchung interorganisationaler Unternehmensbeziehungen, in: Bellmann, Klaus; Hippe Alan (Hrsg.): Management von Unternehmensnetzwerken: interorganisationale Konzepte und praktische Umsetzung, Wiesbaden, S. 3-20

Bellmann, Klaus; Hippe, Alan 1996b: Kernthesen zur Konfiguration von Produktionsnetzwerken, in: Bellmann, Klaus; Hippe Alan (Hrsg.): Management von Unternehmensnetzwerken: interorganisationale Konzepte und praktische Umsetzung, Wiesbaden, S. 55-87

Beucker, Severin 2000: BUIS – Werkzeug einer strategischen Unternehmensführung, in: Hilty, Lorenz M.; Schulthess, Daniel; Ruddy, Thomas F. (Hrsg.): Strategische und betriebsübergreifende Anwendungen betrieblicher Umweltinformationssysteme, Marburg, S. 75-84

Beucker, Severin; Jürgens, Gunnar; Lang, Claus; Rey, Uwe 2002: Betriebliche Umweltinformationssysteme (BUIS) im Umweltcontrolling – Umfrage zur Nutzung von Instrumenten des Umweltcontrollings und deren informationstechnischen Unterstützung, Ergebnisbericht aus Arbeitspaket 1.3, Projekt INTUS, Stuttgart

Beyer, Heinrich; Fehr, Ulrich; Töpfer, Armin 1995: Umweltschutz, innerbetriebliche Koordination und Unternehmenskultur, in: UWF, 3. Jg., H4, Dezember 1995, S. 34-43

Bick, Hartmut; Geisler, Eduard; Hansmeayer, Karl H.; Meyer-Abich, Klaus M.; Olschowy, Gerhard 1984: Umwelt – kein „freies Gut", in: Bick, Hartmut, Hansmeayer, Karl H.; Olschowy, Gerhard; Schmoock, Peter (Hrsg.): Angewandte Ökologie – Mensch und Umwelt I, Stuttgart, S. 3-56

Biebeler, Hendrik; Mahammadzadeh, Mahammad 2004: Betriebliche Instrumente für nachhaltiges Wirtschaften, in: Institut der deutschen Wirtschaft Köln (Hrsg.):

Betriebliche Instrumente für nachhaltiges Wirtschaften – Konzepte für die Praxis, Köln, S. 15-23

Binmore, Ken 1990: Essays on foundation of game theory, Cambrige, Oxford

Bleis, Christian 1994: Öko-Controlling: Betriebswirtschaftliche Analyse zur systematischen Berücksichtigung von ökologischen Aspekten durch Unternehmenscontrolling, Frankfurt am Main et al.

Bleymüller, Josef; Gehlert, Günther; Gülicher, Herbert 2002: Statistik für Wirtschaftswissenschaftler, 13. überarb. Aufl., München

Blume, Verena; Haasis, Hans D. 2000: Unternehmensübergreifendes Umweltinformationscontrolling innerhalb von Produktionsketten, in: Hilty, Lorenz M.; Schulthess, Daniel; Ruddy, Thomas F. (Hrsg.): Strategische und betriebsübergreifende Anwendungen betrieblicher Umweltinformationssysteme, Marburg, S. 143-156

Blümel, Christian; Gamweger, Jürgen 1999: Betriebswirtschaftliche Bewertung eines betrieblichen Umweltinformationssystems zur industriellen Abfallbewirtschaftung in Theorie und Praxis, in: Rautenstrauch, Claus; Schenk, Michael (Hrsg.): Umweltinformatik 99: Umweltinformatik zwischen Theorie und Industrieanwendung, Marburg; S. 310-320

Bölzing, Dieter 2000: e-Logisitics: Internetbasierte Logistikprozesse und –dienstleistungen für effizientes Supply Chain Management, in: Pfohl, Hans-Christian (Hrsg.): Supply Chain Management: Logistik plus?, Logistikkette – Marketingkette – Finanzkette, Darmstadt, S. 107-118

Boons, Frank; Baas, Leo W. 1997: Types of industrial ecology: the problem of coordination, in: JCP, Vo. 5, Nr. 1-2, S. 79-86

Boons, Frank 1998: Eco-design and integrated chain management: dealing with networks of stakeholders, in: JSPD, April 1998, S. 22-35

Boons, Frank; Baumann, Henrikke 2002: Products and the environment: integrating engineering, business and policy perspectives, in: JCP, 10 (2002), S. 407-408

Bortz, Jürgen 1999: Statistik für Sozialwissenschaftler, 5. vollst. überarb. Aufl., Berlin, Heidelberg, New York

Bronder, Christoph, Pritzl, Rudolf 1992: Ein konzeptioneller Ansatz zur Gestaltung und Entwicklung Strategischer Allianzen, in: Bronder, Christoph; Pritzl, Rudolf (Hrsg.): Wegweiser für strategische Allianzen: Meilen- und Stolpersteine bei Kooperationen, Frankfurt am Main, S. 15-46

Bronder, Christoph 1993a: Was einer Kooperation den Erfolg sichert, HBM, 1993, 15, 1, S. 20-26

Bronder, Christoph 1993b: Kooperationsmanagement: Unternehmensdynamik durch strategische Allianzen, Frankfurt/Main

Brunnstein, Klaus 1997: Über die Beherrschung technischer Risiken der Informationsgesellschaft, in: Picot, Arnold (Hrsg.): Information als Wettbewerbsfaktor, Kongress Dokumentation/ 50. Deutscher Betriebswirtschafter-Tag 1996, Stuttgart, S. 265-274

Büchel, Bettina; Prange, Christian; Probst, Gilbert; Rüling, Charles-Clemens 1997: Joint-Venture-Management: aus Kooperationen lernen?, Bern

Bullinger, Hans-Jörg; Görsch, Robert; Rey, Uwe 1998: Betriebliche Umweltinformationssysteme als Integrationsbasis einer ökoeffizienten Informationswirtschaft, in: Bullinger, Hans-Jörg; Hilty, Lorenz M.; Rautenstrauch, Claus; Rey, Uwe; Weller, Andreas (Hrsg.): Betriebliche Umweltinformationssysteme in Produktion und Logistik, Marburg, S. 9-30

Burger, Ewald 1959: Einführung in die Theorie der Spiele: mit Anwendungsbeispielen, insbesondere aus Wirtschaftslehre und Soziologie, Berlin

Burr, Wolfgang 1999: Koordination durch Regeln in selbstorganisierenden Unternehmensnetzwerken, ZfB, 69. Jg., H. 10, S. 1159-1179

Busch, Axel; Dangelmaier, Wilhelm; Pape, Ulrich; Rüther, Michael 2003: Marktspiegel Supply Chain Management Systeme, Wiesbaden

Busch, Timo; Beucker, Severin; Lehmann, Christian 2004: Ressourceneffizienzrechnung in der mittelständischen Wirtschaft – Ziele und Ergebnisse des care-Projekts, in: Institut der deutschen Wirtschaft Köln (Hrsg.): Betriebliche Instrumente für nachhaltiges Wirtschaften – Konzepte für die Praxis, Köln, S. 90-99

Buse, Hans P. 2002: Organisationales Lernen in kooperativen Beziehungen – Theorieperspektive oder praxisorientiertes Gestaltungskonzept, in: Stölzle, Wolfgang; Gareis, Karin (Hrsg.): Integrative Management- und Logistikkonzepte: Festschrift für Prof. Hans Christian Pfohl, Wiesbaden, S. 70-102

Bußwald, Petra; Hofer, Michael; Stadlober, Ernst; Wiedenegger, Franz 1998: Intergration eines Umweltmanagement- und Controllingsystems in die Betriebs-EDV, in: Haasis, Hans-Dieter; Ranze, Christoph K. (Hrsg.): Umweltinformatik '98: vernetzte Strukturen in Informatik, Umweltschutz und Wirtschaft, 12. Internationales Symposium „Informatik für den Umweltschutz" der Gesellschaft für Informatik (GI), Marburg, S. 226-237

Buxmann, Peter 2001: Informationsmanagement in vernetzten Unternehmen: Wirtschaftlichkeit, Organisationsänderungen und der Erfolgsfaktor Zeit, Wiesbaden

Buxmann, Peter 2002: Strategien von Standardsoftwareanbietern: Eine Analyse auf der Basis von Netzeffekten, ZfbF Jg. 54, August 2002, S. 442-457

Buxmann, Peter; König, Wolfgang; Fricke, Markus; Hollich, Franz; Diaz, Luis Martin; Weber, Sascha 2003: Zwischenbetriebliche Kooperation mit mySAP.com; Aufbau und Betrieb von Logistiknetzwerken, 2. vollst. neu bearb. und erw. Aufl., Berlin, Heidelberg, New York

Christensen, Jørge 1998: Die industrielle Symbiose in Kalundborg. Ein frühes Beispiel eines Recycling-Netzwerkes, in: Strebel, Heinz; Schwarz, Erich J. (Hrsg.): Kreislauforientierte Unternehmenskooperationen: Stoffstrommanagement durch innovative Verwertungsnetze, Wien, S. 323-338

Chrobok, Reiner 1998: Netzwerk, ZFO-Stichwort, ZFO 4/1998, S. 242-243

Coase, Ronald H. 1937: The Nature of the Firm, in: Economica, 4, S. 386-405

Coase, Ronald H. 2000: The firm, the market, and the law, 8. Aufl., Chicago

Conrad, Stefan; Türker, Can 1997: Unternehmensweite Datenkonsistenz durch Integration bestehender Informationssysteme, in: Krallmann, Hermann (Hrsg.): Wirtschaftsinformatik 97, Internationale Geschäftstätigkeit auf der Basis flexibler Organisationsstrukturen und leistungsfähiger Informationssysteme, Heidelberg, S. 345-356

Corsten, Daniel; Gabriel, Christoph 2002: Supply Chain Management erfolgreich umsetzen: Grundlagen, Realisierung und Fallstudien, Berlin Heidelberg

Denzer, Ralf; Güttler, Reiner; Houy, Patrick 1998: TEMSIS – A Transnational System for Public Information and Environmental Decision Support, in: Riekert, Wolf-Fritz; Tochtermann, Klaus (Hrsg.): Hypermedia im Umweltschutz, S. 71-76

Desrochers, Pierre 2004: Industrial symbiosis: the case for market coordination, in: JCP, 12 (2004), S. 1099-1110

Dietachmair, Thomas 1996: Bedeutung und Einsatz ökologischer Kennzahlen im betrieblichen Umweltmanagement, in: Malinsky, Adolf H. (Hrsg.): Betriebliche Umweltwirtschaft: Grundzüge und Schwerpunkte, Wiesbaden, S. 259-290

Dippold, Rolf; Meier, Andreas; Ringgenberg, André; Schnider, Walter; Schwinn, Klaus 2001: Unternehmensweites Datenmanagement: Von der Datenbankadministration bis zum modernen Informationsmanagement, 3. überarbeitete und erweiterte Aufl., Braunschweig, Wiesbaden

Dold, Georg; Wörner, Claudia 1996: Einordnung, Aufbau und Grenzen von Ökobilanzen, in: Krcmar, Helmut; Dold, Georg (Hrsg.): Aspekte der Ökobilanzierung: Ansprüche, Ziele und Computerunterstützung, Wiesbaden, S. 1-22

Drews, Dennis; Wesseler, Marcelo 2003: Web Technologies in Supply Chains, in: Seuring, Stefan; Müller, Martin; Goldbach, Maria; Schneidewind, Uwe (Hrsg.): Strategy and Organizations in Supply Chains, Heidelberg, New York, S. 273-288

Duschek, Stephan 1998: Kooperative Kernkompetenzen – Zum Management einzigartiger Netzwerkressourcen, ZFO 4/1998, S. 230-236

Dyckhoff, Harald 1991: Berücksichtigung des Umweltschutzes in der betriebswirtschaftlichen Produktionstheorie, in: Ordelheide, Dieter; Rudolph, Bernd, Brüsselmann, Elke (Hrsg.): Betriebswirtschaftslehre und Ökonomische Theorie, Stuttgart, S. 275-309

Dyckhoff, Harald 1994: Betriebliche Produktion. Theoretische Grundlagen einer umweltorientierten Produktionswirtschaft. 2., verb. Aufl.. Berlin u.a.

Dyckhoff, Harald 2000a: Umweltschutz: Ein Thema für die Betriebswirtschaftslehre?, in: Dyckhoff, Harald (Hrsg.) Umweltmanagement, Berlin, Heidelberg, New York, S. 41-58

Dyckhoff, Harald 2000b: Kreislaufgerechte Produktentwicklung, in: Dyckhoff, Harald (Hrsg.) Umweltmanagement, Berlin, Heidelberg, New York, S. 99-120

Ebers, Mark 1994: Die Gestaltung interorganisationaler Informationssysteme – Möglichkeiten und Grenzen einer transaktionskostentheoretischen Erklärung, in: Sydow, Jörg; Windeler, Arnold 1994 (Hrsg): Management interorganisationaler Beziehungen. Vertrauen, Kontrolle und Informationstechnik, Opladen, S. 22-48

Ehrenfeld, John R. 2001: Environmenal Management Systems: A Partner for Industrial Ecology?, in: JIE, Vo. 5, Nr. 1, S. 1-3

Eichberger, Jürgen 1993: Game theory for economists, San Diego, Calif u.a.

Eichler, Bern 2003: Machtverteilung und Konfliktregelung in Netzwerken, in: Bach, Norbert; Buchholz, Wolfgang; Eichler, Bernd (Hrsg.): Geschäftsmodelle für Wertschöpfungsnetzwerke, Wiesbaden, S. 117-132

Eilering, Janet A.M.; Vermeulen, Walter J.V. 2004: Eco-industrial parks: toward industrial symbiosis and utility sharing in practice, PIE, Vol. 1. Nr. 1/2/3, S. 245-270

Endres, Egon 2001: Erfolgsfaktoren des Managements von Netzwerken, in: Howaldt, Jürgen; Kopp, Ralf; Flocken, Peter (Hrsg.): Kooperationsverbünde und regionale Modernisierung: Theorie und Praxis der Netzwerkarbeit, Wiesbaden, S. 103-120

Englberger, Hermann. J. 2000: Kommunikation von Innovationsbarrieren, Wiesbaden

Eschenbach, Rolf; Neumann, Kurt 1995: Betriebliche Umweltinformationssysteme: ist Umweltschutz auf Knopfdruck möglich?, Wien

Evers, Michael 1998: Strategische Führung mittelständischer Unternehmensnetzwerke, München

Eversheim, Walter; Schröder, Jens; Schuth, Sascha; Weber, Peter 2000: Einsatz von EDV-Hilfsmitteln in unternehmensübergreifenden Entwicklungsprozessen, in: Kaluza, Bernd, Blecker, Thorsten (Hrsg.): Produktions- und Logistikmanagement in Virtuellen Unternehmen und Unternehmensnetzwerken, Berlin Heidelberg New York, S. 367-390

Ewert, Ralf; Wagenhofer, Alfred 2003: Interne Unternehmensrechnung, 5. überarb. Aufl., Berlin u.a.

Feldmann, Klaus; Trautner, Stefan 2000: Design for Environment – Methodology, Implementation and Industrial Experience, Part 1: Computer Based Disassembly Planning and Design for Recycling, in: Reichl, Herbert; Griese, Hansjörg (Hrsg.): Electronic Goes Green 2000+, a challenge for the next millenium, Proceedings Volume 1, Berlin, S. 231-236

Fellinger, Rupert 2001: Die Entwicklung eines EDV-Tools zur EDV-gestützten Einführung von Umweltmanagementsystemen nach EMAS und ISO 14001, in: Treibert, René H. (Hrsg.): Betriebliche Umweltinformationssysteme für Umwelt, Qualität und Sicherheit, Marburg, S. 147-154

Fellner, Klement J.; Bünger, Marcel 2000: Basistechnologie zum betriebsübergreifenden Austausch von Umweltinformationen – fachliche und technische Unterstützung, in: Hilty, Lorenz M.; Schulthess, Daniel; Ruddy, Thomas F. (Hrsg.): Strategische und betriebsübergreifende Anwendungen betrieblicher Umweltinformationssysteme, Marburg, S. 157-170

Fichtner, Wolf; Tietze-Stöckiger, Ingela; Rentz, Otto 2004: On industrial symbiosis networks and their classification, PIE, Vol. 1. Nr. 1/2/3, S. 130-142

Finger, Mathias; Bürgin, Silvia; Haldimann, Ueli 1996: Der umweltbezogene Lernprozess: Lernschritte von Unternehmen in Richtung Nachhaltigkeit, in: UWF, 4. Jg., H3, September 1996, S. 21-28

Fischer, Joachim 2000: Nutzung des Internet im interorganisationalen Produktionsmanagement, in: Kaluza, Bernd; Blecker, Thorsten (Hrsg.): Produktions-

und Logistikmanagement in Virtuellen Unternehmen und Unternehmensnetzwerken, Berlin Heidelberg New York, S. 421-451

Fischer, Marc 1993: Make-or-Buy-Entscheidungen im Marketing. Neue Institutionenlehre u. Distributionspolitik, Wiesbaden

Fleig, Jürgen 2000a: Kreislaufwirtschaft als Leitbild, Nutzungsintensivierung und Lebensdauerverlängerung von Produkten als Konzept, in: Fleig, Jürgen (Hrsg.): Zukunftsfähige Kreislaufwirtschaft, Stuttgart, S. 9-22

Fontanari, Martin L. 1995: Voraussetzung für einen Kooperationserfolg – Eine empirische Analyse, in: Schertler, Walter (Hrsg.): Management von Unternehmenskooperationen: branchenspezifische Analysen; neueste Forschungsergebnisse, Wien, S. 115-188

Forrester, Jay W. 1972: Grundzüge einer Systemtheorie. Principles of systems, Wiesbaden

Forrester, Jay W. 1961: Industrial dynamics, Cambridge

Frank, Michael; Fichtner, Wolf; Wietschel, Martin; Rentz, Otto 2000: Ein modellgestütztes Instrumentarium zur Analyse und Bewertung von betriebsübergreifenden strategischen Energiemanagementkonzepten, in: Hilty, Lorenz M.; Schulthess, Daniel; Ruddy, Thomas F. (Hrsg.): Strategische und betriebsübergreifende Anwendungen betrieblicher Umweltinformationssysteme, Marburg, S. 171-182

Fredendall, Lawrence D.; Hill, Ed 2001: Basics of supply chain management, Boca Raton

Freimann, Jürgen 1996: Betriebliche Umweltpolitik. Praxis - Theorie – Instrumente, Bern

Freitag, Ulrike; Kutsche, Ralf-Detlef; Busse, Susanne 1998: Internet-Technologien als Basis für föderierte Online-Umweltinformationsdienste am Beispiel des LUIS Brandenburg, in: Riekert, Wolf-Fritz; Tochtermann, Klaus (Hrsg.): Hypermedia im Umweltschutz, S. 87-98

Friedman, James 1991: Game Theory with applications to economics, 2. Aufl., New York

Friedrich, Walter; Hennig, W. 1975: Der sozialwissenschaftliche Forschungsprozess. Zur Methodologie, Methodik und Organisation der marxistisch-leninistischen Sozialforschung, Berlin

Frings, Ellen 2003: Instrumente zur Umweltbewertung im strategischen Management, in: UWF, 11. Jg., H.2, Juni 2003, S. 22-27

Gädicke, Wolfgang 2000: Zusammenarbeit mit Lieferanten im Rahmen einer umweltorientierten Fahrzeugentwicklung, in: UWF, 8. Jg., H2, Juni 2000, S. 21-24

Gattorna, John L.; Walters, David W. 1996: Managing the Supply Chain: A Strategic Perspective, Hampshire

Gemünden, Hans Georg 1992: Informationsverhalten, in: Frese, Erich (Hrsg.): Handwörterbuch der Organisation, 3. Aufl., Stuttgart, Sp. 1010-1029

Georgescu-Roegen, Nicolas 1974: Was geschieht mit der Materie im Wirtschaftsprozess?, in: Seidel, Eberhard; Strebel, Heinz (Hrsg.): Umwelt und Ökonomie – Reader zur ökologieorientierten Betriebswirtschaftslehre, Wiesbaden 1991, S. 64-74

Gerum, Elmar; Achenbach, Wieland; Opelt, Frank 1998: Zur Regulierung von Binnenbeziehungen von Unternehmensnetzwerken, ZFO 5/1998, S. 266-270

Gibbons, Robert 1996: A primer in game theory, 7. Aufl., New York u.a.

Goetschackx, Marc 2002: Strategic Network Planning, in: Stadtler, Hartmut; Kilger, Christoph (Hrsg.): Supply Chain Management and Advanced Planning: Concepts, Models, Software and Case Studies, 2. Aufl., Berlin, S. 105-122

Goldbach, Maria 2003: Coordinating Interaction in Supply Chains – The Example of Greening Textile Chains, in: Seuring, Stefan; Müller, Martin; Goldbach, Maria; Schneidewind, Uwe (Hrsg.): Strategy and Organizations in Supply Chains, Heidelberg, New York, S. 47-64

Grasenick, Karin 2004: Effizienter und motivierender IT-Einsatz durch Netzwerkanalysen, in: Tschandl, Martin; Ortner, Wolfgang (Hrsg.): Effizienz betrieblicher Informationssysteme, Graz, S. 217-229

Greimer, Harald; Becker, Torsten 2001: Supply Chain-Strategien, in: Lawrenz, Oliver; Hildebrand, Knut; Nenninger, Michael; Hillek, Thomas (Hrsg.): Supply Chain Management: Konzepte, Erfahrungsberichte und Strategien auf dem Weg zu digitalen Wertschöpfungsnetzwerken, 2. überarb. und erw. Aufl., Braunschweig, Wiesbaden, S. 19-38

Griese, Joachim 1990: Ziele und Aufgaben des Informationsmanagements, in: Kurbel, Karl; Strunz, Horst (Hrsg.): Handbuch Wirtschaftsinformatik, Stuttgart, S. 641-658

Groene, Anja de; Hermans, Marc 1998: Economic and other implications of integrated chain management: a case study, in: JCP, 6 (1998), S. 199-211

Grotz-Martin, Silvia 1976: Informations-Qualität und Informations-Akzeptanz in Entscheidungsprozessen, Saarland

Grüner, Chris; Birkhofer, Herbert 2000: Strategy-based Design for Environment, in: Reichl, Herbert; Griese, Hansjörg (Hrsg.): Electronic Goes Green 2000+, a challenge for the next millenium, Proceedings Volume 1, Berlin, S. 183-188

Günther, Edeltraud 1994: Ökologieorientiertes Controlling: Konzeption eines Systems zur ökologieorientierten Steuerung und empirische Validierung, München

Günther, Edeltraud; Uhr, Wolfgang; Kaulich, Susanne; Heidsick, Claudia 2002: Softwaregestützte Umweltleistungsmessung für KMU, in: WiSt, Heft 11, November 2002, S. 651-655

Gutenberg, Erich 1983: Grundlagen der Betriebswirtschaftslehre, Erster Band: Die Produktion, 24. unveränd. Aufl., Berlin

Haasis, Hans-Dietrich; Hilty, Lorenz M.; Kürzl, Hans; Rautenstrauch, Claus 1995: Anforderungen an Betriebliche Umweltinformationssysteme (BUIS) und Ansätze zur Realisierung, in: Haasis, Hans-Dietrich; Hilty, Lorenz M.; Kürzl, Hans; Rautenstrauch, Claus (Hrsg.): Betriebliche Umweltinformationssysteme (BUIS): Projekte und Perspektiven, Marburg, S. 7-26

Haasis, Hans-Dietrich 1997: Ein Überblick über Betriebliche Umweltinformationssysteme, in: UWF, 5. Jg., H3, September 1997, S. 4-6

Haber, Wolfgang 1980: Über den Beitrag der Ökosystemforschung zur Entwicklung der menschlichen Umwelt, in: Bierfelder, W.; Höcker, K.H. (Hrsg.): Systemforschung und Neuerungsmanagement, München, Wien, S. 135-159

Hahn, Dietger 2000: Problemfelder des Supply Chain Management, in: Wildemann, Horst (Hrsg.): Supply Chain Management, München, S. 9-20

Håkansson, Håkan 1989: Corporate Technological Behaviour. Co-operation and networks, Nachdruck 1992, London

Hammerl, Barbara 1996: Ökologiemanagement im Unternehmen, in: UWF, 4. Jg., H3, September 1996, S. 17-20

Hammerl, Alfred 2002: Landes-Umweltinformationssystem, in: Amt der Steiermärkischen Landesregierung, Fachabteilung für Umweltrecht und Energiewesen (Hrsg.): 18. Umweltschutzbericht 2002, Graz, S. 22-24

Hammerl, Barbara 1996: Ökologiemanagement im Unternehmen, in: UWF, 4. Jg., H3, September 1996, S. 17-20

Handfield, Robert B.; Nichols, Ernest L. 1999: Introduction to Supply Chain Management, New Jersey

Handke, Sascha; Schnapperelle, Dirk; Scholz, Ingo 2000: Referenzarchitektur zur Integration von BUIS in Umweltmanagementsysteme, in: Hilty, Lorenz M.; Schulthess, Daniel; Ruddy, Thomas F. (Hrsg.): Strategische und betriebsübergreifende Anwendungen betrieblicher Umweltinformationssysteme, Marburg, S. 97-111

Hanf, Claus-Henning 1986: Entscheidungslehre: Einführung in die Informationsbeschaffung, Planung und Entscheidung unter Unsicherheit, München

Hanft, Anke 1996: Organisationales Lernen und Macht – Über den Zusammenhang von Wissen, Lernen, Macht und Struktur, in: Schreyögg, Georg; Conrad, Peter (Hrsg.): Wissensmanagement, Berlin, S. 133-162

Hanke, Marco; Ihrig Christiane; Ihrig, Dieter F. 2000: „Stoffbelastung beim Elektronikschrott – Recycling", Iserlohn, Menden, Dortmund

Hansen, Claude M. E.; Tolotti, Monica; Ettinger, Renate; Thies, Hansjörg; Tait, Danilo; Psenner, Roland 2002: The Application of Geographic Information Science (GIS) for Data Synthesis and Evaluation of Remote High Mountain Lakes in the Lake District Tyrol (Austria & Italy); in: Pillmann, Werner; Tochtermann, Klaus (Hrsg.): Environmental Communication in the Information Society, Part 1, Wien, S. 597-604

Hantschel, Ralph 2001: Aufbau und Management von Clustern: Erfolgsbeispiele aus dem automotiven Sektor, in: Hartmann, Christian, Schrittwieser, Walter (Hrsg.): Kooperation und Netzwerke: Grundlagen und konkrete Beispiele, S. 235-260

Harmsen, Dirk-Michael; Hiessl, Harald; Lang, Jürgen;, Matuschewski, Anke; Zoche, Peter 1998: Betriebliche Umweltinformationssysteme: Entwicklungstrends und Anwenderbedarf zur Unterstützung des betrieblichen Umweltmanagements, unveröffentlichte Studie, Karlsruhe

Harris, Steve; Pritchard, Colin 2004: Industrial Ecology as a learning process in business strategy, PIE, Vol. 1. Nr. 1/2/3, S. 89-111

Hartmann, Christian 2001: Lernen in Netzwerken, in: Hartmann, Christian, Schrittwieser, Walter (Hrsg.): Kooperation und Netzwerke: Grundlagen und konkrete Beispiele, S. 13-26

Hasler, Arnulf; Hildebrandt, Thomas; Nüske, Clemens 1998: Das Projekt Ressourcenschonung im Oldenburger Münsterland, in: Strebel, Heinz; Schwarz,

Erich J. (Hrsg.): Kreislauforientierte Unternehmenskooperationen: Stoffstrommanagement durch innovative Verwertungsnetze, Wien, S. 305-322

Hasler, Arnulf 2002: Forschungsbereich Verwertungsnetze auf regionaler Ebene, in: Strebel, Heinz (Hrsg.): Innovation und Umwelt, Graz, S. 217-239

Hauschildt, Jürgen 2004: Innovationsmanagement, 3. völlig überarb. und erw. Aufl., München

Hayek, von 1945 Hayek, Friedrich A. von 1945: Der Weg zur Knechtschaft, Rentsch

Hedberg, Bo 1981: How Organizations learn and unlearn, in: Nyström, Per C.; Starbuck, William H. (Hrsg.): Handbook of Organizational Design, Vol. 1: Adapting Organizations to their Environments, New York, S. 3-27

Heeres, R.R.; Vermeulen, Walter J.V.; Walle, FoppeB. 2004: Eco-industrial park initiatives in the USA and the Netherlands: first lessons, JCP, Vol. 12, Nr. 8-10 2004, S. 985-995

Herder-Dorneich, Philipp 1992: Wirtschaftssystem. Systemtheorie einer allg. Mikroökonomik, Opladen

Hesselbach, Jürgen; Herrmann, Christoph; Graf, Rüdiger; Spengler, Thomas; Wiebke, Stölting; SChörter, Marc 2004: StreaM – Stoffstrombasiertes Supply Chain Management, in: UWF, 12. Jg., H2, Juni 2004, S. 61-66

Hilty, Lorenz M.; Rautenstrauch, Claus 1995: Betriebliche Umweltinformatik, in: Page, Bernd; Hilty, Lorenz M. (Hrsg.): Umweltinformatik: Informatikmethoden für den Umweltschutz und Umweltforschung, 2. aktualisierte u. erw. Aufl., Handbuch der Informatik Band 13.3, München, Wien, Oldenbourg, S. 295-312

Hilty, Lorenz M.; Rautenstrauch, Claus 1997: Betriebliche Umweltinformationssysteme (BUIS) – eine Literaturanalyse, in: Informatik Spektrum 20 (1997), S. 159-167

Hinterhuber, Hans H.; Stahl, Heinz K. 1996: Unternehmensnetzwerke und Kernkompetenzen, in: Bellmann, Klaus; Hippe, Alan (Hrsg.): Management von Unternehmensnetzwerken: interorganisationale Konzepte und praktische Umsetzung, Wiesbaden, S. 87-120

Hinterhuber, Hans H; Bailom, Franz; Handlbauer, Gernot; Matzler, Kurt 1998: Kundenzufriedenheit durch Kernkompetenzen, in: Wildemann, Horst (Hrsg.): Innovation in der Produktionswirtschaft – Produkte, Prozesse, Planung und Steuerung, München, S. 371-392

Hippe, Alan 1996: Betrachtungsebenen und Erkenntnisziele in strategischen Unternehmensnetzwerken, in: Bellmann, Klaus; Hippe Alan (Hrsg.): Management von Unternehmensnetzwerken: interorganisationale Konzepte und praktische Umsetzung, Wiesbaden, S. 21-54

Hoch, Detlev J. 1997: Wettbewerbsvorteile durch Information (?), in: Picot, Arnold (Hrsg): Information als Wettbewerbsfaktor, Kongress Dokumentation/ 50. Deutscher Betriebswirtschafter-Tag 1996, Stuttgart, S. 7-36

Hofmeister, Susanne 1989: Stoff- und Energiebilanzen. Zur Eignung des physischen Bilanz-Prinzips als Konzeption der Umweltplanung, in: Schriftenreihe des Fachbereichs Landschaftsentwicklung der Technischen Universität Berlin, Nr. 58

Holz, Andreas; Hippe, Alan 1996: Steuerungsgestaltungsmöglichkeiten in grenzüberschreitenden Unternehmensnetzwerken, in: Bellmann, Klaus; Hippe Alan

(Hrsg.): Management von Unternehmensnetzwerken: interorganisationale Konzepte und praktische Umsetzung, Wiesbaden, S. 237-268

Hornen, Christoph; Hager, Randolf 2001: Die Umweltkommunikation im Blickwinkel von Umweltinformationssystemen und Information Management Technologie: in: Treibert, René H. (Hrsg.): Betriebliche Umweltinformationssysteme für Umwelt, Qualität und Sicherheit, Marburg, S. 155-165

Horst, Michael von der 2001: Einsatz von E-Commerce in allen stufen der Wertschöpfungskette – das Beispiel Cisco Systems, in: Hermanns, Arnold; Sauter, Michael (Hrsg.): Management-Handbuch electronic commerce: Grundlagen, Strategien, Praxisbeispiele, München, S. 515-530

Howaldt, Jürgen; Kopp, Ralf; Martens, Helmut 2001: Kooperationsverbünde und reginale Modernisierung: Thematische Einführung, in: Howaldt, Jürgen; Kopp, Ralf; Flocken, Peter (Hrsg.): Kooperationsverbünde und regionale Modernisierung: Theorie und Praxis der Netzwerkarbeit, Wiesbaden 2001, S. 3-20

Howard, Mickey; Holweg, Mathias 2004: Investigating the intangible: lessons learnt form research into automotive inter-organisational IT systems, in: Int. Journal of Automotive Technology and Management, Vol. 4, Nr. 4, 2004, S. 354-373

Hughes, Jon; Ralf, Mark; Michels Bill 2000: Supply Chain Management – So steigern Sie die Effizienz Ihres Unternehmens durch perfekte Organisation der Wertschöpfungskette, Landsberg, Lech

Hummel, Johannes; Kytzia, Susanne; Siegenthaler, Claude 1995: Umweltschutzrelevante Informationen in Unternehmen – Quellen und Auswertungsmethoden, in: Haasis, Hans-Dietrich; Hilty, Lorenz M.; Kürzl, Hans; Rautenstrauch, Claus (Hrsg.): Betriebliche Umweltinformationssysteme: (BUIS); Projekte und Perspektiven, Marburg, S. 103-120

Isenmann, Ralf; Lenz, Christian; Marx-Gómez, Jorge; Amlung, Mario; Anrdt, Hans-Knud 2003: Standardisierung XML-basierter DTDs zur betrieblichen Umweltberichterstattung, in: Heubach, Daniel; Rey, Uwe (Hrsg.): Integration von Umweltinformationssystemen in betriebliche Informationssysteme, 11. Tagung der Fachgruppe Betriebliche Umweltinformationssysteme der Gesellschaft für Informatik e.V., Achen, S. 69-84

Jacksons, Tim; Clift, Roland 1998: Where's the Profit in Industrial Ecology?, in: JIE, Vol. 2, Nr. 1, S. 3-5

Jakobs, Eva-Maria 2002: Kommunikation in Netzwerken, in: Milberg, Joachim (2002): Erfolg in Netzwerken, Berlin, S. 313-324

Janzen, Henrik 1996: Ökologisches Controlling im Dienste von Umwelt- und Risikomanagement, Stuttgart

Jarillo, Carlos J. 1993: Strategic Networks: Creating the borderless organization, Oxford

Jehle, Egon 2000: Steuerung von großen Netzen in der Logistik unter besonderer Berücksichtigung von Supply Chains, in: Wildemann, Horst (Hrsg.): Supply Chain Management, München, S. 205-226

Johanson, Jonas; Mattson, Lars-Gunnar 1987: Interorganizational relations in industrial systems: a network approach compared with the transaction-cost approach, ISMO 17 (1), S. 34-48

Jost, Peter-J. 2001 (Hrsg.): Die Prinzipal-Agenten-Theorie in der Betriebswirtschaftslehre, Stuttgart

Jürgens, Gunnar; Schnapperelle, Dirk; Steinaecker, Jörg von (1999):EPSILON – Ein System zur Unterstützung einer umweltorientierten Planung in Unternehmensnetzwerken, in: Rautenstrauch, Claus; Schenk, Michael (Hsrg.): Umweltinformatik 99, Umweltinformatik zwischen Theorie und Industrieanwendung, Marburg, S. 46-54

Jürgens, Gunnar 2000: Einleitung, in: Bullinger, Hans-Jörg, Eversheim, Walter; Haasis, Hans-Dietrich; Klocke, Fritz (Hrsg.): Auftragsabwicklung optimieren nach Umwelt- und Kostenzielen: OPUS – Organisationsmodelle und Informationssysteme für eine produktionsintegrierten Umweltschutz, Berlin, S. 3-8

Jürgens, Gunnar; Lang, Claus; Beucker, Severin; Loew, Thomas 2003: Anforderungen an Betriebliche Umweltinformationssysteme (BUIS) zur Unterstützung von Instrumenten des Umweltcontrollings, Zwischenbericht aus Arbeitspaket 1.3, Projekt INTUS, Stuttgart

Kaiser, Karin 1996: Gestaltung lernfördernder Bedingungen in Unternehmen, in: Schatz, Roland (Hrsg.): Netzwerke als Basis lernender Organisation, Fribourg, S. 43-58

Kaluza, Bernd; Bischof, Christian; Blecker, Thorsten; Gotsche, Bernd 1999: Einsatz und Entwicklungsperspektiven von betrieblichen Umweltinformationssystemen und Umweltmanagementsystemen in der Kärntner Wirtschaft – theoretische Überlegungen und empirische Befunde, Diskussionsbeiträge des Instituts für Wirtschaftswissenschaften der Universität Klagenfurt, Klagenfurt

Kaluza, Bernd; Blecker, Thomas 1996: Management industrieller Entsorgungsnetzwerke, in: Bellmann, Klaus; Hippe Alan (Hrsg.): Management von Unternehmensnetzwerken: interorganisationale Konzepte und praktische Umsetzung, Wiesbaden, S. 379-417

Kaluza, Bernd; Blecker, Thorsten 2000a: Supply Chain Management und Unternehmung ohne Grenzen – Zur Verknüpfung zweier interorganisationaler Konzepte, in: Wildemann, Horst (Hrsg.): Supply Chain Management, München, S. 117-152

Kaluza, Bernd; Blecker, Thorsten 2000b: Strategische Optionen der Unternehmung ohne Grenzen, in: Kaluza, Bernd, Blecker, Thorsten (Hrsg.): Produktions- und Logistikmanagement in Virtuellen Unternehmen und Unternehmensnetzwerken, Berlin Heidelberg New York, S. 533-569

Kaluza, Bernd; Blecker, Thorsten 2000c: Management der Produktion und der Logistik in der Unternehmung ohne Grenzen, in: Kaluza, Bernd, Blecker, Thorsten (Hrsg.): Produktions- und Logistikmanagement in Virtuellen Unternehmen und Unternehmensnetzwerken, Berlin Heidelberg New York, S. 533-569

Kaluza, Bernd; Dullnig, Herwig; Malle, Franz 2003: Principal-Agent-Probleme in der Supply Chain – Problemanalyse und Diskussion von Lösungsvorschlägen, Diskussionbeitrag des Institutes für Wirtschaftswissenschaften der Universität Klagenfurt, Klagenfurt

Karl, Helmut; Möller, Antje 2003: Kooperationen zur Entwicklung von Umweltinnovationen – Marktendogene Kooperationsdynamik und wirtschaftspolitische Kooperationsförderung, in: Horbach, Jens; Huber, Joseph; Schulz, Thomas (Hrsg.):

Nachhaltigkeit und Innovation: Rahmenbedingungen für Umweltinnovationen, München, S. 191-218

Katsumoto, Shuzo 2003: Information and Communication Technology and the Environment – An Asian Perspective, in: JIE, Volume 6, Number 2, S. 4-7

Keßeler, Thomas 2000: Kettenübergreifender Austausch von einzelbetrieblicher Umweltinformationen in Unternehmen der Land- und Ernährungswirtschaft, in: Hilty, Lorenz M.; Schulthess, Daniel; Ruddy, Thomas F. (Hrsg.): Strategische und betriebsübergreifende Anwendungen betrieblicher Umweltinformationssysteme, Marburg, S. 125-142

Kieser, Alfred; Hegele, Cornelia; Klimmer, Mathias 1998: Kommunikation im organisatorischen Wandel, Stuttgart

Kirchgeorg, Manfred 1999: Marktstrategisches Kreislaufmanagement: Ziele, Strategien und Strukturkonzepte, Wiesbaden

Klein, Stefan 1996: Informationstechnologie und Unternehmensnetzwerke, in: Bellmann, Klaus; Hippe Alan (Hrsg.): Management von Unternehmensnetzwerken: interorganisationale Konzepte und praktische Umsetzung, Wiesbaden, S. 157-190

Kleinaltenkamp, Michael 1985: Recycling-Strategien, Berlin

Kleinaltenkamp, Michael 1994: Hemmnisse des Einsatzes Neuer Technologien – Eine Analyse organisationalen Beschaffungs- und Implementierungsverhaltens, in: Kleinaltenkamp, Michael; Schubert, Klaus (Hrsg.): Netzwerkansätze im Business-to-Business Marketing: Beschaffung, Absatz, Implementierung neuer Technologien, Wiesbaden, S. 155-184

Kleinaltenkamp, Michael; Ehret, Michael 2000: Innovative Kapitalnutzung durch elektronische Schnittstellen im Business-to-Business Bereiche, in: Kaluza, Bernd, Blecker, Thorsten (Hrsg.): Produktions- und Logistikmanagement in Virtuellen Unternehmen und Unternehmensnetzwerken, Berlin Heidelberg New York, S. 451-492

Klemisch, Herbert 1997: Ergebnisse des Projektes „Öko-Audit und Beschäftigtenbeteiligung in KMU", in: Klemisch, Herbert (Hrsg.): Öko-Audit und Partizipation. Die betriebliche Umsetzung von Umweltinformationssystemen in kleinen und mittelständischen Unternehmen, Bonn, S. 5-23

Klemm, Wolfgang1997: Wertschöpfungsnetzwerke international tätiger Unternehmen, München

Klenner, Roland 2002: Unterstützung stoff- und energieflussinduzierter Entscheidungen durch Betriebliche Umweltinformationssysteme, Aachen

Knetsch, Gerlinde; Schröder, Winfried 2002: Use of GIS and Statistics for an Environmental Monitoring System in Germany; in: Pillmann, Werner; Tochtermann, Klaus (Hrsg.): Environmental Communication in the Information Society, Part 1, Wien, S. 553-558

Knight, Frank Hyneman 1971: Risk, uncertainty and profit, Chicago et al.

Knyphausen-Aufseß, Dodo zu 1999: Theoretische Perspektiven zur Entwicklung von Regionalnetzwerken, in: ZfB, 69. Jg., H. 5/6, s. 593-616

Kogg, Beatrice 2003: Power and Incentives in Environmental Supply Chain Management, in: Seuring, Stefan; Müller, Martin; Goldbach, Maria; Schneidewind, Uwe (Hrsg.): Strategy and Organizations in Supply Chains, Heidelberg, New York, S. 65-82

Korhonen, Jouni 2004: Industrial ecology in the strategic sustainable development model: strategic applications of industrial ecology, in: JCP 12 (2004), S. 809-823

Koschatzky, Knut; Gundrum, Uwe 1997: Die Bedeutung von Innovationsnetzwerken für kleine und mittlere Unternehmen, in: Koschatzky, Knut (Hrsg.) Technologieunternehmen im Innovationsprozess, Heidelberg, S. 207-228

Kotzab, Herbert 2000: Zum Wesen von Supply Chain Management vor dem Hintergrund der betriebswirtschaftlichen Logistikkonzeption – erweiterte Überlegungen, in: Wildemann (Hrsg.): Supply Chain Management, München, S. 21-48

Kraus, Michael; Scheer, August-Wilhelm 1997: Integrationsaspekte Betrieblicher Umweltinformationssysteme, in: UWF, 5. Jg., H3, September 1997, S. 12-16

Krcal, Hans-Christian 2000: Umweltschutzkooperationen in der Automobilindustrie – ein Überblick, in: UWF, 8. Jf., H2, Juni 2000, S. 5-9

Krcmar, Helmut 1996: Informationsproduktion, in: Kern, Werner; Schröder, Hans-Horst; Weber, Jürgen (Hrsg.): Handwörterbuch der Produktionswirtschaft, 2. völlig neu gest. Aufl., Stuttgart, S. 718-728

Krcmar, Helmut 2003: Informationsmanagement, 3. überarb. und erw. Aufl., Berlin, Heidelberg, New York

Krcmar, Helmut; Dold, Georg; Scheide, Wolfgang; Oettinger, Michael; Kreeb, Martin; Wagner, Bernd; Strobel, Markus; Hoffmann, Astrid; Enzler, Stefan; Fischer, Hartmut; Seifert, Eberhard K. 1997: Ecointegral: Referenzmodell für DV-gestütztes Umweltmanagement, in: UWF, 5. Jg., H3, September 1997, S. 28-31

Krcmar, Helmut; Dold, Georg; Fischer, Hartmut; Strobel, Markus; Seifert, Eberhard K. 2000 (Hrsg.): Informationssysteme für das Umweltmanagement: Das Referenzmodell ECO-Integral, München, Wien

Krebs, Michael; Rock, Reinhard 1994: Unternehmungsnetzwerke – eine intermediäre oder eigenständige Organisationsform?, in: Sydow, Jörg; Windeler, Arnold 1994 (Hrsg): Management interorganisationaler Beziehungen. Vertrauen, Kontrolle und Informationstechnik, Opladen, S. 322-345

Kreikebaum, Hartmut 1996: Die Organisation ökologischer Lernprozesse, in: UWF 4. JG., H3, September 1996, S. 4-8

Kreikebaum, Hartmut 1997: Strategische Unternehmensplanung, 6. überarb. u. erw. Aufl., Stuttgart

Kromrey, Helmut 2002: Empirische Sozialforschung, Opladen

Krüger, Mario 2001: Automatisierte Umweltberichterstattung, in: Marx-Gómez, Jorge C.; Rautenstrauch, Claus (Hrsg.): Von der Ökobilanzierung bis zur automatisierten Umweltberichterstattung mit Stoffstrommanagementsystemen – eine Fallstudie, Aachen, S. 129-178

Kuchenbuch, André; Lange, Christoph; Hafkesbrink, Joachim 2004: Kennzahlengestützte Informationsbereitstellung im Rahmen eines integrierten Controllings, in: UWF 12. Jg., H2, Juni 2004, S. 24-29

Kuhn, Axel; Hellingrath, Bernd 2002: Supply Chain Management: Optimierte Zusammenarbeit in der Wertschöpfungskette, Berlin ua.

Kühnel, Steffen-M.; Krebs, Dagmar 2001: Statistik für die Sozialwissenschaften: Grundlagen, Methoden, Anwendungen, Rheinbek bei Hamburg

Kuhnt, Beate 1998: Softwareentwicklung als systemische Intervention in Organisationen, Zürich

Küpper, Hans-Ulrich 2001: Controlling: Konzeption, Aufgaben und Instrumente, 3., überarb. u. erw. Aufl., Stuttgart

Kürzl, Hans 1995: Erfahrungen in der operativen Einführung von Umweltinformationssystemen in Industriebetrieben, in: Haasis, Hans-Dietrich; Hilty, Lorenz M.; Kürzl, Hans; Rautenstrauch, Claus (Hrsg.): Betriebliche Umweltinformationssysteme: (BUIS); Projekte und Perspektiven, Marburg, S. 173-184

Kürzl, Hans 1999: BUIS der 2. Generation – von funktionalen Lösungen zur Prozessintegration, in: Rautenstrauch, Claus; Schenk, Michael (Hrsg.): Umweltinformatik 99: Umweltinformatik zwischen Theorie und Industrieanwendung, Marburg; S. 13-20

Kutschker, Michael; Schmid, Stefan 1995: Netzwerke internationaler Unternehmen, Diskussionsbeiträge der Wirtschaftswissenschaftlichen Fakultät Ingolstadt, Nr. 64, Ingolstadt

Kytzia, Susanne 1995: Ökobilanz als Bestandteil eines betrieblichen Informationsmanagements, Zürich

Kytzia, Susanne; Münger, Kurt; Siegenthaler, Claude P. 1996: Umweltmanagementsysteme und ihre normativen Grundlagen, in: SW, Mai 1996, S. 101-105

Kytzia, Susanne; Faist, Mireille; Baccini, Peter 2004: Economically extended-MFA: a material flow approach for a better understanding of food production chain, in: JCP, 12 (2004), S. 877-889

Lang, Claus; Jürgens, Gunnar 2003: Aufgaben betrieblicher Umweltinformationssysteme, in: Kramer, Mathias; Brauweiler, Jana; Helling, Klaus (Hrsg.): Internationales Umweltmanagement, Band II, Umweltmanagementinstrumente und –systeme, Wiesbaden, S. 77-100

Lang, Corinna V. 2000: Betriebliche Umweltinformationssysteme auf dem Prüfstand – ein Forschungskonzept, in: Hilty, Lorenz M.; Schulthess, Daniel; Ruddy, Thomas F. (Hrsg.): Strategische und betriebsübergreifende Anwendungen betrieblicher Umweltinformationssysteme, Marburg, S. 47-58

Lange, Christoph; Schaefer, Sigrid; Daldrup, Herbert 2001: Integriertes Controlling in Strategischen Unternehmensnetzwerken, in: Controlling, H2, Februar 2001, S. 75-83

Lehmann, Sabine 1990: Ökobilanzen und Ökocontrolling als Instrumente einer präventiven Umweltpolitik in Unternehmen, in: Fleischer, Günter (Hrsg.): Vermeidung und Verwertung von Abfällen, Berlin, S. 101-109

Lehmann, Sabine; Clausen, Jens 1991: Ökocontrolling. Informationsinstrument für ökologische Wirtschaftsführung, in: Wechselwirkung Nr. 51/91, S. 11-15

Letmathe, Peter; Schwarz, Erich; Steven, Marion 1996: Grundlagen der Umweltberichterstattung, in: UE, Heft Nr. 4 v. 19.6.1996, S. 415-443

Licker, Paul S. 1997: Management Information Systems: A strategic leadership approach, Fort Worth u.a.

Liesegang, Dietfried Günther 2003: Umweltorientierte Produktions- und Kreislaufwirtschaft, in: Kramer, Mathias; Strebel, Heinz; Kayser, Gernot (Hrsg.): Internationales Umweltmanagement, Band III: Operatives Umweltmanagement im internationalen und interdisziplinären Kontext, Wiesbaden, S. 71-106

Löchelt, Heiko 2000: Computergestütztes betriebliches Umweltinformationssystem: Konzeption und Realisierung, Wiesbaden 2002

Loew, Thomas; Lang, Claus; Steinfeldt, Michael; Beucker, Severin; Keil, Michael; Heubach, Daniel 2004: Konzepte zur Implementierung und dauerhaften Anwendung der Instrumente Umweltbilanz, Umweltkennzahlen und Flusskostenrechnung, in: Institut der deutschen Wirtschaft Köln (Hrsg.): Betriebliche Instrumente für nachhaltiges Wirtschaften – Konzepte für die Praxis, Köln, S. 148-156

Loose, Achim; Sydow, Jörg 1994: Vertrauen und Ökonomie in Netzwerkbeziehungen – Strukturationstheoretische Betrachtungen, in: Sydow, Jörg; Windeler, Arnold 1994 (Hrsg): Management interorganisationaler Beziehungen. Vertrauen, Kontrolle und Informationstechnik, Opladen, S. 160-193

Lorenz, Axel D. 1996: Wissenskapital des Unternehmens – ein entscheidender Vorteil, in: UWF, 4. Jg., H3, September 1996, S. 29-35

Lowe, Ernie A. 1997: Creating by-product resource exchanges: strategies for eco-industrial parks, in: JCP, Vol. 5, Nr. 1-2, S. 57-65

Lowe, Ernie A. 1998: Regional Resource Recovery and Eco-Industrial Parks: An integrated Strategy, in: Strebel, Heinz; Schwarz, Erich J. (Hrsg.): Kreislauforientierte Unternehmenskooperationen: Stoffstrommanagement durch innovative Verwertungsnetze, Wien, S. 27-58

Lucas, Cormac; Mitra, Gautam; Mirhassani S. Ali 1998: Supply Chain Planning Under Uncertainty, in: Hadjiconstantiou, Eleni (Hrsg.): Quick response in the supply chain, Berlin et al., S. 77-96

Magin, Vera; Schunk, Holger; Heil, Oliver; Fürst, Romy 2003: Kooperation und Coopetition: Erklärungsperspektive der Spieltheorie, in: Zentes, Joachim; Swoboda, Bernd; Morschett, Dirk (Hrsg.): Kooperationen, Allianzen und Netzwerke, Grundlagen – Ansätze – Perspektiven, Wiesbaden, S. 121-140

Majer, Helge 2003: Über den Nettonutzen nachhaltiger Unternehmensführung, in: UWF, 11. Jg., H4, Dezember 2003, S. 32-36

Männel, Bettina 1996: Netzwerke in der Zulieferindustrie: Konzepte – Gestaltungsmerkmale – Betriebswirtschaftliche Wirkungen, mit einem Geleitwort von Prof. Dr. Horst Wildemann, Wiesbaden

Martin, Sheila A.; Weitz, Keith A.; Cushman, Robert A.; Sharma, Aarti; Lindrooth, Richard C.; Moran, Stephen R. 1996: Eco-Industrial Parks: A Case Study and Analysis of Economic, Environmental, Technical and Regulatory Issues: Final Report. Research Triangle Park, Oakland

Matsche, Manfred J. 1996: Betriebliche Umweltwirtschaft: eine Einführung in die betriebliche Umweltökonomie und in Probleme ihrer Handhabung in der Praxis, Berlin

Mayer, Thomas 1997a: Leitfaden „Umwelt-Software – Die richtige Entscheidung“, ABAG-Abfallberatungsagentur (Hrsg.), 2. überarb. und erw. Aufl., Fellbach

Mayer, Thomas 1997b: USIS Umweltinformatik, Edition 1997/98, Verzeichnis der Umwelt-Software und kompetenter IT-Anbieter, Studie der NOMINA GmbH, München

Mayer, Vera 2000: Regionale Innovationspotenzial und innovative Netzwerke der Industrieunternehmen in der metropolitanen Region Wien, Ergebnisse einer Unternehmensbefragung, Wien

Meckl, Reinhard; Kubitschek, Christian 2000: Organisation von Unternehmensnetzwerken – eine verfügungsrechtstheoretische Analyse, in: ZfB, H3, März 2000, S. 289-308

Meffert, Heribert; Benkenstein, Martin; Schubert, Frank 1987: Umweltschutz und Unternehmensverhalten, in: HM 1987, H. 2, Hamburg, S. 32-39

Meffert, Heribert; Kirchgeorg, Manfred 1998: Marktorientiertes Umweltmanagement: Konzeption-Strategie-Implementierung mit Praxisfällen, 3. überarb. u. erw. Aufl., Stuttgart

Meier, Stefan; Rohn, Holger; Orbach, Thomas; Busch, Timo; Rey, Uwe 2003: Entwicklung von Einführungskonzepten für die Ressourceneffizienz-Rechnung, Ergebnisbericht des Projektes CARE: Computerunterstützte Ressourceneffizienzrechnung in der mittelständischen Wirtschaft, Stuttgart

Meinig, Wolfgang; Mallad, Heike 2000: Umweltorientierte Zusammenarbeit in der Wertschöpfungskette Automobilwirtschaft, in: UWF, 8. Jg., H 2, Juni 2000, S. 10-14

Meyer-Abich, Klaus 2003: Umweltschutz – eine Frage der Ethik, in: UWF, 11. Jg., H 4, Dezember 2003, S. 5-8

Michaelis, Peter 1999: Betriebliches Umweltmanagement: Grundlagen des Umweltmanagements; Umweltmanagement in Funktionsbereichen; Fallbeispiele aus der Praxis, Berlin

Mirata, Murat 2004: Experiences from early stages of a national industrial symbiosis programme in the UK: determinants and coordination challenges, in: JCP, 12 (2004), S. 967-983

Mitchell, James C. 1969: The Concept and Use of Social Networks, in: Mitchell, James C. (Hrsg.): Social Networks in Urban Situations, Manchester, S. 1-50

Mohtashami, Mojgan; Deek, Fadi P.; Im, Il 2003: Critical Factors of Collaborative Software Development in Supply Chain Management, in: Seuring, Stefan; Müller, Martin; Goldbach, Maria; Schneidewind, Uwe (Hrsg.): Strategy and Organizations in Supply Chains, Heidelberg, New York, S. 257-272

Möller, Andreas; Schmidt Mario; Rolf Arno 1998: Ökobilanzen und Kostenrechnung von Produkten, in: Haasis, Hans-Dieter; Ranze, Christoph K. (Hrsg.): Umweltinformatik '98: vernetzte Strukturen in Informatik, Umweltschutz und Wirtschaft, 12. Internationales Symposium „Informatik für den Umweltschutz“ der Gesellschaft für Informatik (GI), Marburg, S. 165-177

Möller, Andreas 2000: Grundlagen stoffstrombasierter Betrieblicher Umweltinformationssysteme, Bochum

Möller, Kristian K.; Halinen Aino 1999: Business Relationships and Networks: Managerial Challeng of Network Era, IMM 28 (1999), S. 413-427

Monse, Kurt; Reimers, Kai 1994: Interorganisationale Informationssysteme des elektronischen Geschäftsverkehrs, (EDI) – Akteurskonstellationen und institutionelle Strukturen, in: Sydow, Jörd; Windeler, Arnold 1994 (Hrsg): Management interorganisationaler Beziehungen. Vertrauen, Kontrolle und Informationstechnik, Opladen, S. 71-92

Morana, Romy; Seuring, Stefan 2003: Organizing a Closed Loop Supply Chain for Used Textiles – The ECOLOG Case Study, in: Seuring, Stefan; Müller, Martin; Goldbach, Maria; Schneidewind, Uwe (Hrsg.): Strategy and Organizations in Supply Chains, Heidelberg, New York, S. 369-384

Morgenstern, Oskar 1963: Spieltheorie und Wirtschaftswissenschaft, 2. Aufl. Wien u.a.

Morschett, Dirk 2003: Formen von Kooperationen, Allianzen und Netzwerken, in: Zentes, Joachim; Swoboda, Bernd; Morschett, Dirk (Hrsg.): Kooperationen, Allianzen und Netzwerke, Grundlagen – Ansätze – Perspektiven, Wiesbaden, S. 387-414

Müller, Armin 1995: Umweltorientiertes betriebliches Rechnungswesen, 2. verbesserte Aufl., München, Wien

Müller, Martin 2003: The Use of Information Technologies in Supply Chains – A Transaction Cost Analysis, in: Seuring, Stefan; Müller, Martin; Goldbach, Maria; Schneidewind, Uwe (Hrsg.): Strategy and Organizations in Supply Chains, Heidelberg, New York, S. 17-30

Müller, Martin; Seuring, Stefan; Goldbach, Maria 2003: Supply Chain Management – Neues Konzept oder Modetrend?, in: DBW 63, 4, S. 419-439

Müller-Beilschmidt, Peter 1996: Software zur Unterstützung der Ökobilanzierung – ein Überblick, in: Schmidt, Mario; Häuslein, Andreas (Hrsg.): Ökobilanzierung mit Computerunterstützung: Produktbilanzen und betriebliche Bilanzen mit dem Programm Umberto®, Berlin, Heidelberg, New York, S. 3-10

Müller-Christ, Georg 1998: Wider die zentrale Bedeutung von Nachhaltigkeit: Ein Vorschlag für die lokale Konstruktion einer nachhaltigen Wirklichkeit, in: ZAU, Jg. 11, H3/4, S. 321-337

Müller-Christ, Georg 2001: Umweltmanagement: Umweltschutz und nachhaltige Entwicklung, München

Müller-Christ, Georg 2003a: Ressourcencontrolling zur Steuerung des strategischen Umweltschutzes, in: UWF, 11. Jg., H.2, Juni 2003, S. 32-36

Müller, Christ, Georg 2003b: Nachhaltige Unternehmensbeziehungen: normativ oder rational?, in: UWF, 11. Jg., H.4, Dezember 2003, S. 14-19

Müller-Christ, Georg; Hülsmann, Michael 2003: Quo vadis Umweltmanagement?, in: DBW 63, 3, S. 257-277

Müller-Witt, Harald 1991: Betriebliche Umweltinformationssysteme, in: Organisationsforum Wirtschaftskongress (Hrsg.): Umweltmanagement im Spannungsfeld zwischen Ökologie und Ökonomie, Wiesbaden 1991, S. 191-219

Murray, Brian H.; Hughes, Julie H.; Russel, William G. 2000: Environmental E-business: The next generation of environmental information systems, in: EM, Jänner 2000, S. 17-21

Neuburger, Rahild 1994: Auswirkungen von EDI auf die zwischenbetriebliche Arbeitsteilung – Eine transaktionskostentheoretische Analyse, in: Sydow, Jörg; Windeler, Arnold 1994 (Hrsg): Management interorganisationaler Beziehungen. Vertrauen, Kontrolle und Informationstechnik, Opladen, S. 49-70

Nicolai, Sascha 2002a: eSupply Chain Management als strategisches Managementkonzept, in: Wannenwetsch, Helmut H.; Nicolai, Sascha (Hrsg.): E-Supply-Chain-Management: Grundlagen – Strategien – Praxisanwendungen, Wiesbaden, S. 1-11

Nicolai, Sascha 2002b: Praxisinstrumente für eine erfolgreiche eSCM-Realisierung, in: Wannenwetsch, Helmut H.; Nicolai, Sascha (Hrsg.): E-Supply-Chain-Management: Grundlagen – Strategien – Praxisanwendungen, Wiesbaden, S. 69-99

Nohria, Nitin; Eccles, Robert 1992: Face-to-Face – Making Network Organization Work; in: Nohria, Nitin; Eccles, Robert; Ibarra, Herminia (Hrsg.): Networks and Organizations, Boston, S. 288-308

Norris, Gregory A.; Yost, Peter 2001: A Transparent, Interactive Software Environment for Communicating Life-Cycle Assessment Results: An Application to Residential Windows, in: JIE, Vol. 5, Nr. 4, S. 15-28

Nöthiger, Markus 1997: Die Rolle von Umweltmanagementsystemen bei der Kreditvergabe, in: UWF, 5. Jg. H.1, März 1997, S. 49-52

Oelsnitz, Dietrich von der 2003: Kooperation: Entwicklung und Verknüpfung von Kernkompetenzen, in: Zentes, Joachim; Swoboda, Bernd; Morschett, Dirk (Hrsg.): Kooperationen, Allianzen und Netzwerke, Grundlagen – Ansätze – Perspektiven, Wiesbaden, S. 183-210

Ohler, Fritz 2001: Evaluierung der oberösterreichischen Clusterinitiativen, Endbericht, im Auftrag des Amtes der oberösterreichischen Landesregierung, Abteilung Gewerbe, unveröffentlicht, unter http://www.clusterland.at/files/Endbericht_Langfassung.pdf, eingesehen am 24.09.2004

o.V. 1987: Produktlinienanalyse. Bedürfnisse, Produkte und ihre Folgen, Institut für angewandte Ökologie e.V. – Projektgruppe Ökologische Wirtschaft (Hrsg.), Köln

Opierzynski, Ralf; Mueller, Frank 2004: Information Technology and Communication in the Field of Sustainable Environmental Protection for Resource Intensive Enterprises: Demands of Thai Industry – Conclusion and Recommandations, in: Proceedings of the National Symposium on Information Technology and Communication in the Field of Sustainable Environmental Protection "FORCE", Bangkok, S. 115-128

Ortega, Maryoly; Perez, Maria;Rojas Teresita 2003: Construction of a systemic quality model for evaluating software products, SQJ, 11, 2003, S. 219-242

Ortmann, Günther; Sydow, Jörg 2003: Grenzmanagement in Unternehmungsnetzwerken: Theoretische Zugänge, in: Zentes, Joachim; Swoboda, Bernd; Morschett, Dirk (Hrsg.): Kooperationen, Allianzen und Netzwerke, Grundlagen – Ansätze – Perspektiven, Wiesbaden, S. 895-920

Orwat, Carsten 1996: Informationsinstrumente des Umweltmanagements: ökologische Bilanzierung und Controlling, Berlin

Osterod, Stefan 1988: Einführung einer Ökobilanz in einem Industriebetrieb, Lengerich

Otterstätter, Arnd; Hofman, Claus; Behrens, Sven; Nikolai, Ralf; Kazakos, Wassili 2001; Einsatz von XML in Umweltinformationssystemen: Ansätze, Werkzeuge und Fallbeispiele, in: Tochtermann, Klaus; Riekert, Wolf-Fritz (Hrsg.): Neue Methoden für das Wissensmanagement im Umweltschutz, Marburg, S. 124-134

Otto, Andreas 2002: Management und Controlling von Supply Chains: ein Modell auf der Basis der Netzwerktheorie, Wiesbaden

Otto, Andreas; Kotzab, Herbert 2001: Der Betrag des Supply Chain Managements zum Management von Supply Chains, ZfbF 53, März 2001, S. 157-176

Pasckert, Andreas 1997: Zukunftsfähige Wertschöpfungskreisläufe, Hamburg

Peck, Steven 2002: When is an Eco-Industrial park not an Eco-Industrial Park?, JIE, Volume 5, Nr. 3, S. 3-5

Penrose, Edith Tilton 1995: The theory of the growth of the firm, 3. Aufl., Oxford

Perl, Elke 2003: Grundlagen des Innovations- und Technologiemanagements, in: Strebel, Heinz (Hrsg.): Innovations- und Technologiemanagement, Wien, S. 15-48

Pfohl, Hans-Christian 2000: Supply Chain Management: Konzepte, Trends, Strategien, in: Pfohl, Hans-Christian (Hrsg.): Supply Chain Management: Logistik plus?, Logistikkette – Marketingkette – Finanzkette, Darmstadt, S. 1-44

Picot, Arnold 1977: Betriebswirtschaftliche Umweltbeziehungen und Umweltinformationen: Grundlagen einer erweiterten Erfolgsanalyse für Unternehmungen, Berlin

Picot, Arnold 1982: Transaktionskostenansatz in der Organisationstheorie: Stand der Diskussion und Aussagewert, in: Die Betriebswirtschaft, Nr. 2, 1982, S. 267-284

Picot, Arnold 1993: Transaktionskostenansatz, in: Grochla, Erwin; Wittmann, Waldemar (Hrsg): Handwörterbuch der Betriebswirtschaft, 5. Aufl., Stuttgart

Picot, Arnold; Rohrbach, Peter 1996: Informations- und Kommunikationssysteme, in: Kern, Werner; Schröder, Hans-Horst; Weber, Jürgen (Hrsg.): Handwörterbuch der Produktionswirtschaft, 2. völlig neu gest. Aufl., Stuttgart, S. 704-718

Picot, Arnold 1997: Information als Wettbewerbsfaktor – Veränderungen in Organisation und Controlling, in: Picot, Arnold (Hrsg): Information als Wettbewerbsfaktor, Kongress Dokumentation/ 50. Deutscher Betriebswirtschafter-Tag 1996, Stuttgart, S. 175-200

Picot, Arnold; Franck, Egon 1993a: Aufgabenfelder eines Informationsmanagement (I), WISU 5/93, S. 433-437

Picot, Arnold; Franck, Egon 1993b: Aufgabenfelder eines Informationsmanagement (II), WISU 6/93, S. 520-526

Picot, Arnold; Reichwald, Ralf 1994: Auflösung der Unternehmung? Vom Einfluss der IuK-Technik auf Organisationsstrukturen und Kooperationsformen, in: ZfB 64. Jg. (1994), H. 5, S. 547-570

Picot, Arnold; Rohrbach, Peter 1996: Informations- und Kommunikationssysteme, in: Kern, Werner; Schröder, Hans-Horst; Weber, Jürgen (Hrsg.): Handwörterbuch der Produktionswirtschaft, 2. völlig neu gest. Aufl., S. 704-717

Picot, Arnold; Reichwald, Ralf; Wigand Rolf T. 2003: Die grenzenlose Unternehmung – Information, Organisation und Management: Lehrbuch zur Unternehmensführung im Informationszeitalter, 5. überarb. Aufl., Wiesbaden

Pieler, Dirk 2001: Neue Wege zur lernenden Organisation: Bildungsmanagement – Wissensmanagement – Change Management – Culture Management, Wiesbaden

Pies, Ingo; Leschke, Martin 2000 (Hrsg.): Ronald Coase' Transaktionskosten-Ansatz, Mohr Siebeck

Pilon, Sylvianne; DeBresson, Chris 2003: Local Culture and Regional Innovation Networks: Some Propositions, in: Fornahl, Dirk; Brenner, Thomas (Hrsg.): Cooperation, Networks and Institutions in Regional Innovation Systems, S. 15-37

Poirier, Charles C.; Reiter, Stephan E. 1997: Die optimale Wertschöpfungskette: Wie Lieferanten, Produzenten und Handel bestens zusammenarbeiten, Frankfurt/Main, New York

Popper, Karl R. 1976: Logik der Forschung , 6., verb. Aufl., Tübingen

Porter, Michael E. 1996: Nationale Wettbewerbskraft – woher kommt sie?, in: Montgomery, Cynthia; Porter, Michael E. (Hrsg.): Strategie, Wien, S. 141-178;

Porter, Michael E. 1999: Wettbewerbsvorteile (Competitive Advantage): Spitzenleistungen erreichen und behaupten, 5. Aufl., Frankfurt a. M.

Posch, Alfred 2003a: Darstellung und kritische Analyse ökologieorientierter Bewertungsverfahren, in: Tschandl, Martin; Posch, Alfred (Hrsg.): Integriertes Umweltcontrolling: Von der Stoffstromanalyse zum integrierten Bewertungs- und Informationssystem, Wiesbaden, S. 77-101

Posch, Alfred 2003b: Management von Innovationsprojekten, in: Strebel, Heinz (Hrsg.): Innovations- und Technologiemanagement, Wien, S. 211-264

Posch, Alfred 2004: Industrial recycling networks: results of rational decision making or "organized anarchies"?, PIE, Vol. 1. Nr. 1/2/3, S. 112-129

Posch, Alfred; Schwarz, Erich; Steiner, Gerald; Strebel, Heinz; Vorbach, Stefan 1998: Das Verwertungsnetz Obersteiermark und sein Potential, in: Strebel, Heinz; Schwarz, Erich J. (Hrsg.): Kreislauforientierte Unternehmenskooperationen: Stoffstrommanagement durch innovative Verwertungsnetze, Wien, S. 211-222

Pospeschill, Markus 2004: SPSS für Fortgeschrittene – Durchführung fortgeschrittener statistischer Analysen, Saarbrücken

Prahalad, C.K; Hamel, Gary 1990: The Core Competence of the Cooperation, Harvard Business Review, May-June 1990, S. 79-91

Prammer, Heinz K. 1996: Einsatzgebiete und Leistungsfähigkeit ökobilanzieller Bewertungsverfahren, in: Malinsky, Adolf H. (Hrsg.): Betriebliche Umweltwirtschaft: Grundzüge und Schwerpunkte, Wiesbaden, S. 211-244

Prange, Christiane 1996: Interorganisationales Lernen: Lernen in, von und zwischen Organisationen, in: Schreyögg, Georg; Conrad, Peter (Hrsg.): Wissensmanagement, Berlin, S. 163-191

Preissl, Brigitte; Solimene, Laura 2003: The Dynamics of Clusters and Innovation: Beyond Systems and Networks, Heidelberg

Probst, Gilbert J.; Büchel, Bettina 1994: Organisationales Lernen: Wettbewerbsvorteil der Zukunft, Wiesbaden

Pucik, Vladimir 1996: Strategic Alliances, Organizational Learning, and Competitive Advantage: The HRM Agenda, in: Myers, Paul S. (Hrsg.): Knowledge Management and Organizational Design, Newton, S. 151-166

Quack, Dietlinde; Oley, Michael 2002: Environmental Advantages of Video Conferencing Systems – Results form a simplified LCA, in: Pillmann, Werner; Tochtermann, Klaus (Hrsg.): Environmental Communication in the Information Society, Part 2, Wien, S. 446-450

Raffée, Hans; Fritz, Wolfgang 1995: Unternehmensziele und Umweltschutz, in: Junkernheinrich, Martin; Klemmer, Paul; Wagner, Gerd R. (Hrsg.): Handbuch zur Umweltökonomie, Berlin S. 344-348

Rauch, Wolf 1994: Informationswissenschaft: Theorie und Praxis, in: Der Wirtschaftsingenieur 26 (1994), S. 8-11

Rautenstrauch, Claus 1997: Perspektiven Betrieblicher Umweltinformationssysteme, in: UWF, 5. Jg., H3, September 1997, S. 7-11

Rautenstrauch, Claus 1999: Betriebliche Umweltinformationssysteme: Grundlagen, Konzepte und Systeme, Berlin Heidelberg

Rautenstrauch, Claus 2000: Ein Schnappschuss der internationalen Umweltinformatik-Szene, in: Cremers, Armin B.; Greve, Klaus (Hrsg.): Umweltinformatik 00, Umweltinformation für Planung, Politik und Öffentlichkeit 2000, Marburg, S. 476-480

Rautenstrauch, Claus; Schwarz, Erich (1997): Von betrieblichen zu überbetrieblichen Umweltinformationssystemen – Koordination überbetrieblicher Recyclingverbunde, in Geiger, Werner; Jaeschke, Andreas; Rentz, Otto; Simon, Eric; Spengler, Thomas; Zilliox, Lothaire; Zundel, Thierry (Hrsg.): Umweltinformatik 97: 11. Internationales Symposium der Gesellschaft für Informatik, Marburg, S. 44-56

Reichwald, Ralf 1997: Neue Arbeitsformen in der vernetzten Umgebung: Flexibilität und Controlling, in: Picot, Arnold (Hrsg): Information als Wettbewerbsfaktor, Kongress Dokumentation/ 50. Deutscher Betriebswirtschafter-Tag 1996, Stuttgart, S. 233-264

Reichwald, Ralf; Hermann, Michael; Hoppel, Barbara 2001: Organisationsstrategien von Start Up-Unternehmen im E-Commerce, in: Hermanns, Arnold; Sauter, Michael (Hrsg.): Management-Handbuch electronic commerce: Grundlagen, Strategien, Praxisbeispiele, München, S. 147-158

Reinhart, Gunther; Mehler, Bruno 2000: Organisatorische und informationstechnische Aspekte beim Aufbau virtueller Fabriken, in: Kaluza, Bernd, Blecker, Thorsten (Hrsg.): Produktions- und Logistikmanagement in Virtuellen Unternehmen und Unternehmensnetzwerken, Berlin Heidelberg New York, S. 391-420

Reiß, Michael 1998: Mythos Netzwerkorganisation, ZFO, H4 1998, S. 224-229

Reiß, Michael 2000: Koordinatoren in Produktionsnetzwerken, in: Kaluza, Bernd, Blecker, Thorsten (Hrsg.): Produktions- und Logistikmanagement in Virtuellen Unternehmen und Unternehmensnetzwerken, Berlin Heidelberg New York, S. 217-248

Rennert, Sandra 2001: Rahmenkonzept für ein Informations- und Kommunikationssystem zur kreislauforientierten Altproduktentsorgung, Frankfurt am Main

Rey, Uwe; Schnapperelle, Dirk 1999: Transferplattform zur Darstellung IT-gestützter Werkzeuge im betrieblichen Umweltschutz, in: Dade, Christian; Schulz, Bernhard (Hrsg.): Management von Umweltinformationen in vernetzten Umgebungen, Marbug, S. 146-149

Riebel, Paul 1955: Die Kuppelproduktion: Betriebs- und Marktprobleme, Köln, Opladen

Riebel, Paul 1973: Kostenrechnung, Neue Produkte aus Abfällen, Wirtschaftswoche 28 (1973) H. 3, S. 43-46

Riebel, Paul 1996: Kuppelproduktion in: Kern, W. et al. (Hrsg.): Handbuch der Produktionswirtschaft, 2. Auflage, Stuttgart, Sp. 992-104

Ritter, Thomas, Gemünden, Hans G. 1998: Die netzwerkende Unternehmung: Organisationale Voraussetzungen netzwerk-kompetenter Unternehmen, in: ZFO, H5, 1998, S. 260-265

Rödler, Erwin; Rödler, Richard; Müller, Stephan 2003: Balanced Scorecard und MIS, Bonn

Röhl, Horst 1999: Entwicklung und Umsetzung eines Umweltinformationssystems bei Volkswagen, in: Bullinger, Hans-Jörg; Jürgens, Gunnar; Rey, Uwe (Hrsg.): Betriebliche Umweltinformationssysteme in der Praxis: Tagungsband zum Management-Symposium, Stuttgart, S. 67-78

Röhrle, Christoph 2004: Gestaltung effizienter integrierter Informationssysteme, in: Tschandl, Martin; Ortner, Wolfgang (Hrsg.): Effizienz betrieblicher Informationssysteme, Graz, S. 165-184

Rosen, Christine M.; Bercovitz, Janet; Beckman, Sara 2001: Environmental Supply-Chain Management in the Computer Industry, in: JIE, Volume 4, Nr. 4, S. 83-103

Röttgers, Jan; Günther, Oliver 1999: Nutzeranforderungen an Umweltinformationssysteme: Die Fallstudie VKS-Umwelt, in: Rautenstrauch, Claus; Schenk, Michael (Hsrg.): Umweltinformatik 99, Umweltinformatik zwischen Theorie und Industrieanwendung, Marburg, S. 435-446

Rück, Thomas 1993: Öko-Controlling als Führungsinstrument, Wiesbaden

Ryan, Chris 1999: Information Technology and DfE: From Support Tool to Design Principle, in: JIE, Vol. 3, Nr. 1, S. 5-8

Sander, Konrad 1994: Auf die Menschen kommt es an: Vom Umweltbewusstsein zum Umwelthandeln, in: UWF, 2. Jg., H5, April 1994, S. 69-71

Schaltegger, Stefan; Kempke, Sandra 1996: Ökocontrolling, Überblick über bisherige Ansätze, in: ZfB-Ergänzungsheft 2/96, S. 149-163

Schaltegger, Stefan; Sturm, Andreas 1992: Ökologieorientierte Entscheidungen im Unternehmen: Ökologisches Rechnungswesen statt Ökobilanzierung: Notwendigkeit, Kriterien, Konzepte, Bern, Stuttgart, Wien

Scheer, August-Wilhelm 1990: CIM – Der computergesteuerte Industriebetrieb, 4. neu bearb. u. erw. Aufl., Berlin, Heidelberg ua.

Scheer, August-Wilhelm; Angeli, Ralf; Herrmann, Katja 2003: Moderne Informations- und Kommunikationstechnologien – Treiber neuer Kooperations- und

Kollaborationsformen, in: Zentes, Joachim; Swoboda, Bernd; Morschett, Dirk (Hrsg.): Kooperationen, Allianzen und Netzwerke, Grundlagen – Ansätze – Perspektiven, Wiesbaden, S. 359-384

Schlatter, Andreas; Züst, Rainer 1998: Aufbau betrieblicher Umweltinformationssysteme: Ein Beitrag zur Konzeption und Realisierung, in: Bullinger, Hans-Jörg; Hilty Lorenz M.; Rautenstrauch, Claus; Rey, Uwe; Weller, Andreas (Hrsg.): Betriebliche Umweltinformationssysteme in Produktion und Logistik, Marburg, S. 31-54

Schlatter, Andreas 2000: Der ökonomische Nutzen Betrieblicher Umweltinformationssysteme – eine Evaluationsmethode, in: Hilty, Lorenz M.; Schulthess, Daniel; Ruddy, Thomas F. (Hrsg.): Strategische und betriebsübergreifende Anwendungen betrieblicher Umweltinformationssysteme, Marburg, S. 9-24

Schmid, Uwe 1996: Ökologiegerichtete Wertschöpfung in Industrieunternehmungen: Industrielle Produktion im Spannungsfeld zwischen Markterfolg und Naturbewahrung, Frankfurt am Main

Schmidt, Mario; Schorb, Archim 1996: Ökobilanzen – Zahlenbasen für den betrieblichen Umweltschutz, in: Spektrum der Wissensschaft, Mai 1996, S. 94-101

Schmidt, Mario 2000a: Betriebliches Stoffstrommanagement, in: in Dyckhoff, Harald (Hrsg.) Umweltmanagement, Berlin, Heidelberg, New York, S. 121-150

Schmidt, Mario 2000b: Computergestützte Stoffstromanalysen – hat das Unternehmen einen Nutzen davon?, in: Hilty, Lorenz M.; Schulthess, Daniel; Ruddy, Thomas F. (Hrsg.): Strategische und betriebsübergreifende Anwendungen betrieblicher Umweltinformationssysteme, Marburg, S. 25-36

Schmidt, Wulf-Peter 1999: Einsatz von Software-Tools für Ökobilanzen und Design for Environment in der Praxis, in: Bullinger, Hans-Jörg; Jürgens, Gunnar; Rey, Uwe (Hrsg.): Betriebliche Umweltinformationssysteme in der Praxis: Tagungsband zum Management-Symposium, Stuttgart, S. 93-102

Schmidt Ralf-Bodo (1974): Unternehmensphilosophie und Umweltschutz, in: Wild, Jürgen v. (Hrsg.): Unternehmensführung. Festschrift für E. Kosiol, Berlin 1974, S. 123-138

Schmidtchen, Dieter 2003: Wettbewerb und Kooperation (Co-opetition): Neues Paradigma für Wettbewerbstheorie und Wettbewerbspolitik?, in: Zentes, Joachim; Swoboda, Bernd; Morschett, Dirk (Hrsg.): Kooperationen, Allianzen und Netzwerke, Grundlagen – Ansätze – Perspektiven, Wiesbaden, S. 65-92

Schneidewind, Uwe 1995: Ökologisch orientierte Kooperationen aus betriebswirtschaftlicher Sicht, in: UWF, 3. Jg., H4, S. 16-21

Schreiter, Hans-Peter 1998: Landesumweltinformationssystem Brandenburg (LUIS) – Ein flexibles, verteiltes System auf der Basis von COBRA für die Bereitstellung von Umweltinformationen, in: Riekert, Wolf-Fritz; Tochtermann, Klaus (Hrsg.): Hypermedia im Umweltschutz, S. 139-144

Schreyögg, Georg 2001: Wissen, Wissenschaftstheorie und Wissensmanagement, in: Schreyögg, Georg (Hrsg.): Wissen in Unternehmen: Konzepte, Maßnahmen, Methoden, Berlin, S. 3-20

Schröder, Bernd 2002: Der Weg zu kreativem Supply Chain Management, in: Voegele, Andreas R.; Zeuch Michael P. (Hrsg.): Supply Network Management, Wiesbaden, S. 101-116

Schubert, Klaus 1994: Netzwerke und Netzwerkansätze: Leistungen und Grenzen eines sozialwissenschaftlichen Konzeptes, in: Kleinaltenkamp, Michael; Schubert, Klaus (Hrsg.): Netzwerkansätze im Business-to-Business Marketing: Beschaffung, Absatz und Implementierung neuer Technologien, Wiesbaden 1994, S. 5-50

Schuh, Günther; Eisen Stephan; Dierkes, Markus 2000: Virtuelle Fabrik: Flexibles Produktionsnetzwerk zur Bewältigung des Strukturwandels, in: Kaluza, Bernd, Blecker, Thorsten (Hrsg.): Produktions- und Logistikmanagement in Virtuellen Unternehmen und Unternehmensnetzwerken, Berlin Heidelberg New York, S. 61-88

Schulz, Erika; Schulz Werner 1993: Umweltcontrolling in der Praxis: ein Ratgeber für Betriebe, München

Schulz, Werner 1989: Betriebliche Umweltinformationssysteme, in: UE, Heft 6 v. 7.12. 1989, S. 33-99

Schulz, Werner 1991: Ökocontrolling, in: Organisationsforum Wirtschaftskongress (Hrsg.): Umweltmanagement im Spannungsfeld zwischen Ökologie und Ökonomie, Wiesbaden 1991, S. 221-242

Schulz, Werner; Burschel, Carlo; Diffenhard, Volker; Geßner, Christian; Gutterer, Bernd; Krcmar, Helmut; Kreeb, Martin; Voßeler, Christof 2002:: Ökoradar.de – auf dem Weg zum Nachhaltigen Wirtschaften, in: Böcker, Reinhard; Sandhage-Hofmann, Alexandra (Hrsg.): Globale Klimaerwärmung und Ernährungssicherung, Hohenheimer Umwelttagung 34, Stuttgart 2002, S. 71-86

Schulze, Bert 2001: Betriebswirtschaftliche Software als Basis von umwelt- und sicherheitsrelevanten Funktionalitäten, in: Treibert, René H. (Hrsg.): Betriebliche Umweltinformationssysteme für Umwelt, Qualität und Sicherheit, Marburg, S. 285-293

Schumann, Matthias 1990: Abschätzung von Nutzeffekten zwischenbetrieblicher Informationsverarbeitung, Wirtschaftsinformatik, 32. Jg., 4, 1990, S. 307-319

Schumpeter, Josef, (1977): Der Unternehmer, in: Witte, E./Thimm, A.L.: Entscheidungstheorie: Texte und Analysen, Wiesbaden, S. 14-22

Schwaderlapp, Rolf 1999: Umweltmanagementsysteme in der Praxis; qualitative empirische Untersuchung über die organisatorischen Implikationen des Öko-Audits, München, Wien

Schwarz, Erich J. 1994a: Unternehmensnetzwerke im Recyclingbereich, Mit einem Geleitwort von Heinz Strebel, Wiesbaden

Schwarz, Erich J. 1994b: Informations- und Koordinationssysteme zur Rückstandsvermittlung, in: Rauch, Wolf; Strohmeier, Franz; Hiller, Harald; Schlögl, Christian (Hsrg.): Mehrwert von Informationen – Professionalisierung der Informationsarbeit: Proceedings des 4. Internationalen Symposiums für Informationswissenschaft (ISI ´94), Konstanz, S. 391-398

Schwarz, Erich J. 1996: Industrielle Verwertungsnetze – Ein Beitrag zur Integration ökologischer Aspekte in die Produktionswirtschaft, in: Bellmann, Klaus; Hippe Alan

(Hrsg.): Management von Unternehmensnetzwerken: interorganisationale Konzepte und praktische Umsetzung, Wiesbaden, S. 349-378

Schwarz, Erich J., Steven, Marion; Letmathe, Peter 1997: Methoden der Umweltberichterstattung, in: ZfB 67. Jg. (1997), H. 4, S. 471-498

Schwarz, Erich J. 1998: Ökonomische Aspekte regionaler Verwertungsnetze, in: Strebel, Heinz; Schwarz, Erich J. (Hrsg.): Kreislauforientierte Unternehmenskooperationen: Stoffstrommanagement durch innovative Verwertungsnetze, Wien, S. 11-26

Schwarz, Erich J.; Steininger, Karl 1997: Implementing nature´s lessons: the industrial recycling network enhancing regional development, JCP, Vol. 5, S. 47-56

Scott, Judy E. 2000: Facilitating Interorganizational Learning with Information Technology, in: Journal of Management Information Systems, Vol. 17, Nr. 2, S. 81-113

Seder, Ivan; Weinkauf, Ronny; Vögele, Thomas; Krüger, Thomas 1999: Integration von Entscheidungsunterstützungssystemen in kommerzielle Umweltinformationssysteme, in: Rautenstrauch, Claus; Schenk, Michael (Hsrg.): Umweltinformatik 99, Umweltinformatik zwischen Theorie und Industrieanwendung, Marburg, S. 321-330

Seebacher, Ulrike; Oehme, Ines; Suschek-Berger, Jürgen; Windsperger, Andreas; Steinlechner, Stefan 2003: PUIS – Produktbezogene Umweltinformationssysteme in österreichischen Unternehmen, Projektendbericht, Wien

Seidel, Eberhard 1991: Anreize zur ökologisch verpflichtendem Wirtschaften, in: Schanz, Günther (Hrsg.): Handbuch Anreizsysteme in Wirtschaft und Verwaltung, Stuttgart, S. 171-189

Seidel, Eberhard 1998a: Umweltorientierte Kennzahlen und Kennzahlensysteme: Leistungsmöglichkeiten und Leistungsgrenzen; Entwicklungsstand und Entwicklungsaussichten, in: Seidel, Eberhart; Clausen, J,; Seifert, E. (Hrsg.) Umweltkennzahlen, München, S. 9-32

Seidel, Eberhard 1998b: Instrumente umweltorientierter Unternehmensführung im internationalen Kontext, in: Kramer, Mathias; Reichel, Markus (Hrsg.): Internationales Umweltmanagement und europäische Integration: Deutschland, Tschechien und Polen im Vergleich, Wiesbaden, S. 53-70

Seidel, Eberhard; Göllinger, Thomas; Weber, Frank M. 1998: Umweltkennzahlen in drei Wirtschaftszweigen – Einführung in die Praxisbeispiele, in: Seidel, Eberhart; Clausen, J,; Seifert, E. (Hrsg.) Umweltkennzahlen, München, S. 123-140

Seidl, Karsten 2000: Supply Chain Management Software: Einsatzmöglichkeiten und Nutzenerwartungen, in: Pfohl, Hans-Christian (Hrsg.): Supply Chain Management: Logistik plus?, Logistikkette – Marketingkette – Finanzkette, Darmstadt, S. 161-184

Selten, Reinhard 1991, Hrsg.: Game equilibrium models, Band 1-4, Berlin u.a.

Semlinger, Klaus 2003: Effizienz und Autonomie in Zulieferungsnetzwerken, in: Sydow, Jörg (Hsrg.): Management von Netzwerkorganisationen: Beiträge aus der „Managementforschung“, 3. aktual. Aufl., Wiesbaden, S. 29-74

Senge, Peter M. 1990: The Fifth Discipline: The Art & Practise of The Learning Organization, New York

Seuring, Stefan 2004: Integrated chain management and supply chain management comparative analysis and illustrative cases, in: JCP, 12 (2004), S. 1059-1071

Seuring, Stefan; Müller, Martin 2004: Beschaffungsmanagement und Nachhaltigkeit – eine Literaturübersicht, in: Hülsmann, Michael; Müller-Christ, Georg; Haasis, Hans-Dieter (Hrsg.): Betriebswirtschaftslehre und Nachhaltigkeit – Bestandsaufnahme und Forschungsprogrammatik, Wiesbaden, S. 117-170

Shaft, Teresa; Ellington, Rex T.; Meo, Mark; Sharfman, Mark P. 1997: A Framework for Information Systems in Life-Cycle-Oriented Environmental Management, in: JIE, Vol. 1, Nr. 2, S. 135-148

Shaft, Teresa M.; Sharfman, Mark P.; Swahn, Magnus 2002: Using Interorganizational Information Systems to Support Environmental Management Efforts at ASG, in: JIE, Volume 5, Nr. 4, S. 95-115

Shirey, Robert W. 1995: Security requirements for network management data, Computer Standards & Interfaces 17 (1995), S. 321-331

Siebert, Holger 1990: Technologische Entwicklung und Vorproduktbeschaffung, Frankfurt am Main

Siebert, Holger 2003: Ökonomische Analyse von Unternehmensnetzwerken, in: Sydow, Jörg 2003: Management von Netzwerkorganisationen: Beiträge aus der „Managementforschung“, 3. aktual. Aufl., Wiesbaden, S. 7-28

Siebert, Horst 1998: Economics of the Environment, 5. überarb. Aufl., Berlin

Siemonsen, Kai; Heuer, Andreas; Engel, Thomas; Meinel, Christoph 1998: Ein web-basiertes Navigationssystem für allgemeine, heterogene Datenbanksysteme, in: Riekert, Wolf-Fritz; Tochtermann, Klaus (Hrsg.): Hypermedia im Umweltschutz, S. 83-86

Simmel, Georg 1908: Soziologie, Berlin

Simonin, Bernard L. 1999: Ambiguity and the Process of Knowledge Transfer in Strategic Alliances, in: SMJ, 20 (1999) 7, S. 595-623

Solf, Markus 2004: Unternehmenskooperationen als Folge von Informations- und Kommunikationstechnologieveränderungen: Eine theoretische Analyse, in: zfbf 56, März 2004, S. 148-167

Sousa, Ines; Eisenhard, Julie L.; Wallace, David 2001: Approximate Life-Cycle Assessment of Product Concepts Using Learning Systems, in: JIE, Vol. 4, Nr. 4, S. 61-81

Specht, Dieter; Hellmich, Kai 2000: Management der Zulieferbeziehungen in dynamischen Produktionsnetzwerken, in: Wildemann, Horst (Hrsg.): Supply Chain Management, München, S. 89-116

Spengler, Thomas; Rentz, Otto 1997: Entscheidungsorientierte Umweltkostenrechnung auf Basis von Stoffflussmodellen und betrieblichen Umweltinformationssystemen (BUIS), in: Geiger, Werner; Jaeschke, Andreas; Rentz, Otto; Simon, Eric; Spengler, Thomas; Zilliox, Lothaire; Zundel, Thierry (Hrsg.): Umweltinformatik ′97, 11. Internationales Symposium der Gesellschaft für Informatik (GI), Band 1, Straßburg, S. 122-132

Spengler, Thomas; Stölting, Wiebke 2003: Recycling-Oriented Information Management in Closed Loop Supply Chains in the Electrical and Electronic Equipment Industry, in: Seuring, Stefan; Müller, Martin; Goldbach, Maria; Schneidewind, Uwe (Hrsg.): Strategy and Organizations in Supply Chains, Heidelberg, New York, S. 353-368

Stadtler, Hartmut 2000: Supply Chain Management – An Overview, in: Stadtler, Hartmut; Kilger, Christoph (Hrsg.): Supply Chain Management and Advanced Planning: Concepts, Models, Software and Case Studies, 2. Aufl., Berlin, S. 7-28

Stahn, Peter 1994: Organisationskultur und neue Informationstechnologien, in: Rauch, Wolf; Strohmeier, Franz; Hiller, Harald; Schlögl, Christian (Hsrg.): Mehrwert von Informationen – Professionalisierung der Informationsarbeit: Proceedings des 4. Internationalen Symposiums für Informationswissenschaft (ISI '94), Konstanz, S. 284-293

Stampfer, Michael 2001: Forschungs- und Innovationsnetzwerke, in: Hartmann, Christian, Schrittwieser, Walter (Hrsg.): Kooperation und Netzwerke: Grundlagen und konkrete Beispiele, S. 49-66

Steger, Ulrich 1991: Strategische Unternehmensführung und Umweltschutz, in: Organisationsforum Wirtschaftskongress (Hrsg.): Umweltmanagement im Spannungsfeld zwischen Ökologie und Ökonomie, Wiesbaden 1991, S. 115-132

Steitferdt, Lothar; Pfnür, Andreas 1998: Ökocontrolling, in: Hansmann, Karl-Werner (Hrsg.): Umweltorientierte Betriebswirtschaftslehre: eine Einführung, Wiesbaden, S. 371-414

Steinäcker, Jörg von; Kühner, Michael 2001: Supply Chain Management – Revolution oder Modewort?, in: Lawrenz, Oliver; Hildebrand, Knut; Nenninger, Michael; Hillek, Thomas (Hrsg.): Supply Chain Management: Konzepte, Erfahrungsberichte und Strategien auf dem Weg zu digitalen Wertschöpfungsnetzwerken, 2. überarb. und erw. Aufl., Braunschweig, Wiesbaden

Steiner, Gerald 2003: Kreativitätsmanagement: Durch Kreativität zur Innovation, in: Strebel, Heinz (Hrsg.): Innovations- und Technologiemanagement, Wien, S. 265-324

Steiner, Michael 1998: The Discret Charm of Clusters: An Introduction, in: Steiner, Michael (Hrsg.): Clusters and Regional Specialisation, London, S. 1-17

Steinfeldt, Michael; Lang, Claus 2004: Implementierungs- und Institutionalisierungskonzept von Instrumenten des Umweltcontrollings, UWF, 12. Jg. H2, Juni 2004, S. 35-39

Steinle, Claus; Reiter, Florian 2002: Mitarbeitereinstellungen als Gestaltungsgrundlage eines ökologieorientierten Anreizsystems, in: UWF, 10. Jg., H1, März 2002, S. 66-70

Stengel, Rüdiger von 1999: Gestaltung von Wertschöpfungsnetzwerken, Wiesbaden

Sterr, Thomas 1998: Aufbau eines zwischenbetrieblichen Stoffverwertungsnetzwerks im Heidelberger Industriegebiet Pfaffengrund, Heidelberg

Stevens, Gary 1998: The Role of Logistics and IT in the European Enterprise, in: Hadjiconstantiou, Eleni (Hrsg.): Quick response in the supply chain, Berlin et al., S. 11-20

Stoltenberg, Uwe; Funke, Michael 1996: Betriebliches Ökocontrolling: Leitfaden für die Praxis, Wiesbaden

Stölting, Wiebke; Karl, Georg 2004: Recyclingorientiertes Informationsmanagement in Supply Chains der Elektronikindustrie, in: Institut der deutschen Wirtschaft (Hrsg.): Betriebliche Instrumente für nachhaltiges Wirtschaften: Konzepte für die Praxis, Köln, S. 203-212

Strebel, Heinz 1968: Unsicherheit und Risiko der industriellen Forschung und Entwicklung, in: BfuP 20 1968, S. 193-214

Strebel, Heinz 1980: Umwelt und Betriebswirtschaft, Berlin 1980

Strebel, Heinz 1981: Umweltwirkungen der Produktion, in: ZfbF 33, 6/1981, Düsseldorf 1981, S. 508-521

Strebel, Heinz 1983: Unternehmenskooperationen bei Innovationen, WiSt Heft 2, Februar 1983, S. 59-65

Strebel, Heinz 1984: Gründe und Möglichkeiten betriebswirtschaftlicher Umweltpolitik, in: v. Staehle, Wolfgang H.; Stoll, Edgar (Hrsg.): Betriebswirtschaftslehre und ökonomische Krise. Kontroverse Beiträge zur betriebswirtschaftlichen Krisenbewältigung, Wiesbaden, S. 338-352

Strebel, Heinz 1992: Material- und Energiebilanzen, in: UWF 1, November 1992, S. 10-15

Strebel, Heinz 1993: Recycling in der Materialwirtschaft, in: Adam, Dietrich (Hrsg.): Umweltmanagement in der Produktion, Schriften zur Unternehmensführung, Sonderdruck, Wiesbaden, S. 33-56

Strebel, Heinz 1994: Industrie und Umwelt, in: Schweitzer, Marcel (Hrsg.): Industriebetriebslehre, 2. völlig überarb. und erw. Aufl., München, Kap. 8, S. 749-852

Strebel, Heinz 1995a: Verwertungsnetze in und zwischen Unternehmen: Ein Problem betrieblichen Lernens, in: ZfB-Ergänzungsheft 3/95, S. 113-126

Strebel, Heinz 1995b: Regionale Stoffverwertungsnetze am Beispiel der Steiermark, UWF 3. Jg. H4, Dez. 1995, S. 48-55

Strebel, Heinz 1996a: Ökologie und Produktion, in: Kern, Werner; Schröder, Hans-Horst; Weber, Jürgen (Hrsg.): Handwörterbuch der Produktionswirtschaft, 2. völlig neu gestaltete Aufl., Stuttgart, Sp. 1303-1313

Strebel, Heinz 1996b: Industriebetriebliche Verwertungsnetze in ökologischer und ökonomischer Sicht, in: Kreikebaum, Hartmut (Hrsg.): Umweltmanagement in mittel- und osteuropäischen Unternehmen, Berlin, S. 49-64

Strebel, Heinz 1998: Das Konzept des regionalen Verwertungsnetzes, in: Strebel, Heinz; Schwarz, Erich J. (Hrsg.): Kreislauforientierte Unternehmenskooperationen: Stoffstrommanagement durch innovative Verwertungsnetze, Wien, S. 1-10

Strebel, Heinz 2002a: Möglichkeiten und Grenzen nachhaltiger Wirtschaft im Unternehmen, in: Keuper, Frank (Hrsg.): Produktion und Controlling, Festschrift für Manfred Layer zum 65. Geburtstag, Wiesbaden, S. 104-123

Strebel, Heinz 2002b: Umweltbilanz, in: Küpper, Hans-Ulrich; Wagenhofer, Alfred (Hrsg.): Handwörterbuch Unternehmensrechnung und Controlling, 4. völlig neu gest. Aufl., Stuttgart, S. 1980-1987

Strebel, Heinz 2003: Umweltbilanzierung, in: Kramer, Mathias; Strebel, Heinz; Kayser, Gernot (Hrsg.): Internationales Umweltmanagement, Band III: Operatives Umweltmanagement im internationalen und interdisziplinären Kontext, Wiesbaden, S. 313-345

Strebel, Heinz; Hasler, Arnulf 2003: Innovations- und Technologienetzwerke, in: Strebel, Heinz (Hrsg.): Innovations- und Technologiemanagement, Wien, S. 347-382

Strebel, Heinz; Hildebrandt, Thomas 1989: Produktlebenszyklus und Rückstandszyklen: Konzept eines erweiterten Lebenszyklusmodells, in: ZOF 58 (1989), S. 101-106

Strebel, Heinz; Schwarz, Erich J.; Ortner, Christian H. 1994: Rückstandsströme in einem Verwertungsnetz der steirischen Grundstoff- und Investitionsgüterindustrie, Müll und Abfall 6/94, S. 313-330

Strebel, Heinz; Schwarz, Erich J.; Schwarz, Michaela M. 1996: Externes Recycling im Produktionsbetrieb: Rechtliche Aspekte und betriebswirtschaftliche Voraussetzungen, Wien 1996

Sundmacher, Torsten 2002: Das Umweltinformationsinstrument Ökobilanz (LCA). Anwendungsbezug und instrumentelle Ausgestaltungsmöglichkeiten, Frankfurt am Main u.a.

Sürie, Christopher; Wagner, Michael 2002: Supply Chain Analysis, in: Stadtler, Hartmut; Kilger, Christoph (Hrsg.): Supply Chain Management and Advanced Planning: Concepts, Models, Software and Case Studies, 2. Aufl., Berlin, S. 29-44

Swoboda, Bernhard 2003: Kooperationen: Erklärungsperspektiven grundlegender Theorien, Ansätze und Konzepte im Überblick, in: Zentes, Joachim; Swoboda, Bernd; Morschett, Dirk (Hrsg.): Kooperationen, Allianzen und Netzwerke, Grundlagen – Ansätze – Perspektiven, Wiesbaden, S. 35-64

Sydow, Jörg 1992: Strategische Netzwerke: Evolution und Organisation, 1. Aufl., Wiesbaden

Sydow, Jörg; Winand, Udo 1998: Unternehmensvernetzung und –virtualisierung: Die Zukunft unternehmerischer Partnerschaften, in: Winand, Udo; Nathusius, Klaus (Hrsg.): Unternehmensnetzwerke und virtuelle Organisationen, Stuttgart, S. 11-31

Sydow, Jörg 2003: Management von Netzwerkorganisationen – Zum Stand der Forschung, in Sydow, Jörg (Hrsg.): Management von Netzwerkorganisationen – Beiträge aus der „Managementforschung“ – 3. aktualisierte und erw. Auflage, Wiesbaden, S. 293-336

Tarara, Joachim 1997: Ökologieorientierte Informationsinstrumente in Unternehmen: Einflussfaktoren und Erfolgsbedingungen, Wiesbaden

Thaler, Klaus 2000: Supply Chain Management: Prozessorientierung in der logistischen Kette, 2. unveränd. Aufl., Köln

Thomé-Kozmiensky, Karl-Joachim 1994: Kreislaufwirtschaft, Berlin

Thorelli, Hans B. 1986: Networks: Between markets and hierarchies, in: Strategic Management Journal, Jg. 7, Nr. 1, S. 37-51

Thost, Wolfgang: Macht in Unternehmungen und Netzwerken – eine Frage der ökonomischen Effizienz, in: Bach, Norbert; Buchholz, Wolfgang; Eichler, Bernd (Hrsg.): Geschäftsmodelle für Wertschöpfungsnetzwerke, Wiesbaden, S. 133-144

Tschandl, Martin; Posch, Alfred; Ortner, Wolfgang; Mayer, Martin; Kastner, Hans-Jörg; Zsifkovits, Helmut 2002a: STABIS – Von der Stoffstromanalyse zum integrierten Bewertungs- und Informationssystem, Teil A

Tschandl, Martin; Posch, Alfred; Ortner, Wolfgang; Mayer, Martin; Kastner, Hans-Jörg; Zsifkovits, Helmut 2002b: STABIS – Von der Stoffstromanalyse zum integrierten Bewertungs- und Informationssystem, Teil B+C

Tuppinger, Josef 2002: Supply Chain Management als mögliche Antwort? WING business 34 (2002) 3

Tuppinger, Josef 2003: Wissensorientierter Organisationswandel: Ein Ansatz zur Veränderung von Struktur und Kultur, Wiesbaden

Udo de Haes, Helias A.; Heijungs, Reinout; Suh, Sangwon; Huppes, Gjalt 2004: Three Strategies to Overcome the Limitations of Life-Cycle-Assessment, in: JIE, Vol. 8, Nr. 3, S. 19-32

Vogt, Manfred; Schöch, Bianca 2004: Sicherung der Prozesseffizien durch den Einsatz webbasisierter Logistik-Dienstleistungen, in: Tschandl, Martin; Ortner, Wolfgang (Hrsg.): Effizienz betrieblicher Informationssysteme, Graz, S. 39-56

Vorbach, Stefan 2000: Prozessorientiertes Umweltmanagement: Ein Modell zur Integration von Umweltschutz, Qualitätssicherung und Arbeitssicherheit, Wiesbaden

Voß, Wolfgang 2001: Ganzheitliche Bewertung von Unternehmensnetzwerken: Konzeption eines Bewertungsmodells, Frankfurt a. Main u.a.

Wallner, Hans-Peter 1998: Industrielle Ökologie – Mit Netzwerken zur nachhaltigen Entwicklung?, in: Strebel, Heinz; Schwarz, Erich J. (Hrsg.): Kreislauforientierte Unternehmenskooperationen: Stoffstrommanagement durch innovative Verwertungsnetze, Wien, S. 81-122

Walton, Steve V.; Handfield, Robert B.; Melnyk, Steven A. 1998: The Green Supply Chain: Integrating Suppliers into Environmental Management Process, in: IJPMM, 24 (Spring), S. 2-11

Weizsäcker, Ernst U. von; Lovins, Amory B.; Lovins, Hunter L. 1995: Faktor vier. Doppelter Wohlstand, halbierter Naturverbrauch, der neue Bericht an den Club of Rome, München

Wohlgemuth, Volker; Niebuhr, Christoph; Lang, Claus 2004: Exchanging Environmental Relevant Data between ERP Systems and Industrial Environmental Management Information Systems Using PAS 1025, in: GI- Gesellschaft für Informatik (Hrsg.): Proceedings of the 18th Conference Informatics for Environmental Protection, Genf, S. 183-193

Weber, Burkhard 1994: Unternehmensnetzwerke aus systemtheoretischer Sicht – Zum Verhältnis von Autonomie und Abhängigkeit in Interorganisationsbeziehungen, in: Sydow, Jörg; Windeler, Arnold 1994 (Hrsg): Management interorganisationaler Beziehungen. Vertrauen, Kontrolle und Informationstechnik, Opladen, S. 275-297

Weller, Andreas 1997: BMBF-Vorhaben OPUS, in: UWF, 5. Jg., H3, September 1997, S. 32-35

Werner, Hartmut 2000: Supply Chain Management – Grundlagen, Strategien, Instrumente und Controlling, Wiesbaden

Wernerfelt, Birger 1995: The resource based view of the Firm: Ten years later, SMJ, 5 (1995) 3, S. 171-174

Wersig, Gernot 2000: Informations- und Kommunikationstechnologien: eine Einführung in Geschichte, Grundlagen und Zusammenhänge, Konstanz 2000

Wicke, Lutz 1993: Umweltökonomie: eine praxisorientierte Einführung, 4. überarb. und erw. und aktualisierte Aufl., München

Wicke, Lutz 1997: Betrieb und Umweltschutz, in: Kahsnitz, Dietmar; Ropohl, Günter; Schmid, Alfons (Hrsg.): Handbuch zur Arbeitslehre, München, Wien, S. 411-426

Wiegand, Michael 1996: Prozesse organisationalen Lernens, Wiesbaden

Wildemann, Horst 1996:Management von Produktions- und Zuliefernetzwerken, in: Wildemann, Horst (Hrsg.): Produktions- und Zuliefernetzwerke, München, S. 13-45

Wildemann, Horst 1997: Koordination von Unternehmensnetzwerken, ZfB 67. Jg. (1997), H. 4, S. 417-439

Wildemann, Horst 2000a: Von Just-In-Time zu Supply Chain Management, in: Wildemann, Horst (Hrsg.): Supply Chain Management, München, S. 49-86

Wildemann, Horst 2000b: Konzepte und Steuerungsprinzipien für das Produktionsmanagement, in: Kaluza, Bernd; Blecker, Thorsten (Hrsg.): Produktions- und Logistikmanagement in Virtuellen Unternehmen und Unternehmensnetzwerken, Berlin Heidelberg New York, S. 569-598

Wildemann, Horst 2001: Supply Chain Management mit E-Technologien, Klagenfurt

Wilkesmann, Uwe 1999: Lernen in Organisationen: die Inszenierung von kollektiven Lernprozessen, Frankfurt/Main, New York

Wimmer, Robert; Bertsch, Jürgen 1997: ecodesign software studie, endbericht, gruppe angepasste technologie (Hrsg); Wien

Wittmann, Waldemar 1959: Unternehmung und unvollkommene Information, Düsseldorf

Wohlgemuth, Volker; Niebuhr, Christoph; Lang, Claus 2004: Exchanging Environmental Relevant Data between ERP Systems and Industrial Environmental Management Information Systems using PAS 1025, in: o.V. (Hrsg.): Sharing, Proceedings of the 18th Conference on Informatics for Environmental Protection, Genf, S. 183-193

Wohinz, Josef W.; Tuppinger, Josef 2003: Wissensmanagement in einer virtuellen Organisation: Aktuelle Managementkonzepte in der Industrie – Ergebnisse einer empirischen Erhebung, Graz

Wurche, Sven 1994: Vertrauen und ökonomische Rationalität in kooperativen Interorganisationsbeziehungen, in: Sydow, Jörg; Windeler, Arnold 1994 (Hrsg): Management interorganisationaler Beziehungen. Vertrauen, Kontrolle und Informationstechnik, Opladen, S. 142-159

Young, Alex; Kielkiewicz-Young, Aleksandra 2000: Integrated Product Polica (IPP) and Eco-Product Development (EPD) in the Electronic Sector, in: Reichl, Herbert; Griese, Hansjörg (Hrsg.): Electronic Goes Green 2000+, a challenge for the next millenium, Proceedings Volume 1, Berlin, S. 243-249

Zabel, Hans-Ulrich 1998: Industriesymbiosen im Verhaltenskontext, in: Strebel, Heinz; Schwarz, Erich J. (Hrsg.): Kreislauforientierte Unternehmenskooperationen: Stoffstrommanagement durch innovative Verwertungsnetze, Wien, S. 123-164

Zahn, Erich; Wieselhuber, Norbert; Fridrich, Albrecht 1991: Informationsmanagement: ein Weg zur besseren Entscheidung und Kommunikation, Eschborn

Zahn, Erich; Herbst, Claus; Hertweck, Andreas 1999: Management vertikaler Wertschöpfungspartnerschaften – Konzepte für die Umsetzung und Integration, in: IM, 15, 1999, 5, S. 9-13

Zahn, Erich; Foschiani, Stefan 2000: Wettbewerbsfähigkeit durch interorganisationale Kooperation, in: Kaluza, Bernd, Blecker, Thorsten (Hrsg.): Produktions- und Logistikmanagement in Virtuellen Unternehmen und Unternehmensnetzwerken, Berlin Heidelberg New York, S. 493-532

Zäpfel, Günther; Piekartz, Bartosz 1998: Regelkreisbasiertes Supply Chain Controlling, in: Wildemann, Horst (Hrsg.): Innovation in der Produktionswirtschaft – Produkte, Prozesse, Planung und Steuerung, München, S. 45-96

Zentes, Joachim; Swoboda, Bernd; Morschett, Dirk (Hrsg.): Kooperationen, Allianzen und Netzwerke, Grundlagen – Ansätze – Perspektiven, Wiesbaden,

Zeuch, Michael P. 2002: Kennzahlen zur Bewertung von Supply-Chain-Management Geschäftsmodellen, in: Voegele, Andreas R.; Zeuch, Michael P. (Hrsg.): Supply Network Management, Wiesbaden, S. 153-169

Zhu, Qinghua; Cote, Raymond P. 2004: Integrating green supply chain management into an embryonic eco-industrial development: a case study of the Guitang Group, in: JCP, 12, (2004), S. 1025-1035

Zillig, Ulf 2001: Integratives Logistikmanagement in Unternehmensnetzwerken: Gestaltung interorganisatorischer Logistiksysteme für die Zulieferindustrie, Mit einem Geleitwort von Prof. Fritz Huber, Wiesbaden

Zimmermann, Frank-O. 1999: Betriebliche Informationssysteme in virtuellen Organisationen, Mit einem Geleitwort von Prof. Dr. Elmar J. Sinz, Wiesbaden

Zsifkovits, Helmut; Brunner, Uwe 2003: Konzeption und Planung von Umweltinformationssystemen, in: Tschandl, Martin; Posch, Alfred (Hrsg.): Integriertes Umweltcontrolling: Von der Stoffstromanalyse zum integrierten Bewertungs- und Informationssystem, Wiesbaden, S. 157-177

Gesetze und Normen:

Abfallwirtschaftsgesetz 2002 (AWG 2002), BGBl. I Nr.102/2002

Altauto-Richtlinie: Richtlinie 2000/53/EG des Europäischen Parlaments und des Rates vom 18. September 2000 über Altfahrzeuge (ABl. EG Nr. L 269 S. 34), am 21. Oktober 2000 in Kraft getretenen

Altauto-VO (Deutschland): Verordnung über die Entsorgung von Altautos und die Anpassung straßenverkehrsrechtlicher Vorschriften Bundesgesetzblatt 1997 Teil I Seite 1666

Altfahrzeugeverordnung (Österreich) BGBl. II 407/2002

EMAS II - Verordnung (Verordnung (EG) Nr. 761/2001 über die freiwillige Beteiligung von Organisationen an einem Gemeinschaftssystem für das Umweltmanagement und die Umweltbetriebsprüfung)

DIN Norm 33922 „Umweltberichte für die Öffentlichkeit", von 1997

DIN Norm 69900: Teil 1 und 2, Projektwirtschaft: Netzplantechnik, von 1987

Enquete Kommission „Schutz des Menschen und der Umwelt" des 12. Deutschen Bundestages 1994 (Hrsg.): Die Industriegesellschaft gestalten – Perspektiven für einen nachhaltigen Umgang mit Stoff- und Materialströmen, Bonn

KrW-/AbfG - Kreislaufwirtschaft- und Abfallgesetz (Deutschland): Gesetz zur Förderung der Kreislaufwirtschaft und Sicherung der umweltverträglichen Beseitigung von Abfällen (Artikel 1 des Gesetzes zur Vermeidung, Verwertung und Beseitigung von Abfällen), 27. September 1994; Zuletzt geändert durch Art. 2 G v. 25. 1.2004 I 82

ÖNORM EN ISO 14001:1996: Umweltmanagementsysteme – Spezifikation mit Anleitung zur Anwendung

ÖNORM EN ISO 14001: 2004: Umweltmanagementsysteme – Anforderungen mit Anleitung zur Anwendung

ÖNORM EN ISO 14031:1999: Umweltmanagement, Umweltleistungsbewertung

ÖNORM EN ISO 14040:1997: Ökobilanz: Prinzipien und allgemeine Anforderungen

ÖNORM EN ISO 14041:1997: Umweltmanagement Ökobilanz: Festlegung des Ziels und des Untersuchungsrahmens sowie Sachbilanz

ÖNORM EN ISO 14042:2000: Umweltmanagement Ökobilanz: Wirkungsabschätzung

ÖNORM EN ISO 14043:2000: Umweltmanagement Ökobilanz: Auswertung

ÖNORM EN ISO 9000:2000: Qualitätsmanagementsysteme – Grundlagen und Begriffe

ÖNORM EN ISO 9001:2000: Qualitätsmanagementsysteme – Anforderungen

ÖNORM EN ISO 9004:2000: Qualitätsmanagementsysteme – Leitfaden zur Leistungsverbesserung

PAS 1025: Austausch umweltrelevanter Daten zwischen ERP-Systemen und betrieblichen Umweltinformationssystemen; Ref. Nr. PAS 1025:2003-12, Berlin

Recommendation 2003/361/EC: Commission recommendation of 6 May 2003 concerning the definition of micro, small and medium-sized enterprises (notified under document number C(2003) 1422)

Umweltinformationsgesetz UIG: Bundesgesetz über den Zugang zu Informationen über die Umwelt, BGBl. Nr. 495/1993, letzte Änderung: BGBl. I Nr. 76/2003

WEEE-Richtlinie: Richtlinie 2002/96/EG des Europäischen Parlaments und des Rates vom 27. Januar 2003 über Elektro- und Elektronik-Altgeräte

Studien:

ABAG (Hrsg.): Umwelt-Software, Die richtige Entscheidung, 2. überarbeitete und erweiterte Auflage, Fellbach 1997

Bundesministerium für Umwelt, Jugend und Familie, Abt. II/3 (Hrsg.): Ecodesign/Cleaner Production Software Recherche und Leistungstest, Band 15/1998, Wien 1998

Fraunhofer IAO (Hrsg.): Betriebliche Umweltinformationssysteme: Anforderungen und Einsatz, Ergebnisse einer Befragung von Anwendern und Anbietern von informationstechnischen Unterstützungssystemen im Umweltmanagement, Verfasser: Rey U., Jürgens G., Weller A., Stuttgart 1998

Fraunhofer IAO (Hrsg.): Ikarus – Internet-Katalog betrieblicher Umweltinformationssysteme

Lfu: Betriebliche Energie- und Stoffstrommanagementsysteme, Methoden, Praxiserfahrung, Software – Eine Marktanalyse

Marx-Rohdemann: Empirische Studie: EDV-Unterstützung im Umweltmanagement, 2. Auflage, Köln 1996

Ökoradar: BUIS – Betriebliche Umweltinformationssysteme, http://www.oekoradar.de/imperia/md/content/pdfdokumente/ifo-langfassung, eingesehen am 19.01.2005

Telekommunikation und Umwelt – Analyse von Marktpotenzialen im Bereich betrieblicher Umweltinformationssysteme

Usis Umweltinformatik, Edition 1997/98, Verzeichnis der Umwelt-Software und kompetenter IT-Anbieter

Internetquellen:

http://www.acstyria.com, AC Styria, eingesehen am 03.01.05

http://www.arcs.ac.at/dissdb/welcome, eingesehen am 02.02.2004

http://www.auris.ac.at, eingesehen am 11.07.2003

http://www.bit.ac.at/, eingesehen am 02.02.2004

http://www.bmwa.gv.at, eingesehen am 02.02.2004

http://www.bmwa.gv.at/BMWA/Themen/Aussenwirtschaft/Int_Umweltangelegenheiten/umwelttechnik.htm, eingesehen am 30.01.2004

http://www.bmwa.gv.at/BMWA/Themen/Aussenwirtschaft/Int_Umweltangelegenheiten/umwelttechnik.htm, Österreichische Umwelttechnikdatenbank (BMWA), eingesehen am 03.02.04

http://www.boku.ac.at, eingesehen am 02.02.2004

http://www.buislab.iao.fhg.de/index.html, eingesehen am 24.02.04

http://www.bund.de, eingesehen am 27.01.2004

http://www.bund.de/, eingesehen am 03.02.04

http://www.clusterland.at, eingesehen am 24.09.04,

http://www.cordis.lu/de/home.html, eingesehen am 28.01.2004

http://www.cordis.lu/eesd, eingesehen am 27.01.2004

http://www.cordis.lu/eesd/, eingesehen am 27.01.2004

http://www.cordis.lu/env/src/projects.htm, eingesehen am 27.01.2004

http://www.cordis.lu/era/home.html, eingesehen am 27.01.2004

http://www.cordis.lu/esprit/home.html, eingesehen am 27.01.2004

http://www.cordis.lu/esprit/home.html, eingesehen am 27.01.2004

http://www.cordis.lu/growth/, eingesehen am 27.01.2004

http://www.cordis.lu/inco/src/projects.htm, eingesehen am 27.01.2004

http://www.cordis.lu/ist, eingesehen am 27.01.2004

http://www.cordis.lu/ist/, eingesehen am 27.01.2004

http://www.cordis.lu/life, eingesehen am 27.01.2004

http://www.dbu.de/db, eingesehen am 03.02.04

http://www.dbu.de/db/, eingesehen am 27.01.2004

http://eri.benchpark.de/company_list.asp, eingesehen am 03.09.04

http://www.eureka.be, eingesehen am 28.01.2004

http://www.fff.co.at/, eingesehen am 15.10.2003

http://www.forschung-sachsen-anhalt.de, eingesehen am 03.02.04

http://www.forschung-sachsen-anhalt.de, eingesehen am 27.01.2004

http://www.ger-net.de/kuehn/fk_uni.htm, eingesehen am 05.02.04

http://www.gesis.org/Information/FORIS/, eingesehen am 27.01.2004

http://www.ikarus.iao.fhg.de, eingesehen am 27.07.03

http://www.it-matchmaker.com/public/downloads/msp_scm_auszuege.pdf oder bspw. die 1, eingesehen am 03.09.04

http://www.lebensministerium.at/, eingesehen am 02.02.2004

http://www.luis.steiermark.at, eingesehen am 20.07.03

http://www.nachhaltigwirtschaften.at/, eingesehen am 27.11.2003

http://www.oekoradar.de, eingesehen am 05.02.04

http://www.oekoradar.de/imperia/md/content/pdfdokumente/ifo-langfassung, 19.01.05, Auswertung der Unternehmensbefragung für das Verbundprojekt „Ökoradar", Endbericht, München 2002

http://www.oenb.at/, eingesehen am 02.02.2004

http://www.supply-chain.org; Supply Chain Council, eingesehen am 14.5.2004,

http://www.swb.at/sguide/sget.php3?id=swb_at&seite=software/einkauf.htm, eingesehen am 03.09.04

http://www.umweltmanagement.at/, eingesehen am 11.07.2003

http://www.univie.ac.at/links/uni_uniinoe.html, eingesehen am 27.01.2004

http://www.vub.de, Verlags VUB Printmedia GmbH, eingesehen am 03.01.05

Anhang I: Fragebogen österreichische produzierende Industrie und Verwertungsnetze

UNI GRAZ — FABRIK der Zukunft — bmvit

ExpertInnenbefragung
über Unternehmenskooperationen
im Umweltbereich

Dr. Alfred Posch / Mag. Elke Perl
Karl-Franzens-Universität Graz
Institut für Innovations- und Umweltmanagement
A-8010 Graz, Universitätsstrasse 15/G2
Tel: 0316/380-3234 oder 3237, Fax: 0316/380-9585

An die/den Umwelt- bzw. Abfallbeauftragte/n

Bitte unterstützen Sie uns mit Ihrer ExpertenInnenmeinung und Ihrem Erfahrungswissen aus der Praxis. Damit ermöglichen Sie es uns, wissenschaftlich fundierte Aussagen und praktikable Empfehlungen über Unternehmenskooperationen im Umweltbereich zu treffen. Bei der Beantwortung der einzelnen Fragen kreuzen Sie bitte jeweils die nach Ihrer Einschätzung zutreffende Alternative an. Das Ausfüllen des Fragebogens wird etwa 20 Minuten in Anspruch nehmen. Alle Daten werden von uns **selbstverständlich streng vertraulich** behandelt und **nur in anonymisierter Form statistisch ausgewertet.**

Haben Sie Interesse an der Zusendung der Ergebnisse der ExpertInnenbefragung (Herbst 2004)? ☐ ja ☐ nein
Wenn ja, ...
☐ in Papierform als Kurzbericht ☐ elektronisch als pdf-Dokument

Haben Sie Interesse an der Zusendung des Leitfadens für die Entwicklung industrieller Nachhaltigkeitsnetzwerke (2005)? ☐ ja ☐ nein
Wenn ja,...
☐ in Papierform als Kurzbericht ☐ elektronisch als pdf-Dokument

Teil A: Daten zu Ihrem Unternehmen

1 Firmenname und -anschrift

2 Ansprechperson Email-Adresse

3 Branche, in der Sie überwiegend tätig sind:
☐ Grundstoffindustrie ☐ Investitionsgütererzeugende Industrie ☐ Verbrauchsgütererzeugende Industrie
☐ Bauindustrie ☐ Lebens- und Genussmittel-Industrie ☐ Elektrizitäts- und Wasserversorgung
☐ sonstige:

4 MitarbeiterInnen an Ihrer Produktionsstätte:
☐ bis 50 MitarbeiterInnen
☐ 51 - 100 MitarbeiterInnen
☐ 101 - 250 MitarbeiterInnen
☐ 251 - 500 MitarbeiterInnen
☐ 501 - 1000 MitarbeiterInnen
☐ über 1000 MitarbeiterInnen

5 Jahresumsatz Ihrer Produktionsstätte:
☐ bis 5 Mio. Euro
☐ 5 - 10 Mio. Euro
☐ 10 - 50 Mio. Euro
☐ 50 - 100 Mio. Euro
☐ 100 - 250 Mio. Euro
☐ über 250 Mio. Euro

6 Verfügt Ihre Produktionsstätte über ein installiertes Umweltmanagementsystem nach ...
☐ EMAS-Verordnung ☐ ISO 14001

7 Wenn Sie neben Ihrer Tätigkeit als Umwelt- bzw. Abfallbeauftragte/r in Ihrem Unternehmen noch weitere Funktionen innehaben, geben Sie uns diese bitte bekannt.
weitere Funktion(en):

8 Ist Ihr Unternehmen in eine internationale Konzernstruktur eingebunden? ☐ ja ☐ nein
Würden Sie Ihr Unternehmen als Familienbetrieb bezeichnen? ☐ ja ☐ nein

Teil B: Abfall- bzw. Rückstandswirtschaft und zwischenbetriebliches Recycling

- Unter **Rückstand** wird ein Abfall oder sonstiges Nebenprodukt verstanden, auf dessen Erzeugung nicht die primäre Absicht des Produktionsverfahrens gerichtet war (z.B. Sägespäne, Verschnitt, Stanzabfälle).
- Unter **Sekundärrohstoff** wird ein Rückstand eines anderen Unternehmens verstanden, der im eigenen Betrieb als Rohstoff oder Brennstoff eingesetzt wird.

1 Wie werden in Ihrem Unternehmen die Entscheidungen über die Abfall- bzw. Rückstandswirtschaft getroffen?

☐ eher von Einzelpersonen ☐ eher in Gruppen

2 Wofür ist/sind diese Person/en zuständig?

☐ nur für Belange der Rückstandswirtschaft ☐ müssen sich auch anderen Aufgaben widmen

3 Werden in Ihrem Unternehmen die Ziele der Rückstandswirtschaft schriftlich festgelegt? ☐ ja ☐ nein

4 Welche der beiden folgenden Aussagen trifft für die Entscheidung im Bereich der Rückstandswirtschaft eher zu?

☐ Es wird laufend nach neuen Entsorgungsalternativen gesucht und die günsigste Lösung in Hinblick auf eindeutig vorgegebene Ziele (z.B. Vorgaben in der Unternehmens-strategiea usgewählt.

☐ Entscheidungen über zwischenbetriebliche Recycling-aktivitäten werden primär anlassbezogen getroffen. (Wenn Probleme im Zusammenhang mit dem jeweiligen Rückstand auftreten, wird nach einer für das Unternehmen günstigen Lösung gesucht.)

5 Geben Sie Rückstände aus Ihrer Produktion an andere Unternehmen zur Wiederverwertung ab?

☐ ja ☐ nein

Wenn ja, wieviel (Gewichts-)Prozent der von Ihnen produzierten festen Rückstände (bzw. Abfälle) geben Sie insgesamt an andere Unternehmen zur Wiederverwertung ab? ca. %

An wieviele Unternehmen geben Sie die Rückstände ab? ca.

Haben Sie diese Zahlen genau erhoben oder geschätzt, bzw. wie genau stufen Sie ihre Schätzung ein?

☐ exakt erhoben

geschätzt mit einer Genauigkeit von: sehr ungenau ☐ ☐ ☐ ☐ ☐ sehr genau

6 Setzen Sie in Ihren Produktionsprozessen Rückstände anderer Firmen als Sekundärrohstoffe ein, um damit Primärrohstoffe oder Brennstoffe zu ersetzen?

☐ ja ☐ nein

Wenn ja, wieviel (Gewichts-)Prozent Ihres gesamten Materialeinsatzes sind Sekundärrohstoffe (sprich Rückstände anderer Unternehmen)? ca. %

Von wievielen Unternehmen erhalten Sie die Sekundärrohstoffe? ca.

Haben Sie diese Zahlen genau erhoben oder geschätzt, bzw. wie genau stufen Sie Ihre Schätzung ein?

☐ exakt erhoben

geschätzt mit einer Genauigkeit von: sehr ungenau ☐ ☐ ☐ ☐ ☐ sehr genau

7 Wie hoch schätzen Sie Ihren Informationsstand über die Möglichkeiten und Technologien zur zwischenbetrieblichen Rückstandsverwertung ein?

sehr niedrig ☐ ☐ ☐ ☐ ☐ sehr hoch

8 Setzen Sie in Ihrem Unternehmen in den folgenden Bereichen Maßnahmen zum betrieblichen Umweltschutz?

	sehr wenige				sehr viele
umweltfreundliche Produktgestaltung	☐	☐	☐	☐	☐
umweltfreundliche Verfahrensgestaltung	☐	☐	☐	☐	☐
inner- und zwischenbetriebliche Recyclingaktivitäten	☐	☐	☐	☐	☐
umweltfreundliche Entsorgung	☐	☐	☐	☐	☐
Wahl umweltfreundlicher Einsatzstoffe	☐	☐	☐	☐	☐

Teil C: Bitte geben Sie uns Informationen über den mengenmäßig wichtigsten Rückstand, den Sie zur externen Wiederverwertung an ein Unternehmen abgeben!

☞ *Wenn Sie keinen Rückstand abgeben, gehen Sie bitte weiter zu Teil D!*

1 Um welchen Rückstand (Abfall) handelt es sich?

2 An wen wird dieser Rückstand hauptsächlich abgegeben?
☐ direkt an das Unternehmen, das den Rückstand verwertet ☐ an einen Rückstandshändler (Entsorgungsunternehmen)

3 Welche Mengen geben Sie ungefähr pro Jahr an dieses Unternehmen zur Verwertung ab? ca. t

Haben Sie diese Zahl genau erhoben oder geschätzt, bzw. wie genau stufen Sie ihre Schätzung ein?
☐ exakt erhoben
geschätzt mit einer Genauigkeit von: sehr ungenau ☐ ☐ ☐ ☐ ☐ sehr genau

4 Wie erfolgt die Verwertung dieses Rückstandes Ihres Wissens?
☐ thermisch (als Brennstoffersatz) oder ☐ stofflich (als Rohstoffersatz)

5 Existiert eine schriftliche Vereinbarung über die Rückstandsabnahme? ☐ ja ☐ nein

6 Seit wann geben Sie diesen Rückstand an dieses Unternehmen zur Verwertung ab? ungefähr seit

7 Wie entstand die Verwertungsbeziehung mit diesem Unternehmen?
☐ ausschließlich durch direkten Kontakt zum Unternehmen, das den Rückstand abnimmt
☐ unter Mitwirkung einer zentralen Einrichtung in einem Verwertungs- bzw. Recyclingnetzwerk (Recycling- / Verwertungsagentur)
☐ unter Mitwirkung einer anderen Institution bzw. eines anderen Unternehmens

8 Wie wichtig waren folgende Motive bei der Entscheidung, diesen Rückstand zur externen Verwertung abzugeben?

	sehr unwichtig				sehr wichtig
Verringerung der Entsorgungskosten	☐	☐	☐	☐	☐
Erzielung von Erlösen aus der Rückstandsabgabe	☐	☐	☐	☐	☐
Entsorgungssicherheit (verlässliche Abnahme)	☐	☐	☐	☐	☐
Schutz der natürlichen Umwelt	☐	☐	☐	☐	☐

9 Ist Ihre Beziehung zu diesem Unternehmen im Vergleich zu Ihren herkömmlichen Kunden-Beziehungen durch mehr oder weniger Zusammenarbeit gekennzeichnet?
viel weniger ☐ ☐ ☐ ☐ ☐ viel mehr

10 Mussten Sie Ihre Fertigungsprozesse verändern, um die Abgabe dieses Rückstandes an das abnehmende Unternehmen in der erforderlichen Qualität zu ermöglichen? ☐ ja ☐ nein

Wenn ja, wie hoch waren die Kosten dafür? sehr niedrig ☐ ☐ ☐ ☐ ☐ sehr hoch

11 Wie hoch stufen Sie die Sicherheit ein, dass diese Verwertungsbeziehung in Zukunft weiter besteht?
sehr niedrig ☐ ☐ ☐ ☐ ☐ sehr hoch

Wie ausschlaggebend sind dabei folgende Faktoren?

	sehr unwichtig				sehr wichtig
Entwicklung der rechtlichen Rahmenbedingungen	☐	☐	☐	☐	☐
Verlässlichkeit des abnehmenden Unternehmens	☐	☐	☐	☐	☐
Veränderung der Kostensituation bei der Rückstandsbewältigung	☐	☐	☐	☐	☐
technologische Veränderungen	☐	☐	☐	☐	☐

12 Wie hoch stufen Sie die Gefahr ein, dass Sie das abnehmende Unternehmen zu Ihrem Schaden übervorteilen möchte?
sehr niedrig ☐ ☐ ☐ ☐ ☐ sehr hoch

13 Wie schwerwiegend wären die Probleme, wenn dieses Unternehmen plötzlich den Rückstand nicht mehr abnehmen würde?
unbedeutend ☐ ☐ ☐ ☐ ☐ sehr schwerwiegend

Wie schwierig schätzen Sie es ein, in diesem Fall in angemessener Zeit einen etwa gleichwertigen Abnehmer für diesen Rückstand zu finden?
sehr einfach ☐ ☐ ☐ ☐ ☐ sehr schwierig

Teil D: Bitte geben Sie uns Informationen über den mengenmäßig wichtigsten Sekundärrohstoff (Rückstand eines externen Untern.), den Sie von einem anderen Unternehmen beziehen!

☞ *Wenn Sie keinen Sekundärrohstoff beziehen, dann gehen Sie bitte weiter zu Teil E!*

1 Um welchen Sekundärrohstoff (Rückstand eines anderen Unternehmens) handelt es sich?

2 Wie wird dieser Sekundärrohstoff bezogen?
☐ direkt vom Unternehmen, das den Rückstand erzeugt ☐ von einem Rückstandshändler (Entsorgungsunternehmen)

3 Welche Menge nehmen Sie ungefähr pro Jahr zur Verwertung an? ca. t

Haben Sie diese Zahl genau erhoben oder geschätzt, bzw. wie genau stufen Sie ihre Schätzung ein?
☐ exakt erhoben
geschätzt mit einer Genauigkeit von: sehr ungenau ☐ ☐ ☐ ☐ ☐ sehr genau

4 Wie erfolgt die Verwertung dieses Sekundärrohstoffes?
☐ thermisch (als Brennstoffersatz) oder ☐ stofflich (als Rohstoffersatz)

5 Existiert eine schriftliche Vereinbarung über die Annahme des Sekundärrohstoffes? ☐ ja ☐ nein

6 Seit wann nehmen Sie diesen Sekundärrohstoff von diesem Unternehmen zur Verwertung an? ungefähr seit

7 Wie entstand diese Verwertungsbeziehungen mit diesem Unternehmen?
☐ ausschließlich durch direkten Kontakt zum Unternehmen, von dem der Rückstand bezogen wird
☐ unter Mitwirkung einer zentralen Einrichtung in einem Verwertungs- bzw. Recyclingnetzwerk (Recycling- / Verwertungsagentur)
☐ unter Mitwirkung einer anderen Institution bzw. eines anderen Unternehmens

8 Wie wichtig waren folgende Motive bei der Entscheidung, diesen Sekundärrohstoff zur Verwertung anzunehmen?

	sehr unwichtig				sehr wichtig
Verringerung der Materialkosten bzw. Brennstoffkosten	☐	☐	☐	☐	☐
Erzielung von Erlösen aus der Rückstandsannahme	☐	☐	☐	☐	☐
Versorgungssicherheit (verlässliche Zulieferung)	☐	☐	☐	☐	☐
Schutz der natürlichen Umwelt	☐	☐	☐	☐	☐

9 Ist Ihre Beziehung zu diesem Unternehmen im Vergleich zu Ihren herkömmlichen Lieferanten-Beziehungen durch mehr oder weniger Zusammenarbeit gekennzeichnet?
viel weniger ☐ ☐ ☐ ☐ ☐ viel mehr

10 Mussten Sie Ihre Fertigungsprozesse verändern, um diesen Sekundärrohstoff einsetzen zu können? ☐ ja ☐ nein

Wenn ja, wie hoch waren die Kosten dafür?
sehr niedrig ☐ ☐ ☐ ☐ ☐ sehr hoch

11 Wie hoch stufen Sie die Sicherheit ein, dass diese Verwertungsbeziehung in Zukunft weiter besteht?
sehr niedrig ☐ ☐ ☐ ☐ ☐ sehr hoch

Wie ausschlaggebend sind dabei folgende Faktoren?

	sehr unwichtig				sehr wichtig
Entwicklung der rechtlichen Rahmenbedingungen	☐	☐	☐	☐	☐
Verlässlichkeit des zuliefernden Unternehmens	☐	☐	☐	☐	☐
Veränderung der Kostensituation bei der Rückstandbewältigung	☐	☐	☐	☐	☐
technologische Veränderungen	☐	☐	☐	☐	☐

12 Wie hoch stufen Sie die Gefahr ein, dass Sie das zuliefernde Unternehmen zu Ihrem Schaden übervorteilen möchte?
sehr niedrig ☐ ☐ ☐ ☐ ☐ sehr hoch

13 Wie schwerwiegend wären die Probleme, wenn dieses Unternehmen plötzlich den Sekundärrohstoff nicht mehr liefern würde?
unbedeutend ☐ ☐ ☐ ☐ ☐ sehr schwerwiegend

Wie schwierig schätzen Sie es ein, in diesem Fall in angemessener Zeit einen etwa gleichwertigen Zulieferer für diesen Sekundärrohstoff zu finden bzw. Ihre Fertigungsprozesse umzustellen?
sehr einfach ☐ ☐ ☐ ☐ ☐ sehr schwierig

Teil E: Teilnahme an einem Unternehmensnetzwerk für zwischenbetriebliches Recycling (Recycling- oder Verwertungsnetz)

1 Nehmen Sie an einem Unternehmensnetzwerk teil, das sich mit der zwischenbetrieblichen Wiederverwertung von Rückständen (Abfällen) beschäftigt? ☐ ja ☐ nein

☞ ***Wenn nein: Bitte gehen Sie zu Teil F des Fragebogens!***

Wenn ja: Wie heißt dieses Unternehmensnetzwerk (sofern es einen Namen hat)?

2 Wie viele Unternehmen sind an diesem Netzwerk beteiligt?

Ist Ihnen diese Zahl genau bekannt oder ist sie geschätzt, bzw. wie genau stufen Sie Ihre Schätzung ein?

☐ exakt bekannt

geschätzt mit einer Genauigkeit von: sehr ungenau ☐ ☐ ☐ ☐ ☐ sehr genau

3 An wie viele Unternehmen in diesem Netzwerk geben Sie Rückstände zur Verwertung ab?

Von wie vielen Netzwerk-Unternehmen beziehen Sie nur Rückstände als Sekundärrohstoffe für Ihre Produktion?

4 Haben Sie (zumindest teilweise) Informationen über Stoffströme bzw. insbesonde Rückstandsströme der anderen Netzwerkunternehmen? ☐ ja ☐ nein

Wenn ja, wie gut stufen Sie Ihren Informationsstand ein? sehr niedrig ☐ ☐ ☐ ☐ ☐ sehr hoch

5 Glauben Sie, dass Ihr Unternehmen zusätzliche Rückstände zur Verwertung abgeben oder zusätzliche Sekundärrohstoffe annehmen könnte, wenn Sie umfassend über die Stoff- und Rückstandsströme der anderen Netzwerkunternehmen informiert wären? ☐ ja ☐ nein

Wenn ja, wie hoch stufen Sie dieses zusätzliche Potential für zwischenbetriebliche Recyclingaktivitäten ein? sehr niedrig ☐ ☐ ☐ ☐ ☐ sehr hoch

6 Verfügt dieses Netzwerk über eine zentrale Institution (z.B. ein eigenes Netzwerkbüro, eine Recycling- bzw. Verwertungsagentur oder eine ähnliche Einrichtung)? ☐ ja ☐ nein

Wenn ja, in welchem Ausmaß übernimmt diese Institution folgende Aufgaben?

	gar nicht				völlig
Entwicklung einer Netzwerkvision und strategischer Ziele	☐	☐	☐	☐	☐
Unterstützung der Kommunikation zw. den Netzwerkunternehmen	☐	☐	☐	☐	☐
Vertretung des Netzwerkes nach außen (Marketing, Lobbying etc.)	☐	☐	☐	☐	☐
Operative Planung und Steuerung der Recyclingaktivitäten	☐	☐	☐	☐	☐
Entwicklung und Verbesserung von Recyclingtechnologien	☐	☐	☐	☐	☐
Organisation gemeinsamer 'social events'	☐	☐	☐	☐	☐

7 In welchem Ausmaß treffen Ihrer Meinung nach folgende Aussagen zu?

	gar nicht				völlig
Die beteiligten Unternehmen verstehen sich als Teil des Netzwerkes.	☐	☐	☐	☐	☐
In diesem Netzwerk spielen Leitbilder, Visionen, gemeinsame Ziele etc. eine große Rolle.	☐	☐	☐	☐	☐
Die zwischenbetrieblichen Recyclingaktivitäten in diesem Netzwerk orientieren sich an natürlichen Ökosystemen (möglichst geschlossene Kreisläufe).	☐	☐	☐	☐	☐
In diesem Netzwerk existieren noch weitere gemeinsame Zielsetzungen, die über die Idee des zwischenbetrieblichen Recyclings hinausgehen.	☐	☐	☐	☐	☐
Die Teilnahme an diesem Netzwerk führt zumindest mittel- bis langfristig zu Wettbewerbsvorteilen für die Netzwerkunternehmen.	☐	☐	☐	☐	☐

Teil F: Bitte beantworten Sie folgende Fragen über die Verarbeitung von Daten und Umweltinformationen in Ihrem Unternehmen!

1 Wie werden in Ihrem Unternehmen die Daten für Rückstände und Stoffströme allgemein erhoben?

☐ Papier ☐ Excel-Tabellen ☐ Access-Datenbanken

☐ spezielle Umweltsoftwareprogramme (betriebliche Umweltinformationssysteme BUIS), wenn ja, welche?

2 Wie oft werden in Ihrem Unternehmen die Daten über Rückstände, insbesondere feste Abfälle, ausgewertet?

☐ jährlich ☐ halbjährlich ☐ monatlich ☐ wöchentlich ☐ täglich ☐ laufend

☞ *Wenn in Ihrem Unternehmen bereits ein spezielles Umweltsoftwareprogramm verwendet wird, beantworten Sie bitte die Fragen 3-7!*
Wenn in Ihrem Unternehmen ***kein*** *spezielles Umweltsoftwareprogramm verwendet wird, beantworten Sie bitte die Fragen 8-10!*
Gehen Sie bitte in beiden Fällen dannach weiter zu Teil G!

3 Was wird in diesem System erfasst?	gar nicht				vollständig
Stoffflüsse	☐	☐	☐	☐	☐
Energieflüsse	☐	☐	☐	☐	☐
Abfallströme	☐	☐	☐	☐	☐
Gefahrstoffe	☐	☐	☐	☐	☐
Emissionen in die Luft	☐	☐	☐	☐	☐
Lärmbelastungen	☐	☐	☐	☐	☐
Wasser/Abwasser	☐	☐	☐	☐	☐
Recyclingaktivitäten	☐	☐	☐	☐	☐
Erfassung interner Stoff- und Energieflüsse	☐	☐	☐	☐	☐
Kosten für den Umweltschutz	☐	☐	☐	☐	☐

4 Wie wichtig sind für Sie dabei folgende Funktionen?	sehr unwichtig				sehr wichtig
Erstellung von Berichten	☐	☐	☐	☐	☐
Ermittlung div. Umweltkennzahlen	☐	☐	☐	☐	☐
Stoffstromanalysen	☐	☐	☐	☐	☐
Simulation von Prozessen	☐	☐	☐	☐	☐
Umweltkostenrechnung	☐	☐	☐	☐	☐
Produktlebenszyklusanalyse	☐	☐	☐	☐	☐
Ökobilanzierung	☐	☐	☐	☐	☐
Unterstützung des Umweltmanagements	☐	☐	☐	☐	☐
Überprüfung der Gesetzeskonformität	☐	☐	☐	☐	☐
Risikoanalyse von Umweltgefahren	☐	☐	☐	☐	☐
MitarbeiterInneninformation	☐	☐	☐	☐	☐

5 Wird das System isoliert betrieben oder ist es in ein anderes EDV-System integriert?

☐ Isoliert ☐ Integriert in ... (bitte geben Sie uns dieses bekannt:)

6 Wie haben sich die Kosten für den betrieblichen Umweltschutz durch Ihr spezielles Umweltsoftwareprogramm entwickelt?

gesunken ☐ ☐ ☐ ☐ ☐ gestiegen

7 Glauben Sie, dass sich der Einsatz von speziellen Umweltsoftwareprogrammen in Ihrer Branche in Zukunft durchsetzen wird?

eher nein ☐ ☐ ☐ ☐ ☐ eher ja

8 Wie gut stufen Sie Ihren Informationsstand über spezielle Umweltsoftwareprogramme ein?

sehr niedrig ☐ ☐ ☐ ☐ ☐ sehr hoch

9 Welche Gründe sprechen in Ihrem Unternehmen gegen den Einsatz von speziellen Umweltsoftwareprogrammen?	weiß nicht	trifft nicht zu				trifft genau zu
Software zu teuer	☐	☐	☐	☐	☐	☐
Software zu komplex für Unternehmen	☐	☐	☐	☐	☐	☐
Software nicht für Branche geeignet	☐	☐	☐	☐	☐	☐
Keine Integration der Software in betriebliche IT möglich	☐	☐	☐	☐	☐	☐
Software bringt keine Unterstützung bei Verarbeitung der Daten	☐	☐	☐	☐	☐	☐
Software bringt keine Kosteneinsparungen mit sich	☐	☐	☐	☐	☐	☐
Arbeitsaufwand bei Implementierung zu hoch	☐	☐	☐	☐	☐	☐
Widerstände der MitarbeiterInnen	☐	☐	☐	☐	☐	☐
Umweltinformationen bereits in anderen Systemen integriert	☐	☐	☐	☐	☐	☐

10 Was müsste sich im (bzw. für Ihr) Unternehmen verändern, um dennoch ein spezielles Umweltsoftwareprogramm einzuführen?

	weiß nicht	trifft nicht zu				trifft genau zu
Kosten des Umweltschutzes steigen	☐	☐	☐	☐	☐	☐
Umweltschutz im Unternehmen wird wichtiger	☐	☐	☐	☐	☐	☐
Systeme lassen sich voll in betriebliche IT integrieren	☐	☐	☐	☐	☐	☐
Parallelarbeiten bei der Datenerfassung fallen weg	☐	☐	☐	☐	☐	☐
Abläufe im Unternehmen werden komplexer	☐	☐	☐	☐	☐	☐
Unternehmen führt ein Umweltmanagementsystem ein	☐	☐	☐	☐	☐	☐
Umweltschutzgesetzgebung wird komplexer und aufwändiger	☐	☐	☐	☐	☐	☐
MitarbeiterInnen positiv gegenüber dieser Veränderung eingestellt	☐	☐	☐	☐	☐	☐
Kunde/Lieferant verlangt ein transparentes BUIS	☐	☐	☐	☐	☐	☐

Teil G Bitte beantworten Sie folgende Fragen zum überbetrieblichen Austausch von Umweltinformationen

1 Wie kommunizieren Sie mit Ihren Abnehmern von Rückständen überwiegend?

☐ mündlich/persönlich ☐ Telefon, Fax ☐ Briefverkehr ☐ E-Mail ☐ mittels spezifischer Programme

2 Erhalten Sie Umweltinformationen über Rohstoffe von Ihren Lieferanten?

☐ ja ☐ nein

Wenn ja, wie:

☐ mündlich/persönlich ☐ Telefon, Fax ☐ Briefverkehr ☐ E-Mail ☐ mittels spezifischer Programme

3 Verwenden Sie Umweltinformationen von Lieferanten, Abnehmern, Kunden für

	eher weniger				eher mehr
eine umweltfreundliche Produktgestaltung	☐	☐	☐	☐	☐
eine umweltfreundliche Verfahrensgestaltung	☐	☐	☐	☐	☐
Recyclingaktivitäten	☐	☐	☐	☐	☐
eine umweltfreundliche Entsorgung	☐	☐	☐	☐	☐
die Wahl umweltfreundlicher Einsatzstoffe	☐	☐	☐	☐	☐
die Erstellung von Produktlebenszyklusanalysen	☐	☐	☐	☐	☐

4 Wie hoch schätzen Sie allgemein das Potential ein, auch für den überbetrieblichen Austausch von Daten und Umweltinformationen innerhalb von Netzwerken spezielle Umweltsoftwareprogramme einzusetzen?

sehr niedrig				sehr hoch
☐	☐	☐	☐	☐

5 Wie hilfreich sind Ihrer Meinung nach spezielle Umweltsoftwareprogramme für den überbetrieblichen Austausch von Umweltinformationen mit folgenden Gruppen?

	sehr niedrig				sehr hoch
Lieferanten	☐	☐	☐	☐	☐
Abnehmer	☐	☐	☐	☐	☐
Sonstige (Behörden etc.)	☐	☐	☐	☐	☐

6 Welche Gründe sprechen aus Ihrer Sicht gegen einen Einsatz von speziellen Umweltsoftwareprogrammen zum überbetrieblichen Austausch von Umweltinformationen?

	weiß nicht	trifft nicht zu				trifft genau zu
Lieferanten/Abnehmer haben keine entsprechenden Systeme	☐	☐	☐	☐	☐	☐
Einsatz von Softwareprogrammen in Branche unüblich	☐	☐	☐	☐	☐	☐
Stabilität der Programme nicht gewährleistet	☐	☐	☐	☐	☐	☐
Softwareprogramme sind noch nicht genug entwickelt	☐	☐	☐	☐	☐	☐
Datensicherheit nicht gewährleistet	☐	☐	☐	☐	☐	☐
Einblick ins Unternehmen zu groß	☐	☐	☐	☐	☐	☐
Softwareprogramme zu komplex	☐	☐	☐	☐	☐	☐
Weitergabe per Mail/Telefon/Papier einfacher	☐	☐	☐	☐	☐	☐
Softwareprogramme zu teuer	☐	☐	☐	☐	☐	☐

7 Was müsste sich für Sie verändern, um dennoch ein spezielles Umweltsoftwareprogramm für den überbetrieblichen Austausch von Umweltinformationen in Ihrem Unternehmen einzusetzen?

	trifft nicht zu				trifft genau zu
Preise für Primärrohstoffe steigen	☐	☐	☐	☐	☐
Kosten des Umweltschutzes steigen	☐	☐	☐	☐	☐
Softwareprogramme werden billiger	☐	☐	☐	☐	☐
Softwaresysteme werden einfacher in der Handhabung	☐	☐	☐	☐	☐
Systeme lassen sich voll in betriebliche IT integrieren	☐	☐	☐	☐	☐
Konzerninterne Vorgaben zum Austausch von Daten	☐	☐	☐	☐	☐
Abnehmer/Lieferant verlangt ein spezielles Softwareprogramm	☐	☐	☐	☐	☐

Teil H: Möglichkeit und Nutzen eines "Nachhaltigkeitsnetzwerkes"

1 Der Begriff der nachhaltigen Entwicklung umfasst die Bereiche Ökonomie, Ökologie und Soziales. Weisen Sie bitte den drei Bereichen Prozentzahlen zu, die aus Ihrer Sicht deren jeweilige Bedeutung in Ihrem Unternehmen widerspiegeln!

Wirtschaftlicher Erfolg	
Schutz der natürlichen Umwelt	
Soziale Verantwortung	
Summe	100%

2 Geben Sie bitte eine Einschätzung ab, wie wichtig die folgenden Themen für Ihr Unternehmen sind.

	sehr unwichtig				sehr wichtig
Umweltschutz bei der Herstellung der Rohstoffe und Vorprodukte	☐	☐	☐	☐	☐
Einhaltung der Menschenrechte entlang der Wertschöpfungskette	☐	☐	☐	☐	☐
Umfassender Umweltschutz an Ihrer Produktionsstätte	☐	☐	☐	☐	☐
Förderung benachteiligter Gruppen (z.B. Frauen, Behinderte, Ältere)	☐	☐	☐	☐	☐
Arbeitssicherheit (Unfallvermeidung, berufsbedingte Erkrankungen)	☐	☐	☐	☐	☐
Verantwortung als Arbeitgeber in Ihrer Region	☐	☐	☐	☐	☐
Gewährleistung einer hohen Qualität und Sicherheit Ihrer Erzeugnisse	☐	☐	☐	☐	☐
Umweltschutz in der Nutzungs- u. Entsorgungsphase Ihrer Erzeugnisse	☐	☐	☐	☐	☐

3 Bringt die Zusammenarbeit innerhalb eines Nachhaltigkeitsnetzwerkes Ihres Erachtens Vorteile in den folgenden Bereichen?

	sehr klein				sehr groß
Umweltschutz bei der Herstellung der Rohstoffe und Vorprodukte	☐	☐	☐	☐	☐
Einhaltung der Menschenrechte entlang der Wertschöpfungskette	☐	☐	☐	☐	☐
Umfassender Umweltschutz an Ihrer Produktionsstätte	☐	☐	☐	☐	☐
Förderung benachteiligter MitarbeiterInnen (Frauen, Behinderte, Ältere)	☐	☐	☐	☐	☐
Arbeitssicherheit (Unfallvermeidung, berufsbedingte Erkrankungen)	☐	☐	☐	☐	☐
Verantwortung als Arbeitgeber in Ihrer Region	☐	☐	☐	☐	☐
Gewährleistung einer hohen Qualität und Sicherheit Ihrer Erzeugnisse	☐	☐	☐	☐	☐
Umweltschutz in der Nutzungs- u. Entsorgungsphase Ihrer Erzeugnisse	☐	☐	☐	☐	☐

4 Wie wichtig sind Ihres Erachtens folgende Maßnahmenbereiche bei einer Zusammenarbeit in einem Nachhaltigkeitsnetzwerk?

	sehr unwichtig				sehr wichtig
Recycling von Stoffen und/oder Energie	☐	☐	☐	☐	☐
Kooperationen zur nachhaltigkeitsorientierten Produktentwicklung	☐	☐	☐	☐	☐
Kooperationen zur Verbesserung und Integration der Prozesse	☐	☐	☐	☐	☐
Gemeinsames Wahrnehmen der sozialen Verantwortung	☐	☐	☐	☐	☐
Interorganisatorisches Lernen und Wissensaufbau	☐	☐	☐	☐	☐

5 Welche Faktoren sind für die erfolgreiche Umsetzung der Maßnahmen bedeutend?

	sehr unwichtig				sehr wichtig
Unternehmen kommen aus der gleichen Region.	☐	☐	☐	☐	☐
Unternehmen sind in der gleichen Wertschöpfungskette.	☐	☐	☐	☐	☐

6 Nachhaltiges Wirtschaften beinhaltet auch einen verantwortungsvollen Umgang mit Menschen. In welcher Form wird Ihr Unternehmen intern und in seinem Umkreis aktiv, um diese Verantwortung wahrzunehmen?

	ja	nein	weiß nicht		ja	nein	weiß nicht
flexible bedarfsgerechte Arbeitszeitmodelle	☐	☐	☐	Sport- & Kultursponsoring in der Region	☐	☐	☐
Förderung sozialer Belange in der Region	☐	☐	☐	Weiterbildungsangebot auf allen Ebenen	☐	☐	☐
Betriebliche Vorsorge ("Firmenpension" o.ä.)	☐	☐	☐	aktiver Dialog m. AnrainerInnen/Gemeinden	☐	☐	☐
Integration ausländischer MitarbeiterInnen	☐	☐	☐	Integration von Menschen mit Behinderung	☐	☐	☐
allgemeine Gewinn-/ Erfolgsbeteiligung	☐	☐	☐	Kinderbetreuung	☐	☐	☐
aktive Gleichstellung/Förderung von Frauen	☐	☐	☐	Verbesserung der Arbeitsbedingungen	☐	☐	☐
betriebliche Gesundheitsvorsorge	☐	☐	☐	Institutionalisierte Mitbestimmung	☐	☐	☐
Ausbildung von Lehrlingen	☐	☐	☐	Sozialeinrichtungen (Kantine, Ruheräume)	☐	☐	☐
Maßnahmen gegen Diskriminierung/Mobbing	☐	☐	☐	MitarbeiterInnenbefragungen	☐	☐	☐
finanzielle Beteiligung von MitarbeiterInnen	☐	☐	☐	Maßnahmen für ältere ArbeitnehmerInnen	☐	☐	☐

Anhang II: Fragebogen Wertschöpfungsnetzwerke

UNI GRAZ — FABRIK der Zukunft — bmvit

ExpertInnenbefragung über Umweltschutzaktivitäten in Wertschöpfungsnetzwerken

Mag. Elke Perl
Karl-Franzens-Universität Graz
Institut für Innovations- und Umweltmanagement
A-8010 Graz, Universitätsstrasse 15/G2
Tel: 0316/380-3237, Fax: 0316/380-9585

Bitte unterstützen Sie uns mit Ihrer ExpertInnenmeinung und Ihrem Erfahrungswissen aus der Praxis. Damit ermöglichen Sie es uns wissenschaftlich fundierte Aussagen und praktikable Empfehlungen über Umweltschutzaktivitäten in Wertschöpfungsnetzwerken zu treffen. Bei der Beantwortung der einzelnen Fragen kreuzen Sie bitte jeweils die nach Ihrer Einschätzung zutreffende Alternative an. Das Ausfüllen des Fragebogens wird etwa 10 - 15 Minuten in Anspruch nehmen. Alle Daten werden von uns **selbstverständlich streng vertraulich** behandelt und **nur in anonymisierter Form statistisch ausgewertet.**

Haben Sie Interesse an der Zusendung der Ergebnisse der ExpertInnenbefragung (Herbst 2004)? ☐ ja ☐ nein
Wenn ja, ...
☐ in Papierform als Kurzbericht ☐ elektronisch als pdf-Dokument

Haben Sie Interesse an der Zusendung des Leitfadens für die Entwicklung industrieller Nachhaltigkeitsnetzwerke (2005)? ☐ ja ☐ nein
Wenn ja,...
☐ in Papierform als Kurzbericht ☐ elektronisch als pdf-Dokument

Teil A: Daten zu Ihrem Unternehmen

1 Firmenname und -anschrift

2 Ansprechperson Email-Adresse

3 Branche, in der Sie überwiegend tätig sind:
- ☐ Grundstoffindustrie
- ☐ Investitionsgütererzeugende Industrie
- ☐ Verbrauchsgütererzeugende Industrie
- ☐ Bauindustrie
- ☐ Lebens- und Genussmittel-Industrie
- ☐ Elektrizitäts- und Wasserversorgung
- ☐ sonstige:

4 MitarbeiterInnen an Ihrer Produktionsstätte:
- ☐ bis 50 MitarbeiterInnen
- ☐ 51 - 100 MitarbeiterInnen
- ☐ 101 - 250 MitarbeiterInnen
- ☐ 251 - 500 MitarbeiterInnen
- ☐ 501 - 1000 MitarbeiterInnen
- ☐ über 1000 MitarbeiterInnen

5 Jahresumsatz Ihrer Produktionsstätte:
- ☐ bis 5 Mio. Euro
- ☐ 5 - 10 Mio. Euro
- ☐ 10 - 50 Mio. Euro
- ☐ 50 - 100 Mio. Euro
- ☐ 100 - 250 Mio. Euro
- ☐ über 250 Mio. Euro

6 Verfügt Ihre Produktionsstätte über ein installiertes Umweltmanagementsystem nach ...
☐ EMAS-Verordnung ☐ ISO 14001

7 Ist Ihr Unternehmen in eine internationale Konzernstruktur eingebunden? ☐ ja ☐ nein
Würden Sie Ihr Unternehmen als Familienbetrieb bezeichnen? ☐ ja ☐ nein

Teil B: Teilnahme an einem Wertschöpfungsnetzwerk

1 An welchem Wertschöpfungsnetzwerk / Cluster nimmt Ihr Unternehmen teil? ☐

2 Wie viele Unternehmen sind an diesem Netzwerk beteiligt? ☐

Ist Ihnen diese Zahl genau bekannt oder ist sie geschätzt, bzw. wie genau stufen Sie ihre Schätzung ein?

☐ exakt bekannt

geschätzt mit einer Genauigkeit von: sehr ungenau ☐ ☐ ☐ ☐ ☐ sehr genau

3 Wie sehen Sie insgesamt die Zusammenarbeit innerhalb des Wertschöpfungsnetzwerkes?

☐ kurzfristig ☐ langfristig ☐ einmalige Zusammenarbeit

4 Wer ist in Ihrem Unternehmen für die Pflege der Beziehungen des Wertschöpfungsnetzwerks zuständig (Mehrfachnennung möglich)?

☐ Einkaufsverantwortliche/r ☐ oberste Geschäftsführung ☐ Umwelt-/Abfallbeauftragte/r
☐ Controller/in ☐ Leiter/in der Logistikabteilung

5 Wie werden Entscheidungen über Kooperationen innerhalb des Wertschöpfungsnetzwerke getroffen?

☐ von Einzelpersonen ☐ in Teams

6 Welche Motive waren für Sie ausschlaggebend, weiterführende Kooperationen mit Lieferanten/Kunden einzugehen (Mehrfachnennung möglich)?

☐ Fertigungstiefe verringern ☐ Wettbewerbsfähigkeit steigern ☐ Zusammenarbeit mit Lieferanten intensivieren
☐ Kostensenkung ☐ Gemeinsame Forschungs- und Entwicklungsbemühungen ☐ Gemeinsame, koordinierte Umweltschutzbemühungen

7 Sind die Beziehungen zu Ihren Partnern innerhalb des Wertschöpfungsnetzwerkes stärker durch Vertrauen geprägt als herkömmliche Geschäftsbeziehungen? ☐ ja ☐ nein

8 Wie hoch stufen Sie die Gefahr ein, dass Sie die Partner zu Ihrem Schaden übervorteilen möchten?

sehr gering ☐ ☐ ☐ ☐ ☐ sehr hoch

9 In welchem Ausmaß trefffen Ihrer Meinung nach folgende Aussagen zu?

	gar nicht				völlig
Die beteiligten Unternehmen verstehen sich als Teil des Netzwerkes.	☐	☐	☐	☐	☐
In diesem Netzwerk spielen Leitbilder, Visionen, gemeinsame Ziele etc. eine große Rolle.	☐	☐	☐	☐	☐
Durch die intensiven Beziehungen im Wertschöpfungsnetzwerk wird der Wissensaustausch und ein interner Lernprozess gefördert.	☐	☐	☐	☐	☐
Die Teilnahme an diesem Wertschöpfungsnetzwerkes führt zumindest mittel- bis langfristig zu Wettbewerbsvorteilen für die Netzwerkteilnehmer	☐	☐	☐	☐	☐
Im Wertschöpfungsnetzwerk gibt es einige wenige Unternehmen, von denen der Fortbestand des Wertschöpfungsnetzwerkes wesentlich abhängt.	☐	☐	☐	☐	☐
Durch die Beziehung im Wertschöpfungsnetzwerk werden Unsicherheiten bzgl. Lieferanten und Abnehmern verringert.	☐	☐	☐	☐	☐

10 Verfügt das Wertschöpfungsnetzwerk über eine zentrale Institution? ☐ ja ☐ nein

Wenn ja, in welchem Ausmaß übernimmt diese Institution folgende Aufgaben:	gar nicht				völlig
Entwicklung einer Netzwerkvision und strategischer Ziele	☐	☐	☐	☐	☐
Unterstützung der Kommunikation zwischen den Netzwerkunternehmen	☐	☐	☐	☐	☐
Vertretung des Netzwerkes nach außen.	☐	☐	☐	☐	☐
Operative Planung und Steuerung der Wertschöpfungsaktivitäten	☐	☐	☐	☐	☐
Entwicklung und Verbesserung der Austauschprozesse	☐	☐	☐	☐	☐
Weitere Suche nach Partnern	☐	☐	☐	☐	☐
Gemeinsame Umweltschutzaktivitäten	☐	☐	☐	☐	☐
Organisation gemeinsamer "social events"	☐	☐	☐	☐	☐

Wie wichtig stufen Sie die Rolle der zentralen Institution für den langfristigen Erfolg des Wertschöpfungsnetzwerk ein? sehr unwichtig ☐ ☐ ☐ ☐ ☐ sehr wichtig

11 Wie werden Informationen mit Partnern innerhalb des Wertschöpfungsnetzwerkes ausgetauscht (Mehrfachnennung möglich)?

☐ Persönliches Gespräch/Telefon ☐ Internet ☐ ERP-Systeme (Enterprise Resource Planning)
☐ Post ☐ E-mail ☐ Spezielle Supply Chain Software

12 In welchem Ausmaß treffen folgende Aussagen auf Sie zu?

	gar nicht				völlig
Die Kooperationspartner geben vor, wie Informationen ausgetauscht werden.	☐	☐	☐	☐	☐
Die Informations- und Kommunikationstechnologien für den Datenaustausch zwischen den Kooperationspartnern sind immer individuell und unternehmensspezifisch.	☐	☐	☐	☐	☐
Internet und Email sind für die Kommunikation innerhalb des Wertschöpfungsnetzwerkes wesentlich.	☐	☐	☐	☐	☐
Der Investitionsaufwand in Informations- und Kommunikationstechnologien war erheblich, um überhaupt mit anderen Netzwerkpartnern kommunizieren zu können.	☐	☐	☐	☐	☐

Teil C: Umweltschutzaktivitäten innerhalb des Wertschöpfungsnetzwerkes

1 Setzen Sie in Ihrem Unternehmen in den folgenden Bereichen Maßnahmen zum betrieblichen Umweltschutz?

	sehr wenige				sehr viel
Umweltfreundliche Produktgestaltung	☐	☐	☐	☐	☐
Umweltfreundliche Verfahrensgestaltung	☐	☐	☐	☐	☐
Inner- und zwischenbetriebliche Recyclingaktivitäten	☐	☐	☐	☐	☐
Umweltfreundliche Entsorgung	☐	☐	☐	☐	☐
Wahl umweltfreundlicher Einsatzstoffe	☐	☐	☐	☐	☐

2 Wie hoch schätzen Sie Ihren Informationsstand über die Möglichkeiten und Technologien zur zwischenbetrieblichen Rückstandsverwertung ein?

sehr niedrig ☐ ☐ ☐ ☐ ☐ sehr hoch

3 Zählen bei der Auswahl der Lieferanten/Abnehmer innerhalb des Wertschöpfungsnetzwerkes Kriterien des Umweltschutzes?

eher nein ☐ ☐ ☐ ☐ ☐ eher ja

4 Können Sie sich grundsätzlich vorstellen, die Beziehungen innerhalb des Wertschöpfungsnetzwerkes für ein zwischenbetriebliches Recycling zu nutzen?

eher nein ☐ ☐ ☐ ☐ ☐ eher ja

5 Haben Sie Informationen über Stoffströme der anderen Netzwerkunternehmen? ☐ ja ☐ nein

Wenn ja, wie gut stufen Sie diesen Informationsstand ein?

sehr niedrig ☐ ☐ ☐ ☐ ☐ sehr hoch

6 Geben Sie Rückstände aus Ihrer Produktion an andere Unternehmen des Wertschöpfungsnetzwerkes zur Wiederverwertung ab?

☐ ja ☐ nein

Setzen Sie in Ihren Produktionsprozessen Rückstände anderer Firmen als Sekundärrohstoffe ein, um damit Primärrohstoffe oder Brennstoffe zu ersetzen?

☐ ja ☐ nein

Sind aus Ihrer Sicht verstärkte Kooperationen für zwischenbetriebliches Recycling innerhalb dieses Wertschöpfungsnetzwerkes sinnvoll?

weniger sinnvoll ☐ ☐ ☐ ☐ ☐ sehr sinnvoll

7 Können Sie sich vorstellen, Ihre bestehenden Kooperationen im Wertschöpfungsnetzwerk auf folgende Aktivitäten auszuweiten?

	gar nicht				völlig
Wahl umweltfreundlicher Produktionsverfahren	☐	☐	☐	☐	☐
Umweltfreundliche Produktgestaltung	☐	☐	☐	☐	☐
Überbetrieblicher Umweltschutz	☐	☐	☐	☐	☐
Life-Cycle Assessments	☐	☐	☐	☐	☐
Kooperationen für soziale Tätigkeiten	☐	☐	☐	☐	☐

9 Werden bei Treffen innerhalb des Wertschöpfungsnetzwerkes Themen des <u>inner</u>betrieblichen Umweltschutzes diskutiert?

eher weniger ☐ ☐ ☐ ☐ ☐ eher mehr

10 Werden bei Treffen im Wertschöpfungsnetzwerkes Themen des <u>über</u>betrieblichen Umweltschutzes, also des Umweltschutzes zwischen den Unternehmen, diskutiert?

eher weniger ☐ ☐ ☐ ☐ ☐ eher mehr

Teil D: Bitte beantworten Sie folgende Fragen über die Verarbeitung von Daten und Umweltinformationen in Ihrem Unternehmen!

1 Wie werden in Ihrem Unternehmen die Daten für Rückstände und Stoffströme allgemein erhoben?

☐ Papier ☐ Excel-Tabellen ☐ Access-Datenbanken
☐ spezielle Umweltsoftwareprogramme (betriebliche Umweltinformationssysteme BUIS),
wenn ja, welche?

2 Wie oft werden in Ihrem Unternehmen die Daten über Rückstände, insbesondere feste Abfälle, ausgewertet?

☐ jährlich ☐ halbjährlich ☐ monatlich ☐ wöchentlich ☐ täglich ☐ laufend

☞ *Wenn in Ihrem Unternehmen bereits ein spezielles Umweltsoftwareprogramm verwendet wird, beantworten Sie bitte die Fragen 3-7!*
*Wenn in Ihrem Unternehmen **kein** spezielles Umweltsoftwareprogramm verwendet wird, beantworten Sie bitte die Fragen 8-10!*
Gehen Sie bitte in beiden Fällen dannach weiter zu Teil G!

3 Was wird in diesem System erfasst?	gar nicht				vollständig
Stoffflüsse	☐	☐	☐	☐	☐
Energieflüsse	☐	☐	☐	☐	☐
Abfallströme	☐	☐	☐	☐	☐
Gefahrstoffe	☐	☐	☐	☐	☐
Emissionen in die Luft	☐	☐	☐	☐	☐
Lärmbelastungen	☐	☐	☐	☐	☐
Wasser/Abwasser	☐	☐	☐	☐	☐
Recyclingaktivitäten	☐	☐	☐	☐	☐
Erfassung interner Stoff- und Energieflüsse	☐	☐	☐	☐	☐
Kosten für den Umweltschutz	☐	☐	☐	☐	☐

4 Wie wichtig sind für Sie dabei folgende Funktionen?	sehr unwichtig				sehr wichtig
Erstellung von Berichten	☐	☐	☐	☐	☐
Ermittlung div. Umweltkennzahlen	☐	☐	☐	☐	☐
Stoffstromanalysen	☐	☐	☐	☐	☐
Simulation von Prozessen	☐	☐	☐	☐	☐
Umweltkostenrechnung	☐	☐	☐	☐	☐
Produktlebenszyklusanalyse	☐	☐	☐	☐	☐
Ökobilanzierung	☐	☐	☐	☐	☐
Unterstützung des Umweltmanagements	☐	☐	☐	☐	☐
Überprüfung der Gesetzeskonformität	☐	☐	☐	☐	☐
Risikoanalyse von Umweltgefahren	☐	☐	☐	☐	☐
MitarbeiterInneninformation	☐	☐	☐	☐	☐

5 Wird das System isoliert betrieben oder ist es in ein anderes EDV-System integriert?

☐ isoliert ☐ integriert in ... (bitte geben Sie uns dieses bekannt)

6 Wie haben sich die Kosten für den betrieblichen Umweltschutz durch Ihr spezielles Umweltsoftwareprogramm entwickelt?	gesunken				gestiegen
	☐	☐	☐	☐	☐

7 Glauben Sie, dass sich der Einsatz von speziellen Umweltsoftwareprogrammen in Ihrer Branche in Zukunft durchsetzen wird?	eher nein				eher ja
	☐	☐	☐	☐	☐

8 Wie gut stufen Sie Ihren Informationsstand über spezielle Umweltsoftwareprogramme ein?	sehr niedrig				sehr hoch
	☐	☐	☐	☐	☐

9 Welche Gründe sprechen in Ihrem Unternehmen gegen den Einsatz von speziellen Umweltsoftwareprogrammen?	weiß nicht	trifft nicht zu				trifft genau zu
Software zu teuer	☐	☐	☐	☐	☐	☐
Software zu komplex für Unternehmen	☐	☐	☐	☐	☐	☐
Software nicht für Branche geeignet	☐	☐	☐	☐	☐	☐
Keine Integration der Software in betriebliche IT möglich	☐	☐	☐	☐	☐	☐
Software bringt keine Unterstützung bei Verarbeitung der Daten	☐	☐	☐	☐	☐	☐
Software bringt keine Kosteneinsparungen mit sich	☐	☐	☐	☐	☐	☐
Arbeitsaufwand bei Implementierung zu hoch	☐	☐	☐	☐	☐	☐
Widerstände der MitarbeiterInnen	☐	☐	☐	☐	☐	☐
Umweltinformationen bereits in anderen Systemen integriert	☐	☐	☐	☐	☐	☐

10 Was müsste sich im (bzw. für Ihr) Unternehmen verändern, um dennoch ein spezielles Umweltsoftwareprogramm einzuführen?

	weiß nicht	trifft nicht zu				trifft genau zu
Kosten des Umweltschutzes steigen	☐	☐	☐	☐	☐	☐
Umweltschutz im Unternehmen wird wichtiger	☐	☐	☐	☐	☐	☐
Systeme lassen sich voll in betriebliche IT integrieren	☐	☐	☐	☐	☐	☐
Parallelarbeiten bei der Datenerfassung fallen weg	☐	☐	☐	☐	☐	☐
Abläufe im Unternehmen werden komplexer	☐	☐	☐	☐	☐	☐
Unternehmen führt ein Umweltmanagementsystem ein	☐	☐	☐	☐	☐	☐
Umweltschutzgesetzgebung wird komplexer und aufwändiger	☐	☐	☐	☐	☐	☐
MitarbeiterInnen positiv gegenüber dieser Veränderung eingestellt	☐	☐	☐	☐	☐	☐
Kunde/Lieferant verlangt ein transparentes BUIS	☐	☐	☐	☐	☐	☐

Teil E Bitte beantworten Sie folgende Fragen zum überbetrieblichen Austausch von Umweltinformationen

1 Wie kommunizieren Sie mit Ihren Abnehmern von Rückständen überwiegend?

☐ mündlich/persönlich ☐ Telefon, Fax ☐ Briefverkehr ☐ E-Mail ☐ mittels spezifischer Programme

2 Erhalten Sie Umweltinformationen über Rohstoffe von Ihren Lieferanten?

☐ ja ☐ nein

Wenn ja, wie:

☐ mündlich/persönlich ☐ Telefon, Fax ☐ Briefverkehr ☐ E-Mail ☐ mittels spezifischer Programme

3 Verwenden Sie Umweltinformationen von Lieferanten, Abnehmern, Kunden für

	eher weniger				eher mehr
eine umweltfreundliche Produktgestaltung	☐	☐	☐	☐	☐
eine umweltfreundliche Verfahrensgestaltung	☐	☐	☐	☐	☐
Recyclingaktivitäten	☐	☐	☐	☐	☐
eine umweltfreundliche Entsorgung	☐	☐	☐	☐	☐
die Wahl umweltfreundlicher Einsatzstoffe	☐	☐	☐	☐	☐
die Erstellung von Produktlebenszyklusanalysen	☐	☐	☐	☐	☐

4 Wie hoch schätzen Sie allgemein das Potential ein, auch für den überbetrieblichen Austausch von Daten und Umweltinformationen innerhalb von Netzwerken spezielle Umweltsoftwareprogramme einzusetzen?

sehr niedrig				sehr hoch
☐	☐	☐	☐	☐

5 Wie hilfreich sind Ihrer Meinung nach spezielle Umweltsoftwareprogramme für den überbetrieblichen Austausch von Umweltinformationen mit folgenden Gruppen?

	sehr niedrig				sehr hoch
Lieferanten	☐	☐	☐	☐	☐
Abnehmer	☐	☐	☐	☐	☐
Sonstige (Behörden etc.)	☐	☐	☐	☐	☐

6 Welche Gründe sprechen aus Ihrer Sicht gegen einen Einsatz von speziellen Umweltsoftwareprogrammen zum überbetrieblichen Austausch von Umweltinformationen?

	weiß nicht	trifft nicht zu				trifft genau zu
Lieferanten/Abnehmer haben keine entsprechenden Systeme	☐	☐	☐	☐	☐	☐
Einsatz von Softwareprogrammen in Branche unüblich	☐	☐	☐	☐	☐	☐
Stabilität der Programme nicht gewährleistet	☐	☐	☐	☐	☐	☐
Softwareprogramme sind noch nicht genug entwickelt	☐	☐	☐	☐	☐	☐
Datensicherheit nicht gewährleistet	☐	☐	☐	☐	☐	☐
Einblick ins Unternehmen zu groß	☐	☐	☐	☐	☐	☐
Softwareprogramme zu komplex	☐	☐	☐	☐	☐	☐
Weitergabe per Mail/Telefon/Papier einfacher	☐	☐	☐	☐	☐	☐
Softwareprogramme zu teuer	☐	☐	☐	☐	☐	☐

7 Was müsste sich für Sie verändern, um dennoch ein spezielles Umweltsoftwareprogramm für den überbetrieblichen Austausch von Umweltinformationen in Ihrem Unternehmen einzusetzen?

	trifft nicht zu				trifft genau zu
Preise für Primärrohstoffe steigen	☐	☐	☐	☐	☐
Kosten des Umweltschutzes steigen	☐	☐	☐	☐	☐
Softwareprogramme werden billiger	☐	☐	☐	☐	☐
Softwaresysteme werden einfacher in der Handhabung	☐	☐	☐	☐	☐
Systeme lassen sich voll in betriebliche IT integrieren	☐	☐	☐	☐	☐
Konzerninterne Vorgaben zum Austausch von Daten	☐	☐	☐	☐	☐
Abnehmer/Lieferant verlangt ein spezielles Softwareprogramm	☐	☐	☐	☐	☐

Teil F: Möglichkeit und Nutzen eines "Nachhaltigkeitsnetzwerkes"

1 Der Begriff der nachhaltigen Entwicklung umfasst die Bereiche Ökonomie, Ökologie und Soziales. Weisen Sie bitte den drei Bereichen Prozentzahlen zu, die aus Ihrer Sicht deren jeweilige Bedeutung in Ihrem Unternehmen widerspiegeln!

Wirtschaftlicher Erfolg	
Schutz der natürlichen Umwelt	
Soziale Verantwortung	
Summe	100%

2 Geben Sie bitte eine Einschätzung ab, wie wichtig die folgenden Themen für Ihr Unternehmen sind.

	sehr unwichtig				sehr wichtig
Umweltschutz bei der Herstellung der Rohstoffe und Vorprodukte	☐	☐	☐	☐	☐
Einhaltung der Menschenrechte entlang der Wertschöpfungskette	☐	☐	☐	☐	☐
Umfassender Umweltschutz an Ihrer Produktionsstätte	☐	☐	☐	☐	☐
Förderung benachteiligter Gruppen (z.B. Frauen, Behinderte, Ältere)	☐	☐	☐	☐	☐
Arbeitssicherheit (Unfallvermeidung, berufsbedingte Erkrankungen)	☐	☐	☐	☐	☐
Verantwortung als Arbeitgeber in Ihrer Region	☐	☐	☐	☐	☐
Gewährleistung einer hohen Qualität und Sicherheit Ihrer Erzeugnisse	☐	☐	☐	☐	☐
Umweltschutz in der Nutzungs- u. Entsorgungsphase Ihrer Erzeugnisse	☐	☐	☐	☐	☐

3 Bringt die Zusammenarbeit innerhalb eines Nachhaltigkeitsnetzwerkes Ihres Erachtens Vorteile in den folgenden Bereichen?

	sehr klein				sehr groß
Umweltschutz bei der Herstellung der Rohstoffe und Vorprodukte	☐	☐	☐	☐	☐
Einhaltung der Menschenrechte entlang der Wertschöpfungskette	☐	☐	☐	☐	☐
Umfassender Umweltschutz an Ihrer Produktionsstätte	☐	☐	☐	☐	☐
Förderung benachteiligter MitarbeiterInnen (Frauen, Behinderte, Ältere)	☐	☐	☐	☐	☐
Arbeitssicherheit (Unfallvermeidung, berufsbedingte Erkrankungen)	☐	☐	☐	☐	☐
Verantwortung als Arbeitgeber in Ihrer Region	☐	☐	☐	☐	☐
Gewährleistung einer hohen Qualität und Sicherheit Ihrer Erzeugnisse	☐	☐	☐	☐	☐
Umweltschutz in der Nutzungs- u. Entsorgungsphase Ihrer Erzeugnisse	☐	☐	☐	☐	☐

4 Wie wichtig sind Ihres Erachtens folgende Maßnahmenbereiche bei einer Zusammenarbeit in einem Nachhaltigkeitsnetzwerk?

	sehr unwichtig				sehr wichtig
Recycling von Stoffen und/oder Energie	☐	☐	☐	☐	☐
Kooperationen zur nachhaltigkeitsorientierten Produktentwicklung	☐	☐	☐	☐	☐
Kooperationen zur Verbesserung und Integration der Prozesse	☐	☐	☐	☐	☐
Gemeinsames Wahrnehmen der sozialen Verantwortung	☐	☐	☐	☐	☐
Interorganisatorisches Lernen und Wissensaufbau	☐	☐	☐	☐	☐

5 Welche Faktoren sind für die erfolgreiche Umsetzung der Maßnahmen bedeutend?

	sehr unwichtig				sehr wichtig
Unternehmen kommen aus der gleichen Region.	☐	☐	☐	☐	☐
Unternehmen sind in der gleichen Wertschöpfungskette.	☐	☐	☐	☐	☐

6 Nachhaltiges Wirtschaften beinhaltet auch einen verantwortungsvollen Umgang mit Menschen. In welcher Form wird Ihr Unternehmen intern und in seinem Umkreis aktiv, um diese Verantwortung wahrzunehmen?

	ja	nein	weiß nicht		ja	nein	weiß nicht
flexible bedarfsgerechte Arbeitszeitmodelle	☐	☐	☐	Sport- & Kultursponsoring in der Region	☐	☐	☐
Förderung sozialer Belange in der Region	☐	☐	☐	Weiterbildungsangebot auf allen Ebenen	☐	☐	☐
Betriebliche Vorsorge ("Firmenpension" o.ä.)	☐	☐	☐	aktiver Dialog m. AnrainerInnen/Gemeinden	☐	☐	☐
Integration ausländischer MitarbeiterInnen	☐	☐	☐	Integration von Menschen mit Behinderung	☐	☐	☐
allgemeine Gewinn-/ Erfolgsbeteiligung	☐	☐	☐	Kinderbetreuung	☐	☐	☐
aktive Gleichstellung/Förderung von Frauen	☐	☐	☐	Verbesserung der Arbeitsbedingungen	☐	☐	☐
betriebliche Gesundheitsvorsorge	☐	☐	☐	institutionalisierte Mitbestimmung	☐	☐	☐
Ausbildung von Lehrlingen	☐	☐	☐	Sozialeinrichtungen (Kantine, Ruheräume)	☐	☐	☐
Maßnahmen gegen Diskriminierung/Mobbing	☐	☐	☐	MitarbeiterInnenbefragungen	☐	☐	☐
finanzielle Beteiligung von MitarbeiterInnen	☐	☐	☐	Maßnahmen für ältere ArbeitnehmerInnen	☐	☐	☐

Anhang III: Fragebogen für Softwarehersteller

Herstellerbefragung

Einsatz von betrieblichen Umwelt- - informationssystemen in Unternehmen

Mag. Elke Perl
Institut für Innovations- und Umweltmanagement
Karl-Franzens-Universität Graz
A-8010 Graz, Universitätsstraße 15/G2
Tel: +43 (0)316/380-3237
Fax: +43 (0)316/380-9585
email: elke.perl@uni-graz.at

Diese Umfrage ist Teil einer Studie, die die Bereitschaft von Unternehmen, betriebliche Umweltinformationssysteme zu installieren, analysiert. Die Umfrage umfasst neben der vorliegenden Herstellerbefragung auch eine Befragung der Anwender von betrieblichen Umweltinformationssystemen. Ziel der Studie ist es, Maßnahmen zu finden, um die Akzeptanz von betrieblichen Umweltinformationssystemen in der Praxis zu erhöhen. Durch Beantwortung des vorliegenden Fragebogens kann Ihr Unternehmen einen Beitrag dazu leisten. Das Ausfüllen dieses Fragebogens wird etwa 10 Minuten in Anspruch nehmen.

Falls Sie an den Ergebnissen der Anwenderumfrage interessiert sind, senden wir Ihnen diese gerne zu. (Erscheinungstermin voraussichtlich Herbst 2004)

Firmenanschrift:

Ansprechpartner:

Telefonnummer:

E-Mail Adresse:

Teil A: Allgemeines

1. Seit wie vielen Jahren besteht Ihr Unternehmen:
   ☐ 1-2 ☐ 3-5 ☐ 6-10 ☐ länger
2. Wie viele Mitarbeiter beschäftigen Sie zur Zeit?
   ☐ 1-10 ☐ 11-30 ☐ 31-50 ☐ 51-100 ☐ 101-250 ☐ mehr
3. Wie lautet Ihr betriebliches Umweltinformationssystem- Softwareprodukt:
4. Seit wie vielen Jahren besteht dieses Softwareprodukt?
5. Gab es Vorgängermodelle?
   ☐ Ja ☐ Nein
   Wenn ja, wie viele und wie lange waren diese am Markt?
6. In wie vielen Unternehmen wurde Ihr Softwareprodukt bereits installiert?
7. Bietet Ihr Unternehmen weitere Softwareprodukte an?
   ☐ Ja ☐ Nein Wenn ja, welche?

Teil B: Technische Grundlagen

1. Was sind die Mindestanforderungen an die Hardware des Benutzers (Prozesser, Arbeitsspeicher, benötigter Speicherplatz, Grafikkarte etc.):

2. Benötigt der Benutzer ein bestimmtes Betriebssystem?
   ☐ Ja ☐ Nein Wenn ja, welches?
3. In welchen Sprachen ist Ihr Softwareprodukt erhältlich?
   ☐ Deutsch ☐ Englisch ☐ Französisch ☐ Spanisch ☐ Andere
4. Ist Ihr Softwareprodukt auf bestimmte Branchen eingegrenzt?
   ☐ Ja ☐ Nein Wenn ja, auf welche?
5. Ist Ihr Softwareprodukt auf eine bestimmte Unternehmensgröße eingegrenzt?
   ☐ Ja ☐ Nein Wenn ja, auf welche?

Teil C: Funktionen der Software

1. Wie würden Sie den Hauptanwendungsbereich Ihrer Software bezeichnen:

2. Welche Funktionen können mittels Ihrer Software erfüllt werden:

	Funktion	Erfüllt	Kommentar
a.	Erstellung von Abfallbilanzen	☐	
b.	Erstellung von Input-Output Bilanzen	☐	
c.	Ökobilanzierung	☐	
d.	Stoffstromanalysen	☐	
e.	Produktlebenszyklusanalysen	☐	
f.	Berichterstattung und Visualisierung	☐	
g.	Prozess Monitoring	☐	
h.	Simulation von Abläufen und Prozessen	☐	
i.	Umweltkostenrechnung	☐	
j.	Evaluierung aufgrund ökologischer Bewertungsverfahren	☐	
k.	Erstellung von Umweltkennzahlen	☐	
l.	Risikoanalyse von Umweltgefahren	☐	
m.	Überprüfung der Erfüllung von Gesetzen/ legal compliance	☐	
n.	Mitarbeiterinformation	☐	
o.	Weitere Funktionen	☐	

3. Welche Aspekte können mit Ihrer Software abgedeckt werden?
   ☐ Stoffströme ☐ Abfall ☐ Emissionen ☐ Energie ☐ Gefahrstoffe ☐ Anlagen

4. Welche organisatorische Einheiten werden von Ihrer Software umfasst?
   ☐ Produkt ☐ Prozess ☐ Abteilung ☐ Unternehmen ☐ Überbetrieblich

Teil D: Aufbau der Software

1. Ist Ihr Softwareprodukt modular aufgebaut?
   ☐ Ja ☐ Nein Kommentar:
2. Hat der Kunde die Möglichkeit, nur Teilfunktionen der Software zu erwerben?
   ☐ Ja ☐ Nein Kommentar:
3. Kann Ihr Softwareprodukt individuell auf die Bedürfnisse der Kunden abgestimmt werden?
   ☐ Ja ☐ Nein Kommentar:
4. Kann Ihr Softwareprodukt im nachhinein noch erweitert werden?
   ☐ Ja ☐ Nein Kommentar:
5. Ist ein Import von Daten aus anderen Softwareprogrammen möglich? Wenn ja, von welchen Programmen und wie?
6. Ist ein Export von Daten in andere Softwareprogramme möglich? Wenn ja, zu welchen Programmen und wie?
7. Gibt es Schnittstellen zu kaufmännischer Software?
   ☐ Ja ☐ Nein Wenn ja, zu welcher Software?
8. Welche Schnittstellen zu anderen Systemen werden bereitgestellt?
9. Kann Ihr System vollständig in andere Systeme (zB. ERP Systeme) integriert werden?
   ☐ Ja ☐ Nein Wenn ja, in welche:
10. Ist bei sensiblen Daten (zB die Mitarbeiter betreffend) ein Datenschutz vorhanden?
   ☐ Ja ☐ Nein Kommentar:
11. Inwieweit ist Ihr Softwareprogramm gegen den Verlust von Daten geschützt?

Teil E: Service und Kosten

1. Werden von Ihrem Unternehmen Updates der Software für die Kunden durchgeführt?
   ☐ Ja ☐ Nein Kommentar:
2. Besteht für Anwender die Möglichkeit von Schulungen?
   ☐ Ja ☐ Nein Wenn ja, welche:
3. Existiert ein Handbuch zur Software beziehungsweise weitere Hilfestellungen?
   ☐ Ja ☐ Nein
4. Besteht für Anwender die Möglichkeit, bei Bedarf eine Service-Hotline zu kontaktieren?
   ☐ Ja ☐ Nein Wann ist diese erreichbar:
5. Existiert für den Kunden die Möglichkeit, bei der Implementierung der Software Unterstützung zu bekommen?
   ☐ Ja ☐ Nein Kommentar:
6. Wie hoch sind die Kosten Ihres Produktes?
   Einzelplatzlösung: Mehrplatzlösung: Sonstiges:
7. Können für den Kunden etwaige Zusatzkosten entstehen?
   ☐ Ja ☐ Nein Wenn ja, wie hoch und wodurch:

Teil F: Vorzüge der Software

1. Was sind Ihrer Meinung nach die drei größten Vorzüge des von Ihnen angebotenen Softwareproduktes?
   1.
   2.
   3.
2. Ist geplant, in den nächsten 12 Monaten ein neues Produkt/eine neue Version des bestehenden Produktes auf den Markt zu bringen?
   ☐ Ja ☐ Nein Kommentar:
3. Wenn ja, welche Verbesserungen sind zu erwarten?

Bitte speichern Sie diese Datei unter Ihrem Firmennamen ab und senden Sie diese an untenstehende Email-Adresse bis spätestens **26. März 2004** zurück. Sie können den Fragebogen auch gerne ausdrucken und per Fax oder Post an die angeführte Adresse retournieren. Für Rückfragen stehen wir jederzeit gerne zur Verfügung.

Wir bedanken uns für Ihre Mitarbeit!

Mag. Elke Perl
Institut fuer Innovations- und Umweltmanagement
Karl-Franzens-Universitaet Graz
Universitaetsstrasse 15 / G2, A-8010 Graz
Tel. +43(0)316/380-3237; Fax +43(0)316/380-9585
e-mail: elke.perl@uni-graz.at

Anhang IV: Auswertung der Forschungsprojekte

Internationale BUIS – Projekte
Kritische Analyse

	Zugänglichkeit	Fokussierung auf große Unternehmen	Transferierbarkeit Unternehmensgröße	Transferierbarkeit Zielgruppen/ Branchen	Regionale/ kommunale Aspekte	Software	Stadium Software	Anzahl Referenzanwendungen	Anwendungsorientiert	Allgemeine Weiterentwicklungsmöglichkeiten
1. DESTINY	+	0	0	+	+	geplant	0	0	+	+
2. EEIS	+	0	0	-	+	-	0	0	0	+
3. EIOAPP	+/-		-	-	+	-	0	0	+	+
4. EUREKA EUROENVIRON – E! 1731 EMOS	+	-	+	+	+	+	0	0	+	+
5. EUROENVIRON E!2051 TEXTEFUSE	0	-	+	+/-	-	-	0	0	+	+
6. EnviroMEND/ ENVIS (Environmental information system)	+	-	+	+	+	+	Prototype	0	+	+
7. HITERM	+/-	-	+/-	+	-	+	Prototype	k.A.	+	+
8. IQEM	+/-	-	+	+	-	+	Prototype	4 geplant	+	+
9. ISIREMM	+/-	-	+/-	+	+	+	Planning phase	0	+	+
10. IT FOR FOOD	+	-	+	+	-	+	Am Markt	Uber 100	+	+
11. ITEMS	+/-	-	+	+	-	+	Prototype	2	+	-
12. MEDITEX	+	-	+	+/-	-	+	Am Markt/ benutzt	11	+	+
13. PROMIS	+	-	+	+	-	+	Prototype	k.A.	+	+
14. TEASE	+	0	-	-	+	-	0	0	-	0
15. TEMSIS	+	+	-	-	+	+	Netzwerksystem	7	-	0

Legende:
+ gut, vorhanden
0 keine Evaluierung möglich
- nicht erfüllt, nicht vorhanden

Deutsche BUIS – Projekte

Kritische Analyse

Deutschland	Zugänglichkeit	Fokussierung auf große Unternehmen	Transferierbarkeit Unternehmensgröße	Transferierbarkeit Zielgruppen/ Branchen	Regionale/ kommunale Aspekte,	Software	Stadium Software	Anzahl Referenzanwendungen	Anwendungsorientiert	Allgemeine Weiterentwicklungsmöglichkeiten
1. CARE	+	-	+	+	-	+/-	Standard	0	+	+
2. ECO-Integral –	+	+/-	+	+	-	+	?	0	+	+
3. ECO-Rapid	+	+/-	+	+	-	+	?	0	+	+
4. INTUS	+	+/-	+	+	-	-	0	0	+	+
5. ISAC	+	+	+	+	-	-	0	0	+	+
6. MESA	+	+	+	0	-	-	0	0	+	+
7. OPUS	+	+/-	+	+	-	-	0	0	+	+
8. Telekommunikation und Umwelt – Analyse von Marktpotenzialen im Bereich betrieblicher Umweltinformationssysteme	+	+/-	+	+	-	-	0	0	+	+
9. BUFU	+	+/-	+	+	-	-	0	0	0	0

Legende:
+ gut, vorhanden
0 keine Evaluierung möglich
\- nicht erfüllt/nicht vorhanden

Österreichische BUIS – Projekte
Kritische Analyse

Österreich	Zugäng-lichkeit	Fokus-sierung auf große Unter-nehmen	Transferier barkeit Unter-nehmens-größe	Transferier barkeit Ziel gruppen/ Branchen	Regionale/ kommunale Aspekte,	Software	Stadium Software	Anzahl Referenz-anwendun gen	An-wendungs orientiert	All-gemeine Weiterent-wicklungs-möglich-keiten
1. PUIS	+	-	+	+	-	-	0	0	+	+
2. STABIS	+	-	+	+	-	-	0	0	+	+
3. Einsatz und Entwicklungsperspektiven von betrieblichen Umweltinformations-systemen und Umweltmanagement-systemen in der Kärntner Wirtschaft – theoretische Überlegungen und empirische Befunde	+	-	+	+	-	-	0	0	+	+

Legende:
+ gut, vorhanden
0 keine Evaluierung möglich
- nicht erfüllt/nicht vorhanden

Internationale umweltorientierte SCM – Projekte

Kritische Analyse

	Zugänglichkeit	Fokussierung auf große Unternehmen	Transferierbarkeit Unternehmensgröße	Transferierbarkeit Zielgruppen/ Branchen	Überbetriebliche Aspekte	Software	Stadium Software	Anzahl Referenzanwendungen	Anwendungsorientiert	Allgemeine Weiterentwicklungsmöglichkeiten	Nachhaltigkeitsbezug
1. CHAINFEED	+	-	+	+	+	+	0	0	+	+	+
2. CHAMAN	-	-	+	+	+	+	0	0	+	+	+
3. Co-OPERATE	-	+	0	-	+	Tools	0	0	+	0	+
4. FLUENT	-	0	0	0	+	-	0	0	+	0	+/-
5. INTERMAR	+, laufend	+/-	+	-	+	+	0	0	+	0	+/-
6. LISCOS	+	+	-	+	+/-	+	0	0	+	+	-
7. LOGSME	+	-	+	+	+	+	+	0	+	+	+
8. MUSSELS	+	-	+	+	+	+	0	0	+	+	+
9. RELOOP	-	0	+	+	+	+	0	0	+	+	+
10. SULOGTRA	+	+	+	-	+	-	0	0	-	0	+/-
11. SUS-CHAIN	laufend	-	+	-	+	-	0	0	-	+	+
12. VIRTUAL Q	-	-	+	+	+	-	0	0	+		-

Legende:
+ gut, vorhanden
0 keine Evaluierung/Beurteilung möglich
- nicht erfüllt, nicht vorhanden

Österreichische umweltorientierte SCM – Projekte

Kritische Analyse

	Zugänglichkeit	Fokussierung auf große Unternehmen	Transferierbarkeit Unternehmens größe	Transferierbarkeit Zielgruppen/ Branchen	Überbetriebliche Aspekte	Software	Stadium Software	Anzahl Referenzanwendungen	Anwendungsorientiert	Allgemeine Weiterentwicklungsmöglichkeiten	Nachhaltigkeitsbezug
1. Was bedeutet „Nachhaltigkeit" für einen Industriecluster?	+	+/-	+	+	+/-	-	0	0	+	+	+
2. SUMMIT – Sustainable Management Methods Integrating Tool-Kit and Prepare Plus	+	-	+	+	-	-	0	0	+	+	+
3. PUIS – Produktbezogene Umweltinformations-systeme in österreichischen Unternehmen	+	-	+	+	+	-	0	0	+	+	+

Legende:
+ gut, vorhanden
0 keine Evaluierung/Beurteilung möglich
- nicht erfüllt, nicht vorhanden

FSC
www.fsc.org
MIX
Papier | Fördert gute Waldnutzung
FSC® C083411

Kolibri 360 GmbH
Ferdinand-Jühlke-Straße 7
99095 Erfurt, Deutschland
produktsicherheit@kolibri360.de